I0326990

Daniel Kinitz

Die andere Seite des Islam

Religion and Its Others

Studies in Religion, Nonreligion, and Secularity

Edited by
Stacey Gutkowski, Lois Lee, and Johannes Quack

Volume 7

Daniel Kinitz

Die andere Seite des Islam

Säkularismus-Diskurs und muslimische Intellektuelle im modernen Ägypten

DE GRUYTER

The hardcover edition of this book was published in 2016.

ISBN 978-3-11-060139-8
e-ISBN (PDF) 978-3-11-046257-9
e-ISBN (EPUB) 978-3-11-046189-3
ISSN 2330-6262

Library of Congress Control Number: 2018941219

Bibliographic information published by the Deutsche Nationalbibliothek
The Deutsche Nationalbibliothek lists this publication in the Deutsche Nationalbibliografie; detailed bibliographic data are available on the Internet at http://dnb.dnb.de.

© 2018 Walter de Gruyter GmbH, Berlin/Boston
Typesetting: Konvertus BV, Haarlem
Printing and binding: CPI books GmbH, Leck

www.degruyter.com

... and all of a sudden, the rules of the moral universe don't apply. When God is dead, all things are possible.
(Miles Massey)

Inhaltsverzeichnis

Vorwort und Danksagung — IX

1 **Einleitung — 1**
1.1 Ausgangspunkt und Problemstellung — **1**
1.2 Theoretische und methodische Vorbemerkungen — **5**

2 **Zwei Zugänge — 16**
2.1 Eine Podiumsdiskussion zu Islam und Säkularismus (1989) — **16**
2.2 Ein politischer Skandal und die Reaktionen der ägyptischen Presse (2006) — **26**

3 **Säkularismus-Diskurs: Themen und Phänomene — 62**
3.1 Grenzen und Konflikt — **62**
3.2 Islam und Christentum — **92**
3.3 Ideale islamische Ordnung und reale Islamisten — **117**
3.4 Interne Reflexion des diskursiven und kommunikativen Kontexts — **138**

4 **Grenzbereiche des ägyptischen Diskurses. Zwei Beispiele — 160**
4.1 Kritik an einer säkularistischen Moderne (al-Missīrī) — **160**
4.2 Die Säkularität des Islam (al-Bannā) — **188**

5 **Der muslimische Intellektuelle als Sprecher zu Säkularismus und Islam — 207**
5.1 Vorbemerkender Exkurs: Zwei Biographien — **208**
5.1.1 Fahmī Huwaydī – Intellektueller Werdegang — **208**
5.1.2 Ǧamāl al-Bannā – Themen und Biographie — **215**
5.2 Der muslimische Intellektuelle als Verteidiger von Gelehrten (Huwaydī) — **240**
5.3 Der muslimische Intellektuelle als Gegner von Gelehrten (al-Bannā) — **252**
5.4 Theoretische Nachbetrachtung: Muslimischer Intellektueller und Autorität — **277**

6 **Exkurs: Unbehagen an moderner Gesellschaftsordnung — 283**

7 **Schluss: Gesellschaftliche Einheit und islamische Identität — 292**

Anhang — 307
Kurzangaben zu wichtigen Autoren — **307**
Brief des Azhar-Großscheichs an Fahmī Huwaydī — **310**
Fiktives Gespräch zwischen Führern islamischer Institutionen — **311**
Brief ʿAbd al-Muʿṭī Bayyūmīs an Ḥamdī Rizq – und Rizqs Erwiderung — **314**
Anonymer Online-Kommentar zu al-Bannā — **315**

Literaturverzeichnis — 317
Primärquellen — **317**
Sekundärliteratur — **330**

Sach- und Personenregister — 341

Vorwort und Danksagung

Die freundliche Offenheit, die mir begegnete, und die unkonventionelle Hilfe, die ich von unzähligen Ägyptern bei den Recherchen zu dieser Arbeit erhielt, lassen sich nur schwer in Worte fassen.

Mehreren Autoren, die mir im Sommer 2009 Auskunft über ihre Publikationen zu *al-ʿalmānīya* (Säkularismus, Säkularität) gaben, schulde ich Dank. Insbesondere danke ich Prof. Dr. Ḥasan Ḥanafī, der mir kurzfristig Zugang zu seiner Privatbibliothek gewährte sowie Ǧamāl al-Bannā und Dr. Rifʿat as-Saʿīd für kurzfristig ermöglichte Recherchegespräche.

Des Weiteren danke ich Dr. Lobna Fouad für die freundliche Vermittlung von mehreren Kontakten zu und innerhalb des Vereins „Ägypten für Kultur und Dialog" (*Miṣr li-ṯ-ṯaqāfa wa-l-ḥiwār*). Nagwa Abdallah und Mirvat Šibl danke ich für die Unterstützung und Vermittlung von Kontakten innerhalb und außerhalb von al-Ahram und dem zugehörigen Archiv. Abū al-ʿIlā Māḍī sowie Brecht De Smet danke ich für wichtige Kontaktdaten.

Al-Miṣrī al-yawm, insbesondere den Archiv- und Online-Mitarbeitern, danke ich für die Möglichkeit, die Einrichtungen der Redaktion zu nutzen und unzählige Fragen zu stellen.

Gamal Omar danke ich unbekannterweise für das kurzfristige Zusenden eines Artikels.

Mindestens genauso wertvoll war mir die fachliche Unterstützung. Insbesondere meinem Doktorvater und Lehrer Prof. Dr. Eckehard Schulz schulde ich Dank sowohl für kritisches Hinterfragen als auch für den freundlichen und stets unkomplizierten Beistand. Prof. Dr. Monika Wohlrab-Sahr danke ich – neben der Übernahme des Zweitgutachtens – für die Möglichkeit, meine Thesen im Rahmen des Forschungsprojekts zu Multiple Secularities vorzustellen und an mehreren Diskussionsrunden teilzunehmen.

Des Weiteren danke ich Prof. Dr. Gerd Pickel und den Mitgliedern der Graduiertenklasse „Säkularitäten" für die anregende Diskussion meiner Thesen. Anregungen erhielt ich zudem durch Gespräche mit Dr. Pierre Hecker, Dr. Assem Hefny, Prof. Dr. Hans-Georg Ebert und Prof. Dr. Carola Richter, sowie durch einige wohlwollend-kritische Kommentare von Prof. Dr. Gudrun Krämer. Dr. Sebastian Elsässer danke ich für hilfreiche Informationen zu ägyptischen Intellektuellen mit koptischem Hintergrund sowie für eine Kopie seiner Dissertationsschrift. Besonderen Dank schulde ich Prof. Dr. Alexander Flores, der mir unbekannterweise seine zum damaligen Zeitpunkt noch unpublizierte Habilitationsschrift zur Verfügung stellte.

Im Zusammenhang mit Übersetzungen aus dem Arabischen möchte ich mich besonders bei Vicky Feghali für unzählige Hinweise bedanken; des Weiteren bei

Dr. Ragab Abdelaty, Walid Abd el Gawad und Dr. Kristina Stock für die Unterstützung bei einigen schwierigen Fällen. Salem Alsharif danke ich für manche Erklärung zum besseren Verständnis uneindeutiger arabischer Passagen. Noch bestehende Fehler liegen in meiner Verantwortung.

Bei der vorliegenden Studie handelt es sich um eine überarbeitete Fassung meiner Dissertation, die im Oktober 2013 von der Fakultät für Geschichte, Kunst- und Orientwissenschaften der Universität Leipzig angenommen wurde. Die Verteidigung der Arbeit fand am 13.11.2013 statt.

In diesem Zusammenhang möchte ich mich bei der Konrad-Adenauer-Stiftung für die Gewährung eines mehrjährigen Dissertationsstipendiums sowie für die Anregungen durch Seminare und die freundliche Betreuung der Mitarbeiter bedanken. Dank gebührt auch Dr. Alissa Jones Nelson von De Gruyter sowie den Reihenherausgebern, insbesondere Prof. Dr. Johannes Quack, für ihre Unterstützung.

Für das eingehende Lektorat, das dem Text an unzähligen Stellen Klarheit verschaffte, gilt mein Dank Annett Welsch. Ihr ist diese Arbeit in tiefer Verbundenheit gewidmet.

Last but not least danke ich Abdessalam Hedar, der in einem Kairoer Café einen für den Beginn der Recherchen entscheidenden Hinweis gab.

Leipzig im April 2016
Daniel Kinitz

1 Einleitung

1.1 Ausgangspunkt und Problemstellung

Betrachtet man die Reflexionen ägyptischer Intellektueller zur „Säkularisierungsproblematik“, so fällt auf, dass „die Sache der Säkularisierung [...] dort am gründlichsten diskutiert [wurde], wo das Wort nicht fiel.“[1]

Naheliegend wäre zu fragen, welche Begriffe stattdessen verwendet werden, um Säkularisierung im Sinne eines gesellschaftlichen Wandels zu diskutieren. Eine solche Vorgehensweise ließe sich auf die Grundannahme ein, Säkularisierung sei ein objektiv gegebener Sachverhalt, der in jeder Gesellschaft mehr oder weniger ähnlich abläuft.

Das Ergebnis von Analysen, die auf einer solchen Annahme basieren, ist wenig überraschend: dass es „bisher weder in Ägypten noch in anderen Teilen der islamischen Welt Versuche einer umfassenden soziologischen Deutung des Säkularisierungsprozesses gegeben“ hat und dass „noch kein systematischer Versuch unternommen worden [ist], das Phänomen der Säkularisierung positiv in die islamische Theologie zu integrieren“[2].

Die Frage ist, ob eine solche Beobachtung nicht mehr über den (europäischen) Standort des Beobachters und dessen Erwartungen aussagt als über die beobachteten arabisch-islamischen Gesellschaften.

Geht man stattdessen davon aus, dass etablierte Semantiken wie (das deutsche) *Säkularisierung* historische Erfahrungen konkreter Gesellschaften reflektieren, so lässt sich der Ausgangspunkt des Erkenntnisinteresses umkehren und fragen: Wenn der Begriff *al-ʿalmānīya* als etablierte arabische Semantik feststeht – und nicht auf Säkularisierung verweist – welche gesellschaftlichen Phänomene werden dann damit verbunden?

Die vorliegende Studie beginnt demnach mit der Annahme, dass arabische Gesellschaften ihre Realität möglicherweise auf ganz eigene Weise beschreiben und konstruieren, also eigene Probleme generieren, die es als gesellschaftliche Herausforderung zu bewältigen gilt. Daran anschließend soll im Folgenden rekonstruiert werden, wie Säkularismus bzw. Säkularität (*al-ʿalmānīya*) in

1 Rotraud Wielandt, „Zeitgenössische ägyptische Stimmen zur Säkularisierungsproblematik,“ *Die Welt des Islams*, 22, 1–4 (1982): 117–133 (121). Ich gehe davon aus, dass Wielandt tatsächlich *ʿalmana* (Säkularisierung) meint und nicht den häufig vorkommenden Begriff *ʿalmānīya* (Säkularismus).

2 Wielandt, „Zeitgenössische ägyptische Stimmen zur Säkularisierungsproblematik“, 122.

DOI 10.1515/9783110462579-001

die gesellschaftliche Kommunikation einer arabischen Gesellschaft eingebettet ist.[3]

Ausgangspunkt dieser Studie ist die Frage nach dem diskursiven Kontext des Begriffs *al-ʿalmānīya*. Die Quelle der Untersuchung bilden Publikationen renommierter ägyptischer Autoren seit den späten 1970er Jahren, die den Begriff *al-ʿalmānīya* explizit im Titel verwenden.[4]

Konzentriert man sich auf Podiumsdiskussionen zu Islam und Säkularismus, so scheinen sich die Debatten der 1980er und frühen 1990er Jahre auf intellektueller Ebene erschöpft zu haben.[5] Dies erklärt jedoch nicht den gesellschaftlichen

---

3 Die historische Genese der modernen ägyptischen Gesellschaft seit deren kolonialer Umstrukturierung sowie die Entstehung einer auf Massenmedien basierenden Öffentlichkeit im 19. Jahrhundert wird als bekannt vorausgesetzt. Für Untersuchungen zur Herausbildung einer modernen Gesellschaft im Sinne funktionaler Differenzierung vgl. allgemein Niklas Luhmann, *Die Gesellschaft der Gesellschaft*, 2 Bde. (Frankfurt am Main: Suhrkamp, 1997), 743 ff.; Niklas Luhmann, *Beobachtungen der Moderne* (Opladen: Westdt. Verl., 1992) u. a. Für den arabischen Raum vgl. insbesondere Werke zum Zusammenhang von Islam, Moderne und Säkularismus: Bassam Tibi, „Islam and Secularization," *Archiv für Rechts- und Sozialphilosophie*, 66, Nr. 2 (1980): 207–221; Armando Salvatore, *Islam and the political discourse of modernity* (Reading: Ithaca Press, 1997); Armando Salvatore und Dale F. Eickelman, Hrsg., *Public Islam and the Common Good* (Leiden: Brill, 2006); Armando Salvatore und Mark LeVine, Hrsg., *Religion, Social Practice, and Contested: Reconstructing the Public Sphere in Muslim Majority Societies* (Palgrave, 2005); Reinhard Schulze, „The birth of tradition and modernity in 18th and 19th century islamic culture," *Culture & history*, 16 (1997): 29–71; Reinhard Schulze, „Is there an Islamic modernity?," in *The Islamic world and the West*, Hg. Kai Hafez (Leiden: Brill, 2000): 21–32; Bassam Tibi, *Vom Gottesreich zum Nationalstaat* (Frankfurt a.M.: Suhrkamp, 1987); Bassam Tibi, *Die Krise des modernen Islams* (Frankfurt am Main: Suhrkamp, 1991); Nazik Saba Yared, *Secularism and the Arab world* (London: Saqi, 2002). Zur Moderne und Öffentlichkeit arabisch-islamischer Gesellschaften vgl. Muhammad I Ayish, *The new Arab public sphere* (Berlin: Frank & Timme, 2008); Dale F. Eickelman und Jon W. Anderson, Hrsg., *New media in the Muslim world* (Bloomington: Indiana Univ. Press, 2003); John L Esposito und François Burgat, Hrsg., *Modernizing Islam* (London: Hurst, 2003); Dagmar Glaß, *Der Muqtaṭaf und seine Öffentlichkeit*, 2 Bde. (Würzburg: Ergon-Verl., 2004); Meir Hatina, *'Ulama', politics, and the public sphere* (Salt Lake City: University of Utah Press, 2010); Charles Hirschkind, *The Ethical Soundscape* (New York: Columbia University Press, 2006); Miriam Hoexter, Eisenstadt Shmuel N. und Nehemia Levtzion, Hrsg., *The Public Sphere in Muslim Societies* (2002); Armando Salvatore, *The Public Sphere* (Basingstoke: Palgrave Macmillan, 2010); Salvatore und Eickelman, *Public Islam and the Common Good*; Salvatore und LeVine, *Religion, Social Practice, and Contested: Reconstructing the Public Sphere in Muslim Majority Societies*; Seteney Shami, Hrsg., *Publics, Politics and Participation* (New York: Social Science Research Council, 2009).

4 Für genauere Angaben vgl. das Kapitel „Theoretische und methodische Vorbemerkungen".

5 Vgl. Alexander Flores, *Säkularismus und Islam in Ägypten* (Berlin: Lit-Verl., 2012), 181f., mit dem Verweis auf die Ermordung Farağ Fūdas im Juni 1992 als vorläufigen Endpunkt.

Wert des Begriffs *al-ʿalmānīya*, der bis heute öffentliche Verwendung findet: wenn Publikationen neu aufgelegt werden, neue erscheinen[6] – oder Regierungsmitglieder den Begriff kritisch oder affirmativ zur Beschreibung ägyptischer Identität verwenden.[7]

Einige Untersuchungen gehen von einer gleichrangigen und trennscharfen Debatte zu Islam einerseits und Säkularismus andererseits aus und übernehmen die Zwei-Lager-Einteilung und die Zuordnung der Protagonisten als „Islamist"

6 Vgl. Ṭāriq al-Bišrī, *al-Ḥiwār al-islāmī al-ʿalmānī* (Kairo: Dār aš-Šurūq, 2005); Muḥammad ʿImāra, *aš-Šarīʿa al-islāmīya wa-l-ʿalmānīya al-ġarbīya* (Kairo: Dār aš-Šurūq, 2003); Muḥammad ʿImāra, Hrsg., *al-Ḥiwār bayna al-ʿalmānīyīn wal-l-islāmīyīn* (Kairo: Nahḍat Miṣr, 2005); Muḥammad ʿImāra, *ʿAlmānīyat al-midfaʿ wa-l-Inǧīl* (al-Ismāʿīlīya: Maktabat al-Imām al-Buḫārī, 2007); Muḥammad ʿImāra, *al-Islām wa-s-siyāsa* (Kairo: Dār ar-rašād, 1997), neue, erw. Auflage bei Maktabat aš-šurūq ad-duwalīya (Kairo, 2008); Muḥammad ʿImāra, „Māḏā ṣanaʿat al-ʿalmānīya bi-Awrubbā?," *al-Ahrām*, 27.07.2011; Muḥammad ʿImāra, „Matā yufīq al-ʿalmānīyūn," *al-Wafd (online)*, 29.09.2011; Muḥammad ʿImāra, „al-ʿAlmānīyūn wa-l-huwīya al-islāmīya," *al-Wafd (online)*, 31.05.2011; Fahmī Huwaydī, *al-Muftarūn* (Kairo: Dār aš-Šurūq, 2005); Ǧamāl al-Bannā, *al-Islām wa-l-ḥurrīya wa-l-ʿalmānīya* (Kairo: Mu'assasat Fawzīya wa-Ǧamāl al-Bannā, [1998]), erweitert erschienen 2003 sowie als Artikelreihe 2011; ʿAbd al-Wahhāb al-Missīrī, *al-ʿAlmānīya al-ǧuz'īya wa-l-ʿalmānīya aš-šāmila*, 2 Bde. (Kairo: Dār aš-Šurūq, 2005); Yūsuf al-Qaraḍāwī, *at-Taṭarruf al-ʿalmānī fī muwāǧahat al-Islām* (Kairo: Dār aš-Šurūq, 2004); Yūsuf al-Qaraḍāwī, *ad-Dīn wa-s-siyāsa* (Kairo: Dār aš-Šurūq, 2007). Für weniger bekannte Autoren vgl. Muḥammad as-Saʿīd Awdan, *al-Islām wa-l-ʿalmānīya* (Tanta: Dār al-bašīr li-ṯ-ṯaqāfa wa-l-ʿulūm, 2004); ʿĀṭif Aḥmad, *al-Islām wa-l-ʿalmana* (Kairo: Dār Miṣr al-maḥrūsa, 2004); ʿAbd al-Ḥalīm Ġazālī, *al-Islāmīyūn al-ǧudud wa-l-ʿalmānīya al-uṣūlīya fī Turkiyā* (Kairo: Maktabat aš-šurūq ad-duwalīya, 2007); Ismāʿīl Muḥammad Ḥusnī, *ʿAlmānīyat al-Islām wa-t-taṭarruf ad-dīnī* (Kairo: Dār Miṣr al-maḥrūsa, 2008); Muḥammad Ibrāhīm Mabrūk, *Ḥaqīqat al-ʿalmānīya wa-ṣ-ṣirāʿ bayna al-islāmīyīn wa-l-ʿalmānīyīn* (Kairo, 2000); Muḥammad Ibrāhīm Mabrūk, *al-ʿAlmānīya al-ʿadūw al-akbar li-l-Islām min al-bidāya ilā an-nihāya* (Kairo: Markaz al-ḥaḍāra al-ʿarabīya, 2007); Ilhām Muḥāmmad Šāhīn, *al-ʿAlmānīya fī Miṣr wa-ašhur maʿārikuhā* (Kairo: Dār Hārmūnī, 2001). Für Thematisierungen in elektronischen Massenmedien vgl. u. a. Muḥammad Ibrāhīm Mabrūk et al., *al-ʿAlmānīyūn wa-iqṣā' al-āḫar.* [Sendung] Sahra ḫāṣṣa ([24.03.2011]); ʿAbd al-Wahhāb al-Missīrī, Sayyid Maḥmūd al-Qimnī und Fayṣal al-Qāsim, *al-ʿAlmānīya ḥall li-l-qaḍā' ʿalā aṭ-ṭā'ifīya wa-l-ʿirqīya.* al-Ittiǧāh al-muʿākis ([16.03.2007]); außerdem die im September 2010 auf youtube veröffentlichte Podiumsdiskussion von Muḥammad al-Ġazālī und Yūsuf al-Qaraḍāwī vs. Fu'ād Zakarīyā aus dem Jahr 1986 (Yūsuf al-Qaraḍāwī et al., „Nadwa ḥawla al-Islām wa-l-ʿilmānīya [11.07.1986]," http://www.youtube.com/watch?v=FDwSMUU8RVs, 22.09.2010).

7 Vgl. das Kapitel „Ein politischer Skandal und die Reaktionen der ägyptischen Presse (2006)" sowie exemplarisch die Aussage Präsident Mursis im Jahr 2012, Ägypten sei weder ein religiöser (theokratischer) noch ein säkular(istisch)er Staat (Fatīḥa ad-Daḫāḫnī und Rašā aṭ-Ṭahṭāwī, „«Mursī» li-mumaṯṯilī ad-diyānāt aṯ-ṯalāṯ fī Amrīkā: Miṣr madanīya... lā dīnīya wa-lā ʿalmānīya," *al-Miṣrī al-yawm*, 26.09.2012).

oder „Säkularist“.[8] Auf eine solche Prämisse soll im Folgenden bewusst verzichtet werden.[9]

Die vorliegende Studie richtet ihren Fokus nicht auf einen scheinbar eindeutigen Konflikt, sondern geht von einem Diskurs um das Phänomen *al-ʿalmānīya* aus, in dessen Rahmen die beteiligten Akteure und Themen erst konstruiert werden. Dementsprechend wird nicht danach gefragt, was *al-ʿalmānīya* ist – stattdessen soll dokumentiert werden, welche gesellschaftlichen Probleme im Zusammenhang damit thematisiert werden.

Diese Thematisierungen sollen als Herausforderungen einer modernen Gesellschaft begriffen werden sowie als Phänomen einer Neuverortung der gesellschaftlichen Rolle des Islam in Ägypten. Dabei geht es um das Problem, wie gesellschaftliche Einheit konstruiert wird, die sich nicht – jedenfalls nicht ausschließlich – über Religion beschreiben lässt. Es geht um die Frage, wie islamische Identität in Bezug zu Nicht-Islamischem formuliert wird, welche Konflikte dabei auftreten und wie viel Idealismus sich Islamverteidiger angesichts realgesellschaftlicher Herausforderungen leisten können.

Weiterhin lässt sich die Studie auch mit einem anderen, die arabische Welt überschreitenden Erkenntnisinteresse lesen: inwiefern sich Herausforderungen einer arabischen Gesellschaft als Phänomene einer Moderne begreifen lassen, wenn man diese nicht als exklusiv okzidentales Phänomen versteht.[10]

---

8 Vgl. Abdou Filali-Ansary, „The debate on secularism in contemporary societies of Muslims,“ *ISIM Newsletter,* Nr. 27 (1999): 6; Alexander Flores, „Secularism, Integralism and Political Islam: The Egyptian Debate,“ *Middle East Report,* Nr. 183 (1993): 32–38; Alexander Flores, „Die innerislamische Diskussion zu Säkularismus, Demokratie und Menschenrechten,“ in *Der Islam in der Gegenwart,* Hg. Werner Ende et al. (München: Beck, 2005): 620–634; Flores, *Säkularismus und Islam in Ägypten*; Nancy E. Gallagher, „Islam v. Secularism in Cairo: An Account of the Dar al-Hikma Debate,“ *Middle Eastern Studies,* 25, Nr. 2 (1989): 208–215; Fauzi M. Najjar, „The debate on Islam and secularism in Egypt,“ *Arab Studies Quarterly,* 18, Nr. 2 (1996): 1–21.

9 Vgl. das Kapitel „Theoretische und methodische Vorbemerkungen“.

10 Einen ähnlichen Ansatz verfolgt das Konzept der *Multiple Modernities*, vgl. Shmuel Noah Eisenstadt, *Die Vielfalt der Moderne* (Weilerswist: Velbrück, 2000); Shmuel Noah Eisenstadt, Hrsg., *Multiple modernities* (New Brunswick, NJ: Transaction Publishers, 2002); S. N. Eisenstadt, *Comparative civilizations and multiple modernities* (Leiden: Brill, 2003) sowie in Ableitung davon das Konzept der *Multiple Secularities*: Monika Wohlrab-Sahr und Marian Burchardt, „Multiple Secularities: Toward a Cultural Sociology of Secular Modernities,“ *Comparative Sociology,* 11, Nr. 6 (2012): 875–909. Für die arabisch-islamische Welt vgl. insbes. Reinhard Schulze, „Muslimische Intellektuelle und die Moderne,“ in *Feindbild Islam,* Hg. Jochen Hippler et al. (Hamburg: Konkret-Literatur-Verl., 1993): 77–91; Reinhard Schulze, „Is there an Islamic modernity?“.

Zum Aufbau der Arbeit

Ein erster Problemzugang erfolgt über zwei öffentliche Ereignisse, die begriffliche und gesellschaftliche Zusammenhänge von *al-ʿalmānīya* deutlich machen: eine Podiumsdiskussion zu Islam und Säkularismus aus den 1980er Jahren sowie – fast 20 Jahre später – die provokante Aussage des damaligen ägyptischen Premierministers Aḥmad Naẓīf zur Säkularität Ägyptens.

Im Anschluss daran werden anhand von Publikationen prominenter ägyptischer Autoren Probleme in Auseinandersetzung mit *al-ʿalmānīya* dokumentiert und analysiert.

Einen dritten Zugang bilden die Beobachtungen zweier Autoren – ʿAbd al-Wahhāb al-Missīrī (1938–2008) und Ǧamāl al-Bannā (1920–2013)[11] –, deren Werke bis heute Verbreitung finden. Ihre Ideen zu Säkularismus bzw. Islam markieren die Grenze dessen, was gerade noch denk- und sagbar ist, ohne selbst als *Säkularist* zu gelten.

Daran anschließend stellt sich die Frage, welche Akteure *al-ʿalmānīya* und Islam öffentlich konstruieren. In diesem Zusammenhang wird eine gesellschaftliche Rolle diskutiert, die von konkreten Personen eingenommen werden kann: die des muslimischen Intellektuellen, oder – wie es im Arabischen heißt – des Islamischen Denkers (*al-mufakkir al-islāmī*). Diese Rolle wird prototypisch veranschaulicht anhand von zwei prominenten Intellektuellen – Fahmī Huwaydī (geb. 1937) und Ǧamāl al-Bannā (1920–2013) – und ihrem Verhältnis zur Rolle des Gelehrten im Kontext einer modernen Gesellschaft.

1.2 Theoretische und methodische Vorbemerkungen

> *... the qualitative researcher has laid on him the burden of plausibility.*
> (Richard Sennett)

Das Erkenntnisinteresse der vorliegenden Untersuchung richtet sich auf die Frage, wie soziale Realität im Zusammenhang mit *al-ʿalmānīya* konstruiert wird und welche Rückschlüsse dies auf gesellschaftliche Problemlagen zulässt.

Es geht somit nicht um eine semantische Analyse des Begriffs *al-ʿalmānīya*. Dass dies ein wenig aufschlussreiches Unterfangen wäre, wird bereits an der im

11 Vgl. die Kurzangaben zu den Autoren im Anhang.

Arabischen üblichen Definition von *al-ʿalmānīya* als *faṣl ad-dīn ʿan ad-dawla/ as-siyāsa* (Trennung von Religion und Staat bzw. Politik) deutlich, die keinerlei Hinweise auf einen spezifisch arabischen Problemzuschnitt gibt.[1]

Bewusst offen gelassen wird in dieser Studie auch, inwiefern die ägyptische Gesellschaft als säkular bzw. islamisch anzusehen ist.[2] Gewählt wird ein Ansatz, der voraussetzt, dass es sich um eine moderne Gesellschaft mit funktionaler Differenzierung und einer massenmedial vermittelten Öffentlichkeit handelt.[3]

Al-ʿalmānīya wird im Folgenden vereinfachend mit *Säkularismus* oder *Säkularität* wiedergegeben.[4] Es sei daran erinnert, dass anderssprachliche Begriffsäquivalente wie *secularism* im Englischen oder *laïcité* im Französischen in jeweils andere gesellschaftliche Diskurse eingebunden sind, die sich aus verschiedenen, sinnvoll vergleichbaren soziohistorischen kollektiven Erfahrungen speisen.[5] Um diese Kontextbezogenheit des Begriffs präsent zu halten, wird entsprechend nicht nur von *Säkularismus* gesprochen, sondern häufig das arabische *al-ʿalmānīya* verwendet. Ähnliches gilt für andere arabische Termini, die in Klammern beigefügt oder anstelle möglicher deutscher Äquivalente verwendet werden.

---

1 Es sei denn, man interpretiert *faṣl* als einseitige, implizit künstliche (Ab-)Trennung der Religion vom Politischen und nicht als symmetrisches Auseinandertreten zweier gesellschaftlicher Bereiche.

2 Vgl. dazu reflektierend Hussein Ali Agrama, *Questioning Secularism* (Chicago, London: The University of Chicago Press, 2012), 1–41.

3 Zu funktionaler Differenzierung im Zusammenhang mit Religion vgl. Niklas Luhmann, *Die Religion der Gesellschaft* (Frankfurt am Main: Suhrkamp, 2000); zum Zusammenhang von Differenzierung, Massenmedien und Öffentlichkeit vgl. Niklas Luhmann, *Die Realität der Massenmedien* (Opladen: Westdt. Verl., 1996); hinsichtlich der speziellen historischen Genese moderner Gesellschaftsstrukturen in der arabischen Welt vgl. die Hinweise in Kap. 1.1, Anm. 3.

4 Außer Acht gelassen wird die Bezeichnung *ʿalmānī* zur Bezeichnung des Laien innerhalb der koptischen Kirche sowie, damit zusammenhängend, die Strömung kircheninterner Kritiker (*aqbāṭ ʿalmānīyūn*). Zu Letzterem vgl. Sebastian Elsässer, *The Coptic Question in the Mubarak Era* (New York [u. a.]: Oxford Univ. Press, 2014), 169–173.

5 Vgl. u. a. Karel Dobbelaere, *Secularizarion* (London: Sage Publications, 1981); Karel Dobbelaere, *Secularization* (Bruxelles: PIE Lang, 2002); William H. Swatos Jr. und Daniel V. A. Olson, Hrsg., *The Secularization Debate* (Lanham: Rowman & Littlefield Publishers, 2000); Charles Taylor, *A secular age* (Cambridge, Mass.: Belknap Press of Harvard Univ. Press, 2007). Zum deutschen Begriff *Säkularisierung* vgl. Herrmann Lübbe, *Säkularisierung* (München: Verlag Karl Alber, 1965); zu dessen Überdehntheit vgl. Luhmann, *Die Religion der Gesellschaft*, 278–319.

Diskurs statt Debatte

Diese Studie geht nicht von einer verständigungsorientierten Debatte zu Islam und Säkularismus in Ägypten aus, sondern von einem Diskurs zu *al-ʿalmānīya*, der seinen Gegenstand und die zugehörigen Akteure konstruiert.[6]

Am Beispiel der bekannten Auseinandersetzung zwischen dem Säkularismuskritiker Yūsuf al-Qaraḍāwī und dem Philosophen Fu'ād Zakarīyā aus den 1980er Jahren lässt sich zeigen, dass sich die Beobachtungen der Kontrahenten auf verschiedene Phänomene beziehen: Während Zakarīyā Phänomene eines politischen Islam beobachtet, richtet al-Qaraḍāwī seinen Blick auf Säkularismus und ordnet diesem repräsentative Vertreter zu.[7] Beide Perspektiven richten sich dementsprechend nicht auf ein und denselben Gegenstand, sondern weisen aneinander vorbei.

In der Auseinandersetzung zeigt sich, dass Säkularismus vor allem für al-Qaraḍāwī ein Problem darstellt. Für ihn und andere Säkularismuskritiker handelt es sich um ein gesellschaftliches Phänomen, das beschrieben, analysiert und ausführlich erörtert werden muss. Insofern kann man Zakarīyā zwar als Säkularismusvertreter bezeichnen, ordnet ihn damit aber einem Weltbild zu, das durch und durch säkularistisch ist. Eine solche Vorgehensweise ist gezwungen, festzulegen was Säkularismus *an sich* ist.

Anhand der Publikationen Zakarīyās lässt sich ersehen, dass er *al-ʿalmānīya* (hier: Säkularität) als Vorbedingung einer modernen Gesellschaft voraussetzt, aber ohne sich ausführlich damit zu befassen.[8] Für ihn wie für andere scheint zu gelten, dass sie sich vor allem für real existierende Probleme des Islam

---

6 Vgl. Michel Foucault, *Archäologie des Wissens* (Frankfurt am Main: Suhrkamp, 1995), 74, ausgehend von diskursiver Praxis sowie die Dialektik gesellschaftlicher Konstruktion von Realität im Sinne von Berger/ Luckmann.

7 Vgl. Fu'ād Zakarīya, *aṣ-Ṣaḥwa al-islāmīya fī mīzān al-ʿaql* (Kairo: Dār al-fikr al-muʿāṣir, 1987); Fu'ād Zakarīyā, *al-Ḥaqīqa wa-l-wahm fī al-ḥaraka al-islāmīya al-muʿāṣira* (Kairo: Dār al-fikr, 1986) und reagierend Yūsuf al-Qaraḍāwī, *al-Islām wa-l-ʿilmānīya waǧhan li-waǧhin* (Kairo: Maktabat Wahba, 1997).

8 Vgl. dessen Aufsatz zu Säkularität (auch: *al-ʿalmānīya*) als „zivilisatorischer Notwendigkeit": Fuad Zakariya, „Säkularisierung – eine historische Notwendigkeit," in *Der Islam im Aufbruch?*, Hg. Michael Lüders (München: Piper, 1992): 228–245. Darüber hinaus scheint es nur einen verschriftlichten Vortrag zu geben, vgl. Sālim al-Bahnasāwī, Hrsg., *al-Islām lā al-ʿalmānīya* (Kuwait: Dār ad-Daʿwa, 1992).

interessieren[9] – für Säkularismus als explizit weltanschauliches oder gar politisches Programm dagegen nur am Rande.[10]

In den meisten Fällen handelt es sich bei der Bezeichnung „Säkularist“ um eine Fremdzuschreibung – und diese kann für Autoren unangenehme Konsequenzen haben.[11] Bereits für die zweite Hälfte der 1980er Jahre lässt sich belegen, dass die Einordnung als *ʿalmānī* (die auch anti-islamisch implizieren kann) von Intellektuellen abgelehnt wurde, die nicht im Namen des Islam sprechen und ihre eigene Identität – beispielsweise als politische Aktivisten – nicht unter Zuhilfenahme des Islam bilden wollten.[12] Dementsprechend sollen in dieser Studie Äußerungen von Autoren, die als Säkularisten bezeichnet werden, nur dann zur Kenntnis genommen werden, wenn diese sich selbst explizit zu *al-ʿalmānīya* äußern oder sich selbst als Säkularist (*ʿalmānī*) einordnen.[13]

Auch einige der hier untersuchten Autoren weisen auf die Vermeidung der Bezeichnung hin oder bestehen auf einer präzisen Arbeitsdefinition des Begriffs.[14] Publizisten, die sich explizit pro-säkular(istisch) äußern, tun dies in der Regel in dem Bewusstsein, bestimmte religiöse Kreise zu irritieren und müssen mit heftigen Reaktionen rechnen.[15]

---

9 Man denke an Muḥammad Saʿīd al-ʿAšmāwī, Farağ Fūda, Fuʾād Zakarīyā, Naṣr Ḥāmid Abū Zayd, u. a. – im Unterschied zu Murād Wahba, der allgemein zu Säkularismus schreibt, ohne die etablierten Gelehrten infrage zu stellen.

10 Man kann wie Alexander Flores, „Die innerislamische Diskussion zu Säkularismus, Demokratie und Menschenrechten“, 628 von *impliziten* Säkularisten sprechen – muss dann jedoch selbst festlegen, was Säkularismus ist.

11 Man denke an die Ermordung Farağ Fūdas (1992) oder die Zwangsscheidung Naṣr Ḥāmid Abū Zayds in den 1990er Jahren, Todesdrohungen gegen Sayyid al-Qimnī (z. B. 2005; 2009) oder die bis heute bestehende Gefährdung von öffentlichen Personen wie dem langjährigen Vorsitzenden der Tağammuʿ-Partei Rifʿat as-Saʿīd (ein ehemaliger Gefährte Fūdas).

12 Vgl. ähnliche Äußerungen im Kapitel „Eine Podiumsdiskussion zu Islam und Säkularismus (1989)“.

13 Das genaue Abgrenzungskriterium ist hier säkularismusaffirmativ *und* islamismuskritisch. Vgl. insbesondere Naṣr Ḥāmid Abū Zayd, *Naqd al-ḫiṭāb ad-dīnī* (Kairo: Madbūlī, 2003), 37 ff.; Farağ Fūda, *Ḥiwār ḥawla al-ʿalmānīya* (Kairo, Alexandria: Dār wa-maṭābiʿ al-mustaqbal, 2005); Ġālī Šukrī, Hrsg., *Aqniʿat al-irhāb* (Kairo: al-Hayʾa al-miṣrīya al-ʿāmma li-l-kitāb, 1992); Murād Wahba, *al-Uṣūlīya wa-l-ʿalmānīya* (Kairo: Dār aṯ-ṯaqāfa, [1995]); Murād Wahba, „al-ʿAlmānīya wa-dawrān al-arḍ,“ *al-Miṣrī al-yawm*, 27.12.2008; as-Sayyid Yasīn, Hrsg., *Qaḍāyā al-muʿāṣara wa-l-ḫilāfa* (Kairo: Mīrīt, 1999).

14 Gespräch mit Ğamāl al-Bannā und Ḥasan Ḥanafī im Mai/ Juni 2009. Vgl. auch die vorbehaltliche Selbstzuordnung Abū Zayds zu sakularistischem Denken (ʿAbdallāh Šāhīn, „Difāʿī ʿan al-mulḥidīn... mawḍūʿī!,“ *Nahḍat Miṣr*, 23.09.2004) und al-Bannās (Ğamāl al-Bannā und ʿImād Sayyid Aḥmad, „Rafaḍtu al-inḍimām li-«al-Iḫwān al-muslimīn» li-annanī kuntu arā nafsī ʿalmānīyan,“ *al-Miṣrī al-yawm*, 20.12.2010).

15 Vgl. die Aussage Ṣalāḥ ʿĪsās, er sei säkular(istisch)er Muslim, Kapitel „Ein politischer Skandal und die Reaktionen der ägyptischen Presse (2006)“.

Aus einer akteurs- und machtzentrierten Perspektive ließe sich argumentieren, dass die sogenannten Säkularisten den Kampf um die Deutungshoheit des Begriffs *al-ʿalmānīya* verloren haben.[16] Während sie eigene Themen diskutieren – beispielsweise unter dem Titel *tanwīr* (enlightenment)[17] – bleibt die Frage, worin das Problem der Säkularismuskritiker besteht.

Verzicht auf Einteilung in intellektuelle Lager

Aus dem Ansatz, eine Definition von Säkularismus offen zu lassen, ergibt sich eine prinzipielle Vorsicht, Autoren einem pro- oder kontra-säkularistischen Lager zuzuordnen.[18] So lässt sich beispielsweise der Widerspruch vermeiden, dass ein überwiegend säkularismuskritisch argumentierender Intellektueller wie Muḥammad ʿImāra als „Vertreter eines tendenziell säkularisierten Staats- und Politikverständnisses" behandelt werden kann, während er andernorts als Neo-Fundamentalist eingeordnet wird.[19]

Auch allgemeinere Einteilungen von Intellektuellen – etwa in konservativ und progressiv – ließen sich nur in wenigen eindeutigen Fällen sinnvoll anwenden.[20] An einigen Stellen wird von säkularismuskritischen oder -affirmativen Positionen die Rede sein, ohne damit eine verallgemeinernde Zuordnung eines Autors vornehmen zu wollen. Damit soll der Anschein vermieden werden, es handle sich um einen Konflikt, bei dem zwei Akteursgruppen ausschließlich gegensätzliche Ansichten zu ein und demselben Thema hätten. Dass bei eindeutigen Lagerzuordnungen Vorsicht angebracht ist, zeigt sich auch, wenn man bedenkt,

(1) dass klassische sunnitische Gelehrte wie Abū Ḥāmid al-Ġazālī (1058–1111) und Ǧalāl ad-Dīn as-Suyūṭī (1445–1505) die Meinung vertraten, Gelehrte sollten sich von Herrschern

---

16 Vgl. die Beobachtung, dass ein Säkularismus-Befürworter wie Farağ Fūda in den 1980er Jahren zurückhaltender bei der Begriffsverwendung wurde (Gudrun Krämer, *Gottes Staat als Republik* (Baden-Baden: Nomos, 1999), 47, Anm. 142).

17 Vgl. Mona Abaza, „Tanwir and Islamization," *Cairo Papers in Social Science*, 22, Nr. 4 (1999): 85–117.

18 Vgl. auch die Kritik in Andrew M. Wender, „Beyond Resurgent 'Islamists' and Enlightened 'Secularists'," *Sociology of Islam*, 2, 3–4 (2014): 268–282.

19 Vgl. Krämer, *Gottes Staat als Republik*, 48 versus Flores, „Secularism, Integralism and Political Islam: The Egyptian Debate", 34. Die potenziellen Erkenntnisvorteile einer externen Definition von Säkularismus und Fundamentalismus sollen nicht infrage gestellt werden.

20 Dass eine ähnliche Einteilung (Reformer, Traditionalisten und Modernisten) auch erkenntnisreich durchgehalten werden kann, belegt Stephan Conermann, *Muṣṭafā Maḥmūd (geb. 1921) und der der* modifizierte islamische Diskurs *im modernen Ägypten* (Berlin: Klaus Schwarz Verlag, 1996) im Rahmen der Analyse eines „*modifizierte[n] islamische[n] Diskurs[es]* im modernen Ägypten".

(*salāṭīn*) fernhalten – und dass mancher zeitgenössische, säkularismuskritische (!) Autor ihnen zustimmt;[21] und

(2) dass der 1992 ermordete, pro-säkulare Publizist Farağ Fūda[22] betont hatte, mit Säkularismus als Trennung von Religion und Politik sei nicht die Ablehnung von „Religionen" gemeint, sondern abgelehnt würden „Männer der Religion [insbesondere Gelehrte], die in dieser Rolle staatliche Politik verwalten und ausrichten"[23]. Dabei betonen selbst ausgesprochene Säkularismuskritiker, sie seien gegen eine Theokratie im Sinne einer Herrschaft der Religionsgelehrten.[24]

Der Verzicht auf die Annahme einer stabilen Islam-Säkularismus-Front mit zwei Lagern kann den Blick dafür frei machen, dass ein und derselbe Autor in Bezug auf Säkularismus nicht immer dieselbe Position einnimmt, sondern je nach Kontext und Definition von *al-ʿalmānīya* verschiedene Problemfragen aufwirft. Um diese Fragen herauszuarbeiten, ist die gewählte Form der Darstellung des Säkularismus-Diskurses so weit wie möglich themen- und nicht autorenbezogen (Kapitel 2–4).[25]

Zur Begriffsgeschichte

Ziel dieser Arbeit ist nicht, eine Geschichte des Begriffs *al-ʿalmānīya* zu schreiben.[26]

---

21 Vgl. as-Suyūṭīs *Mā rawāhu al-asāṭīn fī ʿadam al-mağīʾ ilā as-salāṭīn* sowie al-Ġazālīs *Iḥyāʾ ʿulūm ad-dīn*, u. a. Abschnitt *Fī Āfāt al-ʿilm wa-bayān ʿallāmāt ʿulamāʾ al-āḫira wa ʿulamāʾ as-sūʾ* (Abū Ḥāmid Muḥammad al-Ġazālī, *Iḥyāʾ ʿulūm ad-dīn*, 4 Bde. (Beirut: Dār al-Maʿārif, 1982), 1:58 ff., insbesondere 68 ([...] أن يكون مستقصيا عن السلاطين) sowie Fahmī Huwaydī: *Bayna al-ʿulamāʾ wa-l-umarāʾ*. in: Fahmī Huwaydī, „Bayna al-ʿulamāʾ wa-l-umarāʾ," in *at-Tadayyun al-manqūṣ*, 131–141.

22 Im ägyptischen Dialekt ausgesprochen Fōda, bei anderen Autoren Fawda. Die hocharabische Wiedergabe als Fūda im Anschluss an Meir Hatina, *Identity politics in the Middle East* (London, New York: Tauris Academic Studies, 2007), die ein Interview mit Fūdas Schwester führte.

23 Farağ Fūda, *al-Wafd wa-l-Mustaqbal* (Kairo: Maṭābiʿ siğill al-ʿarab, 1983), 74 (إنكار لدور رجال الدين ، بصفتهم رجال دين فى إدارة سياسة الدولة أو توجيهها).

24 Für Details und Quellenangaben vgl. neben dem Kapitel 3 auch das Kapitel „Ein politischer Skandal und die Reaktionen der ägyptischen Presse (2006)" und das Kapitel „Der muslimische Intellektuelle als Sprecher zu Säkularismus und Islam".

25 Dass dennoch über weite Teile der Studie konkrete Autoren genannt werden, hängt unter anderem mit der Notwendigkeit zusammen, die Aussagen zu belegen und im Sinne besserer Lesbarkeit zunächst darzustellen, was von wem gesagt wird.

26 Dessen historische Entwicklung lässt sich anhand der vorhandenen Literatur nur grob rekonstruieren. Vgl. u. a. Flores, *Säkularismus und Islam in Ägypten*, 10f.; Reinhard Schulze, „Die Dritte Unterscheidung: Islam, Religion und Säkularität," in *Religionen – Wahrheitsansprüche – Konflikte*, Hg. Walter Dietrich et al. (Zürich: TVZ Theol. Verl., 2010): 147–205, 200f.; Fritz Steppat, „Säkularisten und Islamisten: Ein Kategorienversuch in Ägypten," *asien, afrika, lateinamerika*, 19, Nr. 4 (1991): 699–704.

Für ein Vorverständnis von *al-ʿalmānīya* als historischem Begriff soll es genügen, auf einige Eckpunkte zu verweisen: Die erste Erwähnung findet sich wohl in der Übersetzung des französischen *laïque* (erklärt als *qui n'est point ecclésiastique ni religieux*) im Nachgang der Napoleonischen Ägyptenexpedition (1798–1801): Durch den Dragomanen des französischen Corps und späteren Arabisch-Lektor Ilyās Buqṭur (Ellious Bocthor) fand der Begriff in den 1820er Jahren als *ʿāl(a)mānī* (sowie *ʿāmmī*[27]) Einzug in ein französisch-arabisches Wörterbuch.[28]

Ab Mitte des 19. Jahrhunderts beginnt der Begriff sich zu verbreiten – geprägt durch christliche Gegner von Gruppierungen wie den Freimaurern.[29] Gleichzeitig finden sich christliche Intellektuelle, die sich ausdrücklich mit Säkularismus identifizieren.[30] Für islamische Kreise lässt sich *ʿalmānī* als negativ konnotierter Begriff um die Jahrhundertwende nachweisen.[31]

In der panislamischen Zeitschrift *al-Manār* (1898–1940) finden sich nur wenige, durchweg negativ konnotierte Einträge zu *al-ʿalmānīya* und weiteren lexikalischen Varianten (*ʿalmānī*, *ʿalmānīyūn* etc.).[32] Erst in der zweiten Hälfte des 20. Jahrhunderts scheint der Begriff weite Verbreitung gefunden zu haben. Als

---

27 *Gemein* – wohl im Sinne von gemeinem Laienvolk gegenüber den klerikalen Spezialisten der Religion.

28 Vgl. Ellious Bocthor, *Dictionnaire français-arabe*, 2 Bde. (Paris: Didot, 1827/29), 2:3. Für einen soziologischen Zugang ist wichtig, dass sich auf Buqṭur und sein Werk immer noch bezogen wird, z. B. in ʿImāra, *aš-Šarīʿa al-islāmīya wa-l-ʿalmānīya al-ġarbīya*, 23. Anzunehmen ist, dass sich die heutige (negative) Konnotation eher auf die englische Übersetzung von *secularism* bezieht, wobei Religionskritik oft zu Religionsfeindlichkeit aufgerundet wird, vgl. ʿImāra, *al-Islām wa-s-siyāsa*, 55.

29 Reinhard Schulze, „Die Dritte Unterscheidung: Islam, Religion und Säkularität", 200 nennt den türkisch-libanesischen Jesuiten Louis Cheikhô (1859–1927) und dessen Werk *al-Aḥkām al-ʿaqlīya fī madāris al-ʿalmānīya al-lādīnīya* (1910).

30 Vgl. Yared, *Secularism and the Arab world*, insbes. 42–65. Reinhard Schulze, „Die Dritte Unterscheidung: Islam, Religion und Säkularität", 200f., nennt den koptischen Intellektuellen Salāma Mūsā (1887–1958) und weist auf den Denkzusammenhang von *al-ʿalmānīya* und *socialism* hin. Vgl. auch Fatḥī al-Qāsimī, *al-ʿAlmānīya wa-ṭalāʾiʿuhā fī Miṣr* (Kairo: Dār wa-maṭābiʿ al-mustaqbal, 1999), zu Mūsā sowie zu den libanesisch-christlichen Publizisten Faraḥ Anṭūn und Šiblī Šumayyil, die in Ägypten publizistisch wirkten.

31 Vgl. die Kritik von Muḥammad Naǧīb Ḥaffār, „al-Ilḥād fī al-madāris al-ʿalmānīya," *al-Manār*, 14, Nr. 7 (1911): 544–548, an einer „säkularistischen, nicht-religiösen", aber beliebten französischen Schule in Beirut.

32 Der mir vorliegende Volltext der zweiten Auflage lässt sich nach entsprechenden Schlagwörtern abfragen.

Lexem wurde *'almānī* erst 1950 durch die Sprachakademie in Kairo in das offizielle arabische Wörterbuch Ägyptens (*al-Wasīṭ*) aufgenommen.[33]

Die im Rahmen dieser Studie untersuchten Quellen zeigen für die 1970er Jahre erneut ablehnende Bemerkungen zum Phänomen Säkularismus, expliziert als *al-'almānīya* bzw. *'almānī* (säkularistisch)[34]. Explizit pro-säkularistische, politisch intendierte Äußerungen finden sich noch in der ersten Hälfte der 1980er Jahre.[35]

Für die arabistische Forschung interessant wurden vor allem öffentliche Auseinandersetzungen aus der zweiten Hälfte der 1980er und den frühen 1990er Jahren sowie die zugehörigen Publikationen in Form von Aufsätzen und Büchern.[36] Diese Auseinandersetzungen markieren einen vorläufigen Höhepunkt des öffentlich nunmehr ausführlich diskutierten Phänomens (und nicht nur Begriffs) *al-'almānīya.*[37]

Für ein Vorverständnis des historischen Kontexts der Genese des Themas und Phänomens *al-'almānīya* mögen an dieser Stelle einige mögliche Erklärungen genügen:

(1) die zunehmende Verbreitung des politischen Islam in den 1970er Jahren, einschließlich der Konversion ehemals linkspolitischer Intellektueller;[38]

---

33 So heißt es zumindest bei Rif'at as-Sa'īd, *al-'Almānīya bayn al-Islām wa-t-ta'aslum* (Kairo: al-Ahālī, 2001), 12. Die semantische Erläuterung von *al-'almānī* in einer heute erhältlichen Ausgabe des al-Wasīṭ scheint sich auf die o.g. französische Definition zu beziehen: „Differenz des Religiösen bzw. Priesterlichen" (*ḫilāf ad-dīnī aw al-kahnūtī*). Vgl. Ibrāhīm Muṣṭafā et al., Hrsg., *Mu'ğam al-Wasīṭ* (Istanbul: al-Maktaba al-islāmīya, o. J.), 624.

34 Vgl. den Abschnitt Muḥammad Salīm al-'Awwā, *Fī an-niẓām as-siyāsī li-d-dawla al-islāmīya* (Kairo: Dār aš-Šurūq, 2008), 134f.; Yūsuf al-Qaraḍāwī, *al-Ḥulūl al-mustawrada wa-kayfa ğanat 'alā ummatinā* (Kairo: Maktabat Wahba, 1993), 47 ff., 118f.

35 So Farağ Fūdas Versuch, die Wafd-Partei in ihrer Programmatik zu reformieren. Vgl. Fūda, *al-Wafd wa-l-Mustaqbal*, 74–77.

36 Vgl. die Angaben im Kapitel „Eine Podiumsdiskussion zu Islam und Säkularismus (1989)", Anm. 1. Im weiteren Sinne sind damit auch retrospektiv mit Säkularismus in Verbindung gebrachte Auseinandersetzungen wie die zwischen Faraḥ Anṭūn und Muḥammad 'Abduh (1902/03) gemeint, vgl. Alexander Flores, „Reform, Islam, Secularism," in *Entre Réforme social et mouvement national*, Hg. Alain Roussillon (Kairo: CEDEJ, 1995): 565–576, oder die Auseinandersetzung um 'Alī 'Abd ar-Rāziqs Werk *al-Islām wa-uṣūl al-ḥukm* (1925), vgl. das Kapitel „Ideale islamische Ordnung und reale Islamisten".

37 Vgl. Flores, „Secularism, Integralism and Political Islam: The Egyptian Debate" und ausführlich: Flores, *Säkularismus und Islam in Ägypten.*

38 Aus einer Fülle von Literatur vgl. Andreas Meier, *Der Politische Auftrag des Islam* (Wuppertal: Hammer, 1994), 347 ff., mit ausführlichen Textbelegen und Tibi, *Die Krise des modernen Islams*, insbesondere die These einer kulturellen Rückbesinnung (69f.). Zu intellektueller Konversion

(2) damit einhergehend die retrospektive Gleichsetzung von Nasserismus, Kommunismus bzw. Sozialismus, Marxismus, Materialismus, arabischem Nationalismus und Liberalismus mit Säkularismus durch dessen Kritiker;[39]

(3) die Kooptation islamismuskritischer (‚säkularistischer') Intellektueller gegen eine islamistische Opposition insbesondere während des Mubarak-Regimes – mit der Folge konfliktartiger Auseinandersetzungen.[40]

Die Rolle der Intellektuellen

In dieser Untersuchung wird davon ausgegangen, dass die Realität der Gesellschaft nicht nur aus konkreten gesellschaftlichen Strukturen besteht, sondern dass auch öffentliche Kommunikation gesellschaftliche Realität mitträgt und reproduziert.

Die Grenzen dessen, was sich wissen, sagen und öffentlich kommunizieren lässt, werden m. E. durch prominente Intellektuelle mitexpliziert. Publizisten – in diesem Fall Intellektuelle und Gelehrte – sind zwar nicht die einzigen öffentlichen Beobachter und sie verfügen nicht über die Macht, konkrete politische

vgl. Hānī ʿAlī Nasīra, *al-Ḥinīn ilā as-samā'* (Beirut: Markaz al-ḥaḍāra li-tanmiyat al-fikr al-islāmī, 2010); Reinhard Schulze, „Muslimische Intellektuelle und die Moderne" und Alexander Flores, „Egypt: A New Secularism?," *Middle East Report,* Nr. 153 (1988): 27–30 (27); in dieser Studie betrifft dies die Intellektuellen Ṭāriq al-Bišrī, Ḥasan Ḥanafī, Muḥammad ʿImāra und ʿAbd al-Wahhāb al-Missīrī.

39 Vgl. u. a. die Behandlung von Marxismus bzw. Materialismus als Säkularismus in Muḥammad ʿImāra, *at-Tafsīr al-mārksī li-l-Islām* (Kairo: Dār aš-Šurūq, 1996); ʿImāra, *aš-Šarīʿa al-islāmīya wa-l-ʿalmānīya al-ġarbīya,* 60 ff.; ʿAbd aṣ-Ṣabūr Šāhīn, Hrsg., *Qiṣṣat Abū Zayd wa-nḥisār al-ʿalmānīya fī ǧāmiʿat al-Qāhira* (Kairo: Dār al-iʿtiṣām, [1994]); Liberalismus als Säkularismus in al-Qaraḍāwī, *al-Ḥulūl al-mustawrada wa-kayfa ǧanat ʿalā ummatinā,* 43 ff.; Kommunismus als Säkularismus in Muḥammad Quṭb, *al-ʿAlmānīyūn wa-l-Islām* (Kairo: Dār aš-Šurūq, 1994), 5, 44, 58. Für eine Retrospektive auf die Zeit vor 1952 vgl. as-Sayyid Aḥmad Faraǧ, *Ǧuḏūr al-ʿalmānīya. al-Ǧuḏūr at-tārīḫīya li-ṣ-ṣirāʿ baynal-ʿalmānīya wa-islāmīya fī Miṣr munḏu al-bidāya wa-ḥatā ʿām 1948* (al-Manṣūra: Dār al-Wafā', 1985).

40 Vgl. Abaza, „Tanwir and Islamization", 90; Christopher Hayes, „Die Zivilgesellschaft, der islamische Staat und die Demokratisierung," in *Staat und Zivilgesellschaft in Ägypten,* Hg. Ferhad Ibrahim (Münster u. a.: Lit, 1995): 10–30; zu Kooptation als Dilemma politischer Opposition unter Mubarak vgl. Marion Wille, *Spielräume politischer Opposition in Ägypten unter Mubarak* (Hamburg: Lit, 1993), 37 ff.

Entscheidungen kausal zu beeinflussen.[41] Für diese Studie sind sie, wie noch zu zeigen sein wird, dennoch zentral.[42]

Vorausgesetzt wird, dass die Bekanntheit eines Autors mit der gesellschaftlichen Relevanz der Themen zusammenhängt, die dieser Autor aufgreift. Es geht nicht darum, ob ein bestimmter Autor eine Mehrheitsmeinung vertritt oder nicht, sondern darum, dass die hier ausgewählten Autoren über ihre Themensetzungen gesellschaftlich relevante Fragen aufgreifen bzw. deren Diskussion anstoßen.

Dementsprechend geht es im Folgenden nicht um Nischendebatten einer intellektuellen Elite. Es geht vielmehr darum, welche Optionen bei der öffentlichen Verortung gesellschaftlicher Fragen zu Säkularismus und Islam in Ägypten zur Verfügung stehen. Die Gegenüberstellung verschiedener Perspektiven dient sowohl zur Klärung der Frage, wie gesellschaftliche Realität konstruiert wird, als auch dem Ziel, die Grenzen diskursiv gebundener Denkmöglichkeiten aufzuzeigen.

Gewichtet werden soll nicht, wie reflektiert ein Autor das erörtert, was er mit *al-ʿalmānīya* bezeichnet. Für die meisten Autoren erscheint *Säkularismus* als unmittelbar zugängliches, objektiv gegebenes Phänomen[43] und wird nur in wenigen Fällen als zu definierender Begriff behandelt.[44] Stattdessen sollen die verschiedenen Perspektiven auf *al-ʿalmānīya* als interne Beschreibungen der ägyptischen Gesellschaft angesehen werden.

---

41 Man bedenke aber die Führungsposition Ṭāriq al-Bišrīs bei der ersten Verfassungsänderung, um die Parlamentswahlen nach dem Rücktritt Mubaraks zu ermöglichen; oder die leitende Position Muḥammad ʿImāras bei der Formulierung staatlicher Identität im Verfassungsentwurf aus dem Jahr 2012.

42 Vgl. die Schlussfolgerung am Ende des Kapitels „Ein politischer Skandal und die Reaktionen der ägyptischen Presse (2006)“ sowie das Kapitel „Der muslimische Intellektuelle als Sprecher zu Säkularismus und Islam“.

43 Zum Teil gilt dies auch für Sekundärliteratur. Dementsprechend können Erkenntnisse über Säkularismus und Islam *an sich* – vgl. u. a. Talal Asad, „Thinking about Secularism and Law in Egypt,“ *ISIM Papers*, Nr. 2 (2001); Talal Asad, *Formations of the Secular* (Stanford: Stanford University Press, 2003); Flores, „Egypt: A New Secularism?“; Gudrun Krämer, „Zum Verhältnis von Religion, Recht und Politik,“ in *Säkularisierung und die Weltreligionen*, Hg. Hans Joas et al. (Frankfurt a.M.: Fischer, 2007): 172–193; Abdullahi A. An-Naim, „Re-affirming Secularism for Islamic Societies,“ *New Perspectives Quarterly*, 20, Nr. 3 (2003): 36–45; Tibi, „Islam and Secularization“ – nicht ohne Weiteres übernommen werden.

44 Vgl. neben Ǧamāl al-Bannā und Ḥasan Ḥanafī insbesondere ʿAbd al-Wahhāb al-Missīrī.

Auswahl der Publikationen

In die Untersuchung einbezogen werden Publikationen ägyptischer Autoren – insbesondere solcher mit hohem Bekanntheitsgrad –, die den Begriff *al-ʿalmānīya* und dessen unmittelbare Ableitungen *explizit* in Titeln von Monographien und Artikeln verwenden.[45]

Untersucht werden Publikationen seit den 1970er Jahren bis ins Jahr 2012, die in ägyptischen Bibliotheken oder als Neuauflage in Buchhandlungen erhältlich sind, sowie Artikel, die online oder in ägyptischen Archiven zur Verfügung stehen.[46] Kaum bekannte sowie nicht-ägyptische Autoren finden nur am Rande Beachtung.[47]

Zu erwähnen ist, dass die untersuchten Autoren einer Generation angehören, die überwiegend in den 1920er und 30er Jahren geboren wurde, deren Veröffentlichungen aber nach wie vor prägend sind.[48]

Hinweis: Die Umschrift des Arabischen orientiert sich an den Regeln der Deutschen Morgenländischen Gesellschaft.

45 Ergiebig genutzt wurden vor allem Publikationen von Ǧamāl al-Bannā, Ḥasan Ḥanafī, Fahmī Huwaydī, Muḥammad ʿImāra, ʿAbd al-Wahhāb al-Missīrī und Yūsuf al-Qaraḍāwī.

46 Zusätzlich zu öffentlichen Archiven und Dokumentationsstellen in Kairo, insbesondere dem Centre d'Études et de Documentation Économiques, Juridiques et Sociales (CEDEJ), erhielt ich im Juni 2009 Zugang zum Archiv von al-Ahram und al-Miṣrī al-yawm.

47 Vgl. fundierte Arbeiten wie Ḥaydar Ibrāhīm ʿAlī, *al-ʿAlmānīya* (Kairo/ Khartoum: Waḥdat as-sūdān awwalan, 2005); ʿAzīz al-ʿAẓma, *al-ʿAlmānīya min manẓūr muḫtalif* (Beirut: Markaz dirāsāt al-waḥda al-ʿarabīya, 1992) oder Ḥusnī, *ʿAlmānīyat al-Islām wa-t-taṭarruf ad-dīnī*, die – ginge es um eine rein argumentative, inhaltliche Analyse – eine eingehende Untersuchung verdient hätten.

48 Vgl. die Literaturhinweise in der Einleitung. Eventuell liegt es am gewählten begrifflichen Zugang und der damit verbundenen Generation von Publizisten, dass jüngere Intellektuelle kaum berücksichtigt werden. Andererseits könnte es an patriarchalen und konservativen Mechanismen innerhalb der ägyptischen Gesellschaft liegen, die einer symbolischen Neuerung durch jüngere Intellektuelle im Wege stehen.

2 Zwei Zugänge

2.1 Eine Podiumsdiskussion zu Islam und Säkularismus (1989)

In der zweiten Hälfte der 1980er und Anfang der 1990er Jahre fanden eine Reihe von öffentlichen Podiumsdiskussionen statt, an die sich emotional geführte Debatten in den ägyptischen Massenmedien anschlossen.[1] In diesen Auseinandersetzungen wurde faktisch, wenngleich nicht immer explizit, versucht, das Verhältnis von Islam und Säkularismus zu bestimmen. Zu einer bemerkenswerten Podiumsdiskussion kam es 1989 unter dem Titel *al-Ḥiwār ḥawla al-islāmīya wa-l-ʿalmānīya* (Dialog über Islamismus [bzw. Islamizität][2] und Säkularismus [bzw. Säkularität]).[3]

Im Folgenden soll diese Podiumsdiskussion in ihren Argumentationslinien nachgezeichnet werden, um einen ersten Zugang zum ägyptischen Säkularismus-Begriff und damit verbundenen diskursiven Problemfeldern zu erhalten. Als Quelle dient die Transkription der Redebeiträge, die Muḥammad ʿImāra – selbst einer der Teilnehmer – herausgegeben und um einen einführenden Artikel ergänzt hat.[4]

Es handelt sich um eine Veranstaltung an der Universität Kairo, zu der neben ʿImāra auch Ṭāriq al-Bišrī, Muḥammad Salīm al-ʿAwwā, Fahmī Huwaydī, Maḥǧūb ʿUmar, Saʿd ad-Dīn Ibrāhīm, ʿAlī ad-Dīn Hilāl und Mahdī al-Ḥāfiẓ eingeladen

1 Vgl. Filali-Ansary, „The debate on secularism in contemporary societies of Muslims"; Flores, „Secularism, Integralism and Political Islam: The Egyptian Debate"; Alexander Flores, „Die innerislamische Diskussion zu Säkularismus, Demokratie und Menschenrechten"; Najjar, „The debate on Islam and secularism in Egypt"; ausführlich Flores, *Säkularismus und Islam in Ägypten* sowie als Nachzeichnung einer Podiumsdiskussion Gallagher, „Islam v. Secularism in Cairo: An Account of the Dar al-Hikma Debate". Zu arabischen Primärquellen vgl. al-Bišrī, *al-Ḥiwār al-islāmī al-ʿalmānī*, zwei Konferenzen im Jahre 1989 kommentierend. Wortwörtliche Textdokumentationen finden sich, neben dem im Folgenden besprochen Symposium, auch in al-Bahnasāwī, *al-Islām lā al-ʿalmānīya*; Ḫālid Muḥsin, Hrsg., *Miṣr bayna ad-dawla al-islāmīya wa-d-dawla al-ʿalmānīya* (Kairo: Markaz al-iʿlām al-ʿarabī, 1992); Muḥammad ʿImāra, Hrsg., *Miṣr bayna ad-dawla al-madanīya wa-d-dīnīya [1]* (Kairo: Maktabat Wahba, 2011) und Muḥammad ʿImāra, Hrsg., *Miṣr bayna ad-dawla al-madanīya wa-d-dīnīya [2]* (Kairo: Maktabat Wahba, 2011) für Podiumsdiskussionen aus dem Jahr 1992.

2 Der Nominalterminus *islāmīya* i. S. v. Islamizität ist im Arabischen selten.

3 Die Erstveröffentlichung in der Zeitschrift *Minbar al-Ḥiwar* (15/1989, 17–59) mit dem genannten Titel liegt mir nicht vor. Bei der im Folgenden zugrunde gelegten Ausgabe wird der Titel zugespitzt auf Akteure statt Paradigmen: Islamisten und Säkularisten.

4 Vgl. ʿImāra, *al-Ḥiwār bayna al-ʿalmānīyīn wal-l-islāmīyīn.*

DOI 10.1515/9783110462579-002

waren.[5] Bemerkenswert ist der zeitliche Abstand zwischen der Veranstaltung und ihrer Neupublikation: eine Diskussion der 1980er Jahre wird von ʿImāra und dem etablierten Verlag Nahḍat Miṣr im Jahr 2000 und in zweiter Auflage 2005 für veröffentlichungswürdig gehalten.[6]

Schon der Einstieg in die Diskussion verdeutlicht, inwiefern nicht nur die mangelnde Eindeutigkeit der Unterscheidung von Islam und Säkularismus und die Zuordnung der jeweiligen Vertreter Probleme aufwirft. Eine anfängliche Bemerkung des Moderators Fāḍil Rasūl lässt erahnen, wie konfliktträchtig das gewählte Thema ist und wie sehr Rasūl eine dualistische Zuordnung zu einem islamischen bzw. nicht-islamischen Lager vermeiden will.[7] So heißt es, die Diskussionsteilnehmer seien „nicht als [jeweilige] Vertreter einer Richtung“[8] anzusehen. Daraus lässt sich nicht nur schließen, dass ein ideologischer Konflikt vermieden werden soll. Viel wichtiger erscheint, dass offensichtlich kein Konsens darüber vorausgesetzt werden kann, wer hier eigentlich mit wem diskutiert. Insofern verwundert es nicht, dass die Verortung der Lager das erste Drittel der Diskussion ausfüllt.

Auch die explizite politische Korrektheit, mit der Moderator Rasūl darauf hinweist, dass er keinem Redner als Erstem das Wort erteilen möchte, scheint ein Indiz für die Brisanz der anstehenden Themen zu sein: Es könnten Ansichten geäußert werden, die sich nicht nur zur Stigmatisierung des Sprechers als anti-islamisch nutzen lassen, sondern auch negativ auf den Moderator zurückfallen. So geriete er, der dem ersten Sprecher das Wort erteilt, in die Gefahr, als Sympathisant oder Vertreter eines bestimmten Lagers angesehen zu werden. Der Moderator überlässt dementsprechend den Teilnehmern die Entscheidung, wer als erster spricht.

---

5 Maḥǧūb ʿUmar (eigentlich Raʾūf Naẓmī), 1932–2012: ägyptisch-koptischer Arzt, Kommunist, langjährig im palästinensischen Unabhängigkeitskampf aktiv; Saʿd ad-Dīn Ibrāhīm: Soziologe und Intellektueller/ Gesellschaftskritiker, Gründer des Ibn-Khaldun-Zentrums für Entwicklungsstudien; ʿAlī ad-Dīn Hilāl: damaliges Mitglied der Nationaldemokratischen Partei (NDP) Mubaraks, ehemaliger Minister für Jugend und Sport sowie Mediensekretär der NDP. Zu Mahdī al-Ḥāfiẓ liegen mir keine Informationen vor. Zu al-ʿAwwā, al-Bišrī, Huwaydī und ʿImāra vgl. die Kurzangaben im Anhang.

6 Noch im Jahre 2011, mehr als 20 Jahre später, veröffentlicht ʿImāra im renommierten Verlag Maktabat Wahba zwei ähnlich gelagerte Podiumsdiskussionen aus dieser Zeit, vgl. ʿImāra, *Miṣr bayna ad-dawla al-madanīya wa-d-dīnīya [1]*; ʿImāra, *Miṣr bayna ad-dawla al-madanīya wa-d-dīnīya [2]*. Hier allerdings nicht mit „Säkularisten“, sondern mit „*madaniyūn*“ (Weltlichen) als Opponenten.

7 Dies ist ebenso bei islamismuskritischen Teilnehmern zu beobachten.

8 Vgl. ʿImāra, *al-Ḥiwār bayna al-ʿalmānīyīn wal-l-islāmīyīn*, 30.

Sa'd ad-Dīn Ibrāhīm ergreift das Wort und thematisiert die Frage, wer eigentlich mit wem diskutiert. Er schlägt vor, zwei Strömungen zu unterscheiden: eine religiöse Strömung (*tayyār dīnī*) und eine weltliche, „zivile“[9] Strömung (*tayyār madanī*). Demgegenüber hält er die Verwendung der Kategorie *islamisch* für problematisch, da andere Vertreter als nicht-islamisch eingeordnet werden könnten.[10] Muḥammad 'Imāra widerspricht ihm. Er hält entgegen, dass *islāmī* (islamisch/Islamist) bei dieser Gegenüberstellung nicht bedeute, alle anderen seien Nicht-Muslime. Ein *islāmī* (hier: intellektueller Islam-Aktivist) wolle eine bestimmte Idee in die Praxis umsetzen. Sorgen müsse man sich vielmehr darum machen, dass häufig alle *islāmīyūn* in einen Topf geworfen würden.[11] Er sei außerdem gegen die Unterscheidung *madanī* (zivil)/ *dīnī* (religiös), denn der Islam beinhalte beides.[12] Ṭāriq al-Bišrī weist auf ein sprachpraktisches Problem hin: Selbst wenn man das (neutral konnotierte) *madanī* statt des (negativ konnotierten) *'almānī* verwende, hätte man ein paar Jahre später dasselbe Problem emotionaler Ablehnung durch Säkularismusgegner. Die eigentliche Frage liege nicht in der Bezeichnung. Vielmehr gehe es um die Frage, ob die gesellschaftliche Ordnung aus der Scharia hervorgehe und mit bestimmten religiösen Prinzipien verbunden sei oder ob sie einem positivistischen Interesse entspreche, das sich ausschließlich aus menschlicher Erfahrung speise.[13]

Auch der praktische Umgang mit Begriffen wird in der Diskussion thematisiert. 'Imāra, der *Säkularisten* und *Islamisten* gegenüberstellt, sieht auf beiden Seiten eine unsensible Begriffsverwendung und belegt dies mit Beispielen wie *māddīya* (Materialismus), *ilḥād* (Atheismus) und *mu'ādāt ad-dīn* (Antireligiosität).[14] Begriffliche Nahkampfwaffen (*asliḥa qitālīya*) nennt dies al-Bišrī und ergänzt Begriffe wie *taḫalluf* (Rückständigkeit) und *šāḏḏ fī at-tārīḫ* (geschichtswidrig), deren Verwendung er Säkularisten zuschreibt; auch die diskursive Praxis

9 Auf den Begriff *madanī* und die Übertragungsschwierigkeiten wird in den folgenden Kapiteln im Zusammenhang mit dem Konzept des *dawla madanīya* (ca.: zivil-bürgerlicher Staat) eingegangen.

10 Vgl. 'Imāra, *al-Ḥiwār bayna al-'almānīyīn wal-l-islāmīyīn*, 31 f.

11 Vgl. 'Imāra, *al-Ḥiwār bayna al-'almānīyīn wal-l-islāmīyīn*, 32–34. Wenige Jahre später wird der als Marxist und Säkularist kritisierte Naṣr Ḥāmid Abū Zayd eine solche Reduktion mit der These auf die Spitze treiben, es gebe keinen prinzipiellen Unterschied zwischen einem gemäßigten und einem extremistischen islamischen Diskurs.

12 Vgl. 'Imāra, *al-Ḥiwār bayna al-'almānīyīn wal-l-islāmīyīn*, 70.

13 Vgl. 'Imāra, *al-Ḥiwār bayna al-'almānīyīn wal-l-islāmīyīn*, 62 f.

14 Vgl. 'Imāra, *al-Ḥiwār bayna al-'almānīyīn wal-l-islāmīyīn*, 36.

des *takfīr*, des Für-ungläubig-Erklärens, gehört für al-Bišrī dazu.[15] Dabei ist für al-Bišrī die Bezeichnung bestimmter Muslime und deren Ansichten als *rückständig*, wie dies durch Säkularisten geschehe, schlimmer als *takfīr*:

> Denn das Wort Rückständigkeit versteht er [der Säkularist] im Sinne von geschichtswidrig. Ich denke, es gibt keine größere Form der Nihilierung; das ist gefährlicher als ein Für-ungläubig-Erklären. Denn [bei diesem] erklärt man einen Anwesenden für ungläubig, aber hier wird er [der Islamist] in seiner Existenz völlig abgelehnt und ihm damit perspektivisch jegliche Legitimität und Entwicklungsmöglichkeit entzogen.[16]

Unabhängig von der apologetischen Verteidigungshaltung, die al-Bišrī einnimmt und unabhängig davon, welche der hier konstruierten Gruppen (denen al-Bišrī und andere offenbar nicht selbst angehören möchten) über mehr Einfluss verfügt, lässt sich festhalten, dass gerade nicht von übereinstimmenden Definitionen ausgegangen werden kann. Die Diskussion reflektiert insofern die begrifflichen Deutungsmöglichkeiten innerhalb der ägyptischen Öffentlichkeit. Hierzu zählt auch ein asymmetrisch konstruierter Konflikt zwischen Islam(ismus) und Säkularismus bzw. deren Vertretern. Zum Problem wird dabei nicht nur die Form eines Entweder-Oder. Allgemein lässt sich auch beobachten: Wenn es einen Konflikt gibt, dann muss offenbar erst noch diskutiert werden, worum genau es dabei geht.

Reflektiert wird dementsprechend auch der *ʿalmānīya*-Begriff selbst. ʿAlī ad-Dīn Hilāl, der seine Ausführungen mit der *basmala*[17] beginnt, beobachtet eine generell negative Konnotation, die mit dem Begriff verbunden sei – als Anklage oder Beschimpfung werde dieser in der „islamischen Literatur" verwendet und sei ein Mittel politischen Kampfes geworden. Wie könne man also, fragt Hilāl, überhaupt eine Diskussion mit solch einem umstrittenen Begriff beginnen?[18]

---

15 Vgl. ʿImāra, *al-Ḥiwār bayna al-ʿalmānīyīn wal-l-islāmīyīn*, 64. Huwaydī hatte bereits vorher (54) bemerkt, dass lediglich die Gruppe at-Takfīr wa-l-hiǧra andere aus der Gemeinschaft der Muslime ausgeschlossen hätte. Eine erstaunliche Bemerkung, da Huwaydī mit den Schriften Sayyid Quṭbs, also eines früheren Vordenkers, vertraut ist, der mit seinem Entwurf eines revolutionären Islam nahegelegt hatte, die Mehrheit der Muslime sei ungläubig. Vgl. Sayyid Quṭb, *Maʿālim fi-ṭ-ṭarīq* (Kairo: Dār aš-Šurūq, 1979); Huwaydī, *al-Muftarūn*, 164–66.

16 ʿImāra, *al-Ḥiwār bayna al-ʿalmānīyīn wal-l-islāmīyīn*, 64:
فكلمة التخلف معناها لديه أن هذا نتوء شاذ فى التاريخ. وأظن أنه لا يوجد تنافى أكبر من هذا، فهذا أخطرمن التكفير، لأنك تكفر واحداً موجوداً، لكنك هنا تحكم عليه بالنفى الكامل وبعدم وجوده فى المستقبل، وبعدم شرعية وجوده فى إطار المستقبل و فى إطار النهوض.

17 Die arabische Abkürzung für „Im Namen des gnädigen und barmherzigen Gottes".

18 Vgl. ʿImāra, *al-Ḥiwār bayna al-ʿalmānīyīn wal-l-islāmīyīn*, 38.

In der Podiumsdiskussion selbst finden sich verschiedene Definitionen für Säkularismus: Moderator Rasūl sieht Säkularismus nicht als Positionierung zu Religion, sondern zum Staat. Dementsprechend gehe es nicht um Glauben; vielmehr könne man gläubig sein und trotzdem einen säkular(istisch)en Standpunkt in Bezug auf Politik haben.[19] ʿImāra unterscheidet zwischen einem Säkularismus, der „bei der Trennung von *dīn* und *dawla* halt macht" und einem revolutionären Säkularismus (*ʿalmānīya ṯawrīya*), der „Verstand und Gesellschaft von Glauben und Religiosität entleert"[20]. Säkularismus sei zudem nicht zu verwechseln mit dem Begriff *dahrīya* im Sinne von Atheismus (*ilḥād*) bzw. Materialismus (*māddīya*), wie ihn noch Muḥammad ʿAbduh (1849–1905) gebraucht hatte.[21]

Hilāl weist darauf hin, dass *ʿalmānī* keine Selbstbezeichnung sei, sondern eine einseitige Fremdzuschreibung:

> Historische Tatsache ist, dass sich mit dem Wort Säkularist niemand selbst bezeichnet. Vielmehr benutzen es islamische Strömungen, wenn sie Verachtung und Geringschätzung gegenüber Andersdenkenden [zum Ausdruck bringen] wollen und nennen sie *ʿalmānīyūn*. Meiner Ansicht nach ist das ein wichtiger Punkt, bei dem wir achtsam sein müssen. Die Anderen geben sich selbst andere Bezeichnungen: *qawmīyūn* (Nationalisten), *lībirāliyūn* (Liberale), *dīmuqrāṭiyūn* (Demokraten), *ištirākiyūn* (Sozialisten) oder *nāṣirīyūn* (Nasseristen)... Ich kenne keine einzige politische Strömung, die sich selbst säkularistisch nennt. Liest man die Literatur der Revolution des 23. Juli [1952], findet man nicht, dass dieser Ausdruck gebraucht wird oder verbreitet ist. Wenn ich jetzt [Ende der 1980er Jahre] die im Umlauf befindliche politische Literatur lese, finde ich solche, die sich selbst Sozialisten, Demokraten, Liberale usw. nennen. Der Ausdruck Säkularismus kam natürlich hier und da in einigen Schriften vor und verwies hauptsächlich auf das Konzept der Gleichheit bzw. auf bürgerliche Gleichberechtigung. Ich glaube, dies zeigt, dass den Ausdruck *al-ʿalmānīya* eine der Gruppen zur Abwertung eingeführt hat. Hierher rührt die politische Semantik dieses Ausdrucks [...].[22]

19 Vgl. ʿImāra, *al-Ḥiwār bayna al-ʿalmānīyīn wal-l-islāmīyīn*, 37.
20 ʿImāra, *al-Ḥiwār bayna al-ʿalmānīyīn wal-l-islāmīyīn*, 34. Vgl. al-Missīrīs später entworfene Unterscheidung von partiellem und umfassendem Säkularismus (Kapitel „Kritik an einer säkularistischen Moderne (al-Missīrī)").
21 Vgl. ʿImāra, *al-Ḥiwār bayna al-ʿalmānīyīn wal-l-islāmīyīn*, 73. Zu ʿAbduh und *dahrīya* vgl. u. a. dessen Übersetzung der Schrift Ǧamāl ad-Dīn al-Afġānīs gegen „materialistische" und „naturalistische" Denker, die im arabischen Text mehrfach als *dahrīyūn* widergegeben werden.
22 ʿImāra, *al-Ḥiwār bayna al-ʿalmānīyīn wal-l-islāmīyīn*, 59 f.:
كواقعية تاريخية ، أن كلمة العلمانيين لا أحد يصف نفسه بها. وإنما تستخدمها التيارات الإسلامية عندما تريد هذه الأخيرة ازدراء وتحقير مخالفيها فى الرأى فتسميهم بالعلمانيين. وفى رأيى أن هذه المسألة مهمة ويجب أن ننتبه لها. الآخرون يسمون أنفسهم مسميات أخرى. قوميين ، ليبراليين ، ديمقراطيين ، اشتراكيين ، أو ناصريين ... أنا لا أعرف تياراً سياسياً واحداً ، يسمى نفسه علمانياً ، وعندما نقرأ أدبيات ثورة ٢٣ يوليو لن نجد أن هذا التعبير مستخدم أو شائع. وعندما أقرأ الآن الأدبيات السياسية المتداولة ، سأجد من يسمون أنفسهم ، اشتراكيين ، ديمقراطيين ، ليبراليين إلخ ... تعبير العلمانية ورد بالطبع فى بعض الكتابات هنا وهناك وكان يشار بها أساساً إلى مفهوم المساواة والمواطنة. وأعتقد أن هذا يظهر أن تعبير العلمانية أطلقه أحد الفرقاء للازدراء. ومن هنا الدلالة السياسية لهذا التعبير [...].

Zudem sei der Anspruch gefährlich, eine einzige Wahrheit zu vertreten. „Wenn eine politische Strömung behauptet, im Besitz absoluter Wahrheit (*imtilāk al-ḥaqīqa al-muṭlaqa*) zu sein", so Hilāl, „hat sie bereits ihren Fuß auf den Weg zur Despotie (*istibdād*) gesetzt."[23]

Sprechen im Namen des Islam

Das Problem sei, so Hilāl, dass eine Meinung unkritisierbar werde, sobald sie als *islamisch* deklariert wird – im Gegensatz zu einer Meinung, die „ich mit meinem [individuellen] Verstand erarbeitet habe" (*iǧtahadtu bi-ʿaqlī*).[24] Ihm geht es demnach nicht nur um die Frage, inwiefern ein öffentlicher Sprecher – Einzelperson oder Organisation – Repräsentativität im Namen des Islam beanspruchen kann und welcher Geltungsanspruch damit verbunden ist. Es geht Hilāl um das Problem, das entsteht, wenn ein Geltungsanspruch als religiös exklusiv betrachtet wird und insofern kollektive Verbindlichkeit mit sich bringt. Wer nicht religiös argumentiert und seine eigene Subjektivität reflektiert, ist einem Sprecher mit Kollektivanspruch unterlegen.

Fahmī Huwaydī bemerkt an späterer Stelle, dass im sunnitischen Islam niemand beanspruchen könne, seine Worte seien heilig.[25] Vielmehr sei eigenes, individuelles Urteilen (*iǧtihād*) für jeden in der Gesellschaft zulässig.[26] Bemerkenswert ist, dass Huwaydī hier von *iǧtihād* spricht, also im engeren Sinne vom selbstständig erarbeiteten, islamrechtlichen Standpunkt eines entsprechend Qualifizierten. Hier zeigt sich die später zu diskutierende Rolle des muslimischen Intellektuellen, die Huwaydī an dieser Stelle einnimmt, und die damit zusammenhängende Frage, inwiefern ein solcher Sprecher den Islam repräsentiert.[27]

Diesbezüglich macht der eher säkularismuskritische al-ʿAwwā eine bemerkenswerte Aussage:

---

23 ʿImāra, *al-Ḥiwār bayna al-ʿalmānīyīn wal-l-islāmīyīn*, 60. Vgl. Murād Wahbas Idee eines globalen religiösen Fundamentalismus, dessen Vertreter als „Besitzer absoluter Wahrheit" aufträten, Murād Wahba, *Mallāk al-ḥaqīqa al-muṭlaqa* (Kairo: Dār qabāʾ, 1999), 225–30, – während Säkularität als relativistisches Denken und Vorbedingung von Aufklärung dagegenstehe.

24 Vgl. ʿImāra, *al-Ḥiwār bayna al-ʿalmānīyīn wal-l-islāmīyīn*, 61.

25 Vgl. ʿImāra, *al-Ḥiwār bayna al-ʿalmānīyīn wal-l-islāmīyīn*, 102. Huwaydī argumentiert mit historischem Anspruch: Das einzig mögliche Gegenbeispiel sei (der abbasidische Kalif) Abū Ǧaʿfar al-Manṣūr (714–775), dem jedoch niemand geglaubt habe.

26 Vgl. ʿImāra, *al-Ḥiwār bayna al-ʿalmānīyīn wal-l-islāmīyīn*, 104.

27 Vgl. das Kapitel „Der muslimische Intellektuelle als Sprecher zu Säkularismus und Islam".

> Ich bin völlig gegen Aussagen, der Islam vertrete diese Ansicht oder der Standpunkt des Islam sei so, auch wenn es sich dabei nur um [subjektive] Urteilsfindung (*iǧtihād*) handelt. [...]. Historisch entspricht dies nicht der Redeweise der muslimischen Gelehrten; im Lauf der [gesamten] Geschichte war ihre Devise [die des berühmten aš-Šāfiʿī]: Meine Ansicht ist richtig, möglicherweise [jedoch] falsch – die Ansicht eines Anderen ist falsch, möglicherweise [jedoch] richtig. Zu allem, was sie ohne Text[grundlage], [also] aufgrund ihrer Urteilsfindung als verboten ansahen, haben sie gesagt, ich verabscheue dies oder ich mag jenes. Man sagt, es wird nicht *ḥarām* gesagt, es sei denn, Gott hat dies gesagt und es wird nicht *ḥalāl* gesagt, es sei denn, Gott hat gesagt, es ist *ḥalāl*. [...] Insofern bin ich aus historischer Sicht dagegen, dass ein Mensch seine Ansicht dem Islam zuschreibt. Tatsache ist, dass eine Meinung möglicherweise falsch ist [...]; der einzige Nutzen, in der Tagespresse, Zeitung oder Zeitschrift zu sagen, der Islam sagt dies oder der islamische Standpunkt dazu ist das, liegt dagegen in politischer Rhetorik, die die Massen für sich gewinnen will [...].[28]

Ein solcher Diskurs, folgert al-ʿAwwā, sei dementsprechend nicht wissenschaftlich, sondern politisch. Al-ʿAwwā kommentiert in diesem Zusammenhang auch die Aussage Hilāls über den Zusammenhang zwischen einem Ausschließlichkeitsanspruch auf Wahrheit einerseits und Despotie andererseits.

Despotie und Diskursethik

Ansprüche auf Wahrheit betrachtet al-ʿAwwā nicht als Problem an sich; es sei vielmehr die Form der Auseinandersetzung, anhand derer sich despotische Verhältnisse erkennen ließen.

> Zu behaupten, im Besitz der Wahrheit zu sein, ist kein Weg in die Despotie (*istibdād*). Despotie ist, Anderen zu untersagen, dem zu widersprechen, was man als wahr behauptet. Wenn Sie mir irgendeine Idee vorlegen, ohne zu behaupten, Sie seien im Besitz der Wahrheit, aber dann will ich Ihrer Idee widersprechen und Sie verbieten mir, diese zu kritisieren, dann ist das Despotie par excellence. Behaupten Sie, was Sie wollen, und lassen Sie mir das Recht, Ihnen zu erwidern, was Ihrer Meinung widerspricht. Dies sage ich den Leuten, die behaupten, im Besitz der Wahrheit zu sein, [egal ob] islamisch, linkspolitisch, säkularistisch, liberal usw. Lassen Sie mich Ihren Worten widersprechen. Und wenn Sie mir dies erlauben, ist der Weg zur Despotie verschlossen. Aber wenn ich den Menschen verbiete

28 ʿImāra, *al-Ḥiwār bayna al-ʿalmānīyīn wal-l-islāmīyīn*, 87:
أنا معترض تماماً على أن يعبر بأن الإسلام يرى كذا وموقف الإسلام كذا حتى لو كان هذا مجرد اجتهاد. [...]، تاريخياً لم يكن هذا قول العلماء المسلمين على مدى التاريخ كان شعارهم رأى صواب يحتمل الخطأ ورأى غيرى خطأ يحتمل الصواب ، وكانوا يقولون فى كل ما يرونه حراماً بغير نص باجتهادهم أكره كذا وأحب كذا ويقول لا يقال حرام إلا لما قال الله إنه حرام ولا يقال حلال إلا لما قال الله إنه حلال، [...]، فأنا تاريخياً معترض على موضوع أن ينسب إنسان رأيه إلى الإسلام. الواقع أن الرأى يحتمل الخطأ [...]، لكنه لا ينفع فى الصحيفة اليومية والجريدة والمجلة أن تقول الإسلام يقول كذا والموقف الإسلامى يقول كذا إلا على مستوى الخطاب السياسى الذى يريد أن يجذب الجماهير [...].

> zu behaupten, sie seien im Besitz der Wahrheit, damit sie sich nicht despotisch verhalten, dann hat man den Karren vor das Pferd gespannt [und erreicht genau das Gegenteil].[29]

Auch al-ʿAwwā thematisiert somit einen Exklusivanspruch auf Wahrheit – und lehnt diesen mit Blick auf die politischen Folgen ab. Al-ʿAwwā distanziert sich nicht nur von Absolutheitsansprüchen, sondern auch von einem Universalitätsanspruch, der alle möglichen gesellschaftlichen Bereiche in eine islamische Form pressen will. So sei er gegen eine „islamische Landwirtschaft", „islamische Mode" oder „islamische Zeitrechnung"(!).[30] Thematisiert wird insofern auch die moderne Frage nach dem Wesen der Religion als eine Frage nach dem explizit Nicht-Religiösen: Was lässt sich als islamisch fassen und was kann als indifferent behandelt und entsprechend ignoriert werden? Damit zusammen hängt auch die Frage, welche religiösen Institutionen im Islam als heilig gelten. Wie für Huwaydī die Aussagen eines Sprechers, der sich auf den Islam bezieht, nicht unantastbar sind, so äußert ʿImāra, einer weiteren Aussage Huwaydīs zustimmend, dass im Islam auch „der Staat nicht heilig" sei (*lā qudsīya li-d-dawla*). Die Frage, worauf die Legitimität des Staates basierte, den Mohammed mit dem „Treuegelübde von Akaba" (*Bayʿat al-ʿAqaba*) gegründet hat, sei historisch eindeutig:

ʿImāras Argumentation legt nahe, dass es sich bei dem Abkommen zwischen Mohammed und seinen Anhängern nicht um einen religiösen, sondern um einen weltlichen Akt handelte. Der *dawla* (‚Staat'[31]) Mohammeds sei auf der Macht der Umma (*sulṭat al-umma*) gegründet, nicht jedoch auf derjenigen Mohammeds. Laut Überlieferung habe Mohammed auch bei alltäglichen Entscheidungen Befehle nie ohne Konsultation der Gläubigen erteilt.[32] Es geht demnach um die Frage, wie kollektiv bindende Entscheidungen im Allgemeinen (Verträge) und im Besonderen (Anordnungen) zustande kommen.

---

29 ʿImāra, *al-Ḥiwār bayna al-ʿalmānīyīn wal-l-islāmīyīn*, 87 f.:
زعم امتلاك الحقيقة ليس الطريق إلى الاستبداد ، الاستبداد هو الحجر على الآخرين فى نقض ما تزعم أنه حقيقة فإذا حضرتك قدمت لى أى فكرة دون أن تزعم أنك تمتلك الحقيقة ثم أردت أن أنقض فكرتك فحرمت علىّ أن أنقدها هذا هو الاستبداد بعينه ، ازعم أنت كما تشاء ، واترك لي حق الرد عليك بما ينقض رأيك. هذا ما أقوله للناس الذين يزعمون أنهم يمتلكون الحقيقة إسلامياً أو يسارياً أو علمانياً أو ليبرالياً أو ما شئت ، اتركنى أنقض كلامك فإذا سمحت لى بهذا فقد قفل الطريق أمام الاستبداد ، أما أن أمنع الناس من أن يزعموا امتلاك الحقيقة حتى لا يستبدون فهذه هى العربة أمام الحصان .

30 Vgl. ʿImāra, *al-Ḥiwār bayna al-ʿalmānīyīn wal-l-islāmīyīn*, 88.

31 Übersehen wird leicht – und wohl auch von ʿImāra selbst – dass es sich beim arabischen *dawla* im Kontext vormoderner politischer Ordnungen nicht um einen Staat im modernen Sinne handelt.

32 Vgl. ʿImāra, *al-Ḥiwār bayna al-ʿalmānīyīn wal-l-islāmīyīn*, 116, folgendes Hadith zitierend: „Wenn ich jemandem den Befehl übergebe, ohne die Gläubigen zu konsultieren (*mašūrat al-mu'minīn*), dann [nur] Ibn Umm ʿAbd." Vgl. Aḥmad Muḥammad Ibn Ḥanbal, *al-Musnad*, 19 Bde. (Kairo: Dār al-hadīṯ, 1995), 1:408, Hadith Nr. 566.

In diesem Zusammenhang steht eine kurze Bemerkung ʿImāras, die in ihrer Modernität bemerkenswert ist: In einer Demokratie der Muslime seien islamische Positionen entsprechend mehrheitsfähig und somit politisch entscheidend – denn die öffentliche Meinung sehe den Islam dann als Referenzrahmen, als *marǧiʿīya*, an.[33] Dies ist insofern interessant, als hier offenbar auf einen idealistischen Bezug auf offenbarte Wahrheit verzichtet und stattdessen empirisch argumentiert wird. Mit anderen Worten: In einer muslimischen Mehrheitsgesellschaft muss man nicht mehr Gott auf seiner Seite haben – es reicht die öffentliche Meinung.[34]

Rückständigkeit und Identität

Ein weiterer Themenkomplex der Podiumsdiskussion umfasst Fragen nach Rückständigkeit und gesellschaftlicher Entwicklung im Zusammenhang mit der Aneignung von Fremdem. Auch hier wird vorrangig der Umgang mit Begriffen reflektiert. Erneut fällt Muḥammad Salīm al-ʿAwwā durch seinen zielorientierten Pragmatismus auf. Während beispielsweise ʿAlī ad-Dīn Hilāl auf eine häufig geäußerte Apologetik Bezug nimmt und betont, dass gesellschaftliche Probleme eben nicht auf Folgen von Kolonialismus reduziert werden dürften, da es auch schon vorher Probleme gegeben habe, erwidert al-ʿAwwā, es sei nicht wichtig, wann der Niedergang islamischer Herrschaft begonnen habe. Diese Frage trage nicht dazu bei, die Probleme von morgen zu lösen.[35] Auch die Begriffe, mit denen Eigenes und Fremdes üblicherweise voneinander abgegrenzt werden, haben sich aus al-ʿAwwās Perspektive als überflüssig erwiesen: In der arabischen Öffentlichkeit zeitweise prominente Debatten wie die um *Authentizität* und *Gegenwart* (*aṣāla/ muʿāṣara*), *Fremdes* (*wāfid*, wörtl.: Angekommenes) und *Ererbtes* (*mawrūṯ*), *Erbe* und *Erneuerung* (*turāṯ/ taǧdīd*)[36] sowie *ʿalmānīya* und *Islam* würden „uns nirgendwohin führen". Wichtiger sei die Frage, was „unserer Umma, unserem Volk, unseren Söhnen und Töchtern"[37] nütze.

---

33 Vgl. ʿImāra, *al-Ḥiwār bayna al-ʿalmānīyīn wal-l-islāmīyīn*, 72. Für eine ähnlich Ansicht vgl. das Kapitel „Die Säkularität des Islam (al-Bannā)".

34 Vgl. Pierre Bourdieu, *Soziologische Fragen* (Frankfurt am Main: Suhrkamp, 1993), 214: „Ein Politiker ist einer, der sagt: »Gott ist mit uns«, wozu das zeitgemäße Äquivalent lautet: »Die öffentliche Meinung ist mit uns«."

35 Vgl. ʿImāra, *al-Ḥiwār bayna al-ʿalmānīyīn wal-l-islāmīyīn*, 48 f.

36 Vgl. beispielsweise Ḥanafīs Werk *at-Turāṯ wa-t-taǧdīd* (1981).

37 Vgl. ʿImāra, *al-Ḥiwār bayna al-ʿalmānīyīn wal-l-islāmīyīn*, 36.

Ähnlich pragmatisch äußern sich Fahmī Huwaydī und Saʿd ad-Dīn Ibrāhīm. Nach Huwaydī beurteilt eine „islamischer Standpunkt" nicht, was ererbt (und somit Tradition) ist, sondern unterscheidet zwischen nützlich (*ṣāliḥ*) und verdorben (*fāsid*).[38] Die Frage sei nicht, *woher* man etwas übernehme, sondern *was* es sei und wozu es diene. Insofern herrsche Offenheit gegenüber „anderen Ideen und Erfahrungen". Gesellschaftliche und wirtschaftliche Entwicklung sowie geistige Unabhängigkeit müssten das Ziel sein.[39] In ähnlicher Weise liegen für Saʿd ad-Dīn Ibrāhīm die eigentlichen Herausforderungen in der arabischen bzw. islamischen Einheit, in Demokratie und Partizipation, Gerechtigkeit und Entwicklung.[40]

Betrachtet man das eben Gesagte, so fallen Überschneidungen säkularismuskritischer und -affirmativer Perspektiven in Bezug auf gesellschaftliche Herausforderungen auf. Die mögliche Zuordnung Ibrāhīms oder auch Hilāls als Säkularisten ist hinterfragbar, da diese ähnlich pragmatische und durchaus proislamische Ziele verfolgen wie al-ʿAwwā oder, mit Abstrichen, Huwaydī.

Innerhalb der Diskussion wird auch das Problem religiöser Exklusivansprüche thematisiert. So wirft Ibrāhīm die Frage auf, ob es für jede Gemeinschaft (*umma*) nur einen einzigen Referenzrahmen (*marǧiʿīya*) gebe.[41]

Dieses Thema ist gesellschaftspolitisch relevant, denn es berührt den umstrittenen zweiten Artikel der ägyptischen Verfassung.[42] Bekanntermaßen legt die ägyptische Verfassung die Prinzipien der islamischen Scharia zwar als die *Haupt*quelle der Gesetzgebung fest,[43] schließt damit aber andere Quellen nicht völlig aus, eben weil es sich nur um Prinzipien handelt.[44] Ähnlich indirekt argumentiert auch Ibrāhīm und erinnert daran, dass Politiker wie „Saʿd Zaġlūl oder Nasser auch ohne den Islam die Menschen mobilisieren"[45] konnten.

---

38 Vgl. ʿImāra, *al-Ḥiwār bayna al-ʿalmānīyīn wal-l-islāmīyīn*, 44. ʿImāra unterscheidet hier zwischen *bidʿa* und *ibdāʿ*. *Bidʿa* ist demnach eine Erfindung, die den religiösen Konstanten (*ṯawābit*) etwas hinzufügt, ohne dass eine solche Hinzufügung notwendig sei; *ibdāʿ* sei all jenes, was mit weltlichen Dingen und dem Staat zu tun habe (113).

39 Vgl. ʿImāra, *al-Ḥiwār bayna al-ʿalmānīyīn wal-l-islāmīyīn*, 47 f.

40 Vgl. ʿImāra, *al-Ḥiwār bayna al-ʿalmānīyīn wal-l-islāmīyīn*, 92.

41 Vgl. ʿImāra, *al-Ḥiwār bayna al-ʿalmānīyīn wal-l-islāmīyīn*, 94. In analoger Weise äußert sich Hilāl, der fragt, ob ausschließlich die Religion als historisches Gedächtnis der Gesellschaft fungieren sollte (40).

42 Vgl. Clark B. Lombardi, *State law as Islamic law in modern Egypt* (Leiden: Brill, 2006), 123 ff. Zu Verfassungsartikel 2 und der Identität des Staates vgl. auch das Kapitel „Ein politischer Skandal und die Reaktionen der ägyptischen Presse (2006)".

43 Vgl. die amtliche Veröffentlichung: „Taʿdīl dustūr ǧumhūrīyat Miṣr al-ʿarabīya," *al-Ǧarīda ar-rasmīya*, Nr.26 (26.06.1980): 936–941 (937).

44 Dies beobachtet auch Fūda, *Ḥiwār ḥawla al-ʿalmānīya*, 8 f.

45 ʿImāra, *al-Ḥiwār bayna al-ʿalmānīyīn wal-l-islāmīyīn*, 97.

Bemerkenswert ist der Kommentar Maḥǧūb ʿUmars, der einwirft, Zaġlūl und Nasser hätten den Islam respektiert.[46] Offenbar geht es ʿUmar gar nicht um die Nicht-Religiosität politischer Strömungen, sondern um eine positive Einstellung gegenüber dem Islam, die als akzeptabel und somit nicht als säkularistisch erscheint.

In der gesamten Podiumsdiskussion geht es um Exklusivität im Zusammenhang mit einer gesellschaftlichen Verortung von Islam und Säkularismus und daran anschließend um die Frage, inwiefern Nicht-Religiöses und Religion einander begrenzen. Fast 20 Jahre später stellen sich – wiederum ausgehend von *al-ʿalmānīya* – zum Teil ähnliche, zum Teil ganz andere gesellschaftliche Fragen.

2.2 Ein politischer Skandal und die Reaktionen der ägyptischen Presse (2006)

Während in den Podiumsdiskussionen der 1980er und frühen 1990er Jahren noch von der Möglichkeit einer Konsensfindung in Sachen Säkularismus und Islam ausgegangen wurde, scheinen seitdem unmittelbare Auseinandersetzungen vermieden und öffentliche Äußerungen vorrangig über Massenmedien verbreitet zu werden.[1]

Aber auch bei dieser indirekten Form von öffentlicher Kommunikation kommt es zu Ereignissen, die verdeutlichen, welche gesellschaftliche Bedeutung der *ʿalmānīya*-Begriff in seiner Umstrittenheit noch immer besitzt.

Das Ereignis

Im Mai 2006 rufen Äußerungen des ägyptischen Premierministers Aḥmad Naẓīf[2] im Parlament und in den Massenmedien zum Teil heftige emotionale Reaktionen hervor. In einem Interview mit dem überregionalen arabischen Satellitenkanal al-ʿArabīya während des World Economic Forum in Scharm el-Scheich (20.– 22.05.2006) bemerkt Naẓīf, Ägypten sei

46 Vgl. ʿImāra, *al-Ḥiwār bayna al-ʿalmānīyīn wal-l-islāmīyīn*, 98.

1 Vgl. die Quellenangaben zu neueren Publikationen und Neuauflagen in der Einleitung.

2 Dass im Jahr 2006 das politische Regime unter Mubarak den historischen Kontext bildet und die genannten Personen ihre Ämter nicht mehr innehaben, wird im Folgenden vorausgesetzt. Die hier gewonnenen Erkenntisse zur ägyptischen Gesellschaft können jedoch in einem latent aktuellen Sinn verstanden werden.

ein säkular[istisch]er Staat, der Religion von Politik trennt [...].*[3]

Gleichzeitig unterstreicht er, dass die Prinzipien der islamischen Scharia Hauptquelle der Gesetzgebung seien – so wie in der ägyptischen Verfassung verankert.[4] Naẓīf selbst verbindet diese Aussage mit einer weiteren, die er nur zwei Tage vorher gemacht hatte:

„Den Islamisten, die [selbst] sagen, sie gehören einer illegalen Organisation [der Muslimbruderschaft] an, ist es gelungen, ins Parlament zu gelangen und so zu handeln, als ob sie eine politische Partei seien. Wir sollten scharf darüber nachdenken, wie wir diesen Vorgang verhindern."[5] Und an anderer Stelle ergänzend dazu: „Die Regierung kann es einzelnen Bürgern nicht untersagen, für das Parlament zu kandidieren, aber bei den Mitgliedern der Muslimbrüder ist es anders. Wir haben eine Geheimorganisation im Parlament. Es handelt sich nicht um Einzelpersonen"[6].

Für Naẓīf manifestiert sich die Säkularität Ägyptens demnach im Verbot von Parteien auf religiöser Grundlage.[7] Die ägyptische Muslimbruderschaft beschwert sich über die subtile Kampfansage, was al-ʿArabīya miteinander in Verbindung setzt und titelt: „Premierminister Ägyptens versichert ‚Säkularität' seines Landes – Kritik durch Muslimbrüder"[8]. Erst Tage später werden die Aussagen

---

* Aufgrund der Quellenlage (arabische Pressetexte) können in diesem Kapitel einige Aussagen nicht anhand von eindeutig als wörtliche Rede gekennzeichneten Zitaten belegt werden. Aussagen, die auf *qāla inna* (sagte, dass; sagte:), *awḍaḥa anna* (verdeutlichte, dass) u. ä. folgen, lassen sich sowohl als Wiedergabe wörtlicher als auch indirekter Rede interpretieren. Im Folgenden werden sie durch einen Asterisk (*) gekennzeichnet.

3 So geben ihn al-ʿArabīya und die ägyptische Presse wieder. (مصر دولةٌ علمانيةٌ تفصل الدين عن السياسة [...]). Hier nach „Ra'īs wuzarā' Miṣr yu'akkid „ʿalmānīyat" bilādihi wa-l-Iḫwān al-muslimūn yantaqidūnahu," http://www.alarabiya.net/Articles/2006/05/23/23994.htm, 23.05.2006.

4 In einem koptischen Online-Forum kommt die Frage auf, wie beide Aussagen zusammenpassen sollen. Vgl. Mrs 2ana 7or, http://www.freecopts.net/forum/showthread.php?t=1101, 25.05.2006.

5 Zitiert nach „al-Ḥukūma al-miṣrīya tabḥaṯ afkāran li-manʿ wuṣūl al-Iḫwān mustaqbalan ilā al-barlamān," *al-ʿArabīya (online)*, 21.05.2006:
الإسلاميون الذين يقولون إنهم ينتمون إلى منظمة غير مشروعة تمكنوا من دخول البرلمان والتصرف بطريقة تجعلهم يبدون كحزب سياسي... نحتاج إلى التفكير بوضوح بشأن كيف نمنع حدوث هذا .

6 So zitiert ihn der unabhängige Parlamentsabgeordnete und Chefredakteur der Wochenzeitung al-Usbūʿ Muṣṭafā Bakrī, „Ḫāriǧ niṭāq al-ḫidma," *al-Usbūʿ*, 29.05.2006:
إن الحكومة لا تستطيع سلب المواطنين كأفراد حقهم في الترشح للبرلمان لكن أعضاء الإخوان المسلمين مختلفون، لدينا تنظيم سري ممثل في البرلمان، إنهم ليسوا أفرادا.

7 Vgl. die Neufassung des Gesetzes über die Zulassung politischer Parteien (Nr. 177 v. 2005) sowie Artikel 5 der Verfassung in der Änderung von 2007.

8 „Ra'īs wuzarā' Miṣr yuakkid ‚ʿalmānīyat' bilādihi wa-l-Iḫwān al-muslimūn yantaqidūnahu".

Naẓīfs zu einem politisch-medialen Ereignis in Ägypten.[9] Im ägyptischen Parlament kommt es zu einem Eklat in Form von mehreren Eilerklärungen, insbesondere durch Vertreter der Muslimbruderschaft. Mufīd Šihāb, Ägyptens Minister für juristische und parlamentarische Angelegenheiten, und Parlamentspräsident Fatḥī Surūr greifen mit Gegenerklärungen ein und versichern, dass Naẓīf selbstverständlich im Unrecht sei, angesichts von Verfassungsartikel 2, der den Islam als Staatsreligion und die islamische Scharia als die Hauptquelle der Gesetzgebung festlege.[10] Der Azhar-Gelehrte ʿAbd al-ʿAẓīm al-Maṭʿanī (1931–2008) sieht in Naẓīfs Aussage einen möglichen Vorstoß in Richtung Verfassungsänderung.[11] Ṣafwat aš-Šarīf, Präsident des Konsultationsrats und Generalsekretär der Regierungspartei versichert, dass die Verfassung nicht angetastet worden sei.[12]

Kurze Zeit später greift offenbar Präsident Mubarak ein[13] und Naẓīf muss gegenüber der landeseigenen Nachrichtenagentur aš-Šarq al-Awsaṭ die offizielle Haltung der Regierung verkünden:

> Ägypten ist gemäß der Verfassung ein islamischer Staat [sic] und die Prinzipien der islamischen Scharia sind eine grundlegende Quelle der Gesetzgebung. Gleichwohl wird in Ägypten bei der Ausübung allgemeiner Rechte und Pflichten nicht zwischen den Bürgern hinsichtlich Geschlecht, Ursprung, Sprache, Religion und Dogma gemäß Artikel 46 der Verfassung unterschieden.[14]

Die frühere Aussage nicht erwähnend, wählt Naẓīf eine Formulierung, die sich fast vollständig an den Wortlaut der Verfassung hält. Offensichtlich ist die Gefahr groß, eine öffentliche Entrüstung zu entfachen, die die Regierung in ihrer Legitimität und ihrem inneren Zusammenhalt bedrohen könnte.

---

9 Die Meldungen auf al-ʿArabīya stammen vom 21.05. und 23.05.; in der ägyptischen Presse wird der Fall meines Wissens erst am 28.05.2006 aufgegriffen.

10 Vgl. „Azma fī mağlis aš-šaʿb bi-sabab taṣrīḥāt Naẓīf," *al-Aḥrār,* 28.05.2006.

11 Vgl. Mağdī Ṣāliḥ und Yāsir Naṣr, „Māḏā yaʿnī raʾīs al-wuzarāʾ bi-anna »Miṣr ʿalmānīya«," *al-Usbūʿ,* 29.05.2006. Al-Maṭʿanī (1931–2008) war Professor an der Azhar-Universität sowie Mitglied des Obersten Rats für islamische Angelegenheiten und hat ein kritisches Werk zu Säkularismus verfasst; vgl. ʿAbd al-ʿAẓīm al-Maṭʿanī, *al-ʿIlmānīya wa mawqifuhā min al-ʿaqīda wa-š-šarīʿa* (Kairo: Dār al-Fārūq, 2006).

12 Vgl. Ḥasanayn Kurūm, „al-Lāmaʿqūl fī maʿrikat Ṭalʿat wa-ʿIzz... wa-ʿalmānīyat Naẓīf," *al-Miṣrī al-yawm,* 07.06.2006.

13 Bakrī, „Ḫāriğ niṭāq al-ḫidma" berichtet von einem Anruf Mubaraks.

14 Zitiert nach Bakrī, „Ḫāriğ niṭāq al-ḫidma". Man beachte die Formulierung *eine grundlegende* Quelle, statt richtig *die Haupt*quelle:
إن مصر دولة إسلامية طبقاً للدستور وإن مبادئ الشريعة الإسلامية هى مصدر اساسى للتشريع ، ومع ذلك فإن ممارسة الحقوق والواجبات العامة فى مصر لا تميز بين المواطنين بسبب الجنس او الأصل او اللغة او الدين او العقيدة طبقا للمادة **46** من الدستور.

Die Kehrtwende, die Naẓīf mit der Beschreibung Ägyptens als islamischer Staat vollzieht, ruft bemerkenswerten Widerspruch hervor. An der öffentlichen Richtigstellung lässt sich ablesen, wie prekär die Situation auch für die Regierung ist und wie viel auf dem Spiel steht, wenn es um eine mögliche Begrenzung des Islam geht. Die politische und religiöse Brisanz des Themas erklärt auch, warum sich in al-Ahram, der größten Tageszeitung Ägyptens, sowie in anderen staatlich kontrollierten Zeitungen wie al-Aḫbār, Rūz al-Yūsuf oder al-Ǧumhūrīya keinerlei Berichterstattung findet.[15] Wie rekonstruierten aber die nicht-staatlichen Zeitungen und die Oppositionspresse den Fall?[16] Wie wir sehen werden, stellen diese Zeitungen das Ereignis in ganz verschiedene gesellschaftliche Zusammenhänge.

Das Ereignis in der nicht-staatlichen Presse

Mehrere Beobachter beschreiben Naẓīfs Äußerungen als konfliktträchtigen Skandal, beispielsweise die konservative al-Wafd:

> Er [der Premier] hat gesagt, Ägypten sei ein säkularer Staat und weiß [offenbar] nicht, was für eine Bombe er da mit ruhiger Hand gezündet und wie Säure der Nation ins Gesicht geschüttet hat. Er hat die Verfassung zerschmettert und kaltblütig die Abschaffung der islamischen Scharia als Quelle der Gesetzgebung per Fatwa verkündet. Er umgarnt die koptischen Brüder, biedert sich den Amerikanern an und wendet sich schroff gegen die Muslimbrüder.[17]

---

15 Die Verwaltungsratsvorsitzenden dieser Zeitungen wurden von einem Ausschuss des Konsultationsrats (*Maǧlis aš-šūrā*), also einem Unterorgan des Parlaments, ernannt. Unmittelbar nach dem Rücktritt Mubaraks konnte der Oberste Militärrat Einfluss nehmen bzw. die Ernennung von Posten selbst vornehmen.

16 Berichte bzw. Kommentare mit dem Ereignis bzw. dem Begriff *al-ʿalmānīya* im Titel finden sich in al-Ahālī (1 Beitrag), al-Aḥrār (2), al-Miṣrī al-yawm (4), al-Usbūʿ (2), al-Wafd (1) sowie in Nahḍat Miṣr (Dossier). Neben den im Text genannten semi-staatlichen Zeitungen wurden auch folgende Publikationen berücksichtigt: die Zeitschriften Āḫir sāʿa, al-Muṣawwar und Rūz al-Yūsuf (Zeitung sowie Zeitschrift), das Boulevardblatt al-Faǧr sowie die Wochenzeitungen al-ʿArabī, ad-Dustūr, al-Ġad, al-Karāma, al-Qāhira und Ṣawt al-umma.

17 „al-Baḥṯ ʿan... šayḫ li-l-Azhar," *al-Wafd*, 01.06.2006 (Schreibweise Alif maqṣūra/ Yāʾ im Original):
قال ان مصر دولة علمانية.. لا يدري رئيس الوزراء أنها قنبلة ولكنه القاها بهدوء وكأنه يلقي بمية نار علي وجه الوطن.. فحطم الدستور وأفتي بإلغاء الشريعة الإسلامية كمصدر للتشريع فعل ذلك بقلب بارد، يغازل الإخوة الأقباط وينافق الأمريكان.. ويعاند الإخوان.

Eine „Welle heftiger Empörung" hätten seine Verlautbarungen „in allen Kreisen Ägyptens" ausgelöst, wenn nicht gar „in der islamischen Welt, die in Ägypten das Land der Azhar[18] sieht"[19].

Für die Muslimbrüder und andere, die sich für die Bruderschaft interessieren, zeigt das Ereignis einen anderen Konflikt. So fokussiert die private Tageszeitung al-Miṣrī al-yawm ähnlich wie der überregionale Nachrichtensender al-ʿArabīya in der Berichterstattung auf einen Konflikt zwischen dem Regierungsvertreter Naẓīf und den Muslimbrüdern: Die Aussage Naẓīfs über die Säkularität Ägyptens sowie über die Muslimbrüder als „Geheimorganisation" im Parlament führt bei den Muslimbrüdern zu Protesten.[20] So äußert der Muslimbruder und Parlamentsabgeordnete Saʿd Ḫalīfa, jeder wisse, dass der Islam Religion und Staat sei und sich beides nicht trennen lasse.

„Der Prophet, Gott segne ihn und schenke ihm Heil, war ein Mann der Religion und ein Mann der Politik und des Krieges. Wir lassen nicht zu, dass sich Ägypten in einen säkularen Staat verwandelt und fordern den Premierminister auf, sich dagegen auszusprechen."*[21]

Im Unterschied dazu betrachten die der Liberalen Partei gehörende Zeitung al-Aḥrār und die zur gleichnamigen Partei gehörende Tageszeitung al-Wafd den Vorfall als Skandal eines Regierungsvertreters und als einen für Naẓīf typischen Ausrutscher.[22]

Al-Aḥrar und al-Usbūʿ thematisieren die Arroganz und Unfähigkeit ägyptischer Regierungspolitiker und erinnern daran, dass es auch Naẓīf war, der das ägyptische Volk als „politisch unmündig" und insofern noch „nicht demokratiefähig" bezeichnet hat. Naẓīf hatte eine solche Äußerung ein Jahr zuvor auf einer

---

18 Im Folgenden wird von der „Azhar" als institutionellem Komplex gesprochen, der nicht nur Moschee und Universität, sondern auch Behörden wie die „Akademie für islamische Studien" umfasst.
19 Ṣāliḥ und Naṣr, „Māḏā yaʿnī raʾīs al-wuzarāʾ bi-anna »Miṣr ʿalmānīya«". Vgl. auch Muṣṭafā Bakrīs Beitrag im selben Blatt (Bakrī, „Ḫāriğ niṭāq al-ḫidma") sowie Ḥasanayn Kurūm, für den Naẓīfs Verhalten einfach nur absurd (lā maʿqūl) ist (Kurūm, „al-Lāmaʿqūl fī maʿrikat Ṭalʿat wa-ʿIzz... wa-ʿalmānīyat Naẓīf").
20 Ein Bericht spricht von einem „Angriff der Muslimbrüder auf den Premier" (Mağdī Samʿān, „Nuwwāb al-Iḫwān yuhāğimūn Naẓīf bi-sabab taṣrīḥātihi ʿan «ʿalmānīyat ad-dawla» wa-l-ğamāʿa al-maḥẓūra," al-Miṣrī al-yawm, 28.05.2006).
21 Wiedergabe nach Samʿān, „Nuwwāb al-Iḫwān yuhāğimūn Naẓīf bi-sabab taṣrīḥātihi ʿan «ʿalmānīyat ad-dawla» wa-l-ğamāʿa al-maḥẓūra":

الرسول صلى الله عليه وسلم كان رجل دين ورجل سياسة وحرب، ولا نسمح بأن تتحول مصر إلى دولة علمانية، ونطلب من رئيس الوزراء أن ينفى هذا الأمر.

22 Vgl. „Azma fī mağlis aš-šaʿb bi-sabab taṣrīḥāt Naẓīf," al-Aḥrār, 28.05.2006; „Taṣrīḥāt Naẓīf azma dāʾima fī mağlis aš-šaʿb," al-Aḥrār, 19.06.2006.

Reise in die Vereinigten Staaten gemacht, sich angesichts der daraufhin einsetzenden Empörung korrigiert und alles einem Missverständnis aufgrund falscher Übersetzung zugeschrieben.[23]

Der unabhängige Parlamentsabgeordnete und Usbūʿ-Chefredakteur Muṣṭafā Bakrī, der Naẓīfs Aussagen als „Verunglimpfung des ägyptischen Volks“ (*tasayyu' li-š-šaʿb al-miṣrī*) brandmarkt, fordert im Parlament eine bessere Kontrolle der öffentlichen Äußerungen Naẓīfs.[24] In einem Leitartikel seiner Wochenzeitung al-Usbūʿ stellt er Naẓīf gar als unfähig, als „außer Funktion“ dar.[25] Noch weiter geht der koptische, pro-islamische (!) Intellektuelle Rafīq Ḥabīb[26] – einer der wenigen nicht-muslimischen Kommentatoren – der grundlegende politische Befürchtungen äußert. Mit der Erklärung Naẓīfs zeige sich

> die Meinung einer neuen Elite an der Macht, die die Verfassung stürzen, die Herrschaftsgrundlage in Ägypten ändern und die von der Verfassung garantierten grundlegenden Werte und Bestandteile der Gesellschaft abschaffen will. Dies ist eine äußerst wichtige und gefährliche Angelegenheit, die in dem Versuch mündet, ein Ägypten à la Atatürk zu gründen, zu einer Zeit, in der die Türkei selbst nicht mehr die Prinzipien Atatürks vertritt [...]. Dies ist eine gegen [die Geschichte] gerichtete Entwicklung, denn die Geschichte warnt davor, dass die ägyptische Gesellschaft in einen gesellschaftlichen Konflikt um dessen grundlegende Identitäten und Werte eintritt.*[27]

Abgesehen davon, dass aus Sicht Ḥabībs die Regierung sich mit solchen Aussagen dem Westen gegenüber anbiedern wolle, versuche sie auch, die ägyptischen Kopten zu umgarnen – und werde letztlich die islamischen Bewegungen um ihre bürgerlichen Rechte bringen.[28] Auch bei Ḥabīb erscheint die behauptete Säkularität des Staates unvereinbar mit der Verfassung.

---

23 Vgl. „Azma fī maǧlis aš-šaʿb bi-sabab taṣrīḥāt Naẓīf,“ *al-Aḥrār,* 28.05.2006; „Taṣrīḥāt Naẓīf azma dā'ima fī maǧlis aš-šaʿb,“ *al-Aḥrār,* 19.06.2006; Bakrī, „Ḫāriǧ niṭāq al-ḫidma“.

24 Vgl. „Azma fī maǧlis aš-šaʿb bi-sabab taṣrīḥāt Naẓīf,“ *al-Aḥrār,* 28.05.2006.

25 So der Titel von Bakrī, „Ḫāriǧ niṭāq al-ḫidma“.

26 Zu Ḥabīb vgl. Sebastian Elsässer, „The Coptic Question in Contemporary Egypt: Debating National Identity, Religion, and Citizenship.“ (Dissertationsschrift, Freie Universität Berlin, 2011), 362–387.

27 Wiedergabe nach Ṣāliḥ und Naṣr, „Māḏā yaʿnī ra'īs al-wuzarā' bi-anna »Miṣr ʿalmānīya«“:
وجهة نظر نخبة جديدة في السلطة مما يدل أن النخبة الجديدة تريد أن تحدث انقلابا دستوريا، وتغير أساس الحكم في مصر وتخرج عن القيم الأساسية بمقومات المجتمع كما جاء في الدستور، وهو أمر شديد الأهمية والخطورة يؤدى إلى محاولة تأسيس مصر أتاتورك فى زمن لم تعد فيه تركيا نفسها منتمية إلى مبادئ أتاتورك [...] ، وهو سير عكس الاتجاه فالتاريخ ينذر بدخول المجتمع المصرى فى صراع أهلى حول هوياته وقيمه الأساسية.

28 Andere koptische Stimmen scheinen sich nicht zu finden; so wird das Ereignis beispielsweise von der bekannten koptischen Zeitung Waṭanī nicht aufgegriffen. Vgl. aber den Kommentar eines koptischen Autors, man „wisse [doch] genau, dass Ägypten kein säkularer Staat“ sei und dass sich die arabischen Herrscher mit den „Männern der Religion verbündet“ hätten, um über

Der mutige Politiker

Der Publizist Ḥamdī Rizq – kurz nach dem Skandal wird er Chefredakteur der islamismuskritischen Wochenzeitschrift al-Muṣṣawar – setzt sich in zwei Kommentaren mit Naẓīfs Aussage auseinander.[29] Rizq lobt die historische „Deutlichkeit in der Beschreibung des ägyptischen Staates" und ruft in Erinnerung, dass es Sadat war, der Ägypten „beinahe in einen religiösen Staat verwandelt hat, wäre da nicht die Fürsorge Gottes [!] gegenüber seinen muslimischen und koptischen Dienern" gewesen.

Mit anderen Worten: Gott selbst war es, der sich für einen säkularen Staat eingesetzt hat und Ägypten somit vor der „zerstörerischen Vermengung von [...] irdischer Politik und heiliger Herrschaft" rettete, die sonst einen Konflikt entfacht hätte.[30] Gerade eine bis zu Naẓīfs Feststellung vorherrschende Unklarheit in Bezug auf die staatliche Identität habe Raum für Islamisierungsbestrebungen (*al-aṭmāʿ fī aslamatihā*) gelassen.

Dass Rizq sich auf Gott beruft, der vor einem Missbrauch des Heiligen für politische Bestrebungen bewahren soll, kann als Indiz dafür angesehen werden, wie ernst der Publizist seine Aussage meint, Ägypten sei säkular, jedoch nicht atheistisch. Rizq lobt auch Naẓīfs Hervorhebung des gesetzlich verankerten Verbots religiöser Parteien, denn dieses garantiere wichtige Grundwerte zur Schaffung gesellschaftspolitischer Ordnung:

> Die Identität des Staates [als säkular] zu bestimmen ist notwendig, um den politischen Kräften die Legalität bzw. Illegalität ihrer Schritte vorzuführen, damit sie einen Weg gehen, bei dem sie Anfang und Ende kennen, einen Weg in Richtung der Verwirklichung von Brüderlichkeit, Gerechtigkeit und Gleichheit, ohne Überstrenge oder Nachlässigkeit. Säkularismus bedeutet weder, die Religion abzuschaffen noch Fahrlässigkeit bei Geboten und

„unser Schicksal" zu bestimmen. „Wir glauben nicht an diese [proklamierte] Säkularität, die [doch] der einzige Weg ist, [...] den Klan Mubaraks, der sich mit den religiösen Institutionen in Ägypten verbündet hat, loszuwerden." Maǧdī Ǧūrǧ, „Taṣrīḥāt Aḥmad Naẓīf wa-l-ʿalmānīya wa-ǧarīdat al-Usbūʿ," *al-Ḥiwār al-mutamaddin (online)*, 31.05.2006.

29 Ḥamdī Rizq, „Miṣr al-ʿalmānīya laysat mulḥida (1/2)," [Das säkulare Ägypten ist nicht atheistisch] *al-Miṣrī al-yawm*, 30.05.2006; Ḥamdī Rizq, „Miṣr al-ʿalmānīya laysat mulḥida (2/2)," *al-Miṣrī al-yawm*, 04.06.2006.

30 Der vollständige Absatz bei Rizq, „Miṣr al-ʿalmānīya laysat mulḥida (1/2)" lautet:
منذ أيام خالد الذكر مصطفى النحاس لم نر وضوحا فى توصيف الدولة المصرية كما قال به الدكتور أحمد نظيف رئيس الوزارء، قال نظيف - كما قال النحاس من قبل - مصر دولة علمانية ليفض الاشتباك الذى تسبب فيه الرئيس الراحل السادات الذى قرن بين الدولة والدين، وكاد يحولها لدولة دينية لولا عناية الله ولطفه بعباده المسلمين والأقباط، فلا يحرق البلاد ويهلك العباد سوى هذا الخلط المدمر بين خلع الرسالة السماوية السمحاء على النظام السياسى الأرضى، والحكم المقدس.

> Verboten, sondern eine staatliche Ordnung, in der Rechte und Pflichten genau abgewogen sind.[31]

Säkularismus wird zudem in den Kontext einer staatlichen, vor Konfessionalismus schützenden Ordnung gesetzt:[32]

> Säkularismus bedeutet auch nicht Unglaube oder Atheismus; er gerät nicht in Konflikt mit Artikel 2 der Verfassung [der den Islam als Staatsreligion und die Prinzipien der islamischen Scharia als die Hauptquelle der Gesetzgebung festschreibt]. Denn die Verfassung bezieht ihre Grundlage und ihre Vorschriften aus den ethnischen, regionalen und konfessionellen Konstituenten des Staates, ohne eines dieser Elemente zu vernachlässigen – ein Schutzdach für alle vor dem Sturm des Konfessionalismus, der unser Land bedroht und aufkam, als Heiliges und Weltliches vermischt wurde.[33]

Das Argument, Säkularismus diene als Schutzwall vor interkonfessionellen Konflikten, ist insofern bemerkenswert, als sich in Geschichtsnarrativen arabischer Gesellschaften weder ein dreißigjähriger Konfessionskrieg noch ein Westfälischer Friede findet.

Wenngleich es interkonfessionelle Konflikte gab und gibt – es sind Einheit und Zusammenhalt, die in der ägyptischen Öffentlichkeit immer wieder betont werden, und sei es eine symbolische Einheit, die (unabhängig von realen Gegebenheiten) identitätsstiftend wirken kann.

Wie auch in anderen arabischen Debatten wird hier Gesellschaft eher mit Bezug auf ein Ideal betrachtet als in Auseinandersetzung mit realen Gegebenheiten. Kommentare wie der von Rizq nehmen den Skandal um Naẓīf als Anlass, um idealistische Vorstellungen einer anders beobachtbaren Realität gegenüberzustellen: Viele Ägypter mögen der Auffassung sein, dass ihre Gesellschaft nicht säkular ist und dass eine Mehrheit diese Ansicht teilt; der Kommentator erinnert daran, dass es sich (möglicherweise) anders verhält.

Im Unterschied zu den Kommentaren, die Naẓīf zur Ordnung rufen, wird der Premier in Rizqs Beitrag als mutiger Redner dargestellt und die Regierung

31 Rizq, „Miṣr al-ʿalmānīya laysat mulḥida (1/2)“:
تحديد هوية الدولة مطلب ضرورى لتتبين القوى السياسية والحزبية مشروعة أو محظورة موضع خطاها، وتسير طريقاً تعرف أوله من آخره، طريق علاماته وإشاراته تذهب بنا فوراً إلى تحقيق المواطنة، والعدالة، والمساوة، دون افتئات ولا تفريط، فالعلمانية لا تعنى إلغاء الدين، ولا التفريط في الأوامر والنواهى، ولكنه نظام دولة يحدد الحقوق والواجبات بميزان دقيق.

32 Zu dieser These vgl. auch die Sendung auf al-Jazeera mit den ägyptischen Intellektuellen al-Missīrī und al-Qimnī: ʿAbd al-Wahhāb al-Missīrī, Sayyid Maḥmūd al-Qimnī und Fayṣal al-Qāsim, *al-ʿAlmānīya ḥall li-l-qaḍāʾ ʿalā aṭ-ṭāʾifīya wa-l-ʿirqīya*. al-Ittiğāh al-muʿākis ([16.03.2007]).

33 Rizq, „Miṣr al-ʿalmānīya laysat mulḥida (1/2)“:
كما أن العلمانية ليست كافرة ولا إلحادية، ولا تصطدم بالمادة الثانية من الدستور، فالدستور يستمد قوامه وقواعده من مكونات الدولة، وتكويناتها الإثنية، والجهوية، والطائفية دون إهمال لأى من تلك العناصر، وصولاً لسقف يستظل به الجميع من حرور الطائفية التى تهدد بلادنا نتيجة الخلط بين ما هو مقدس وأرضى.

aufgerufen, Naẓīfs Worte nun auch in die Tat umzusetzen. Implizit gesteht Rizq demnach zu, die Säkularität Ägyptens sei noch gar nicht realisiert und Naẓīfs Aussage entspringe dem Wunschdenken eines Regierungsvertreters.

Am Ende des Kommentars wird deutlich, inwiefern öffentliche Äußerungen zu Säkularismus und Islam mit der Gefahr verbunden sind, als Ungläubiger stigmatisiert zu werden. Rizq erinnert an den ehemaligen Premier Muṣṭafā an-Nāḥḥās, der auch von Säkularismus gesprochen habe, ohne dass ihn Hassan al-Banna, Gründer und damaliges Oberhaupt der Muslimbrüder, für ungläubig erklärte. Die „Söhne al-Bannas" müssten sich nun die Frage gefallen lassen, ob sie ihrem Gründervater geistig nachfolgen oder sich al-Banna widersetzen und Pro-Säkulare einfach aus der Gemeinschaft ausschließen wollen.

Rizq selbst wählt das islamische Glaubensbekenntnis als Abschlusssatz, um jegliche Zweifel an seiner Glaubenszugehörigkeit auszuräumen. Offenbar ist eine solche Versicherung gesellschaftlicher Zugehörigkeit notwendig.

Ein Brief vom Scheich

Auf den Kommentar von Rizq reagiert eine bekannte Stimme des Islam im zeitgenössischen Ägypten. Es ist ʿAbd al-Muʿṭī Bayyūmī (1940–2012) – ehemaliger Dekan an der Azhar-Universität, ehemaliger Parlamentsabgeordneter und Mitglied der azharitischen Akademie für islamische Studien (*Maǧmaʿ al-buhūth al-islāmīya*). Bayyūmī, der bis zu seinem Tod regelmäßig in den ägyptischen Medien erscheint, reagiert in Form eines Briefes an Rizq, den dieser veröffentlicht. Bayyūmī argumentiert darin als Vertreter eines aus seiner Sicht gemäßigten Islam:

> Wenn es stimmt, was vom Premierminister berichtet wird, dass Ägypten ein säkularer Staat ist, dann trifft dies uns als gemäßigte Mitte tödlich und gibt grünes Licht für jede terroristische und extremistische Aktion. Es widerspricht der ägyptischen Geschichte [...] und [der Meinung] des ganzen Volkes, das öffentlich verkündet hat, dass die islamische Scharia die Hauptquelle der Gesetzgebung ist.
>
> Säkularismus steht der ägyptischen Identität entgegen, wie Sie [Rizq] zu Recht anhand von Dr. al-Missīrī berichtet haben [...]. Die ägyptische Gesetzgebung ist verfassungsmäßig daran gebunden, mit dem religiös Authentischen (*ṣaḥīḥ ad-dīn*) übereinzustimmen. Wie oft habe ich zu den Muslimbrüdern gesagt: Zeigt mir ein ägyptisches Gesetz seit dem Inkrafttreten der gegenwärtigen Verfassung, das dem Islam widerspricht.[34] Was aber sage ich nun dem Premierminister?

34 Gesetze, die vor der Einführung des Scharia-Artikels beschlossen wurden, sind von diesem Artikel zunächst nicht betroffen, d. h. gegen sie kann nicht geklagt werden. Ursprünglich sollten diese Gesetze nach und nach durch das Parlament geprüft und gegebenenfalls modifiziert werden.

Ägypten ist ein zivil-bürgerlicher Staat (*dawla madanīya*)[35] mit islamischer Identität – wie auch schon der Staat des Propheten Mohammed (Gott segne ihn und schenke ihm Heil). Der Islam steht einer zivilen Ordnung nicht entgegen, in der Verstand und Erfahrung einen großen Beitrag leisten. Hierbei bildet der authentische Kern der Religion den Referenzrahmen, während Freiheit, Gerechtigkeit, Gleichheit, Konsultation und Bürgerrechte für alle und in vollem Umfang als allgemeine Prinzipien feststehen.

Sie sagen, Säkularismus hält nicht notwendig an Religion fest [...], die jedoch den Kern der Identität Ägyptens darstellt. Dies ist ein Dolchstoß für das, was Ägypten ausmacht, das seit 1400 Jahren religiös ist und darauf seine Zivilisation errichtet hat. Alle Söhne des islamischen Heimatlandes, Muslime und Nichtmuslime, waren daran beteiligt.

Der [christliche] Kanzler Ḥanā Nāšid, ehemaliges Mitglied des Volksrats und ehemaliger Präsident des ägyptischen Staatsrates (*mağlis ad-dawla*) sagte, er habe die Ordnung des islamischen Erbes im Herzen verinnerlicht. Frau Dr. Georgette Qillīnī verkündete im Volksrat ‚Ich bin Christin, aber meine Kultur ist islamisch.' – so wie es auch Makram ʿUbayd[36] und viele Bürger taten.

Die Aussage, Ägypten sei säkular, ist nicht richtig. Denn ein säkularer Staat unterhält keine Beziehungen zu religiösen Institutionen. [...] Ägypten jedoch gibt einen Teil des öffentlichen Haushalts für Moscheen aus, die Azhar zahlt Löhne an Prediger und Imame und in der Regierung gibt es ein Ministerium für religiöse Stiftungen. Merkwürdig daran ist, dass der Ministerpräsident selbst verantwortlich für die Angelegenheiten der Azhar ist. [...].

Ich hoffe, dies ist (nur) ein böser Traum, aus dem wir mit islamischer Identität aufwachen. Zivil-bürgerlich (*madanī*) ja, säkular nein.*[37]

Bedeutsam erscheint die Einschränkung Bayyūmīs, die Nachricht von Naẓīfs Aussage könne falsch sein („wenn es stimmt, was berichtet wird"). Hier zeigt sich, inwiefern bei Meldungen in den ägyptischen Medien davon ausgegangen wird, es könnte sich um ein Gerücht handeln; auch bei Naẓīfs Aussage besteht demnach die Möglichkeit, nur kolportiert worden zu sein.[38]

Erkennbar wird auch eine diplomatisch einkalkulierte Höflichkeit Bayyūmīs: Mit Naẓīf als einem Regierungsvertreter will er es sich nicht verscherzen – ein in Ägypten übliches Verhalten gegenüber Personen, die einem nützlich, aber auch gefährlich sein können. So lenkt Bayyūmī die Aufmerksamkeit weg von Naẓīf und

---

35 Passender und zugleich offener erscheint das englische *civil state*. Im Arabischen handelt es sich zunächst um eine Negativfassung im Sinne von *Nicht-Militärstaat* bzw. *Nicht-Theokratie*. Insbesondere Ersteres ist den Erfahrungen arabischer Länder mit Militärdiktaturen geschuldet.

36 Zu ʿUbayds berühmtem Ausspruch von 1931 vgl. das Kapitel „Islam und Christentum".

37 Wiedergabe nach Rizq, „Miṣr al-ʿalmānīya laysat mulḥida (2/2)". Vgl. den Anhang für den gesamten arabischen Text.

38 Diese Einschränkung findet sich auch bei Parlamentspräsident Fatḥī Surūr sowie beim ehemaligen Mitglied der azharitischen Akademie für islamische Studien Muṣṭafā aš-Šukʿa.

hin zu dessen Aussageinhalt. Dies steht im Kontrast zu anderen Berichten und Kommentaren, die in ihrer Kritik die Person Naẓīfs mit seinen umstrittenen Aussagen verbinden.[39]

Laut Bayyūmī gefährdet bereits die Aussage, Ägypten sei säkular, die Einheit eines gemäßigten Islam und hilft den Extremisten. Dies entspricht der Logik eines antagonistischen Konflikts: Dem dualistischen Kampf des ‚guten' Islam gegen sogenannte Extremisten kann sich nicht entziehen, wer Kritik an den selbst ernannten Gemäßigten übt – indem er diese kritisiert, hilft er den Extremisten.

Bemerkenswert ist auch Bayyūmīs Hinweis, dass die islamische Identität Ägyptens durch öffentlich bekundeten Volkswillen untermauert sei. Bayyūmī argumentiert hier nicht etwa religiös, sondern politisch – als Bezugspunkt gilt nicht Gott oder seine Offenbarung, sondern die öffentliche Meinung des Volkes.

Bayyūmīs Argument, Ägypten sei ein „zivil-bürgerlicher Staat", entspricht nicht nur der offiziellen Wortwahl der ägyptischen Regierung, sondern auch der Haltung der Muslimbrüder. So antwortet deren „Generalführer" (*muršid ʿāmm*) Muḥammad Mahdī ʿĀkif, angesprochen auf die Säkularismus-Aussage Naẓīfs und das Engagement der Muslimbrüder für einen religiösen Staat:

> Im Islam gibt es gar keinen religiösen Staat. Die Rede vom religiösen Staat ist im [europäischen] Mittelalter aufgetaucht, während der Vorherrschaft der Kirche. Und ich sage in aller Deutlichkeit, wir sind ein zivil-bürgerlicher Staat mit all seinen Eigenschaften, mit seiner Demokratie und Verfassung, aber mit islamischem Referenzrahmen (*marǧiʿīya islamīya*). Religiöser Staat ist ein Begriff, der von interessengeleiteten, parteiischen Leuten mit dem Ziel verbreitet wird, das Bild von uns zu verzerren. Wir lehnen es ab, einen solchen Staat zu errichten und setzen uns auch nicht dafür ein.[40]

Bemerkenswert ist, dass sich ʿĀkif zwar gegen einen religiösen Staat ausspricht und für einen „zivilen" plädiert (wie die Muslimbruderschaft generell),[41] dabei aber dem bestehenden System keine Alternative entgegensetzt. In ähnlicher

39 Vgl. „Taṣrīḥāt Naẓīf azma dā'ima fī maǧlis aš-šaʿb," *al-Aḥrār*, 19.06.2006.

40 Vgl. das Interview Muḥammad Mahdī ʿĀkif, Maḥmūd Nāfiʿ und Muḥammad Ḥabīb, „Aʿṣābī laysat faltāna!!," *Nahḍat Miṣr*, 01./02.06.2006:
إطلاقا ليس فى الإسلام دولة دينية حكاية الدولة الدينية ظهرت فى العصور الوسطى إبان حكم الكنيسة وسيطرتها، اقولها بكل صراحة ووضوح نحن دولة مدنية بكل المعالم الدولة المدنية بديمقراطيتها ودستورها لكن بمرجعية اسلامية مفهوم الدولة الدينية روجها المغرضون بهدف تشويه صورتنا، ونحن نرفض قيام هذه الدولة فى مصر ولا نسعى لذلك اطلاقا .

41 Vgl. den ersten Verfassungsentwurf, den die nach der „Revolution" gegründete Partei der Muslimbrüder (*Ḥizb al-ḥurrīya wa-l-ʿadāla*) 2011 diskutiert – mit fast identischer Formulierung: „zivil-bürgerlicher Staat mit religiösem Referenzrahmen" (*dawla madanīya ḏāt marǧiʿīya dīnīya*). Vgl. Aḥmad al-Ḫaṭīb und Hānī al-Wazīrī, „al-Mādda al-ūwla fī mašrūʿ «al-Iḫwān wa-t-taḥāluf» li-d-dustūr al-ǧadīd: Miṣr dawla madanīya bi-marǧiʿīya islāmīya," *al-Miṣrī al-yawm*, 14.12.2011.

Weise äußert sich Mūḥammad Saʿd al-Katātinī, Führer der inoffiziellen Muslimbruderfraktion im Parlament,[42] dessen Aussage in derselben Ausgabe von Nahḍat Miṣr wiedergegeben wird:

> ʿ*Almānīya* und *dīnīya* [hier: Theokratie] sind beide abzulehnen. Wir werden den zivil-bürgerlichen Staat wählen, weil er die beste Ordnung darstellt, die dem Volk wirkliche Souveränität darin gibt, seinen Vertreter und seinen Herrscher zu wählen und den [weltanschaulichen, wertemäßigen] Referenzrahmen, den es wählt.*[43]

Wie in islampolitischen Diskussionen üblich, wird der Begriff des *dawla madanīya* (zivil-bürgerlicher Staat) hier nicht näher ausgeführt, sondern lediglich einem *dawla dīnīya* (religiöser Staat) gegenübergestellt. Wenn nun in einem solchen religiösen Staat die politischen Strukturen von religiösen Institutionen bzw. Personen ausgefüllt werden, lässt sich behaupten, ein *dawla madanīya* sei dagegen formal areligiös. Im oben erwähnten Kommentar von Ḥamdī Rizq fällt deshalb die Frage, warum man diesen Staat nicht ebenso als *säkular* bezeichnen könne.

Eine mögliche Antwort darauf findet sich außerhalb der Kontroverse um Aḥmad Naẓīf: Bei Ǧamāl al-Bannā, der betont, ein Staat muslimischer Bürger könne zwar formal säkular sein, tatsächlich jedoch werde er sich in Bezug auf Religion nie gänzlich neutral verhalten, wenn sich in ihm auf demokratische Weise der religiös geprägte Wille des Volkes widerspiegle.[44]

In der genannten Auseinandersetzung zwischen dem pro-säkularen Rizq und dem konservativen Bayyūmī wird deutlich, dass die Behauptung, Ägypten sei religiös (und nicht säkular), in einem außereuropäischen Kontext steht: Anders als in der europäischen Geschichte ist es hier nicht die Politik, die durch religiöse Institutionen beherrscht wird, sondern religiöse Institutionen, die im Dienste des Staates fungieren.[45] Und der säkularismuskritisch argumentierende Bayyūmī enthält sich der Kritik an staatlicher Einflussnahme auf Religion.

---

42 Die Muslimbrüder stellen zu dieser Zeit eine inoffizielle Fraktion im Parlament dar, obwohl sie bis 2011 nicht als Partei zugelassen waren. Al-Katātinī wurde nach der „Revolution" zum offiziellen Fraktionsvorsitzenden.

43 Wiedergabe nach „ʿAlmānīya... islāmīya... am madanīya bi-marǧiʿīya dīnīya," *Nahḍat Miṣr*, 01.06.2006:
إن العلمانية والدينية كلاهما مرفوض وسنختار الدولة المدنية لأنها افضل النظم التى تجعل السيادة الحقيقية للشعب فى ان يختار ممثله وحاكمه والمرجعية التى يختارها.

44 Vgl. Ǧamāl al-Bannā, *Mawqifunā min al-ʿalmānīya. al-qawmīya. al-ištirākīya* (Kairo: Dār al-fikr al-islāmī, 2003), 42 sowie das Kapitel „Die Säkularität des Islam (al-Bannā)".

45 Man denke auch an die arabische Formulierung *faṣl ad-dīn ʿan ad-dawla* – (Ab-)trennung der Religion vom Staat – gemeint ist demnach keine symmetrische Trennung zwischen zwei gesellschaftlichen Bereichen.

Ḥamdī Rizqs Kommentar, der den Brief Bayyūmīs zunächst zitiert, ist kurz und lässt sich in wenigen Punkten zusammenfassen: Es handle sich um ein falsches Verständnis Bayyūmīs bzw. um eine negative Einstellung gegenüber Säkularismus seitens des „ehrenwerten Doktors“. *Al-ʿAlmānīya* sei ein „verhasster Ausdruck mit schlechtem Ruf“ und Bayyūmī bevorzuge zwar die Bezeichnung *madanī*, meine jedoch dasselbe wie *ʿalmānī*.

Um das Stigma negativer Konnotationen abzustreifen, ruft Rizq die „Säkularisten“ dazu auf, den Säkularismus-Begriff zu modernisieren. Wie auch bei anderen Autoren, die pro-säkular auftreten, wird deutlich, dass Rizq nicht als Vertreter von Säkularismus angesehen werden möchte.[46]

In seinem abschließenden Argument gegen Bayyūmī bestreitet Rizq, dass über das Wesen Ägyptens bereits das letzte Wort gesprochen sei und behauptet: „die Tür zum Dialog über die Identität des ägyptischen Staates ist immer noch offen.“ Zum einen habe es in Ägypten schon Jahrhunderte vor dem Islam christliche Kirchen gegeben – die Religiosität Ägyptens auf den Islam zu reduzieren, sei demnach falsch. Zum anderen fragt sich Rizq, wann das ägyptische Volk je öffentlich die Scharia gefordert hätte und fügt hinzu: „Soweit ich mich erinnern kann, war die einzige Äußerung des Volkes in der Revolution von 1919, wo Parolen von ägyptischer Säkularität und Nationalismus (*qawmīya*) aufkamen.“ Wenn Bayyūmī „Ägypten einen Turban aufsetzen möchte“, dann könne man ihm, dem Anzugträger, auch eine islamische Kappe aufsetzen. Allerdings sei für Ägypten dann doch ein „schöner Anzug, wie ihn Dr. Bayyūmī trägt“ zu bevorzugen.

Ein fiktives Gespräch zwischen den höchsten islamischen Amtsinhabern

Die Oppositionszeitung al-Wafd behandelt die Aussage Naẓīfs als Skandal und thematisiert damit ein weiteres Problem des Islam in Ägypten: die Rolle des höchsten islamischen Amtes und den Einfluss des Staates auf dieses Amt.[47] Das politisch opportune Schweigen der Gelehrten zum Skandal spiegelt sich denn auch im Titel als „Suche nach einem Scheich der Azhar“.

Die Kritik des Kommentators entlädt sich im Sarkasmus eines fiktiven Gesprächs, das er zwischen den höchsten religiösen Würdenträgern des Landes stattfinden lässt: Mohammed Sayyid Tantawi (1928–2010), zum Zeitpunkt der Veröffentlichung Großscheich der Azhar, ʿAlī Ǧumʿa, Mufti der Republik (2003–2013), Maḥmūd Ḥamdī Zaqzūq, Minister für religiöse Stiftungen (bis 2011), Aḥmad

46 Man denke an Farağ Fūda, Ḥasan Ḥanafī oder Ǧamāl al-Bannā.
47 Vgl. „al-Baḥṯ ʿan... šayḫ li-l-Azhar,“ *al-Wafd*, 01.06.2006.

aṭ-Ṭayyib, zu dem Zeitpunkt Rektor der Azhar-Universität und seit März 2010 deren Großscheich sowie die Gelehrten Naṣr Farīd Wāṣil und Aḥmad ʿUmar Hāšim.[48]

Die Wiedergabe dieses fiktiven Gesprächs soll dazu dienen, das Schweigen der religiösen Institutionen genauer zu betrachten. Die subjektive und bewusst übertriebene Perspektive des Textes liefert keine Beweise, wohl aber allgemeine und plausible Indizien dafür, wie offizielle Vertreter des Islam mit politisch-religiösen Problemen umgehen:

> Tantawi: Was soll ich bloß machen bei solchen Erklärungen von Herrn Naẓīf? Sage ich nichts, dann explodiere ich, sage ich doch etwas, platze ich [vor Wut]. Was gibt es noch [zu sagen] nach solchen Worten. Ägypten ist säkular, was soll das heißen? Leute, was für schlechte Neuigkeiten!
> [...]
>
> Ǧumʿa: Du wirst Dein Gesicht schon nicht verlieren, blas' die Sache doch nicht unnötig auf.
>
> Tantawi: Ich verstehe, Du hast Angst, dass man Dich dahinter vermutet, falls ich meinen Rücktritt anbiete.
>
> Ǧumʿa: Rücktritt? Gott behüte. Steh [erst einmal] auf, reinige Dich und bete zwei *rakʿas*!
>
> Tantawi: Ich trage wieder allein die ganze Verantwortung. Weil der die Muslimbrüder aufbringt, feuert er [praktisch auch] mit schwerem Geschütz auf die Azhar.
> [...]
>
> Wāṣil: Die religiösen Institutionen müssen Stellung nehmen, und zwar klar und deutlich. Mindestens muss der Scheich eine Protestnote an den Ministerrat überreichen, vielleicht sogar an den Präsidenten.
>
> Aṭ-Ṭayyib: Meine Brüder, die Erklärung wiederholt [nur] die übliche amerikanische Haltung, auf den Islam einzuschlagen – nicht etwa auf die Muslimbrüder.
>
> Zaqzūq: Leute, so ist das nicht. Welchen Islam sollen sie denn schlagen? Es ist nur Naẓīf, der immer wieder so ein merkwürdiges Zeug redet und so macht er auch Politik.
>
> Wāṣil: Nein, Zaqzūq. Ich sage Dir, Naẓīf weiß, dass Washington sich Sorgen wegen der Zunahme der Islamisten im Nahen Osten macht, nicht nur in Ägypten. Er will sie [die Amerikaner] zufrieden stellen, und das auf Kosten der Religion.
> [...]
>
> Zaqzūq: [...] Wir stecken wirklich in einem Schlamassel.

48 Naṣr Farīd Wāṣil (geb. 1937): ehemaliger Mufti der Republik (1996–2002), Mitglied der azharitischen Akademie für islamische Studien; Aḥmad ʿUmar Hāšim (geb. 1941): Professor für Hadithwissenschaft, ehemaliger Rektor der Azhar (1995–2003), Mitglied der Akademie für islamische Studien, Parlamentsabgeordneter in der Legislaturperiode 2005–2010 (Vorsitzender des Religionsausschusses).

Tantawi: Gebt mir Rat in meiner Angelegenheit. Ich will dem Angesicht [des] Allmächtigen mit ruhigem Gewissen gegenübertreten, glaubt mir!

Zaqzūq: Lieber Meister (*mawlānā*), sieh mal. Ein Rücktritt könnte peinlich für das Amt des Präsidenten sein, vor allem weil das Präsidialamt keine Stellung zum Thema bezogen hat und keine Pressekonferenz abgehalten hat, nicht mal über den offiziellen Sprecher... in der man sich vor der Öffentlichkeit entschuldigt.

Wāṣil: Also lieber mit Rücktritt drohen oder dem Präsidialamt nahelegen, eine Stellungnahme zu veröffentlichen, die die Verlautbarungen Naẓīfs erklärt?

Tantawi: Verehrteste Scheichs, ich weiß wie die Leute denken. Es wird keine Erklärung [vom Präsidenten] oder etwas anderes geben.

Wāṣil und aṭ-Ṭayyib: Also gibt es eine Protestaktion der Azhar als Reaktion auf die Erklärungen des Premiers. Dabei verkünden wir dann, dass Ägyptens Religion von einer Verschwörung bedroht ist [...].

Zaqzūq: Ich bin auch für eine Protestaktion, aber das geht mir ein bisschen schnell. Verzeiht, aber die Leute von oben deuten das vielleicht als eine Zuspitzung der Situation.

Aṭ-Ṭayyib: Was passiert, passiert. Wir haben früher riesige Demonstrationen angeführt und da ging es um weniger wichtige Sachen. Jetzt geht ein Krieg von innen los.
[...]

Ǧumʿa: Gut, wenn ihr erlaubt, bitte ich um ein Gespräch mit dem Präsidenten.

Wāṣil: Wegen was? Wir brauchen einen Aktionsplan, also eine Agenda, welche Maßnahmen erforderlich sind, welche Alternativen es gibt!

Ǧumʿa: Genau das müssen wir machen. Also bitte ich um ein Gespräch und wir überlegen uns, was wir sagen [...].

Aṭ-Ṭayyib: Fest steht, dass die öffentliche Meinung ein Treffen mit dem Präsidenten falsch auslegen wird. Einige werden von einem geheimen Besuch sprechen [...]. Besonders, wenn das Präsidialamt keine Pressemeldung über das Treffen veröffentlicht.

Wāṣil: Ich denke, der Präsident sollte den Scheich der Azhar treffen. Wir müssen nur vorher eine Sitzung des Rats für islamische Angelegenheiten einberufen, wo die Äußerungen Naẓīfs behandelt werden.

Hāšim: Das wird wahrscheinlich zu lange dauern [...]. Ich kann mit Zakarīyā ʿAzmī [dem Personaldirektor des Präsidialamts] sprechen. Ihr wisst, wir sind aus derselben Gegend, aus aš-Šarqīya, und da gibt es eine gewisse Grundsympathie.
[...]

Tantawi: Lasst uns zusammen ein Rücktrittsschreiben aufsetzen. Ich war so oft zum Schweigen verurteilt. Jetzt rede ich.

Zaqzūq: Schreib, dass Du Dich aus gesundheitlichen Gründen entschuldigst und dass die Bürde des Amtes Kraft und Jugendlichkeit bedarf, so etwas in der Art.

Aṭ-Ṭayyib: So eine Stellungnahme äußert man vor Gott. Man sollte ehrlich sein und sagen: der Rücktritt hat einen Grund, ist aus Protest.

Zaqzūq: Wie auch immer, aber mach es diplomatisch.
[...]

Zaqzūq: Sprich Du Ǧum'a, was hast Du für eine Meinung verehrter Mufti?

Dr. 'Alī Ǧum'a erwacht in einem Moment grausamen Schweigens aus einem fernen Traum vom kommenden Großscheich. Wer würde es sein? Ob seine [Ǧum'as] Anwesenheit bei diesem Treffen seinen Traum vom Amt des Großscheichs gefährdet oder ob er der legitime Erbe ist, den man in den vergangenen Jahren vorbereitet hat, ob nun [also] die Chance gekommen ist, weiß niemand.

Ǧum'a: Ja natürlich, natürlich.

Zaqzūq: Wie jetzt, was ist natürlich? Du hast geschlafen.
[...]

Zaqzūq: Zu welchem Schluss ist jeder gekommen? Soll der Scheich zurücktreten, oder was?

Ǧum'a: Er tritt zurück mit Gottes Segen – er besteht ja immer noch darauf. Ich habe bereits mit ihm gesprochen, aber er ist dazu entschlossen.

Zaqzūq: Keiner hat daran gedacht, dass Naẓīf sich vielleicht entschuldigt und das Präsidialamt eine Stellungnahme veröffentlicht, die besagt, wir schätzen die Glaubensfreiheit, den Islam, die Rolle der ehrwürdigen Azhar und 1,2 Milliarden Muslime.

Ǧum'a: Also, wenn es so ist, bleibt er, ganz klar. [...].

Wāṣil: Wo bleibt der Respekt vor der Verfassung? Wo ist der Eid [auf die Verfassung], wo? Der Premier muss isoliert [bzw. entfernt] werden, weil er die Verfassung angegriffen hat.

Tantawi: Welche Verfassung? Denkt ihr, irgendjemand wird sich entschuldigen – niemals. Die Lösung heißt Rückritt.
[...]

Hāšim: Es gibt da ein Problem. Ich habe Angst, dass sie denken, es sei wegen der Muslimbrüder. So etwas wird immer gleich vermutet.

Tantawi: Sie wissen, dass wir nichts mit den Muslimbrüdern zu tun haben und sie wissen auch, dass wir vor Gott Stellung beziehen. Das wird mir [alles] zuviel. [...]

Scheich [Tantawi, zu Hāšim]: Der Rücktritt liegt vorerst bei Dir. Leg ihn Zakarīyā 'Azmī vor und sag mir, was dabei herausgekommen ist.[49]

49 Vgl. „al-Baḥṯ 'an... šayḫ li-l-Azhar," *al-Wafd*, 01.06.2006. Der vollständige Text des arabischen Originals findet sich im Anhang.

Für den Nachgang des Gesprächs entwirft der Kommentator das Bild von (ebenso fiktiven) Großdemonstrationen gegen Naẓīf, die Tantawi als Podium für seinen Rücktritt nutzt. In den staatlichen Medien erscheint Tantawi damit als Held, während die überregionalen Medien die Heuchelei des Azhar-Scheichs aufdecken.

Was lässt sich diesem fiktiven Gespräch entnehmen? – Einem Text, der religiöse Würdenträger auf eine Weise bloßstellt, die für ägyptische Verhältnisse ungewöhnlich direkt ist. Die Ausführungen des Autors illustrieren, mit welchen Problemen man innerhalb staatlicher Organisationen rechnen kann und muss. Das Gespräch verweist somit auf den Möglichkeitsraum gesellschaftlichen Handelns zwischen Politik und Religion.

So wird nahegelegt, der Großscheich der Azhar könne keine öffentliche Kritik am Regime oder an einem einzelnen Regierungsvertreter äußern – ein plausibles Argument, bedenkt man, dass der sogenannte Groß-Imam (*al-Imām al-akbar*) vom Präsidenten persönlich ernannt wurde. Dazu kommt die als feige beschriebene Person Tantawis, die kaum über eigene Gestaltungsmacht zu verfügen scheint und zudem Medien und islamistische Opposition fürchten muss.

Das Negativbild eines unfähigen Scheichs ist ein zentrales Motiv im Text: die Überzeichnung als heldenhaften Gelehrten, der aus Protest zurücktritt. Die sarkastische Form ist als Seitenhieb auf reale Personen zu verstehen, die, wie auch der damalige Großmufti Ǧumʿa, vor allem um den Erhalt ihres Postens und um die Wahrung ihres Gesichts bemüht scheinen.[50]

Weiterhin beschreibt der Text formelle und informelle Kommunikationskanäle der ägyptischen Gesellschaft: lange bürokratische Wege werden persönlichen Beziehungen gegenübergestellt, mit deren Hilfe man viel mehr erreichen kann.[51] Das Erfinden von Verschwörungen, aus denen medialer Nutzen gezogen wird (aṭ-Ṭayyib), wird in Bezug zu einer Bevölkerung gestellt, die durch staatlich kontrollierte Massenmedien einseitig informiert wird und durch ständigen Verdacht auf Manipulation desillusioniert ist.

Politische Inkompetenz

Der bekannte politische Kommentator Fahmī Huwaydī, in einem Interview auf die Aussage Naẓīfs angesprochen, bezeichnet diesen und seine Minister als besseres

50 Vgl. aber andererseits die Ablehnung Ǧumʿas, als der Awqāf-Minister ihn darum bittet, eine bestimmte Fatwa zu erlassen, worauf der Großmufti diese Bitte ablehnt. Ḥussām Abū Ṭālib, „Miṣr: al-Muftī yuḥarrim istiḫdām amwāl aṣ-ṣadaqa li-iʿānat al-muwaẓẓafīn," *al-Quds al-ʿarabī*, 07.08.2007.
51 So wenn Ǧumʿa den Anlass für einen Termin beim Präsidenten nutzen möchte.

„Sekretariat des Präsidenten“ ohne politische Gestaltungsmacht und spielt auch auf eine gewisse Unfähigkeit an:

„Wenn er [Naẓīf] über Politik spricht, disqualifiziert er sich selbst. Ich glaube nicht, dass er die Verfassung gelesen hat, die besagt, dass Ägypten ein islamischer Staat ist. Ich glaube auch nicht, dass er die Bedeutung des Wortes *ʿalmānīya* versteht [...].“[52]

Der bereits erwähnte Abgeordnete und Chefredakteur Muṣṭafā Bakrī sieht die Aussage Naẓīfs im Kontext einer Zeit, in der Ägypten ständigen Krisen ausgesetzt sei. Bakrī sieht zwei Möglichkeiten, die Aussage zu bewerten. Eine Möglichkeit sei, dass sich Naẓīf der

> Verfassung seines Landes und der eindeutigen Texte darin nicht bewusst ist, die keinen Interpretationsspielraum zulassen, vor allem die ersten drei Artikel, die klar und deutlich besagen, dass Ägypten Teil der arabischen Umma ist, dass der Islam die Religion des Staates und Arabisch die offizielle Sprache ist und dass die Prinzipien der Scharia die Hauptquelle der Gesetzgebung sind.[53]

Bakrī bezieht sich hier explizit auf den ehemaligen Gerichtsrat (*mustašār*)[54] und renommierten Historiker Ṭāriq al-Bišrī,[55] für den feststeht, dass Ägypten islamisch ist und darum nicht säkular sein kann. Al-Bišrī betont, dass der Islam in der ägyptischen Verfassung seit 1923 als Staatsreligion fixiert ist. Wenn die islamische Scharia im Verfassungstext als die Hauptquelle der Gesetzgebung fixiert werde und der Islam als Staatsreligion; wenn die Verfassung festlege, dass sowohl die Identität Ägyptens arabisch und islamisch[56] sei als auch der Referenzrahmen (*marǧiʿīya*) für Gesetz und Ordnung – wie könne Naẓīf den Verfassungstext auf diese Weise interpretieren? Auf alarabiya.net – der Online-Plattform des

52 Ṭāriq Saʿīd, „Fahmī Huwaydī: Barnamaǧ ar-raʾīs kalām fāriġ,“ *al-Karāma*, 30.05.2006:
وهو إذا تكلم فى السياسة يتقزم حجمه ولا أعتقد أنه قرأ الدستور الذى ينص على أن مصر دولة إسلامية ولا أعتقد أنه يفهم معنى كلمة علمانية[...].

53 Bakrī, „Ḫāriǧ niṭāq al-ḫidma“:
ليس لديه وعى بدستور دولته ونصوصه القاطعة التى لا تحتمل أي لبس أو تأويل خاصة فى مواده الثلاث الأولى التى تنص صراحة على أن مصر جزء من الأمة العربية وأن دين الدولة هو الإسلام واللغة العربية لغتها الرسمية، وأن مبادئ الشريعة الإسلامية هى المصدر الرئيسى للتشريع.

54 Für den juristischen Rang des *mustašār* (wörtl.: Berater) gibt es m.W. im deutschsprachigen Raum keine Entsprechung. Die Übersetzung mit „Gerichtsrat“ ist als Annäherung zu verstehen.

55 Vgl. die Kurzangaben im Anhang. Zu al-Bišrī im Zusammenhang mit Säkularismus vgl. Flores, *Säkularismus und Islam in Ägypten*, 102–07.

56 In seinem Werk *al-Muslimūn wa-l-aqbāṭ* (1981) war al-Bišrī noch nicht völlig überzeugt von der islamischen Identität Ägyptens. Vgl. Leonard Binder, *Islamic Liberalism* (Chicago, London: The University of Chicago Press, 1988), 243–292 (248).

gleichnamigen Fernsehsenders, der auch das ursprüngliche Interview mit Naẓīf geführt hatte – wird al-Bišrī zitiert:

> Ich weiß nicht, was Dr. Naẓīf mit *al-ʿalmānīya* meint, und mit welcher Methode er diese Verfassungsartikel interpretiert. Artikel 2 der Verfassung versichert ohne Raum für Zweifel zu lassen, dass Ägypten kein säkularer Staat ist, und das ist hinreichend bekannt. Was können wir also über einen [solch] klaren und eindeutigen Text sagen? Man sollte Dr. Naẓīf selbst fragen, was er meint.[57]

Auch wenn man sich auf al-Bišrīs plausible Argumentation einlässt, ließe sich mit Farağ Fūda entgegenhalten, dass die in der Verfassung verwendete Formulierung – *Prinzipien* der islamischen Scharia als *Haupt*quelle der Gesetzgebung – dermaßen unbestimmt bleibt, dass der Interpretationsrahmen außerordentlich groß ist.[58]

Neben der Möglichkeit, dass Naẓīf sich des Verfassungstexts nicht bewusst war, hält der Chefredakteur und Abgeordnete Bakrī auch für möglich, dass Naẓīf den „Text sehr gut kennt", sich aber der westlichen Welt als jemand präsentieren möchte, „der etwas sagt, was andere nicht können, und dass er bereit ist, alles zu tun, weil er mutig ist. Und so fordert er das ganze Volk heraus, auch wenn dabei die Prinzipien der Umma zerstört werden."

Weil beide Möglichkeiten keine befriedigende Antwort bieten, weiß Bakrī nicht, ob er lachen oder weinen soll und fragt sich, ob Naẓīf im Parlament einen Konflikt mit den Abgeordneten der Muslimbrüder heraufbeschwören möchte:

> Sie haben eine Beschuldigung ausgesprochen und gesagt: ‚Wir haben eine Geheimorganisation im Parlament'. Damit meinen Sie definitiv die 88 Abgeordneten [der Muslimbrüder]. Und deshalb frage ich Sie: Da es ja eine Geheimorganisation im Parlament gibt, warum haben Seine Exzellenz dann nicht die Festnahme dieser Organisation veranlasst, damit ihr vor der ägyptischen Justiz der Prozess gemacht wird? Und überhaupt, warum haben Sie dann nicht veranlasst, uns alle festnehmen zu lassen, die Unabhängigen, Oppositionellen und die Regierungspartei? Wir alle haben mit dieser Geheimorganisation kooperiert, deren Mitgliedern der Parlamentspräsident Rederecht erteilt und Anfragemöglichkeiten an

57 Zitiert nach Firāğ Ismāʿīl, „al-Bišrī: Miṣr ġayr ʿalmānīya bi-naṣṣ ad-dustūr wa-tastamidd qawānīnihā min aš-šarīʿa," *al-ʿArabīya (online)*, 23.05.2006:
لا أعرف ماذا كان يقصد (د.نظيف) بالعلمانية وما هي الطريقة التي فسر بها هذه النصوص. ان نص المادة الثانية من الدستور يؤكد بما لا يدع مجالا للشك بأن مصر ليست دولة علمانية وهذا معروف للكافة.. فماذا يمكن ان نقول في نص واضح وصريح. ليسئل د.نظيف نفسه عما يقصده.

58 Vgl. Fūda, *Ḥiwār ḥawla al-ʿalmānīya*, 8 f. Vgl. auch Nathalie Bernard-Maugiron und Baudouin Dupret, „« Les principes de la sharia sont la source principale de la législation »," *Égypte/Monde arabe*, Nr.2 (1999): 107–126, über die Vermeidung von Grundsatzentscheidungen des ägyptischen Verfassungsgerichts durch die Einführung „relativer Prinzipien" der Scharia.

Ihre Regierung eingeräumt hat. Herr Premierminister, ich stimme nicht mit Programm und Ansichten der Muslimbrüder überein, aber mein werter Herr, jene sind Abgeordnete, die das Volk in völliger Freiheit gewählt hat. Präsident Mubarak hat in einem Fernsehgespräch erklärt, dass die Muslimbrüder das Recht haben, als Einzelpersonen zu kandidieren und jeder bestehenden Partei beizutreten und zu gewinnen, aber es wird ihnen nicht erlaubt werden, eine religiöse Partei zu gründen. Das sind die Worte des Präsidenten. Wie kommen Sie also zu dieser arroganten Besserwisserei? Legitimität wird nicht von Ihnen oder Ihrer Regierung erteilt, die unsere Unternehmen verkauft und unsere Menschen verarmen lässt und unsere [zivilgesellschaftlichen] Bewegungen unterdrückt. Legitimität verleiht vielmehr das ägyptische Volk, das die Parlamentsabgeordneten in Freiheit und nach seinem Willen wählt.[59]

Da Naẓīf aus Bakrīs Sicht nicht kompetent genug ist, im Namen der Regierung zu sprechen, stelle sich die Frage, ob man ihm nicht einen neuen Titel verleihen sollte – den des „Krisenauslösers, Schnellschießers und Unerfahrenen“, der vor allem durch Planlosigkeit auffalle.

Linke Stimmen

Die Publizistin Farīda an-Naqqāš[60] – wenige Monate nach dem Skandal um Naẓīf wird sie Chefredakteurin der von der sozialistischen Tağammu‘-Partei herausgegebenen Wochenzeitung al-Ahālī – beobachtet in Naẓīfs Aussage nicht etwa eine Gefahr für den Islam. Vielmehr sieht sie den Säkularismus bzw. die Säkularität des Landes bedroht und einen großen Teil der Bevölkerung durch die Verfassung diskriminiert:

Während der Premierminister Ägyptens Dr. Aḥmad Naẓīf verkündet, Ägypten sei ein säkularer Staat und damit großen Lärm sowohl unter den Säkularisten als auch unter den Verfechtern

---

59 Bakrī, „Ḫāriğ niṭāq al-ḫidma“:
لقد اتهمت وقلت: 'لدينا تنظيم سرى ممثل فى البرلمان' وأنت هنا تقصد ال٨٨ نائبا بالقطع، ولذلك اسألك: مادام أن هناك تنظيما سريا فى البرلمان، فلماذا لم تصدر سعادتك التعليمات للقبض على هذا التنظيم، ومحاكمته أمام القضاء المصرى؟ وبالمرة لماذا لم تصدر تعليماتك بالقبض علينا جميعا مستقلين ومعارضين وحزبا حاكما؟ فنحن جميعا تواطأنا وتعاملنا مع هذا التنظيم السرى، الذي اتاح رئيس مجلس الشعب لأعضائه الحق فى الكلام وتقديم الاستجوابات لوزراء حكومتك .
يا سيادة رئيس الوزراء، اننى اختلف مع الإخوان المسلمين ونهجهم ورؤيتهم، لكن يا سيدى الفاضل هؤلاء نواب اختارهم الشعب بحرية كاملة، والرئيس مبارك صرح خلال حديث تليفزيونى بأن من حق الاخوان أن يترشحوا كأفراد، بل ان من حقهم ان يدخلوا أى أحزاب قائمة كأفراد وينجحوا، ولكن لن يسمح لهم بقيام حزب دينى، هذا كلام الرئيس، فمن أين أتيت سيادتك بهذه 'الفذلكة' الجهنمية؟! إن المشروعية لن تمنحها أنت أو حكومتك التى تبيع شركاتنا وتفقر أهلنا وتقمع تحركاتنا .. إنما المشروعية يمنحها الشعب المصرى الذى اختار أعضاء البرلمان بحريته وإرادته .

60 Zu an-Naqqāš, der Tağammu‘-Partei und al-Ahālī vgl. Fatemah Farag, „Farida El-Naqqash: The importance of being earnest,“ *Al-Ahram Weekly (online)*, 22.02.2007.

> eines religiösen Staates verursacht, ist er in Konflikt mit einer Tatsache geraten: Die ägyptische Verfassung besagt, dass der Islam die Staatsreligion ist und die islamische Scharia die Hauptquelle der Gesetzgebung. Damit macht dieser Text die ägyptischen Christen und die ägyptischen Frauen – entgegen anders lautenden Behauptungen – in Wahrheit zu Bürgern zweiter Klasse. Aber nicht nur damit, sondern auch, weil das Herrschaftssystem in Ägypten eine komplexe Maschinerie entwickelt hat, um die Idee des Säkularismus an der Wurzel auszurotten und ihr jede natürliche Entwicklung abzuschneiden. Dadurch wurde einer immensen Entwicklung von Kräften des politischen Islam Tür und Tor geöffnet, die sich in den Köpfen der einfachen Leute eingenistet haben. Jenen [Kräften] ist ein geistiger Einfluss zugefallen, der keinerlei Kritik ausgesetzt ist. Dazu kommt ihre Finanzmacht, die an die Stelle des Staates getreten ist, nachdem sich dieser aus dem Bereich sozialer Angelegenheiten zurückgezogen hat. All dies ist geschehen, nachdem bereits ein kräftiger Keim säkularistischen Gedankenguts während der liberalen Phase nach der Revolution von 1919 gesät worden war.[61]

Für an-Naqqāš gibt es in den meisten Gesellschaften eine historisch objektive „Tendenz hin zur Trennung von Religion und Staat bzw. politischer Macht, wobei der Staat völlig neutral gegenüber jeder Religion wurde". All dies geschah jedoch, „ohne die Religion vom Leben oder der Gesellschaft abzutrennen – wer immer dies wollte, könnte es auch gar nicht."

Den aus ihrer Sicht parallel dazu entstandenen Begriff *al-ʿalmānīya* beschreibt sie wie folgt:

„Bezogen auf Diesseitigkeit bedeutet sie [*al-ʿalmānīya*], unsere Angelegenheiten zu bewältigen, ohne sich auf ein metaphysisches, hinter der Natur liegendes Urteil zu beziehen, sondern auf die gelebte bzw. diesseitige Realität. Alle menschlichen Angelegenheiten werden zeitlich [konkret] behandelt und nicht absolut rational oder metaphysisch."[62]

Eine typische Strategie von Säkularismusgegnern sei, Säkularisten durch Bezichtigung der Diesseitigkeit (*dunyawīya*) und des absoluten Materialismus (*māddīya ṣirfa*) herabzuwürdigen und ihnen jegliche Spiritualität abzusprechen,

61 Farīda an-Naqqāš, „Iqtilāʿ al-ʿalmānīya," *al-Miṣrī al-yawm*, 06.06.2006:
وحين صرح رئيس وزراء مصر د. أحمد نظيف أن مصر هى دولة علمانية مثيرا ضجة كبرى في أوساط كل من العلمانيين ودعاة الدولة الدينية معا، كان يجافى الحقيقة، لأن الدستور المصرى ينص على أن دين الدولة هو الإسلام، وأن الشريعة الإسلامية هى المصدر الرئيسى للتشريع، وهو النص الذى يضع كلا من المسيحيين المصريين والنساء المصريات في موقع مواطنى الدرجة الثانية، وهذا الموقع هو حقيقة واقعة رغم كل الادعاءات التي تقول بغير ذلك، لا لهذا السبب وحده ـ وإنما أيضا لأن نظام الحكم في مصر ابتدع آلية مركبة لاقتلاع الفكرة العلمانية من جذورها ـ وقطع الطريق على نموها الطبيعى بشكل موضوعى، وفتح الباب بذلك لهذا النمو الهائل لتيارات وقوى الإسلام السياسى التي تستولى على عقول البسطاء، بما لها من نفوذ معنوى لا يتعرض للنقد، وبإمبراطوريتها المالية التي أخذت تحل محل الدولة بعد انسحابها من ميدان الخدمات الاجتماعية، وذلك كله بعد أن كانت الفكرة العلمانية قد بذرت بذورا عفية في المرحلة الليبرالية بعد ثورة ١٩١٩.

62 An-Naqqāš, „Iqtilāʿ al-ʿalmānīya":
ونسبة إلى العالم أى الدنيا حينا آخر، والنسبة إلى الدنيا تعنى معالجة أمورنا لا احتكاما إلى ما وراء الطبيعة أو الميتافيزيقا، وإنما احتكاما إلى الواقع المعاش أو الدنيوى. ويكون تناول جميع الأحوال الإنسانية زمانيا وليس مطلقا عقلانيا لا غيبياً.

„während doch der Säkularismus sieht, dass es Quellen der Rechtleitung (*rašād*), des Lichts und geistiger Fülle (*imtilā' rūḥī*) in dieser Welt gibt." „Tief verwurzelt" sei er in solch immateriellen „hohen, menschlichen Werten und Idealen". An der gesellschaftlichen Errungenschaft geistiger Werte sei auch Religion beteiligt gewesen – aber lediglich als eine, nicht als einzige Kraft.[63] Säkularismus ist für an-Naqqāš nicht nur eine objektiv-historische Entwicklung, sondern auch eine „Notwendigkeit, um Völker und Gesellschaften von Despotismus (*istibdād*)" zu befreien. Letzteres betreffe eben nicht nur die „Kirche in Europa, sondern auch Könige, die behaupten, der Schatten Gottes auf Erden zu sein, oder muslimische Kalifen, die behaupten, ihr Besitz sei von Gott übereignet". An-Naqqāšs Konstruktion von Herrschaft in der muslimischen Geschichte steht damit konträr zu der verbreiteten Meinung, im Islam gebe es kein korruptes religiös-politischen System, von dem man sich befreien müsste, sondern islamische Herrschaft sei im Großen und Ganzen gerecht (gewesen) – vor allem im Vergleich zu säkularer Herrschaft.[64]

Es ist jedoch der Staat, den an-Naqqāš kritisiert – nicht die Religion:

> Ebenso [wie der Verlag Maktabat al-Usra] überflutet der Staat, dem nahezu 95 Prozent der audio-visuellen Medien gehören, diese mit religiösen Themen, die einem konservativen Pfad folgen, ohne kritische oder dialogische Perspektive im religiösen Denken und der islamischen Rechtswissenschaft (*fiqh*). Dasselbe macht er mit den Lehrplänen und Fächern, die aus Diktaten und Auswendiglernen bestehen, ohne Dialog und ohne etwas zu hinterfragen. Der Staat entfernt Texte der Reformdenker, angefangen bei Averroes (*Ibn Rušd*), aus dem Studium [...]. Der Staat weigert sich sogar, den zu allen Tages- und Nachtzeiten überlauten Moscheemikrophonen Einhalt zu gebieten. Und dies ist nur die Spitze des Eisbergs, die verdeutlicht, dass der Herrschaft in Ägypten der Status quo genehm ist, da die Religion eine für den Ernstfall bereite Waffe bleibt, die in allen Angelegenheiten der Herrschaft stets zur Hand ist. Sei es, um Oppositionelle zu terrorisieren und sie des Atheismus zu beschuldigen, so wie es Sadat gemacht hat. Oder man überbietet die Strömungen des politischen Islam und sagt: Schaut, wir Herrscher sind frommer als ihr. In allen Fällen bildet die Religion einen dichten Vorhang, der geschickt jegliche Korruption und Despotie verdeckt.[65]

---

63 Vgl. auch die (islamische?) Perspektive al-Bannās, Religion sei nicht die einzige Dimension des Lebens. Ǧamāl al-Bannā, „La ḥayāh bidūn dīn... wa-lā ḥayāh bi-d-dīn waḥduhu," *al-Miṣrī al-yawm*, 18.10.2006; Ǧamāl al-Bannā, *Qaḍīyat al-qubulāt wa-baqīyat al-iǧtihādāt* (Kairo: Dār al-fikr al-islāmī, 2008), 63–77.

64 Vgl. das Kapitel „Ideale islamische Ordnung und reale Islamisten" sowie als provokanten Gegenstandpunkt Ǧamāl al-Bannā, *Mas'ūlīyat fašl ad-dawla al-islāmīya fī al-ʿaṣr al-ḥadīṯ* (Kairo: Dār al-fikr al-islāmī, 1994) zum Scheitern des islamischen Staates in der Neuzeit.

65 An-Naqqāš, „Iqtilāʿ al-ʿalmānīya":
كذلك تقوم الدولة التى تمتلك ما يقارب ٩٥٪ من الإعلام المسموع والمرئى بإغراق هذا الإعلام بالمواد الدينية التى تتخذ منحى محافظا دون أى رؤية نقدية أو حوارية للفكر الدينى والفقه، وتفعل نفس الشىء في مناهج التعليم ومواده التى تقوم على التلقين والحفظ دون الحوار أو التساؤل، وتستبعد نصوص المفكرين المجددين بدءا بابن رشد نفسه من الدراسة [...]، بل وتمتنع الدولة عن الوقوف فى وجه هذه المغالاة في إطلاق ميكروفونات المساجد بضجيجها في كل أوقات الليل والنهار، وليس هذا

Der Staat benutze jedoch nicht nur den Islam und seine gemäßigten Varianten, sondern auch Weltanschauungen, die aus der Sicht einiger muslimicher Intellektueller nicht mehr islamisch-aufgeklärt, sondern säkularistisch sind. Erwähnenswert ist hier insbesondere die Reihe zum Thema Aufklärung (*tanwīr*) der staatlichen Allgemeinen ägyptischen Bücherkommission (*al-Hay'a al-miṣrīya al-ʿāmma li-l-kitāb*). Der von an-Naqqāš erwähnte Verlag Maktabat al-Usra hatte im Auftrag der Kommision vor allem in den 1990er Jahren Dutzende Bücher zu den Themen islamische Aufklärung und Rationalität neu aufgelegt – darunter Klassiker wie Ṭāhā Ḥusayns *Mustaqbal aṯ-ṯaqāfa fī Miṣr* (1938) (Die Zukunft der Kultur in Ägypten), Salāma Mūsās *Mā hiya an-Naḥda* (Was ist die *nahḍa*?), Faraḥ Anṭūns *Falsafat Ibn Rušd* (Die Philosophie des Averroes)[66] und ʿAlī ʿAbd al-Rāziqs *al-Islām wa-uṣūl al-ḥukm* (Der Islam und die Grundlagen der Macht).[67]

Dies geschah nicht zuletzt als staatlicher Gegenstandpunkt zu systemkritischen Publikationen aus den Reihen des politischen Islam oder – wie es der Intellektuelle und ausführende Herausgeber der Reihe Ǧābir ʿAṣfūr ausdrückt – um sich den „Extremisten und Terroristen im eigenen Land", die Politik, Wirtschaft, Sicherheit und die gesamte Gesellschaft gefährden, „mit aufgeklärtem Geist (*fikr mustanīr*) und dem ehrwürdigem Wort der Wahrheit (*kalimat al-ḥaqq aš-šarīf*) entgegenzustellen"[68].

An-Naqqāš bemerkt zu der Reihe, dass der Staat bewusst unliebsame Inhalte weglasse, beispielsweise den Aufruf Faraḥ Anṭūns zu Säkularismus in dessen ursprünglicher Widmung seines Werks über die Philosophie des Averroes.[69] Auch die Verbrennung der Bücher Ibn Rušds (1126–1198) zu dessen Lebzeiten sowie das Für und Wider der Debatte zwischen Anṭūn und dem reformorientierten Islam-Gelehrten Muḥammad ʿAbduh Anfang des 20. Jahrhunderts habe wohl nicht in ein staatlich vereinheitlichtes Weltbild gepasst, als Anṭūns Buch 1993 in öffentlich finanzierter Neuauflage publiziert wurde.

Ein anderer Beobachter beschäftigt sich nicht mit Naẓīfs Behauptung, Ägypten sei säkular, sondern mit dessen späterer Berichtigung, Ägypten sei

إلا غيض من فيض يبين لنا أن الحكم فى مصر يستسيغ الوضع القائم إذ إنه - أى الوضع القائم - يبقى الدين سلاحا جاهزا عند الضرورة وحاضرا دائما وأبدا فى كل أمور الحكم إما لإرهاب المعارضين واتهامهم بالإلحاد وهو ما سبق أن فعله السادات، أو المزايدة على تيارات الإسلام السياسى بالقول: انظروا نحن الحكام الأكثر تدينا منكم، وفى كل الحالات، فإن هذه الستارة الكثيفة من الدين تغطى على كل من الفساد والاستبداد بمهارة.

66 Hier mit dem leicht geänderten Titel der Neuauflage. Für das Original vgl. Faraḥ Anṭūn, *Ibn Rušd wa-falsafatuhu* (Alexandria: al-Ǧāmiʿa, 1903).

67 Zu dieser Serie vgl. Najjar, „The debate on Islam and secularism in Egypt", 11.

68 So ʿAṣfūrs Erläuterungen zur Neuauflage von ʿAbd ar-Rāziqs *al-Islām wa-uṣūl al-ḥukm* (1993) auf der hinteren Umschlagseite.

69 Vgl. den Beginn der Widmung (*Ihdā' al-kitāb*) in Anṭūn, *Ibn Rušd wa-falsafatuhu*, [i].

islamisch. Der Klarstellung Naẓīfs widerspricht der Publizist Ḥusayn Fahmī Muṣṭafā[70] in der Wochenzeitung al-Ahālī, die zur sozialistischen Taǧammu'-Partei gehört: Ägypten sei nicht islamisch, sondern säkular, argumentiert Muṣṭafā.[71] Die Identität des ägyptischen Staates sei seit Einführung des Parlaments 1866 säkular. Dieser säkulare Charakter zeige sich außenpolitisch in der Mitgliedschaft Ägyptens in der Arabischen Liga als Bund von Nationalstaaten und innenpolitisch durch die formale Gleichheit seiner Bürger. Es gebe in Ägypten keinen „Bürger erster und einen anderen zweiter Klasse" – so als ob bereits die Geburt als Muslim darüber entscheide, ob man als Bürger Vorteile gegenüber anderen Bürgern genieße.[72]

Umso überraschender seien die Berichte über Naẓīfs (revidierte) Aussage, dass Ägypten verfassungsgemäß ein islamischer Staat sei. Muṣṭafā erinnert an die Formulierung des ersten Verfassungsartikels; ein Argument, das in keinem der anderen Beiträge auftaucht:

„Richtig ist, dass nach Artikel 1 der Verfassung die arabische Republik Ägypten ein sozialistischer, demokratischer [bzw. sozialdemokratischer] Staat ist. Die katastrophale Öffnung[s- und Liberalisierungspolitik Sadats] hat sich [zwar] über diese Bezeichnung hinweggesetzt, aber eine Modifikation des Textes erfordert [dennoch] eine Verfassungsänderung."[73]

Zum Zeitpunkt der Aussage Naẓīfs (Mai 2006) war Ägypten verfassungsgemäß ein „Staat mit sozialistischer, demokratischer [bzw. sozialdemokratischer] Ordnung" (*dawla niẓāmuhā ištirākī dīmuqrāṭī*)[74], denn es galt noch die

70 Ehemaliger Berater (*mustašār*) der „Vereinigung Rundfunk und Fernsehen"; neben al-Ahālī finden sich auch Beiträge von ihm in al Ahram und der nasseristischen Wochenzeitung al-'Arabī.

71 Vgl. Ḥusayn Fahmī Muṣṭafā, „Miṣr dawla 'almānīya," *al-Ahālī*, 31.05.2006.

72 Vgl. dagegen sowohl die Sichtweise an-Naqqāšs als auch die Außenperspektive des Islamwissenschaftlers Rohe, Mathias Rohe und Albrecht Metzger, „Muslime und Rechtsstaat – Aufgabe, Probleme, Herausforderungen," *Fikrun wa Fann* (Januar 2009), die Frauen und Kopten als benachteiligt ansehen. Viele Kopten sehen dies wahrscheinlich ähnlich, vgl. den desillusionierten Ton in Ǧūrǧ, „Taṣrīḥāt Aḥmad Naẓīf wa-l-'almānīya wa-ǧarīdat al-Usbū'".

73 Muṣṭafā, „Miṣr dawla 'almānīya":
والصحيح هو أن المادة ١ من الدستور تنص على أن جمهورية مصر العربية دولة اشتراكية ديمقراطية. وقد تجاوز الواقع الانفتاحى الكارثى هذا الوصف ولكن تغيير النص يستلزم تعديل الدستور.

74 *Al-Ǧarīda ar-rasmīya*, 26 (26.06.1980): 936–41 (amtliche Veröffentlichung der Verfassungsänderung). Unerwähnt bleibt hier, dass Sadat gleichzeitig die Formulierung in Artikel 1 von „demokratisch und sozialistisch" (1971) in das erwähnte „sozialistisch demokratisch [sozialdemokratisch]" (1980) ändern ließ, wobei sozialistisch (*ištirākī*) im Arabischen nicht als politischer Terminus gelesen werden muss, sondern auch im allgemeinen Sinne von Teilhabe und Partizipation verstanden werden kann. Vgl. *al-Ǧarīda ar-rasmīya*, 36 (12.09.1971):1–16 (amtliche Veröffentlichung des Verfassungstextes).

Formulierung der Verfassungsänderung aus dem Jahr 1980.[75] Muṣṭafā betont, „der gläubige Präsident Sadat“[76] habe sich mit der Verfassungsänderung im Rahmen seiner Öffnungspolitik bei der extremen islamischen Rechten (*yamīn islāmī mutaṭarrif*)[77] einschmeicheln wollen, als er 1980 in Artikel 2 die Prinzipien der islamischen Scharia von *einer* Hauptquelle in *die* Hauptquelle ändern ließ[78] – und fügt hinzu, dass es eben jene „islamische Rechte“ gewesen sei, die Sadat ermordet habe.

Muṣṭafā überträgt nun die Situation Sadats auf die heutige Zeit. Naẓīf mache mit seiner Aussage, Ägypten sei eine islamische Republik, ähnliche Zugeständnisse an die salafistische Rechte (*yamīn salafī*) und der Premier begehe somit denselben Fehler wie Sadat. Wenn nun aber die Identität eines Staates auf einen Aspekt wie Religion oder Ethnizität reduziert werde, ergäben sich daraus religiöse bzw. ethnische Konflikte. Wie sich bei Minderheiten wie den Basken in Spanien, den Kurden, den philippinischen Muslimen usw. zeige, ließen sich daraus legitime Ansprüche auf einen eigenen Staat ableiten, der seine Identität aus einer bestimmten Gruppenzugehörigkeit gewinne.

Man könne sogar noch weiter gehen und Frankreich zu einer katholischen Republik erklären, folge man diesem Prinzip der Reduktion auf religiöse Identität. Wo würden dann aber die Menschenrechte bleiben, wie sie durch die Vereinten Nationen verkündet und in der ägyptischen Verfassung verankert wurden? Und so endet Muṣṭafās Kommentar mit einem Zitat von Artikel 40 der Verfassung – dieser besagt, dass „alle Bürger vor dem Gesetz gleich sind in Bezug auf allgemeine Rechte und Pflichten [und] diesbezüglich nicht hinsichtlich Geschlecht, Herkunft, Sprache, Religion oder Glauben unterschieden wird“.[79]

---

75 Allerdings ließ Präsident Mubarak, abgesegnet durch einen Volksentscheid, im März 2007 alle Sozialismen aus der Verfassung entfernen. Vgl. die amtliche Veröffentlichung der Änderung von 2007 (*al-Ǧarīda ar-rasmīya*, 12 (31.03.2007):2–12) sowie die Einschätzung in Henner Fürtig, „Verfassungsreferendum in Ägypten,“ *GIGAFokus*, Nr.3 (2007): 1–7 (ohne Bezug auf Primärquellen).

76 So heißt es u. a. auf dem Denkmal Sadats, das am Ort seiner Ermordung aufgestellt wurde.

77 Was genau islamische *Rechte* bedeutet, bleibt offen und lässt sich aus einem allgemeinsprachlichen Verständnis heraus nicht präzise erschließen. Gemeint sind wohl reaktionäre bis revolutionäre, gewaltbereite Gruppen wie die al-Ǧamāʿa al-islāmīya. Vgl. aber Ḥasan Ḥanafī, *ad-Dīn wa-ṯ-ṯawra fī Miṣr 1952–1981*, 8 Bde. (Kairo: Maktabat Madbūlī, [1989]), 6, der die „religiöse Rechte“ als idealistische Strömung bestimmt, bei der Glaube den ersten Erkenntniszugang bilde, dem sich jede Handlung unterordne.

78 Die bis dahin geltende Version hatte Sadat erst 1971 einführen lassen.

79 Vgl. den Verfassungstext in *al-Ǧarīda ar-rasmīya*, 36 (12.09.1971):5. Nach einer gekürzten Variante in der Verfassung von 2012 findet sich der Text fast identisch in Artikel 35 der Verfassung von 2014 wieder.

Islamisierung der ägyptischen Öffentlichkeit

Die junge liberale Tageszeitung Nahḍat Miṣr veröffentlicht ein mehrseitiges Dossier unter dem Titel *ʿAlmānīya am islāmīya?* (Säkular oder islamisch?) mit insgesamt fünf Beiträgen.[80] Bereits im Vorspann, der die wichtigsten Themen der Beiträge nennt, wird Naẓīfs Rede von einem säkularen Ägypten kritisch entgegengetreten:

> Dr. Ahmad Naẓīf, Vorsitzender des Ministerrats, hat eine Erklärung erlassen, die versichert, Ägypten sei ein säkularer, zivil-bürgerlicher Staat und werde niemals ein religiöser Staat sein. Aber die Wirklichkeit steht der Meinung Dr. Naẓīfs völlig entgegen, denn alles auf dem Boden dieser Heimat [bzw. Nation] (*waṭan*) weist auf einen religiösen Staat hin, nachdem alle Aktivitäten und Gegebenheiten islamisiert wurden. Niemand bestreitet die politische, gesellschaftliche, wirtschaftliche und auch kulturelle Vorherrschaft der religiösen Strömungen und Debatten in den [verschiedenen] Lebensbereichen Ägyptens.
>
> Die Gewerkschaften werden von den Muslimbrüdern beherrscht, nachdem sie ins Parlament eingedrungen sind. Deutlich hinterlassen sie ihre Spuren in der Gewerkschaft der Journalisten, der Ärzte, der Ingenieure und der Anwälte. Die meisten Läden tragen islamisierte Namen, [...]. Medizin ist nicht vor der Islamisierung sicher [...]. Der Sport ist dem auch nicht entkommen. [...] Religiöse Aufkleber, Plakate und Parolen wurden zum ausschlaggebenden Faktor jeder Aktivität, als ob Religion der magische Schlüssel zu jeder verschlossenen Tür sei. Glauben wir nach all dem immer noch, dass wir ein säkularer bzw. zivil-bürgerlicher Staat sind?[81]

Das Phänomen, das hier im Zusammenhang mit *al-ʿalmānīya* beobachtet wird, ist eine Islamisierung (*aslama*) der ägyptischen Gesellschaft. An Beispielen wird von einer zunehmenden Anwendung sogenannter islamischer, d. h. hier: überlieferter medizinischer Behandlungsmethoden mit Kamelurin oder Schröpfen berichtet. Erklärt wird dies unter anderem mit steigenden Arzneimittelkosten und sinkenden Einkommen, also nicht nur als religiöses, sondern auch als wirtschaftliches Phänomen.[82]

---

80 Vgl. Nahḍat Miṣr, 01.06.2006, 4–6. Für Informationen zu Nahḍat Miṣr vgl. Shaden Shehab, „Press battles,“ *Al-Ahram Weekly (online)*, 27.11.2003. Die Zeitung mit vergleichsweise geringer Auflage verfügt nicht über eine ägyptische Lizenz, wird aber in Ägypten vertrieben.

81 Nahḍat Miṣr, 01.06.2006, 4:
أطلق الدكتور احمد نظيف رئيس مجلس الوزراء تصريحا يؤكد فيه ان مصر دولة علمانيةأطلق الدكتور احمد نظيف رئيس مجلس الوزراء تصريحات يؤكد فيه ان مصر دولة علمانية مدنية ولن تكون ابدا دولة دينية. لكن الواقع ينفي بشدة وجهة نظر الدكتور نظيف فكل شيء على ارض هذا الوطن ينطق بدولة دينية بعد أن تمت اسلمة جميع الانشطة والموجودات .. ولا احد ينكر هيمنة التيارات والخطابات الدينية على مناحى الحياة فى مصر سياسيا واجتماعيا واقتصاديا وثقافيا ايضا. [¶] النقابات تسيطر عليها جماعة الاخوان ، بعد ان تسللوا الى مجلس الشعب، وبصماتهم واضحة في نقابات الصحفيين والاطباء والمهندسين والمحامين.. معظم المتاجر يحمل اسماء «متأسلمة» [...]. الطب لم يسلم من الأسلمة [...]. الرياضة ايضا لم تفلت [...]. الملصقات واللافتات والشعارات الدينية باتت العامل المرجح فى أى نشاط وكأن الدين هو المفتاح السحرى لكل باب مغلق. بعد كل هذا.. هل مازلنا نصدق اننا دولة علمانية أو مدنية؟ !

82 Vgl. „Tarakū al-aṭibbāʾ wa-ṣ-ṣayādila... wa-taʿāmalū maʿa al-ḥaḥāma wa «būl al-ibl»,“ *Nahḍat Miṣr*, 01.06.2006.

Die Islamisierung zeige sich zudem im Bereich Sport, an zunehmend „islamischer“ Kleidung (längere Hosen) und äußeren Merkmalen (Bärte) von Sportlern. Ein weiteres Indiz sei die öffentliche Forderung, Sportwettkämpfe auf die Gebetszeiten abzustimmen sowie Interventionen von Gelehrten, die in Fatwas Frauensport verbieten.[83]

Ein weiteres Phänomen, das nach Nahḍat Miṣr die Islamizität der ägyptischen Öffentlichkeit belegen soll, ist ein verbreiteter Einfluss der Muslimbrüder in den Gewerkschaften.[84] So habe der oberste Führer der Bruderschaft im Jahr 2004 in der Journalistengewerkschaft die Prinzipien und Reformansätze der Muslimbruderschaft verkündet und die Gewerkschaft als legale Plattform für die illegale Vereinigung genutzt. In der Anwaltsgewerkschaft würden von den Muslimbrüdern immer wieder Gesprächs- und Ausbildungsmöglichkeiten angeboten; in den Räumlichkeiten der Ingenieursgewerkschaft hätten sich 1995 wichtige Dokumente gefunden, mit Hinweisen auf die Formation eines eigenen Blocks von Muslimbrüdern innerhalb dieser Gewerkschaft.

Den zunehmenden Einfluss der Muslimbrüder habe die Regierung durch das Gesetz Nr. 100 (1993)[85] zu unterbinden versucht, was jedoch nicht gelungen sei. Zusätzlich brächten interne Machtkämpfe die Arbeit in den Gewerkschaften zum Erliegen. Selbst der Vorsitzende der Ingenieursgewerkschaft Ḥasaballāh al-Kafrāwī – als damaliger Bauminister zugleich Regierungsmitglied – habe es nicht geschafft, die Dominanz der Muslimbrüder einzudämmen.

Bemerkenswert ist auch die Erklärung, die von Ṣābir ʿAmmār, Mitglied des Anwaltgewerkschaftsrats, für das Machtstreben der Muslimbrüder angeboten wird: Demnach hätten sich die Muslimbrüder innerhalb der Gewerkschaften einen „Ersatz für eine Partei geschaffen“[86], die ihnen durch die Regierung verwehrt bleibe. Dabei biete jedoch „der Slogan ‚Der Islam ist die Lösung' (*al-Islām huwa al-ḥāll*), wenn er politisch erhoben wird, keinen Inhalt oder eine Lösung der speziellen Probleme in den Gewerkschaften wie Arbeitslosigkeit“. Die Muslimbrüder hätten lediglich eine Chance genutzt und damit Meinungsverschiedenheiten

---

83 Vgl. „Mašāyiḫ... wa-fatāwā... wa-islāmīyūn fī malāʿib al-kura,“ *Nahḍat Miṣr*, 01.06.2006.

84 Vgl. „Qiṣṣat al-Iḫwān... maʿa aslamat an-niqābāt,“ *Nahḍat Miṣr*, 01.06.2006. Zum Einfluss der Muslimbrüder in den Gewerkschaften vgl. Ninette S. Fahmy, „The Performance of the Muslim Brotherhood in the Egyptian Syndicates,“ *Middle East Journal*, 52, Nr.4 (1998): 551–562; Mohammed Zahid, *The Muslim Brotherhood and Egypt's succession crisis* (London: Tauris Academic Studies, 2010), 105 ff.; Ivesa Lübben, „Die ägyptische Arbeiterklasse: Das Rückgrat der Revolution,“ *INAMO*, 18, Nr.69 (2012): 23–26.

85 Das Gesetz regelt vor allem die interne Struktur durch Wahlen sowie die Verwendung finanzieller Mittel.

86 So das indirekte Zitat durch Nahḍat Miṣr.

angeheizt. Nahḍat Miṣr lässt zum Vorwurf der Islamisierung auch as-Sayyid ʿAbd as-Sattār al-Malīǧī als Angehörigen der Muslimbrüder und Gewerkschaftler zu Wort kommen, der betont, die Bruderschaft hätte ihren Einfluss mit Hilfe von Wahlen gewonnen und die ausgeprägten islamischen Tendenzen innerhalb der Gewerkschaften stünden im Zusammenhang mit der allgemeinen Religiosität in Ägypten.

Eine zunehmende Islamisierung beobachtet Nahḍat Miṣr auch bei der Namensgebung von Geschäften und zitiert die Kairoer Handelskammer, nach der 19 500 Geschäfte in Kairo und Gizeh islamische Namen tragen.[87] ʿAbbās Zakī, Vorsitzender der Handelskammer, führt dieses Phänomen jedoch weniger auf eine zunehmende Islamisierung der Händler zurück, sondern auf die Idee, „dass die Religion ein effektives Mittel ist, um Konsumenten anzulocken und Sympathien zu gewinnen", was ein von Nahḍat Miṣr befragter Händler bestätigt. Besonders nach dem Wahlerfolg der Muslimbrüder im Jahr 2005 sei diese oberflächliche Islamisierung aus ökonomischen Motiven zu beobachten. Dabei handle es sich nicht um Religion, sondern um eine Art ‚cleveren Handels' (‚*tiǧāra šāṭira*').

Hier fällt ein Zitat auf, das die Regierungspolitik gegenüber den Muslimbrüdern indirekt kritisiert. So wird der Handelskammervorsitzende Zakī mit den Worten wiedergegeben:

> Wenn es der Regierung gelänge, die Präsenz der Muslimbrüder politisch zu legalisieren, hätten sie eine klare und transparente Kanzel wie die übrigen Parteien und Strömungen. Dies würde helfen, dass sich die Dinge [wie Wirtschaft und Religion] nicht vermischen und verhindern, dass sie [die Muslimbrüder] in die übrigen Bereiche eindringen, von denen sie keine Ahnung haben.*[88]

Auffallend ist der pragmatische und dennoch differenzierte Umgang mehrerer politischer und administrativer Akteure mit den verbotenen Muslimbrüdern. Neben dem oben genannten Abgeordneten Muṣṭafā Bakrī, der – bei allen Differenzen – die Zusammenarbeit innerhalb des Parlaments hervorhebt, sind es die eben erwähnten Vertreter aus Gewerkschaft und Handelskammer, die einerseits das Vorgehen der Muslimbrüder ablehnen und andererseits auf die Verstärkung von Extremismus durch Verbannung in die Illegalität hinweisen.

---

87 Vgl. „19 500 Maḥall bi-l-Qāhira wa-l-Gīza taḥmil šiʿārāt islāmīya," *Nahḍat Miṣr*, 01.06.2006.

88 Wiedergabe nach „19 500 Maḥall bi-l-Qāhira wa-l-Gīza taḥmil šiʿārāt islāmīya," *Nahḍat Miṣr*, 01.06.2006:
إذا توصلت الحكومة الى تقنين تواجد الإخوان سياسياً ليكون لهم منبر واضح وشفاف مثل باقى الأحزاب والتيارات, فإن ذلك سوف يساعد على عدم خلط الأمور ومنع دخولهم باقى المجلات التى لا يعلمون عنها شيئا.

Islamischer, säkularer oder zivil-bürgerlicher Staat?

Eine komplette Zeitungsseite widmet Nahḍat Miṣr einem Fernsehgespräch auf dem Satellitensender aṣ-Ṣaḥwa,[89] bei dem es um die Frage geht, welche Identität der ägyptische Staat haben sollte: säkular, islamisch oder zivil-bürgerlich.[90] Moderator Ǧamāl ʿInāyat lädt hierzu drei bekannte ägyptische Personen in seine beliebte Sendung *ʿAlā al-hawāʾ* (On Air) ein: Der pro-islamistische Anwalt Muntaṣir az-Zayyāt[91] plädiert für einen zivil-bürgerlichen Staat mit islamischem Referenzrahmen (*dawla madanīya ḏāt marǧiʿīya islāmīya*). Der Publizist Ṣalāh ʿĪsā, Kolumnist der staatlichen Kulturzeitung al-Qāhira, tritt für einen säkularen Staat ein, der den Islam schützt. Der Dritte in der Runde ist der Prediger Yūsuf al-Badrī, unter anderem bekannt durch erfolgreiche Klagen gegen Künstler wie ʿAbd al-Muʿṭī Ḥiǧāzī und Publizisten wie Ǧābir ʿAṣfūr. Al-Badrīs Argumentation richtet sich gegen einen religiös-theokratischen, säkularen oder zivil-bürgerlichen Staat – vielmehr gelte es, sich für einen islamischen Staat einzusetzen.

Auffallend ist zunächst, dass im Gegensatz zur Frage, wie die staatliche Ordnung *sein sollte*, nicht thematisiert wird, inwieweit Staat und Gesellschaft gegenwärtig säkular bzw. islamisch *sind*. In den Themen und Aussagen des Gesprächs zeigt sich eine für Ägypten typische Mischung aus politischem Idealismus und Pragmatismus, die symptomatisch für den Versuch ist, Problemen mehr oder weniger erfolgreich aus dem Weg zu gehen.[92]

Der Kolumnist Ṣalāḥ ʿĪsā, der sich selbst als „säkularen Muslim" bezeichnet, plädiert für einen säkularen Staat, möchte dabei jedoch zwischen „politischer Säkularität" und „umfassender Säkularität" unterscheiden. Er beruft sich explizit auf ʿAbd al-Wahhāb al-Missīrī, der – wie wir noch sehen werden – von *partieller*

---

89 Aṣ-Ṣaḥwa soll zu mehr „Verständigung und Toleranz" beitragen. In Bezug auf Islam wird dies mit dem Anspruch verbunden, „mit allen erforderlichen Mitteln alles zu widerlegen, was den Islam an Verleumdungen und Irrungen (*aḍālīl*) in Glaube und Praxis umgibt". Vgl. die Nachricht „Urbit tuṭliq qanātahā al-ǧadīda ‚aṣ-Ṣaḥwa'," http://www.ameinfo.com/ar-15605.html, 28.10.2003.

90 Vgl. „ʿAlmānīya... islāmīya... am madanīya bi-marǧiʿīya dīnīya," *Nahḍat Miṣr*, 01.06.2006. Wörtlich heißt es *māhiyat ad-dawla al-latī nurīduhā* (das Wesen des Staates, den wir möchten).

91 Az-Zayyāt, einst selbst Aktivist der al-Ǧamāʿa al-islāmīya, nutzt bis heute medienwirksam seine persönlichen Kontakte wie die zu Ayman aẓ-Ẓawāhirī. Vgl. Muntaṣir az-Zayyāt, *Ayman aẓ-Ẓawāhirī kamā ʿaraftuhu* (Kairo: Dār Miṣr al-maḥrūsa, 2002), sowie die teils kritische Rezension von Ibrāhīm Ġarāyba, „Ayman aẓ-Ẓawāhirī kamā ʿaraftuhu," *al-Jazeera online*, 03.10.2004. In der Sendung tritt az-Zayyāt als Vertreter der ägyptischen Anwaltsgewerkschaft auf.

92 Vgl. die Meinung des Rechtsexperten Matthias Rohe (Rohe und Metzger, „Muslime und Rechtsstaat – Aufgabe, Probleme, Herausforderungen").

Säkularität (bzw. Säkularismus) spricht.[93] ʿĪsā, wiedergegeben durch Nahḍat Miṣr, definiert nun politischen Säkularismus in dem Sinne, dass „die Regierung eine neutrale Institution darstellt, die nicht Anhängern einer bestimmten Religion zugeneigt ist, an die die Untertanen glauben, besonders wenn es sich um einen multi-religiösen Staat mit Muslimen und Kopten handelt oder um einen multi-konfessionellen mit Schiiten, Sunniten oder Orthodoxen und Katholiken [...].“*[94]

Angebracht sei demnach eine Unterscheidung zwischen dem Islam als Religion und Muslimen als deren Anhängern. Der Begriff *al-ʿalmānīya* solle im Sinne von „politischer Säkularität“ verwendet werden, um Missverständnisse zu vermeiden. Ein „säkularer Staat“ sei demnach auch ein weltlicher „Staat, der [das Zusammenleben] der Menschen entsprechend ihrer Zeit durch Gesetze regelt“. Wenn es heißt, „der Islam ist an jedem Ort und zu jeder Zeit gültig, bedeutet dies, dass es ein sehr weites Feld für menschliches Urteilen (*iǧtihād bašarī*) gibt“. Schon im ägyptischen Strafgesetz von 1904 sei Diebstahl nicht mehr mit Handabhacken bestraft worden, Unzucht (*zinā*) nicht mit Steinigung und das Trinken von Alkohol (*ḫamr*) nicht mit Auspeitschen; stattdessen seien Haftstrafen festgeschrieben worden.[95]

Muntaṣir az-Zayyāt, bekannter Rechtsanwalt mit Spezialisierung auf die Verteidigung militanter Islamisten, wird vom Moderator dazu aufgefordert zu erklären, was unter dem zivil-bürgerlichen Staat auf islamischer Grundlage zu verstehen sei, für den er eintritt. Ein zivil-bürgerlicher Staat, so az-Zayyāt, sei ein Erfordernis der „heutigen Zeit“ und garantiere Werte wie Gerechtigkeit und Gleichheit. Die Idee eines solchen Staates bedeute, dass es „keinen Platz für die Herrschaft von ‚Männern der Religion' gibt, aber auch keinen Platz für die vollständige Abtrennung der Religion vom Staat. Vielmehr sollten Spezialisten (*ahl al-iḫtiṣāṣ*) herrschen.“ Wichtig sei vor allem die Möglichkeit eines Machtwechsels (*tadāwul aṣ-ṣulta*). In welcher Form dieser vollzogen werde, ob nun präsidial (*riʾāsīya*) oder dynastisch-vererbt (*wurāṯīya*), sei von Rechtsexperten (*ʿulamāʾ al-qānūn*) bzw. Gesellschaftswissenschaftlern zu ermitteln. In einem modernen Staat bilde der Islam den Hintergrund vorherrschender Werte – und dies bedeute mehr

93 Vgl. das Kapitel „Kritik an einer säkularistischen Moderne (al-Missīrī)“.

94 Wiedergabe nach „ʿAlmānīya... islāmīya... am madanīya bi-marǧiʿīya dīnīya,“ *Nahḍat Miṣr*, 01.06.2006:
تكون الحكومة مؤسسة محايدة لا تنحاز لأتباع دين من الأديان التى يؤمن بها رعاياها وخاصة إذا كانت دولة متعددة الأديان وبها مسلمون وأقباط، ومتعددة المذاهب كالشيعة والسنة وأرثوذوكس وكاثوليك [...].

95 Im Übrigen habe auch Muḥammad ʿAbduh ein Aussetzen von Ḥudūd-Strafen durch den zuständigen Entscheidungsträger (*walī al-amr*) befürwortet.

als Ḥudūd-Strafen. Beim Ausdruck „religiöser Staat“ wiederum würden einige an eine Einheitspartei, an Zensur bzw. Konfiskation (*muṣādara*) und an fehlenden Pluralismus denken, so az-Zayyāt. Der Islam lege jedoch keine bestimmte Form für einen Staat fest – gleichwohl könne ein solcher Staat *islamisch* sein.

Was bedeutet nun aber islamischer Referenzrahmen (*marǧiʿīya islāmīya*) für az-Zayyāt?

> Die Rechtsgelehrten sagen, die Gesetzgebung ist zunächst Gottes [Angelegenheit] und dann die des Menschen. Gott hat dem Menschen also universale Regeln gesetzt, die allgemein und abstrakt [gehalten] sind und jederzeit und an jedem Ort gelten, auf denen der Mensch dann aufbaut. Deshalb ist das Volk im zivil-bürgerlichen Staat die Quelle der Gewalten – nicht im europäischen Sinne, über den sich manche aufregen – sondern in dem Sinne, dass das Volk auf die Bestimmungen Gottes, auf diese Regeln aufbaut.
>
> Der zivil-bürgerliche Staat verfügt über seine Grundlage ausgehend von seiner Identität und seinen weitreichenden Gesetzen und diese sind [nun einmal] islamisch. Der Islam ist [wohlgemerkt] eine Zivilisation, unter deren Schutz alle Bewohner dieses Landes stehen – Muslime, Kopten, [nicht-koptische?] Christen und Juden [...].*[96]

Der 1938 geborene Scheich Yūsuf al-Badrī, ehemaliges Mitglied der azharitischen Akademie für islamische Studien und ansonsten bekannt für seine harsche öffentliche Kritik an jedem, der den Islam aus seiner Sicht verunglimpft oder „falsche“ Meinungen darüber verbreitet,[97] schien sich bei diesem Auftritt zurückzuhalten und erläuterte seine Staatsidee. Er sei gegen einen religiösen, säkularen oder zivil-bürgerlichen Staat, stattdessen für einen islamischen. Wenn Ṣalāḥ ʿĪsā von sich sage, er sei ein säkularer Muslim, so könne „dieses Wort unmöglich Grundlage muslimischer Überzeugung sein“. Und wenn Muntaṣir az-Zayyāt einen zivil-bürgerlichen Staat auf islamischer Grundlage wolle, „dann glaube ich, dass er vor den Konnotationen des Wortes Islam flieht und fürchtet, dass man auf ihn wie auf einen Angeklagten zeigt. Deshalb flüchtet er sich in einen geschmeidigen

---

96 Wiedergabe nach „ʿAlmānīya... islāmīya... am madanīya bi-marǧiʿīya dīnīya,“ *Nahḍat Miṣr*, 01.06.2006:
علماء الأصول يقولون التشريع لله ابتداء وللبشر ابتناء. فقد وضع الله قواعد كلية للبشر عامة ومجردة تصلح لكل زمان ومكان، والبشر يبنون عليها، لذلك فى الدولة المدنية الشعب هو مصدر السلطات ليس بالمفهوم الأوروبى الذى ينزعج منه البعض، ولكن بمعنى ان الشعب يبنى على حكم الله وهذه القواعد. فالدولة المدنية التى لها مرجعيتها التى تنطلق من هويتها وقانونها العريض وهى الإسلامى فالإسلام حضارة تظل بين جناحيها كل المقيمين فى هذا البلد من المسلمين والأقباط والنصارى واليهود [...].

97 Die religiöse Polemik, die nicht vor dem Großmufti ʿAlī Ǧumʿa Halt macht, verbindet al-Badrī dabei mit Zivilklagen, unter anderem gegen Literaten und stellvertretend gegen den Kultusminister. Im Fall des unter anderem als Säkularisten verunglimpften Historikers Sayyid al-Qimnī geht er in seiner Kritik so weit, dass al-Qimnī sich während eines gemeinsamen Fernsehgesprächs empört, al-Badrī bezichtige ihn des Unglaubens.

und netten Ausdruck“. Den Staat az-Zayyāts könne man aber nicht *zivil-bürgerlich* nennen, genauso wenig wie man einen säkularen Staat *islamisch* nennen könne.[98]

In al-Badrīs eigener Definition eines islamischen Staates fällt zunächst die Abgrenzung von einer Theokratie auf, in der „der Herrscher die schützende Hand [wörtl.: Schatten] Gottes auf Erden“[99] darstelle und seine Ansichten heilig seien. Dagegen stellt sich al-Badrī eine Gesellschaftsordnung vor, in der „alle Regeln und Gesetze islamisch sind, das heißt, der Islam nach Maßgabe von Erlaubtem und Verbotenem (*ḥarām*) herrscht, nach Gestattetem, Verwerflichem und Verbotenem (*muḥarram*) und dass der Islam zum obersten Referenzrahmen (*marǧiʿīya ʿulyā*) gemacht werde [...].“*[100]

Im islamischen Staat „gehört die Herrschaft Gott dem Erhabenen“ und Macht (*sulṭān*) sei nicht Sache „der Meinung eines Einzelnen oder der Verherrlichung eines Einzelnen und sei er auch Präsident der Republik“. Dieser Kommentar al-Badrīs ist insofern kühn, als Aussagen, die den namentlich nicht erwähnten Präsidenten Mubarak möglicherweise verunglimpfen (hier: Machtanmaßung), in Ägypten nicht ungestraft bleiben.[101] Anwalt az-Zayyāt hält al-Badrīs Kritik jedoch mit ironischem Unterton entgegen, dieser selbst habe zusammen mit Parlamentsabgeordneten dem Präsidenten (bei dessen Amtseinführung) gehuldigt.[102] Al-Badrī erwidert auf die Kritik, die Anerkennung sei „nur unter der Bedingung

---

98 Allerdings widerspricht sich al-Badrī später selbst, wenn er äußert, der Islam sei in seinem Inneren ohnehin säkular, da er fähig und willig sei, Fremdes in sich aufzunehmen, wie es bereits Mohammed gezeigt habe.

99 Interessant wäre, al-Badrī zu fragen, inwieweit dann die Umayyaden, die den Kalifen als „Nachfolger Gottes“ (*ḫalīfat Allāh*) und nicht Mohammeds ansahen, eine abzulehnende Theokratie darstellten.

100 Wiedergabe nach „ʿAlmānīya... islāmīya... am madanīya bi-marǧiʿīya dīnīya,“ *Nahḍat Miṣr*, 01.06.2006:
ان تكون كل الاحكام والقوانين اسلامية بمعنى ان يحكم الاسلام بميزان الحلال والحرام والمباح والمكروه والمحرم وان اجعل الاسلام هو المرجعية العليا[...].
Al-Badrī bezieht sich in seiner sozio-politischen Islamvorstellung explizit auf Muḥammad Ḍiyāʾ ad-Dīn ar-Rayyis (1976): „an-Naẓarīyāt as-siyāsīya al-islāmīya“, dem er entnimmt, dass man den Islam „nicht als kapitalistisch, sozialistisch oder demokratisch beschreiben könne“, sondern der „Islam sei eben der Islam“.

101 Die unter Strafe gestellte Beleidigung (*ihāna*) des Präsidenten (StGB, Art. 179) und damit zusammenhängende Artikel werden weit ausgelegt. Dazu gehört de facto auch kritische Berichterstattung wie Prozesse gegen Journalisten zeigen.

102 Az-Zayyāt bezeichnet hier das Amt des Präsidenten ironisch als „groß(artig)es Imamat“ (*imāma ʿuẓma*), dem wie in islamischer Tradition offizielle Anerkennung durch den Akt eines Treuegelöbnisses (*bayʿa*) ausgesprochen wird, um der Herrschaft Legitimität zu verleihen.

[geschehen], dass er [der Präsident] die islamische Scharia anwendet und Ägypten wieder islamisch macht".

Sollte Ägypten demnach bei Amtsantritt Mubaraks nicht islamisch, gar säkular gewesen sein – und dies trotz des zweiten Verfassungsartikels, wie in Sadat eingeführt hatte? Wie man sieht, kann die Frage, wie islamisch die ägyptische Gesellschaft tatsächlich ist, am Anfang und am Ende einer Debatte stehen. Sie kann – jedenfalls für eine Außenperspektive – nicht eindeutig und nur im Modus der Beobachtung zweiter Ordnung beantwortet werden.[103]

Zusammenfassung

Es hat sich gezeigt, dass mit dem beschriebenen diskursiven Ereignis verschiedenste Themen und Meinungen aufkamen. Fassen wir die Vielfalt der Reaktionen auf Naẓīfs Aussage noch einmal zusammen.

Zunächst fällt auf, dass die Berichterstattung stets vor dem Hintergrund möglicher Kolportagen stattfindet. Wer sich in Ägypten zu Medienereignissen äußert, kann nie wissen, wie gut diese verbürgt sind. Die oft fehlende Transparenz bei medial vermittelten Ereignissen ist dabei nicht nur auf mangelnde journalistische Qualität und auf Zeitdruck zurückzuführen, sondern wird von politischer Seite bewusst eingesetzt, um unliebsame Nachrichten zu entkräften.

In der Berichterstattung wird ein Konflikt zwischen zwei politischen Lagern konstruiert – der Regierung auf der einen und der von den Muslimbrüdern angeführten Opposition auf der anderen Seite. Die Muslimbrüder nutzen dabei offensichtlich ihre Präsenz im Parlament, um den zweitwichtigsten Politiker des Landes zu kritisieren – vor allem, weil dieser einen offenen Kampf der Regierung gegen sie im Parlament andeutet. Die Bedrohung, der sich die Muslimbrüder ausgesetzt sehen, liegt jedoch weniger in einer ideologisch fundierten Trennung von Religion und Politik, sondern vielmehr im Plan der Regierung, die größte Oppositionsgruppe auszuschalten. Naẓīf erinnert mit dem Hinweis auf ein Verbot religiöser Parteien letztlich daran, dass die Regierung in der Lage ist, die Opposition der Muslimbrüder im Parlament immer wieder außer Gefecht zu setzen.

Wie sich in den beschriebenen Diskussionen deutlich zeigt, war und ist besonders Artikel 2 der ägyptischen Verfassung so fragil, dass hier die Machtgrenzen der Regierung erkennbar werden. Naẓīf trägt keine Revision seiner Aussage

103 Vgl. Georg Kneer, „Reflexive Beobachtung zweiter Ordnung," in *Beobachter der Moderne*, Hg. Uwe Schimank et al. (Frankfurt am Main: Suhrkamp, 2003): 301–332; Niklas Luhmann, *Die Kunst der Gesellschaft* (Frankfurt am Main: Suhrkamp, 1995), 92–164.

vor, in der er sich mit seiner früheren Behauptung auseinandersetzt, sondern ein modifiziertes Verfassungszitat, in dem Ägypten einfach zum islamischen Staat erklärt wird. Für die Regierung ist es offenbar wichtig, vom schmalen Grat des offiziellen Sprachgebrauchs nicht abzuweichen, um den politischen Zusammenhalt nicht zu gefährden.

Wie zu sehen ist, können allzu individuelle Aussagen eines Regierungsvertreters schnell zu einem Szenario anwachsen, das nicht nur Beobachtern der Opposition bedrohlich erscheint, sondern auch die Regierung in Zugzwang bringt. Neben dem beobachteten Konflikt finden sich in den hitzigen Auseinandersetzungen aber auch Hinweise auf Vermittlungsversuche zwischen islamistischer Opposition und Regierung durch Vertreter eines Islam, der die vorhandenen politischen Strukturen anerkennt und legitimiert (Bayyūmī, al-Bišrī). Deren Argument, Ägypten sei (verfassungsgemäß) ein islamischer Staat, zeigt dabei nicht nur die Linie der Regierung, sondern auch, dass diese Islamizität ausdrücklich betont werden muss – sich jedenfalls nicht von selbst versteht.

Von den medieninternen Beobachtern wird das Schweigen des Großscheichs der Azhar ins Blickfeld gerückt und damit dessen fehlende Macht und politische Abhängigkeit karikiert. Es sind aber nicht nur die politisch gewollte Unfähigkeit des höchsten religiösen Würdenträgers und seine persönliche Inkompetenz, die thematisiert werden. Darüber hinaus werden allgemeinere Folgerungen zur politischen Praxis abgeleitet. So zeigt sich, dass die politische Einbindung und Kontrolle der drei großen islamischen Institutionen in ihrer Struktur einen Typus von staatlichen Religionsvertretern begünstigt, welcher der politischen Dimension seiner Äußerungen mindestens genauso viel Aufmerksamkeit widmen muss wie inhaltlichen Fragen zur Religion. Darunter leidet die Qualität religiöser Entscheidungen, die in der Öffentlichkeit gefällt werden, z. B. in Form von Fatwas der Azhar oder des Dār al-Iftā', weil bei Antworten auf gesellschaftliche Fragen stets auch die politischen Folgen bedacht werden (müssen). Religionsvertreter wollen weder das politische Zentrum noch die breite Öffentlichkeit provozieren, um einen möglichen Skandal und damit die Gefährdung des eigenen Postens zu vermeiden.

Wie umstritten Naẓīfs Aussage ist, zeigt sich auch an der Bewertung der Kompetenz des Premiers – einerseits wird er als unwissend bis unfähig dargestellt, andererseits als mutig. Aus linker Perspektive zeigt Naẓīf Mut, weil er trotz heftiger Kritik der einflussreichen Opposition zum gesetzlich verankerten Verbot religiöser Parteien steht. Hier wird Säkularismus als Schutzwall vor interkonfessionellen Konflikten betrachtet, was in Ägypten in erster Linie Auseinandersetzungen zwischen Muslimen und Kopten meint, weniger die Ressentiments gegenüber Bahais oder Schiiten.

Die verbreitete negative Konnotation des Säkularismus-Begriffs wird auch von dessen Befürwortern thematisiert – und gleichzeitig bedauert. Gefordert wird eine positive Umdeutung des Begriffs, die in absehbarer Zeit allerdings nicht gelingen dürfte. Dass sich mancher Intellektuelle öffentlich als *säkularen Muslim* bezeichnet, zeigt dass der Kampf um eine positive Konnotation des *ʿalmānīya*-Begriffs noch nicht beendet ist.

Linkspolitische Stimmen beobachten, dass Zugeständnisse an salafistische Gruppen durch eine Regierung, die den Islam für ihre Zwecke nutzt, auch eine Gefahr für den Säkularismus bedeuten. Die Behauptung des Premierministers, dass in Ägypten Politik und Religion getrennt seien, überzeugt nicht einmal eine Marxistin wie Farīda an-Naqqāš. Offenbar ist aus einer solchen Perspektive der Staat nicht zu säkular, sondern eher zu islamisch.

Andere Medien konzentrieren sich auf die Frage, wie die ideale Ordnung des Staates beschaffen sein sollte. Antworten finden sich in der Vorstellung eines islamischen (nicht-theokratischen) Staates ebenso wie in der Idee eines säkularen Staates sowie eines „zivil-bürgerlichen Staates mit islamischem Referenzrahmen". Letzterer entspricht der regierungsoffiziellen Version, aber auch der Haltung eines Gewaltverzicht übenden politischen Islam.

Dass sich die säkulare von der zivil-bürgerlichen Version grundlegend unterscheidet, wird mehrfach infrage gestellt (al-Miṣrī al-yawm, Nahḍat Miṣr). Bemerkenswerterweise werden auch grundlegende Unterschiede von zivil-bürgerlichem Staat mit islamischem Referenzrahmen und islamischem Staat angezweifelt (Nahḍat Miṣr).

Dass an anderer Stelle ein Kommentator davor warnt, die Identität des Staates nicht auf Religion zu reduzieren, bestätigt indirekt, dass es dabei gerade um die Verortung der Religion geht. Aus Sicht von Nahḍat Miṣr widersprechen sich der explizierte Anspruch der Politik („säkular") und die alltägliche gelebte Realität („islamisch") – diese Perspektive verweist auf eine ägyptische Gesellschaft, in der die Alltagspraxis regelmäßig offiziellen Regelungen und Aussagen entgegensteht. Dabei können sich unter einer islamisierten Oberfläche offensichtlich auch andere (hier: wirtschaftliche) Interessenlagen verbergen, weil die islamische Symbolik eben nicht nur mit gesellschaftlicher Anerkennung, also kulturellem Kapital, sondern auch mit ökonomischen Vorteilen verbunden ist.

Will man soziologische Vergleiche zu anderen Gesellschaften ziehen, so lässt sich die Diversität der beschriebenen diskursiven Konstruktionen zu zwei grundlegenden Beobachtungen verdichten.

(1) Die Identität der ägyptischen Gesellschaft und die verfassungsmäßig festgeschriebene Identität des Staates kann zwar aus ägyptischen Innenperspektiven plausibel beschrieben werden – aus einer Außenperspektive fällt jedoch die radikale Verschiedenheit und Konkurrenz der Aussagen auf, die sich zum Teil konträr gegenüberstehen. Die gesellschaftliche Ordnung wird

einerseits als religiös konstruiert und andererseits als säkular und dennoch religiös (!).[104]

(2) Versteht man *al-ʿalmānīya* als einen Begriff, der eine Grenze von Religion markiert, und fragt im Modus klassischer Soziologie wer diese Grenze öffentlich kommuniziert, so wird deutlich, dass für Ägypten die erwartbaren Akteure offenbar keine Rolle spielen:

Während Organisationen wie die Azhar, das Ministerium für fromme Stiftungen oder die koptische Kirche zur Aussage Naẓīfs schweigen, scheinen auch Regierungsvertreter und die oppositionelle Muslimbruderschaft eine klare Stellungnahme zu vermeiden; Symptome dafür sind möglichst kurze Äußerungen ohne direkten Bezug oder Themenverschiebungen.

So wird von der Regierung die islamische Identität des Staates diskussionslos behauptet oder im Fall der Muslimbruderschaft nicht auf Islam, sondern auf „Zivilität" (*madanīya*) fokussiert. Mit anderen Worten: Die politische Praxis in Ägypten muss das Verhältnis von Islam und Säkularismus zwar berücksichtigen und sich dazu positionieren; dieses Verhältnis genauer zu erörtern, scheint den eigentlichen Politikbetrieb aber eher zu stören.[105]

Praktisch werden der Religion durch die ägyptische Politik Grenzen gesetzt oder Kompetenzen zugestanden; aber offenbar sind solche Entscheidungen keine, die in der Öffentlichkeit durch politische Akteure ausführlich kommuniziert werden. Wer aber ist es dann, der das Verhältnis von Säkularismus und Islam in der Öffentlichkeit expliziert? Dies soll in den folgenden Kapiteln erörtert werden.

104 Vgl. auch das Abwägen bei Gudrun Krämer, „Zum Verhältnis von Religion, Recht und Politik".

105 Dies lässt sich als funktionale Differenzierung von Politik und Religion deuten.

3 Säkularismus-Diskurs: Themen und Phänomene

3.1 Grenzen und Konflikt

Säkularismus als Bedrohung

Folgt man dem ägyptischen Intellektuellen Muḥammad ʿImāra, so gehört die Frage von Islam und Säkularismus zu den „gefährlichsten Problemfeldern (*qaḍāya*)" des zeitgenössischen arabisch-islamischen Geisteslebens. Beide weltanschaulichen Paradigmen stünden sich in einem Konflikt gegenüber, der zu den „gefährlichsten Kämpfen der Gegenwart in unserem Land" gehört.[1]

Aufgeladene Podiumsdiskussionen und Debatten der 1980er und beginnenden 1990er Jahre legten dieses Urteil nahe.[2] Einem säkularismuskritischen Beobachter erscheint sogar die gesamte Epoche seit der napoleonischen Eroberung Ägyptens, spätestens jedoch seit der britischen Machtübernahme, als imperiales *secular age*, das religiösen und nationalen Widerstand hervorruft.[3] Eine solche Perspektive betrachtet die Gesellschaft als ganze durch Säkularismus gefährdet.

Auf individueller Ebene scheinen allerdings eher diejenigen gefährdet zu sein, die als Säkularisten bezeichnet werden. Spätestens seit dem Mord an Faraǧ Fūda im Jahr 1992 kann eine Gefahr für Leib und Leben bestehen, wenn jemand öffentlich als säkularistisch und daran anschließend als ungläubig eingeordnet wird.[4] Einzelne Intellektuelle wie Fūda, die sich in den 1980ern noch explizit als Säkularisten bezeichneten, wurden von ägyptischen Beobachtern, die sich öffentlich im Namen des Islam äußerten, als Symptom einer größeren Gefahr

---

1 Vgl. ʿImāra, *al-Islām wa-s-siyāsa*, 6. Für al-Qaraḍāwī, *al-Islām wa-l-ʿilmānīya waǧhan li-waǧhin*, 6, ist es die „gefährlichste Angelegenheit der Stunde" (*aḫṭar qaḍāyā as-sāʿa*).

2 Vgl. die Einleitung dieser Studie sowie ausgewählte Sekundärliteratur: Flores, „Egypt: A New Secularism?"; Alexander Flores, „Die innerislamische Diskussion zu Säkularismus, Demokratie und Menschenrechten"; Gallagher, „Islam v. Secularism in Cairo: An Account of the Dar al-Hikma Debate"; Najjar, „The debate on Islam and secularism in Egypt"; Fauzi M. Najjar, „Islamic Fundamentalism and the Intellectuals: The Case of Naṣr Ḥāmid Abū Zayd," *British Journal of Middle Eastern Studies*, 27, Nr. 2 (2000): 177–200; Wielandt, „Zeitgenössische ägyptische Stimmen zur Säkularisierungsproblematik".

3 Vgl. die Bezeichnung der bis heute andauernden Epoche als „Zeitalter des Imperialismus [bzw. Kolonialismus] (*istiʿmār*) und des Widerstands dagegen", in dem die arabisch-islamischen Länder einer ständigen Unterwanderung durch das „säkulare Modell" (*manhāǧ ʿalmānī*) ausgesetzt seien, al-Bišrī, *al-Ḥiwār al-islāmī al-ʿalmānī*, 8. In ihrem sälkularitätsbezogenen Unbehagen ähneln sich al-Bišrī und Charles Taylor.

4 Wie akut die Bedrohung für als Ungläubige stigmatisierte unter der Regierung al-Sisis ist, bleibt abzuwarten.

DOI 10.1515/9783110462579-003

angesehen; Säkularismus wurde als Bedrohung und als von außen eingedrungenes Fremdes (*wāfid*) konstruiert.[5] Moderne muslimische Geschichte liest sich in dieser Perspektive als Vorherrschaft des Kolonialismus, der auf kultureller Ebene mit Säkularismus einhergeht. So stellt Muḥammad ʿImāra seinem Traktat *aš-Šarīʿa al-islāmīya wa-l-ʿalmānīya al-ġarbīya* (Islamische Scharia und westlicher Säkularismus) folgende Beobachtung voran:

> Und da westlicher Säkularismus – wenn er in islamischen Gesellschaften implementiert wurde – bedeutete, den muslimischen Menschen von seiner islamischen Identität zu isolieren und ihn von der Herrschaft der göttlichen Scharia freizusetzen und die Ausrichtung [*qibla!*] der Umma zu ändern, weg von ihrem legislativen und juristischen Erbe hin zur Ausrichtung nach westlichem positivem Recht und dessen materieller, utilitaristischer Philosophie der Gesetzgebung und dessen Wertesystem, das ‚[öffentliche] Wohl' von der ‚islamrechtlichen Betrachtungsweise' zu befreien – als es so kam, gehörte der westliche Säkularismus zu den ersten Schwadronen kolonialistischer Durchdringung der Welt des Islam und der Kultur der Muslime.[6]

Säkularismus erscheint in dieser Sichtweise als imperialistisches westliches Projekt, welches das „göttliche Gesetz" durch den „menschlichen Verstand" ersetzen und die Umma unterwerfen soll oder – noch gefährlicher – das Zwietracht in die betont traditionsverbundene Gemeinschaft bringt.[7]

Muḥammad Quṭb (1919–2014) – der im saudi-arabischen Exil gestorbene Bruder Sayyid Quṭbs – dessen Werke in Ägypten immer noch verlegt werden,[8] sieht die konkrete Bedrohung in Kampagnen in Politik und Medien, mit deren Hilfe (ungenannte) Säkularisten einen „hitzigen Krieg (*ḥarb maḥmūma*) […] gegen den Islam" führen.[9] In diesem weltweiten Krieg,[10] nicht zuletzt im durch

---

5 Vgl. u. a. ʿImāra, *al-Islām wa-s-siyāsa*, 143; al-Qaraḍāwī, *al-Islām wa-l-ʿilmānīya wağhan li-wağhin*, 90; differenzierter: al-Bišrī, *al-Ḥiwār al-islāmī al-ʿalmānī*, 8 u. 29.

6 ʿImāra, *aš-Šarīʿa al-islāmīya wa-l-ʿalmānīya al-ġarbīya*, 8:
ولما كانت العلمانية الغربية تعني - إذا هى طبقت فى المجتمعات الإسلامية - عزل الإنسان المسلم عن هويته الإسلامية , وانفلاته من حاكمية شريعته الإلهية , و تحويل قبلة الأمة عن تراثها التشريعى والفقهى إلى حيث تصبح قبلتها القوانين الوضعية الغربية , وفلسفتها التشريعية النفعية الدنيوية , ومنظومة قيمها التي تحرر "المصلحة" من "الاعتبار الشرعى" .. لما كان الأمر كذلك ،كانت العلمانية الغربية من أولى كتائب الاختراق الاستعماري لعالم الإسلام وثقافة المسلمين.

7 Vgl. ʿImāra, *aš-Šarīʿa al-islāmīya wa-l-ʿalmānīya al-ġarbīya*, 9.

8 Vgl. seine Werke beim renommierten Verlagshaus Dār aš-Šurūq (http://www.shorouk.com). Siehe auch die Kurzangaben zu Quṭb im Anhang.

9 Vgl. Quṭb, *al-ʿAlmānīyūn wa-l-Islām*, 77. Ähnlich Fahmī Huwaydī, „Ḫaṭīʾat al-fannānāt al-muḥağğabāt," in *al-Muftarūn*, 66–71, der eine Medienkampagne gegen verschleierte Frauen des öffentlichen Lebens beobachtet.

10 „Ein Weltkrieg an jedem Ort der Erde; in Bosnien-Herzegowina, in Tadschikistan, in Indien, in Kaschmir, auf den Philippinen, in Burma, in Xinjiang, in Palästina, sowie das was in der islamischen Welt selbst passiert: Strafverfolgung islamischer Bewegungen, Vertreibung ihrer Angehörigen, Gefängnis, Festnahmen und Folter…", Quṭb, *al-ʿAlmānīyūn wa-l-Islām*, 77.

ökonomische und imperialistische Interessen motivierten Krieg gegen den Terror sei der Islam die einzige Religion, die Widerstand geleistet habe.[11]

Entsprechend hart werde der Islam als „oberster Feind" (ʿImāra) bekämpft. Der westliche Säkularismus sehe in ihm „die Kraft, die Umma zu mobilisieren, um die Heimat (*waṭan*) zu befreien und den Nationalstolz (*ʿizza qawmīya*)"[12] zurückzuerlangen: Zunächst habe der Westen es auf die Beseitigung der islamischen Scharia[13] abgesehen und positives Recht „mit Eisen und Feuer"[14] (Quṭb) eingeführt; in Ägypten habe dies in den gemischten Handelsgerichten seinen Anfang genommen (ʿImāra). Dann seien die islamischen Lehranstalten an die Reihe gekommen, die geschlossen oder deren religiöse Curricula geändert worden seien.[15] Dann habe man versucht, über eine geistige Invasion (*ġazw fikrī*) durch ein neues Bildungssystem und die Massenmedien die Gewohnheiten der Menschen zu ändern.[16]

Anhand dieser Darstellungen wird deutlich, wie eine unvereinbare Dualität konstruiert wird, aus der sich eine notwendige Entscheidung ergibt: zwischen islamischer Scharia und westlichem Säkularismus; zwischen „geistiger, nationaler (*qawmī/ waṭanī*) und zivilisatorischer Unabhängigkeit" und „Unterordnung (*tabaʿīya*)"[17] unter ein ‚westliches Machtzentrum', von dem aus die „Säkularisierung der Welt"[18] (al-Missīrī) imperialistisch vorangetrieben werde. Beobachtbare Symptome einer solchen Säkularisierung seien beispielsweise die Deislamisierung des Rechts oder auch das Bezweifeln absoluter Prinzipien, wie es sich in der säkularistischen Behauptung einer „Historizität [islamischer] Bestimmungen (*tārīḫīyat al-aḥkām*)" zeige.[19]

---

11 Im Gegensatz zum Hinduismus in Indien, dem Buddhismus in Südostasien und dem Paganismus in Afrika. Vgl. Quṭb, *al-ʿAlmānīyūn wa-l-Islām*, 78.

12 ʿImāra, *aš-Šarīʿa al-islāmīya wa-l-ʿalmānīya al-ġarbīya*, 8.

13 Vgl. Quṭb, *al-ʿAlmānīyūn wa-l-Islām*, 78. Ähnlich argumentierend: al-Ǧamāʿa al-islāmīya [al-miṣrīya], „Ṣafaḥāt min mīṯāq al-ʿamal al-islāmī," in *an-Nabbī al-musallaḥ*, Hg. Rifʿat Sayyid Aḥmad (London: Riyāḍ ar-rayyis, 1991), 1: 165–178 (173); Fahmī Huwaydī, „al-Qaḍīya raqm wāhid?," in *Tazyīf al-waʿī*, 159–170 (162 f.).

14 Quṭb, *al-ʿAlmānīyūn wa-l-Islām*, 78.

15 Vgl. Quṭb, *al-ʿAlmānīyūn wa-l-Islām*, 80–83.

16 Vgl. Quṭb, *al-ʿAlmānīyūn wa-l-Islām*, 78.

17 ʿImāra, *aš-Šarīʿa al-islāmīya wa-l-ʿalmānīya al-ġarbīya*, 9; ähnlich al-Qaraḍāwī, *al-Islām wa-l-ʿilmānīya wağhan li-wağhin*, 94.

18 Vgl. das gleichnamige Kapitel in al-Missīrī, *al-ʿAlmānīya al-ğuzʾīya wa-l-ʿalmānīya aš-šāmila*, 2:181 ff. An al-Missīrī explizit anschließend Huwaydī: Wenn Säkularismus die Theorie ist, dann ist Imperialismus die Praxis. Vgl. Fahmī Huwaydī, „ʿAn al-ʿAlmānīya wa-tağalliyātihā," in *al-Maqālāt al-maḥẓura*, 239–247.

19 So die Kritik ʿImāras am Juristen Muḥammad Saʿīd al-ʿAšmāwī (1932–2013) sowie am Hermeneutiker Naṣr Ḥāmid Abū Zayd (1943–2010). Vgl. ʿImāra, *aš-Šarīʿa al-islāmīya wa-l-ʿalmānīya al-ġarbīya*,

Säkularismus als wirkmächtiges Paradigma könne auch die Umma bedrohen, wenn in einer auf Religiosität (*tadayyun*) zurechtgestutzten, säkularistisch halbierten Religion das Interesse am Gemeinwohl verloren gehe und Fragen nach Details ritueller Waschung wichtiger würden als das Hinterfragen arabischer Konsumkultur, so ʿAbd al-Wahhāb al-Missīrī.[20]

Eine differenzierte Perspektive wie diese Kritik al-Missīrīs mag mit den Islam-Apologetiken Yūsuf al-Qaraḍāwīs formal und inhaltlich kaum übereinstimmen[21] – der Aspekt der Bedrohung der Umma ist dennoch beiden gemein. Säkularismus lässt sich daran anschließend als bedrohlicher Infekt konstruieren, der von außen in die Umma eindringt. Al-Qaraḍāwī schreibt dazu:

> Alles, was der Säkularismus tut, besteht in dem Versuch, das Wesen der Umma zu ändern. Darauf lässt sich die Umma jedoch nicht ein. Ihr Abwehrsystem verwehrt sich dagegen, diesen Fremdkörper in sie einzupflanzen und leistet Widerstand mit ganzer Kraft. So entsteht ein Kampf zwischen säkularistischer Herrschaft und muslimischer Umma, der hier und da auftaucht und wieder verschwindet, der sich an einem Tag ausbreitet und an einem anderen wieder zurückzieht. Und doch besteht der Kampf fort. Denn es ist ein Kampf zwischen dem Ich und einer Aggression gegenüber diesem Ich. Das Feuer mag im Vulkan verborgen sein, aber eines Tages muss es ausbrechen.[22]

In dieser Perspektive scheint ein latenter oder manifester Abwehrkampf der zum Kollektivakteur stilisierten Umma unvermeidlich, deren Abwehrkräfte islamisch gestärkt seien.[23] Dass das Ende dieses Kampfes als „Scheitern des Säkularismus

---

56 ff. und 59 ff. Beiden widmet ʿImāra kürzere Monographien: Muḥammad ʿImāra, *Suqūṭ al-ġulūw al-ʿalmānī* (Kairo: Dār aš-Šurūq, 1995); ʿImāra, *at-Tafsīr al-mārksī li-l-Islām*, im Fall Abū Zayd von Marxismus, nicht Säkularismus sprechend.

20 Vgl. al-Missīrī, *al-ʿAlmānīya al-ğuz'īya wa-l-ʿalmānīya aš-šāmila*, 2:123.

21 So scheint al-Qaraḍāwī, der al-Missīrīs Unterscheidung zwischen umfassendem und partiellem Säkularismus grundsätzlich kennt, diese im Gegensatz zu seinem Gastgeber bei al-Jazeera im Jahr 2010 wieder „vergessen" zu haben. Vgl. Yūsuf al-Qaraḍāwī, „at-Tasāmūḥ ad-dīnī," http://www.aljazeera.net/NR/exeres/9287ADEA-128D-4322-9E38-5C22BB9296FD.htm, 07.02.2010.

22 Al-Qaraḍāwī, *al-Islām wa-l-ʿilmānīya waǧhan li-waǧhin*, 54. Wiederveröffentlicht Yūsuf al-Qaraḍāwī, „Fašl al-ʿalmānīya fī diyār al-Islām," http://www.qaradawi.net/library/56/2831.html, 14.05.2001:

كل ما تفعله العلمانية أنها تحاول تغيير طبيعة الأمة واتجاهها، والأمة لا تستجيب لها، حيث ترفض أجهزة المناعة فى كيانها، زرع هذا الجسم الغريب في داخلها، وتقاومه بكل قوة، فينشأ بين الحكم العلمانى وبين الأمة المسلمة صراع، يظهر حينا ويختفى أحيانا، ويمتد يوما، وينكمش يوما آخر، ولكنه صراع باق مستمر، لأنه صراع بين الذات وبين العدوان على الذات، وقد يكمن كمون النار فى البركان، ولكنه لابد يوما أن ينفجر.

23 Bei al-Missīrī heißt es, man („wir") sei gegen eine völlige Säkularisierung durch „unsere Spiritualität (*rūḥānīya*) und unseren Islam immun (Gott sei Dank!)", al-Missīrī, *al-ʿAlmānīya al-ğuz'īya wa-l-ʿalmānīya aš-šāmila*, 1:233.

in den islamischen Ländern" (*faṣl al-ʿalmānīya fī diyār al-Islām*)[24] vorausgesehen wird, lässt sich als Ausdruck eines widerspruchsbeladenen Protests bezeichnen und ebenso als alternativlose Konfliktrhetorik.

Die Integration der einander gegenübergestellten Paradigmen Islam und Säkularismus findet nicht an einer gesellschaftlichen Außengrenze statt, sondern in der ägyptischen Gesellschaft selbst – mitten durch diese hindurch und mitten durch den Islam verlaufen die Grenzen der Konstruktionen, die bei der Klärung des Verhältnisses von Säkularismus und Islam entstehen.

Individuelle Moral und kollektiver Verfall

Der medienpräsente Gelehrte Yūsuf al-Qaraḍāwī kritisiert, dass Säkularismus individuelle Rechte in Form freier Religionsausübung (*ʿibāda*) gewähre, aber die Befolgung islamischer Pflichten und die gesellschaftliche Umsetzung islamischer Bestimmungen missachte.[25]

Der Islam, den al-Qaraḍāwī einem solchen Säkularismus gegenüberstellt, balanciert demnach die Rechte von Individuum und Kollektiv,[26] so wie er Rechte und Pflichten zu einer ausgeglichenen Ordnung vereinigt. Dagegen konzentriere sich der Säkularismus auf das Individuum und entlasse dieses quasi aus der Gesellschaft – mit Rechten ausgestattet, aber ohne Pflichten und ohne Anleitung für ein richtiges Leben.

Gesellschaftlich relevant werde dies besonders bei der Besetzung von Führungspositionen in Politik und Wirtschaft (*manāṣib al-qiyāda wa-ǧalā'il al-aʿmāl*), wenn die religiöse Integrität der Kandidaten keine Rolle mehr spiele.[27] Nach al-Qaraḍāwī wäre es falsch, hier eine Grenze zwischen dem privaten Verhalten und der gesellschaftlichen Rolle eines Menschen zu ziehen. Im Sinne al-Qaraḍāwīs: Wer als Privatperson verwerflich handelt, ist für eine verantwortliche Position ungeeignet.

Dass es überhaupt so weit kommen kann, ist in dieser Perspektive eine Folge von Säkularismus: Dass das Individuum über die Möglichkeit oder sogar das Recht verfügt, im Privaten unmoralisch – also religiös verwerflich bzw. verboten – zu handeln, hat negative Konsequenzen für die Gesamtgesellschaft

24 So eine Kapitelüberschrift bei al-Qaraḍāwī. Vgl. *al-Islām wa-l-ʿilmānīya waǧhan li-waǧhin*, 54.
25 Vgl. al-Qaraḍāwī, *al-Islām wa-l-ʿilmānīya waǧhan li-waǧhin*, 102.
26 Vgl. Yūsuf al-Qaraḍāwī, *Bayyināt al-ḥall al-islāmī* (Maktabat Wahba, 1993), 180.
27 Vgl. al-Qaraḍāwī, *al-Islām wa-l-ʿilmānīya waǧhan li-waǧhin*, 102.

Diese Argumentation offenbart eine Vorstellung von Gesellschaft als Summe der Handlungen einzelner Individuen. Wirtschaftliches oder politisches Handeln folgt dementsprechend nicht einer eigenen Funktionslogik, in die sich Personen im Rahmen funktionsspezifischer Rollen einordnen; vielmehr prägt die Integrität von Einzelpersonen die Gesellschaft. Aus religiöser Sicht ist es somit plausibel davon auszugehen, dass die Besetzung öffentlicher Ämter durch fromme Privatpersonen eine bessere, weil islamischere Gesellschaftsordnung ermöglicht.

Werden dagegen individuelle Entscheidungen bis zur Willkür dereguliert, kann die Moral der Gesellschaft nicht mehr gewährleistet werden. So sind für al-Qaraḍāwī intergeschlechtliche Beziehungen in säkularen Gesellschaften niederen Gelüsten freigegeben, während im Islam der Sexualtrieb des Menschen in einer gesetzlichen Ehe (*zawāǧ mašrūʿ*) eingehegt werde.[28] Mit anderen Worten: Die Ehe wird islamrechtlich zwar durch einen privatrechtlichen Vertrag geschlossen (und nicht vor Gott); als Institution, die gesellschaftliche Ordnung moralisch fixiert, übersteigt sie jedoch den Bereich individueller Entscheidungsfreiheit, sobald der Vertrag einmal eingegangen ist.

Für die Verortung des Islam in einer modernen Gesellschaft bedeutet dies: Die Ehe als traditionale Institution mit verbindlicher Mitgliedschaft muss sich gegenüber einem säkularen Netzwerk jederzeit auflösbarer, individueller Kontakte behaupten. Für al-Qaraḍāwī wird zum moralischen Problem, dass islamrechtlich Verbotenes wie *zinā* (Unzucht) innerhalb einer säkularistischen, islamrechtlich indifferenten Gesellschaftsordnung geduldet bzw. mehr oder weniger gefördert werde.[29]

Al-Qaraḍāwī hält die *Möglichkeit*, islamische Vorschriften in kollektiv bindende Entscheidungen umzusetzen, für unzureichend. Was nicht vollständig islamisch ist, wird demzufolge säkularistisch im Sinne einer Säkularität, deren negative Folgen bekannt sind und dennoch in Kauf genommen werden.

Nach al-Qaraḍāwī ist es Ziel des Säkularismus, dass der Islam sich mit einer bestimmten Ecke in der Gesellschaft begnügt und diese nicht verlässt: mit dem religiösen Gespräch (*ḥadīṯ dīnī*) in Radio und Fernsehen, mit der „Religionsseite" in der Zeitung, mit einem Anteil religiöser Erziehung innerhalb des Bildungswesens, mit dem Gesetz über das Personalstatut innerhalb staatlicher

---

28 Vgl. al-Qaraḍāwī, *al-Islām wa-l-ʿilmānīya waǧhan li-waǧhin*, 103, ähnlich Sayyid Quṭbs Kritik an der unislamischen Unwissenheit bzw. Ignoranz (*Ǧāhilīya*).

29 So wie mitunter in Deutschland gegen eine Legalisierung von Drogen argumentiert wird: Das Aufheben des Verbots habe zunehmenden Konsum und Missbrauch zur Folge.

Gesetze, mit dem Ministerium frommer Stiftungen (Religionsministerium) innerhalb der Regierung.

Al-Qaraḍāwī zählt Phänomene auf, die aus (s)einer islamischen Sicht problematisch erscheinen, andererseits seit Jahrzehnten so in Ägypten bestehen und von der Mehrheit der Gesellschaft akzeptiert werden. Der Islam, so al-Qaraḍāwī, „soll sich damit begnügen und nicht über den Tellerrand blicken. Vielmehr soll er dem Säkularismus auch noch Dank dafür spenden, dass dieser ihm erlaubt, den Kopf aus diesen Fenstern, aus jenen Ecken stecken zu dürfen."[30]

Man kann im Sinne al-Qaraḍāwīs schlussfolgern, dass sich mit einem solchen Nischendasein des Islam auch die Moral aus der Mitte der Gesellschaft in den lebensweltlichen Bereich privaten Entscheidens zurückzieht. Die Erklärung dafür liegt aus einer islamischen Perspektive wie der al-Qaraḍāwīs allerdings nicht im Auseinandertreten gesellschaftlicher Bereiche, die sich in ihrer funktionalen Eigenlogik lebensweltlicher Moral entziehen,[31] sondern im Paradigma des Säkularismus. Aus einer externen Perspektive lässt sich so nachvollziehen, wie in der religiösen Sichtweise eine säkularisierte Umwelt der Religion konstruiert wird. Dies betrifft auch die Unterscheidung von privater und öffentlicher Sphäre, deren Grenze in einer durch Säkularismus bedrohten Gesellschaft als bedroht angesehen wird.

Grenzen der Öffentlichkeit

In den Ausführungen Fahmī Huwaydīs zeigt sich die Existenz einer Grenze zwischen privatem und öffentlichem Raum an ihrer illegitimen Überschreitung. So kritisiert Huwaydī den von ihm als Säkularisten verorteten Juristen Muḥammad Sa'īd al-'Ašmāwī (1932–2013), der durch progressive und provokante Perspektiven zu Islam und politischem Islam auf sich aufmerksam gemacht hatte.[32]

---

30 al-Qaraḍāwī, *al-Islām wa-l-'ilmānīya waǧhan li-waǧhin*, 94:
عليه أن يقنع بذلك، ولا يمد عينيه إلى ما هو أكثر من ذلك، بل عليه أن يزجى من الشكر أجزله للعلمانية، التى أتاحت له أن يطل برأسه من هذه النوافذ، أو تلك الزوايا !

31 So Jürgen Habermas, *Der philosophische Diskurs der Moderne* (Frankfurt a.M.: Suhrkamp, 1985), 404, in Bezug auf Wirtschaft und Staat.

32 Vgl. u. a. Muḥammad Sa'īd al-'Ašmāwī, *al-Islām as-siyāsī* (Kairo: Sīnā li-n-našr, 1987); *al-Islām* (Kairo: Sīnā li-n-našr, 1989); *Ma'ālim al-Islām* (Kairo: Sīnā li-n-našr, 1989). Es folgten al-'Ašmāwī, *ar-Ribā wa-l-fā'ida fī al-Islām* (Kairo: 'Arabīya, 1996) und *aš-Šarī'ya al-islāmīya wa-l-qānūn al-miṣrī* (Kairo: Maktabat Madbūlī, 1996). Muḥammad 'Imāra hält al-'Ašmāwī für einen Vertreter von Säkularismus und widmet ihm eine ganze Monographie (vgl. 'Imāra, *Suqūṭ al-ġulūw al-'almānī*).

Kritikwürdig erscheint aber zunächst nicht der Inhalt von al-ʿAšmāwīs Argumentation, sondern die Form der Veröffentlichung:

> Hätte er dies in privater Sitzung geäußert oder in einer Abhandlung, die in beschränktem Kreise kursiert, hätten wir darüber hinweggesehen. Wir hätten jede Bloßstellung vermieden. Dem fühlten wir uns noch verpflichtet, als ein Teil dieser Aussagen in ägyptischen Zeitungen und Zeitschriften erschien. Wir haben das für Seifenblasen gehalten, die die Leute am Morgen beschäftigen und deren Schicksal am Ende des Tages man kennt. Dann aber hat unser Gefährte sich in einen verbotenen Bereich begeben, als er seine Worte in einem Buch sammelte,[33] das nunmehr als Zeuge nicht für, sondern gegen ihn aussagt.[34]

Das Problem sei weiterhin nicht nur die öffentliche Verbreitung einer Aussage über den Islam an sich, sondern dass eine als falsch beobachtete Aussage den im „Westen" verorteten „Islamhassern" in die Hände spiele.[35] Es geht demnach um die Aussage als Kommunikationsakt, der diskursiv auf gesellschaftliche Realität zurückwirkt. Während dabei die Frontlinie zum *äußeren* Feind (islamfeindlicher Westen) als relativ stabil erscheint, soll aus Sicht Huwaydīs ein *interner* Konflikt verhindert werden, da sonst die Einheit des eigenen Kollektivs (Huwaydīs Wir-Gruppe) bedroht wäre. Insofern schützt das Beharren auf einer äußeren Bedrohung die wahrgenommene Geschlossenheit der eigenen Gruppe.[36] Interessant ist dabei, dass die eigene religiöse Gruppe als Gemeinschaft und nicht als Gesellschaft betrachtet wird, welche schon aufgrund ihrer Differenziertheit nicht über eine an sich gegebene islamische Identität verfügen kann.[37]

In einer modernen, massenmedial vermittelten Öffentlichkeit wird nicht nur die Frage nach öffentlich konstruierter Identität ein potenzielles Problem, sondern auch deren Hinterfragbarkeit, da sich göttlich abgesicherte (oder naturgegebene) Wahrheiten und Normen nicht mehr von selbst verstehen. Jeder, der in der Position ist, sich über Massenmedien öffentlich zu äußern, kann Zweifel verbreiten,

---

33 Gemeint ist wohl: al-ʿAšmāwī, *al-Islām as-siyāsī*.

34 Huwaydī, *al-Muftarūn*, 142:
ولو أنه قاله فى مجلس خاص، أو فى مذكرة محدودة التداول، لغضضنا الطرف عنه. ولسترنا عليه ، شأن أى عورة. وهو ما التزمنا به عندما نشر جانبا من هذا الكلام فى بعض المجلات والصحف المصرية، واعتبرناه من جملة الغثاء الذى يدفع إلى الناس فى الصباح، بينما نعرف مصيره آخر النهار! لكن الحاصل أن صاحبنا أوقع نفسه فى المحظور، عندما جمع كلامه فى كتاب شهد عليه ولم يشهد له.

35 Vgl. Huwaydī, *al-Muftarūn*, 147.

36 Man denke an die enorme Bindungswirkung von Konflikten und die Stabilität durch Integration in ein Freund-Feind-Schema. Vgl. Niklas Luhmann, *Soziale Systeme* (Frankfurt am Main: Suhrkamp, 1984), 533; Niklas Luhmann, *Einführung in die Systemtheorie* (Heidelberg: Carl-Auer-Systeme, 2004), 337.

37 Da öffentlich konstruierte Identität sich von dem unterscheidet, was sie beschreibt, ähnlich der Differenz von Zeichen und Bezeichnetem.

ohne dass er von der Gesellschaft ganz ausgeschlossen werden kann.[38] Öffentliche Kritik und vom *common sense* abweichende Meinungen bedrohen so ständig den von Säkularismuskritik als notwendig vorausgesetzten Zusammenhalt.

Aber um wessen Zusammenhalt, den säkularistische Ansichten offenbar gefährden, geht es eigentlich – den der Muslime, der Ägypter, der Nation? So viel scheint festzustehen: Huwaydī geht von einem Gemeinschaftskollektiv ähnlich einer Großfamilie aus,[39] nicht von einer komplexen, individualisierten Gesellschaft. Und es scheint ihm nicht um Wahrheit zu gehen und auch nicht um Moral.[40] Vielmehr sieht Huwaydī eine Bedrohung durch öffentliche Aussagen, die katastrophale soziale Folgen haben könnte. Nicht um einen bestehenden Konflikt geht es, sondern um eine bevorstehende Katastrophe im Sinne eines plötzlichen, unkontrollierbaren Bruchs, der die grundlegende Ordnung gefährdet.

Differenzierter wird Huwaydī in seiner Auseinandersetzung mit dem berühmt gewordenen Dozenten für Arabistik und Islamwissenschaft Naṣr Ḥāmid Abū Zayd (1943–2010), dessen Islamverständnis und Kritik in der ersten Hälfte der 1990er Jahre erhebliches Aufsehen erregte.[41] Aus Huwaydīs Sicht zweifelt Abū Zayd an der koranischen Offenbarung und damit an der „Grundfeste der Glaubenszugehörigkeit (*qiwām al-intimā' al-ʿaqadī*) dieser Umma“[42]. Huwaydī, der eine Kampagne für Abū Zayd beobachtet, in der von Zensur gesprochen wird, betont, dass es „keinerlei Hinweis auf Verbot seiner Bücher oder Entzug der Lehrbefugnis“ gebe und dass insofern Abū Zayds Meinungsfreiheit gewährleistet sei:

> [...] niemand hat diskutiert, ob er in seinem Amt zu halten sei [oder nicht]; darüber hinaus liegt das, was er geschrieben hat, auf den Straßen Kairos zum Verkauf aus und die Zeitschriften des Kultusministeriums verbreiten und feiern [seine Schriften] von oberster Kanzel.

---

38 Andersherum gesagt: Ohne öffentliche Zweifler konnten „Offenbarungsberichte wie Welttatsachen“ behandelt werden – so Luhmann, *Die Religion der Gesellschaft*, 337, in Bezug auf das Christentum.

39 Vgl. die Beobachtung „Unter der Decke dürfen sie wispern“, aber nicht mit „schlechten Nachricht[en] über die anderen [...] an die Öffentlichkeit gehen.“ Luhmann, *Einführung in die Systemtheorie*, 339 im Anschluss an eine Untersuchung von Streitigkeiten innerhalb ländlicher Großfamilien auf dem Balkan.

40 Zur Operationalisierung von Moral als Achtung vgl. Niklas Luhmann, *Die Moral der Gesellschaft* (Frankfurt am Main: Suhrkamp, 2008).

41 Für eine Kurzform vgl. u. a. den Bericht zu den Ereignissen in Abū Zayd, *Naqd al-ḫiṭāb ad-dīnī*, 20–58, sowie das Vorwort Navid Kermanis in Nasr Hamid Abu Zaid, *Islam und Politik* (Frankfurt am Main: dipa-Verl., 1996); Kapitel 7 und 9 in Nasr Hamid Abu Zaid, *Ein Leben mit dem Islam* (Freiburg im Breisgau: Herder, 1999), sowie die Gegenperspektive Šāhīn, *Qiṣṣat Abū Zayd wa-nḥisār al-ʿalmānīya fī ǧāmiʿat al-Qāhira*. Für eine wissenschaftliche Aufarbeitung vgl. Jörn Thielmann, *Naṣr Ḥāmid Abū Zaid und die wiedererfundene ḥisba* (Würzburg: Ergon-Verl., 2003).

42 Huwaydī, *al-Muftarūn*, 107.

> Ich meine damit, der Mann hat das Recht zu denken und seine Meinung auszudrücken und zu verbreiten; unter Garantie und ohne Einflussnahme. Das eigentliche Problem betraf sein Recht auf Vergütung bzw. Beförderung und nicht seine Meinungsfreiheit. Da Vergütung wissenschaftliche Beurteilung erfordert, wurde sein Zorn und der seiner Gruppe angestachelt, weil das Ergebnis nicht zu seinen Gunsten ausfiel.[43]
>
> Trotzdem gibt es etwas, worüber wir offen reden sollten, das mit der Freiheit wissenschaftlicher Forschung zusammenhängt und dem Staub, der damit aufgewirbelt wurde. Diejenigen, die dazu aufrufen, die Freiheit von jeglicher Regelung loszulösen, ohne die gesellschaftlichen Werte und die öffentliche Ordnung zu berücksichtigen, haben ein falsches Verständnis von Freiheit und spielen gleichzeitig mit dem Feuer, vor allem wenn sie mit ihrem fehlerhaften Verständnis einen Raum öffnen für Spielchen mit dem, woran die Menschen glauben und was ihnen heilig ist.[44]

Huwaydī wechselt also von seiner normbasierten Forderung, bestimmte Meinungen aus der massenmedialen Öffentlichkeit auszuschließen und sie in eine begrenzte Öffentlichkeit mündlicher Interaktion und privater Kommunikation einzuhegen, zu einer Argumentation der Faktizität: Nicht ob bestimmte Werke verboten sind, sei wichtig, sondern ob sie tatsächlich verbreitet werden. Letztlich zeigt eine solche Argumentation auch ägyptischen Pragmatismus, der sich in einer Gesellschaft entwickelt, in der die formale Geltung von Recht und Ordnung einer gesellschaftlichen Realität informeller Praxis gegenübersteht und beide auf erstaunliche Weise koexistieren können.

Erwähnenswert ist auch, dass Huwaydī ein Urteil des (säkularen?) amerikanischen Verfassungsgerichts heranzieht und daraus zitiert, dass „nur die Freiheit gesetzliche Unterstützung verdient, welche die Praxis gesellschaftlicher Grundwerte respektiert“[45]. Diesen Respekt spricht Huwaydī Abū Zayd ab und zitiert einen nicht namentlich genannten Universitätsprofessor, der ein Werk

---

43 Diesen Aspekt übernimmt Huwaydī wohl unmittelbar von Abū Zayds Kritiker ʿAbd aṣ-Ṣabūr Šāhīn (1928–2010). Vgl. Abu Zaid, *Ein Leben mit dem Islam*, 139.

44 Huwaydī, *al-Muftarūn*, 100:
لم يتطرق أحد إلى مسألة احتفاظه بوظيفته، فضلا عن أن ما كتبه معروض للبيع على أرصفة شوارع القاهرة، إضافة إلى [...] أن المجلات التى تصدرها وزارة الثقافة هى المنبر الأكثر احتفاء به ونشرا له. [¶] أعنى أن حق الرجل فى التفكير والتعبير والانتشار، مكفول ولم يمس. والمشكلة التى حدثت انصبت على حقه فى المكافأة والترقية وليس حريته فى التعبير. لأن المكافأة اقتضت تحكيما علميا، أثار غضبه هو وجماعته، لأن نتيجته لم تكن فى صالحه. [¶] مع ذلك ، فثمة كلام ينبغى أن نتصارح فى شأنه يتصل بقضية حرية البحث العلمى والضجة التى أثيرت من حولها. ذلك أن الذين يدعون إلى إطلاق تلك الحرية بغير ضوابط ، ودون مراعاة لقيم المجتمع ونظامه العام، يخطئون فى فهمهم للحرية ، ويلعبون بالنار فى ذات الوقت، خصوصا إذا فتحوا بذلك الفهم المغلوط باب العبث بعقائد الناس ومقدساتهم.

45 Huwaydī, *al-Muftarūn*, 100. Und so sei es auf der ganzen Welt rechtlich geregelt (101).

Abū Zayds[46] als „extreme Feindseligkeit gegenüber den Texten von Koran und Sunna“[47] gewertet habe.

Meinungsfreiheit wird in dieser Perspektive so konstruiert, dass sie ihre Grenzen an den Grundpfeilern öffentlicher Ordnung findet, manifestiert in der öffentlichen Meinung und den Werten, die „Balance und Stabilität der Gesellschaft“[48] stützen. Es könne bei allem Recht auf Freiheit nicht um die Verbreitung maßlos übertriebener Ansichten (*ġulūw*) und um die „Vernichtung (*taqwīḍ*) der Gesellschaft“[49] gehen. Der öffentlichen Meinungsfreiheit Grenzen zu setzen, erscheint nach dieser Abwägung besser, als die Ordnung der Gesellschaft zu riskieren. Denn, so fragt Huwaydī rhetorisch:

> Was, wenn Realität wird, was sie [die Säkularisten] wollen und jene Stimmen [der Gelehrten und der Azhar] eine Zeit lang nachlassen oder für immer, wie sie es sich wünschen? [...] Was hat das für Auswirkungen auf die Zivilgesellschaft, zu der jene aufrufen, während sie [doch] darin eifern, deren Institutionen und Symbole [bzw. Autoritäten] zu zerstören und geistigen Pluralismus zu unterdrücken, für den sie nach eigener Behauptung eintreten?[50]

Huwaydīs Beobachtung basiert auf folgender Prämisse: die öffentliche Verbreitung abweichender Ansichten und Kritik an grundlegenden Institutionen der Gesellschaft kann die allgemeine Ordnung massiv gefährden. Abweichung und Kritik werden somit als Risiko für die Gesellschaft konstruiert, weil sie religiöse Institutionen hinterfragen, die für den Erhalt dieser Gesellschaft notwendig erscheinen.

Huwaydī konstruiert demnach die säkularistische Bedrohung als Folge bewusster Entscheidungen: als Risiko.[51] Entsprechend gilt auch für die Verteidiger einer islamischen Gesellschaftsordnung, dass sie Entscheidungen treffen

---

46 Gemeint ist Naṣr Ḥāmid Abū Zayd, *al-Imām as-Šāfiʿī wa-taʾsīs al-aydiyūlūǧīya al-wasaṭīya* (Kairo: Sīynāʾ li-n-našr, 1992) über den Begründer der schafiitischen Rechtsschule.

47 So in Huwaydīs Formulierung (Huwaydī, *al-Muftarūn*, 98). Gemeint ist sicherlich ʿAbd aṣ-Ṣabūr Šāhīn (1928–2010), der Abū Zayds Beförderung zunächst verhindern konnte und in ihm die Personifikation des marxistischen Säkularismus sah (vgl. Šāhīn, *Qiṣṣat Abū Zayd wa-nḥisār al-ʿalmānīya fī ǧāmiʿat al-Qāhira*).

48 Huwaydī, *al-Muftarūn*, 106.

49 Huwaydī, *al-Muftarūn*, 100, im Anschluss an den ägyptischen Juristen ʿIṣmat Sayf ad-Dawla.

50 Huwaydī, *al-Muftarūn*, 65:
ماذا لو تحقق لهم ما يريدون، وخمدت تلك الأصوات حينا من الدهر، أو إلى الأبد كما يتمنون؟ [...] ما تأثير ذلك على المجتمع المدنى الذى يدعوا إليه هؤلاء، بينما يتنافسون فى تدمير مؤسساته ورموزه، وفى سحق مظاهر التعددية الفكرية فيه ، التى يزعمون أيضا أنهم من سدنتها ودعاتها؟

51 Zum Begriff des Risikos in diesem Sinne vgl. Ulrich Beck, *Risikogesellschaft* (Frankfurt am Main: Suhrkamp, 1986) und Niklas Luhmann, *Soziologie des Risikos* (Berlin, New York: de Gruyter, 1991).

müssen, die das Risiko minimieren und die Katastrophe eines zerstörerischen Säkularismus abwenden.[52] Und eine Handlungsoption ergibt sich aus Huwaydīs Argumentation selbst: der Verbreitung von subversiven Ideen muss (im Sinne eines Sachzwangs, nicht einer Norm) Einhalt geboten werden. Huwaydīs Argumentation ist insofern als konservativ zu bezeichnen, als sie vorhandene Institutionen als bedroht ansieht (Umbruchsituation) und gleichzeitig als unverzichtbar (Erhalt).[53] Konservativ in diesem Sinne ist allerdings nicht nur ein säkularismuskritisches Establishment, sondern so erscheinen in mancher Hinsicht auch prosäkulare Perspektiven.[54]

Gesellschaftliche Einheit: Islam und Nation

Für Huwaydī gefährdet ein Konflikt zwischen „Ultra-Salafisten" (*ġulāt as-salafīyīn*) und „Ultra-Säkularisten" die Gesellschaft, weil „einige offensichtlich bereit sind, alles zu opfern, um ihre geistigen und persönlichen Rechnungen mit dem Islam und seinen Angehörigen zu begleichen."[55] Aus Huwaydīs Sicht wäre es beiden Lagern lieber, wenn die Gelehrten schwiegen.

Bemerkenswert ist der Vorschlag Huwaydīs, wie der Konflikt zu bewältigen ist: Das Ende des Kampfes sei „notwendig nicht nur nach Maßgabe eines politischen common sense' (*waʿī siyāsī ʿādī*), sondern auch aus einer nationalen [!] Verpflichtung (*iltizām waṭanī wa-qawmī*) heraus"[56].

Ähnlich argumentiert Muḥammad ʿImāra in seinem Werk gegen die „Scheinargumente (*šubuhāt*) der Säkularisten": Der Befreiungskampf gegen ein säkularistisches Projekt „im Zuge der imperialistischen Eroberung (*ġazwa istiʿmārīya*), die gekommen ist, um uns alle – Minderheit und Mehrheit – zu bezwingen" sei

52 Vgl. auch den Aufruf des Azhar-Großscheichs ʿAlī Ǧād al-Ḥaqq in seinem Brief an Huwaydī im Kapitel „Der muslimische Intellektuelle als Verteidiger von Gelehrten (Huwaydī)".

53 Formal lässt sich Huwaydīs Argumentation in ihrer Konservativität auch als nicht-religiös ansehen, denn es geht nicht primär um den Erhalt des Islam, sondern letztlich um den Erhalt der Gesellschaft, die zerfiele, würde man ihr ihre religiösen Grundfesten (gesichert durch Traditionen und Autoritäten) nehmen.

54 Man denke an Faraǧ Fūda, der bestimmte Äußerungen von (revolutionären, also progressiven) Islamisten als Angriff auf die Gesellschaft versteht, dem man „mit größter Härte" entgegentreten solle. Schließlich gehe es um den „Schutz der Gesellschaft und die Sicherheit der Bürger". Vgl. Fūda, *Ḥiwār ḥawla al-ʿalmānīya*, 73.

55 Huwaydī, *al-Muftarūn*, 65. „Ultra-Salafisten" sind demnach jene, die anerkannte Gelehrte für deren zu gemäßigte (korrumpierte) Haltung kritisieren.

56 Huwaydī, *al-Muftarūn*, 65.

„eine der Pflichten der Bewegung unserer nationalen Befreiung (*ḥarakat taḥarrurinā al-waṭanī*) – also nationale Pflicht für alle: Minderheit und Mehrheit gleichermaßen!“[57].

Wenn der Feind im Konflikt ein äußerer ist, so lässt sich die innere Einheit an dieser Stelle nicht – jedenfalls nicht exklusiv – islamisch fassen, sondern benötigt einen nicht-islamischen Begriff: *waṭanī* im Sinne von heimatlich, vaterländisch, national. Die Verpflichtung zu nationaler Loyalität wird hier nicht ausschließlich islamisch verortet. Sie gehört sozusagen zur *anderen Seite* des Islam, die zwar mit dem Islam zusammenhängt, aber nicht eindeutig als religiös einzuordnen ist.

Allerdings setzt ein solcher Bezug auf Nation ebenso voraus, dass gesellschaftliche Einheit nicht ohne den Islam zu haben ist. Nationales, Politisches und Islamisches erscheinen zwar als voneinander unterschieden, werden aber aneinander gekoppelt. An diese lose Kopplung erinnert bis heute auch der Begriff der arabisch-islamischen Umma, der sich wohl gerade dadurch bewährt hat, dass er nicht von vornherein entscheidet, ob es sich um eine rein religiöse Gemeinschaft oder um eine Art politische Nation handelt, die auch Nicht-Muslime als Gleiche zulässt.[58]

Das konkrete In-Bezug-Setzen von Islam und Nation weist auf eine Bruchstelle in der Gesellschaft hin, an der der Islam immer wieder neu verortet werden muss. Eine Möglichkeit, die Einheit von Islam und Nation herzustellen, besteht offenbar darin, das Problem zu verlagern.

Der Islam, schreibt Huwaydī, könne als Glaubenslehre (*ʿaqīda*) bzw. „zivilisatorischer Rahmen“ ohnehin vorausgesetzt werden; in der Auseinandersetzung zwischen Säkularisten und Islamisten gehe es gerade nicht um „Islam oder Nicht-Islam“[59]. Vielmehr lägen die Differenzen in der Frage, was die Beteiligten für das kollektive Interesse (*maṣlaḥa*) hielten.[60]

Auch al-Qaraḍāwī expliziert die Frage der Vereinbarkeit von Islam und Nation, formuliert in der Gegenüberstellung eines islamischen und eines nationalen Projekts (*daʿwa islāmīya* vs. *waṭanīya miṣrīya*).[61] Die mehrteilige Antwort

57 ʿImāra, *al-Islām wa-s-siyāsa*, 143. Das vollständige Zitat lautet:
فالعلمانية وافد غربى – فى ركاب الغزوة الاستعمارية التى جاءت لقهرنا جميعا .. أقلية وأغلبية ؛ فها أثر من آثار الاستعمار – واقتلاعها, وتحرير مؤسساتنا الحقوقية, والقانونية, والتشريعية, والقضائية منها, هو مهمة من مهام ثورتنا الوطنية, وواجب من واجبات حركة تحررنا الوطنى .. أى أنه واجب وطنى على الجميع: الأقلية والأغلبية على حد سواء!..

58 Vgl. auch die Betonung „Bürger, nicht Schutzbefohlene“ im Titel von Fahmī Huwaydī, *Muwāṭinūn lā ḏimmīyūn* (Kairo: Dār aš-Šurūq, 2004).

59 Fahmī Huwaydī, „Ḥiwār al-islāmīyīn wa-l-ʿalmānīyīn,“ in *at-Tadayyun al-manqūṣ*, 269–274 (270).

60 Für Huwaydī heißt dies, dass es um die Scharia (im Sinne einer Ordnung der Gesellschaft) geht. Genau darüber müsse man sich verständigen.

61 Vgl. al-Qaraḍāwī, *al-Islām wa-l-ʿilmānīya waǧhan li-waǧhin*, 179.

ist offenbar so leicht wie plausibel und ähnelt einer Argumentation ʿImāras:[62] Da Ägypten zur arabischen Heimat bzw. Nation (*waṭan*) gehöre, „wie es auch in der Verfassung steht", und die arabische Welt zur islamischen, handele es sich um ein Verhältnis vom Teil zum Ganzen, also nicht um einen Widerspruch.[63] Auch komme die „Liebe zum Vaterland vom Glauben", wie es sich bereits im Hadith finde.[64]

In dieser Hinsicht nimmt Ṭāriq al-Bišrī eine differenziertere Perspektive ein. Das Nationale und das Islamische lassen sich für ihn in Einklang bringen, aber nicht im Sinne einer völligen Deckungsgleichheit. Al-Bišrī sieht die Lösung in der Gründung einer islamischen Nationale (*waṭanīya islāmīya*), die fähig sei, verschiedene Gruppen zu integrieren, allerdings nicht alle: bestimmte religionsfeindliche, säkularistische Gruppen blieben zwangsläufig außen vor.[65]

Al-Bišrī geht es um soziale Gerechtigkeit, Demokratie und Gleichheit der Religionsangehörigen (*musāwāh bayna muʿaddidī al-adyān min al-muwāṭinīn*) – aber alles wird verbunden mit dem Aufruf zum Islam. Allerdings muss man sich offenbar mit einer „politischen Mehrheitsströmung" zufrieden geben, die die „Umma in ihrer Allgemeinheit (*ʿumūmīya*)" repräsentiert[66] – aber eben nicht vollständig. So lässt sich die Gesellschaft zwar noch als islamisch auffassen, aber nicht mehr als ausschließlich islamisch. Al-Bišrī entwirft seine islamische Gesellschaftsordnung mit Hilfe von Exklusion und Inklusion: Die Gesellschaft ist generell als islamisch zu bezeichnen; eine vollständige Islamizität aller Gruppen ist zur Gewähr gesellschaftlicher Stabilität und Ordnung jedoch nicht notwendig.

Die Grenze, die al-Bišrī zwischen muslimischer Mehrheit und säkularistischer Minderheit zieht, assoziiert er trotz grundlegender Unterschiede nicht mit einem Konflikt; vielmehr setze der zu führende Dialog einen Dissens und damit zusammenhängend einen klar abgegrenzten Opponenten voraus – eben die Säkularisten.

Der von al-Bišrī gezeichnete Islam muss nicht darauf bestehen, die gesamte Gesellschaft zu repräsentieren bzw. darauf, dass jede Strömung dieser Gesellschaft islamisch ist. Dementsprechend souverän kann al-Bišrī feststellen, dass im Kontext des nationalen Unabhängigkeitskampfs der 1920er Jahre Säkularismus und westliche Theorien keine reinen „Fremdgewächse" (*šuǧayrāt wāfida*)

---

62 Im Kapitel „Islam und Christentum" wird zu erwähnen sein, dass sich die Parole: „Die Religion gehört Gott und das Vaterland allen.", umwandeln lässt in: „Religion und Vaterland gehören Gott."

63 Vgl. al-Qaraḍāwī, *al-Islām wa-l-ʿilmānīya waǧhan li-waǧhin*, 179.

64 Vgl. al-Qaraḍāwī, *al-Islām wa-l-ʿilmānīya waǧhan li-waǧhin*, 178 f.

65 Vgl. al-Bišrī, *al-Ḥiwār al-islāmī al-ʿalmānī*, 55.

66 Vgl. al-Bišrī, *al-Ḥiwār al-islāmī al-ʿalmānī*, 56.

mehr waren, da sie „nicht nur europäischen Interessen" in Politik und Wirtschaft dienten, sondern auch dem „Kampf (*mukāfaḥa*) gegen jene Interessen". Aus historischer Sicht kann Säkularismus demnach auch in einem arabisch-islamischen Umfeld eine Existenzlegitimation (*šarʿīyat al-wuǧūd*)[67] zukommen.

Die gesellschaftsinterne Grenze zwischen Islam und Säkularismus nimmt dem Islam in dieser Perspektive nichts von seiner Vormachtstellung. Und auch hier gilt: „Der islamisch-säkularistische Dialog" – so der Titel einer Aufsatzsammlung al-Bišrīs – ist von außen besehen ein nationaler; denn die gesellschaftliche Einheit Ägyptens kann nicht mehr allein über das Thema Islam hergestellt werden.

Wo genau liegt dann aber die Grenze zwischen Islam und Säkularismus? Laut al-Bišrī kommt es gerade nicht auf Details an, in denen beide Paradigmen praktisch ohnehin übereinstimmen, sondern auf die zugrunde liegende, allgemeine Weltanschauung (*ar-ruʾyā al-ʿāmma*) – die gesellschaftlichen Ziele, die Vorstellungen von öffentlichem Interesse (*maṣlaḥa ʿāmma*), von Fortschritt sowie vom Verhältnis von Individuum und Gruppe.[68]

Al-Bišrī liefert dafür zwei Beispiele. Für die Wirtschaftsform des Kapitalismus gelte, dass dieser auf der Idee des Nutzens bzw. Vorteils (*manfaʿa*) basiere; einer marxistischen Wirtschaft liege demgegenüber die Idee des Bedürfnisses zugrunde. Beide Grundideen – Nutzen und Bedürfnis (*ḥāǧa*) – seien ihrer Existenzform nach als unendlich konzipiert, während es aus islamischer Perspektive Grenzen (*ḥudūd mutanāhiya*) des Nutzens als auch des Bedürfnisses gebe.[69]

Das zweite Beispiel al-Bišrīs bezieht sich auf das Recht. Die islamische Scharia integriere Moral und Werte auf unnachahmliche Weise in das Rechtssystem (*niẓām al-ḥuqūq*) und führe so den Menschen sicher zu seinem Platz, der zwischen der äußeren Realität der Herrschaft und der inneren Realität moralischer Verpflichtung und des Gewissens liege. Die Scharia, so al-Bišrī, habe niemals Recht aus „korruptem moralischen Verhalten" abgeleitet; anders als das positive Recht (*qānūn waḍʿī*), das beispielsweise die unrechtmäßige Aneignung von Eigentum anerkenne, wenn keine gegenteiligen Ansprüche gestellt werden.[70]

Al-Bišrī beobachtet demnach einen systemischen Bruch zwischen Säkularismus und Islam in Bezug auf zentrale Funktionen und Einrichtungen zur Ordnung

---

67 Vgl. al-Bišrī, *al-Ḥiwār al-islāmī al-ʿalmānī*, 25.

68 Vgl. al-Bišrī, *al-Ḥiwār al-islāmī al-ʿalmānī*, 34.

69 Vgl. al-Bišrī, *al-Ḥiwār al-islāmī al-ʿalmānī*, 34 f. Hier explizit in Anlehnung an Mālik bin Nabī – gemeint ist vermutlich dessen *al-Muslim fī ʿālam al-iqtiṣād* (Damaskus: Dār al-fikr, 2000).

70 Vgl. al-Bišrī, *al-Ḥiwār al-islāmī al-ʿalmānī*, 35.

der Gesellschaft. Da der Säkularismus aus der Sicht al-Bišrīs und anderer bereits in der ägyptischen Gesellschaft Fuß gefasst hat, muss ein solcher Bruch quer durch die Gesellschaft verlaufen – als Grenze, an der Konflikte entstehen.

Die Grenze des Privaten in der Öffentlichkeit

Ein solcher Bruch lässt sich anhand von Beobachtungen Fahmī Huwaydīs nachzeichnen – als paradigmatischer Konflikt an der Grenze von öffentlichem Raum und Privatsphäre. Huwaydī diskutiert diesen Konflikt anhand des überlieferten Prinzips, „Rechtes zu gebieten und Unrechtes [Schlechtes] zu verbieten" (*al-amr bi-l-maʿrūf wa-n-ahī ʿan al-munkar*);[71] ein Prinzip, das auch von Ǧamāl al-Bannā im Zusammenhang mit einem säkularen Islam thematisiert wird.[72] Eines der bekanntesten normativen Hadithe zum Thema, dessen ersten Teil Huwaydī anführt, lautet: „Wer von euch Unrechtes erblickt, greife ein [wörtl.: ändere es] mit seiner Hand".[73]

Huwaydī reagiert in seiner Diskussion des Hadiths auf eine Kritik des (aus Huwaydīs Sicht offenbar säkularistischen) Intellektuellen ʿAbd al-Muʿṭī Ḥiǧāzī. Ḥiǧāzī hatte 1994 in der Zeitung al-Ahram kritisiert, dass Kinder, die ein solches Hadith in der Schule lernen, dessen Handlungsanweisung leicht verabsolutieren könnten, und darauf hingewiesen, dass auch Terroristen jenes Hadith als Rechtfertigung ihrer Aktionen heranzögen.[74] Huwaydī, der an anderer Stelle schon

---

[71] Vgl. ausführlich Michael A. Cook, *Commanding Right and Forbidding Wrong in Islamic Thought* (Cambridge: Cambridge Univ. Press, 2000). Die deutsche Übersetzung ist nur eine Annäherung. Besieht man sich die Ausführungen zu *maʿrūf* und *munkar* in Edward William Lane, *An Arabic-English Lexicon*, 8 Bde. (London: Williams and Norgate, 1863–93), 2014, 2850, die ohne religiöse Engführung der Sprache auskommen, lässt sich schlussfolgern, dass anstatt von *Rechtem* und *Schlechtem* besser von *Anerkanntem* und *Missbilligtem* zu sprechen ist, also von gesellschaftlich fixierter Moral statt Religion.
[72] Vgl. das Kapitel „Die Säkularität des Islam (al-Bannā)".
[73] Fahmī Huwaydī, „Man raʾā munkaran fa-li-yaskut," in *al-Muftarūn,* 201–207 (201). Im *Ṣaḥīḥ* des Muslim (Beirut: Dār al-kutub al-ʿilmīya, 1991), 1:69, Hadīṯ Nr. 78, lautet es vollständig: „Wer von euch Unrechtes erblickt, ändere es mit seiner Hand; wenn er dies nicht vermag, dann mit Worten. Wenn er [auch] dies nicht vermag, dann mit seinem Herzen; dies ist die schwächste Form des Glaubens."
(مَنْ رَأَى مِنْكُمْ مُنْكَرًا فَلْيُغَيِّرْهُ بِيَدِهِ فَإِنْ لَمْ يَسْتَطِعْ فَبِلِسَانِهِ فَإِنْ لَمْ يَسْتَطِعْ فَبِقَلْبِهِ وَذَلِكَ أَضْعَفُ الْإِيمَانِ.)
[74] Fahmī Huwaydī, „Man raʾā munkaran fa-li-yaskut", 201.
Auf möglichen Missbrauch weist auch al-Bannā hin – sowie der säkularismuskritische Muḥammad Salīm al-ʿAwwā, der Missbrauch durch ungebildete Jugend befürchtet. Vgl. al-ʿAwwā, *Fī an-niẓām as-siyāsī li-d-dawla al-islāmīya*, 166 f.

militante Islamisten mit der Mafia verglichen hatte,[75] geht diese Kritik zu weit, die letztlich den Islam selbst und nicht dessen fehlgeleitete Interpreten angreife. Mit einer gehörigen Portion Sarkasmus führt er Ḥiǧāzīs Argument ad absurdum. In Zeiten, in denen Terrorismus und Sicherheit die großen Themen bilden, müsse man eine zeitgemäße Reformulierung des Hadithtexts finden. Die von Huwaydī zynisch zugespitzten Versionen des Texts lesen sich sinngemäß wie folgt: Wer von euch Unrecht erblickt, rufe die (heillos überlastete) Polizei und erhebe keinesfalls die Hand; derjenige dem Unrecht angetan wird, rufe lediglich Gott an, ohne anderweitig aktiv zu werden. In der vierten und letzten Fassung heißt es dann:

> Wer von euch Unrechtes erblickt, lasse es vorübergehen; wenn er dies nicht vermag, dann stelle er sich dumm [und kümmere sich um seine eigenen Angelegenheiten]. Wenn er [auch] dies nicht vermag, schließe er seine Augen und mache ein Ohr zu Ton und eins zu Teig. In jedem Fall schweige er, denn dies ist am dringendsten erforderlich für Stabilität und Sicherheit.[76]

So zugespitzt, sieht Huwaydī als Konsequenz eine Gesellschaft, in der man dazu erzogen wird, sich nur noch um sich selbst zu kümmern. Und wer in einer solchen Gesellschaft mehr als das erstreiten möchte, den müsse man – wieder als sarkastische Replik auf Ḥiǧāzī – am besten sofort den Behörden melden, denn „er unterstützt entweder den Terrorismus oder ist gegen die Aufklärung“[77] oder beides.

Im Anschluss daran fällt es Huwaydī leicht, seinen Opponenten vorzuführen und gleichzeitig islamische Normvorstellungen zu reproduzieren. Ḥiǧāzīs Argumentation offenbare, dass er nicht über das notwendige Wissen verfüge, um angemessen mit solch einem Text umzugehen. Schließlich handle es sich bei dem Grundsatz, „Rechtes zu gebieten und Unrechtes zu verbieten“ um ein islamisches Gebot, das „das Gewissen der Umma wachhält“[78] und dessen unabdingbare Relevanz bereits die klassischen Gelehrten Abū Ḥāmid al-Ġazālī (1058–1111) und Ibn Taymīya (1263–1328) betont hätten. Die Intention Ḥiǧāzīs sei, „uns zu mobilisieren und anzustiften gegen ein islamrechtliches Gebot (*taklīf šarʿī*)“, das

---

75 Der entsprechende Artikel Huwaydīs *al-Farq bayna al-islāmīyīn wa-l-māfiyā* erschien in der Zeitschrift al-Maǧalla. Vgl. den Hinweis in Huwaydī, *al-Muftarūn*, 214.

76 Huwaydī, *al-Muftarūn*, 202:
من رأى منكم منكرا فليفوّت ، فإن لم يستطع فليستهبل ، فإن لم يستطع فليغمض عينيه وليجعل أذنا من طين وأذنا من عجين، وفى كل الأحوال فليسكت، فذلك أدعى للاستقرار والأمان !

77 Huwaydī, *al-Muftarūn*, 203.

78 Huwaydī, *al-Muftarūn*, 203.

eine der „Hauptquellen des Terrors" sein soll. Warum in den 1400 Jahren, die das Hadith bereits existiere, keine Gewalt damit verbunden gewesen sei, erkläre Ḥiǧāzī nicht. Fakt sei doch, dass durch das Gebot Wachsamkeit gegenüber Verfälschung (*inḥirāf*) und Abweichung (*ʿawaǧ*) – beides islamisch geprägte Begriffe – aufrechterhalten werde. Innerhalb der islamischen Rechtswissenschaft hätten die Gelehrten zu allen Zeiten daran festgehalten; die Muslime hätten zudem eine staatliche Institution in Form der *ḥisba* dafür eingerichtet, die bis zur Machtübernahme durch Mohammed Ali 1805 bestanden habe.[79]

Gegen das Moment von Willkür und Selbstjustiz, das von Ḥiǧāzī kritisiert wird, setzt Huwaydī bestimmte Vorbedingungen, wie er sie der islamischen Rechtswissenschaft entnimmt – und reaktualisiert dadurch eine islamisch-rechtliche Tradition. So könne das im Hadith geforderte verbale oder tätliche Eingreifen nicht in jedem Fall und nicht durch jeden geschehen. Es müsse sich um etwas eindeutig und sichtbar Verwerfliches handeln, bei dem Interpretationen (*iǧtihād*) ausgeschlossen seien.[80] Auch wie man sich verhalten solle, orientiere sich an bestimmten Tugenden wie Freundlichkeit und Geduld.[81]

Nach dem klassischen sunnitischen Gelehrten Aḥmad b. Ḥanbal (780–855), dem sich Huwaydī anschließt, obliege das tätliche Eingreifen der Instanz, die die Gewalt (*quwwa*) innehat. In einem zeitgemäßen Sinn, wie nach Darlegung des Azhar-Gelehrten Maḥmūd Šaltūt (1893–1963), betreffe dies das Staatsoberhaupt, aber auch den Vater und Ehemann als Familienoberhaupt; die Norm, verbal einzugreifen, betreffe die Rechtsgelehrten, die Meinungsführer (*ahl ar-raʾī*) sowie jene mit Richtlinienkompetenz (*ahl at-tawǧīh*).[82]

Das Gebieten und Verbieten stoße darüber hinaus an Grenzen, die in der Sache liegen. Wenn Eingreifen letztlich Schlimmeres bewirke, sei Stillhalten vorzuziehen. So müsse man beispielsweise einem „sündhaften Führer" (*imām fāsiq*) gehorchen, wenn ansonsten die Gefahr allgemeinen Aufruhrs (*fitna*) drohe.[83]

---

79 Im Prozess gegen Abū Zayd war die *ḥisba* Bestandteil der Rechtsargumentation. Vgl. Naṣr Ḥāmid Abū Zayd, *at-Tafkīr fī zaman at-takfīr* (Kairo: Madbūlī, 1995) sowie Kilian Bälz, „Die Popularklage zur Verteidigung der Rechte Gottes," *Verfassung und Recht in Übersee*, 31, Nr. 1 (1998): 60–69; ausführlich: Thielmann, *Naṣr Ḥāmid Abū Zaid und die wiedererfundene ḥisba*). Relevant ist hier, dass die *ḥisba* zur Konstruktion eines modernen Islam herangezogen wird. Vgl. auch den Abschnitt zum „Gebieten des Rechten und Verbieten des Schlechten" im Kapitel „Die Säkularität des Islam (al-Bannā)".

80 Zudem sei Nachspionieren verboten. Vgl. Huwaydī, *al-Muftarūn*, 205.

81 Hier nach Ibn Taymīya (1263–1328) und al-Ġazālī (ohne Nennung der Werke: „Risāla fī al-ḥisba" bzw. „Iḥyāʾ ʿulūm ad-dīn").

82 Vgl. Huwaydī, *al-Muftarūn*, 206.

83 Vgl. Huwaydī, *al-Muftarūn*, 206, mit Bezug auf Yūsuf al-Qaraḍāwī (und implizit auf Ibn Taymīya).

Huwaydīs Reaktualisierung einer islamischen Norm spiegelt hier prototypisch gesellschaftliche Strukturen wieder: Das Gewalt- und Entscheidungsmonopol auf politischer Makroebene (Staat) sowie auf gesellschaftlicher Mikroebene (Familie) liegt in der Hand des Patriarchen und nicht etwa in der Hand der Gemeinschaft.[84] Kritik an solch einem Gebot, so Huwaydī abschließend, könne nur in Form von Schmähungen (*ṭaʿn*) erfolgen, wohl weil es stichhaltige Gegenargumente gar nicht geben könne. Laut Huwaydī ähneln sich hier radikale Säkularisten und Islamisten, die beide versucht seien, eigene geistige Mängel durch Schmähkritik an anderen auszugleichen.[85]

Einheit und Konflikt

Huwaydī sieht einen Konflikt nicht zwischen Islam und Säkularismus an sich, sondern zwischen zwei extremistischen Lagern, unter deren „Terror" der Rest der Gesellschaft („wir") leide. Dabei übe der islamistische Extremismus (*taṭarruf islāmī*) seinen Terror auf der Straße aus (öffentliche Interaktion), während der säkularistische Extremismus (*taṭarruf ʿalmānī*) über die Massenmedien wirke (öffentliche Kommunikation).[86] Huwaydīs eigene Sprecherposition und -absicht liegt nun einerseits zwischen diesen Polen – jedenfalls rechnet er sich selbst keinem dieser Lager zu. Andererseits möchte er vor allem auf die massenmedial überpräsenten Säkularisten eingehen und kritisch „auf extremistisch-säkularistische Aggression reagieren"[87].

Festzuhalten bleibt zunächst, dass hier nicht ein Konflikt zwischen kulturellen Paradigmen (Islam und Säkularismus) beobachtet wird, sondern zwischen konkreten Vertretern zweier ideologischer Lager, die nicht die Gesamtgesellschaft repräsentieren. Dies ist insofern bemerkenswert, als Huwaydī hier ähnliches beobachtet wie der pro-säkulare Intellektuelle Faraǧ Fūda[88] – und sich von der Sichtweise Muḥammad ʿImāras oder Yūsuf al-Qaraḍāwīs unterscheidet, die einen Konflikt zwischen Islam und Säkularismus an sich sehen.

Bemerkenswert ist auch die Feststellung Huwaydīs, der eigentliche Widerspruch in der Gesellschaft sei nicht ein islamisch-säkularer, sondern einer zwischen „nationalen und nicht-nationalen Kräften" (*al-quwā al-waṭanīya wa-ġayr*

84 Zum Neopatrimonialismus in der ägyptischen Politik vgl. Peter Pawelka, *Herrschaft und Entwicklung im Nahen Osten* (Heidelberg: Müller, 1985).
85 Vgl. Huwaydī, *al-Muftarūn*, 207.
86 Vgl. Huwaydī, *al-Muftarūn*, 59.
87 So formuliert er die Absicht seines Werks „al-Muftarūn", 7.
88 Vgl. Fūda, *al-Wafd wa-l-Mustaqbal*, 74 ff.; Fūda, *Ḥiwār ḥawla al-ʿalmānīya*.

al-waṭanīya). Mehrfach habe er dazu aufgerufen, sich nicht von dem gefährlichen Widerspruch islam(ist)isch/ säkular(istisch) vereinnahmen zu lassen. Eine solche Denkweise führe zur Spaltung des nationalen Lagers (*ṣaff waṭanī*) und gefährde letztlich die gesamte Gesellschaft.[89]

Huwaydīs Perspektive ist in zweifacher Hinsicht bemerkenswert. Formal versucht er, einen als real vorausgesetzten Konflikt zu entschärfen, indem er auf Anderes, vermeintlich Wichtigeres hinweist. Inhaltlich geht es dem Autor nicht um die Rolle des Islam, sondern um eine nationale Einheit, die bedroht erscheint und erhalten werden soll. Bemerkenswert daran ist, dass durch die Themenverschiebung – weg vom Konfliktfeld Islam kontra Säkularismus – die Religion aus dem Feld gesellschaftlich zentraler Phänomene verschwindet, sobald es um die Einheit der Gesellschaft geht.[90] Dies bedeutet nicht, dass der Islam seine Bedeutung innerhalb dieser Gesellschaft verliert, sondern dass bei der Beschreibung nationaler Einheit Religion offenbar nicht notwendig ist.[91]

Diese potenzielle Verzichtbarkeit von Religion ließ sich auch vor den Parlamentswahlen im Jahr 2011 beobachten: Ein Vertreter der „liberalen Strömung“ hatte darauf hingewiesen, man könne islamische Grundwerte in der ägyptischen Gesellschaft voraussetzen und solle deshalb auf islamische Parolen im Wahlkampf verzichten.[92]

Konflikt zwischen Salafisten und Säkularisten

Ähnlich wie Huwaydī versucht auch der Philosoph Ḥasan Ḥanafī einen Konflikt zu überwinden – allerdings nicht durch das Umlenken der Aufmerksamkeit auf andere Phänomene, sondern indem er den eigentlichen Widerstreit zu dekonstruieren sucht.

So gebe es im modernen arabischen Denken durchaus Schlachten (*maʿārik*) und Dualismen (*ṯunāʾīyāt*) wie etwa Salafismus vs. Säkularismus, Religion vs.

---

89 Vgl. Huwaydī, *al-Muftarūn*, 7.

90 Dass es dabei um die ägyptische Gesellschaft und deren intellektuelle Vorkämpfer geht – und nicht etwa um eine panislamische oder panarabische Umma – muss wohl nicht besonders betont werden.

91 Für eine solche These vgl. auch das Kapitel „Interne Reflexion des diskursiven und kommunikativen Kontexts“.

92 Vgl. al-Miṣrī al-yawm, 07.10.2011, 1 und 4. Das Problem bestand offenbar darin, dass die Muslimbrüder einen strategischen Vorteil durch ihre Parole: „Der Islam ist die Lösung!“, erhalten würden.

Staat/ Wissenschaft sowie Glaube vs. Atheismus.[93] Diese seien jedoch unecht bzw. künstlich (*zā'ifa/ muṣṭaniʿa*), da sie Erfahrungen der europäischen Moderne widerspiegelten, die in die Kolonien exportiert worden seien.[94]

Nach Ḥanafī sind Salafismus und Säkularismus seit jeher zwei theoretische Referenzrahmen (*marǧiʿīyatān naẓarīyatān*) der arabischen Kultur gewesen[95] – und es habe schon immer arabische Denker gegeben, die diese beiden Strömungen verbinden konnten.[96] Das Grundproblem liege in der Ausschließlichkeitslogik des Entweder-Oder, die solchen Dualismen eigen sei, sowie daran anschließend in der verabsolutierten Gegnerschaft zweier Gruppen innerhalb der Umma und der nationalen Kultur (*ṯaqāfa waṭanīya*), die einander zu vernichten suchten.

In ähnlicher Weise sieht Ṭāriq al-Bišrī ein Missverständnis in Bezug auf die eigentliche Problemstellung. So seien die „Verteidiger des islamischen Systems" der Ansicht, ein solches System sei das einzig mögliche und direkt umsetzbar, während die „Verfechter westlicher Systeme" von der Annahme ausgingen, ein islamisches System stelle sich per se gegen alle westlichen Modelle.[97] Rückblickend auf die Diskussionen der 1980er und 1990er Jahre betont al-Bišrī:

> Wir haben zu den Säkularisten gesagt: Ihr dürft nicht danach streben, eurer Ansicht mehr Gewicht zu verleihen als dem islamischen Referenzrahmen, [so] dass ihr einen Widerspruch zwischen [Staats-]Bürgertum (*muwāṭana*) und Islam erzeugt, weil die Muslime, [derart] in die Enge getrieben, sich mit überwältigender Mehrheit für den Islam entscheiden werden. Vielmehr sollten wir Ansätze finden, deren Prinzipien sich überschneiden [...].[98]

93 Vgl. Ḥasan Ḥanafī, *ad-Dīn wa-ṯ-ṯaqāfa wa-s-siyāsa fī-l-waṭan al-ʿarabī* (Kairo: Dār qibā' li-ṭ-ṭibāʿa wa-n-našr wa-t-tawzīʿ, 1998), 257.

94 Vgl. Ḥanafī, *ad-Dīn wa-ṯ-ṯaqāfa wa-s-siyāsa fī-l-waṭan al-ʿarabī*, 257, und, ähnlich argumentierend, Huwaydī, *al-Muftarūn*, 24.

95 Vgl. Ḥanafī, *ad-Dīn wa-ṯ-ṯaqāfa wa-s-siyāsa fī-l-waṭan al-ʿarabī*, 325.

96 Genannt werden u. a. Muḥammad Ḫalafallāh und Muḥammad ʿImāra als national-islamische Denker; Ṭāhā Ḥusayn, ʿAbbās al-ʿAqqād, Ḫālid Muḥammad Ḫālid als liberal-islamische Denker sowie ʿAbd ar-Raḥmān aš-Šarqāwī, Ḫālid Muḥyī ad-Dīn, ʿĀdil Ḥusayn, Ṭāriq al-Bišrī als islamisch-marxistische Denker (Ḥanafī, *ad-Dīn wa-ṯ-ṯaqāfa wa-s-siyāsa fī-l-waṭan al-ʿarabī*, 325). Einer solchen Einteilung würden nicht zuletzt einige Autoren selbst widersprechen.

97 Vgl. al-Bišrī, *al-Ḥiwār al-islāmī al-ʿalmānī*, 31 f. Ähnlich argumentiert Ḥanafī, *ad-Dīn wa-ṯ-ṯaqāfa wa-s-siyāsa fī-l-waṭan al-ʿarabī*, 313.

98 Al-Bišrī: Taqdīm (Vorwort) zu Abū al-ʿIlā Māḍī, *al-Mas'ala al-qubṭīya... wa-š-šarīʿa wa-ṣ-ṣaḥwa al-islāmīya* (Kairo: Safīr ad-duwalīya li-n-našr, 2007), 7–24 (13 f.):
لقد كنا نقول للعلمانيين: لا يجوز أن يكون سعيكم لترجيح وجهة نظركم ضد المرجعية الإسلامية، أن تثيروا التناقض بين المواطنة والإسلام، لأن المسلمين إِن شعروا بهذا الضيق ستختار غالبيتهم العظمى الإِسلام، إِنما المطلوب أن نقيم سبل التداخل بين المبادئ [...].
Al-Bišrī argumentiert, dass Kopten ähnliche Vorbehalte wie Säkularisten gegenüber islamischer Scharia und einer Islamizität des Staates hätten, insbesondere in Bezug auf bürgerliche Gleichstellung.

Für al-Bišrī ist die Überwindung des Konflikts demnach prinzipiell möglich.

Wie auch bei anderen Autoren fällt auf: Die Selbstzuordnung Ḥanafīs und al-Bišrīs als Sprecher erscheint ambivalent – einerseits distanziert, dennoch pro-islamisch.[99]

Den Widerspruch, der sich aus Ḥanafīs Konstruktion von Säkularismus und Salafismus ergibt, scheint dieser offenbar dialektisch für überwindbar zu halten – mittels eines Reformdenkens, das versucht, einen „dritten Diskurs" zu erschließen.[100]

Die eigentlichen Gemeinsamkeiten

Einer von Ḥanafīs Denkansätzen besteht darin, die klassische Unterscheidung von *naql* (Überlieferung) und *ʿaql* (Verstand, Vernunft, Intellekt) auf den konfliktartigen Widerspruch von „Säkularisten" und „Salafisten" anzuwenden.[101]

Allerdings stehen in seiner Sichtweise nicht etwa die „Säkularisten" für eine einseitige Anwendung des Verstandes, wie sich vielleicht erwarten ließe.[102] Stattdessen zementiert sich der Konflikt für Ḥanafī durch die einseitige Bindung beider Lager an Überlieferungen. Die Salafisten erscheinen in ihrem blinden Festhalten an Traditionen als „Helfer des Althergebrachten" (*anṣār al-qadīm*),[103] die

99 Dass al-Bišrī und Ḥanafī einer reinen Lehre des Säkularismus kritisch gegenüberstehen, ist offensichtlich. Ḥanafī nimmt für sich in Anspruch, ein islamischer Linker bzw. kommunistischer Islamist zu sein. Vgl. Sāra ʿAllām, „Ḥasan Ḥanafī: Anā šuyūʿī iḫwānī wa-iḫwānī šuyūʿī," *al-Yawm as-sābiʿ (online)*, 03.02.2010.

100 Vgl. Ḥanafī, *ad-Dīn wa-ṯ-ṯaqāfa wa-s-siyāsa fī-l-waṭan al-ʿarabī*, 305. Huwaydī spricht von einer „dritten Denkschule" (die wieder islamisch ist), von einem Islam, der Theorie und Praxis verbindet (*nasq fikrī ʿamalī mutakāmil*). Vgl. Fahmī Huwaydī, *Azmat al-waʿī ad-dīnī* (Sanaa: Dār al-ḥikma al-yamānīya, 1988), 6.

101 Ḥanafī gesteht zu, hier muʿtazilitisch, also Vernunft präferierend zu argumentieren. Vgl. Ḥanafī, *ad-Dīn wa-ṯ-ṯaqāfa wa-s-siyāsa fī-l-waṭan al-ʿarabī*, 261. Die explizite Unterscheidung (und Vereinbarkeit) von *ʿaql* und *naql* scheint jedoch eher von Nicht-Muʿtaziliten geprägt zu sein. Vgl. u. a. Ibn Taymīyas *Darʾ at-taʿāruḍ* und Ibn Rušds *Faṣl al-maqāl*.

102 Beispielsweise mit Verweis auf Fuʾād Zakarīyās *al-ʿalmānīya* als zivilisatorische Notwendigkeit (vgl. Fuad Zakariya, „Säkularisierung - eine historische Notwendigkeit") oder Murād Wahbas Säkularismus als Betonung des Relativen im Gegensatz zu einem fundamentalistischen Anspruch auf absolute Wahrheit, vgl. Wahba, *Mallāk al-ḥaqīqa al-muṭlaqa*, 230.

103 Vgl. auch die Kritik des pro-säkularen (und pro-islamischen) Rifʿat as-Saʿīd an den „Islamisierern" (*mutaʾaslimūn*) sowie Ǧamāl al-Bannās Kritik an den „Traditionsgelehrten" (*fuqahāʾ at-taqlīd*), denen jeweils blindes Nachfolgen (*taqlīd*) vorgeworfen wird. al-Bannā, *Ka-lā ṯumma ka-lā* (Kairo: Dār al-fikr al-islāmī, 1994); as-Saʿīd, *al-ʿAlmānīya bayn al-Islām wa-t-taʾaslum*.

Säkularisten in ihrem ebenso blinden Nachahmen westlicher Erfahrungen und Begriffe als „Helfer des Westens" (anṣār al-ġarb).[104] Die Lösung liegt nach Ḥanafī in einer Kritik an beiden Quellen und in dem Versuch, sich der Vernunft und des Verstandes zu bedienen (iğtihād).[105]

In anderer Weise thematisiert Muḥammad ʿImāra die Unterscheidung von ʿaql und naql. Auch er kritisiert die Ultras (ġulāh) unter den Salafisten und Säkularisten – allerdings für deren einseitige Betonung von naql (Salafisten) bzw. ʿaql (Säkularisten). Von den Überlegungen Ibn Taymīyas (1263–1328) bis hin zu den Ansichten Muḥammad ʿAbduhs (1849–1905) könne man lernen, dass Verstand und Überlieferung sich im Islam zu einer „Glaubensrationalität" (ʿaqlānīya muʾmina) vereinen. Der Gegenbegriff zu Verstand sei dementsprechend nicht Überlieferung, sondern Wahnsinn (ğunūn).[106]

Ḥanafī sieht in Salafismus und Säkularismus zwei Zugänge zu ein und derselben Wirklichkeit und integriert somit beide Paradigmen.[107] In ihrem Streben nach gesellschaftlichem Wohl erkennt er in beiden Gemeinsamkeiten.[108] Nach Ḥanafī zeigen sich diese Gemeinsamkeiten in den Zielen (maqāṣid) der Scharia, spezifiziert als Schutz des Lebens bzw. der Seele (nafs), des Verstandes, der Religion, der Würde (ʿirḍ) und des Eigentums,[109] die er explizit auf Abū Isḥāq aš-Šāṭibī (st. 1388) zurückführt.[110]

Bemerkenswert ist das islamische Verständnis Ḥanafīs, auf dessen Grundlage er dīn (Religion) als „feststehende, allgemeine, objektive Tatsache" (ḥaqīqa

---

104 Vgl. auch die Gegenüberstellung einseitigen Festhaltens an einem idealen Zeitalter durch eine Denkrichtung und an einem idealen Ort (dem Westen) durch eine andere.
105 Vgl. Ḥasan Ḥanafī, „aš-Šiʿārāt al-ʿalmānīya (3)," in ad-Dīn wa-t-ṯaqāfa wa-s-siyāsa fī-l-waṭan al-ʿarabī, 280–285 (285). Kritik am Ererbten (mawrūṯ) und am (Westlich-)Allochthonen (wāfid).
106 Vgl. Muḥammad ʿImāra, „al-ʿAqlānīya al-muʾmina," in Hāḏa Islāmunā, 89 f.
107 Ein ähnlicher Pragmatismus findet sich bei Fahmī Huwaydī. Demnach sollte sich nicht eine der beiden Gruppen (hier: Säkularisten bzw. Islamisten) durchsetzen, sondern man sollte sich auf die „Grundlagen eines unabhängigen Projekts" einigen, das die „Umma vor ihrer zivilisatorischen Niederlage rettet" (vgl. Huwaydī, al-Muftarūn, 82). Dass dafür gerade die „Vernünftigen unter den Intellektuellen die Verantwortung" tragen, wird an anderer Stelle erwähnt (Kapitel „Interne Reflexion des diskursiven und kommunikativen Kontexts").
108 Mitunter gehe es beiden jedoch Seiten einfach um Macht: vgl. Ḥasan Ḥanafī, „Waṯīqat al-Azhar," al-Miṣrī al-yawm, 17.11.2011 zum Wahlkampf im Jahr 2011.
109 Vgl. Ḥasan Ḥanafī, „as-Salafīya wa-l-ʿalmānīya," in ad-Dīn wa-t-ṯaqāfa wa-s-siyāsa fī-l-waṭan al-ʿarabī, 257–262 (261) und Ḥanafī, „Waṯīqat al-Azhar". Zu den fünf bzw. sechs maqāṣid im Kontext von Islam und Säkularismus vgl. auch al-Qaraḍāwī, Bayyināt al-ḥall al-islāmī, 159, und al-Qaraḍāwī, al-Islām wa-l-ʿilmānīya wağhan li-wağhin, 31 u. 37.
110 Aš-Šāṭibī spricht von „ganzheitlichen Prinzipien" (uṣūl kullīya). Vgl. Abū Isḥāq aš-Šāṭibī, al-Muwāfaqāt fī uṣūl aš-šarīʿa, 4 Bde. (o. O.: al-Maktaba at-tiğārīya al-kubrā, o. J.), 3:46 ff.

mawḍūʿīya ʿāmma ṯābita) betrachtet:[111] Demnach sei es Zweck der Scharia, Religion im Sinne einer objektiv gegebenen Tatsache zu schützen und zu bewahren.

Prototypisch für solche schützenswerten Güter sind für Ḥanafī grundlegende Eigenschaften und Freiheiten des Menschen wie Nicht-Aggression (*ʿadam al-ʿudwān*), die Gleichheit der Menschen (*musāwāh bayna al-bašar*) und freie Religionsausübung (*ḥurrīyat al-ʿibāda*).[112]

Wenn man nachvollzieht, wie hier Grenzen exklusiv religiöser Semantik durch die Wahl von Begriffen und Auslegungen überschritten werden, lässt sich Ḥanafīs Perspektive als moderne Interpretation der Zwecke der Scharia bezeichnen. Für den Autor scheint es jedenfalls völlig unproblematisch zu sein, sich innerhalb einer islamischen Sicht auch ursprünglich nicht-islamischer Termini zu bedienen – eben weil ein solcher Islam in allgemeine menschliche Prinzipien übersetzbar und dementsprechend nicht-exklusiv ist, so wie sich auch islamische Prinzipien in säkularen Begriffen finden lassen.

Die Verortung des Islam und die „dritte Sprache"

In Ḥanafīs Perspektive muss man den Kreis des Islam nicht verlassen, um islamisch-säkularistische Widersprüche zu überwinden. Stattdessen gilt es, den Islam – aufbauend auf der Überlieferung und mit Hilfe des Verstandes – für die konkrete menschliche Lebenswirklichkeit offen zu halten.

Ǧamāl al-Bannā hat formuliert, nicht der Mensch sei für den Islam da, sondern der Islam für den Menschen. Entsprechend ließe sich Ḥanafīs Sichtweise in der Aussage zusammenfassen, der Islam eigne sich in besonderer Weise dazu, Probleme des Menschen zu bewältigen und Antworten auf menschliche Fragen zu finden, auch durch eine intelligente Anwendung der Scharia.

Andererseits – und analog zu Huwaydī und Fūda – sieht Ḥanafī eine mögliche Lösung der von ihm beobachteten islamisch-säkularen Dichotomie in der Schaffung eines nationalen Einheitsprojekts, einer „einzigen nationalen Front (*ǧabha waṭanīya wāḥida*), in der die Salafisten und Säkularisten zusammenkommen" und in der man sich auf ein „nationales Aktionsprogramm einigt, das die Erfordernisse der Umma verwirklicht und auf ihre nationale Einheit bedacht

---

111 Ebendies, so Ḥanafī, hätten die „Alten" mit *dīn* gemeint. Vgl. Ḥasan Ḥanafī, „al-Ḥuqūq wa-l-wāǧibāt," in *ad-Dīn wa-ṯ-ṯaqāfa wa-s-siyāsa fī-l-waṭan al-ʿarabī*, 361–367 (364).

112 Für Ḥanafī gilt es, diese Rechte vor Relativismus, Nihilismus, doppelten Maßstäben und Machtpolitik zu schützen.

ist“[113]. Ḥanafī argumentiert hier pragmatisch, d. h. er setzt voraus, dass die grundlegenden Normen und Werte der Gesellschaft islamisch sind, ohne dass damit ein islamischer Exklusivanspruch verbunden ist, wie dies etwa bei Yūsuf al-Qaraḍāwī anklingt.[114]

Nach Ḥanafī ließen sich als islamisch aufgefasste Werte auch nicht-islamisch konstruieren und stellten somit mögliche Gemeinsamkeiten dar: Begriffe wie *ʿaqd iğtimāʿī* (Gesellschaftsvertrag), *ʿaql* (Verstand), *ʿilm* (Wissen bzw. Wissenschaft), *ṭabīʿa* (Natur), *taqaddum* (Fortschritt), *insān* (Mensch), *ḥuqūq* (Rechte), *wāğibāt* (Pflichten) und *muwāṭana* (Staatsbürgerschaft) bezeichneten solche Gemeinsamkeiten, auf die der Säkularismus kein Monopol besitze.[115]

Ḥanafī argumentiert insofern als Kritiker eines säkularistischen Exklusivanspruchs, ohne einen solchen für den Islam einzufordern – wohl aber geht er von einem Universalitätsanspruch des Islam aus. Er lässt offen, ob Gemeinsamkeiten von Säkularisten und Islamisten ausschließlich als islamisch anzusehen sind. Es reicht ihm offenbar, wenn diese sich als (auch) islamisch beschreiben lassen.[116] Auf diese Weise erscheint Islam als universal, aber nicht exklusiv. Und Säkularismus ist in dieser Perspektive ein formal gleichrangiges Paradigma. Was beide vereint, lässt sich anhand konkreter Ziele und Interessen beschreiben.[117]

Auch ein salafistisch-säkularistischer Dialog erscheint Ḥanafī möglich; dieser müsste sich allerdings einer „dritten Sprache“ bedienen. Auch wenn Ḥanafī eine solche Sprache nicht genau umreißt – dass sie bereits existiert und „gleichzeitig salafistisch und säkularistisch“ ist, steht für ihn fest.

Dabei beruft er sich auf einzelne, „von allen akzeptierte Ausdrücke“, die sich keinem der beiden Paradigmen exklusiv zuordnen lassen, sondern deren gemeinsamen Wurzeln (*uṣūl*) entspringen: *arḍ* (Boden), *šaʿb* (Volk), *qawm* (Nation, Volk), *ʿaql* (Verstand), *ḥurrīya* (Freiheit) oder *istiqlāl* (Unabhängigkeit). In einem Dialog, der sich eines solchen „Minimums an Sprache“ bedient, könne

113 Ḥasan Ḥanafī, „as-Salafīya wa-l-ʿalmānīya“, S. 262 (جبهة وطنية واحدة يلتقي فيها السلفيون والعلمانيون، والاتفاق على برنامج عمل وطني موحد، يحقق مطالب الأمة، ويحرص على وحدتها الوطنية). Vgl. auch Ḥasan Ḥanafī, „al-Ğabha la-waṭanīya al-muttaḥida,“ in *ad-Dīn wa-ṯ-ṯaqāfa wa-s-siyāsa fī-l-waṭan al-ʿarabī*, 324–330 (330), wo es heißt, Voraussetzung für eine solche Einheitsfront seien „Freiheit für alle“, „faire und freie Volkswahlen“ und das „Abschwören von der Gewalt“ seitens der Untergrundbewegungen.

114 Vgl. das noch anzuführende Zitat aus al-Qaraḍāwī, *al-Islām wa-l-ʿilmānīya waǧhan li-waǧhin*, 93 f.

115 Vgl. Ḥasan Ḥanafī, „as-Salafīya wa-l-ʿalmānīya“, 261.

116 Beispielsweise in der Beobachtung, dass wer den Menschen und seine Würde (*karāma*) verteidigt, sich letztlich für „Gottes Geschöpf“ einsetzt. Vgl. Ḥanafī, *ad-Dīn wa-ṯ-ṯaqāfa wa-s-siyāsa fī-l-waṭan al-ʿarabī*, 319.

117 Offen bleibt, wie Einigkeit realisiert werden soll, wenn man auf unterschiedliche Grundwerte oder Ziele stößt. Eine Diskursethik, die notfalls alle Prinzipien und Glaubenssätze zur Disposition stellen würde, kommt hier offenbar nicht infrage.

man ausgehend von Worten einen Weg hin zu Bedeutungen entwickeln, um sich letztlich den Dingen in der Welt anzunähern.[118]

Ḥanafī, der postuliert, dass sich die Bedeutungen aufgrund ähnlicher Interessen ohnehin überschneiden, resümiert daraufhin:

> Der Dissens zwischen Salafisten und Säkularisten liegt demnach in der Sprache des Diskurses und dessen Ausdrücken, die distanziert erscheinen, während die Bedeutungen einander wohl nahe stehen. Lassen sich dann Ausdrücke nicht zugunsten der Bedeutungen überwinden und die Sprache zugunsten der Absicht, so dass sich Gegnerschaft in Dialog verwandelt, Dissens in Konsens und Kampf in Waffenstillstand?[119]

Ḥanafī möchte mit der Einsicht überzeugen, dass auch die Sprache der Säkularisten die „Wirklichkeit der Menschheit" und die „menschlichen Grundbedürfnisse" erfasse und anerkenne.[120] Insofern sei zu überlegen, ob säkularistische Grundbegriffe den Zwecken der Scharia nahestanden. Ebenso ließe sich fragen: „Ist die islamische Scharia nicht eine natürliche, gesetzte [sic!] Ordnung (*šarīʿa waḍʿīya fiṭrīya*)? Haben die Gelehrten der *uṣūl* [Rechtsquellen, Grundsätze] nicht einige Regeln gesetzt, wie ‚Not kennt kein Verbot', ‚Unerträgliches darf nicht auferlegt werden' und ‚Verderben wehren geht vor Nutzen mehren'?"[121]

Ḥanafī selbst gibt sich einerseits explizit islamisch, andererseits versucht er pragmatisch, Raum für Nicht-Islamisches zu lassen. In ähnlicher Weise – nur in umgekehrter Richtung – hatte in den 1980er Jahren auch der pro-säkulare Faraǧ Fūda argumentiert: die Gesetze des positiven Rechts (*qawānīn waḍʿīya*) seien „abgeleitet aus den Prinzipien der islamischen Scharia"[122].

Ḥanafī betont, dass der Grabenkampf zwischen Säkularisten und Salafisten ein „künstliches Problem" sei, das der „nationalen Kultur und Einheit" schade. Stattdessen sei das „nationale, kreative Denken" (*fikr ibdāʿī waṭanī*) fähig, unterschiedliche Ordnungen (wörtlich: zwei Gesetzlichkeiten/ *šarīʿatān*) in sich

---

118 Vgl. Ḥasan Ḥanafī, „al-Ḫilāf fī al-luġa," in *ad-Dīn wa-ṯ-ṯaqāfa wa-s-siyāsa fī-l-waṭan al-ʿarabī*, 294–299 (298)

119 Ḥasan Ḥanafī, „al-Ḫilāf fī al-luġa", 299:
الخلاف بين السلفيين والعلمانيين هو إذن خلاف فى لغة الخطاب وألفاظه التى تبدو متباعدة فى حين أن المعانى قد تكون متقاربة. فهل يمكن تجاوز اللفظ إلى المعنى، واللغة إلى القصد حتى يتحول الخصام إلى حوار، والخلاف إلى اتفاق، والاقتتال إلى مصالحه؟

120 Vgl. Ḥanafī, *ad-Dīn wa-ṯ-ṯaqāfa wa-s-siyāsa fī-l-waṭan al-ʿarabī*, 297 f. Auch, dass ein Führer (*imām*) ausgewählt und in seinem Amt bestätigt wird und als solcher nicht Gott, sondern die Umma vertritt, sei eine Gemeinsamkeit (261).

121 Ḥasan Ḥanafī, „al-Ḫilāf fī al-luġa", 297 f.:
أليست الشريعة الإسلامية شريعة وضعية فطرية؟ ألم يضع علماء الأصول بعض القواعد التى تعبر عن هذه المقاصد مثل 'الضرورات تبيح المحظورات'، 'عدم جواز تكليف مالا يطاق'، 'درء المفاسد مقدم على جلب المصالح'؟

122 Fūda, *Ḥiwār ḥawla al-ʿalmānīya*, 71.

zu vereinen.[123] Eine solche nationale Einheit kann nicht mehr exklusiv islamisch sein, sondern muss Platz für andere Weltzugänge lassen.

Offenbar erscheint es Ḥanafī aber notwendig, die Schaffung gesellschaftlicher Einheit nicht dem ‚nationalen Denken' allein zu überlassen. Und so betont er in islamischer Reformulierung, dass auch der Koran scheinbare Gegensätze in sich vereine, darunter Religion und diesseitige Welt (*dunyā*), die Bedürfnisse der Seele und des Körpers sowie die im islamischen Recht übliche Unterscheidung der Rechte Gottes und der des Menschen.

Ḥanafī versucht demnach, die sich in begrifflichen Widersprüchen und realen Konflikten zeigenden Grenzen zwischen Islam und Nicht-Islam zu dekonstruieren. Er entfaltet das Paradox, dass auch Nicht-Islamisches islamisch sein kann, solange dies nicht mit einem Exklusivanspruch auf Wahrheit verbunden ist. „Das theoretisch Rechte (*ḥaqq naẓarī*) ist zahlreich", schreibt er, „wenngleich das praktisch Rechte einzig ist."[124]

Demnach gilt: Die Erkenntnis verschiedener Wahrheiten allein kann nicht zur gesellschaftlichen Integration von Säkularismus und Islam führen. Erst im Erkennen gemeinsamer Interessen der Akteure wird sich zeigen, dass das Ziel ein gemeinsames – nämlich nationales – ist, das sowohl als islamisch wie auch als säkularistisch angesehen werden kann.[125]

Exklusivität

Anders verhält es sich bei Yūsuf al-Qaraḍāwī, der einen Zusammenprall (*ṣidām*) zwischen Islam und Säkularismus aufgrund sich ausschließender Prinzipien und Letztwahrheiten für unvermeidlich hält.[126] Kompromisse lassen sich aus dieser Perspektive nur ausgehend von gemeinsamen Prämissen finden.[127] Dennoch arbeitet al-Qaraḍāwī einige Gemeinsamkeiten heraus. Neben dem Ziel, mittels modernsten Wissens und neuester Technologien „unseren Heimatländern [bzw.

123 Vgl. Ḥasan Ḥanafī, „as-Salafīya wa-l-ʿalmānīya", 261, diese Idee nicht weiter erläuternd.

124 Vgl. Ḥasan Ḥanafī, „as-Salafīya wa-l-ʿalmānīya", 262:
والحق النظرى متعدد وإن كان الحق العملى واحدا.

125 Zur empirisch gestützten Erkenntnis, dass das Vorhandensein gemeinsamer Ziele nicht zu organisierter Koordination oder gar Kooperation führen muss, vgl. Mancur Olson, *Die Logik des kollektiven Handelns* (Tübingen: Mohr Siebeck, 2004).

126 Vgl. al-Qaraḍāwī, *al-Islām wa-l-ʿilmānīya wağhan li-wağhin*, 13 u. a., wo es heißt, über Details wie die Anwendung der Scharia könne man nicht mit jemandem diskutieren, der nicht an die Grundlagen glaubt.

127 In diesem Punkt ähnlich argumentierend: al-Bišrī, *al-Ḥiwār al-islāmī al-ʿalmānī*.

Nationen] zu Aufschwung“ zu verhelfen (*an-nuhūḍ bi-awṭāninā*), teilten die Vertreter beider Seiten folgende Überzeugungen:

> Und wir sind uns darin einig, dass der Glaube an Gott und den Jüngsten Tag notwendig ist, und dass das Bedürfnis der Umma nach Läuterung der Seelen, einem intakten Gewissen, moralischer Integrität so grundlegend wie das tägliche Brot ist.
>
> Wir sind uns einig im Stolz auf den Islam als Religion der Mehrheit, im Respekt vor den himmlischen Religionen der Nicht-Muslime und darin, dass der Islam für diese Bürger Kultur und Zivilisation ist, wenn nicht gar Religion und Dogma. Wir sind uns darin einig, ein politisches System zu errichten, das Konsultation (*šūrā*) verwirklicht, auf die der Islam die Basis islamischer Herrschaft gründet und alles zu gewähren, was die moderne Demokratie erschaffen hat, um den Völkern das Recht zuzugestehen, ihre Herrscher zu prüfen, zu beobachten und zur Verantwortung zu ziehen und sie gegebenenfalls auszuwechseln; eine detaillierte, schriftliche Verfassung, freie und faire Wahlen, eine Presse, die die Regierung nicht abschalten kann, eine Opposition, die dazu fähig ist, Rat zu erteilen und zu kritisieren, ohne Angst vor dem Herrscher und seinen Helfern haben zu müssen.
>
> Wir sind uns darin einig, ein wirtschaftliches System zu errichten, das steigende Produktion und Verteilungsgerechtigkeit verwirklicht sowie vernünftigen Konsum und tadellosen Handel; das also die Schwachen gegen die Starken schützt und die Rechte der Armen gegenüber den Reichen; [ein System,] das gesellschaftliche Solidarität sichert und der Umma zu einer soliden Struktur verhilft.
>
> Wir sind uns darin einig, dass Sicherheit für jeden Menschen in unserem Land zu gewährleisten ist, […], sowie Freiheit – religiöse, politische, geistige, zivile – solange dies nicht die vorherrschenden Werte und allgemeinen Prinzipien verletzt, auf die sich die Gesellschaft geeinigt hat.
>
> Wir sind uns darin einig, unsere Länder von jeglicher ausländischer Abhängigkeit zu befreien, ob nun westlich oder östlich, militärisch, wirtschaftlich, politisch oder kulturell.
>
> Wir sind uns in der Ablehnung eines ‚religiösen Staates‘ einig, in dem Sinne, wie ihn der Westen im Mittelalter erfahren hat. Ein Staat, der Wissenschaft im Namen der Religion bekämpft und auf Seiten der Tyrannei gegen die Freiheit steht, mit dem Fürsten gegen das Volk; [ein Staat,] der behauptet, Gottes Macht im Himmel auf Erden zu vertreten! Aber trotz alledem unterscheiden wir uns in wesentlichen Fragen, die wir klären [bzw. deutlich machen] müssen, insbesondere bei der Bestimmung, in welchem Verhältnis Säkularismus und Islam zueinander stehen.[128]

128 Al-Qaraḍāwī, *al-Islām wa-l-ʿilmānīya waǧhan li-waǧhin*, 92 f.; 2001 online veröffentlicht, al-Qaraḍāwī, „Taḥrīr mawḍiʿ an-nizāʿ,“ http://qaradawi.net/library/56/2845.html, 15.05.2001: ومتفقون على ضرورة الإيمان بالله واليوم الآخر، وأن حاجة الأمة إلى زكاة الأنفس، وصلاح الضمائر، واستقامة الأخلاق حاجة أساسية، كحاجتها إلى الغذاء اليومى. [¶] ومتفقون على الاعتزاز بالإسلام، باعتباره دين الأغلبية، واحترام الأديان السماوية لغير المسلمين، وأن الإسلام للمواطنين منهم ثقافة وحضارة، وإن لم يكن دينا وعقيدة. [¶] ومتفقون على إقامة نظام سياسي يحقق الشورى، التي أقام عليها الإسلام قاعدة الحكومة الإسلامية، وعلى إقرار كل الضمانات، التى هيأتها الديمقراطية الحديثة للمحافظة على حق الشعوب في اختبار حكامها ومراقبتهم ومحاسبتهم، وتغييرهم إن ساءوا، من دساتير مكتوبة مفصلة، وانتخابات حرة نزيهة، وصحافة لا تستطيع الحكومة إغلاقها، ومعارضة قادرة على أن تنصح وتنقد، بلا خوف من الحاكم

In al-Qaraḍāwīs Perspektive besteht der Grundkonflikt in einem Exklusivitätsanspruch beider Seiten – und damit verbunden in einem Kampf um den ersten Rang in einer als hierarchisch vorgestellten Gesellschaft.

> Die Natur des Islam besteht darin zu führen, nicht geführt zu werden, Herr zu sein, nicht Untergebener; weil dieser das ‚Wort Gottes' ist [...]. Der Säkularismus will jedoch vom Islam, dass dieser sich ihm unterordnet, ausführt, was er [der Säkularismus] befiehlt und unterbindet, was er verbietet, [und demnach] seinen natürlichen, historischen und logischen Platz nicht einnimmt: gebietend, verbietend, herrschend [Urteile fällend]. Der Säkularismus preist ihn [...], wenn er bei Festen und Beerdigungen [...], in der Welt der Sagen und Mythen bleibt. Wenn er sich jedoch rührt, die Jugend anleitet, die Massen führt und Energien freisetzt, akzeptiert ihn der Säkularismus auf keinen Fall [...].[129]

Deswegen würden sich Säkularisten auch so gut mit Sufis verstehen – denn ein ausschließlich mystischer Islam hätte seinen einflussreichen Platz in der Mitte der Gesellschaft verlassen.

Der von al-Qaraḍāwī u. a. konstruierte Paradigmenkampf zwischen Islam und Säkularismus kann nicht mit einem pragmatischen Kompromiss (im Sinne von Ḥanafī bzw. Huwaydī) oder durch einen Dialog (al-Bišrī), sondern nur eindeutig und endgültig für den Islam entschieden werden. Eine solche Islamkonstruktion gerät auf ihrer Suche nach absolut geltenden Wahrheiten in die Nähe totalitärer Logik.[130]

Zusammenfassung

In den skizzierten Beobachtungen zeigen sich verschiedene Problemfelder der ägyptischen Gesellschaft und der Verortung des Islam.

وأعوانه. [¶] ومتفقون على إقامة نظام اقتصادى يحقق زيادة الإنتاج، وعدالة التوزيع، وترشيد الاستهلاك، وسلامة التداول، يعنى بحماية الضعفاء من الأقوياء، وحقوق الفقراء لدى الأغنياء، ويقيم تكافلا اجتماعيا، يجعل الأمة كالبنيان المرصوص. [¶] ومتفقون على ضرورة توفير الأمن لكل إنسان فى وطننا، [...]، وتوفير الحرية له، دينية أو سياسية أو فكرية أو مدنية، بما لا يهدم القيم السائدة، والأصول العامة المتفق عليها في مجتمعنا. [¶] ومتفقون على ضرورة تحرير أوطاننا من كل تبعية أجنبية، غربية كانت أم شرقية، عسكرية، أو اقتصادية، أو سياسية، أو ثقافية. [¶] ومتفقون على رفض "الدولة الدينية" بالمفهوم، الذى عرفه الغرب في العصور الوسطى، الدولة التى تعادي العلم باسم الدين، وتقف مع الطغيان ضد الحرية، ومع الملوك ضد الشعوب، وتزعم أنها تمثل فى الأرض سلطان الله في السماء! ولكننا مع هذا كله نختلف فى أمور أساسية، وقضايا جوهرية يجب أن نجليها، وخصوصا فيما يحدد العلاقة بين العلمانية والإسلام.

129 Al-Qaraḍāwī, *al-Islām wa-l-ʿilmānīya waǧhan li-waǧhin*, 93 f.:
إن طبيعة الإسلام فى أن يكون قائدا لا مقودا و سيدا لا مسودا لأنه كلمة الله [...] و العلمانية تريد من الإسلام أن يكون تابعا لها يأتمر بأمرها و ينتهى بنهيها لا أن يأخذ مكانه الطبيعى والمنطقى التاريخى آمراً ناهيان حاكما ، إنها تباركها [...] إذا بقى محصورا فى الموالد و المآتم [...] فى عالم الخرافة و الأساطير، إما أن يتحرك ويحرك ويوجه الشباب ويقود الجماهير ويفجر الطاقات..... فهذا ما لا ترضى عليه العلمانية بحال [...].

130 Vgl. Philip G. Herbst, „Totalitarian logics: the quest for certainty," in *Alternatives to hierarchies*, 69–83.

Eine islamische Perspektive, die Säkularismus als fremde Bedrohung vor allem nach außen verlagert, ist damit konfrontiert, dass Säkularisten dennoch in der eigenen Gesellschaft auftreten und sich somit nicht völlig ignorieren lassen. Daraus ergeben sich verschiedene Möglichkeiten: Dialog, Konflikt oder pragmatischer Kompromiss. Offen bleibt die Frage, wie gesellschaftliche bzw. nationale Einheit trotz potenzieller Uneinigkeit herzustellen ist.

Ein Aspekt, der in diesem Zusammenhang mehrfach auftaucht, ist die Frage nach dem Gemeinwohl und damit zusammenhängend die Frage nach öffentlicher Ordnung. Die Gefährdung dieser Ordnung wird von einigen Autoren als Konflikt rekonstruiert, der aus einer Grenzverschiebung zwischen Privatbereich (in dem abweichende Weltanschauungen als unproblematisch gelten) und massenmedialer Öffentlichkeit resultiert.

Verbreiten sich abweichende Privatmeinungen in der Öffentlichkeit, werden sie von Beobachtern wie Huwaydī als subversiv wahrgenommen.[131] Individuelle moralische Entscheidungen erscheinen so als religiös dereguliert und als Degeneration der Gesamtgesellschaft durch Verlust religiöser Bindung.

Anhand des koranischen Konzepts, „Rechtes zu gebieten und Unrechtes zu verbieten" wird die Frage des Eingreifens bei öffentlich begangenen Vergehen diskutiert und gleichzeitig säkularistische Kritik an solch privatem Aktionismus zurückgewiesen.

Ein weiteres Thema ist das Gemeinwohl bzw. das öffentliche Interesse. Während das Gemeinwohl von einigen Autoren als gemeinsames Ziel von Säkularisten und Salafisten betrachtet wird (Ḥanafī u. a.), beschreiben andere die Zwecke der Scharia zum Schutz des Gemeinwohls als hinreichend (al-Qaraḍāwī u. a.). Damit entwerfen erstere einen nicht-exklusiven Islam, der auch ein nicht-religiös begründetes Gemeinwohl neben sich gelten lässt, während letztere einen islamischen Exklusivanspruch nahelegen.

In der Diskussion wird ebenfalls ein souveräner Islam sichtbar, der durch Säkularismus nicht gefährdet ist (al-Bišrī). Ein solcher Islam muss nicht jeden einzelnen Ägypter vertreten, sondern nur noch eine allgemeine Mehrheit, die aber seine Vorherrschaft begründet. Ein solcher Islam muss auch nicht auf einem Exklusivanspruch beharren, sondern geht von der Vereinbarkeit islamischer und nicht-islamischer Normen und Werte aus.

In dieser Perspektive erscheint es nicht mehr wichtig zu fragen, ob die Gesellschaft allein durch den Islam zusammengehalten wird. Das Risiko eines einseitigen, maßlosen Säkularismus bleibt zwar bestehen, ist aber kalkulierbar. Säkularismus wird somit zu einer Randerscheinung, die den Konsens der

---

131 Vgl. auch das Kapitel „Kritik an einer säkularistischen Moderne (al-Missīrī)".

gesellschaftlichen Mitte zwar stören, aber die gesellschaftliche Ordnung nicht abschaffen kann.[132]

Eine derartige Souveränität zeigt, dass auch ein säkularismuskritischer Islam zu sich selbst finden kann, insofern er Säkularismus nicht mehr als Gegner zur Konstruktion der eigenen Identität benötigt. Diesem Islam reicht die Gewissheit, nicht über religiös gesicherte Wahrheit, sondern über eine bevölkerungsmäßige Mehrheit in der Gesellschaft verankert zu sein.

3.2 Islam und Christentum

> *Und wenn die Muslime ihre Länder befreien wollen und ihre Ehre in ihrer Religion suchen, kommt der Westen mit dem Säkularismus, der den Islam umwandeln will in bloßes ‚Ritual und [religiöses] Gemurmel', damit sie ihnen den Säkularismus mit Kanone und Evangelium aufzwingen und an die Stelle des Islams setzen [...]. Dies ist der Standpunkt des Westens zum Islam. Und dies ist die Schlacht des westlichen Säkularismus und des Islams.*[1]

Ein zentraler Topos des ägyptischen Säkularismus-Diskurses besteht in der Konstruktion von Christentum und in der Bestimmung islamischer Identität.

Priestertum

Ein wiederkehrendes Thema ist die Existenz eines Priestertums (*kahnūt, kahana*).[2] Einige Autoren betonen, im Islam gebe es keine Priester[3] als unverzichtbare Mittler zwischen den Gläubigen und Gott.[4]

---

132 Bei Ğamāl al-Bannā wird eine solche Souveränität noch deutlicher: In der These eines säkularen Islam und dem Vorschlag, Verfassungsartikel 2 abzuschaffen.

1 ʿImāra, *ʿAlmānīyat al-midfaʿ wa-l-Inğīl*, 8:
فإذا ما أراد المسلمون تحرير بلادهم .. والتماس عزتهم من دينهم .. جاء الغرب بالعلمانية التى تريد تحويل الإسلام إلى مجرد «طقوس .. وتمتمات» ، ليفرضها عليهم – بالمدفع والإنجيل – بدلاً من الإسلام [...]. ذلك هو موقف الغرب تجاه الإسلام .. وهذه هى معركة العلمانية الغربية مع الإسلام .

2 Zur älteren kultischen Funktion des *kāhin* als Opferpriester bei den ‚Westsemiten' sowie als spiritueller und intellektueller Führer im vorislamischen Arabien vgl. T. Fahd, „Kāhin," in *The Encyclopaedia of Islam [2]*, Hg. P. J. Bearman et al. (Leiden: Brill, 1960 ff.), 4: 420–422.

3 Vgl. Ḥasan Ḥanafī, „al-ʿAlmānīya wa-l-fikr al-inqilābī wa-taḥaddiyāt al-ʿaṣr," in *ad-Dīn wa-t-ṯawra fī Miṣr 1952–1981*, 298–314 (304); (Azhar-Großscheich) Ğād al-Ḥaqqs Widmung zu ʿImāra, *al-Islām wa-s-siyāsa*, 7–11 (9 f.). Vgl. auch al-Bannā, *Mawqifunā min al-ʿalmānīya. al-qawmīya. al-ištirākīya*, 21, wo es heißt, die Rechtsgelehrten seien Spezialisten, aber keine „Männer der Religion"; und Abū Zayd, *Naqd al-ḫiṭāb ad-dīnī*, 80, im Prinzip gebe es kein Priestertum im Islam, aber ein Diskursmonopol der Gelehrten.

4 Vgl. u. a. al-Bannā, Ḥanafī und Quṭb in diesem Kapitel.

Ḥasan Ḥanafī begründet dies damit, dass jeder Muslim direkt zu Gott bete; insofern sei der Islam „säkular"[5]. Auch seien religiöse Institutionen bei den Menschen nicht gut angesehen, da diese dem politischen System untergeordnet sind.[6] Dass gerade die Azhar in Ägypten ein hohes Ansehen genießt, zum Teil auch unter Intellektuellen, scheint für Ḥanafī keinen Widerspruch darzustellen.

Von einigen Autoren wird die Vorstellung eines Priestertums auch auf politische Herrschaft bezogen und betont, im Islam gebe es keine Herrschaft der Religionsvertreter.[7] Häufig, jedoch nicht immer, wird so eine Grenze zu einem essenzialisierten Christentum gezogen.

Muḥammad Quṭb[8] argumentiert, die Existenz eines Priestertums hänge mit religiöser Verfälschung (*taḥrīf*) zusammen, weil sie die „Männer der Religion" (*riǧāl ad-dīn*)[9] zu unverzichtbaren Trägern von Macht mache. Quṭb bezieht sich dabei nicht nur auf die koranische Vorstellung von Verfälschung, sondern beansprucht, diese anhand „historischer Tatsachen" – namentlich am Wirken von Paulus – nachzuweisen.[10]

Quṭbs Grundannahme ist, dass jede Religion im Sinne von „Dogma, Ritual und Scharia sowie Wissen der diesseitigen Welt und des Jenseits"[11] der ständigen Gefahr von Verfälschung ausgesetzt sei.[12] Die Verfälschung des Christentums bestehe nun darin, dass es die göttliche Ordnung der Welt – die Scharia – ausgeschlossen und sich auf Glaubensfragen beschränkt habe.[13] Dies wiederum habe

---

5 Ḥasan Ḥanafī, „al-ʿAlmānīya wa-l-fikr al-inqilābī wa-taḥaddiyāt al-ʿaṣr", 304. Auch was das Verhältnis von Glauben und Verstand angeht, widerspreche der Islam durch seine Ausgewogenheit nicht einem westlichen Verständnis von Säkularität.

6 Vgl. Ḥasan Ḥanafī, „al-Ḥāla ad-dīnīya fī Miṣr (1)," in *ad-Dīn wa-ṯ-ṯaqāfa wa-s-siyāsa fī-l-waṭan al-ʿarabī*, 68–74 (70).

7 Wie im Folgenden u. a. zu sehen bei Ǧād al-Ḥaqq, Huwaydī und ʿImāra.

8 Geb. 1919, jüngerer Bruder Sayyid Quṭbs. Vgl. biographische Kurzangaben im Anhang.

9 Das hier neutral verwendete *riǧāl ad-dīn* (Männer der Religion) wird bei anderen Autoren im Sinne eines abzulehnenden Priestertums verwendet.

10 Vgl. Quṭb, *al-ʿAlmānīyūn wa-l-Islām*, 9 mit Bezug auf Ernest Renan sowie (in großzügiger Auslegung) Herbert G. Wells (Wīlz), allerdings ohne Quellenangaben. Wells' *The Outline of History* (1920) sowie *A Short History of the World* (1922) liegen in arabischer Übersetzung vor. Vgl. in ersterem den Abschnitt "Doctrines added to the teachings of Jesus" (*Mabādi' uḍīfat ilā taʿālīm Yasūʿ*).

11 Quṭb, *al-ʿAlmānīyūn wa-l-Islām*, 11.

12 Für den Islam erwähnt Quṭb den Prediger ʿAbdullāh bin Saba' (7.Jh.), der in den Islam eingetreten sei, um ihn von innen heraus zu korrumpieren, was ihm jedoch im Unterschied zu Saulus bzw. Paulus aufgrund der Wehrhaftigkeit des Islams nicht gelungen sei. Vgl. Quṭb, *al-ʿAlmānīyūn wa-l-Islām*, 11.

13 Das eigentliche Christentum sei demnach nicht apolitisch und das *biblische „Gebet dem Kaiser, was des Kaisers ist"* nur eine Anerkennung gegebener Machtverhältnisse, die sich durchaus ändern können. Vgl. Quṭb, *al-ʿAlmānīyūn wa-l-Islām*, 11.

Auswirkungen auf die „Männer der Religion“, die eigentlich als „Gelehrte und Rechtsexperten (*fuqahā'*), Prediger und Erzieher“ wirken sollten.

> Nun jedoch [in einer um die weltliche Ordnung Gottes gebrachten Religion wie dem Christentum] beschränkt sich die Aufgabe jener ‚Männer' auf den Versuch, die Menschen mit ihrem Herrn zu verbinden über die spirituelle Seite jener Religion – ohne eine geistige bzw. rationale Seite [...], die den Menschen das richtige Lebensmodell vor Augen führt, das ihnen alle Aspekte des Lebens ordnet: politische, wirtschaftliche, gesellschaftliche, wissenschaftliche und geistige... So verwandeln sich jene ‚Männer' auf einmal in ‚Priester' (*kahana*), die Geheimnisse bewahren – Geheimnisse, die sich dem Verständnis der Menschen entziehen. Somit werden sie [...] zu Mittlern zwischen Knecht und Herr, da der Weg des Knechts zum Herrn voll mit jenen magischen Geheimnissen ist, die sich der Knecht durch den Mittler deuten lassen muss [...].
>
> So wurden aus ‚Männern der Religion' im verfälschten Christentum ‚Priester' [...], die die Auslegung der Offenbarung monopolisierten; und ihnen kam großer Einfluss auf die Seelen der Menschen zu. Dies war ein gefährlicher Ausgangspunkt, der [letztlich] zu furchtbarer Tyrannei führte, die die Kirche und die Männer der Religion ausübten.[14]

Im Gegensatz dazu sei der Islam vor Verfälschungen sicher, denn Gott selbst schütze ihn, wie er es im Koran versichert habe: „Wir haben die Mahnung hinabgesandt. Und wir geben auf sie acht.“[15] Für gläubige Muslime dürfte der genannte Koranvers als Begründung ausreichen – schließlich handelt es sich dabei um göttliches Wort.[16]

Auch Muḥammad ʿImāra erinnert mit einem Koranvers an die Entstellung des Christentums, das sich Gelehrte (*aḥbār*) und Mönche sowie Jesus anstelle Gottes zu Herren genommen habe.[17] Ähnlich wie Muḥammad Quṭb beansprucht ʿImāra, historisch zu argumentieren:

---

14 Quṭb, *al-ʿAlmānīyūn wa-l-Islām*, 12:
فهنا تنحصر مهمة أولئك « الرجال » فى محاولة وصل الناس بربهم عن طريق الجانب الروحانى وحده من ذلك الدين ، دون الجانب الفكرى أو العقلانى [...] الذي يبصّر الناس بمنهج الحياة الصحيح الذى ينظم لهم جوانب الحياة المختلفة السياسية والاقتصادية والاجتماعية والعلمية والفكرية .. فينقلب أولئك « الرجال » بمقتضى ذلك الحال إلى « كهنة » يحتفظون « بالأسرار» .. الأسرار التى تستعصى على أفهام الناس ، ويصبحون [...] وسطاء بين العبد والرب ، لأن الطريق بين العبد والرب محفوف بتلك الأسرار العجيبة التى تحتاج إلى وسيط يفسرها للعبد [...]! [¶] وهكذا أصبح «رجال الدين» فى النصرانية المحرفة « كهنة » [...] يحتكرون تفسير الوحى ، فأصبح لهم نفوذ هائل على أرواح الناس .. وكانت تلك هي نقطة البداية الخطيرة التى أدت إلى الطغيان الهائل الذى مارسته الكنيسة ورجال الدين ..

15 Vgl. Quṭb, *al-ʿAlmānīyūn wa-l-Islām*, 11, der Sure 15:9 zitiert (hier in der Übersetzung Parets wiedergegeben). Für diesen Vers im Zusammenhang mit Staat und Religion vgl. Muḥammad ʿImāra, *Nahḍatunā al-ḥadīṯa bayna al-ʿalmānīya wa-l-Islām* (Kairo: Dār ar-rašād, 1997), 46 f., bzw. das Kapitel „Ideale islamische Ordnung und reale Islamisten“.

16 Aus religionswissenschaftlicher Perspektive lässt sich dagegen argumentieren, dass der Koran seine Authentizität selbst bestätigt und demnach tautologisch argumentiert.

17 Vgl. ʿImāra, *al-Islām wa-s-siyāsa*, 134, Sure 9:31 anführend.

> Die Geschichte unserer Umma unter der Herrschaft des positiven Rechts dauerte nicht viel mehr als ein Jahrhundert; das heißt, diese Umma wurde an die dreizehn Jahrhunderte mit der göttlichen *šarīʿa* regiert. Wo sind nun also die Priester (*kahāna*), die es in der Geschichte unseres islamischen Staates gegeben hat, wegen der ihr um unsere Gegenwart und Zukunft fürchtet? Wo ist die ‚Regierung der Rechtsgelehrten' in unserer langen Geschichte? Die Imame und Rechtsgelehrten unserer Religion waren – zumindest überwiegend – in den Reihen der Opposition und führten zu keiner Zeit eine ‚Regierung der Rechtsgelehrten'![18]

Viele berühmte Gelehrte hätten die Umma zwar *angeführt* (*qādū*), aber nicht im Sinne politischer Herrschaft *regiert*. Einige von ihnen – wie Ibn Taymīya (1263–1328) – seien wegen ihrer Oppositionshaltung sogar ins Gefängnis gegangen.[19] Für ʿImāra gilt demnach: Wer behauptet, im Islam gebe es Priester mit absoluter (politischer) Macht, möge dies erst einmal beweisen.[20]

Der Großscheich der Azhar Ǧād al-Ḥaqq ʿAlī Ǧād al-Ḥaqq (1917–1996) veranlasst auf ʿImāras Wunsch, dass dessen Widerlegung der Scheinargumente (*šubuhāt*) der Säkularisten in einer von der Azhar herausgegeben Buchreihe erscheint.[21] Im Vorwort zu diesem Buch bringt der Großscheich ʿImāras Sichtweise auf den Punkt: Säkularismus sei eine westliche Lösung für ein westliches Problem. Ein „Priestertum und die Existenz einer Schicht von Männern der Religion, die rechtliche bzw. politische Entscheidungen (*ḥukm*)[22] an sich reißen würden, ist ein Problem, das weder die islamische Zivilisation noch die muslimische Geschichte kennt; denn der Islam lehnt all dies grundsätzlich ab."[23]

---

18 ʿImāra, *al-Islām wa-s-siyāsa*, 134:
إن تاريخ أمتنا مع حاكمية القانون الوضعى ، لا تتعدى قرناً وبعض القرن .. أى أن هذه الأمة قد حكمت بالشريعة الإلهية نحوا من ثلاثة عشر قرنا.. فأين هى الكهانة التى قامت فى تاريخ دولتنا الإسلامية ، حتى تخشونها على حاضرها ومستقبلها ؟!.. أين هى "حكومة الفقهاء" في تاريخنا الطويل والعريض؟!.. إن أئمة ديننا والفقهاء فيه كانوا في صفوف المعارضة – غالباً – ولم يقيموا ، في يوم من الأيام ، "حكومة فقهاء"؟

19 Vgl. ʿImāra, *al-Islām wa-s-siyāsa*, 134 f.

20 ʿImāra gibt keine Auskunft darüber, wen genau er hier kritisiert. Allerdings geht es Kritikern wie Abū Zayd oder al-Bannā um die unhinterfragbare Autorität von Gelehrten und deren Textexegesen innerhalb der Religion, nicht etwa – jedenfalls nicht explizit – auf dem Feld der Politik.

21 Dazu sowie zum Verhältnis von ʿImāra und Ǧād al-Ḥaqq vgl. Muḥammad ʿImāra, *Hāḏa Islāmunā* (al-Manṣūra: Dār al-Wafāʾ, 2000), 247 f.

22 Vgl. einführend dazu „Ḥukm"; „Aḥkām"; „Ḥukūma" in der *Encyclopaedia of Islam [2]* sowie Bernard Lewis, *The political language of Islam* (Chicago: Univ. of Chicago Pr., 1988), 36 f.

23 Ǧād al-Ḥaqq, Ǧād al-Ḥaqq ʿAlī, „Taqdīm," in *al-Islām wa-s-siyāsa*, 7–11 (9 f.).

Hierbei handelt es sich um eine immer wieder anzutreffende Argumentationsweise.[24] Wenn sich aus Ǧād al-Ḥaqqs Argumentation schließen lässt, dass im Islam Dogma und Realität übereinstimmen, so lässt sich eine alternative Außenperspektive gegenüberstellen, die von einem Widerspruch – also einem vorhandenen Klerus – ausgeht.[25] Für Säkularismuskritiker wird zum Problem, wenn diese inkongruente Außenperspektive durch Ägypter eingenommen wird.

Ġalī Šukrī[26] – ein bekannter koptischer Intellektueller und Publizist – hatte laut Huwaydī in einem Artikel nicht nur den Azhar-Gelehrten und Muslimbruder Muḥammad al-Ġazālī (1917–1996) der ‚Maskierung des Terrors'[27] angeklagt, sondern auch geäußert, dass es im Islam weder professionelle „Männer der Religion" noch Priester gebe.[28] Gleichzeitig wird von Šukrī betont, jeder könne Fatwas erlassen; und Gelehrte seien wie jeder Mensch weder unfehlbar noch heilig.

Der etwas empörte Huwaydī stimmt dem prinzipiell zu, betont aber, dass die Stellung der Gelehrten grundsätzlich Ehrfurcht verlange – immerhin seien sie die „Erben der Propheten" (*waraṯat al-anbiyā'*).[29] Aus Huwaydīs Sicht ist es nicht die Kritik an Gelehrten, die grundsätzlich abzulehnen sei, sondern deren Verleumdung (*iftirā'*).

Bekannter als Šukrī ist Naṣr Ḥāmid Abū Zayd (1943–2010), der im „religiösen Diskurs" einen Widerspruch zwischen Theorie und Praxis beobachtet: auf

24 Vgl. u. a. Wielandt, „Zeitgenössische ägyptische Stimmen zur Säkularisierungsproblematik", die den späten Ḫālid Muḥammad Ḫālid und dessen Ansicht erwähnt, im Islam gebe es keinen Klerus und Vorbehalte gegenüber einem islamischen Staat seien „gegenstandslos", wobei Wielandt betont, das Argument kenne man bereits (130 f.).

25 Unter vielen vgl. Marc Gaborieau und Malika Zeghal, „Autorités religieuses en Islam," *Archives de sciences sociales des religions*, 49, Nr. 125 (2004): 5–21: In der sunnitischen Doktrin existiere nicht so etwas wie eine Kirche bzw. ein Klerus (*clergé*), aber paradoxerweise eine Körperschaft offizieller Gelehrter in den meisten muslimischen Ländern (6 und 9).

26 Šukrī (1935–1998), renommierter Literaturkritiker und Kulturjournalist, war in den 1990er Jahren Chefredakteur der zum Kultusministerium gehörenden Wochenzeitung al-Qāhira. Vgl. Elie Chalala, „Ghali Shukri: Journalist, Author, Critic, Leaves Legacy of Cultural Influence," *Al Jadid*, 4, Nr. 23 (1998). Von Ṣalāḥ 'Īsā, seinem jetzigen Nachfolger bei al-Qāhira, ist an anderer Stelle die Rede (vgl. das Kapitel „Ein politischer Skandal und die Reaktionen der ägyptischen Presse (2006)").

27 Wörtlich „Masken des Terrors" (*aqni'at al-irhāb*).

28 Hier nach Fahmī Huwaydī, „Šuyūḫunā al-muftarā 'alayhim," in *al-Muftarūn*, 60–65 (60). Der Artikel war zuerst 1994 in al-Ahram erschinen und wurde erneut in Fahmī Huwaydī, *al-Maqālāt al-maḥẓura* (Kairo: Dār aš-Šurūq, 1998) abgedruckt. Der Artikel Šukrīs lag mir nicht vor, wohl aber dessen gleichnamige Monographie *Aqni'at al-irhāb*, die nicht auf al-Ġazālī anspielt.

29 Gemeint sind die islamisch tradierten Propheten wie Adam, Noah, Ṣāliḥ, Mose und Jesus. Zu diesem Argument vgl. auch das Kapitel „Der muslimische Intellektuelle als Verteidiger von Gelehrten (Huwaydī)".

theoretischer Ebene ein „Bestreiten der Existenz eines ‚Priestertums' (‚*kahnūt*') bzw. einer ‚heiligen Obrigkeit' (‚*sulṭa muqaddasa*') im Islam", in der Praxis ein „Festhalten an der Notwendigkeit eines Monopols dieser Autorität"[30]. *Al-ʿAlmānīya* stehe demnach für aufklärende Kritik an einer Kirche, die den Gläubigen ihre Exegese aufzwingt, um ihre Vorherrschaft zu erhalten.[31]

Auffallend ist, dass Beobachter wie Šukrī oder Abū Zayd keinen expliziten Vergleich zum Christentum ziehen, sondern diesen nur andeuten und damit innerislamische Machtansprüche kritisieren. Angehörige des religiösen Establishments müssen darauf offensichtlich reagieren – indem sie die Äußerungen als *außer-islamisch* und die Sprecher als *Säkularisten* einordnen.[32] Demnach lassen sich zwei Perspektiven unterscheiden: eine Perspektive, die Widersprüche zwischen islamischem Ideal und islamischer Realität beobachtet[33] und eine andere Perspektive, die solche kritischen Äußerungen als islamfeindlich (hier: säkularistisch) einordnet und sie implizit außerhalb des Islam verortet.

Ǧamāl al-Bannā, über den in einem der folgenden Kapitel noch ausführlicher gesprochen wird,[34] vertritt die Ansicht, dass im Laufe der Geschichte aus den muslimischen Religionsgelehrten und Rechtsexperten (*ʿulamāʾ ad-dīn/ fuqahāʾ*), die einmal Fachspezialisten waren, ein Klerus (*iklīrūs*) wie im Christentum entstanden sei.[35] Dieser Klerus maße sich an, im Namen der Religion zu sprechen und erhebe ein Monopol darauf.[36] Der Islam jedoch kenne keine Kirche oder

---

30 Abū Zayd, *Naqd al-ḫiṭāb ad-dīnī*, 80. Die Kritik richtet sich auch an al-Qaraḍāwī, den Abū Zayd zitiert.

31 Vgl. Abū Zayd, *Naqd al-ḫiṭāb ad-dīnī*, 37.

32 Zur Erinnerung: Huwaydīs Aufsatz erschien in einem Band, der sich dem Titel nach vornimmt, den „Diskurs des säkularistischen Extremismus'" zu analysieren. Zu Abū Zayd als ‚Säkularist' vgl. Šāhīn, *Qiṣṣat Abū Zayd wa-nḥisār al-ʿalmānīya fī ǧāmiʿat al-Qāhira*.

33 Vgl. neben Naṣr Ḥāmid Abū Zayd, *Mafhūm an-naṣṣ* (Kairo: al-Hay'a al-miṣrīya al-ʿāmma li-l-kitāb, 1990); Abū Zayd, *Naqd al-ḫiṭāb ad-dīnī* auch Rifʿat as-Saʿīd, der bei seiner Kritik am Islamismus mit Anspruch auf einen wahren Islam argumentiert: as-Saʿīd, *al-ʿAlmānīya bayn al-Islām wa-t-ta'aslum*; Rifʿat as-Saʿīd, *at-Ta'aslum as-siyāsī* (Kairo: al-Hay'a al-miṣrīya al-ʿāmma li-l-kitāb, 2006).

34 Vgl. das Kapitel „Der muslimische Intellektuelle als Gegner von Gelehrten (al-Bannā)".

35 In umgekehrter Analogie dazu scheint sich ein Rollenwandel des Klerus beim Übergang von Katholizismus zu Protestantismus vollzogen zu haben, zumindest aus der Sicht von Talcott Parsons, „Religion in Postindustrial America: The Problem of Secularization," *Social Research*, 41, Nr. 2 (1974): 193–225 (201): "The clergy were no longer manipulators of divine grace but became teachers, leaders of congregations, missionaries to the lay public exhorting it to commitment to and steadfastness in the faith."

36 Vgl. al-Bannā, *Mawqifunā min al-ʿalmānīya. al-qawmīya. al-ištirākīya*, 10 f. und 21. Al-Bannā nennt allerdings keine historischen Details.

sonstige Institutionen mit Recht auf Analyse, Verbot oder Exegese, sondern lediglich Prediger und Ermahner (*ahl aḏ-ḏikr*), zu denen jeder gehören könne.[37]

Während manche Autoren einen Widerspruch zwischen dem eigentlichen Islam und einem real existierenden Priestertum sowie dessen Machtanspruch sehen (Abū Zayd, al-Bannā), gehen andere davon aus, dass dogmatischer Anspruch und gesellschaftliche Wirklichkeit übereinstimmen (al-Qaraḍāwī, Quṭb u. a.). So habe es in der islamischen Geschichte zwar Irrungen gegeben, die aber letztlich immer menschlichen Verfehlungen zuzuschreiben seien und der Islamizität der Gesellschaft insgesamt nichts hätten anhaben können.[38]

Anders gesagt: Der Islam im Sinne einer normativen Ordnung lasse sich im Großen und Ganzen als verwirklicht ansehen; wer etwas anderes behauptet, erliege einem säkularistischen Scheinargument (*šubha*).

Islam und Christentum – Vergleichende Forschung

Aus einer säkularismuskritischen Perspektive beobachten Muḥammad ʿImāra und ʿAbd al-Wahhāb al-Missīrī einen Niedergang des Christentums in Europa.[39] ʿImāra stellt sich die Frage, warum gerade diese Religion ihre zentrale Stellung verloren hat und der Säkularismus als Ersatz gescheitert ist.[40] Gleichzeitig behauptet er, dass der Islam im Orient (*šarq*) nicht an Bedeutung verliere – dabei beruft er sich auf eine These des Anthropologen Ernest Gellner, sozusagen als externe Expertise, die die eigene Sichtweise bestätigt.[41]

---

37 Vgl. al-Bannā, *Mawqifunā min al-ʿalmānīya. al-qawmīya. al-ištirākīya*, 10, und al-Bannā, *Ka-lā ṯumma ka-lā*, 249.

38 Vgl. al-Qaraḍāwī, *al-Islām wa-l-ʿilmānīya waǧhan li-waǧhin*, 159; ʿImāra, *al-Islām wa-s-siyāsa*, 134 f. – wenngleich es einzelne Verfehlungen der Muslime (nicht des Islam) gegeben habe. Vgl. Muḥammad ʿImāra, *ad-Dawla al-islāmīya bayna al-ʿalmānīya wa-s-sulṭa ad-dīnīya* (Kairo: Dār aš-Šurūq, 1988), 18–21, Kapitel „Ṣafḥa muẓlima fī tārīḫ al-muslimīn".

39 Vgl. Muḥammad ʿImāra, *Maʾziq al-masīḥīya wa-l-ʿalmānīya fī Awrūbbā* (Kairo: Nahḍat Miṣr, 1999); ʿImāra, „Māḏā ṣanaʿat al-ʿalmānīya bi-Awrubbā?", mit Bezug auf den deutschen Theologen Gottfried Küenzlen. Al-Missīrī, *al-ʿAlmānīya al-ǧuzʾīya wa-l-ʿalmānīya aš-šāmila*, 1:20 beobachtet, dass säkularer Staat, Bildungssystem und Massenmedien zerstören, was an christlichen moralischen und menschlichen Werten übrig ist.

40 Vgl. ʿImāra, *Maʾziq al-masīḥīya wa-l-ʿalmānīya fī Awrūbbā*, 41.

41 Vgl. ʿImāra, *Maʾziq al-masīḥīya wa-l-ʿalmānīya fī Awrūbbā*, 41. So liest man beispielsweise bei Gellner, am Übergang zur Neuzeit scheine im Unterschied zu Christentum, Konfuzianismus und Hinduismus „nur der Islam in der Lage, sich seinen vorindustriellen Glauben in der modernen Welt zu bewahren". Dessen „Schrifttradition" sei „der Modernisierung zugänglich". Vgl. Ernest Gellner, *Leben im Islam* (Stuttgart: Klett-Cotta, 1985), 18. ʿImāra selbst liefert keine Quellenangaben.

Ungewöhnlich für ʿImāra ist, dass er noch keine endgültige Antwort anbietet, sondern zunächst fünf mögliche Aspekte skizziert, die eine vergleichende Forschung zu Christentum und Islam bearbeiten müsste:[42] Erstens das griechische, insbesondere das aristotelische Bild Gottes als Schöpfer der Welt (*ḫāliq li-l-ʿālam*), der nicht kontrollierend eingreift; zweitens die „weltlichen, amoralischen Zwecke" (*al-maqāṣid ad-dunyawīya – al-lā aḫlāqīya*) des römischen Rechts; beides aus Sicht ʿImāras „Wurzeln des Säkularismus". Ein weiterer Aspekt sei die theologische Trennung (*faṣl lāhūtī*) zwischen dem, „was Gottes" und dem, „was des Kaisers" sei, die „dem Säkularismus Tür und Tor geöffnet" habe; des Weiteren der Kreuzigungsglaube (*ʿaqīdat aṣ-ṣalb*), der die Frage nahe lege, ob der Tod des *Sohnes* in der Theologie dem Tod des *Vaters* innerhalb der „säkularen Kultur" den Weg bereitet habe. Einen letzten Aspekt bildet ʿImāras Beobachtung eines westlichen Dualismus zwischen Theologen (*lāhūtīyūn*) „ohne Verstand" und Spezialisten und Wissenschaftlern ohne Seele und Herz.[43]

Für den Islam bietet ʿImāra folgende Thesen in Form stichwortartiger Forschungsmaximen an:[44] (1) Das islamische Bild Gottes sei bestimmt durch die signifikante „Handlungsreichweite des göttlichen Subjekts" (*niṭāq ʿamal aḏ-ḏāt al-ilāhīya*) als eines Lenkers (*mudabbir*).[45] (2) Das Verhältnis von Religion und diesseitiger Welt sei nur eine (theoretische) Unterscheidung (*tamyīz*) und weder Trennung (*faṣl*) noch Einheit (*waḥda*).[46] Als weiteres Thema für eine vergleichende Islamforschung nennt ʿImāra (3) das Verhältnis von Scharia und islamischer Rechtswissenschaft (*fiqh*) sowie (4) das Verhältnis von Verstand (*ʿaql*) und überlieferter Tradition (*naql*).[47]

---

42 Vgl. ʿImāra, *Maʾziq al-masīḥīya wa-l-ʿalmānīya fī Awrūbbā*, 42 f.

43 Die Nähe zum von Max Weber selbst nur zitierten Wort „Fachmenschen ohne Geist, Genußmenschen ohne Herz" hängt mit ʿImāras Rezeption eines Vortrags des Theologen Gottfried Künzlen zusammen.

44 Vgl. ʿImāra, *Maʾziq al-masīḥīya wa-l-ʿalmānīya fī Awrūbbā*, 43 f.

45 Abgeleitet aus Koransuren, die zunächst besagen, Gottes sei nicht nur die Schöpfung, sondern auch Befehl (*amr*) bzw. Rechtleitung (*hudā*).

46 In Anspielung auf die nationalistische Parole des ägyptischen Unabhängigkeitskampfs nach dem ersten Weltkrieg macht er geltend, dass zwar die „Religion Gott" gehöre und „das Vaterland (*waṭan*) allen", fügt jedoch hinzu, dass beides (Vaterland und Menschen) wiederum zu Gott gehörten und sich demnach letztlich alles auf den Schöpfer beziehe. Vgl. ausführlich ʿImāra, *Nahḍatunā al-ḥadīṯa bayna al-ʿalmānīya wa-l-Islām*, 187–96 sowie ähnlich argumentierend: Ḥasan Ḥanafī, „al-ʿAlmānīya wa-l-fikr al-inqilābī wa-taḥaddiyāt al-ʿaṣr", 304.

47 Verstand und Tradition seien keine Gegensätze: „Wir deuten die Überlieferung mit Verstand und beurteilen den Verstand mit der Überlieferung." (ʿImāra, *Maʾziq al-masīḥīya wa-l-ʿalmānīya fī Awrūbbā*, 44). Das Verhältnis von *ʿaql* und *naql* wird auch von Ḥasan Ḥanafī thematisiert. Vgl. das Kapitel „Interne Reflexion des diskursiven und kommunikativen Kontexts".

Wenige Jahre später greift ʿImāra zwei der oben genannten Fragestellungen in einer Auseinandersetzung mit „islamischer Scharia und westlichem Säkularismus" noch einmal auf:[48] Das aristotelische Bild des auf die Schöpferrolle reduzierten Gottes sowie das auf Nutzen bzw. (Gemein-)Wohl ausgerichtete römische Recht hätten einer „säkular[istisch]en Reaktion auf die Tyrannei der Kirche und dem theologischen Monopol des Diesseits"[49] den Weg bereitet. In der islamischen Vorstellung sei dagegen Gott der „Hüter und Lenker aller Welten und Nationen"[50]. Die aristotelische Sicht entspreche der des vorislamischen Heidentums, die der Koran widerlegt habe.[51] Gott habe „Schöpfung und Befehl" (*al-ḫalq wa-l-amr*) an sich genommen, den Menschen als Nachfolger zur Besiedlung der Erde eingesetzt und die Schura als Befehlsinstrument geschaffen.

Demnach ständen Säkularismus und islamisches Weltbild einander unvereinbar gegenüber. Dies gelte auch für die Gesetzgebung, in der Nutzen mit Moral und (öffentliches) Interesse mit den Prinzipien der Scharia verbunden seien und das „Wohlergehen im Diesseits" mit dem „Heil am Tag des Jüngsten Gerichts". Die islamische Rechtsphilosophie stehe dementsprechend einer säkularistischen Positivierung des Rechts entgegen angesichts „göttlicher Setzung" der Scharia mit ihren *ḥudūd*-Strafen, Regeln und Prinzipien.[52]

Gesellschaftsvertrag und Zwei-Schwerter-Lehre

ʿImāra spricht von einem konstitutionellen Vertrag (*taʿāqud dustūrī*) im Sinne eines Gesellschaftsvertrags, der nicht nur Regeln für Herrscher und Beherrschte (*ḥākim/ maḥkūmūn*) beinhalte, sondern sich – um *islamisch* zu sein – in einen religiösen Referenzrahmen (*marǧiʿīya dīnīya*) basierend auf Koran und Sunna einfügen müsse.[53]

Dem folgen allerdings keine weiteren Ausführungen, sondern neben Wiederholungen und kurzen Koranzitaten lediglich einige koranisch abgeleitete Stich-

---

48 Vgl. ʿImāra, *aš-Šarīʿa al-islāmīya wa-l-ʿalmānīya al-ġarbīya*, 17–38.

49 ʿImāra, *aš-Šarīʿa al-islāmīya wa-l-ʿalmānīya al-ġarbīya*, 33.

50 ʿImāra, *aš-Šarīʿa al-islāmīya wa-l-ʿalmānīya al-ġarbīya*, 33.

51 ʿImāra zitiert Sure 39:38 (Paret): {Und wenn du sie (d. h. die Ungläubigen) fragst, wer Himmel und Erde geschaffen hat, sagen sie: ›Gott‹. Sag: Was meint ihr denn (wie es sich) mit dem (verhält), wozu ihr betet, statt zu Gott? Wenn Gott Not über mich bringen will, werden dann etwa sie (d. h. die (weiblichen) Wesen, zu denen ihr betet) die von ihm verhängte Not beheben? [...]}.

52 Vgl. ʿImāra, *aš-Šarīʿa al-islāmīya wa-l-ʿalmānīya al-ġarbīya*, 35 f.

53 Vgl. ʿImāra, *aš-Šarīʿa al-islāmīya wa-l-ʿalmānīya al-ġarbīya*, 38. Zum Staat mit islamischem Referenzrahmen vgl. u.a das Kapitel „Ein politischer Skandal und die Reaktionen der ägyptischen Presse (2006)".

wörter: Die Befehlsinhaber (*wulāt al-amr*),[54] d. h. die politischen Entscheidungsträger, hätten Sicherheiten zu gewährleisten und mit Gerechtigkeit zu urteilen bzw. zu herrschen und könnten erst unter dieser Voraussetzung den Gehorsam der Gläubigen erwarten.[55] Was islamisch rechtmäßig ist, wird in dieser Perspektive nicht von den politischen und rechtlichen Entscheidern bestimmt, jedenfalls *nicht allein* von ihnen – eine Auffassung, die in manchen islamisch geprägten Gesellschaften nicht ohne Konsequenzen öffentlich geäußert werden darf.[56]

Formal fällt die Argumentation ʿImāras durch eine dualistische Sichtweise auf: Entweder werde an Koran und Sunna festgehalten oder es handle sich um eine Hegemonie der Götzen (*ṭāġūt*) und des Satans.[57]

Nach ʿImāra ist das Christentum im Vergleich zum Islam nur „Religion, nicht Staat", eine „Ordnung (*šarīʿa*!) der Liebe", ohne der Gesellschaft eine „gesetzliche Grundlage" oder Herrschaftsform (*niẓām li-l-ḥukm*) zu geben.[58] Eine „Botschaft, gewidmet dem Heil der Seele", die „dem Kaiser gibt, was des Kaisers ist und Gott gibt, was Gottes" ist.[59]

ʿImāra bezieht sich dabei auf die Zwei-Schwerter-Lehre (*naẓarīyat ‚as-sayfayn'*), die er nicht als historisch geprägt auffasst, sondern als essenziell christlich. Für ihn bedeutet die Lehre, dass das Verhältnis von Kirche und Staat klar definiert ist: auf der einen Seite die geistliche bzw. religiöse Macht (*sulṭān rūḥī/dīnī*) der Kirche – auf der anderen die weltliche Macht (*sulṭa madanīya*) des Staates. Eine weltliche Vorherrschaft durch religiöse Institutionen sei im Christentum gar nicht vorgesehen. Insofern habe sich in der europäischen Geschichte etwas dem Christentum Wesensfremdes ereignet.

---

54 Koranisch eigentlich *ūlū/ ūlī al-amr*.

55 Vgl. ʿImāra, *aš-Šarīʿa al-islāmīya wa-l-ʿalmānīya al-ġarbīya*, 38.

56 Vgl. die Äußerung des staatsnahen saudischen Gelehrten und Vorsitzenden der Muslim World League ʿAbdallāh bin ʿAbd al-Muḥsin at-Turkī, die koranischen *ūlū al-amr* umfassten Herrscher und Gelehrte – und die Kritik von Prinz Fayṣal at-Turkīs. Alain Gresh, „Saudi-Arabien riskiert Öffentlichkeit," *Le Monde diplomatique*, 17.5.2002; Turkī al-Fayṣal, „al-Wulāh hum al-ḥukkām wa-ṭāʿatuhum wāǧiba amā al-ʿulamāʾ fa-hum mustašārūn," *aš-Šarq al-Awsaṭ*, 20.01.2002.

57 In Anschluss an Sure 4:60 (Paret): „Hast du nicht jene gesehen, die behaupten, an das zu glauben, was (als Offenbarung) zu dir, und was (zu den Gottesmännern) vor dir herabgesandt worden ist, während sie sich (gleichzeitig) an die Götzen um Entscheidung (ihrer strittigen Angelegenheiten) wenden wollen, wo ihnen doch befohlen worden ist, nicht daran (d. h. an die Götzen) zu glauben? Der Satan will sie (vom rechten Weg) weit abirren lassen."

58 Vgl. ʿImāra, *aš-Šarīʿa al-islāmīya wa-l-ʿalmānīya al-ġarbīya*, 18.

59 Vgl. ʿImāra, *aš-Šarīʿa al-islāmīya wa-l-ʿalmānīya al-ġarbīya*, 18, und Muḥammad ʿImāra, „al-ʿAlmānīya," in *al-Mawsūʿa al-islāmīya al-ʿāmma*, Hg. al-Maǧlis al-aʿlā li-š-šuʾūn al-islāmīya (Kairo, 2003): 991–993.

> Als dann die Kirche die Grenzen der geistlichen Botschaft und des himmlischen Reiches übertrat und die weltliche Macht an sich riss, sakralisierte sie auch die diesseitige Welt und band gesellschaftliche Dynamiken an die Religion. So stieß sie die Gesellschaften Europas in eine Epoche der Stagnation, Dekadenz und Dunkelheit.[60]

In der Folge habe sich daraus eine Art „Lehre des ‚einen Schwerts'" (*naẓarīyat ‚as-sayf al-wāḥid'*) entwickelt, die zwei Gewalten miteinander verschmolz – ob in Form von Caesaro-Päpsten (*al-bābawāt al-abāṭira*) oder als vom Papst ernannte Könige gemäß der Doktrin des Gottesgnadentums (*naẓarīyat al-ḥaqq al-ilāhī li-l-mulūk*).[61] Die Kirche habe somit aus ʿImāras Sicht gegen die Vorstellungen des Christentums verstoßen.[62]

Auch Ǧamāl al-Bannā essenzialisiert Religion, wenn er argumentiert, religiöse Institutionen im Christentum widersprächen dem Wesen von Religion. Da religiöse Institutionen von menschlichen Interessen geleitet seien, werde der Aufruf zu Religion nach und nach „eins gesetzt mit den Predigern" und die Predigt dadurch mit menschlichen Mängeln versetzt.[63]

Dies gelte auch für politische Institutionen, die wie Kommunismus oder Faschismus auf einer totalitären Ideologie aufbauen. So liest man bei al-Bannā: deren „Führer werden zu Priestern einer Kirche, die die Auslegung der Theorie zu ihrem Monopol machen."[64]

Im Unterschied zu ʿImāra sieht al-Bannā die Gefahr monopolartiger Institutionen nicht als Teil des Christentums an, sondern im Fall der (katholischen) Kirche als innerhalb eines konkreten historischen Umfelds entstanden. Al-Bannā betont die einigende Funktion, die die Kirche im Mittelalter in einem politisch, geografisch, wirtschaftlich und kommunikativ zerstückelten Europa ausübte:

> Unter diesen Umständen war die katholische Kirche die einzige Institution mit zentraler Macht und das einzige Oberhaupt. Die Bischöfe und Gesandten des Papstes zogen durch

---

60 ʿImāra, *aš-Šarīʿa al-islāmīya wa-l-ʿalmānīya al-ġarbīya*, 18:
فلما حدث وتجاوزت الكنيسة حدود رسالة الروح ومملكة السماء ، فاغتصبت السلطة الزمنية أيضًا أضفت على الدنيا قداسة الدين ، وثبتت متغيرات الاجتماع الإنساني ثبات الدين، فدخلت بالمجتمعات الأوروبية مرحلة الجمود والانحطاط وعصورها المظلمة.

61 Vgl. ʿImāra, *aš-Šarīʿa al-islāmīya wa-l-ʿalmānīya al-ġarbīya*, 18; Muḥammad ʿImāra, „al-ʿAlmānīya".

62 Vgl. Muḥammad ʿImāra, „al-ʿAlmānīya", 991.

63 Vgl. al-Bannā, *Mawqifunā min al-ʿalmānīya. al-qawmīya. al-ištirākīya*, 10 f.

64 Al-Bannā, *Mawqifunā min al-ʿalmānīya. al-qawmīya. al-ištirākīya*, 11, sowie al-Bannās Überzeugung, Macht verderbe Ideologie bzw. Religion im Kapitel „Die Säkularität des Islam (al-Bannā)".

> Europa und überbrückten die Barrieren, und in der Tat regierten einige von ihnen Kleinstaaten. Und von innen betrachtete die Masse der Europäer sie als ‚unsere Mutter Kirche', in der ihre Kinder getauft, ihre Ehen geschlossen und ihre Toten beerdigt wurden; sie lebten ihr Leben unter ihrer Obhut. [Schließlich] war es die Kirche, die Städte und Dörfer in ‚Eparchien' als Verwaltungseinheiten aufteilte und Geburten, Ehen und Todesfälle aufzeichnete.[65]

Die von al-Bannā beobachtete Vormundschaft der Kirche (*wiṣāyat al-kanīsa*) habe in der Geschichte allerdings auch Gegner in Erscheinung treten lassen, zunächst einige Könige. Als Eckpunkte des Jahrhunderte andauernden Kampfes gegen die kirchliche Vormacht markiert al-Bannā den Gang nach Canossa als Folge einer misslungenen Rebellion, des Weiteren das 16. Jahrhundert mit dem späten Heinrich VIII. als ‚Verteidiger des Glaubens' (‚*ḥāmīyan li-l-ʿaqīda*')[66] und dem von al-Bannā zwiespältig betrachteten Martin Luther[67] bis hin zur Französischen Revolution.[68]

Je nach Erwartungshaltung mag man sich an dieser Stelle wundern über das für arabische Verhältnisse ausgeprägte – und aus europäischer Sicht dennoch reduzierte – Wissen zur europäischen Geschichte, über das Intellektuelle wie ʿImāra oder al-Bannā verfügen, die nicht in einer europäischen Gesellschaft sozialisiert wurden.

Ihre Beobachtungen markieren damit grob die Grenzen intellektuellen Wissens über europäische Geschichte und Christentum, wie es innerhalb einer nicht fachspezifischen arabischen Öffentlichkeit kommuniziert wird.

Freiheit und Aufklärung

Für al-Bannā ist Freiheit der Hauptaspekt, unter dem die historische Erfahrung Europas im Zusammenhang mit Säkularismus und der Rolle der Kirche

---

65 Vgl. al-Bannā, *Mawqifunā min al-ʿalmānīya. al-qawmīya. al-ištirākīya*, 11:
فى هذه الملابسات كانت الكنيسة الكاثوليكية هى القوة الوحيدة ذات السلطة المركزية والرئاسة الواحدة، وكان الأساقفة ورسل البابا هم الذين يجوبون أوربا ويخترقون حواجزها، فضلاً عن أن بعضهم كان يحكم بالفعل دويلات منها وفى الداخل كان الجمهور الأوربى ينظر إلى الكنيسة باعتنارها "أمنا الكنيسة" التى يعمد فيها أطفاله ويعقد فيها زيجاته ويدفن فيها أمواته. ويعيشون حياتهم فى أخصانها وكانت الكنيسة هى التى تتولى التقسيم الإدارى فى المدن والقرى إلى "إبرشيات"، وتسجل فى دفاترها الولادات والزيجات والوفيات.

Fast wörtlich zu finden auch in Ğamāl al-Bannā, „al-Islām wa-l-ḥurrīya wa-l-ʿalmānīya," *al-Miṣrī al-yawm*, 19.10.2011.

66 Dass Heinrich der Titel *Fidei defensor* zunächst vom Papst verliehen wurde und er sich erst später von Rom lossagte, scheint al-Bannā nicht bekannt oder für seine Argumentation nicht wesentlich zu sein.

67 Einerseits als Befreier von der katholischen Kirche, andererseits als Unterstützer der Niederschlagung der Bauernaufstände. Vgl. al-Bannā, *Mawqifunā min al-ʿalmānīya. al-qawmīya. al-ištirākīya*, 12 f.

68 Vgl. al-Bannā, *Mawqifunā min al-ʿalmānīya. al-qawmīya. al-ištirākīya*, 12.

analysiert werden muss. Die Kirche habe Glaubensfreiheit mit Inquisitionsgerichten (*maḥākim at-taftīš*) und geistige Freiheit mit Zensur bekämpft.[69] Der Säkularismus, wie er sich in Europa herausbilden konnte, hänge nicht unmittelbar mit dem Christentum zusammen, sondern sei als Reaktion auf das Vorgehen der Kirche zu verstehen, als Ergebnis eines Konflikts zwischen „europäischer Gesellschaft" und „kirchlicher Macht"[70].

Während sich der Konflikt für al-Bannā vor allem auf der Ebene der Klassen darstellt (Bauern gegen Kirche und Aristokratie),[71] betont ʿImāra die Rolle der Philosophen der Aufklärung als Befreier von einem christlich-theologischen Monopol für politische Macht (*al-lāhūt an-naṣrānī [k-]al-marǧiʿ al-waḥīd li-s-siyāsa*).[72] Es war die „‚säkularistische Revolution', die durch die europäische Aufklärung ausgelöst wurde und [...] die ‚Verstand' und ‚Erfahrung' an Stelle von ‚Religion' und ‚Theologie' setzte" und so die Kirche in ihre „ursprünglichen Grenzen" apolitischer Geistlichkeit verwies – und gleichzeitig „die Grundlage für die Lenkung der Welt gänzlich vermenschlichte und verweltlichte, ohne Eingreifen einer himmlischen Scharia"[73]. Vertreter des europäischen Säkularismus hätten ausgehend von einem aristotelischen Weltbild vermocht, den Glauben an einen Schöpfergott sowie an eine sich selbst genügende Welt in ein kohärentes Weltbild zu integrieren.[74]

ʿImāra betont, dass Denker wie Hobbes, Rousseau oder Leibniz keine Vertreter der „atheistischen, materialistischen Strömung" gewesen seien, sondern einer *gottgläubigen*, wörtlich: „Allah-gläubigen" Richtung. Es habe sich demnach um eine ‚religiöse Korrektivrevolution' (‚*ṯawrat taṣḥīḥ dīnī*') gehandelt und nicht um einen „Angriff auf die Religion"[75]. Gleichzeitig habe der Säkularismus dieser Denker jedoch der christlichen Vorstellung einer apolitischen, spirituellen Religion zum Durchbruch verholfen, was bereits muslimische Gelehrte des 19. Jahrhunderts mit „genialem Bewusstsein" (*waʿī ʿabqarī*) erkannt hätten.

---

69 Hier umschrieben mit „Beschränkung (*taqyīd*) des Buchdrucks" und dem „Verbreitungsverbot von Büchern" samt Nennung des Index Librorum Prohibitorum. Vgl. al-Bannā, *Mawqifunā min al-ʿalmānīya. al-qawmīya. al-ištirākīya*, 12.

70 Al-Bannā, *Mawqifunā min al-ʿalmānīya. al-qawmīya. al-ištirākīya*, 13.

71 Vgl. al-Bannā, *Mawqifunā min al-ʿalmānīya. al-qawmīya. al-ištirākīya*, 12 f. Den „Klerus als organische Intellektuellenkategorie der Aristokratie" erwähnt auch Alex Demirović, *Der nonkonformistische Intellektuelle* (Frankfurt am Main: Suhrkamp, 1999), 24.

72 Vgl. Muḥammad ʿImāra, „al-ʿAlmānīya", 991 f.

73 ʿImāra, *aš-Šarīʿa al-islāmīya wa-l-ʿalmānīya al-ġarbīya*, 18 f.

74 Vgl. ʿImāra, *aš-Šarīʿa al-islāmīya wa-l-ʿalmānīya al-ġarbīya*, 19. ʿImāra nennt Hobbes, Locke, Leibniz, Rousseau und Lessing – die Eigennamen zusätzlich in lateinischer Schrift und zum Teil fehlerhaft wiedergebend.

75 ʿImāra, *aš-Šarīʿa al-islāmīya wa-l-ʿalmānīya al-ġarbīya*, 19 f.

ʿImāra verweist auf den berühmten Historiker al-Ǧabartī (1753–1825/26),[76] der den französischen Truppen, die unter Führung Napoleons 1798 nach Ägypten kamen, den Status als Christen und Schriftbesitzer abgesprochen und sie als „Saecularisten, nicht Religiöse“ (*dahrīya lā dīnīyīn*) angesehen habe.[77] Auch der bekannte Reformdenker Ǧamāl ad-Dīn al-Afġānī (1838/39–1897) – dessen gesammelte Werke von ʿImāra herausgegeben wurden[78] – hatte Aufklärer wie Rousseau und Voltaire als Anhänger einer „geistigen Strömung der Lust und der Diesseitigkeit“ (*maḏhab al-laḏḏa wa-d-dahrīya*) bezeichnet.[79] Beide Gelehrte beziehen sich auf den koranischen Begriff *ad-dahr*, der in seiner Bedeutung von (diesseitiger) Epoche dem lateinischen *saeculum* sehr nahe kommt.[80]

Den französischen Philosophen folgend, seien es die libanesisch-maronitischen Intellektuellen gewesen, die durch ihre Lehrtätigkeit und durch Publikationen wie die Zeitschrift al-Muqtaṭaf[81] den Säkularismus in die Welt des Islam getragen und so unter anderem die Idee des Darwinismus verbreitet hätten.[82] Vorbereitet habe diese Expansion in Ägypten die „moderne europäische koloniale Invasion (*ġazwa*)“ durch Napoleon, während bis dahin die „islamische Umma Jahrhunderte unter dem Schutz der einen und einzigen Herrschaftsordnung der islamischen Scharia gelebt“[83] habe.

Der moderne Kolonialismus habe – im Gegensatz zu den Kreuzzügen – nicht bei der Besatzung des Bodens haltgemacht, sondern auch den Verstand der Menschen besetzt, um die materielle Herrschaft zu perpetuieren und die Reichtümer des Landes zu plündern. Erst dadurch, so lässt sich ʿImāra verstehen, kam es zu einem Konflikt, in dem der Islam zum Kontrahenten des Kolonialismus und damit auch des Säkularismus wurde. Der Islam sei zum „obersten Feind“ des Kolonialismus geworden, weil dieser in ihm die Kraft gesehen habe, „die Umma zur Befreiung der Heimat und nationaler Ehre (*ʿizza qawmīya*) zu mobilisieren“[84].

---

76 Vgl. D. Ayalon, „al-Djabartī,“ in *The Encyclopaedia of Islam [2]*, Hg. P. J. Bearman et al. (Leiden: Brill, 1960 ff.), 2: 355–357.
77 Vgl. ʿImāra, *aš-Šarīʿa al-islāmīya wa-l-ʿalmānīya al-ġarbīya*, 20 f., der auf ein wörtliches Zitat al-Ǧabartīs in “Maẓhar at-taqdīs bi-zawāl dawlat al-Faransīs“ verweist.
78 Vgl. Muḥammad ʿImāra, Hrsg., *al-Aʿmāl al-kāmila li-Ǧamāl ad-Dīn al-Afġānī* (Kairo: Dār al-Kātib al-ʿarabī, 1968).
79 Vgl. ʿImāra, *aš-Šarīʿa al-islāmīya wa-l-ʿalmānīya al-ġarbīya*, 21.
80 *Dahr* bezeichnet „die Zeit, die die Welt und ihr Schicksal bestimmt, die also in der Welt ist.“ So Reinhard Schulze, „Die Dritte Unterscheidung: Islam, Religion und Säkularität“, S. 191. Bei al-Afġānī kann *ad-dahrīya* auch Materialismus bzw. Naturalismus bezeichnen.
81 Gegründet 1876 von den Intellektuellen Fāris Nimr und Yaʿqūb Ṣarrūf; in Beirut, später in Kairo produziert. Vgl. Glaß, *Der Muqtaṭaf und seine Öffentlichkeit*.
82 Vgl. ʿImāra, *aš-Šarīʿa al-islāmīya wa-l-ʿalmānīya al-ġarbīya*, 21 f.
83 ʿImāra, *aš-Šarīʿa al-islāmīya wa-l-ʿalmānīya al-ġarbīya*, 7.
84 ʿImāra, *aš-Šarīʿa al-islāmīya wa-l-ʿalmānīya al-ġarbīya*, 8.

Universalität des Islam

Angesichts einer zunehmend als Gefahr wahrgenommenen Verbreitung des Säkularismus betonen Vertreter eines konservativen Establishments eine exklusive Universalität des Islam. Nach Muḥammad ʿImāra biete ausschließlich der Islam eine gesellschaftliche Ordnung, auf die sich alle gesellschaftlichen Kräfte einigen können,

> weil er allein es ist, dessen Anhänger an alle Propheten und [göttlichen] Botschaften, himmlischen Bücher und göttlichen Gesetzesordnungen (*šarāʾiʿ ilāhīya*) glauben und die alles, was Anhängern aller religiösen Gemeinschaften und anderen Gruppen heilig ist, respektieren und für heilig halten – angefangen mit seiner Philosophie des Pluralismus, die als ein göttlicher Brauch (*sunna*) und existenzielles Gesetz angesehen wird, für das es keine Alternative gibt und das nicht verändert werden darf: [So steht im Koran] ‚Und wenn dein Herr gewollt hätte, hätte er die Menschen zu einer einzigen Gemeinschaft gemacht. Aber sie sind immer noch uneins, ausgenommen diejenigen, derer dein Herr sich erbarmt hat. Dazu (d. h. damit sie uneins seien und von der Wahrheit abirren) hat er sie (d. h. die Menschen) geschaffen.‘[85]

Dass ʿImāra hier noch weiter verallgemeinert und in Bezug auf religiöse Toleranz von einer östlichen Überlegenheit gegenüber dem Westen spricht, muss nicht als Anmaßung verstanden werden – der Text richtet sich schließlich an arabische Leser, im Sinne einer selbstversichernden Ansprache an die eigene Gruppe. Dementsprechend kann er auch an einen arabischen Nationalismus anschließen und findet die Einheit auf islamisch-zivilisatorischer Grundlage in der Umma:

> In Ägypten gab und gibt es immer wieder explizite und implizite Stellungnahmen, die davon künden, dass wir eine einzige Umma sind, die sich durch nationale, panarabische und religiöse Vielfalt im Rahmen der Einheit eines islamischen zivilisatorischen Referenzrahmens auszeichnet. Sie bezeugen, dass wenn die islamische Identität unserer Zivilisation für Muslime – und das ist die überwältigende Mehrheit – Religion, Kultur und Werte umfasst, sie folglich auch für nicht-muslimische Minderheiten [zumindest auch] Kultur und Wert[maßstab] bildet. Und wenn das Arabische Sprache der Religion und des Volks (hier: *qawm*) der arabischen Muslime ist, ist es [auch] Sprache der Religion der nicht-arabischen Ethnien (*aqwām*) in der arabischen Welt. Es ist National- und Kultursprache und Sprache

85 ʿImāra, *aš-Šarīʿa al-islāmīya wa-l-ʿalmānīya al-ġarbīya*, 45; Koranzitat (Sure 11:118 f.) nach Paret:
لأنه وحده الذي يؤمن أهله بكل النبوات والرسالات والكتب السماوية والشرائع الإلهية، ويحترم ويقدس كل مقدسات أبناء كل الملل والنحل الأخرى، انطلاقا من فلسفته في التعددية، التي يراها سنة من سنن الله وقانونا كونيا لا تبديل له ولا تحويل: (وَلَوْ شَاءَ رَبُّكَ لَجَعَلَ النَّاسَ أُمَّةً وَاحِدَةً ۖ وَلَا يَزَالُونَ مُخْتَلِفِينَ ۝ إِلَّا مَن رَّحِمَ رَبُّكَ ۚ وَلِذَٰلِكَ خَلَقَهُمْ).

> des Erbes für die nicht-muslimischen Minderheiten in der arabischen Welt. Das islamische Recht ist das zivilisatorische und nationale Gesetz für alle Angehörigen der Umma, ungeachtet ihrer konfessionellen Unterschiede. Denn dieses *fiqh* und Gesetz ist Gegensatz und Alternative zum Gesetz der Invasoren – dem napoleonischen Recht. In Wahrheit befreit der Bezug auf das islamische Gesetz den arabischen und muslimischen Verstand von zivilisatorischer Abhängigkeit, Verwestlichung und Plünderung. Sonst wäre eine nationale Revolution zur Befreiung vom Kolonialismus unvollständig [da nur der Boden, nicht jedoch der Verstand frei wäre]. [...]. Die islamische Rechtswissenschaft ist die Schnittmenge der Werteordnungen, auf die sich alle Religionsgemeinschaften (*milal*) und religiösen Normensysteme (*šarāʾiʿ dīnīya*) in der islamischen Welt geeinigt haben und [darin noch] einig sind. [...]. Deshalb ist die Loyalität und Zugehörigkeit dazu Teil der Loyalität und Zugehörigkeit zum Vaterland, der Identität, der Geschichte und des Erbes.[86]

Die Umma ist demnach *islamisch* in einem auf Zivilisation bezogenen Sinne, der auch Nicht-Islamisches (z. B. Nicht-Muslime) umfasst. ʿImāra bezieht sich damit auf eine semantische Tradition, die den Widerspruch, Christen und Muslime gehörten gleichermaßen zum Islam, in einen größeren Sinnzusammenhang integriert – eine Meinung, die in ähnlicher Form auch al-Bannā vertritt.[87]

Auch das islamische Recht, das hier mit muslimischer Rechtswissenschaft gleichgesetzt wird, zeige sich als universelles Recht, weil es die Belange von Muslimen und Nicht-Muslimen regeln könne.[88] Nicht nur theoretisch, sondern auch praktisch zeige sich, inwiefern man von einer gesellschaftlichen Einheit auf Basis des Islam ausgehen könne.

Nach ʿImāra zeige sich die „Loyalität und Zugehörigkeit zur Grundlage der islamischen *šarīʿa*" bei gleichzeitiger Ablehnung des „westlich-säkularen

---

86 ʿImāra, *aš-Šarīʿa al-islāmīya wa-l-ʿalmānīya al-ġarbīya*, 48 f.:
وفى مصر، تعددت وتوالت المواقف الفكرية والعملية التى أعلنت وتعلن أننا أمة واحدة، تتميز وتمتاز بالتنوع الوطنى والقومى والدينى، في إطار وحدة المرجعية الحضارية الإسلامية، وأن إسلامية حضارتنا إذا كانت دينا وثقافة وقيما بالنسبة للمؤمنين بالإسلام.. وهم الأغلبية الساحقة – فإن هذه الإسلامية الحضارية هي ثقافة وقيم بالنسبة للأقليات غير المسلمة، وأن العربية إذا كانت لغة الدين والقوم بالنسبة للمسلمين العرب، فهى لغة الدين بالنسبة للأقوام غير العرب فى الوطن العربى، وهي لغة القوم والثقافة والتراث بالنسبة للأقليات غير المسلمة فى الوطن العربى.. وأن فقه المعاملات الإسلامى هو القانون الوطنى والقومى والحضارى لكل أبناء الأمة، على اختلاف عقائدهم الدينية، لأن هذا الفقه والقانون هو المقابل والبديل لقانون الغزاة – فقه نابليون - فالاحتكام إلى القانون الإسلامى هو، في حقيقته، تحرير للعقل العربى والمسلم من التبعية والتغريب والاستلاب الحضارى، وبدونه لا تكتمل المهام ثورة التحرر الوطنى من الاستعمار.. [...]. وذلك فضلا عن أن هذا الفقه الإسلامى هو المعبر عن منظومة القيم التي اتفقت وتتفق فيها كل الملل والشرائع الدينية القائمة في عالم الأسلام.. [...]. ومن ثم الولاء له والنتماء إليه هو جزء من الولاء والانتماء للوطن والهوية والتاريخ والتراث.

87 So sei der Islam „nicht nur als Religion, sondern mehr noch als Zivilisation" eine Alternative für die drei europäischen Paradigmen Säkularismus, Nationalismus und Sozialismus. Vgl. al-Bannā, *Mawqifunā min al-ʿalmānīya. al-qawmīya. al-ištirākīya*, 124.

88 So gilt nach ʿImāra das schafiitische Recht für ägyptische und das hanafitische Recht für irakische Christen.

Paradigmas“[89] in Äußerungen prominenter koptischer Christen. Angeführt wird der berühmte Ausspruch des koptischen Politikers (Wafd-Partei) und ehemaligen Finanzministers Makram ʿUbayd (1889–1961):

> Wir sind Muslime hinsichtlich des Vaterlands (*waṭanan*) und Christen (*naṣārā*) hinsichtlich der Religion. Gott, mache uns zu Muslimen für Dich und für das Vaterland zu Helfern (*anṣāran*); Gott, mache uns zu Christen für Dich und für das Vaterland zu Muslimen.[90]

Das bekannte Zitat ʿUbayds, das auch im Arabischen Frühling verwendet wurde,[91] nutzt ʿImāra, um auf eine Einheit von Muslimen und Christen hinzuweisen.[92] Die Frage ist allerdings, ob bei ʿUbayd damit eine *islamische* Einheit gemeint ist, wie sie ʿImāra konstruiert. Dass hier Zweifel angebracht sind, zeigt die zweite Hälfte des Zitats, in der ʿUbayd mit den Bezügen (Muslim-Gott-Vaterland) und den Ausdrücken (*naṣārā/ anṣār*) spielt.[93] Zudem lässt sich behaupten, dass ʿUbayd ein ausgesprochener Panarabist war, für den der Islam zwar eine wichtige Rolle spielte, aber nicht automatisch dominieren musste.[94]

---

89 Vgl. ʿImāra, *aš-Šarīʿa al-islāmīya wa-l-ʿalmānīya al-ġarbīya*, 49.

90 Zitiert nach ʿImāra, *aš-Šarīʿa al-islāmīya wa-l-ʿalmānīya al-ġarbīya*, 49, sowie nach Aḥmad Maḥmūd Salām, „Makram ʿUbayd,“ *al-Miṣrī al-yawm*, 24.10.2010:
«نحن مسلمون وطناً ونصارى دينا.. اللهم اجعلنا نحن المسلمين لك، وللوطن أنصاراً.. واللهم اجعلنا نحن نصارى لك، للوطن مسلمين»
Die ursprüngliche Version lautete wohl: „Wir sind Muslime im Sinne des Vaterlands, auch wenn wir im Sinne der Religion Christen sind.“ Vgl. Munā Makram ʿUbayd, Hrsg., *Makram ʿUbayd, 1889–1989* (Kairo: al-Hayʾa al-miṣrīya al-ʿāmma li-l-kitāb, [1990]), 220.

91 Vgl. die Aussage des Intellektuellen Ǧalāl Amīn “I am Coptic by religious conviction, and Muslim by patriotic persuasion and national affiliation. That sums up the way forward for Copts, I presume.“, zitiert nach Gamal Nkrumah, „Crescent criss-crossed,“ *Al-Ahram Weekly (online)*, 17.03.2011.

92 Vgl. die umgekehrte Beobachtung Asef Bayats: “In fact, Egypt is made partly of Muslim Copts and partly of Christian Copts, considering that the word ‚Copt‘ actually means ‚Egyptian‘. “ Asef Bayat, „Egypt's sectarian playing field,“ http://english.aljazeera.net/indepth/opinion/2011/06/201163904835903.html, 05.06.2011.

93 In ähnlicher Form beobachtet Ralph Coury, inwiefern ʿUbayd spielerisch mit Identitäten umgehen konnte: “[...] ʿUbayd was a Copt, but a Copt who was in no way a token and who was so influential and so well integrated as to be able to transcend virtually all identity as a leader of a particular religious community.“ Ralph M. Coury, „The Arab nationalism of Makram ʿUbayd,“ *Journal of Islamic Studies*, 6, Nr. 1 (1995): 76–90 (77).

94 Dass in diesem Sinne Sekundärliteratur zu ʿUbayd fast gänzlich ohne Islambezug auskommen kann, zeigt u. a. Coury, „The Arab nationalism of Makram ʿUbayd“; Mustafa el-Feki, „Makram Ebeid: politician of the majority party,“ in *Contemporary Egypt*, Hg. Charles Tripp (London, New York: Routledge, 1993): 22–44; Munā Makram ʿUbayd, Hrsg., *Makram ʿUbayd,1889–1989* (Kairo: [al-Hayʾa al-ʿāmma al-miṣrīya li-l-kitāb], [1990]).

ʿImāra führt noch weitere nicht-islamische Belege für eine islamische Einheit der Gesellschaft an.[95] So wird der koptische Publizist Ġālī Šukrī (1935–1998) mit den Worten zitiert, die ägyptischen Kopten seien Angehörige der islamischen Zivilisation.[96] ʿImāra zitiert auch den koptischen Patriarchen Schenuda mit der Bemerkung, die Christen seien glücklich unter der Scharia.[97] Diese nicht-muslimischen Stimmen belegen für ʿImāra „Verstand und Weisheit" der religiösen Minderheiten, die es ablehnen würden, sich vom „westlichen Kolonialismus" gegen das Projekt einer (islamischen) Renaissance (*mašrūʿ nahḍawī*) ausnutzen zu lassen.[98]

Wenn bisher am Beispiel von Muḥammad ʿImāra eine konservative Perspektive nachgezeichnet wurde, so muss ergänzt werden, dass die Universalität des Islam auch von progressiven Denkern (al-Bannā, Ḥanafī) in Anspruch genommen wird.[99]

Beide Perspektiven zeigen, dass Religion in einer modernen Gesellschaft nicht auf einen universalen Geltungsanspruch verzichten muss.

Durch die moderne Frage nach einer eigenen islamischen Identität, die durch öffentliche Kommunikation erst gefunden werden muss, gerät der Islam nicht zwangsläufig in einen Konflikt. Von seinen Vertretern lässt sich weiterhin ein Anspruch auf Universalität im Sinne von Allumfassenheit erheben – wobei zu beobachten ist, dass dieser Anspruch vor allem prinzipiell gilt und dass viele Sprecher souverän genug sind, sich zu manchen Fragen nicht zu äußern.

Ein gewisses Unbehagen zeigt sich sowohl auf konservativer als auch auf progressiver Seite gegenüber jenen, die von Konservativen als „radikale Säkularisten" bezeichnet werden. So wendet sich auch ein progressiver muslimischer Intellektueller wie Ǧamāl al-Bannā – der sein eigenes Denken unter Vorbehalt

---

95 Neben den hier genannten betrifft dies den koptisch orthodoxen „Jugendbischof" (*usquf aš-šabāb*) Abba Mūsā, den katholischen Geistlichen Abba Yuḥannā Qaltah sowie die Intellektuellen Anwar ʿAbd al-Malik, Ṣādiq ʿAzīz und Raʾūf Naẓmī. Vgl. ʿImāra, *aš-Šarīʿa al-islāmīya wa-l-ʿalmānīya al-ġarbīya*, 50–53.

96 Vgl. ʿImāra, *aš-Šarīʿa al-islāmīya wa-l-ʿalmānīya al-ġarbīya*, 52.

97 Dabei lässt sich gerade dieses offene Bekenntnis ebenso als politisches Statement verstehen: als pragmatische Anerkennung der absoluten Übermacht eines Staates, dessen Gesetzgebung sich verfassungsmäßig aus den Prinzipien der Scharia speist, innerhalb dessen aber gleichzeitig der Islam für politische Zwecke eingesetzt wird. Zur Koptenfrage vgl. auch Elsässer, *The Coptic Question in Contemporary Egypt*.

98 Vgl. ʿImāra, *aš-Šarīʿa al-islāmīya wa-l-ʿalmānīya al-ġarbīya*, 54.

99 Nur geschieht dies kaum in Auseinandersetzung mit dem Christentum und wird deshalb in diesem Zusammenhang nicht weiter erörtert.

als säkular bezeichnen würde[100] – gegen den grundlegenden Relativismus eines Murād Wahba, der sich gegen jegliche, also auch gegen religiöse Grundgewissheiten ausspricht.[101]

Gemeinsamkeiten

Neben Unterschieden zwischen Islam und westlichem Christentum werden von Autoren auch Gemeinsamkeiten zwischen beiden Paradigmen wahrgenommen.

Aus der Sicht al-Bannās wenden sich sowohl Islam als auch Christentum gegen eine Diesseitigkeit (*dunyawīya*) als materialistisch halbierte Weltsicht, deren Anhänger sich – explizit oder implizit – als ungläubig gegenüber dem „Jüngsten Tag" positionieren, indem sie jegliche Phänomene im Diesseits verorten.[102] Schon 1980 – also Jahre vor den großen Debatten um *al-ʿalmānīya* – argumentierte der ehemalige Awqāf-Minister und Azhar-Direktor Muḥammad al-Bahī auf ähnliche Weise.[103]

Al-Bannā stellt einen Werteverfall in säkularen Gesellschaften fest: einerseits eine Werteverschiebung durch zunehmend individualistische Lustbefriedigung und andererseits die Aufhebung grundlegender Werte durch Vermischung von religiösen Grundunterscheidungen wie befleckt und heilig (*mudannas/ muqaddas*) oder gut und böse (*khayr/ šarr*). Im Gegensatz dazu bildet nach al-Bannā die göttliche Rechtleitung eine Quelle der Erkenntnis, die nicht *blindes* Befolgen einfordert, sondern sinnstiftende, handlungsleitende Werte und Unterscheidungen vorlegt.

---

100 Vgl. das Interview al-Bannā und Sayyid Aḥmad, „Rafaḍtu al-inḍimām li-«al-Iḫwān al-muslimīn» li-annanī kuntu arā nafsī ʿalmānīyan".

101 Vgl. die Debatte al-Bannā vs. Wahba in al-Miṣrī al-yawm: Ǧamāl al-Bannā, „Fīma na'talif... wa-fīma naḫtalif?," 03.12.2008, 10.12.2008; Wahba, „al-ʿAlmānīya wa-dawrān al-arḍ," 27.12.2008; al-Bannā, „Ǧamāl al-Bannā yuʿaqqib ʿalā radd Murād Wahba," 30.12.2008.

102 Vgl. al-Bannā, *Mawqifunā min al-ʿalmānīya. al-qawmīya. al-ištirākīya*, 44.

103 Mit der säkularen Unterscheidung zweier Bereiche menschlichen Lebens: Neben der *dunyā* als diesseitiger Welt der Schönheit und des Genusses wird das Verhältnis des Menschen zu seinem Schöpfer beschrieben. Vgl. Muḥammad al-Bahī, *al-ʿAlmānīya wa taṭbīquhā fī al-Islām* (Kairo: Maktabat Wahba, 1980). Der in Deutschland promovierte al-Bahī war auch Lehrer der bis 2011 amtierenden Generation von Akademikern mit Deutschlandbezug, u. a. Maḥmūd Zaqzūq (Philosoph, Awqāf-Minister unter Mubarak), Muḥammad Šāma (Berater Zaqzūqs), Tawfīq Burǧ (Mitarbeiter an Götz Schregles Wörterbuch), ʿAbd-Elṣamad aš-Šāḏlī (Philosoph). Zu al-Bahī vgl. auch Jakob Skovgaard-Petersen, *Defining Islam for the Egyptian State* (Leiden: Brill, 1997), 350 f.

Eine weitere Beobachtung al-Bannās schließt sich dem Blick anderer muslimischer Intellektueller an,[104] will aber darüber hinausgehen; sie betrifft die einerseits dekadente, andererseits zu engstirnige Sexualmoral, die gleichzeitig als christlich und westlich eingeordnet wird.[105] Al-Bannā betont nicht westlichen Verfall von Moral, wie sie andere Islamische Denker beobachten (ʿImāra, S. Quṭb). Vielmehr betont er, die christlichen Ansichten zu Sexualität wie die des Apostels Paulus seien engstirnig und der Islam in dieser Hinsicht säkularer als das Christentum.[106]

Auch Muḥammad ʿImāra geht von Gemeinsamkeiten mit dem westlichen Christentum und seinen Kirchen in Form ähnlicher Interessen aus. Irritiert und anklagend beobachtet er jedoch zunächst „die christlich-westliche Unterstützung der zionistischen Usurpation (*iġtiṣāb*) Jerusalems" und eine damit zusammenhängende „Bedrohung und potenzielle Zerstörung der Aksa-Moschee"[107].

Für ʿImāra hängt westliches Christentum in seiner säkularisierten Form mit der politischen Doktrin zusammen, den Staat Israel auch auf Kosten islamischer Symbole zu unterstützen. ʿImāra nennt dies ‚politischen Messianismus' (‚*masīḥānīya siyāsīya*') als Teil des Glaubens an eine ‚säkulare Dreieinigkeit' (‚*ṯālūṯ ʿalmānī*').[108] Die christliche Heilserwartung trägt in dieser Perspektive letztlich zu einer Zerstörung des Islam bei.

ʿImāra ist über diese Parteinahme enttäuscht. Angesichts eines im Westen entstandenen Säkularisierungsprozesses samt dessen zerstörerischen Konsequenzen betont er Gemeinsamkeiten christlich-westlicher und islamisch-östlicher Erfahrung.[109] Die gemeinsame Angelegenheit (*qaḍīya muštaraka*) bestehe darin, dass der Säkularismus der Religion zwar eine Niederlage bereitet habe, aber „unfähig sei, den Platz, den die Religion im Leben des Menschen spielen muss, einzunehmen"[110].

ʿImāra bezieht sich auf einen säkularisierungskritischen Vortrag des deutschen Theologen Gottfried Küenzlen zum Thema „Säkularisierungsprozess

---

104 Vgl. das Kapitel „Der muslimische Intellektuelle als Sprecher zu Säkularismus und Islam".

105 Vgl. u. a. Quṭb, *Maʿālim fi-ṭ-ṭarīq*, 160, der einerseits die Freiheit der Geschlechtermischung als Freiheit von Vieh bezeichnet und andererseits einen zu strikten christlichen Umgang bei Ehescheidungen kritisiert.

106 Vgl. al-Bannā, *Mawqifunā min al-ʿalmānīya. al-qawmīya. al-ištirākīya*, 45.

107 ʿImāra, *Maʾziq al-masīḥīya wa-l-ʿalmānīya fī Awrūbbā*, 44.

108 Nicht unähnlich al-Missīrī, *al-ʿAlmānīya al-ǧuzʾīya wa-l-ʿalmānīya aš-šāmila*, 2:430, wo von Zionismus als „politischem Messianismus" *(mašayyaḥānīya siyāsīya)* die Rede ist, dessen Säkularität darin bestehe, „Weltliches (Profanes) in etwas Heiliges" zu verwandeln.

109 Vgl. ʿImāra, *Maʾziq al-masīḥīya wa-l-ʿalmānīya fī Awrūbbā*, 22–36.

110 ʿImāra, *Maʾziq al-masīḥīya wa-l-ʿalmānīya fī Awrūbbā*, 16.

und westliches Christentum",[111] dessen Sichtweise und „Aufrichtigkeit gegenüber sich selbst" ihn freut.[112] Für ʿImāra ist der Vortrag des evangelischen Theologen ein „Zeugnis der Anklage gegen westlichen Säkularismus und was er aus dem Christentum[113] und dem westlichen Menschen" gemacht habe, offensichtlich aber auch eine Anklage gegen die „verwestlichten Säkularisten in unseren Ländern"[114].

Bei ʿImāra zeigt sich eine Ambivalenz zwischen seiner Aussage, westliche Kirchen würden sich gegen den Islam wenden – und der Gemeinschaft stiftenden Definition eines gemeinsamen Feindes Säkularismus. Wenn es die Kirchen mit Religiosität (*tadayyun*) und Glaubenswerten (*qiyam īmānīya*) wirklich ernst meinten, müssten sie nach ʿImāra statt der Missionierung anderer Völker eigentlich Europa rechristianisieren und sich über die „Standhaftigkeit (*ṣumūd*) des Islam gegenüber dem Säkularismus" freuen.

Zu beobachten sei aber eine zunehmende Abneigung gegenüber dem Islam, obwohl er im Unterschied zum Christentum dem Säkularismus Widerstand leiste, um „die Macht der Religion (*sulṭān ad-dīn*) und die Religiosität in den Herzen der Muslime zu bewahren"[115].

Im Erkennen der jeweils anderen Religion als Leidensgenosse und in der Abgrenzung vom gemeinsamen Gegner Säkularismus sieht ʿImāra Möglichkeiten, christlich-islamische Spannungen zu überwinden und mittels christlicher Hilfe den Islam als Bollwerk gegen Säkularismus zu erhalten. Vorausgesetzt, dass sowohl die christliche Kirche als auch die Muslime bereit seien, sich der Geschichte des Gegenübers zu öffnen. Und so resümiert er:

---

111 Gehalten auf einer christlich-islamischen Dialogveranstaltung in Amman im Jahr 1997; dokumentiert in ʿImāra, *Ma'ziq al-masīḥīya wa-l-ʿalmānīya fī Awrūbbā*.

112 Vgl. ʿImāra, *Ma'ziq al-masīḥīya wa-l-ʿalmānīya fī Awrūbbā*, 16. Auch Küenzlen soll sich über ʿImāras Säkularismuskritik gefreut haben.

113 ʿImāra verwendet in dieser Publikation uneinheitlich entweder die christliche Selbstbezeichnung (*masīḥīya*) oder die islamische Fremdbezeichnung (*naṣrānīya*), d. h. er schwankt zwischen mehreren Perspektiven.

114 ʿImāra, *Ma'ziq al-masīḥīya wa-l-ʿalmānīya fī Awrūbbā*, 15 f.

115 ʿImāra, *Ma'ziq al-masīḥīya wa-l-ʿalmānīya fī Awrūbbā*, 19. Bemerkenswert auch der Kontext des Zitats: „Das Merkwürdige daran ist, dass diese Kirchen nichts Derartiges tun, sondern vielmehr das Gegenteil, sich ihr Hass (*siʿār ḥaqduhā*) auf den Islam erhöht hat, weil er dem Säkularismus Widerstand leistete und immer noch leistet, [...]. Es scheint, als ob die Kirchen den Korpus des Islam mit demselben Keim infizieren wollen, der die Religiosität westlicher Gesellschaften getötet hat."

> Das Dilemma des westlichen Christentums zeigt, dass es von den Erfahrungen des Islam lernen sollte und nicht gegen ihn kämpfen. Ebenso sollten die Muslime von den Erfahrungen Europas mit dem Säkularismus lernen, damit wir uns nicht im selben Tal des Dilemmas wie die Europäer wiederfinden, […].[116]

Und weiter: „Helft ihr [Christen] uns [nun] angesichts der Auswirkungen dieser bitteren Frucht des Säkularismus? Oder haltet ihr an eurem Schweigen fest und überlasst uns allein der Gefahr, sich den Krankheiten [sic] eures westlichen Säkularismus entgegenzustellen?“[117]

Folgt man ʿImāras Argumentation, so zeigt sich ein merkwürdiger Widerspruch. Einerseits hat Europa das Christentum schon längst seinem Niedergang preisgegeben – andererseits soll das europäische Christentum nun dem Islam angesichts der drohenden Gefahr des Säkularismus helfen.

Wenn sich dieser Widerspruch aus einer externen Perspektive nicht auflösen lässt, so kann er doch der Beobachtung einer inneren Zerrissenheit dienen – oder anders rekonstruiert: einer Differenz von Anspruch und Realität, die offenbar in Einklang gebracht werden muss. Eine Perspektive wie die ʿImāras sieht einen starken Islam und ein religiös schwaches, säkulares Europa vor – gleichzeitig impliziert sie, dass die realen Verhältnisse nicht so klar und einfach sind.

Eine in diesem Punkt kohärentere Perspektive bietet al-Bannā, der folgende These aufstellt: Was die europäische Gesellschaft vor dem Niedergang rettete, waren Freiheit und Wissenschaft, dies jedoch „zu einem Preis, den sie nicht fortwährend zahlen kann“. Vielmehr bedürfe Europa „religiöser Werte“, die es aufgrund ihrer Sakralität vor Verfall (*tadahwur*) bewahrten.[118]

Al-Bannā beobachtet, dass das Christentum in Europa „wo die Werte des Christentums säkularen Werten entgegenstehen“ nicht von der Gefahr eines völligen Verschwindens bedroht sei, sondern sich vielmehr in einem langen historischen Prozess eine „dialektische Koexistenz“ (*muʿāyaša ǧadalīya*) zwischen christlicher Kirche und einem die Gesellschaft dominierenden Säkularismus entwickelt habe. Die Kirche bemühe sich zwar noch, diese säkulare Übermacht

---

116 ʿImāra, *Ma’ziq al-masīḥīya wa-l-ʿalmānīya fī Awrūbbā*, 45:
إن مأزق المسيحية الغربية يدعوها إلى التعلم من تجربة الإسلام ، لا إلى الصراع مع الإسلام! كما يدعو المسلمين إلى التعلم من تجربة أوروبا مع العلمانية ، حتى لا نقع فى خندق المأزق الذى وقع فيه الأوروبيين ، [...].

117 ʿImāra, *Ma’ziq al-masīḥīya wa-l-ʿalmānīya fī Awrūbbā*, 45:
فهل تساعدونا فى مواجهة آثار هذه الثمرة المرة من ثمار العلمانية ؟! أم تلتزمون الصمت ، وتدعوننا وحدنا نواجه مخاطر أمراض علمانيتكم الغربية ؟!

118 Al-Bannā, *Mawqifunā min al-ʿalmānīya. al-qawmīya. al-ištirākīya*, 55.

unter Kontrolle zu bringen; letztlich bleibe ihr aber nichts anderes übrig, als „sich ihrem Schicksal zu fügen“[119].

In der islamischen Welt gebe es einen ähnlichen Widerstreit (*mumāḥaka*), nur mit dem Unterschied, dass eine Koexistenz von Säkularismus und Islam undenkbar sei. Al-Bannā versucht sich an einer Prognose und schreibt:

> Was wir aufgrund der Lehren der [europäischen] Geschichte erwarten, ist, dass dieser Widerstreit mit dem Aufkommen einer orientalischen Form von Säkularität endet, die die islamischen Werte bewahrt und sich davon inspirieren lässt. Dadurch kommt es [letztlich] zu einer Art Balance zwischen Elementen der Bewahrung bzw. Stabilität und den Kräften von Fortschritt und Entwicklung.
>
> Man kann davon ausgehen, dass die Repräsentanten der ‚islamischen Daʿwa‘ diese [ausbalancierte] Aufteilung (*qisma*) akzeptieren, die keine ungerechte ist,[120] und sich davon abwenden, die Uhr zurückzudrehen und die Vergangenheit wiederzubeleben, wie sie war. Denn das ist nicht möglich und wohl auch nicht erforderlich.
>
> Das moderne Denken steht [jedoch] vor einem Problem: Wie lassen sich religiöse Werte wiederbeleben – egal ob islamisch oder christlich – und so in den Seelen [der Menschen] verankern, dass sie abnorme Abweichungen [...] verhindern und zum Guten [...] anregen, ohne eine ‚Maschinerie‘ zu erschaffen, die damit befasst ist?[121]

Eine solche Maschinerie würde sich letztlich wieder in eine Art Kirche verwandeln – für al-Bannā gleichbedeutend mit einer unflexiblen, zentralistischen Anstalt –, deren Vertreter die religiöse Botschaft an sich reißen.[122]

Die eigentliche Problematik, die „Wiederbelebung religiöser Werte“, sei zwar schwierig, aber nicht unmöglich. Die Lösung bestehe in Säkularität als etwas Zivilisatorischem ohne feste Institutionalisierung. Eine solche Säkularität käme aus der Gesellschaft, wäre nicht vom Staat verordnet (wie in Ägypten) und würde Raum für den Islam lassen. In einer solchen „islamischen Säkularität“ (*ʿalmānīya islāmīya*) könne der Säkularismus und mit ihm die auf den Verstand reduzierte Rationalität zu sich selbst finden und gleichzeitig der religiöse Kern in Form

119 Al-Bannā, *Mawqifunā min al-ʿalmānīya. al-qawmīya. al-ištirākīya*, 55.

120 Hier in Anspielung auf das koranische *qisma ḍīzā* (ungerechte Aufteilung), vgl. Sure 53:22.

121 Al-Bannā, *Mawqifunā min al-ʿalmānīya. al-qawmīya. al-ištirākīya*, 56:
وما نتوقعه بحكم دروس التاريخ أن تنتهى هذه المماحكة بظهور صورة شرقية من العلمانية تحتفظ بالقيم الإسلامية ويستلهمها، وبهذا يحدث نوع من التوازن ما بين عناصر الحفاظ والثبات وقوى التقدم والتطور. [¶] ويفترض أن يرضى الذين يمثلون ”الدعوة الإسلامية“ بهذه القسمة، وليست هى بالقسمة الضيزى، وأن يصرفوا النظر تماما عن إعادة عقارب الساعة إلى الوراء أو إحياء الماضى كما كان.. فهذا ليس ممكنا... وقد لا يكون مطلوبا. [¶] إن المعضلة التى تواجه الفكر الحديث هى كيف يمكن إحياء القيم الدينية سواء كانت إسلامية أو مسيحية – وتعميقها فى النفوس بحيث تكون كابحة للشذوذ [...] حاثة على الخير [...] دون إيجاد ”آلية“ تقوم بذلك ؟

122 Vgl. al-Bannā, *Mawqifunā min al-ʿalmānīya. al-qawmīya. al-ištirākīya*, 56.

seiner Grunddogmen (*ʿaqīda*) bewahrt werden: „der Glaube an Gott und davon ausgehend an die Propheten sowie an die islamisch-zivilisatorischen Werte“[123].

Nachbetrachtung

Die bisherigen Ausführungen zeigen, dass die Verortung des Islam anhand der Abgrenzung zu einem westlichen – und nicht etwa zu dem geographisch näher liegenden koptischen – Christentum erfolgt. Man mag dies als globale Dimension islamischer Identität[124] begreifen oder es bei der Feststellung belassen, dass hier offenbar der Grad psychisch-sozialer Betroffenheit schwerer wiegt als die geographische Nähe. Für die Selbstverortung islamischer Identität bietet das westliche Christentum offenbar eine gute Kontrastfolie.

In der Perspektive mehrerer der untersuchten Autoren zeigt sich ein schwaches, sozusagen säkularisiertes Christentum in Form von Verfallserscheinungen – namentlich im Verzicht auf die Regelung weltlicher Angelegenheiten wie es im Islam die gottgegebene Scharia vorsieht. Von außen lässt sich ein Widerspruch beobachten zwischen der Behauptung eines starken Islam (im Vergleich zu einem geschwächten Christentum) und der Idee, dieses geschwächte europäische Christentum solle den starken Islam unterstützen.[125] Angesichts eines aus dieser Sicht immer gefährlicher werdenden Säkularismus scheinen gemeinsame Interessen von Islam und Christentum alle theoretischen Differenzen zu überwiegen.

Auch die Genese eines Priestertums mit Monopolanspruch auf religiöse Autorität und politische Macht wird thematisiert. Je nach Perspektive wird die Existenz eines solchen Priestertums ausschließlich für das Christentum oder aber für Christentum und Islam festgestellt. Das Dementieren der Existenz eines islamischen Priestertums setzt bereits dessen mögliche Existenz in der Gesellschaft voraus; ähnlich wie das monotheistische Dogma des einen Gottes nicht ohne die Vorannahme auskommt, dass mehrere existieren können.[126]

123 Al-Bannā, *Mawqifunā min al-ʿalmānīya. al-qawmīya. al-ištirākīya*, 57.

124 Vgl. auch die These, „muslimischen Nationen“ sei die „Selbstbestimmung der Identität“ nur mit Bezug auf „die internationalen Beziehungen“ möglich (Peter L. Berger, „Allgemeine Betrachtungen über normative Konflikte und ihre Vermittlung,“ in *Die Grenzen der Gemeinschaft*, Hg. Peter L. Berger (Gütersloh: Verl. Bertelsmann-Stiftung, 1997): 581–614 (612).

125 Anders die souveräne Perspektive Ǧamāl al-Bannās, der betont, der Islam benötige keine Verteidiger.

126 Zu diesem Widerspruch im christlichen Glaubensbekenntnis vgl. Karen Armstrong, *A History of God* (London: Vintage, 1999), Kapitel „One God“ (51 ff., insbes. 65 f. und 74).

Die öffentliche Konstruktion religiöser Identität kann sich in einer modernen Gesellschaft der Wandelbarkeit gesellschaftlicher Strukturen und der Hinterfragbarkeit religiöser Narrative nicht völlig entziehen. Religiöse Identität ist kontingent, weil sie als Narrativ die Gesellschaft immer nur theoretisch erfasst, während gesellschaftliche Praxis religiöse Dogmen und Traditionen ignorieren kann. Dies bedeutet auch, dass ein öffentlicher Islam explizit Nicht-Islamisches in seine Selbstbeschreibung integrieren muss.

Zu Zeiten Mohammeds war die Situation für die Gläubigen vermutlich einfacher, weil zum einen eine Letztautorität (Gott) über einen Propheten unmittelbar zugänglich war, zum anderen weil durch die noch fehlende schriftliche Fixierung Widersprüche weniger auffielen, leichter in Vergessenheit gerieten oder über die Autorität des Propheten integriert werden konnten.

In einer modernen, funktional differenzierten Gesellschaft kann Authentizität dagegen zum Problem werden: und zwar dann, wenn ein universaler Anspruch einer (hier: religiösen) Identität explizit fixiert werden soll, sich aber die Multidimensionalität gesellschaftlicher Verhältnisse im Kontext einer massenmedial basierten Öffentlichkeit ständig aufdrängt.

So sind die Akteure damit konfrontiert, dass das, was sie als Eigenes begreifen, auch von anderen (z. B. Opponenten) für sich beansprucht werden kann; und dass Elemente eigener Identität nur scheinbar gegeben sind, aber für den Konstruktionsprozess vorausgesetzt werden müssen.

Problematisch wird dies, wenn konkurrierende Geltungsansprüche entstehen: wenn es etwa um die Identität Jesu geht (Sohn Gottes oder nur Prophet?) oder um den Status von Reformgelehrten wie al-Afġānī und ʿAbduh.[127] In der systemtheoretischen Soziologie ist dieses Phänomen als die moderne Einheit von Spezifikation und Universalismus erfasst worden.[128] Für Religion bedeutet dies, dass sie einerseits den universalen Anspruch erhebt, alle für sie relevant werdenden Phänomene der außerreligiösen Umwelt religiös deuten zu können (hier: westliches Christentum), während sie für diesen Rekonstruktionsprozess an ihre eigene Logik und Semantik gebunden ist (z. B. an die koranisch gestützte Ansicht, das Christentum sei verfälscht).

127 Vgl. den Vorwurf in Muḥammad ʿImāra, *Fikr at-tanwīr bayna al-ʿalmānīyīn wa-l-islāmīyīn* (o. O.: Ǧamʿīyat al-markaz al-ʿālamī li-t-tawṯīq, [1993]), die säkularistischen Aufklärer würden fälschlicherweise bekannte islamische Reformer wie Muḥammad ʿAbduh, Rifāʿa aṭ-Ṭahṭāwī oder Saʿd Zaġlūl als die ihren betrachten, während diese aus ʿImāras Sicht nur als islamische Aufklärer gelten können, nicht aber als Aufklärer in einem ‚westlich-säkularistischen' Sinne.

128 Vgl. u. a. Luhmann, *Die Gesellschaft der Gesellschaft*, 709, 983, passim, der an Talcott Parsons, „Pattern Variables Revisited: A Response to Robert Dubin," *American Sociological Review*, 25, Nr. 4 (1960): 467–483, anschließt.

Der entscheidende Konflikt – im Sinne prinzipieller Unentscheidbarkeit eines Widerstreits inkommensurabler Perspektiven[129] – entsteht dort, wo die Universalität der Religion als exklusiv behandelt wird. Denn Exklusivität stößt in einer modernen, funktional differenzierten Gesellschaft ohne verbindliches Metanarrativ auf reale Widerstände – auf Perspektiven, die sich nicht an traditionellen religiösen Codes orientieren und die im Konfliktfall als säkularistisch und feindlich wahrgenommen werden.

Das (westliche) Christentum hat sich aus einer solchen Perspektive der Exklusivität von sich selbst entfremdet. Es hat sich im Verlauf der europäischen Geschichte säkularisieren lassen und steht nun in Konflikt mit einem Islam, der an seiner Authentizität festhält – zumindest aus Sicht seiner konservativen Apologeten.

Das so konstruierte Christentum gehört zur Umwelt des Islam; eine theologische oder religionshistorische Beschreibung des Christentums mag davon essenziell abweichen – aber auch hier ließe sich exklusive Wahrheit nur normativ beanspruchen.

3.3 Ideale islamische Ordnung und reale Islamisten

Wenn sich gesellschaftliche Probleme anhand interner Beschreibungen rekonstruieren lassen, was lässt sich dann über Islam und gesellschaftliche Ordnung sagen?

Angesichts des Phänomens Säkularismus halten es einige Autoren für notwendig zu erörtern, in welchem Verhältnis der Islam insbesondere zu Politik, Recht und Moral steht. Eine handlungstheoretische Frage wäre, wer innerhalb einer islamischen Gesellschaftsordnung kollektiv bindende Entscheidungen treffen darf.

Zumindest eine Antwort scheint nahe zu liegen: die real existierenden Extremisten (*ġulāt al-islāmīyīn, salafīyūn, mutaṭarrifūn, muta'aslimūn*)[1] sind es offenbar nicht. Oder präziser formuliert: Die islamische Ordnung, deren Konstruktion im Folgenden nachgezeichnet werden soll, und die Extremisten scheinen zwei

---

129 Vgl. den Widerstreit von „Diskursen" bei Jean-François Lyotard, *Der Widerstreit* (München: Wilhelm Fink Verlag, 1987), 9, sowie Geert-Lueke Lueken, *Inkommensurabilität als Problem rationalen Argumentierens* (Stuttgart-Bad Cannstatt: Frommann-Holzboog, 1992).

1 Ein Ausdruck, den wohl Rifʿat as-Saʿīd geprägt hat – bis 2013 Chef der linken Tagamuʿ-Partei und islamismuskritischer Säkularismusverfechter. Vgl. u. a. as-Saʿīd, *al-ʿAlmānīya bayn al-Islām wa-t-ta'aslum*.

verschiedenen Realitäten anzugehören – einer potenziellen, idealen Realität und einer aktualen, faktischen Realität.

Beschäftigt man sich aus externem Blickwinkel mit der Frage, mit Hilfe welcher Kategorien gesellschaftliche und politische Ordnung analysiert werden kann, so bietet sich – neben der Frage nach der Verteilung politischer Macht – das gesellschaftliche Gemeinwohl als Thema an.[2] In der sunnitischen arabischen Diskurstradition wird dies – Jahrhunderte nach und ohne expliziten Bezug auf Aristoteles – durch den Terminus *maṣlaḥa* (Gemeinwohl, öffentliches Interesse) fixiert.[3] Bei den hier untersuchten zeitgenössischen Autoren findet sich das Thema Gemeinwohl im Zusammenhang mit der Frage nach Identität und Differenz von islamischer und säkular(istisch)er Ordnung.

Scharia und Gemeinwohl

Ein kurzer, aber bemerkenswerter Vergleich findet sich in Muḥammad Salīm al-ʿAwwās Erörterung des islamischen Staates.[4] Im Gegensatz zum säkularen Staat sei der islamische Staat fest mit einer Zielsetzung verbunden, die zwei Aspekte beinhalte: zum einen gehe es darum, Religion (also Islam) zu organisieren und aufrechtzuerhalten,[5] was letztlich eine Verpflichtung gegenüber dem islamischen Gesetz (*qānūn islāmī*) bedeute; zum anderen gehe es um die „Verwirklichung der Interessen der Beherrschten" (*taḥqīq maṣāliḥ al-maḥkūmīn*).[6] Beides zusammen bilde die Grundlage der Legitimität einer islamischen Regierung.

Dagegen werde in einem säkularen Staat das Gemeinwohl (hier bezeichnet als *ṣāliḥ ʿāmm*) zwar mehr oder weniger berücksichtigt, richte sich aber nach den Interessen der vorherrschenden Gruppen, der jeweiligen Volksvertretung sowie

---

2 Für eine europäische Tradition vgl. die „Politica" des Aristoteles: „Und das staatsbürgerliche [höchste] Gut ist das Gerechte, dies aber ist das der Gemeinschaft Nützliche." (1282b 17). In arabischer Übertragung und Kommentierung findet sich solches als *manfaʿa ʿāmma* bzw. *maṣlaḥa ʿāmma*.

3 Für frühe Werke vgl. Abū Ḥāmid Muḥammad al-Ġazālī, *al-Mustaṣfā min ʿilm al-uṣūl*, 4 Bde. ([Medina]: o.V., [1993]) sowie Naǧm ad-Dīn aṭ-Ṭūfī, *Risāla fī riʿāyat al-maṣlaḥa* (Kairo: ad-Dār al-miṣrīya al-lubnānīya, 1993).

4 Vgl. den Abschnitt „al-Maṣlaḥa al-ʿāmma bayna ad-dawla al-islāmīya wa-d-duwal al-ʿalmānīya" in al-ʿAwwā, *Fī an-niẓām as-siyāsī li-d-dawla al-islāmīya*, 134 f., einem Werk, das nach den politischen Umbrüchen im Jahr 2011 erneut an Prominenz gewann.

5 Im arabischen Original heißt es *iqāmat ad-dīn*, was Errichten bzw. Herstellen von Religion bedeutet.

6 Vgl. al-ʿAwwā, *Fī an-niẓām as-siyāsī li-d-dawla al-islāmīya*, 134.

nach den Launen der öffentlichen Meinung. Dementsprechend unterscheide sich das jeweilige öffentliche Interesse in einzelnen säkularen Staaten, während in jedem islamischen Staat im Kern von ein und demselben Gemeinwohl die Rede sei. Andernfalls stünde die Legitimität eines islamischen Staates selbst auf dem Prüfstand. In al-ʿAwwās eigenen Worten:

> Die Interessen der Menschen im islamischen Staat [...] sind nicht bestimmt durch reinen Wunsch einiger politischer Kräfte im Staat und auch nicht durch die Launen und Meinungen der Wählermassen. Vielmehr sind sie der Existenz des Kollektivs bzw. des islamischen Staates selbst vorgeordnet und für diesen notwendig. Dementsprechend verliert ein solcher Staat die Rechtfertigung seiner Existenz, wenn er von seinem Zweck ablässt oder ihn verleugnet.[7]

Für die Etablierung eines islamischen Ordnungsrahmens seien die „in Koran und Sunna angeführten Regeln (*qawāʿid wārida*) oder daraus abgeleitete" die Grundlage. Denn dass eine Regierung überhaupt kollektiv verpflichtende Entscheidungen erlassen kann, ergebe sich aus der bindenden Kraft (*quwwa ilzāmīya*) der islamisch abgesicherten Regeln, die stärker seien als jede Regel, die sich eine Gruppe von Menschen selbst setze.[8]

Die Perspektive, die al-ʿAwwā einnimmt, betont demnach eine Differenz von Islam und Säkularismus. Eine Sichtweise, die Identität herausarbeitet, nimmt dagegen der Philosoph Ḥasan Ḥanafī ein. Dessen Perspektive bezieht sich nicht auf die Paradigmen Islam und Säkularismus, sondern auf bestimmte Vertreter.

Aus Ḥanafīs Sicht stehen Islamisten (*salafīyūn*) und Säkularisten für ein ähnliches, wenn nicht sogar identisches gesellschaftspolitisches Ziel, da beide das Gemeinwohl (*maṣlaḥa*) zu verwirklichen suchen.[9] Bemerkenswert ist Ḥanafīs Konstruktion von positivem, gesetztem Recht als nur vermeintlich säkular(istisch)es Konzept.

> Die geltenden Gesetze werden als gesetzt (*waḍʿīya*) bezeichnet, während man wahrheitsgemäßer bei der islamischen Scharia von ‚Setzen' sprechen müsste, wie es aš-Šāṭibī [st. 1388] in seinem Werk al-Muwāfaqāt [fī uṣūl aš-šarīʿa] tat. Sie ist nämlich fundiert in der Welt und beruht auf öffentlichem Interesse und der Verteidigung der fünf Notwendigkeiten: des Lebens (der Seele), des Verstandes, der Religion, der Ehre und des Eigentums.

7 Al-ʿAwwā, *Fī an-niẓām as-siyāsī li-d-dawla al-islāmīya*, 134:
ومصالح الناس في الدولة الإسلامية [...] لا تحددها محض رغبة بعض القوى السياسية في الدولة ولا أهواء جماهير الناخبين أو آرائهم، وإنما هي سابقة على وجود الجماعة أو الدولة الإسلامية ذاتها، ولازمة لها بحيث تفقد هذه الدولة مبرر وجودها إذا تخلت عن غايتها أو تنكرت لها.

8 Vgl. al-ʿAwwā, *Fī an-niẓām as-siyāsī li-d-dawla al-islāmīya*, 135.

9 Vgl. Ḥasan Ḥanafī, „aš-Šiʿārāt as-salafīya," in *ad-Dīn wa-ṯ-ṯaqāfa wa-s-siyāsa fī-l-waṭan al-ʿarabī*, 263–268 (267); sowie das Kapitel „Grenzen und Konflikt".

> In diesem positiven Sinne gibt es keinen Unterschied zwischen islamischer Scharia und zivilem [nicht-religiösem] Recht (*qānūn madanī*), da beide öffentliche Interessen verwirklichen. Das öffentliche Interesse ist die Grundlage der Gesetzgebung sowie die Grundlage von Naturrecht und Gesellschaftsvertrag. Positives Recht bedeutet nicht die Unterordnung unter die Launen des Menschen, sondern das Aufstellen einer objektiven Scharia (*šarīʿa mawḍūʿīya*), ohne voreingenommen oder [jemandem] zu Gunsten zu sein und in Verteidigung der öffentlichen Interessen aller.[10]

Wie an anderer Stelle erwähnt, seien Unterschiede zwischen säkularistischen und salafistischen Ansprüchen nur oberflächlich.[11] Für Ḥanafī stellt sich offenbar nicht die Frage, ob eine islamische Perspektive der einzige Zugang zur Welt sei. Eine solche Verortung des Islam ist insofern als souverän zu bezeichnen, als eine ausschließende Abgrenzung zu Säkularismus nicht vorgenommen werden muss. Die Identität eines solchen Islam ist nicht durch Säkularismus bedroht und muss nicht durch einen Exklusivanspruch abgesichert werden.

Dagegen beansprucht ein Islam, wie er von Yūsuf al-Qaraḍāwī und anderen (ʿImāra, al-Maṭʿanī) verortet wird, eine Überlegenheit, die Exklusivität impliziert.

Al-Qaraḍāwī beobachtet das Lager der Säkularisten auf klischeehaft zugespitzte Weise:

> Unter ihnen fordern manche im Namen des [öffentlichen] Interesses die Legalisierung von Prostitution, Alkohol und Wucher; unter ihnen fordern manche, die Pflicht zu fasten und zu pilgern auszusetzen sowie die Gleichsetzung des Erbes bei Jungen und Mädchen![12] All dies mit der Behauptung, das öffentliche Interesse zu wahren, obwohl absolut feststeht, dass dies in Wahrheit nichts mit öffentlichem Interesse zu tun hat. Jene behaupten, das Interesse der Menschen besser zu kennen als der Herr der Menschen bzw. sie seien ihnen [den Menschen] treuer ergeben als jener, der sie schuf und zu Gleichen machte und ihnen sowohl sichtbare als auch unsichtbare Wohltaten zukommen ließ![13]

---

10 Ḥanafī, *ad-Dīn wa-ṯ-ṯaqāfa wa-s-siyāsa fī-l-waṭan al-ʿarabī*, 267 f.:
وتسمى القوانين السائدة القوانين الوضعية فى حين أن الشريعة الإسلامية أحق بلفظ "الوضع" كما قال الشاطبى فى "الموافقات" أى إنها تتأسس فى العالم، وتقوم على المصلحة والدفاع عن الضروريات الخمس: الحياة (النفس)، والعقل، والدين، والعرض، والمال. فبهذا المعنى الإيجابى لا فرق بين الشريعة الإسلامية والقانون المدنى إذ يقوم كلاهما على تحقيق المصالح. المصلحة أساس التشريع، وهى أساس القانون الطبيعى والعقد الاجتماعى. لايعنى القانون الوضعى الخضوع لأهواء البشر بل يعنى قيام شريعة موضوعية لاتنحاز ولا تحابى، وتدافع عن المصالح العامة للجميع .
Vgl. auch ʿImāra, *al-Islām wa-s-siyāsa*, 37, wo es heißt, die Scharia sei „göttlich gesetzt“ (wörtl.: ‚*waḍʿ ilāhī*‘).

11 Vgl. das Kapitel „Grenzen und Konflikt“.

12 Die koranische Bevorzugung männlicher Erben wird häufig damit erklärt, ein Mann habe als Versorger der Familie die finanzielle Hauptlast zu tragen.

13 Al-Qaraḍāwī, *Bayyināt al-ḥall al-islāmī*, 193:

Für al-Qaraḍāwī entspricht ein konsequent verwirklichter Säkularismus einer Deregulierung von Ordnung und Moral.

Es handelt sich aus seiner Sicht nicht um eine alternative Ordnung, sondern um eine Nicht-Ordnung. Demzufolge lassen sich die Interessen eines säkularistischen Lagers nicht einfach einem islamischen als gleichrangig gegenüberstellen. Säkularistische Interessen brächten nicht nur Verderben, sondern seien schlichtweg überflüssig, da sich in der Scharia eine eindeutige und göttlich garantierte rechte Ordnung finde, welche die Interessen der Menschen auf vollkommene Weise einbinde.

Ein Beispiel für die Abwegigkeit säkularistischer Weltsicht sei die Idee, „unumstößliche Schariatexte" (*nuṣūṣ aš-šarīʿa al-qaṭʿīya*) könnten „gesellschaftlichen Interessen der Menschen entgegenstehen"[14]. Dies ist aus al-Qaraḍāwīs Sicht ausgeschlossen, es sei denn, man folge säkularistischen Fehlinterpretationen.

Al-Qaraḍāwī kritisiert hier den zeitgenössischen Rechtswissenschaftler Muḥammad Nūr Faraḥāt[15] und dessen Meinung, nur die Bestimmungen zu rituellen Handlungen (*ʿibādāt*) seien unveränderlich, während die Regelungen zwischenmenschlicher Handlungen (*muʿāmalāt*) veränderbar seien. Faraḥāt, der sich auf den hanbalitischen Gelehrten Naǧm ad-Dīn aṭ-Ṭūfī (um 1276–1316) bezieht, legt tatsächlich nahe, das öffentliche Wohl habe im Zweifelsfall Vorrang vor eindeutigen Bestimmungen in Koran und Sunna.[16]

فمنهم مَن طالب بسم المصلحة بإباحة البغاء، ومنهم مَن طالب بإباحة الخمر، ومَن طالب بإباحة الربا، ومنهم مَن طالب بتعطيل فريضة الصيام، ومنهم مَن طالب بتجميد فريضة الحج، ومنهم مَن طالب بالتسوية بين الأبناء والبنات فى الميراث! كل هذا بدعوى الحرص على المصلحة. مع اليقين أن لا مصلحة فى شئ من ذلك على التحقيق. وهؤلاء يزعمون أنهم أعلم بمصالح الناس من رب الناس، أو أنهم أبرّ بهم ممن خلقهم فسوّاهم، وأسبغ عليهم نعمة ظاهرة وباطنة.

14 Al-Qaraḍāwī, *Bayyināt al-ḥall al-islāmī*, 191–93.

15 Viele Jahre Professor für Rechtsphilosophie an der Universität von Zaqaziq; in den 1980er und 90er Jahren Teilnehmer an Podiumsdiskussionen zu Islam und Säkularismus; langjähriger Berater bei den Vereinten Nationen; führendes Mitglied der 2011 gegründeten Sozialdemokratischen Partei Ägyptens (*al-Ḥizb al-miṣrī ad-dīmūqrāṭī al-iǧtimāʿī*) sowie Generalsekretär des Ägyptischen Beratungsrats (*al-Maǧlis al-istišārī al-miṣrī*), der dem Obersten Militärrat nach der Machtübernahme 2011 bei Regierungsaufgaben juristisch zuarbeitete. Seit 2015 veröffentlicht er regelmäßig in al-Miṣrī al-yawm.

16 Wörtliche Zitate in al-Qaraḍāwī, *Bayyināt al-ḥall al-islāmī*, 191–93. Bemerkenswert ist das Insistieren al-Qaraḍāwīs, aṭ-Ṭūfī sei es lediglich um die Interpretation uneindeutiger Koranverse anhand öffentlicher Interessen gegangen, nicht jedoch um deren Außerkraftsetzen, wie Faraḥāt behaupte. Vgl. auch al-Bannās Kritik an aṭ-Ṭūfī (Ǧamāl al-Bannā, „Faqīhān ḍidd at-tayyār (3/3) – al-Imām Naǧm ad-Dīn aṭ-Ṭūfī," *al-Miṣrī al-yawm*, 30.11.2011) sowie aus islamwissenschaftlicher Sicht die *Encyclopaedia of Islam [2]*, wo es heißt, *maṣlaḥa* im Verständnis aṭ-Ṭūfīs „can supersede textual proofs" (10:588 f.).

Gesellschaftsvertrag und Entscheidungsträger

Während die Frage nach dem Gemeinwohl die Ausrichtung gesellschaftlicher Entscheidungen betrifft, lässt sich daran anschließend fragen, von welchen Akteuren solche Entscheidungen kollektiv bindend getroffen werden sollten.

Muḥammad ʿImāra erinnert in seiner Auseinandersetzung mit den „Scheinargumenten der Säkularisten" (*šubuhāt al-ʿalmānīyīn*) daran, dass sich im Koran Verse finden, die Grundregeln für einen Gesellschaftsvertrag (*taʿāqud*) zwischen „Behüteten" und „Hirten" (*raʿīya/ ruʿāh*), zwischen Umma und „Befehlsinhabern" bzw. Entscheidungsträgern (*ūlū al-amr*) aufstellen.[17]

Zur Erläuterung der im Koran (4:59/83) erwähnten *ūlū al-amr* bezieht sich ʿImāra explizit auf den Reformgelehrten Muḥammad ʿAbduh (1849–1905).[18] Dessen Schriften zufolge seien die so genannten „Leute des Lösens und des Bindens" (*ahl al-ḥall wa-l-ʿaqd*) gemeint, und zwar Befehlshaber (*umarāʾ*/ Emire), Richter,[19] Gelehrte sowie Heerführer und jegliche Anführer, an die sich die Menschen in Notfällen und bei Angelegenheiten von öffentlichem Interesse wenden. Den genannten Autoritäten sei nach ʿAbduh Gehorsam zu leisten, sofern diese sich in der Sache einig seien, sie zum Kreis der Gläubigen gehörten und nicht vom Befehl Gottes und der Sunna Mohammeds abwichen.[20]

Dass sich weder aus dem Korantext insgesamt noch aus den Versen zu den *ūlū al-amr* ein Modell politischer Herrschaft (Kalifat/ Imamat) ableiten lasse, hatte dagegen der Gelehrte und Richter ʿAlī ʿAbd ar-Rāziq (1888–1966) betont. Höchstens könne man folgern, dass es unter den Muslimen bestimmte Menschen gebe, an die man sich in besonderen Angelegenheiten wendet – und dies sei „eine viel weitere und allgemeinere Bedeutung"[21].

---

17 Vgl. ʿImāra, *al-Islām wa-s-siyāsa*, 30. Ähnlich argumentiert Kamāl Abū al-Maǧd, „Šahādat Kamāl Abū al-Maǧd," in *Aqniʿat al-irhāb*, Hg. Ġālī Šukrī (Kairo: al-Hayʾa al-miṣrīya al-ʿāmma li-l-kitāb, 1992): 105–118 (110) im Anschluss an ʿAbd ar-Razzāq as-Sanhūrī.

18 ʿImāra hatte dessen gesammelte Werke selbst herausgegeben. Vgl. Muḥammad ʿImāra, Hrsg., *al-Aʿmāl al-kāmila li-l-imām Muḥammad ʿAbduh*, 6 Bde. (Beirut: Al-Muʾassasa al-ʿarabīya li-d-dirāsāt wa-n-našr, 1972–74).

19 So zumindest in der Auslegung ʿImāras, der in der Aufzählung von *umarāʾ* und *ḥukkām* eine Unterscheidung zwischen Herrschern und Richtern sieht.

20 Vgl. ʿImāra, *al-Islām wa-s-siyāsa*, 36, zitiert nach ʿImāra, *al-Aʿmāl al-kāmila li-l-imām Muḥammad ʿAbduh*, 5:238. Laut ʿAbduh gelte dies wohlgemerkt nicht für die rituellen Glaubenspraktiken, den *ʿibādāt*.

21 ʿAlī ʿAbd ar-Rāziq, *al-Islām wa-uṣūl al-ḥukm* (Beirut: Al-Muʾassasa al-ʿarabīya li-d-dirāsāt wa-n-našr, 2000), 123. Noch im Jahr 2009 ist dies für die irakische Tageszeitung aṣ-Ṣabāḥ al-ǧadīd (online) erwähnenswert (www.newsabah.com/ar/1512/9/31694, 28.08.2009).

ʿAbd ar-Rāziq musste seine These von 1925 umgehend revidieren, wenngleich sein Werk *al-Islām wa-uṣūl al-ḥukm* bis heute aufgelegt und im Zusammenhang mit Säkularismus kommentiert wird.[22] Die Thesen ʿAbd ar-Rāziqs stellen für Säkularismuskritiker jedoch nur eine geringfügige Irritation dar und erfreuen sich eher bei Kritikern des islamischen Establishments einer gewissen Beliebtheit.

Die Kritiker des Säkularismus halten weiterhin am Ideal islamischer Herrschaft fest und erörtern Voraussetzungen der politischen Legitimität und des Gehorsams gegenüber politischen Entscheidungsträgern.

Eigenschaften des Herrschers

ʿImāra betont, dass Machthaber ihrer Stellung gerecht werden müssten, indem sie die ihnen unterstellten Menschen vertreten und ihnen Schutz und Sicherheiten (*amānāt*) bieten. Dies sei nicht einfach ein innerweltliches Abkommen zwischen Herrscher und Beherrschten, sondern eine göttlich auferlegte Pflicht (*farīḍa ilāhīya*).[23] Bindende politische oder rechtliche Entscheidungen müssten gerecht sein (*al-ḥukm bi-l-ʿadl*)[24] und dürften nicht von Koran und Sunna abweichen – andernfalls entspräche die Herrschaftsordnung einer Tyrannei.[25] Erst unter diesen Bedingungen gebe es einen Anspruch auf Gehorsam.[26]

Auch Fahmī Huwaydī betont, dass im Islam kein Führer (*imām*) und auch kein Herrscher über Unfehlbarkeit (*ʿiṣma*) verfüge und diskutiert die Frage nach der Stellung der politischen Entscheidungsträger:

> Er [der Islam] gibt niemandem, wem auch immer – Individuum oder Gruppe – das Recht, im Namen Gottes zu herrschen oder das Recht, Macht zu monopolisieren oder jedwede

---

22 Vgl. ʿImāra, *Fikr at-tanwīr bayna al-ʿalmānīyīn wa-l-islāmīyīn,* der mit ʿAbd ar-Rāziqs Revision säkularistische Argumente entkräften möchte. Zum Umgang mit Abweichlern wie ʿAbd ar-Rāziq vgl. Daniel Kinitz, „Deviance as a Phenomenon of Secularity," in *Comparative Secularities: Religion and Modernity in Five World Regions,* Hg. Marian Burchardt et al. (Berlin, New York: de Gruyter, 2015): 95–117.

23 Vgl. ʿImāra, *al-Islām wa-s-siyāsa*, 32.

24 *Al-ḥukm bi-l-ʿadl* kann neben „gerechtem Herrschen" auch bedeuten: in Streitfällen gerecht urteilen, und zwar im vormodernen Sinn einer organischen Verbindung von exekutiver und judikativer Entscheidungsgewalt.

25 Hier unter Verwendung des koranischen Begriffs *ṭāġūt*, des tyrannischen Götzen, an den man glaubt, wenn man nicht an Gott bzw. Allāh glaubt.

26 Vgl. Muḥammad ʿImāra, *al-ʿAlmānīya bayn al-ġarb wa-l-Islām* (al-Manṣūra: Dār al-Wafāʾ, 1996), 23, sowie identisch in ʿImāra, *aš-Šarīʿa al-islāmīya wa-l-ʿalmānīya al-ġarbīya*, 38, und ʿImāra, *ʿAlmānīyat al-midfaʿ wa-l-Inǧīl*, 71.

> [individuelle] Urteilsfindung (*iğtihād*) den Menschen aufzuzwingen. Herrschaft (*ḥukm*) funktioniert nur, wenn die Menschen zufrieden sind und frei entscheiden können – nach dem Prinzip einer Gemeinschaft, die über sich selbst bestimmt (*wilāyat al-umma*). Dementsprechend ist es eine Herrschaft der Gruppe, nicht eines Einzelnen, so wie im ehrwürdigen Koran nicht vom ‚Befehlsinhaber' [bzw. Entscheidungsträger] (‚*walī al-amr*') die Rede ist, sondern immer [im Plural] von ‚Befehlsinhabern' (‚*ūlū al-amr*'). Verbindliche Beratung (*šūrā mulzima*) ist die Grundlage von Herrschaft und Bedingung ihrer Rechtmäßigkeit. Opposition ist eine Notwendigkeit und nicht nur ein Recht; so wie das Rechte zu gebieten und das Schlechte zu verbieten die individuelle Pflicht jedes Muslims und jeder Muslima darstellt.[27]

Bereits an der doppelten politischen Macht, die einerseits bei der Gemeinschaft, andererseits bei den Entscheidungsträgern liegen soll, zeigt sich ein Widerspruch. Das Volk bzw. die Umma beherrscht sich selbst, indem sie sich von gewählten und rechenschaftspflichtigen Repräsentanten regieren lässt. Die „Paradoxie der Herrschaft über sich selbst"[28] lässt sich nicht umgehen.

Dieser Widerspruch kann allerdings dafür genutzt werden, Verfehlungen realexistierender islamischer Politik zu erklären. So betont Huwaydī, das Problem in der islamischen Geschichte sei gerade nicht eine Herrschaft im Namen Gottes gewesen, sondern vielmehr, dass Muslime sich an der Macht vergangen hätten (*iğtirā' ʿalā as-sulṭa*).[29]

Allerdings – so hatte der nonkonforme Gelehrte ʿAlī ʿAbd ar-Rāziq in den 1920er Jahren betont – sei fast die gesamte islamische Geschichte voll von solchem Missbrauch, was nur bedeuten könne, der (von menschlichen Makeln freie) Islam habe damit nichts zu tun.[30]

---

27 Huwaydī, *al-Muftarūn*, 92 f.:
ولا يعطى لكائن من كان – فردا كان أو جماعة – حق الحكم باسم الله، ولاحق احتكار السلطة، ولاحق فرض أى اجتهاد على الناس. والحكم أساسه رضا الناس واختيارهم، حيث ولاية الأمة هى الأصل. ثم إنه حكم جماعة وليس حكم فرد، حيث لم يرد فى القرآن مصطلح «ولى الأمر»، إنما الحديث دائما عن «أولى الأمر». والشورى الملزمة هى قاعدة الحكم وشرط صلاحيته. والمعارضة واجب وليست حقا فقط، حيث الأمر بالمعروف والنهى عن المنكر هو فرض عين على كل مسلم ومسلمة .
Der Ansicht, die Schura sei bindend, ist auch al-Qaraḍāwī, *al-Islām wa-l-ʿilmānīya wağhan li-wağhin*, 120 f.

28 Niklas Luhmann, *Die Politik der Gesellschaft* (Frankfurt a.M.: Suhrkamp, 2000), 103, hier in Bezug auf Demokratie.

29 Vgl. Huwaydī, *al-Muftarūn*, 93.

30 Vgl. ʿAlī ʿAbd ar-Rāziq, *al-Islām wa-uṣūl al-ḥukm* ([Kairo]: al-Hay'a al-miṣrīya al-ʿāmma li-l-kitāb, 1993), 103. ʿAbd ar-Rāziqs Ideen kursieren bis heute; sein Werk wird immer wieder neu aufgelegt (al-Hay'a al-miṣrīya al-ʿāmma li-l-kitāb, 2007; Dār al-kitāb al-lubnānī, 2012 etc.). Auch ʿImāra hat das Werk neu aufgelegt und kommentiert – mit dem Hinweis, ʿAbd ar-Rāziq habe sich später von seinen Thesen distanziert.

ʿAbd ar-Rāziq urteilt demnach ähnlich wie Huwaydī, der betont die Verfehlungen von Herrschern im Lauf der islamischen Geschichte seien von diesen selbst zu verantworten, während der Islam unschuldig daran sei.[31] Und dennoch will Huwaydī islamische Prinzipien gegen säkularistische Kritik verteidigen.

Göttliche versus islamische Herrschaft

In ähnlicher Absicht betont Yūsuf al-Qaraḍāwī, dass der Ausdruck „göttliche Herrschaft" (*ḥukm ilāhī*) von säkularistischer Seite falsch verstanden werde:

> Göttliche Herrschaft – ein Ausdruck, den Sie [Fu'ād Zakarīyā] wählen – bedeutet nicht [unmittelbare] göttliche Macht (*sulṭa ilāhīya*), sondern vielmehr göttliche Grundsatzgesetzgebung inklusive Eindeutigem und Interpretierbarem, worüber man sich einig ist oder nicht. Die Macht gehört den Menschen; sie sind es, die herrschen und [diese] umsetzen.
>
> [...]
> Die Rückkehr zur ‚göttlichen Herrschaft' bedeutet nicht, Gott herrscht [bzw. richtet] selbst oder sendet Engel, die die Menschen beherrschen. Vielmehr bedeutet dies die Rückkehr zum Recht Gottes (*šarʿ Allāh*) durch Erlauben, was Er erlaubt und Verbieten, was Er verbietet, durch Verpflichten, zu dem Er verpflichtet, und durch Gutheißen, was Er für wünschenswert erklärt, durch das Befehlen, was Er befiehlt sowie durch Nicht-Tun, was Er untersagt; [es bedeutet] an Seinen Grenzen anzuhalten [und diese nicht zu übertreten]. [Wie es im Koran heißt:] ‚Das sind die Gebote Gottes. Übertretet sie nicht! Diejenigen, die sie übertreten, sind die (wahren) Frevler' [2:229, Paret].[32]

Die Strömung der islamischen Mitte (*tayyār al-wasaṭīya al-islāmīya*), die al-Qaraḍāwī zu vertreten beansprucht, verwende dementsprechend den Ausdruck „islamische Herrschaft" (*ḥukm islāmī*) und nicht „göttliche", um Missverständnisse zu vermeiden und Gegenargumente von vornherein zu entkräften.

Pro-säkulare Kritiker der islamischen Bewegung wie der Philosoph Fu'ād Zakarīyā (1927–2010) verwendeten hingegen die falsche Unterscheidung von gött-

31 Vgl. Ġālī Šukrī, „Šarʿīyatān tataṣāraʿān ʿalā al-ḥukm [Interview mit Ṭāriq al-Bišrī und Fahmī Huwaydī vom 18.05.1986]," in *Aqniʿat al-irhāb*, Hg. Ġālī Šukrī (Kairo: al-Hay'a al-miṣrīya al-ʿāmma li-l-kitāb, 1992): 91–105 (100).

32 Al-Qaraḍāwī, *al-Islām wa-l-ʿilmānīya waǧhan li-waǧhin*, 127:
فالحكم الإلهى – وهو التعبير الذى تختاره أنت – لا يعنى السلطة الإلهية، إنما يعنى التشريع الإلهى الأصول، بما فيه من قطعى وظنى، ومتفق عليه، ومختلف فيه. أما السلطة فهى للبشر، فهم الذين يحكمون وينفذون. [¶] [...] [¶] فليس معنى الرجوع إلى «الحكم الإلهى» أن الله جل شأنه هو الذى يحكم بذاته، أو ينزل ملائكة يحكمون الناس، إنما معناه الرجوع إلى شرع الله تعالى بإحلال ما أحل، وتحريم ما حرم، وإيجاب ما أوجب، واستحباب ما أحب، والائتمار بما أمر، والانتهاء عما نهى، والوقوف عند حدوده (وَمَن يَتَعَدَّ حُدُودَ اللَّهِ فَأُولَئِكَ هُمُ الظَّالِمُونَ.)

licher vs. menschlicher Herrschaft (*ḥukm ilāhī/ bašarī*). Stattdessen müsse die Rede sein von einer „islamischen Herrschaft, die der Mensch ausübt unter Berufung auf das göttliche Recht." Kurz gesagt: „Der Mensch herrscht, die Scharia [als Grundordnung] kommt von Gott."[33]

Ähnlich argumentieren auch Ḥasan Ḥanafī und Fahmī Huwaydī. Ḥanafī betont, göttliche Herrschaft(lichkeit) (*ḥākimīyat Allāh*) sei nur durch menschliche Herrschaft realisierbar; der Herrscher (*ḥākim*) vertrete das Volk bzw. dessen Interessen und nicht Gott.[34] Huwaydī weist darauf hin, dass es einen Unterschied zwischen der Legitimation von Herrschaft (*šar'īyat al-ḥukm*) und der Grundlage politischer Ordnung gebe.[35] Ein muslimischer Herrscher (*ḥākim muslim*) könne nicht behaupten, seine Macht sei unmittelbar göttlich legitimiert – vielmehr basiere die „gesetzliche Grundlage des Systems (*al-asās al-qānūnī li-n-niẓām*) auf den islamischen Werten". Dementsprechend unterschieden sich Unterdrückung (*ẓulm*) und Gerechtigkeit durch die „Nähe bzw. Ferne zur Scharia sowie zu den islamischen Werten und Lehren"[36].

Gesellschaftliche Zustände und kollektive Ziele

Auch der Philosoph Ḥanafī will in seiner Analyse salafistischer und säkularistischer Parolen Befürchtungen gegenüber islamistischen Forderungen nach einer göttlichen Gesellschaftsordnung entgegentreten.[37] Die salafistische Parole „Gottes ist die Herrschaftlichkeit" (*al-ḥākimīya li-llāh*) spiegle in erster Linie die negativen gesellschaftlichen Zustände wider – und deren radikale Ablehnung durch die Salafisten.

Analog dazu betont Fahmī Huwaydī, die Ursachen für Extremismus seien im autokratischen Regime Ägyptens zu suchen sowie in schlecht ausgebildeten,

33 Al-Qaraḍāwī, *al-Islām wa-l-'ilmānīya waǧhan li-waǧhin*, 128.
34 Vgl. Ḥasan Ḥanafī, „Mā ba'd al-uṣūlīya," in *ad-Dīn wa-ṯ-ṯaqāfa wa-s-siyāsa fī-l-waṭan al-'arabī*, 333–341 (339).
35 Mit explizitem Bezug auf Muḥammad 'Abduh. Vgl. Ġālī Šukrī, „Šar'īyatān tataṣāra'ān 'alā al-ḥukm [Interview mit Ṭāriq al-Bišrī und Fahmī Huwaydī vom 18.05.1986]", 100.
36 Ġālī Šukrī, „Šar'īyatān tataṣāra'ān 'alā al-ḥukm [Interview mit Ṭāriq al-Bišrī und Fahmī Huwaydī vom 18.05.1986]", 101.
37 Vgl. die fünf Aufsätze aus den 1990er Jahren, zusammengefasst im Kapitel „as-Salafīya wa-l-'almānīya (taḥlīl aš-ši'ārāt)" in: Ḥanafī, *ad-Dīn wa-ṯ-ṯaqāfa wa-s-siyāsa fī-l-waṭan al-'arabī*, 257–85. Vgl. dazu auch Yudian Wahyudi, „Hassan Hanafi on Salafism and secularism," in *The Blackwell Companion to Contemporary Islamic Thought*, Hg. Ibrahim Abu-Rabi' (Hoboken: John Wiley & Sons Ltd, 2008): 257–270.

staatlich kontrollierten Predigern,[38] in Arbeitslosigkeit, allgemeiner Rückständigkeit aufgrund staatlicher Vernachlässigung, in der damit zusammenhängenden Perspektivlosigkeit unter Jugendlichen – und in einer Krise der Demokratie.[39] Explizit patriarchalisch wird Huwaydīs Sicht, wenn er der „Obrigkeit" die Verantwortung für gesellschaftliches Fehlverhalten zuschreibt – schließlich sei diese dafür zuständig, die „Menschen hinsichtlich öffentlicher und gesellschaftlicher Moral zu erziehen"[40].

Laut Huwaydī korrumpiere ein erpresserisches Regime die Gesellschaft, weil durch dessen „Apparat" das Verderben in die tägliche Alltagspraxis eingehe.[41] Die staatliche Durchdringung vieler Gesellschaftsbereiche, etwa des Bildungssystems, habe dazu geführt, dass „unsere [arabischen] Völker nicht zur Mäßigung" neigen. Ein Volk, das nicht an der „Formung seiner Gegenwart und seiner Zukunft partizipiere", das nicht in einen „ernsthaften [politischen] Dialog gleich welcher Art" einbezogen werde, erlerne dadurch, „den Anderen auszuschließen und abzulehnen". Wen wundere es, wenn dieses Volk dem Fanatismus erliege?

Nach Ḥanafī findet sich in der Devise: „Der Islam ist die Lösung!" auch die Ablehnung moderner Ideologien und parteipolitischer Formierungen, die in der arabischen Welt versagt hätten: Liberalismus, Nationalismus und Sozialismus.[42] Der reale Konflikt entstehe durch den Zusammenprall des von oben herrschenden Staates und der islamischen Bewegung von unten und spiegle sich geistig im Fundamentalismus (*uṣūlīya*) der so sozialisierten Oppositionsbewegung.[43]

In der Geschichte der Muslime finde sich eine solche Form der Opposition gegen menschliche, nicht-islamische Herrschaft bereits in Ibn Taymīyas Kritik der Tataren aus dem 13. Jahrhundert.[44] Im 20. Jahrhundert habe sich dieser Widerstand in Abū al-Aʿlā Mawdūdīs Kritik einer Hindu-Herrschaft gezeigt sowie in Sayyid Quṭbs Werk *Maʿālim fī aṭ-ṭarīq* (1964), dessen Idee einer „islamischen

38 Gemeint sind v. a. die staatlich initiierten Gelehrtenmissionen der 1990er in ländliche Gebiete, die offenbar nicht erfolgreich waren. Vgl. Fahmī Huwaydī, „Murāǧaʿāt ʿalā iʿtirāfāt ‚taʾib'," in *al-Muftarūn*, 188–194 (191).

39 Vgl. Huwaydī, *al-Muftarūn*, 227.

40 Huwaydī, *al-Muftarūn*, 225.

41 Im Anschluss an Hādī al-ʿAlawī, *Fī as-siyāsa al-islāmīya* (Beirut, 1974), der Helvétius kommentiert.

42 Vgl. Ḥasan Ḥanafī, „aš-Šiʿārāt as-salafīya", 266.

43 Vgl. Ḥasan Ḥanafī, „Mā baʿd al-uṣūlīya", 338 f.

44 Die Verteidigung gegen die Tataren ist auch Symbol eines pro-islamischen Säkularismus. Vgl. den Aufruf zur Einheit in as-Saʿīd, *al-ʿAlmānīya bayn al-Islām wa-t-taʾaslum*, 7, gegen die „neuen Tataren" – die so genannten „Islamisierer" (*mutaʾaslimūn*).

Herrschaft auf einer göttlichen Herrschaftlichkeit aufbaute [und] gegen eine Herrschaft des Menschen“[45] gerichtet war.

Quṭbs unversöhnliches Insistieren auf Gegensatzpaare wie Gott und Tyrann (*ṭāġūt*), Islam und Ignoranz (*ǧāhilīya*), Glaube und Unglaube widerspiegele „den Schmerz durch Folter und Unterdrückung in den Gefängnissen, die er und die Muslimbrüder in der Zeit Nassers“ ertragen mussten – unabhängig davon, ob dies nun richtig oder falsch gewesen sei.[46]

> *Al-Ḥākimīya li-llāh* ist insofern eine Devise, die einen Zustand psychischer Unterdrückung zum Ausdruck bringt, die eine gewaltige Kraft der Ablehnung des Status quo enthält. Deren Kraft liegt in ihrer Negativität; und deren Gefährlichkeit in der Destruktion von allem, um von A bis Z neu aufzubauen, bei Null anzufangen, um alles zu erreichen. Die Parole basiert auf der Verurteilung der Realität und darauf, alles darin abzulehnen.[47]

Mit der Vorstellung einer Souveränität Gottes werde nicht nur eine rein menschliche Willkürherrschaft abgelehnt; die Vorstellung stehe vielmehr für einen von den Menschen gewählten Herrscher, dessen Aufgabe darin bestehe, die Interessen der Umma zu wahren.

„Gott“, so Ḥanafī, „herrscht demnach nicht selbst, sondern durch die Umma und die [so genannten] Leute des Lösens und Bindens.“ Bereits die klassischen Islam-Gelehrten hätten darauf hingewiesen, dass ein Herrschaftsverhältnis erst durch Auswahl, Anerkennung und durch einen Vertrag zustande komme. Der Imam als Führer vertritt demnach die „Umma, nicht jedoch Gott“[48].

Konsens und Dissens

Was passiert im Fall von Meinungsverschiedenheiten zwischen der politischen Führung und der Umma? In den Ausführungen der Säkularismuskritiker finden sich dazu keine genauen Auskünfte. Vielmehr gehen die Autoren von einer

---

45 Ḥasan Ḥanafī, „aš-Šiʿārāt as-salafīya“, 264.

46 Vgl. Sayyid Quṭbs *Maʿālim fī aṭ-ṭarīq* (1964) in Anlehnung an Ideen Mawdūdīs. Allerdings meint Quṭb die Souveränität der Scharia (*šarīʿat Allāh hiya al-ḥākima*) und wendet sich gegen eine Herrschaft des Menschen über den Menschen, insbesondere gegen Religionsvertreter, die im Namen der Religion herrschen. Vgl. Quṭb, *Maʿālim fi-ṭ-ṭarīq*, 60.

47 Ḥasan Ḥanafī, „aš-Šiʿārāt as-salafīya“, 264:
الحاكمية لله إذن شعار يعبر عن حالة نفسية من الاضطهاد، ويحتوى على قوة هائلة من الرفض للوضع القائم. قوته فى سلبه، وخطورته فى هدمه كل شئ من أجل إعادة البناء من جديد، من الألف إلى الياء، البداية بالصفر للوصول إلى كل شئ. يقوم الشعار على إدانة الواقع، ورفض كل شئ فيه.

48 Ḥanafī, „aš-Šiʿārāt as-salafīya“, 265.

Konsenssituation aus – oder sie verweisen auf das altarabische Prinzip von Konsultation und Beratung (*šūrā*), ohne genau zu klären, wie sich eine Einigung erzielen lässt.[49]

Im Gegensatz zum Konsensideal behandelt der Verfassungsrechtler und frühere Medienminister Kamāl Abū al-Maǧd (geb. 1930) einen Ansatz im Fall von politischem Dissens. Danach impliziere der Koranvers 4:59 eine Lösung:

> ‚Ihr Gläubigen! Gehorchet Gott und dem Gesandten und denen unter euch, die zu befehlen haben (oder: zuständig sind)! Und wenn ihr über eine Sache streitet (und nicht einig werden könnt), dann bringt sie vor Gott und den Gesandten, wenn (anders) ihr an Gott und den jüngsten Tag glaubt! So ist es am besten (für euch) und nimmt am ehesten einen guten Ausgang.‘ [Paret].

Während Muslime grundsätzlich Gott, dem Propheten und Entscheidungsträgern bzw. Befehlshabern zu gehorchen haben, werden im Koranvers für den Fall von Uneinigkeit nur Gott und dessen Gesandter Mohammed erwähnt – und keine gesellschaftlichen Instanzen.

Insofern, so Abū al-Maǧd, sei eine islamische Herrschaftsordnung (*ḥukūma islāmīya*)[50] auch eine rechtsstaatliche (*rule/ government of law*),[51] denn im Zweifelsfall gelte nur das göttliche Wort und die Sunna des Propheten.[52] Dies habe bereits der erste Kalif Abū Bakr betont, der seine Befehlsgewalt an Gott und Mohammed gebunden und für den Fall, dass er von deren Ordnung abweiche, die Untertanen explizit vom Gehorsam entbunden hatte.[53]

Nach Abū al-Maǧd ist die Gesellschaftsordnung des Islam ein Rechtsstaat, da alle Akteure denselben außerweltlichen Regeln unterworfen seien, auch der Inhaber des obersten Regierungsamts. Die politischen Akteure können

49 Eine Ausnahme bildet m.W. nur al-Qaraḍāwī der für den Fall von Dissens anmerkt, der Herrscher solle bei der *šūrā* nach der Mehrheit gehen. Vgl. al-Qaraḍāwī, *al-Islām wa-l-ʿilmānīya waǧhan li-waǧhin*, 120 ff. Zur *šūrā* vgl. Roswitha Badry, *Die zeitgenössische Diskussion um den islamischen Beratungsgedanken (šūrā)* (Stuttgart: Steiner, 1998).

50 Meines Erachtens ist *ḥukūma* hier nicht im Sinne einer Regierung, sondern als politische Ordnung zu verstehen.

51 Abū al-Maǧd führt zum Teil englische und französische Begriffe und Zitate an.

52 Vgl. Kamāl Abū al-Maǧd, „Šahādat Kamāl Abū al-Maǧd“, 113. Dass ein solcher Aufsatz im Rahmen der “Suche nach einem neuen Säkularismus“ (so der Untertitel des Buches Ġālī Šukrīs) erscheint, ist sicherlich bemerkenswert.

53 Abū al-Maǧd zitiert Abū Bakr: „Gehorcht mir (*uṭīʿūnī*), wie ich Gott und seinem Gesandten gehorcht habe. Doch wenn ich gegen diese sündige, so steht mir kein Gehorsam über euch zu.“ Vgl. auch Ibn Hišām, *as-Sīra an-nabawīya*, 4 Bde. (Beirut: Dār al-ǧīl, 1975), 4:228 (*Ḫuṭbat Abī Bakr baʿda al-bayʿa*).

sozusagen nicht über den vorgegebenen normativ bindenden Rahmen entscheiden, sondern seien an diesen gebunden.

Abū al-Maǧds Gesetzesstaat unterscheidet sich kaum von der Perspektive Muḥammad ʿImāras, der sich in seiner Auseinandersetzung mit der „islamischen Scharia und dem westlichen Säkularismus" auch auf das tradierte Gelübde Abū Bakrs als Nachfolger Mohammeds bezieht.[54]

Zwei Unterschiede fallen jedoch ins Gewicht: Zum einen verneint Abū al-Maǧd eine politische Funktion der genannten Entscheidungsträger; zum anderen will er die Vereinbarkeit von weltlichem und islamischem Recht demonstrieren, während ʿImāra einen Exklusivanspruch des Islam konstruiert.

Anders als ʿImāra lassen sich die Ansichten Abū al-Maǧds nicht einem religiösen Establishment zuordnen, das sich vor allem über den Anspruch konstituiert, einen offiziellen Islam zu vertreten.[55] Abū al-Maǧds Position als Sprecher ist demnach lose mit denen von Ḥanafī und al-Bannā verbunden, die keinen offiziellen Islam vertreten wollen.[56]

In gewisser Weise gilt dies auch für Fahmī Huwaydī; insofern ist dessen geistige und persönliche Nähe zu Yūsuf al-Qaraḍāwī bemerkenswert. Beide sind Mitglied in der Union of Muslim Scholars (*al-Ittiḥād al-ʿālamī li-ʿulāmāʾ al-muslimīn*) und gehören zu den wenigen Autoren dieser Studie, die ein freundschaftliches Verhältnis pflegen.

Fehlbarkeit und Ideal

Al-Qaraḍāwī erinnert – Fahmī Huwaydī zitierend – daran, dass die (menschlichen) Irrwege europäischer Geschichte sich nicht als Warnung vor einer politischen Ordnung der Gesellschaft durch den Islam eignen. Er weist darauf hin, dass

> der Islam der Umma das Recht zusichert, ihre Herrscher auszuwählen und ihr keinen Herrscher aufzwingt […]. Die Umma hat das Recht, sie [die Herrscher] zu kontrollieren und zur Rechenschaft zu ziehen, so wie sie die Pflicht hat, [jenen] Ratschläge zu geben und sie zu

54 Vgl. ʿImāra, *aš-Šarīʿa al-islāmīya wa-l-ʿalmānīya al-ġarbīya*, 39.

55 Im Übrigen wird Abū al-Maǧd kaum zitiert; Beiträge von ihm werden im Zusammenhang mit *al-ʿalmānīya* werden einerseits in einem Sammelband zu „neuem Säkularismus" (Šukrī) publiziert, vgl. Kamāl Abū al-Maǧd, „Šahādat Kamāl Abū al-Maǧd", und andererseits als redundante Islam-Apologetik eingeordnet, vgl. Yasīn, *Qaḍāyā al-muʿāṣara wa-l-ḫilāfa*, 13–23. Raymond William Baker, *Islam without Fear* (Harvard University Press, 2006), 13 zählt Abū al-Maǧd allerdings zur "New Islamist leadership".

56 Ḥanafī führt Religion auf den praktizierten Volksglauben zurück; al-Bannā will zwar über den rechten Islam belehren, überlässt jedoch die Akzeptanz seiner Ansichten dem Publikum.

> unterstützen, bei [Anweisung des] Rechten zu gehorchen (*aṭ-ṭāʿa fī al-maʿrūf*). Wer jedoch Sündhaftes (*maʿṣiya*) befiehlt, dem steht kein Gehorsam zu, und wer vom Weg abweicht, muss beraten und rechtgeleitet oder gar [von seiner Position] entfernt werden.
>
> Eine solche Herrschaftsordnung – auch wenn sie islamisch ist – ist keine ‚religiöse', in der Bedeutung, wie sie der Westen im Mittelalter kennengelernt hat, sondern ein Staat, der auf offizieller Anerkennung, Beratung und Gerechtigkeit basiert und der durch Gesetze geregelt ist, die er selbst nicht setzt und nicht verändern kann [...].[57]

Al-Qaraḍāwī betont, dass der Missbrauch einer Verfassung nicht die Forderung rechtfertigt, Verfassungen grundsätzlich abzuschaffen. Die Geschichte habe vielmehr gezeigt, wie sehr sich „Völker und Verfechter der Freiheit in Schlacht um Schlacht für die Verfassung stürzen, um diese mühsam zurückzuerlangen, [...] bzw. vor Missbrauch zu schützen."[58]

Bei al-Qaraḍāwī zeigt sich, wie das Ideal einer islamischen Herrschaft als Alternative zu gesellschaftlicher Realität konstruiert wird:

> Dieser Islam begrüßt alles, was die Menschheit durch ihren Kampf mit Tyrannen und Diktatoren an [Möglichkeiten] praktischer Gestaltung [der Gesellschaft] errungen hat – auch das Recht der Völker, sich Herrschern entgegenzustellen, die Freiheit der Schwachen gegenüber den Starken, sowie Verfassungen, die zwischen den Gewalten (*sulṭāt*) trennen und deren Verhältnis zueinander regeln. Dieser Islam begrüßt gewählte Parlamente, unabhängige Richter, freie Presse und freie Kanzeln, Oppositionsparteien und das, was mit dem Geist des Islam und seinen ganzheitlichen Zwecken übereinstimmt, solange dies nicht entsprechenden Textstellen [islamischer Quellen] widerspricht.[59]

Die Errungenschaften lesen sich wie eine Auflistung nicht vorhandener freiheitlich-demokratischer Institutionen in Ägypten, gestützt durch Erfahrungen, die die Generation al-Qaraḍāwīs unter den Präsidenten Nasser, Sadat und Mubarak

57 Al-Qaraḍāwī, *al-Islām wa-l-ʿilmānīya waǧhan li-waǧhin*, 36; wiederveröffentlicht in Yūsuf al-Qaraḍāwī, „Ḫaṣāʾiṣ al-Islām al-laḏī nadʿū ilayh," http://www.qaradawi.net/news/5189.html, 18.09.2011:
إسلام [كذا] يؤكد حق الأمة فى اختيار حكامها، فلا يفرض حاكم عليها، [...]، لها حق مراقبتهم ومحاسبتهم، كما عليها تقديم النصح والعون لهم، والطاعة فى المعروف، فمن أمر بمعصية، فلا سمع ولا طاعة، ومن اعوج وانحرف، وجب أن يقوم بالنصح والإرشاد، وإلا فالعزل والإبعاد. والحكومة بهذا – وإن كانت إسلامية – ليست حكومة "دينية"، بالمعنى الذى عرفه الغرب فى العصور الوسطى، فهى دولة تقوم على البيعة والشورى والعدل، وتحتكم إلى قانون، لم تضعه هى، ولا تملك تغييره [...].

58 Al-Qaraḍāwī, *al-Islām wa-l-ʿilmānīya waǧhan li-waǧhin*, 130.

59 Al-Qaraḍāwī, *al-Islām wa-l-ʿilmānīya waǧhan li-waǧhin*, 36 f.:
هذا الإسلام يرحب بكل ما كسبته البشرية، ووصلت إليه من خلال صراعها مع الطغاة والمستبدين، من صيغ وصور تطبيقية، تضمن حقوق الشعوب فى مواجهة الحكام، وحرية الضعفاء أمام الأقوياء، من دساتير تفصل بين السلطات وتحدد العلاقات، وبرلمانات منتخبة، وقضاء مستقل، وصحافة حرة، ومنابر حرة، وأحزاب معارضة، إلى غير ذلك، مما يتفق مع روح الإسلام ومقاصده الكلية، وإن لم ترد فيه نصوص مباشرة جزئية.

gemacht hat: Unterdrückung von Opposition; Verfassungen, die nur auf dem Papier gelten; kontrollierte Medien; Wahlfälschung etc.[60]

Jugend und Extremismus

Dazu passt, was Ḥanafī und Huwaydī im Zusammenhang mit jugendlichen Salafisten betonen. Für beide sind Extremisten naive Verfechter der Scharia als eines normativen Modells, das in seiner göttlichen Weisheit größere Rücksicht auf die realen Zustände der Gesellschaft nehme als die Extremisten (*salafīyūn, mutaṭarrifūn*) selbst – einer Gesellschaft, die eben jene Extremisten erst hervorgebracht habe, wie Huwaydī betont.

Es handle sich dabei in erster Linie um die „unerfahrene und unwissende Jugend", die sich von einfachen, aber radikalen Ideen verführen lasse.[61] Staatliche Bildungseinrichtungen täten ihr Übriges, wenn sie Jugendliche nach der Ausbildung mit einer „extrem seichten Religionskultur" (*ṯaqāfa dīnīya ḍaḥl li-l-ġāya*) ins Leben entließen. Dementsprechend fehle eine „gewisse Balance und geistige Geradlinigkeit (*istiqāmat al-fikr*)", so dass Jugendliche geistig formbar würden wie „Teig"[62]. Der in den 1990er Jahren öffentlich Reue bekundende „Extremist" ʿĀdil ʿAbd al-Bāqī[63] stehe für eine ganze Generation, wenn er sagt, es habe niemanden gegeben, der sein (falsches) Islamverständnis und das seiner Mitstreiter korrigiert hätte.[64]

Der Fehler der Kritiker jener fehlgeleiteten Jugendlichen – Huwaydī meint offenbar die Ultra-Säkularisten – bestehe nun in der Forderung, die „Dosis an Religiosität" (*ǧirʿat at-tadayyun*) in den Lehrplänen zu verringern, da „Extremismus auf dem Boden von Religiosität" besonders gut gedeihe. Huwaydī hält dagegen, dass es um eine „Rechtleitung der Religiosität" (*taršīd at-tadayyun*)

60 Vgl. den Arab Human Development Report 2004 ("Towards freedom in the Arab world").

61 Vgl. Fahmī Huwaydī, „Šuyūḫunā al-muftarā ʿalayhim", 61. Dass es vor allem um die Jugend gehe, beobachtet nicht nur Huwaydī, vgl. al-Maṭʿanī, *al-ʿIlmānīya wa mawqifuhā min al-ʿaqīda wa-š-šarīʿa*, 62; Quṭb, *al-ʿAlmānīyūn wa-l-Islām*, 100; Fūda, *Ḥiwār ḥawla al-ʿalmānīya*, 21.

62 Fahmī Huwaydī, „Murāǧaʿāt ʿalā iʿtirāfāt ‚taʾib'", 190.

63 ʿAbd al-Bāqī gehörte zu verschiedenen militanten Splittergruppen der al-Ǧamāʿa al-islāmīya, wurde 1981 festgenommen und 1994 im ägyptischen Fernsehen öffentlich als reuiger Extremist vorgeführt – und vom Staat im Kampf gegen den Terrorismus eingesetzt. Vgl. Baker, *Islam without Fear*, 17 ff.

64 Als Beispiel für ein falsches Islamverständnis wird angeführt, dass ʿAbd al-Bāqī und seine Gefährten das Bestehlen von Ungläubigen als erlaubt ansahen.

gehen müsse, nicht um ein „Trockenlegen der Quellen“[65] (*taǧfīf al-yanābī*ʿ). Denn wer Religiosität an sich bekämpfe, fördere Extremismus anstatt ihn zu verhindern.[66]

Man kann davon ausgehen, dass Huwaydī mit *Rechtleitung* der Religiosität deren Integration in ein Weltbild meint, das in der ägyptischen Gesellschaft über eine Mehrheit verfügt und insofern allgemeine Geltung beanspruchen kann. Abgesehen davon setzt der Begriff *taršīd* (auch: Zur-Vernunft-Bringen) Akteure voraus, die über einen besonderen Zugang zu islamisch fundierter Vernunft verfügen.[67]

Zumindest lässt sich feststellen, dass ein solch patriarchalisches Weltbild einer ebenso patriarchalen Gesellschaftsordnung entspricht.[68] Es wird auf die Jugend verwiesen und impliziert, dass Verführbarkeit vor allem mit deren mangelnder Lebenserfahrung zusammenhänge – offen bleibt, warum verdorbene Jugendliche („Extremisten“) unter Beibehaltung ihres Weltbildes erwachsen werden, aber nicht vernünftig im Sinne Huwaydīs.

So bedarf es eines weiteren Arguments. Der Diskurs der islamischen Ultras (*ġulāt al-islāmīyīn*) habe nur „begrenzten Einfluss“, während die Säkularisten die Massenmedien umfassend zur Verbreitung ihrer Ideen nutzten – für Huwaydī ein Grund, mit Kritik an den Islamisten zu sparen und lieber die Einseitigkeit der Säkularisten zu bemängeln.[69]

Bei Huwaydī wird deutlich, dass für ihn islamischer Extremismus erst an dem Punkt beginnt, wo andere zu Ungläubigen erklärt werden (*takfīr*).[70] Die Muslimbruderschaft, al-Ǧamāʿa al-islāmīya und die Salafisten zählt er nicht zu den Extremisten, stattdessen kleine, unbedeutende Gruppen als „Erscheinungen geistiger Abweichung“ (*taǧalliyāt aš-šuḏūḏ al-fikrī*). Deren Führer und Anhänger seien „einfache Leute“, die differenzierte Erörterungen wie jene eines Muḥammad al-Ġazālī (1917–1996) missverstehen würden.[71]

65 So die Staatsdoktrin der 1990er Jahre. Vgl. Baker, *Islam without Fear*, 22 und 38.

66 Vgl. Fahmī Huwaydī, „Murāǧaʿāt ʿalā iʿtirāfāt ‚taʾib'“, 190.

67 Naheliegend ist, dass Huwaydī und Gleichgesinnte sich selbst als Rechtleitende verstehen. Vgl. Baker, *Islam without Fear*, 12 f., der den Begriff *taršīd* (*tarshid*) hervorhebt.

68 Man denke an das Neo-Patrimonialismus-Modell zur Beschreibung des Mubarak-Regimes. Im Übrigen auch ersichtlich im staatlich geförderten Eingeständnis des zitierten ʿAbd al-Bāqī.

69 Vgl. Fahmī Huwaydī, „Šuyūḫunā al-muftarā ʿalayhim“, 62.

70 Dies entspricht in etwa Ḥanafīs Beschreibung von Fundamentalismus (*uṣūlīya*). Vgl. Ḥanafī, *ad-Dīn wa-ṯ-ṯaqāfa wa-s-siyāsa fī-l-waṭan al-ʿarabī*, 339 f.

71 Ausgehend von ʿAbd al-Bāqīs ‚unkundiger' Rezeption von Muḥammad al-Ġazālīs *Fiqh as-sīra* verallgemeinert Huwaydī auf andere militante Gruppen der 1990er Jahre wie „at-Takfīr wa-l-hiǧra“, „aš-Šawqiyūn“, „an-Nāǧūna min an-nār“ und „at-Tawaqquf wa-t-tabayyun“. Vgl. Fahmī Huwaydī, „Murāǧaʿāt ʿalā iʿtirāfāt ‚taʾib'“, 189.

Wie andere Islamverteidiger legt Huwaydī somit nahe, dass Extremismus eine Frage mangelnder Bildung und intellektuellen Unvermögens sei, koppelt also die Unterscheidung gebildet vs. ungebildet mit der Unterscheidung gemäßigt vs. extremistisch.

Extremismus ist für Huwaydī erklärbar mit einer allgemeinen „Krise des religiösen Referenzrahmens (*marǧiʿīya dīnīya*)“, der gewährleisten soll, dass abwegige Ideen über den Islam korrigiert werden und die verführbare Jugend Mäßigung und Vernunft annimmt.[72] Dementsprechend fordert Huwaydī neben einer besseren Predigerausbildung eine Reform der Azhar, welche vor allem auf deren institutionelle Unabhängigkeit zielen soll.[73]

Fragen ließe sich im Anschluss daran, ob diese Unabhängigkeit nicht eine Form der Trennung von Religion und Staat und insofern säkular wäre. Zumindest einige islamwissenschaftliche Beobachter erachten es als sinnvoll, in ähnlichen Zusammenhängen von *implizitem* oder *verborgenem* Säkularismus zu sprechen.[74]

Huwaydī selbst würde einer Einordnung als Säkularist vehement widersprechen – genauso wie er sich daran stört, als islamischer Extremist bezeichnet zu werden.

Bei seiner Beobachtung extremistischer Gruppen innerhalb der arabischen Welt betont Huwaydī den Unterschied zwischen nachvollziehendem Verstehen und moralischer Verantwortung.

> Ich möchte die Extremisten nicht freisprechen, sondern rufe nur dazu auf, ihren Standpunkt richtig zu verstehen und sie als Opfer politischer und gesellschaftlicher Unterdrückung (*ẓulm*) anzusehen. Natürlich rechtfertigt ihr Dasein nicht rücksichtsloses Verhalten oder Verstöße gegen das Gesetz. Das Verstehen eines Standpunkts ist eine Sache, die Verantwortung eines jeden für seine Handlungen eine andere.[75]

---

72 Vgl. Fahmī Huwaydī, „Murāǧaʿāt ʿalā iʿtirāfāt ‚taʾib‘“, 191.

73 Vgl. Fahmī Huwaydī, „Murāǧaʿāt ʿalā iʿtirāfāt ‚taʾib‘“, 191, sowie generell Muḥammad Salīm al-ʿAwwā, *Azmat al-muʾassasa ad-dīnīya* (Kairo: Dār aš-Šurūq, 2003). Die Unabhängigkeit der Azhar von staatlichen Eingriffen fordert Huwaydī auch nach der „Revolution“. Vgl. Fahmī Huwaydī, „al-Wafāq bayna bayān al-Azhar wa-ḫibrat Tūnis,“ *aš-Šurūq*, 17.01.2012.

74 Vgl. Krämer, *Gottes Staat als Republik*, 48, mit Bezug auf die explizit säkularismuskritischen al-ʿAwwā und ʿImāra; Alexander Flores, „Die innerislamische Diskussion zu Säkularismus, Demokratie und Menschenrechten“ (623 u. 628) mit Bezug auf Muḥammad ʿAbduh, ʿAlī ʿAbd ar-Rāziq und den explizit pro-säkularen Muḥammad Saʿīd al-ʿAšmāwī.

75 Fahmī Huwaydī, „Lam yūladū mutaṭarrifīn,“ in *al-Muftarūn*, 223–227 (227):
لا أريد أن أبرئ المتطرفين، لكننى أدعو فقط إلى فهم موقفهم على نحو صحيح، واعتبارهم ضحايا الظلم السياسى والاجتماعى. وبطبيعة الحال، فإن كونهم كذلك لا يبرر أى تصرفات طائشة أو انتهاكات للقانون تصدر عنهم. ففهم الموقف شىء، ومسئولية كل طرف عن أفعاله شىء آخر.

Während Huwaydī islamistische Positionen verstehbar machen will, ärgert er sich über Kritiker, die meinen, in ihm einen Anhänger jener Positionen gefunden zu haben.[76]

Der Aspekt, der Huwaydī am meisten erzürnt, ist die Gleichsetzung von moderatem und radikalem Islam, d. h. von militanten Islamisten mit ihm als gruppenlosem Verteidiger des Islam[77] – eine Gleichsetzung, mit der schon Naṣr Ḥāmid Abū Zayd heftige Reaktionen hervorgerufen hatte.

Durch die mangelnde Differenziertheit der säkularistischen Perspektive würden alle „Verfechter islamischer Ordnung" (*du'āt an-niẓām al-islāmī*) radikal einem einzigen Lager zugeordnet, das alle Laster in sich vereine: „von Gewalt über Für-ungläubig-Erklären (*takfīr*), Terror, Verführung zu Aufruhr (*fitna*), Unterwanderung [politischer] Ordnung bis zum Verbreiten von Verderben (*fasād*) auf Erden."[78]

Schluss

Bemerkenswert an den skizzierten Perspektiven ist, dass sie Extremismus und dessen Akteure vor allem hinsichtlich möglicher Ursachen beurteilen (Huwaydī, Ḥanafī) – und nicht anhand der Handlungsmotive.

Extremismus ist demnach eine Reaktion des Widerstands, ein Protest gegen politische Strukturen.[79] Analog dazu sind Salafisten auf ihre Weise Kämpfer für eine bessere Gesellschaft, nur dass ihre Sprache die islamische Scharia einseitig auf eine Pflichtdimension reduziere und sich „mitunter in eine Art Unterdrückung

---

76 So ärgert er sich über den Historiker 'Abd al-'Aẓīm Ramaḍān, der Huwaydī des „geistigen Terrors" bezichtigt oder Ṣalāḥ Ḥāfiẓ, der in al-Ahram meint, für Huwaydī sei islamischer Extremismus erlaubt. Huwaydī reagiert darauf mit Gegenkritik. Vgl. Fahmī Huwaydī, „Azmat ar-riǧāl al-muḥtaramīn," in *al-Muftarūn*, 32–38, sowie Fahmī Huwaydī, „Man aẓ-ẓālim? Man al-maẓlūm?," in *al-Muftarūn*, 161–169.

77 Zum einen betont er mehrfach, keine konkreten Gruppen zu verteidigen, sondern den Islam, zu dem es mehr als einen Weg gebe. Vgl. Huwaydī, *al-Muftarūn*, 92; Fahmī Huwaydī, „ad-Difā' 'an al-ḥurīya wa-d-dīmuqrāṭīya wa-'an al-mustaḍ'ifīn 'anāwīn kubrā li-l-mašrū' al-islāmī," *at-Taǧdīd*, 03.05.2007; Muḥammad al-Ǧiddāwī, „Huwaydī: talaqqaytu naṣā'iḥ bi-«tarṭīb» kalāmī," *al-Miṣrī al-yawm*, 31.10.2004. Zum anderen sieht er sich selbst nur als externen Beobachter und nicht als unmittelbaren Teilnehmer und verwahrt sich gegen entsprechende Kritik.

78 Wiederum in Auseinandersetzung mit 'Abd al-'Aẓīm Ramaḍān. Vgl. Huwaydī, *al-Muftarūn*, 169.

79 Vgl. auch den politik- und sozialwissenschaftlich beobachteten Zusammenhang zwischen Fundamentalismus und Moderne bzw. die Beobachtung von Fundamentalismus als Protestbewegung.

und Terror" verwandle (Ḥanafī). Dabei werde übersehen, dass die „Anwendung der Scharia Rechte gewährt, bevor sie Pflichten einfordert"[80].

Ḥanafī kommt beim Vergleich von Salafismus und Säkularismus zu einem bemerkenswerten Schluss: Die Vorstellung einer Souveränität Gottes verbunden mit menschlicher Herrschaft komme „säkularistischen Devisen wie Freiheit, Demokratie und freien Wahlen" sehr nahe.[81] Die Unterscheidung von Salafismus und Säkularismus lässt sich aus dieser Perspektive demnach nicht in den europäisch geprägten Gegensatz von Theokratie und Demokratie übersetzen. Vielmehr skizziert Ḥanafī zwei in ihrem konkreten gesellschaftlichen Kontext verankerte Lager, die dieselben Probleme mit je eigenen Mitteln zu lösen versuchen.

Wahrend es für al-Qaraḍāwī im Konflikt zwischen Islam und Säkularismus einen Sieger und einen Verlierer geben muss, ist der Konflikt für Ḥanafī lösbar: Der Kampf zwischen Salafisten und Säkularisten – „den verfeindeten Brüdern"– kann durch die gemeinsame Erfahrung von Demokratie und in Form „freier Wahlen aller politischen und intellektuellen Kräfte"[82] entschärft und womöglich beendet werden. Al-Qaraḍāwī betont die Notwendigkeit demokratischer Verfahren auch, allerdings als Manifestationen einer islamischen Ordnung – als göttlich gewährte Gnade „im Rahmen der islamischen Grundsätze und eindeutigen Bestimmungen"[83].

An der Perspektive, die Autoren wie Huwaydī und al-Qaraḍāwī einnehmen, fällt auf, dass darin ein islamischer Exklusivanspruch erhoben wird. Geht man davon aus, dass in dieser Perspektive bewusst von einem muslimischen Herrscher (imperfekter Mensch) und nicht von islamischer Herrschaft (perfektes System) gesprochen wird, so muss das *Islamische* der Herrschaft abstrakt bleiben. Eine islamische Regierung kann es demnach nicht geben, nur islamisch fundierte Politik; und dies entspricht letztlich der Idee eines bürgerlichen, „zivilen Staates mit islamischem Referenzrahmen", wie sie unter anderem von den Muslimbrüdern vertreten wird.[84]

---

80 Ḥasan Ḥanafī, „al-Ḫilāf fī al-luġa", 296.

81 Dies kann man auch anders sehen: vgl. Ġālī Šukrī, „al-ʿAlmānīya al-malʿūna," in *Aqniʿat al-irhāb*, Hg. Ders. (Kairo: al-Hayʾa al-miṣrīya al-ʿāmma li-l-kitāb, 1992): 441–463 (449). Šukrī argumentiert, dass der Salafismus Gewaltentrennung und Gleichheit aller Bürger gerade nicht akzeptiere.

82 Ḥasan Ḥanafī, „Mā baʿd al-uṣūlīya", 341.

83 Al-Qaraḍāwī, *al-Islām wa-l-ʿilmānīya waǧhan li-waǧhin*, 39.

84 Vgl. das Kapitel „Ein politischer Skandal und die Reaktionen der ägyptischen Presse (2006)". Die Argumentation setzt allerdings voraus, dass der Herrscher Muslim ist und im Fall Ägyptens demnach kein Kopte infrage kommt.

Deutlicher werden die Spielräume islamischer Gesellschaftsordnung, vergleicht man al-Qaraḍāwī und Ḥanafī. Während bei al-Qaraḍāwī das göttliche Gesetz den Rahmen bildet, den die Muslime ausfüllen, scheint Ḥanafīs Konstruktion islamischer Herrschaft eine notwendige Übersetzungsleistung durch den menschlichen Verstand vorauszusetzen.

Demnach orientiert sich Herrschaft zwar an der göttlichen Ordnung, muss aber ein humanes Element enthalten. Sowohl der menschliche Verstand als auch das Wohl der Umma – die keine ausschließlich muslimische sein muss – erscheinen bei Ḥanafī als dem Korantext vorgeordnet, jedenfalls als unumgehbar.

In welche intellektuellen Lager man die zum Teil widersprüchlich argumentierenden Autoren auch einteilen mag – allgemein lässt sich bei der Sicht auf den Islam ein normativer Idealismus beobachten.

Der Islam wird nicht anhand der beobachtbaren, sondern anhand einer idealistisch-normativen Realität beurteilt. Konkrete gesellschaftliche Fragen und Probleme erscheinen als Teil der Realität der Muslime – aber nicht als Teil des Islam. Dieser gewinnt eine von der Realität getrennte Sonderstellung, die es ihm ermöglicht, Antworten zu bieten und damit sozialen Sinn zu generieren. In diesem Punkt ähneln sich säkularismuskritische Perspektiven wie die Huwaydīs oder al-Qaraḍāwīs und die wohlwollende (jedoch nicht affirmative Perspektive) von Ḥanafī.[85]

Ein solcher Islam-Idealismus zeigt sich auch, wenn die politische Kernidee des Gemeinwohls an allgemeinen Prinzipien der Scharia festgemacht wird. Der Islam hat aus einer solchen Perspektive im Prinzip alles zu bieten, sogar einen Rechtsstaat. Man muss ihn nur *richtig* anwenden. Reformiert werden kann und muss dieser Sicht folgend nicht der Islam, sondern nur die Muslime und deren Institutionen.

Eine solche islamische Perspektive leistet sich eine Argumentation weit ab von konkreten ägyptischen Problemen, Akteuren und Institutionen. Sie beschreibt ein traditionsbegründetes Ideal und verbleibt – einem Rechtsdiskurs ähnlich – in einer auf normativer Geltung statt auf Faktizität basierenden Realität.[86]

---

85 Dies gilt m. E. auch, wenn Ḥanafī betont, der eigentliche Islam fange bei den tatsächlichen Gegebenheiten an und nicht bei Null (Ḥanafī, *ad-Dīn wa-ṯ-ṯaqāfa wa-s-siyāsa fī-l-waṭan al-ʿarabī*, 264) – es bleibt bei einer Grundsatzfeststellung.

86 Vgl. allgemein Jürgen Habermas, *Faktizität und Geltung* (Frankfurt a. M.: Suhrkamp, 1992) und Niklas Luhmann, *Das Recht der Gesellschaft* (Frankfurt am Main: Suhrkamp, 1993).

3.4 Interne Reflexion des diskursiven und kommunikativen Kontexts

Die gesellschaftsinterne Verortung von *al-ʿalmānīya* und Islam durch öffentliche Sprecher beinhaltet ein reflexives Moment: Die untersuchten Autoren erörtern den kommunikativen und diskursiven Kontext ihrer Themen, also deren sprachlich-pragmatische und gesellschaftliche Einbettung.

Dabei geht es nicht nur um einen sprachlichen Kontext, der von dem abweicht, was Jürgen Habermas als *ideale Sprechsituation* bezeichnet.[1] Vielmehr kann man die erörterten Themen auch als Hinweise auf allgemeine gesellschaftliche Phänomene verstehen. Welche Phänomene der ägyptischen Gesellschaft im Allgemeinen und des Islam im Besonderen lassen sich nun anhand dieser internen Beobachtungen nachzeichnen?

Anerkennung

Ein zentrales Problem, dessen gesellschaftliche Tiefenwirkung sich nicht auf den ersten Blick erschließt, ist das Thema Anerkennung. So betont Muḥāmmad ʿImāra, dass Dialogveranstaltungen meist von Schmeicheleien (*mudāhana*) und von Heuchelei (*nifāq*) geprägt seien.[2] Es fehle an „gegenseitiger Anerkennung (*iʿtirāf al-mutabādil*) und Akzeptanz zwischen den Dialogparteien"[3]. Wenig später präzisiert er seine Kritik, halbiert jedoch auch die Verantwortlichkeit: Gerade die „Anderen" seien es, die einen Standpunkt der Ablehnung (*mawqif al-inkār*) einnähmen.[4]

Im Zusammenhang mit Auseinandersetzungen zwischen „Säkularisten" und Vertretern „des Islam"[5] Ende der 1980er, Anfang der 1990er Jahre beobach-

1 Vgl. Jürgen Habermas, „Wahrheitstheorien," in *Vorstudien und Ergänzungen zur Theorie des kommunikativen Handelns*, 127–183, insbesondere 174 ff.

2 Vgl. ʿImāra, *Maʾziq al-masīḥīya wa-l-ʿalmānīya fī Awrūbbā*, 16.

3 ʿImāra, *Maʾziq al-masīḥīya wa-l-ʿalmānīya fī Awrūbbā*, 5. Respektvolle Anerkennung ist auch für Fahmī Huwaydī wichtig. Und so spricht er die von ihm Kritisierten regelmäßig an mit Titeln wie *ustāḏ ʿālim* (gelehrter Herr) oder *muṯaqqaf bāriz lahu taqdīruhu wa-ḥtirāmuhu* (hervorragender Intellektueller, der geschätzt und respektiert wird), hier: Huwaydī, *al-Muftarūn*, 91. Vgl. auch al-Qaraḍāwī, der kritisiert, das Gute, das der Islam den Menschen bringe, erkenne der Säkularismus nicht an (al-Qaraḍāwī, *al-Islām wa-l-ʿilmānīya waǧhan li-waǧhin*, 94).

4 Vgl. ʿImāra, *Maʾziq al-masīḥīya wa-l-ʿalmānīya fī Awrūbbā*, 7.

5 Vgl. den Titel Quṭb, *al-ʿAlmānīyūn wa-l-Islām*, deutsch: *Die Säkularisten und der Islam*. Bemerkenswert: Quṭb stellt nicht zwei kategorisch gleichartige Lager gegenüber, sondern Akteur(e) und Religion.

tet Muḥammad Quṭb, dass die Gespräche keinerlei Erfolg verzeichnen konnten und erhebt die diskursethische Forderung, alle am Dialog Beteiligten sollten aufrichtig (*muḫliṣūn*) sein sowie die „Wahrheit [bzw. das Rechte] (*al-ḥaqq*) wollen“[6].

Es geht beim Thema Anerkennung allerdings nicht nur um innerarabische, sondern auch um interreligiöse Debatten. So spricht ʿImāra von Diskussionsveranstaltungen mit Muslimen, organisiert von europäischen Kirchen.[7] Als Hinderungsgrund für gegenseitige Verständigung nennt ʿImāra Motive der Gesprächspartner – Vertreter des „westlichen Christentums“ – und ist davon überzeugt, die „wahren Absichten (*maqāṣid*) der Anderen“ zu kennen.[8] Den christlichen Opponenten gehe es nicht darum, den Islam kennenzulernen, sondern um effektivere Christianisierung.[9]

Dementsprechend nimmt ʿImāra nach eigener Aussage nicht mehr an solchen Dialogveranstaltungen teil – obwohl er vorher betont hatte, dass „im Islam Dialog nicht nur Tugend (*faḍīla*) sei, sondern Pflicht (*farīḍa*)“[10]. Demnach gilt für ʿImara: ein Dialog soll zwar stattfinden, aber nicht in einer Gesprächssituation, die durch strategisches Handeln bestimmt ist, statt auf Verständigung zu zielen.

Es wird deutlich, dass es sowohl in innerarabischen als auch in interreligiösen Debatten nicht nur um die Erörterung verschiedener Wahrheitsansprüche gehen kann, sondern dass auch die kommunikative Form eine Rolle spielt. Die Intention und Aufrichtigkeit der Gesprächspartner wird betont – also etwas, das nicht nachgeprüft, sondern nur erschlossen werden kann.[11]

---

6 Quṭb, *al-ʿAlmānīyūn wa-l-Islām*, 6. Eine Chance auf Erfolg sieht Quṭb, wenn der Dialog „rein wissenschaftlich und rein sachbezogen“ geführt werde. Vgl. auch die ähnliche Forderung nach „höchstmöglicher Sachlichkeit“, Fahmī Huwaydī, „al-Qaḍīya raqm wāhid?“, 160.

7 Vgl. ʿImāra, *Maʾziq al-masīḥīya wa-l-ʿalmānīya fī Awrūbbā*. Bemerkenswert ist, dass sich gemäß dem Titel seiner Publikation nicht nur das Christentum, sondern auch der Säkularismus Europas in einem Dilemma befindet. Vgl. auch das Kapitel „Islam und Christentum“.

8 Vgl. ʿImāra, *Maʾziq al-masīḥīya wa-l-ʿalmānīya fī Awrūbbā*, 8.

9 Vgl. ʿImāra, *Maʾziq al-masīḥīya wa-l-ʿalmānīya fī Awrūbbā*, 8. Die muslimische Seite sei dagegen Andersgläubigen gegenüber offen und anerkennend eingestellt (5 f.). Offenbar handelt es sich um eine „epistemische Blockierung“ (Bachelard).

10 ʿImāra, *Maʾziq al-masīḥīya wa-l-ʿalmānīya fī Awrūbbā*, 3; belegt durch Koranverse, die besagen, dass die Erschaffung verschiedenartiger Stämme und Völker gewollt sei (30:22); dass die Menschen verschiedenartig erschaffen wurden, „damit ihr einander kennenlernt“ (49:13) bzw. dass gerade Widerstreit Unheil auf Erden verhindert (2:251). Ähnlich al-Qaraḍāwī, *al-Islām wa-l-ʿilmānīya waǧhan li-waǧhin*, 39.

11 Die Probleme, die daraus entstehen, sind aus dem Europa des 18. Jahrhundert bekannt. Vgl. Niklas Luhmann, *Liebe als Passion* (Frankfurt a.M.: Suhrkamp, 1994), 131 ff. sowie 153 ff. („Die Entdeckung von Inkommunikabilität“) sowie allgemein Luhmann, *Soziale Systeme*, 207 ff.

In ganz anderer Form betont Fahmī Huwaydī Anerkennung als notwendige Bedingung für Dialog. Bemerkenswerterweise kritisiert der pro-islamisch argumentierende Huwaydī hier islamische Aktivisten (*islāmīyūn*):

> Die Nicht-Anerkennung der Legitimität (*šar'īya*) von Andersdenkenden (*āḫarīn muḫālifīn*) ist das, was die Botschaft des Islam bedroht, und nicht das Gegenteil [wie es Islamisten praktizieren]. Ihnen [den Säkularisten] zumindest diese Legitimität zu gewähren, erlaubt ihnen, ihre Meinungen auszudrücken und ermöglicht den Islamisten, ihr Plädoyer an sie zu richten und ihnen vom Rechten zu berichten, das sie in ihren Händen halten. Wenn sie jedoch deren Argumente ignorieren und ihnen Legitimität entziehen, können sie [die Säkularisten] ihre Ansprüche unter der Hand verbreiten. Das [Verhalten der Islamisten] entzieht nicht nur Rede- und Meinungsfreiheit innerhalb der Gesellschaft, sondern verhindert auch die Möglichkeit, ihren Meinungen etwas entgegenzusetzen […].[12]

Huwaydī nimmt an, die Islamisten seien in Sorge, dass die prinzipielle Anerkennung der Opponenten als Akzeptanz ihrer Meinungen missverstanden werden könnte und betont, dass zwischen Verstehen und Kooperation einerseits und Akzeptanz von Thesen (*qubūl al-uṭrūḥāt*) andererseits unterschieden werden müsse.[13]

Auffallend ist, dass Huwaydīs pragmatische Verständigungsbereitschaft davon konterkariert wird, dass er den Islamisten die Anerkennung ihrer Opponenten als Abwendung eines strategischen Nachteils näherbringen will. Als Andersdenkender könnte man somit annehmen, man werde lediglich anerkannt, damit die Islamisten ihre religiöse Wahrheit strategisch durchsetzen können – und sich wie ʿImāra daraufhin weigern, in einen Dialog zu treten.

Etwas wohlmeinender formuliert: Da Huwaydī vom Sieg islamischer Argumente überzeugt ist – eben weil es sich aus seiner Sicht dabei um das Rechte handelt – stellt sein Aufruf noch keine Strategie im eigentlichen Sinne dar. Letztlich ist für ihn die „Anerkennung der Legitimität der gemäßigten säkularistischen Strömung" (*al-iʿtirāf bi-šarʿīyat at-tayyār al-ʿalmānī al-muʿtadil*) eine praktische Notwendigkeit – eine Feststellung, für die er Zorn geerntet hat.[14]

Perspektivisch ließe sich nach möglichen Folgen fragen, wenn Andersdenkende sich nicht von islamischen Wahrheiten überzeugen lassen. Für Huwaydī

---

12 Huwaydī, *al-Muftarūn*, 270:
إن عدم الاعتراف بشرعية الآخرين المخالفين، هو الذى يهدد رسالة الإسلام، وليس العكس. على الأقل، فإكسابهم تلك الشرعية يتيح لهم إعلان آرائهم ، ويمكّن الإسلاميين من محاجتهم والتصدى لهم، وإبلاغهم بالحق الذى بين أيديهم. بينما تجاهلهم وحجبهم عن الشرعية يمكّنهم من بث دعاواهم بعيدا عن الأعين. وهو مالايشكل مصادرة لحرية التعبير والتفكير فى المجتمع فحسب، وإنما يؤدى ذلك أيضا إلى مصادرة إمكانية التصدى [...].

13 Vgl. Fahmī Huwaydī, „Islāmīyūn wa-ʿalmānīyūn," in *al-Muftarūn*, 269–274 (269).

14 Vgl. Fahmī Huwaydī, „Islāmīyūn wa-ʿalmānīyūn", 269.

ist jedoch zunächst relevant, dass überhaupt kommuniziert wird – zumindest solange es um das „Wohlergehen der Gesellschaft“[15] geht.

Ähnlich wie bei Ḥasan Ḥanafī sind bei Huwaydī Grundwahrheiten nicht im Islam selbst zu suchen, sondern in einem allgemeinen, nationalen Projekt (*mašrūʿ waṭanī ʿāmm*) – und eben jenes Projekt sei „im Besitz der Umma mit ihren verschiedenen Kräften und Strömungen und nicht im ausschließlichen Besitz einer politischen Gruppe.“[16]

Im Unterschied zu Yūsuf al-Qaraḍāwī und Muḥammad ʿImāra sowie in Übereinstimmung mit Ḥasan Ḥanafī stellen bei Huwaydī nationale Interessen ein gesellschaftliches Endziel dar, dessen Realisierung mit den Zielen des Islam übereinstimmt. Im Unterschied zu al-Qaraḍāwī und ʿImāra konstruiert Huwaydī keinen essenziellen Konflikt zwischen Islam und Säkularismus, bei dem es um Sieg oder Niederlage bzw. um eine eindeutige Rangordnung geht. Stattdessen sieht Huwaydī einen Konflikt zwischen Säkularisten und Islamisten, die aus seiner Sicht beide übersehen, dass sich politische Interessen konkreter Akteure dem Interesse der Nation unterzuordnen haben.

Dekonstruktion als Aggression

Ähnlich wie die von Huwaydī ermahnten Islamisten scheinen auch führende Säkularisten nicht die Voraussetzungen für einen Dialog zu erfüllen, folgt man der Darstellung Yūsuf al-Qaraḍāwīs. Über seinen Kontrahenten der 1980er Jahre, den Philosophen Fu'ād Zakarīyā (1927–2010),[17] den er als führenden Säkularisten ansieht, sagt al-Qaraḍāwī, dass

> der Autor [Zakarīyā] nicht einen Stift, um Dialog zu führen, bei sich trug, sondern ein Schwert zum Angreifen. Er hat den großen Raum, der ihm in der Presse gegeben wurde, missbraucht, um unbestrittene Tatsachen der islamischen Umma aus 14 Jahrhunderten anzuzweifeln, bis hin zu Zweifeln daran, dass die Scharia von Gott kommt. Er hat behauptet, dass alles, was göttlich ist, rein menschlich verdreht sei und lediglich Interpretation und Anwendung. Dies bedeutet, dass es völlig sinnlos und ungerechtfertigt ist, dass Gott

15 Fahmī Huwaydī, „Islāmīyūn wa-ʿalmānīyūn“, 269 f.

16 Fahmī Huwaydī, „Islāmīyūn wa-ʿalmānīyūn“, 270 (ملك للأمة بمختلف قواها وتياراتها، وليس ملكا لفصيل سيساسى دون آخر).

17 Vgl. Zakarīyās Kritik des „Islamischen Erwachens“ (und damit al-Qaraḍāwīs) in *aṣ-Ṣaḥwa al-islāmīya fī mīzān al-ʿaql* und *al-Ḥaqīqa wal-wahm fī al-ḥaraka al-islāmīya al-muʿāṣira* – beide Werke wurden 2006 neu aufgelegt.

> den Menschen eine Schrift offenbart bzw. eine Scharia auferlegt [hat], überbracht von einem Gesandten.[18]

Bemerkenswert ist der Zusammenhang, den al-Qaraḍāwī zwischen Zweifel und Aggression herstellt: Wer allgemein anerkannte Tatsachen anzweifelt, rüttelt an den Grundfesten kollektiver und islamisch bewährter Ordnung. Der säkularistische Gesprächspartner verhält sich sozusagen diskursethisch destruktiv, wenn er unhinterfragbare Wahrheiten (*ḥaqā'iq qāṭi'a*) anzweifelt.

> Er möchte sie in Möglichkeiten verwandeln [und Zweifel am Koran streuen], die man annimmt oder ihnen etwas entgegensetzt und um die man sich rangelt.
>
> Das ist ein abgefeimtes Spielchen der Säkularisten und Feinde des Islam. Erst versuchen sie, die Islamisten dazu zu bringen, solche Zugeständnisse zu machen. Und dann verwandeln sich Gewissheiten (*qaṭ'īyāt*) in Meinungen (*ẓannīyāt*) und Eindeutiges in Mehrdeutigkeiten.[19]

Al-Qaraḍāwī nutzt hier die koranische Unterscheidung von Versen als eindeutig und uneindeutig (*muḥkam/ mutašābih*) und die Kritik des Korans an jenen, die den Schwerpunkt auf Mehrdeutigkeiten legen.[20] Im Anschluss daran wird nicht nur Zweifel an religiöser Dogmatik diskreditiert, sondern auch der Zweifler moralisch abgewertet, indem man ihm subversive Absichten unterstellt. Ähnliches hatte Ǧamāl al-Bannā dem Philosophen Murād Wahba, einem geistigem Nachfolger Zakarīyās, vorgeworfen, der Säkularismus über Relativismus definierte.[21]

---

18 Al-Qaraḍāwī, *al-Islām wa-l-'ilmānīya waǧhan li-waǧhin*, 4:
الكاتب لم يكن يحمل قلماً للحوار، بل سيفاً للهجوم، واستغل المساحة الكبيرة، المعطاة له فى الصحيفة، للتشكيك فى المسلّمات الأولية عند الأمة الإسلامية، طوال أربعة عشر قرناً من الزمان، حتى اجترأ على التشكيك فى أن الشريعة من عند الله! وزعم أن كل ما هو إلهى، ينقلب بشرياً صرفاً، بمجرد تفسيره وتطبيقه. ومعنى هذا أنه لا فائدة، ولا مبرر أن ينزل الله للناس كتابا، أو يلزمهم بشريعة، يبعث بها رسولا.

19 Al-Qaraḍāwī, *al-Islām wa-l-'ilmānīya waǧhan li-waǧhin*, 132:
يريد أن يحيلها إلى أمور محتملات، قابلة للأخذ والرد، والجذب والشد. [¶] وهذه لعبة ماكرة من لعب العلمانيين وخصوم الإسلام، يحاولون جر الإسلاميين إلى التسليم بها، فتنقلب القطعيات إلى ظنيات، والمحكمات إلى متشابهات.

20 Vgl. Sure 3:7: „Er ist es, der die Schrift auf dich herabgesandt hat. Darin gibt es (eindeutig) bestimmte Verse (w. Zeichen) – sie sind die Urschrift – und andere, mehrdeutige. Diejenigen nun, die in ihrem Herzen (vom rechten Weg) abschweifen, folgen dem, was darin mehrdeutig ist, wobei sie darauf aus sind, (die Leute) unsicher zu machen und es (nach ihrer Weise) zu deuten.“ (Paret).

21 Al-Bannā hatte kritisiert, im Islam könne sich das Absolute nicht dem Relativen unterordnen. Für die Kontroverse vgl. al-Bannā, „Fīma na'talif… wa-fīma naḫtalif? (1–3)“; al-Bannā, „Fīma na'talif… wa-fīma naḫtalif? (2-2)“; Wahba, „al-'Almānīya wa-dawrān al-arḍ“; al-Bannā, „Ǧamāl al-Bannā yu'aqqib 'alā radd Murād Wahba“.

Eine solche Säkularismuskritik problematisiert demnach, dass Religion in ihrem dogmatischen Kern nicht angezweifelt werden kann, ohne sie durch Relativismus zu unterlaufen. Relativismus nimmt in Kauf, dass sich Glaube an absolut Wahres und normativ Richtiges in Kontingenz auflöst – und damit den Gläubigen religiöse Wahrheit und Handlungsfähigkeit entzogen wird.

Die Beobachtungen al-Qaraḍāwīs gehen über eine Kritik am kommunikativen Verhalten seines Gegners hinaus. Das Bedrohliche ist nicht der individuelle Sprechakt an sich, sondern dessen diskursive Dimension in Form voraussehbarer, katastrophaler Folgen für eine Gesellschaft, die (aus religiöser Sicht) nicht vorstellbar ist ohne Islam.[22]

Man kann offen lassen, ob gesellschaftliche Kommunikation soziale Realität lediglich widerspiegelt oder diese verändert. Die Kritik am Phänomen Säkularismus zeigt zumindest, wie sich innerhalb des Islam mit der Kontingenz einer modernen Gesellschaft auseinandergesetzt wird,[23] es zeigt sich, dass eine religiöse Perspektive nicht den einzigen Code zur Beobachtung der Welt bietet, gesteigert zu der Möglichkeit, dass Religion aus einer nicht-religiösen Perspektive beobachtet und kritisiert werden kann.

Die von Autoren wahrgenommene säkularistische Bedrohung besteht offenbar in der Erzeugung von Kontingenz durch die öffentliche Infragestellung tradierter, absoluter und kollektiv verbindlicher Wahrheiten und Normen.[24]

Tabu und Zensur

Fahmī Huwaydī plädiert dafür, „Glaubensüberzeugungen mit einem Zaun des Respekts zu umgeben“, um „Grundlagen und Zusammenhalt der Gesellschaft“ zu schützen:

> Früher schon habe ich dazu aufgerufen, ‚Schutzzonen‘ in der geistigen Welt einzurichten, die abgeschirmt sind von Aggressionen und nicht zur Debatte stehen. Glaubensüberzeugungen (*ʿāqā'id*) standen bei allen Religionsangehörigen an erster Stelle. Ich bin noch immer der Überzeugung, dass es Grundwerte gibt, über deren Schutz vor Verletzung und Leichtsinn, welchen Ursprungs auch immer, alle übereinstimmen sollten. Unfug damit

22 Vgl. auch die Kritik Huwaydīs an Muḥammad Saʿīd al-ʿAšmāwī, dieser hätte seine (säkularistischen) Bemerkungen zum Islam besser nicht öffentlich verbreiten sollen (Kapitel „Grenzen und Konflikt“).

23 Zur Kontingenz der modernern Gesellschaft vgl. explizit Niklas Luhmann, „Kontingenz als Eigenwert der modernen Gesellschaft,“ in *Beobachtungen der Moderne*, 93–128.

24 Vgl. auch das Kapitel „Exkurs: Unbehagen an moderner Gesellschaftsordnung“.

> zu treiben ist ein Spiel mit dem Feuer. Eine Rechtfertigung solchen Unfugs im Namen der ‚Aufklärung' und deren Verteidigung unter diesem Banner ist eine andere Form von Unfug höchsten Grades![25]

Ein solcher Vorschlag mag Assoziationen zur Beschränkung von Meinungsfreiheit hervorrufen. Dass Huwaydīs Argumentation in Ägypten zumindest zum Teil gesellschaftliche Rückendeckung erfährt, zeigt das ägyptische Strafrecht, das „Schmähung (*izdirā'*) der abrahamitischen Religionen"[26] unter Strafe stellt.

Vielleicht ist es an dieser Stelle hilfreich, an die gesellschaftlichen Funktionen von Tabus zu erinnern. Diese verhindern nicht nur Kritik, sondern können auch latente Strukturen schützen, deren Verlust sich katastrophal – im Sinne eines stark beschleunigten, unkontrollierbaren Umbruchs – auf die Gesellschaft auswirken kann.[27] Auch ist daran zu erinnern, dass wir uns in einem diskursiven Kontext befinden, in dem *tanwīr* (Aufklärung) *nicht* als Erfahrung der eigenen Gesellschaft behandelt wird, es sei denn von Intellektuellen, die sich dem Vorwurf aussetzen, pro-europäisch zu sein und sich damit der eigenen Gesellschaft entfremdet zu haben.[28] Ägyptische Intellektuelle, die dies versucht haben, wurden häufig abgestraft und zwangsweise resozialisiert.[29]

Die historischen Erfahrungen europäischer Gesellschaften und deren Reflexion durch die Aufklärung bilden einen eigenen diskursiven Kontext, den sich arabische Gesellschaften historisch aneignen oder eben ablehnen. Aus der historischen Erfahrung Ägyptens scheint der Schutz der abrahamitischen Religionen nicht nur mehrheitlich plausibel, sondern aus Sicht des Strafrechts auch sinnvoll, um „die nationale Einheit und den gesellschaftlichen Frieden" zu bewahren.

Bemerkenswert ist die Ambivalenz, mit der einige Autoren das Thema (und in Ägypten reale Phänomen) Zensur reflektieren, etwa Konfiszieren (*muṣādara*) und Verbieten von Büchern. Als typisch erscheint, sich zunächst prinzipiell gegen

25 Huwaydī, *al-Muftarūn*, 109:
لقد دعوت من قبل إلى إقامة «مناطق آمنة» فى عالم الفكر، تحصن ضد العدوان ولا تستعلى على الحوار، وكان شأن العقائد عند أصحاب الأديان كلها فى مقدمة تلك المناطق. وما زلت عند رأيى فى أن ثمة قيما أساسية ينبغى أن يلتقى الجميع على ضرورة حمايتها وتأمينها ضد الانتهاك والنزق أيا كان مصدره. حيث العبث يعد لعبا بالنار. أما تسويغ ذلك العبث باسم «التنوير» والدفاع عنه تحت هذه اللافتة، فإنه يعد نوعا آخر من العبث يبلغ الدرجة القصوى!

26 So in Artikel 98, Absatz W (Gesetz Nr. 29 von 1982) mit der Intention, Missbrauch von Religion abzuwehren.

27 Vgl. die These, dass „menschliches Handeln sich Teilaspekte seiner sozialen Wirklichkeit verdecken müsse, um Orientierbarkeit und Motivierbarkeit nicht zu verlieren." in Niklas Luhmann, „Soziologische Aufklärung," in *Soziologische Aufklärung 1*, 83–115 (87).

28 Vgl. Reinhard Schulze, *Geschichte der islamischen Welt im 20. Jahrhundert* (München: Beck, 1994), 15.

29 Vgl. Daniel Kinitz, „Deviance as a Phenomenon of Secularity".

Verbote und behördliche Eingriffe auszusprechen – und gleichzeitig zu wissen, dass es Grenzen des öffentlich Sagbaren gibt. Dass solche normativen Grenzen existieren, zeigt sich auch bei einem explizit pro-säkularen Autor wie Farağ Fūda, der in Auseinandersetzung mit Säkularismus und Islamismus schreibt:

„Ich rufe nicht dazu auf, Publikationen zu verbieten oder zu konfiszieren. Dies verbietet schon die Logik der Demokratie, die wir alle akzeptieren. Gleichzeitig jedoch bin ich der Ansicht, dass es äußerst gefährlich ist, solche Ideen [mit Gewaltpotenzial wie die eines ʿUmar bin ʿAbd ar-Raḥmān] unerwidert zu lassen.“[30]

Fūdas Ansichten gründen nicht auf einem Prinzip absoluter Meinungsfreiheit – für ihn existiert eine Grenze, an welcher der moralische Imperativ zum Dialog endet:

> Wenn sich Wörter in Geschosse verwandeln und das Dogma in Explosionen, ist es unser aller Pflicht die Konfrontation mit aller Gewalt zu unterstützen, als abschreckende Entschlossenheit, ohne Übertreibung oder Berechnung. Es geht hier schließlich um den Schutz der Gesellschaft und die Sicherheit der Bürger. Dies ist der schmale Grat zwischen einem zivilisierten Staat, den wir akzeptieren, und dem Gesetz des Dschungels, das niemand akzeptieren darf.[31]

Für Fūda gibt es einen Rahmen des Legitimen (*ẓall aš-šarʿīya*), innerhalb dessen man mit Extremisten reden kann und muss – dessen Überschreitung allerdings mit aller Härte zu ahnden ist.

Ähnlich wie Fūda warnt auch der Säkularismuskritiker Huwaydī davor, sich „prinzipiell ins Zensieren [bzw. Konfiszieren] von Ideen zu flüchten“ (*mabdaʾ al-luǧūʾ ilā muṣādarat al-fikr*)[32]. Huwaydī kritisiert in diesem Zusammenhang zwei aus seiner Sicht niveaulose und fehlerhafte Publikationen über den Islam, die einer ausführlichen Erörterung nicht würdig seien, wenn die ägyptische Öffentlichkeit nicht in Form affirmativer Publikationen in die Irre geleitet würde.

---

30 Farağ Fūda, „Mā zāla al-ḥiwār mustamirran,“ in *Ḥiwār ḥawla al-ʿalmānīya*, 67–73 (70):
أنني [إنني] لا أدعو إلى منع النشر أو المصادرة ، فهذا مفروض بمنطق الديموقراطية التي نقبل بها جميعاً. لكني – في نفس الوقت – أرى أنه من الخطر الشديد أن يُترك هذا الفكر بلا رد.

31 Fūda, „*Mā zāla al-ḥiwār mustamirran*“, 73:
أما إذا تحولت الكلمات إلى رصاص ، والعقيدة إلى إنفجارات ، فإنه من الواجب علينا جميعاً أن نؤيد المواجهة بأقصى درجات العنف ، والحسم الرادع دون مزايدة أو تحسب. لأن الأمر في هذه الحالة أمر أمن للمجتمع ، و أمان للمواطنين. وهذا الخيط الرفيع هو الذي يفصل تماماً بين منطق الدولة المتحضرة ، وهو ما نقبل به ، وبين منطقة الغابة ، و هو ما يجب أن لا يقبل به أحد.

32 Fahmī Huwaydī, „Ḥurrīyat aḍ-ḍalāl lā ḥurrīyat al-iǧtihād,“ in *al-Muftarūn*, 151–158 (152).

Ein solcher Verbotsreflex würde „einer Meinung nur eine Autoritätsentscheidung entgegensetzen, statt [Gegen-]Meinung und Argument". Darüber hinaus sei er der Überzeugung, dass „die Leute selbst dazu fähig sind, Gutes (*ṭayyib*) von Bösem (*ḫabīṯ*) zu unterscheiden". Der Inhalt solcher Bücher sei nicht mehr als eine „Art des Abweichens" vom rechten Weg (*ḍarb min aḍ-ḍalāl*), die Autoren blieben aber trotzdem „Brüder". Wörtlich heißt es:

> Die Korruption von Ideen [und deren Verbreitung] wird nicht durch Abschirmung und Zensur verhindert. Ich denke, dass es erfolgversprechender ist, diesen Platz einzuräumen, damit sie [die korrumpierten Ideen] sich zeigen und erläutert werden, so dass eine sachliche Beurteilung vor aller Augen möglich ist. Dies ist vernünftiger und meiner Ansicht nach ohnehin im Sinne des [islamischen] Gesetzes (*šarʿ*) […].[33]

Dies lasse sich aus sämtlichen Koranstellen folgern, die sich ausführlich mit den Feinden des Islam und den Zweiflern an der göttlichen Botschaft befassen.

Die Form von Huwaydīs Argumentation weist eine bemerkenswerte Ambivalenz auf: Der Säkularismuskritiker und Islamverteidiger Huwaydī geht zunächst von allgemeinen Vernunftprinzipien aus, um sie dann durch eine explizit islamische Tradition zu ergänzen. Dadurch grenzt er jedoch Vernunft von Tradition ab, d. h. wer den Koran als Beleg heranzieht, argumentiert grundsätzlich anders als jemand, der sich auf Vernunft bezieht.

Huwaydīs Argumentation gegen Zensur und Konfiszierung steht im Gegensatz zur behördlichen Praxis – insbesondere zu den Entscheidungen der azharitischen Akademie für islamische Studien –, Veröffentlichungen aus dem Verkehr zu ziehen zu lassen, die nicht dem etablierten Islambild entsprechen.[34]

Im Zusammenhang mit dem Thema Zensur zeigt sich Ḥasan Ḥanafī überrascht, wenn nicht sogar schockiert, wie die Behörden mit als gefährlich einzustufenden Büchern – und deren Autoren – umgehen und berichtet in einem Interview zu Säkularismus und Islam vom Fall des militanten Islamisten Šukrī Muṣṭafā (1942–1978),[35] der Ende der 1970er Jahre hingerichtet worden war:

---

33 Huwaydī, *al-Muftarūn*, 152 f.:
إن فساد الرأى لا يقوَّم بحجبه ومصادرته. ونحسب أن الوسيلة الأنجح هى إفساح المجال أمامه كى يظهر ويعلن عن نفسه ، مسفرا عن وجهه وحقيقته وحجته، حتى يتعامل معه المصلحون على مرأى ومسمع من الجميع. وليس هذا هو منطق العقل وحده، وإنما نحسبه منطق الشرع أيضا [...].

34 Für Publikationen ist generell das Kultusministerium zuständig, speziell für den Islam jedoch die Azhar.

35 Der Gründer der Gruppe *Ǧamāʿat al-muslimīn* (externe Bezeichnung: *at-Takfīr wa-l-hiǧra*), Initiator der Entführung und beteiligt an der Ermordung des ehemaligen Awqāf-Ministers Muḥammad aḏ-Ḏahabī im Jahr 1977. Zu Šukrī und der Ǧamāʿa vgl. Gilles Kepel, *Muslim extremism in Egypt* (Berkeley: Univ. of Calif. Pr., 1986), 70–102.

> [...] im Prozess um ‚Šukrī Muṣṭafā und dessen Gefährten' sagte jener, er möchte um eine Sache bitten, danach könnten sie ihn hinrichten: ‚Veröffentlicht das Buch al-Ḫilāfa bevor ich sterbe!' Seine Bitte wurde jedoch abgelehnt. Ich habe das Buch gelesen, in handschriftlicher Fassung. Die ‚öffentliche Ermittlungsbehörde' überließ es mir [wie auch Gutachtern der Azhar] für eine Stunde, als ob es Haschisch sei. Dabei wäre es, wenn man es veröffentlichen würde, ein ganz normales Buch. Das ist eine Form der Unterdrückung. Šukrī Muṣṭafā bat darum, mit Vertretern der Azhar über seine Ansichten zu diskutieren. Auch diese Bitte wurde abgelehnt. Und jetzt stellen Sie sich vor: Der Richter, der Muṣṭafā verurteilte, verließ nach dem Prozess die Justiz. Inzwischen ist er Sufi geworden und hat sich dem Islam gewidmet. Die Anwälte, die im Prozess um die Gruppe al-Ǧihād vertreten waren, begannen sich mit islamischem Gedankengut zu beschäftigen, wegen der Aufrichtigkeit jener Jugendlichen hinter Gittern. Deshalb ist Meinungsfreiheit grundlegend, um jugendliche Tendenzen in Richtung Extremismus abzumildern.[36]

Ḥanafī bezieht sein Plädoyer für Meinungsfreiheit nicht auf Säkularisten, wie es Huwaydī tut, sondern auf Extremismus als Randerscheinung der Gesellschaft.[37] Die Meinungsfreiheit eines Extremisten könne dazu führen, dass andere Menschen anfangen, sich intensiv mit dem Islam auseinanderzusetzen und damit auch die Jugendlichen ernst zu nehmen, die mit Extremismus sympathisieren.

Grundlegende Prinzipien

Al-Qaraḍāwī reflektiert den Umgang mit abweichenden Meinungen nicht als Frage von Zensur, sondern als Verständigungsproblem: Wer schon in den Grundfragen – etwa bei der Göttlichkeit der koranischen Offenbarung – vom allgemeinen, nämlich kollektiv vorauszusetzenden Konsens abweiche, mit dem könne man nicht über Detailfragen wie Almosensteuer, Wucher-, Alkohol- und Unzuchtverbot oder Ḥudūd-Strafen sprechen.[38]

---

36 Ḥasan Ḥanafī, „al-ʿAlmānīya wa-l-fikr al-inqilābī wa-taḥaddiyāt al-ʿaṣr" (314):
[...] فى محاكمة «شكرى مصطفى ورفاقه» ، قال أريد أن أطلب شيئا واحدا ، ثم اقتلونى بعده، وهو ، «انشروا كتاب الخلافة قبل أن أموت»!! ورفض له هذا المطلب ، أنا قرأت هذا الكتاب مخطوطا ، وأعطته لى «المباحث العامة» لمدة ساعة ، وكأنه «حشيش» ، ولو أنه نشر لكان كتابا عاديا ، لكن هذه صورة من صور القمع. شكرى مصطفى طالب أن يأتى رجال الازهر ليناقشهم فبما [فيما] يقول ، رفض طلبه أيضا!! تصوروا أن القاضى الذى حاكم شكرى مصطفى تنازل عن القضاء بعد المحاكمة، ورفض القضاء ، والآن تصوف واتجه للاسلام. المحامون الذين ترافعوا فى قضية جماعة الجهاد بدأوا اعتناق الفكرة الاسلامية، من صدق هؤلاء الشباب ، وراء القضبان. ولهذا فان حرية التعبير قضية أساسية فى التخفيف من ردة فعل الشباب الذى ذهب باتجاه التطرف .

37 Auch Säkularismus sei nicht von breiten Bevölkerungsschichten getragen, sondern die Wahl einer Elite. Vgl. Ḥasan Ḥanafī, „al-ʿAlmānīya wa-l-fikr al-inqilābī wa-taḥaddiyāt al-ʿaṣr", 304.

38 Vgl. al-Qaraḍāwī, *al-Islām wa-l-ʿilmānīya waǧhan li-waǧhin*, 13. Dass die genannten Fragen eine typisch islamische Perspektive darstellen, bleibt unreflektiert.

Argumentationstheoretisch reformuliert: al-Qaraḍāwī geht von einer Inkommensurabilität der Geltungsansprüche aufgrund unvereinbarer Prämissen aus.[39] Dies bedeutet, dass unterschiedliche Vorannahmen auch die Verständigung über andere Wahrheiten und handlungsleitende Normen ausschließen. Daran anschließend formuliert al-Qaraḍāwī eine Forderung:

> Deswegen sage ich zu unseren Brüdern, die sich selbst als Anwälte des ‚Säkularismus' und als Gegner der Scharia und der islamischen Lösung positioniert haben: Macht eure Standpunkte klar, damit wir wissen, wie ihr zu den großen Themen steht: Gott, Offenbarung und Jenseits. Und somit: Wie ihr zur Authentizität Mohammeds als Prophet steht und der [authentischen] Wahrheit, mit der er von Gott kam, und dass der Koran Gottes Schrift ist. Mit anderen Worten: Seid ihr Muslime, so dass wir zu euch sprechen, wie ein Muslim zu seinem Bruder?[40]

Al-Qaraḍāwī, der bereits im Umgang mit dem „Für-ungläubig-Erklären" (*takfīr*) Vorsicht angemahnt hatte,[41] scheint sich genötigt zu sehen, die Frage der Zugehörigkeit zur muslimischen Gemeinschaft zu stellen, d. h. die Frage, ob jemand noch als Muslim anzusehen ist oder nicht.

An anderer Stelle seines Buchs „Islam und Säkularismus von Angesicht zu Angesicht" umgeht er die Frage potenzieller Ausgrenzung aus der muslimischen Gemeinschaft, wirft damit allerdings eine andere Grenzfrage auf:

> Wenn einige Leute sagen, Ja zur Religion – Nein zum Staat [als Teil des Islam], oder Ja zum Glauben und Nein zur Scharia, oder Ja zum Koran – Nein zum Schwert, dann sagen wir ihnen: Sagt, was immer ihr wollt, und was eure Begierden und eure Kultur wünschen, aber sagt dies nicht im Namen des Islam, der in seiner Schrift eindeutig darlegt: ‚Und wir haben die Schrift auf dich hinabgesandt, um alles (was irgendwo umstritten ist) klarzulegen, und als Rechtleitung, Barmherzigkeit und Frohbotschaft für die, die sich (uns) ergeben haben.'[42]

---

39 Vgl. Lueken, *Inkommensurabilität als Problem rationalen Argumentierens.*

40 Al-Qaraḍāwī, *al-Islām wa-l-ʿilmānīya waǧhan li-waǧhin*, 14:
من أجل هذا، أقول لإخواننا ، الذين نصبوا أنفسهم محامين عن « العِلمانية » ، ومعادين للشريعة وللحل الإسلامى: حددوا مواقعكم، لنعرف أين تقفون من القضايا الكبرى: الله ، والوحى ، والآخرة. وبالتالى: من صحة نبوة محمد ، وصدق ما جاء به من عند الله ، وأن القرآن كتاب الله ؟ وبعبارة واحدة: هل أنتم مسلمون ، فنخاطبكم بما يخاطب به المسلم أخاه؟

41 So betont er, dass Schriftbesitzer besser nicht (mehr) als Ungläubige (*kuffār*) zu bezeichnen seien, obgleich sie es nach herkömmlicher Orthodoxie sind. Vgl. den Bericht Muḥammad Ṯarwat, „[al-Qaraḍāwī:] ʿAṣr al-ʿawlama yaqtaḍī ʿadam istiḫdām lafẓ «al-kuffār» wa-muḫāṭabat ġayr al-muslimīn bi-l-aḫawīya," *al-Maydān*, 31.07.2003.

42 Al-Qaraḍāwī, *al-Islām wa-l-ʿilmānīya waǧhan li-waǧhin*, 73, mit Sure 16:89 (Paret):
فإذا قال بعض الناس: نعم للدين . . . ولا للدولة ، أو نعم للعقيدة . . . ولا للشريعة ، أو نعم للمصحف . . ولا للسيف . . . ، قلنا لهم: قولوا ما شئتم ، وشاءت لكم أهواؤكم وثقافاتكم ، ولكن لا تقولوا ذلك باسم الإسلام ، الذى يقول كتابه ، فى بيان لا لبس فيه: (وَنَزَّلْنَا عَلَيْكَ الْكِتَابَ تِبْيَانًا لِّكُلِّ شَيْءٍ وَهُدًى وَرَحْمَةً وَبُشْرَى لِلْمُسْلِمِينَ).

Al-Qaraḍāwīs Standpunkt zur Frage, wer *nicht* im Namen des Islam sprechen darf, lautet demnach: Ausgeschlossen sind all diejenigen, die den Islam einengen wollen. Der Autor selbst, der das „Wir" einer muslimischen Umma hinter sich vermutet, nimmt sich das Recht, im Namen des Islam zu sprechen – und seine große mediale Präsenz scheint diesen Anspruch zu stützen.

Eine solche Abgrenzung impliziert eine Zweiklassengesellschaft von Muslimen: Einerseits Muslime, die al-Qaraḍāwīs Standpunkt einer gemäßigten Mitte (*wasaṭīya*) vertreten und demnach im Namen des Islam sprechen dürfen; andererseits Muslime mit idiosynkratischen Auffassungen, die besser schweigen sollten. Die entscheidende Frage lautet: Darf die Mehrheit darüber entscheiden, was gesagt werden darf und was nicht?[43]

Zum Problem eines halbierten Islam kommen nach al-Qaraḍāwī Verzerrungen in den Medien, allen voran bei der großen staatlichen Tageszeitung al-Ahram. Diese beurteile die „Dialogparteien" nicht nur ungerecht, sondern gebe Verteidigern des Säkularismus wie Zakarīyā „alle Freiheiten, jedoch nicht seinen Kritikern"[44].

Problematisch erscheinen nicht nur irritierende Abweichungen, sondern auch eine gewisse Halsstarrigkeit der Opponenten. Al-Qaraḍāwī, der einen Grundsatzkonflikt zwischen Säkularismus (hier: *'ilmānīya*)[45] und Islam beobachtet, hält fest, dass Säkularisten keinerlei Kompromisse eingingen.

Gleichzeitig verlange aber ein für al-Qaraḍāwī prototypischer Säkularist wie Fu'ād Zakarīyā Kompromissfähigkeit von seinen Gegnern und verstricke sich damit in einen Widerspruch.[46] Al-Qaraḍāwī urteilt,

> dass er nicht versucht hat, ein Stück von seinen Ideen abzulassen, um sich den Verfechtern des Islam anzunähern. Vielmehr bestand sein größtes Interesse darin, dass sie von ihren Ideen ablassen, sogar von ihren Glaubensüberzeugungen, ihrer Scharia und ihren grundlegenden Prinzipien, um sich ihm anzunähern. Ich würde gern wissen, wie ein Dialog auf diese Weise stattfinden soll![47]

---

43 Man denke an die Aussage Ghaddafis, Demokratie sei eine Diktatur der Mehrheit.

44 Al-Qaraḍāwī, *al-Islām wa-l-'ilmānīya waǧhan li-waǧhin*, 5. So seien Beiträge von al-Qaraḍāwīs Weggefährten und Vordenker der Muslimbrüder Muḥammad al-Ġazālī nicht gedruckt bzw. auf ein Minimum gekürzt worden.

45 Abgeleitet von *'ilm* (Wissenschaft) statt *'ālam* (Welt); al-Qaraḍāwī geht davon aus, dass Säkularisten einen Exklusivanspruch auf Wissenschaftlichkeit erheben, der religiöse Wahrheiten ausschließt.

46 Vgl. al-Qaraḍāwī, *al-Islām wa-l-'ilmānīya waǧhan li-waǧhin*, 5.

47 Al-Qaraḍāwī, *al-Islām wa-l-'ilmānīya waǧhan li-waǧhin*, 4:
أنه لم يحاول أن يتنازل عن شيء من أفكاره ، ليقترب من دعاة الإسلام ، بل كان أكبر همه أن يتنازلوا هم عن أفكارهم ، بل عن عقيدتهم وشريعتهم ومنطلقاتهم الأساسية ليقتربوا منه ، وليت شعري كيف يتم حوار على هذه الصورة ؟!

Was Al-Qaraḍāwī wahrnimmt, sind Überredungsversuche aus dem säkularistischen Lager. Wirklich *überzeugen* kann aus seiner Perspektive jedoch nur ein Anhänger der „islamischen Lösung".

Vorsichtiger ist Fahmī Huwaydī, der an anderer Stelle Zakarīyās Gegenüberstellung einer „geschlossenen Kultur" des islamischen Lagers und einer „offenen Kultur" des Säkularismus kritisiert.[48] Dem hält Huwaydī entgegen, dass Zakarīyā einen Monopolanspruch auf Wahrheit bei den islamischen Aktivisten kritisiere, dabei jedoch selbst ein Deutungsmonopol beanspruche, nämlich zu bestimmen, wer aufgeschlossen ist und wer nicht.[49]

Hier zeigt sich, welche Widersprüche auftreten, wenn konkurrierende Perspektiven auf der Grundannahme absoluter Wahrheit aufbauen. Man wirft sich gegenseitig vor, Wahrheit für sich zu beanspruchen und dabei die Relativität der eigenen Position zu ignorieren.

Der Erkenntnisvorteil von Fahmī Huwaydīs Perspektive besteht darin, dass er sich selbst nicht als Teilnehmer einer Debatte positioniert, sondern die beiden konkurrierenden Perspektiven nebeneinander stehen lässt.

Gemeinsamkeiten und Möglichkeiten des Dialogs

Bei allen Differenzen scheint es auch Möglichkeiten der Annäherung zwischen den konkurrierenden Lagern zu geben. So weist al-Qaraḍāwī darauf hin, dass man sich bei Meinungsverschiedenheiten laut Koran auf das „Bessere und Gemeinsame" beziehen soll, nicht auf das Trennende.[50] Auch Fahmī Huwaydī sieht eine Spaltung in zwei Lager als nicht hinnehmbar an; schließlich gehe es um die Einheit des Vaterlands (*waṭan*):

> Der Sieg einer Gruppe über eine andere kann nicht das Ziel sein. Vielmehr sollten sich alle auf die Grundlagen eines unabhängigen Projekts einigen, das die Umma von ihrer zivilisatorischen Niederlage errettet. Dafür tragen die Vernünftigen (*ʿuqalāʾ*) [!] unter den Intellektuellen die Verantwortung, aus deren erster Reihe Dr. Fu'ād Zakarīyā hervorragt.[51]

Es mag ironischer Zufall und der Mehrdeutigkeit von *ʿāqil* geschuldet sein – das sowohl vernünftig als auch verständig bedeutet –, wenn hier von Vernunft und

---

48 Gemeint ist ein Artikel Zakarīyās in al-Ahram vom 19.01.1994.

49 Vgl. Fahmī Huwaydī, „Bayān maġlūṭ wa-risāla maġlūma," in *al-Muftarūn*, 74–82 (76).

50 Vgl. al-Qaraḍāwī, *al-Islām wa-l-ʿilmānīya waǧhan li-waǧhin*, 4 und 39.

51 Fahmī Huwaydī, „Bayān maġlūṭ wa-risāla maġlūma", 82:
إذ المطلوب ليس انتصار فصيل على فصيل، وإنما المطلوب هو اتفاق الجميع على أسس مشروع مستقل، ينقذ الأمة من هزيمتها الحضارية. وتلك مسئولية عقلاء المثقفين الذين يقف الدكتور فؤاد زكريا فى صفهم الأول بامتياز !

nicht etwa von religiöser Frömmigkeit oder Glaubensbrüderschaft als einigendem Band gesprochen wird. Die Vernunft der „vernünftigen" Säkularisten kann jedenfalls keine exklusiv religiöse sein. Gleichzeitig scheint es möglich, auch von islamischer Seite in den Kreis einer solchen Vernunft einzutreten. Für die Überbrückung gesellschaftlicher Gräben scheint der Islam als einigendes Band jedenfalls nicht auszureichen.

In ähnlicher Form plädiert Huwaydī im Jahr 2012 – nach der Wahl des Muslimbruders Mursi zum Präsidenten und vor der Verabschiedung einer neuen Verfassung – für eine Allianz nach überliefertem Vorbild, deren Ursprung gerade nicht islamisch ist: In Anlehnung an den berühmten vor-islamischen „Bund der Tugendhaften" (*Ḥilf al-fuḍūl*)[52] sollten sich alle national Engagierten zusammentun und eigene Ziele und Befindlichkeiten zum Wohl der Nation zurückstellen.

> Jede Fraktion, sei es [die der] Islamisten oder Säkularisten, möge ihr Projekt und ihre Träume beibehalten, und alle [ums Gemeinwohl] Besorgten sollten zu einer Allianz aufrufen, in der sie sich auf das einigen, worin sie sich in ihren Zwischenzielen nicht uneins sind, die mit der Würde und dem Wohl des Landes (*waṭan*) und der Bürger zusammenhängen, während alle anderen Ziele auf eine spätere Phase verschoben werden, in der sich das Vertrauen zwischen allen gefestigt hat [...].[53]

Andernfalls befürchtet Huwaydī das Schicksal nationaler Zersplitterung.

Bereits in einem früheren Artikel, der sich explizit mit „Islamisten und Säkularisten" auseinandersetzt, spricht der Autor von einem „allgemeinen nationalen Projekt" (*mašrūʿ waṭanī ʿāmm*), das zur Umma mit all ihren Kräften gehöre und eben nicht zu einer einzelnen politischen Strömung.[54]

Der pro-islamisch und kontra-säkularistisch argumentierende Huwaydī verlässt sich demnach gerade *nicht* auf islamisch abgesicherte Argumente.[55] Zur diskursiven Herstellung nationaler Identität reicht Religion offenbar nicht aus. Wer eine solche Einheit erfolgreich konstruieren möchte, muss eine Grenze des Islam

---

52 Vgl. Ch Pellat, „Ḥilf al-fuḍūl," in *The Encyclopaedia of Islam [2]*, Hg. P. J. Bearman et al. (Leiden: Brill, 1960 ff.), 3: 389.

53 Fahmī Huwaydī, „Ḥilf al-fuḍūl huwa al-ḥall," *aš-Šurūq*, 04.09.2012:
ليحتفظ كل فصيل بمشروعه وأحلامه إسلاميين كانوا أم علمانيين وليدعى أهل الغيرة إلى حلف يتوافقون فيه على ما لا يختلف عليه من أهداف مرحلية تتعلق بكرامة وعافية الوطن والمواطن، على ان تؤجل بقية الأهداف إلى طور آخر تتعزز فيه الثقة بين الجميع[...]،.

54 Vgl. Fahmī Huwaydī, „Islāmīyūn wa-ʿalmānīyūn", 270.

55 An anderer Stelle betont er, dass „selbst nach Maßstab reinen nationalen Interesses [...] ein Einsperren der Religion in die Moscheen" destruktive gesellschaftliche Konsequenzen hätte. Vgl. Fahmī Huwaydī, „al-Qaḍīya raqm wāhid?", 166.

überschreiten und den Bereich verlassen, der eindeutig und ausschließlich islamisch ist.

In ähnlich pragmatischer Weise sieht Ḥasan Ḥanafī – der philosophische Vordenker einer „islamischen Linken"[56] – Dialogmöglichkeiten durch praktische nationale (und also nicht: explizit islamische) Ziele gegeben.[57] Wie an anderer Stelle ausgeführt, beobachtet Ḥanafī nicht einen Konflikt zwischen Säkularismus und Islam, sondern zwischen Säkularisten und Salafisten, wobei er keine der beiden Strömungen als exklusive Repräsentation der ägyptischen Gesellschaft ansieht, sondern vielmehr betont, dass deren legitime Interessen in einer nationalen Einheitsfront (*ǧabha waṭanīya muttaḥida*) zu bündeln seien.[58]

Wohlgemerkt: Weder Huwaydī noch Ḥanafī ordnen sich selbst einer der von ihnen beobachteten Gruppen zu, sondern sehen sich als Außenstehende – sozusagen als pro-islamische Verfechter eines nationalen Projekts.[59] Um einem Zuordnungsproblem von vornherein zu entgehen, spricht Ḥanafī auch von Säkularismus und Salafismus als „zwei theoretischen Referenzrahmen" (*marǧiʿīyatān naẓarīyatān*), die in der arabischen Kultur schon im Verlauf der Geschichte prägend gewesen seien und immer noch sind.[60]

Das ontologische Grundproblem, wie aus zwei Weltzugängen ein einziges handlungsleitendes Modell entstehen soll, veranschaulicht Ḥanafī anhand der islamischen Rechtswissenschaft. Diese untergliedere sich zwar in verschiedene Rechtsschulen; ihre Gelehrten hätten jedoch die Frage einer „vereinigten Methode" (*manhaǧ muwaḥḥad*) mit der Einsicht beantwortet, auf theoretischer Ebene entsprächen viele Wege dem Rechten (*ḥaqq*),[61] während es in der Praxis nur einen richtigen Weg, nur eine praktische Wahrheit (*ḥaqq ʿamalī*) gebe.[62] Ḥanafī verallgemeinert dies zu der These, dass eine theoretische und praktische Auseinandersetzung zwischen Säkularisten und Salafisten nicht über die bestehende gesellschaftliche Einheit hinwegtäuschen solle.

56 Eine „islamische Linke" im Sinne Ḥanafīs formuliert ihre Ziele – neben der gerechten Verteilung von Produktionsgütern – ausgehend von den Bedürfnissen gesellschaftlicher Praxis, statt der Gesellschaft ein theoretisch ausgearbeitetes Islammodell aufzuzwingen.

57 Vgl. Ḥasan Ḥanafī, „al-Ǧabha la-waṭanīya al-muttaḥida", 324.

58 Vgl. das Kapitel „Grenzen und Konflikt".

59 Insbesondere Ḥanafī entzieht sich einer eindeutigen Unterscheidung zwischen islamischer und säkularistischer Perspektive, wenn er den Islam als an sich säkular ansieht. Vgl. Ḥasan Ḥanafī, „al-ʿAlmānīya wa-l-fikr al-inqilābī wa-taḥaddiyāt al-ʿaṣr", 304.

60 Vgl. das Kapitel „Grenzen und Konflikt".

61 Vgl. die auffallend langen Umschreibungen in Lane, *An Arabic-English Lexicon*, 2:607 f.

62 Vgl. Ḥasan Ḥanafī, „al-Ǧabha la-waṭanīya al-muttaḥida", 324. Ich gehe davon aus, dass der Philosoph Ḥanafī auf den Unterschied von Wahrheit und Richtigkeit anspielt, ohne die arabischen Termini zu nennen.

Worin besteht nun aber diese Einheit? Ḥanafī findet eine Antwort darauf im Nationalen und Volksverbundenen, dessen Verwirklichung er in die Zukunft verlagert. Neben einem Aufbau der genannten „nationalen Einheitsfront" sieht er den „Wiederaufbau einer Nationalkultur" (*iʿādat binā' aṯ-ṯaqāfa al-waṭanīya*) als praktische Notwendigkeit an.[63] Für Ḥanafī, der den weniger politischen Begriff *waṭanī* (vaterländisch, statt *qawmī*/ national) wählt, der auch etwas von Heimat in sich trägt, besteht eine solche Kultur aus drei Dimensionen: dem kulturellem Erbe (*mawrūṯ*), dem Hinzugekommenen (*wāfid*) sowie der gelebten Realität (*wāqiʿ muʿāš*).[64]

Nach Ḥanafī gehen die Anhänger der Salafīya vom kulturellen Erbe aus, während sich die Säkularisten besonders auf das Neue und Fremde beziehen.[65] In der gelebten Alltagskultur des Volkes – dem sowohl Salafisten als auch Säkularisten angehören – könne sich beides vereinigen.[66] Dies zeigt für Ḥanafī auch, dass beide Ansätze für eine Nationalkultur wichtig und sogar aufeinander angewiesen sind. Die Synthese der Perspektiven in einer Art „organischer Nationalität" (*waṭanīya ʿuḍwīya*) könne Dialoge innerhalb der Gesellschaft ermöglichen.[67]

Was Ḥanafī demnach ablehnt, sind Ausschließlichkeitsansprüche geistiger Strömungen, die aufgrund ihrer Partikularinteressen gar nicht volksnah sein können – eine Erfahrung, die bereits die Freien Offiziere im Jahr 1952 und danach hätten machen müssen.[68]

Auch die verschiedenen Facetten des öffentlichen Interesses erscheinen bei Ḥanafī als praktisch Rechtes, fixiert in den Zielsetzungen der Scharia (*maqāṣid aš-šarīʿa*),[69] an die auch al-Qaraḍāwī kurz erinnert[70] – hier in ungefährer Übersetzung: Schutz der Religion(en) (*dīn*/ *adyān*), des Lebens (hier: *nafs*), Schutz der

63 Vgl. Ḥasan Ḥanafī, „al-Ǧabha la-waṭanīya al-muttaḥida", 324.

64 Vgl. Ḥasan Ḥanafī, „Iʿādat binā' aṯ-ṯaqāfa al-waṭanīya," in *ad-Dīn wa-ṯ-ṯaqāfa wa-s-siyāsa fī-l-waṭan al-ʿarabī*, 318–323 (318).

65 Der Wert des Ererbten liege im Inhalt, der Wert des von außen kommenden Neuen in der Form. Vgl. Ḥanafī, *ad-Dīn wa-ṯ-ṯaqāfa wa-s-siyāsa fī-l-waṭan al-ʿarabī*, 309.

66 Ähnlich Huwaydī, *al-Muftarūn*, 280, der hervorhebt, dass der Dualismus *islāmī*/ *almānī* ein „fremder Gedanke (*fikra daḫīla*) in unserer Kultur" ist.

67 Vgl. Ḥasan Ḥanafī, „al-Ḫilāf fī al-maṣdar," in *ad-Dīn wa-ṯ-ṯaqāfa wa-s-siyāsa fī-l-waṭan al-ʿarabī*, 306–311 (309).

68 Vgl. Ḥasan Ḥanafī, „at-Tanwīr wa-t-taṯwīr," in *ad-Dīn wa-ṯ-ṯaqāfa wa-s-siyāsa fī-l-waṭan al-ʿarabī*, 219–224 (224) sowie Nassers *Falsafat aṯ-ṯawra* (Philosophie der Revolution) von 1954.

69 Ḥasan Ḥanafī, „al-Ǧabha la-waṭanīya al-muttaḥida", 324.

70 Vgl. al-Qaraḍāwī, *al-Islām wa-l-ʿilmānīya waǧhan li-waǧhin*, 31 und 37.

Nachkommen (*nasl*) bzw. der Abstammungslinien (*ansāb*), Schutz des Eigentums (*māl*) und Schutz der Ehre (*'irḍ*).⁷¹

Ḥanafī hält es offenbar für möglich, einige der klassisch gewordenen Prinzipien so zu übersetzen, dass sie mit nicht-religiösen Weltanschauungen kompatibel werden.⁷² So schütze die Scharia neben dem Leben und dem Verstand auch Religion als Wahrheit (*ḥaqīqa*), Ehre als Würde (*karāma*) sowie Eigentum im Sinne von Natur und Rohstoffvorkommen (!).⁷³

Man kann die Vorschläge Ḥanafīs und Huwaydīs als pragmatischen Versuch verstehen, weniger über Grundsätze zu debattieren, sondern nach gemeinsamen handlungsleitenden Zielen zu suchen. Der Philosoph Ḥanafī möchte einen solchen Pragmatismus begründen und betont im Unterschied zur klassisch-islamischen Unterscheidung von Überlieferung (*naql*) und Verstand (*'aql*) die Realität der Alltagspraxis (*wāqi'*) als eigentliches Ziel. Wahr ist demnach, was sich in der Praxis empfiehlt – und nicht, was erst theoretisch etabliert werden muss. Dies bedeutet auch, dass theoretische Differenzen praktisch zum selben Ziel führen können. Wer beispielsweise „den Menschen und seine Würde (*karāma*) verteidigt, verteidigt Gottes Schöpfung" – dies sei ein Punkt, in dem sich Anhänger von Salafismus und Säkularismus träfen.⁷⁴

Selbst auf theoretischer Ebene könne von den Opponenten dasselbe gemeint und nur unterschiedlich benannt sein. Was die einen islamisch *iğtihād* (subjektive Urteilsfindung) nennen, bezeichnen die anderen als *tağdīd* (Erneuerung).⁷⁵ Was für die einen unveränderliches Brauchtum (*sunna*) ist, sind für die anderen Gesetze der Natur und Geschichte (*qawānīn aṭ-ṭabī'a wa-t-tārīḫ*). Das öffentliche Interesse, lasse sich salafistisch als Konsens der Umma (*iğmā' al-umma*) oder säkularistisch als Gesellschaftsvertrag (*'aqd iğtimā'ī*) bezeichnen – letztlich sei damit ein und dasselbe gemeint.⁷⁶

---

71 Zu den *maqāṣid* vgl. Jasser Auda, *Maqasid al-Shariah as philosophy of Islamic law* (London: The International Inst. of Islamic Thought, 2008); Lutz Rogler, „Maqâsid al-sharî'a als religiöses Reformkonzept," *INAMO*, Nr. 57 (2009): 22–26.
72 Zur Anwendung der *maqāṣid* auf Menschenrechte vgl. David L. Johnston, „Maqaṣid al-Sharī'a Epistemology and Hermeneutics of Muslim Theologies of Human Rights," *Die Welt des Islams*, 47, Nr. 2 (2007): 149–187.
73 Vgl. Ḥanafī, *ad-Dīn wa-ṯ-ṯaqāfa wa-s-siyāsa fī-l-waṭan al-'arabī*, 261 und 363 f.
74 Vgl. Ḥasan Ḥanafī, „I'ādat binā' aṯ-ṯaqāfa al-waṭanīya", 319.
75 Vgl. Ḥanafī, *ad-Dīn wa-ṯ-ṯaqāfa wa-s-siyāsa fī-l-waṭan al-'arabī*, 321. Der klassische *iğtihād* der Gelehrten wird hier auf nicht-gelehrte Muslime erweitert. Vgl. auch Huwaydī, der bei Wahlen *iğtihād* durch „jeden Menschen in der islamischen Gesellschaft" für zulässig hält ('Imāra, *al-Ḥiwār bayna al-'almānīyīn wal-l-islāmīyīn*, 104).
76 Vgl. Ḥasan Ḥanafī, „I'ādat binā' aṯ-ṯaqāfa al-waṭanīya", 321.

Reflexion der Begriffe

Ein weiterer Aspekt, unter dem sich die Reflexion der kommunikativen Situation beobachten lässt, sind Begriffe, die *als Begriffe* und nicht als Phänomene thematisiert werden.

In den untersuchten Publikationen fällt besonders Ḥasan Ḥanafī auf, dem es darum geht, Begriffe für einen externen Beobachter anschlussfähig zu machen. Ḥanafī reflektiert auch die Pragmatik des Säkularismus-Begriffs, und zwar indem er diesen in eine diskursive Beziehung zu gesellschaftlichen Verhältnissen setzt: beispielsweise wenn er fragt, warum Begriffe wie *ʿaql* (Verstand) oder *ʿilm* (Wissen/-schaft) auf die Perspektive eines westlichen Säkularismus verkürzt werden. Schließlich seien jene Ideen auch im arabisch-islamischen Erbe erhalten.[77]

> So wie die salafistischen Schlagwörter über einen psychischen, gesellschaftlichen und politischen Inhalt verfügen, eine reale gesellschaftliche Krise ausdrücken und eine Ablehnung der Realität zeigen und die bedrückenden Rechtssysteme, unter denen der Bürger [in arabischen Staaten] leidet und [demnach] eher Negatives als Positives ausdrücken; so zeigen säkularistische Schlagwörter wie *ʿaql* (Vernunft), *ʿilm* (Wissen/ -schaft), *ḥurrīya* (Freiheit), *insān* (Mensch), *muǧtamaʿ* (Gesellschaft) oder *taqaddum* (Fortschritt) tiefsitzende Wünsche und reale Bedürfnisse [...] des arabischen Gemüts.[78]

Ḥanafī fordert, die Schlagwörter (*šiʿārāt*, auch: Parolen) und Ziele der Säkularisten und Salafisten zu analysieren, um herauszufinden, was dahintersteckt. Ziel der Analyse müsse sein, Äußerungen auf ihre „psychologischen und gesellschaftlichen Grundlagen zurückzuführen“[79].

Der Autor positioniert sich somit als reflexiver Beobachter, der Begriffe und Sätze nicht als unmittelbares Abbild von Wahrheit, Normen oder Werten ansieht, sondern als wahrhaftigen Ausdruck von Bedürfnissen, die – so seine Grundannahme – gesellschaftlich gedeckt sind.

Deutlich wird, was Ḥanafī mit *praktischer Wahrheit* meint, von der es im Gegensatz zu theoretischer Wahrheit nur eine gebe: Das Erkennen praktischer Wahrheiten dient in erster Linie dem öffentlichen Wohl und nicht einem speziellen wissenschaftlichen oder politischen Partikularinteresse.

---

77 Vgl. Ḥasan Ḥanafī, „aš-Šiʿārāt al-ʿalmānīya (1),“ in *ad-Dīn wa-ṯ-ṯaqāfa wa-s-siyāsa fī-l-waṭan al-ʿarabī*, 269–274 (269).

78 Ḥanafī, „aš-Šiʿārāt al-ʿalmānīya (1)“, 269:
كما أن الشعارات السلفية لها مضمون نفسى واجتماعى وسياسى، وتعبر عن أزمة اجتماعية حقيقية، وتكشف عن رفض للواقع، وضيق بالنظم القانونية التى يئن تحتها المواطن، وتعبر عن السلب أكثر ما تعبر عن الإيجاب فإن الشعارات العلمانية مثل العقل، والعلم، والحرية، والإنسان، والمجتمع، والتقدم تكشف عن رغبات دفينة وحاجات فعلية [...] للوجدان العربى.

79 Ḥasan Ḥanafī, „aš-Šiʿārāt as-salafīya“, 267.

Mit seiner Vision eines Neben- und Miteinanders unterschiedlicher politischer und religiöser Strömungen entwirft Ḥanafī eine moderne, multiple Identität der Gesellschaft, die das Konzept der nationalen Einheit nicht ausschließt, sondern diese Idee neu formuliert.

Freiheit und Humanität

Ḥanafī macht auf die ursprüngliche Bedeutung von Freiheit in der islamischen Rechtswissenschaft und der islamischen Geschichte aufmerksam und möchte damit auf Unterschiede zu säkularistischer Semantik hinweisen. Im Islam habe sich historisch ein Verständnis von Freiheit als Gegenbegriff zu Sklaventum (*ʿubūdīya*) herausgebildet.[80] Die *šahāda*, das islamische Glaubensbekenntnis, sei ein Zeichen von Freiheit, da der Mensch die Wahl dazu habe und das Aussprechen demnach seine freie Entscheidung sei.[81]

Von außen betrachtet, lässt sich dies kontrastieren mit der Vorstellung von Islam als völliger Hingabe an Gott, die sich u. a. aus dem Koran ableiten lässt.[82]

Ḥanafīs Freiheitsbegriff erinnert an die Hegelsche „Einsicht in die Notwendigkeit" und an die zugehörige Erläuterung, eine solche Notwendigkeit sei nur „blind [...], insofern dieselbe nicht begriffen wird."[83] Insofern sind Gesetze und Regeln, denen man sich aus Vernunftgründen fügt, nicht mehr widerspruchsfrei mit der Vorstellung von äußerem Zwang in Einklang zu bringen. Ḥanafī fragt dementsprechend: Wenn Islam mit Freiheit beginnt, warum sprechen ihm Säkularisten diese ab? Und vor allem: Warum nehmen die arabischen Säkularisten dem Westen gegenüber eine derart unkritische Haltung ein?[84]

Einen ähnlichen säkularistischen Exklusivanspruch sieht er in der Vorstellung, die menschliche Zivilisation sei eine westliche Erfindung, ähnlich wie das Konzept der Humanität, das Völker außerhalb Europas nur unhinterfragt übernehmen könnten.[85]

---

80 Vgl. Ḥasan Ḥanafī, „aš-Šiʿārāt al-ʿalmānīya (2)," in *ad-Dīn wa-t-taqāfa wa-s-siyāsa fī-l-waṭan al-ʿarabī*, 275–279 (275).

81 Vgl. Ḥanafī, „aš-Šiʿārāt al-ʿalmānīya (2)", 277.

82 Vgl. L. Gardet und J. Jomier, „Islām," in *The Encyclopaedia of Islam [2]*, Hg. P. J. Bearman et al. (Leiden: Brill, 1960 ff.), 4: 171 ff.

83 So der Hegel-Adept Leopold von Henning in einem Zusatz zur „Wissenschaft der Logik". Vgl. Georg Wilhelm Friedrich Hegel, *Sämtliche Werke* (Stuttgart: Frommann, 1927–40), 8:332.

84 Vgl. Ḥasan Ḥanafī, „aš-Šiʿārāt al-ʿalmānīya (2)", 277.

85 Vgl. Ḥanafī, „aš-Šiʿārāt al-ʿalmānīya (2)", 279.

In Ḥanafīs Worten: „Warum also verkürzt der [arabische] Säkularismus den Wert des Menschen auf sich [den Säkularismus] allein durch Nachahmung [bzw. Traditionsübernahme] des Westens? Warum gräbt der Säkularismus nicht im alten Erbe? Womöglich findet er ja dort, was er benötigt, so dass sich Wandel in Verbundenheit, statt Unterbrechung [der Verbindung zum eigenen Erbe] vollzieht.“[86]

Achtet man auf Ḥanafīs Begriffsverwendung, so fällt an dieser Stelle eine interessante Gegenüberstellung von Göttlichkeit (*ilāhīya/ ulūhīya*) und Menschlichkeit (*insānīya*) auf.

Üblicherweise wird der gläubige Muslim als Knecht bzw. Diener (*ʿabd*) Gottes verstanden – noch heute wird von den Gläubigen als *ʿibād* gesprochen. Wenn nun der Westen sich Humanität (*insānīya*) zuspricht – und mit ihm die arabischen Säkularisten – so bleibe für den Rest der Welt („uns“) nur die *ilāhīya* – im Sinne des Glaubens an Gott.

Die Knechtschaft allerdings, die *ʿubūdīya*, bezöge sich nicht auf Gott. Vielmehr werde der von der menschlichen Zivilisation ausgegrenzte Orientale vom Diener Gottes zum Knecht des Westens. Mit anderen Worten: Während früher ein organischer Zusammenhang von Göttlichkeit, gläubiger Dienerschaft und Menschlichkeit bestanden habe, sei für nicht-westliche Gesellschaften in der Moderne der Westen als autoritäre Bezugsinstanz hinzugetreten.

Jedem, der sich außerhalb des Westens befindet, sei seine Menschlichkeit abgesprochen worden, so dass ihm nur der Gottesglaube und die damit verbundene Knechtschaft geblieben sei – nur dass sich das Dienen im Diesseits nunmehr auf den Westen bezöge und nicht mehr auf Gott.

> Der säkularistische Exklusivanspruch auf die Werte Freiheit und Humanität ist eine Art westlicher Einbildung von innen heraus und [gleichzeitig] äußere Abhängigkeit. Er [der Exklusivanspruch] unterdrückt die anderen Kulturen der Völker und Zivilisationen der Nationen (*umam*) und beschuldigt die islamische Kultur, sie würde nichts anderes als Knechtschaft und Göttlichkeit (*ulūhīya*) kennen, wie es Mawdūdī in seinem Buch ‚Vier [grundlegende] Begriffe im Koran‘ [...] als einseitige Weltanschauung dargelegt hat; die Göttlichkeit für uns und die Menschlichkeit dem Westen. Göttlichkeit ohne Humanität verfällt in Zwang. Humanität ohne Göttlichkeit verfällt in Relativismus. Es geht um den Menschen; und die Göttlichkeit [als Gottesbezug] ist es, die dem Menschen seine Ganzheitlichkeit und Allgemeinheit bewahrt, womit er die gesamte Menschheit repräsentiert.[87]

86 Ḥasan Ḥanafī, „aš-Šiʿārāt al-ʿalmānīya (2)“, 279:
فلماذا تقصر العلمانية قيمة الإنسان عليها وحدها، تقليدا للغرب، ولا تحفر فى التراث القديم لعلها تجد ما تحتاجه، فتحدث التغير من خلال التواصل وليس الانقطاع؟

87 Ḥasan Ḥanafī, „aš-Šiʿārāt al-ʿalmānīya (2)“, 279:
إن استئثار العلمانية بقيمتى الحرية والإنسانية نوع من الغرور الغربى من داخله والتبعية له من خارجه، وظلم لباقى ثقافات الشعوب وحضارات الأمم. واتهام الثقافة الإسلامية بأنها لم تعرف إلا العبودية والألوهية كما أوضح المودودى فى

In den von Ḥanafī reflektierten Begriffen zeigt sich eine islamische Perspektive, die den Islam in seiner Verortung blockiert sieht und diese Blockade mit einer westlichen Hegemonie erklärt – eine These, die sich in ähnlicher Form auch in islamwissenschaftlicher Literatur findet.[88]

Nachtrag

Die gesellschaftsinterne ägyptische Verortung von Säkularismus und Islam verweist über ihre eigenen Grenzen hinaus auf die Rolle christlicher Kirchen sowie auf mögliche Nachwirkungen der Kolonialzeit.

Thematisiert wird die mangelnde Anerkennung arabisch-islamischer Gesellschaften und deren zivilisatorischer Leistungen durch den Westen. Auf den Zusammenhang zwischen fehlender Anerkennung und Konflikt ist aus gesellschaftstheoretischer Perspektive hingewiesen worden.[89] In diesem Sinne ließe sich islamischer Widerstand gegen ägyptische Säkularisten als Stellvertreterkampf gegen westlichen Säkularismus im Kampf um Anerkennung verstehen.

Folgt man dieser Erklärung, so könnte das Ziel eines solchen Widerstands in der Befreiung aus einer „passiv erduldeten Erniedrigung“ liegen – der Erniedrigung einer technologisch unterlegenen Gesellschaft, die sich nicht emanzipieren konnte bzw. durfte und die Verantwortlichkeit für diesen Zustand nicht als Selbstverschulden deutet, sondern externalisiert.

Weniger wohlwollend könnte man auch von einer „Kränkung des [arabischen] Universalnarzissmus“[90] und von einer Ventilfunktion der Kritik an Säkula-

المصطلات الأربعة فى القرآن الكريم‘ مع الربوبية والحاكمية لرؤية الحقيقة من جانب واحد، الإلهية لنا، والإنسانية للغرب الإلهية دون الإنسانية وقوع فى القهر. والإنسانية دون الإلهية وقوع فى النسبية. الإنسان هو القصد، والألوهية هى التى تحفظ للإنسان شموله وعمومه بحيث يكون ممثلا للإنسانية جمعاء.

88 Vgl. Schulze, *Geschichte der islamischen Welt im 20. Jahrhundert*, 14: „[...] während es der europäischen Welt bis in die heutige Zeit gelingt, fremdes kulturelles Vokabular zu integrieren, waren nicht-europäische Kulturen im Kontext des Kolonialismus gezwungen, sich das europäische Vokabular der Weltaneignung und Weltbeschreibung getrennt von der eigenen Tradition anzueignen. Der Bruch der Kolonialzeit war tiefgreifend: die europäische Welt integrierte fremdes Vokabular und verhinderte gleichzeitig die Integration fremder Gesellschaften, während die islamische Welt hingegen die europäische Gesellschaft integrieren mußte, ohne sich aber das europäische Vokabular aneignen zu dürfen.“

89 Vgl. Axel Honneth, *Kampf um Anerkennung* (Frankfurt am Main: Suhrkamp, 1992), insbesondere das Kapitel „Mißachtung und Widerstand: zur moralischen Logik sozialer Konflikte“ (256–73).

90 George Tarabishi, „Die anthropologische Wunde in unserer Beziehung zum Westen,“ in *Islam, Demokratie, Moderne*, Hg. Erdmute Heller et al. (München: Beck, 1998): 72–83.

rismus sprechen. Sicher ist, dass diejenigen, die seit den 1980er Jahren als Säkularisten gebrandmarkt werden, darunter zu leiden haben.

Ein weiteres Problem betrifft die Frage, wie die Einheit einer Gesellschaft geschaffen werden kann, die als gespalten erlebt wird – gespalten durch das Phänomen Säkularismus, das mit Kolonialismus in Verbindung gebracht und dessen Vertretern vorgeworfen wird, ägyptische Probleme mit Hilfe westlicher Erfahrung lösen zu wollen.

Die skizzierten Lösungsvorschläge Ḥanafīs und Huwaydīs sind bemerkenswert, weil sie – von außen betrachtet – eine rein islamische Argumentation verlassen, obwohl sie sich doch gerade für den Islam einsetzen wollen. Das Formulieren gemeinsamer Ziele durch Säkularisten und Salafisten läuft nicht auf eine explizit *islamische* Identität hinaus, sondern auf eine nationale Einheit, deren Identifikation als säkular oder religiös ausbleibt.

Ein solcher pragmatischer Weg der Konfliktbewältigung wird erkauft durch die idealistische Annahme, dass im Grunde Konsens über grundlegende Fragen des Gemeinwohls bestünde. Dieser implizite Konsens scheint allerdings der politischen Diskussion nicht zugänglich zu sein. Darum müssen für Interessenkonflikte andere Wege als ein demokratisch expliziter Aushandlungsprozess gefunden werden.

Die Betonung des gemeinsamen Ziels nationaler Einheit hat Konsequenzen für die Exklusivität islamischer Prinzipien. Wenn sich islamisch konstruierte Werte innerhalb nicht-islamischer, z. B. koptischer Weltanschauungen reformulieren ließen, erübrigte sich die Frage, ob der Islam in der Gesellschaft vorherrscht.[91]

Vielmehr ergäbe sich daraus eine Koexistenz von Perspektiven innerhalb einer Gesellschaft, deren Identität als moderne Einheit in Vielfalt beschrieben werden kann. Das Problem Säkularismus ließe sich damit entschärfen.

---

91 Für eine Argumentation im Sinne gleichzeitiger Existenz von weltlichem und islamischem Recht in Ägypten vgl. Kilian Bälz, „Shari'a and Qanun in Egyptian Law," in *Yearbook of Islamic and Middle Eastern Law,* Hg. Eugene Cotran et al. (1995): 37–53.

4 Grenzbereiche des ägyptischen Diskurses. Zwei Beispiele

Im Folgenden sollen Grenzbereiche im Denken über Säkularismus und Säkularität dargestellt werden. Dies geschieht am Beispiel von zwei Autoren, deren Ideen in Ägypten keine Mehrheitsmeinung repräsentieren, deren Begriffe und Thesen aber aufgegriffen oder auf deren Person Bezug genommen wird.[1]

Grenzbereiche werden durch die Perspektiven dieser Autoren auf unterschiedliche Weise markiert. (1) Beide Autoren präsentieren Ideen, die zwar nicht mehrheitlich etabliert, aber öffentlich noch sagbar sind, ohne als Säkularist stigmatisiert zu werden. Insofern sagen diese Ideen etwas über den Rahmen aus, in dem Säkularismus und Islam öffentlich konstruiert werden.[2] (2) Im Unterschied zu anderen in dieser Studie untersuchten Autoren verzichten beide auf externalisierende Schuldzuweisungen als Erklärung von Mängeln der eigenen Gesellschaft. (3) Ihre Hauptthesen erscheinen auch interessant für nicht-arabische Beobachter, sind also kompatibel mit Ideen, die Erfahrungen westlicher Gesellschaften reflektieren.[3]

Dementsprechend lassen sich die Ideen der beiden Autoren nicht nur als gesellschaftsinterne Verortung von Säkularismus (und Islam) verstehen. Die Beobachtungen al-Missīrīs machen deutlich, dass *al-ʿalmānīya* fast gänzlich ohne Bezug auf Religion auskommt – die Beobachtungen al-Bannās zeigen, wie der Islam Säkularität integrieren kann.

4.1 Kritik an einer säkularistischen Moderne (al-Missīrī)

Der moderne Mensch lebt in einer unendlichen Ebene ohne Horizonte – in einer säkularen, sinnfreien Ewigkeit.[1]

Die Auseinandersetzung ʿAbd al-Wahhāb al-Missīrīs (1938–2008) mit dem Phänomen Säkularismus verdient in mehrfacher Hinsicht Interesse. Zunächst ist

1 So beispielsweise auf al-Missīrīs Unterscheidung von umfassendem und partiellem Säkularismus sowohl durch Säkularismus-Verfechter, Ṣalāḥ ʿĪsā im Kapitel „Ein politischer Skandal und die Reaktionen der ägyptischen Presse (2006)", als auch durch Säkularismuskritiker, al-Qaraḍāwī, *at-Taṭarruf al-ʿalmānī fī muwāǧahat al-Islām*, 17.

2 Ähnlich wie Studien zu Minderheiten auch etwas über die Mehrheitsgesellschaft aussagen.

3 Vgl. al-Missīrīs Kritik an der säkularen Moderne mit dem Unbehagen Charles Taylors gegenüber einem *secular age*.

1 Al-Missīrī, *al-ʿAlmānīya al-ǧuzʾīya wa-l-ʿalmānīya aš-šāmila*, 1:106, das Zitat fälschlicherweise Max Weber zuordnend, statt Richard K. Fenn, „Max Weber on the Secular: A Typology," *Review of Religious Research*, 10, Nr. 3 (1969): 159–169 (161).

DOI 10.1515/9783110462579-004

da die Prominenz des Autors und seine politische Vernetzung, die ihm und seinen Ideen eine gewisse öffentliche Aufmerksamkeit verschafft.[2] Wichtiger erscheint jedoch der gesellschaftsanalytische Kontext, in den al-Missīrī seine Ideen einbindet; von den in dieser Arbeit untersuchten Autoren ist er der einzige, dessen Studien sich mehr oder weniger einer Gesellschafts*wissenschaft* zuordnen lassen.

Zwar weist er konkrete Quellen nicht konsequent nach, doch finden sich im Text immer wieder explizite Hinweise auf arabische und nicht-arabische Autoren, deren Ideen von ihm verwendet werden. Al-Missīrīs Perspektive lässt sich nicht nur als Selbstauskunft einer arabisch-islamischen Gesellschaft betrachten, sondern hat in ihrem Abstraktionsgrad durchaus das Potenzial, auf allgemeine Probleme einer modernen Gesellschaft zu verweisen. Und da al-Missīrī moderne Verhältnisse nicht nur beschreiben, sondern auch kritisieren will, nimmt er auch die Position eines Intellektuellen ein.

Aufgrund seines umfangreichen soziologischen Wissens und seiner Kritik an negativen Konsequenzen der Moderne ist sein Hauptwerk zu Säkularismus auch für Nicht-Arabisten interessant. Dass eine umfangreiche Übersetzung seiner Ideen aus dem Arabischen noch aussteht, stellt ein Desiderat dar, das durch vorhandene Sekundärliteratur und einen englischen Beitrag al-Missīrīs zu Säkularismus nur ungenügend gemindert werden kann.[3]

Genese eines Erkenntnisinteresses

Al-Missīrī, eigentlich Professor für englische und amerikanische Literatur, verlagerte schon zu Beginn seiner wissenschaftlichen Laufbahn sein Interesse auf

---

2 So war der späte al-Missīrī der Wasaṭ-Partei in Sympathie verbunden; des Weiteren war er 2007/08 Koordinator der Oppositionsbewegung Kifāya. Hinsichtlich seiner Prominenz und der entsprechenden öffentlichen Aufmerksamkeit vgl. u. a. die Gespräche auf al-Jazeera, die breite Berichterstattung über seinen Tod in den ägyptischen Medien, die Veranstaltungen nach seinem Tod (Konferenzen, Weiterführung seines Salons) sowie die Verwendung seiner Unterscheidung von *partiellem* und *umfassendem Säkularismus* durch öffentliche Akteure.

3 Vgl. Abdelwahab Elmessiri, „Secularism, Immanence and Deconstruction," in *Islam and Secularism in the Middle East*, Hg. John L. Esposito et al. (London: Hurst, 2000): 52–80; als Sekundärliteratur vgl. H. Fähndrich, „Moderne mit Transzendenz," *SGMOIK/SSMOCI Bulletin*, Nr. 6 (1998): 15 f.; Haggag Ali, *The cognitive mapping of modernity and postmodernity* (Phd. Thesis. Cairo University, 2008); die Abschnitte in Mona Abaza, *Debates on Islam and Knowledge in Malaysia and Egypt* (London: Routledge, 2002).

die Themen Judentum und Zionismus.[4] Nach einer englischsprachigen Publikation zu Israel und Imperialismus[5] erscheinen in den 1970er Jahren erste Werke zu Theorie und Praxis des Zionismus.[6]

Dieser Themenkomplex ist es auch, der ihm den Zugang zum Problemfeld Säkularismus eröffnet. Spätestens gegen Ende der 1970er Jahre lässt sich ein reflektierter Begriffsgebrauch von säkular(istisch) (*ʿalmānī*) bei al-Missīrī feststellen. So findet sich in einer Analyse der amerikanischen Gesellschaft bereits ein Absatz zur vollständigen Verflüssigung (*suyūla tāmma*)[7] von absoluten Wahrheiten, Normen und Werten als „säkular im wörtlichen Sinne"[8].

Als al-Missīrī in der bekannten Buchreihe *ʿĀlam al-maʿrifa* (Welt des Wissens)[9] Anfang der 1980er Jahre zwei Bände zu „zionistischer Ideologie" veröffentlicht, findet sich darin bereits ein ganzes Kapitel zu „säkularen Okkultismen"[10]. Das säkularistische Moment des Zionismus besteht für ihn darin, dass Gott, Volk und Boden innerhalb eines „triadischen Pantheismus" (*ḥulūlīya ṯulāṯīya*) verschmolzen werden und die Existenz Israels als Ergebnis göttlichen Wirkens angesehen wird: auf diese Weise verschränke sich Relatives mit Absolutem.[11]

In den Jahren zwischen 1979 und 1988 – al-Missīrī arbeitet in dieser Zeit hauptamtlich als Professor für Vergleichende englische Literatur an der Universität

---

4 Auf Arabisch scheinen nur wenige Werke al-Missīrīs zur angelsächsischen Literatur verlegt worden zu sein – und dieser scheint darauf auch keinen Wert gelegt zu haben (vgl. die Literaturliste der offiziellen Seite http://elmessiri.com/books.php). Kurz nach Abschluss seiner Dissertation an der Rutgers University im Jahr 1969 geht er an das Ahram-Zentrum für politische und strategische Studien in Kairo, wo er von 1970 bis 1975 die „Abteilung für zionistisches Denken" leitet. 1979 übernimmt er die Professur für englische und vergleichende Literaturwissenschaft an der Universität ʿAyn Šams.

5 Vgl. Abdel-Wahhab M. El-Messiri, *Israel, Base of Western Imperialism* (New York, 1969).

6 Vgl. insbesondere ʿAbd al-Wahhāb al-Missīrī, *Nihāyat at-tārīḫ* (Kairo: al-Ahrām, 1972) und *Mawsūʿat al-mafāhīm wa-l-muṣṭalaḥāt aṣ-ṣahyūnīya* (Kairo, 1975).

7 Zygmunt Baumans Konzept einer *Liquid Modernity* (2000) war al-Missīrī, der frühere Ideen Baumans anführt, vermutlich noch nicht bekannt. Vgl. ʿAbd al-Wahhāb al-Missīrī und ʿAzīz al-ʿAẓma, *al-ʿAlmānīya taḥta al-miğhar* (Damaskus: Dār al-fikr, 2000), 107; al-Missīrī, *al-ʿAlmānīya al-ğuz'īya wa-l-ʿalmānīya aš-šāmila*, 1:108.

8 ʿAbd al-Wahhāb al-Missīrī, *Al-Firdaws al-arḍī* (Beirut: Al-Mu'assasa al-ʿarabīya li-d-dirāsāt wa-n-našr, 1979). Der bezeichnende Titel des Werks: *Das irdische Paradies.*

9 Die vom kuwaitischen Nationalrat für Kultur, Kunst und Literatur herausgegebene preiswerte Buchreihe ist in größeren Städten der arabischen Welt u. a. an Kiosken erhältlich.

10 Hier in ungefährer Übersetzung von *ġaybīyāt ʿalmānīya.*

11 Vgl. das Kapitel „al-Ġaybīyāt al-ʿalmānīya wa-mawḍūʿāt uḫrā" in ʿAbd al-Wahhāb al-Missīrī, *al-Īdiyūlūğīya aṣ-ṣahyūnīya*, 2 Bde. (Kuwait: al-Mağlis al-waṭanī li-ṯ-ṯaqāfa wa-l-funūn wa-l-ādāb, 1982 f.), 1:181–208 (189, 195).

ʿAyn Šams in Kairo sowie in Saudi-Arabien und Kuwait – veröffentlicht er weiter zu Zionismus und Judentum.[12] Ab 1989 wird er von der Universität ʿAyn Šams zu Forschungszwecken freigestellt und widmet sich in den 1990er Jahren ausführlichen Studien zu Judentum und Zionismus,[13] vor allem seiner großen Enzyklopädie, die 1999 in acht Bänden erscheint.[14]

Eine Studie zu „Zionismus und Nationalsozialismus“ aus dem Jahr 1997 zeigt, dass zu diesem Zeitpunkt einige der großen Themen im Zusammenhang mit Säkularismus bereits fixiert sind: Im Anhang des Werks finden sich mehrseitige Artikel u. a. zu Säkularismus, Rationalisierung, Gemeinschaft und Gesellschaft, Sozialdarwinismus, Immanenz bzw. Pantheismus sowie zu Instrumentalisierung, die zum Teil wörtlich in die große Enzyklopädie übernommen werden und als Vorabdrucke gelten können.[15]

Al-Missīrī erweist sich als Autor, der geschickt arabische Ressentiments aufgreift und diese in einen abstrakteren, nicht primär auf Werturteile zielenden Rahmen rückt. Dies betrifft neben einer Themenverschiebung von Kritik am Westen hin zu einer Kritik an der säkularen Moderne auch den Glauben an jüdische Verschwörungen, wobei al-Missīrī vermeintliche Belege wie die *Protokolle der Weisen von Zion* als inauthentisch verwirft.

Als 1999 al-Missīrīs *opus magnum*, die achtbändige „Enzyklopädie“[16] zu Judentum und Zionismus, im renommierten Verlag Dār aš-Šurūq erscheint,

---

12 Vgl. ʿAbd al-Wahhāb al-Missīrī, „Sīra ḏātīya ʿilmīya,“ http://elmessiri.com/cv.php?i=1&selected_item_id=3.

13 Al-Missīrīs Forschung ist trotz ausschließlicher Nennung seines Namens als Arbeit eines wissenschaftlichen Teams anzusehen. Als leitender Mitarbeiter ist vor allem Muḥammad Hišām zu nennen, der noch 2012 – vier Jahre nach al-Missīrīs Tod – dessen literarischen Salon veranstaltet. Vgl. auch die Danksagung al-Missīrīs an Hišām in der Enzyklopädie (1:19) sowie dessen Bezeichnung als wissenschaftlicher Leiter der Enzyklopädie (*al-bāḥiṯ al-mušrif*) in der TV-Dokumentation von Aḥmad aš-Šalabī, *al-Missīrī* (17.6.2010).

14 ʿAbd al-Wahhāb al-Missīrī, *Mawsūʿat al-yahūd wa-l-yahūdīya wa-ṣ-ṣahyūnīya,* 8 Bde. (Kairo: Dār aš-Šurūq, 1999). Eine zweibändige Kurzfassung der Enzyklopädie erschien wenige Jahre später, ʿAbd al-Wahhāb al-Missīrī, *Mawsūʿat al-yahūd wa-l-yahūdīya wa-ṣ-ṣahyūnīya* (Kairo: Dār aš-Šurūq, 2006). Soweit verfügbar, werden Quellen zusätzlich durch relative Pfadangaben innerhalb der Online-Version der achtbändigen Enzyklopädie nachgewiesen (www.elmessiri.com/encyclopedia/JEWISH/ENCYCLOPID/).

15 Vgl. ʿAbd al-Wahhāb al-Missīrī, *aṣ-Ṣahyūnīya wa-n-nāzīya wa-nihāyat at-tārīḫ* (Kairo: Dār aš-Šurūq, 1997), Anhang, 229–93.

16 Das *mawsūʿa* genannte Kompendium ist nicht in alphabetisch geordnete Beiträge eingeteilt, sondern stellt vielmehr eine umfangreiche Abhandlung dar. Bd. 8 (Supplement) enthält jedoch Klärungen wichtiger Begriffe.

nimmt das Phänomen Säkularismus darin bereits einen wichtigen Platz ein.[17] Man kann sagen, dass die in den 1990er Jahren entworfenen und in der Enzyklopädie zusammengetragenen Ideen eine essenzielle Grundlage für das gesamte Spätwerk al-Missīrīs zu Säkularismus und Moderne darstellen; mitunter werden ganze Abschnitte wörtlich oder minimal angepasst übernommen.[18]

So finden sich Unterkapitel der Enzyklopädie – zum Teil anders benannt – in Werken zu Säkularismus, Judentum und Moderne wieder.[19] Wie auch für andere der untersuchten Autoren scheint für al-Missīrī Mehrfachverwertung eine Erfolg versprechende Publikationsstrategie zu sein. Ähnliches gilt für Redundanzen und Überschneidungen, welche die Nachvollziehbarkeit fremder (arabisierter) soziologischer Begriffe durch gebildete arabische Leser erleichtern dürften.

Hinführung zum Hauptwerk: Themen und Grundsätze

Wie findet man Zugang zu al-Missīrīs Perspektive auf Säkularismus? Seine auf Hunderten von Seiten geäußerten Ideen zu erörtern und gleichzeitig dem Autor in dessen Gewichtung der Themen gerecht zu werden, wäre ein Unterfangen, für das sich eine eigene werksbezogene Studie lohnen würde.

Ein formaler Zugang zur Ordnung der im zweibändigen Hauptwerk *al-ʿAlmānīya al-ğuzʾīya wa-l-ʿalmānīya aš-šāmila*[20] (2002) ausgebreiteten Ideen lässt sich zwar anhand der Kapitel und Abschnitte finden; eine inhaltlich verdichtete

17 Vgl. al-Missīrī, *Mawsūʿat al-yahūd wa-l-yahūdīya wa-ṣ-ṣahyūnīya*, Bd. 1 zum „Theoretischen Rahmen", insbesondere Kapitel 3.2 („al-Ḥulūlīya al-kumūnīya al-wāḥidīya wa-l-ʿalmānīya aš-šāmila"), 196 ff. und Kapitel 4 („al-ʿAlmānīya aš-šāmila"), 209 ff. sowie Bd. 3, Kapitel 1.2 („al-ʿAlmānīya (wal-l-imbiryālīya) wa-l-yahūdīya wa-aʿḍāʾ al-ğamāʿāt al-yahūdīya"), 25 ff. und Bd. 6, Kapitel 1.5 („aṣ-Ṣahyūnīya wa-l-ʿalmānīya aš-šāmila"), 63 ff., passim. In ähnlichem Maße trifft dies für die gekürzte, zweibändige Fassung zu (al-Missīrī, *Mawsūʿat al-yahūd wa-l-yahūdīya wa-ṣ-ṣahyūnīya*).

18 Für sein Säkularismuswerk deutet dies al-Missīrī sogar an. Vgl. al-Missīrī, *al-ʿAlmānīya al-ğuzʾīya wa-l-ʿalmānīya aš-šāmila*, 1:9.

19 Teile aus Bd. 1 und Bd. 3 der Enzyklopädie (1999) erscheinen wörtlich in *al-ʿAlmānīya al-ğuzʾīya wa-l-ʿalmānīya aš-šāmila* (2002), 1:15 ff., 53 ff.; 2:296 ff., 309 ff.; passim, zum Teil erneut verwertet in *Dirāsāt maʿrifīya fī al-hadāṯa al-ġarbīya* (2006), 52 ff., 72 ff., 157 ff., passim. Ähnliches gilt offenbar auch für al-Missīrīs Beitrag in *al-ʿAlmānīya taḥta al-miğhar* (2000). In *al-Ğamāʿāt al-waẓīfīya al-yahūdīya* (2002) werden Kapitel 1, 2 sowie 6 bis 8 zum großen Teil wörtlich mit Texten der Enzyklopädie gefüllt.

20 In etwa: „Partieller und umfassender Säkularismus".

Wiedergabe der zentralen Thesen wird jedoch erschwert durch häufig nicht hinreichend unterschiedene Begriffe und hohe Redundanz.[21]

Im ersten Band wird anhand europäischer Sozialphilosophie sowie Ideen arabischer Intellektueller versucht, Definitionsprobleme aufzuzeigen und den arabischen Säkularismusbegriff mit Hilfe abstrakter soziologischer Begriffe (Verträglichkeit, Instrumentalisierung, Entfremdung, Dekonstruktion etc.) neu zu fassen.[22] Es folgen Beobachtungen zu den „zivilisatorischen und historischen Wurzeln des Säkularismus im Westen" – u. a. über *latenten Pantheismus* (*ḥulūlīya kumūnīya*) und Rationalisierung im Sinne Webers – sowie Kapitel zu Aufklärung sowie Feminismus.

Im zweiten Band, der als Anwendung des im ersten Band entwickelten theoretischen Instrumentariums gedacht ist, werden „Prozesse umfassender Säkularisierung" auf ideeller und gesellschaftlich-struktureller Ebene behandelt.[23] In eigenen Kapiteln werden darüber hinaus Phänomene wie rationale Wirtschaft (*iqtiṣād rašīd*), absoluter Staat (*dawla muṭlaqa*), Imperialismus sowie jüdische Funktionsgruppen und Zionismus erörtert.[24]

Aufmerken lassen bereits die Vorbemerkungen zu al-Missīrīs Erkenntnisprojekt: Die geäußerte Grundüberzeugung, dass „vollständige Gewissheit (*yaqīn kāmil*) eine Frage des Glaubens (*mas'ala īmānīya*)" sei und mit Wissenschaft nichts zu tun habe, ja dass die „Betonung von Gewissheit" die Diskussion über Säkularismus „vergifte", ist bemerkenswert für einen explizit pro-islamischen, säkularismuskritischen Autor.[25]

In der religiös geprägten ägyptischen Gesellschaft werden solche Aussagen meist dem Lager zugeordnet, das als säkularistisch bezeichnet und abgewertet wird – während al-Missīrī im Zweifelsfall als Islamischer Denker (*mufakkir islāmī*)

---

21 So stehen Begriffe wie *wāḥidīya* (Monismus), *kumūnīya* (Immanenz), *ḥulūlīya* (etwa: Pantheismus), *ḥadāṯa* (Moderne), *mā ba'd al-ḥadāṯa* (Postmoderne), *māddīya* (Materialismus) oder *taršīd* (Rationalisierung) alle für das, was al-Missīrī mit *al-'almānīya* bezeichnet.

22 In der Regel werden hierfür Fachtermini mit Ursprung in der westlichen Soziologie arabisiert, was nicht zuletzt aufgrund mangelnder Präzision der Rezeption al-Missīrīs (wie vernachlässigten Quellenangaben und daran anschließenden Kolportagen) zu Uneindeutigkeiten führt. Der Leser kann sich nicht immer sich sein, welche Ideen von al-Missīrī selbst stammen und welche übernommen wurden.

23 Vgl. die umfassende Säkularisierung der Natur, des Menschen und der Religiosität, des Denkens sowie der Medien (2:117–38) sowie die umfassende Säkularisierung der Wirtschaft, Politik, des Rechts und des Bildungswesens (2:139–80).

24 Vgl. (al-Missīrī, *al-'Almānīya al-ǧuz'īya wa-l-'almānīya aš-šāmila*, Bd. 2, Teil 1, Kapitel 3; 4 u. 7 sowie Teil 2.

25 Alle Zitate: al-Missīrī, *al-'Almānīya al-ǧuz'īya wa-l-'almānīya aš-šāmila*, 1:9.

eingeordnet wird.[26] Bemerkenswert ist auch, dass al-Missīrī zwar explizit pro-religiös bzw. pro-islamisch argumentieren will, es ihm aber letztlich um den Erhalt eines unverbrüchlichen Moralfundaments geht. Dieses Fundament sieht er durch Religion abgesichert; aber dennoch bleibt offen, ob die Letztreferenz (*marǧiʿīya nihāʾīya*) transzendent sein muss oder ob auch nicht-religiöse Transzendentalia einem solchen Anspruch genügen.[27]

Es scheint, dass eine solche pro-religiöse Perspektive ihre implizite Offenheit gegenüber nicht-religiös begründeten Weltanschauungen einkalkuliert. Denn um Säkularisten oder Religionskritiker zu überzeugen, reichen religions*interne* Argumente nicht aus.[28]

Jüdische Funktionsgruppen

Al-Missīrīs ursprünglichen Zugang zu einer intensiven Auseinandersetzung mit Säkularismus und Moderne bildet die Beschäftigung mit „jüdischen Funktionsgruppen" (*al-ǧamāʿāt al-waẓīfīya al-yahūdīya*);[29] ein Begriff, der in seiner Abstraktion eine vorwissenschaftliche Beschäftigung mit Judentum *an sich* überwinden soll.[30]

In einer traditionellen Gesellschaft bestünden nach al-Missīrī solche Gruppen aufgrund bestimmter Aufgaben, die sie für die Gesellschaft bzw. die herrschende

26 So mehrfach auf islamonline.net. Vgl. auch eine Sendung auf al-Jazeera über Säkularismus, in der al-Missīrī als Opponent des als *mufakkir ʿalmānī* (säkulistischer Denker) eingeordneten Sayyid al-Qimnī auftrat, Fayṣal al-Qāsim, *al-ʿAlmānīya ḥall li-l-qaḍāʾ ʿalā aṭ-ṭāʾifīya wa-l-ʿirqīya.* al-Ittiǧāh al-muʿākis ([16.03.2007]).

27 Al-Missīrī spricht von einer „Referenz, die die irdische Welt übersteigt" (*margiʿīya mutaǧāwiza li-d-dunyā*). Vgl. al-Missīrī, *al-ʿAlmānīya al-ǧuzʾīya wa-l-ʿalmānīya aš-šāmila*, 1:19. Das Problem ist durchaus bekannt; vgl. die „terminologische Nähe von transzendent/transzendental" bei Kant, gesetzt in den Kontext eines Abgrenzungsproblems von religiös und säkularisiert durch Luhmann, *Die Religion der Gesellschaft*, 105 f.

28 Im deutschen Idealismus findet sich m.W. ein vergleichbares Phänomen bei Friedrich Schleiermacher (1799): „Über die Religion: Reden an die Gebildeten unter ihren Verächtern", dessen Titel das Problem bereits verdeutlicht. Vgl. dazu in aller Kürze Luhmann, *Die Religion der Gesellschaft*, 328 f.

29 Vgl. al-Missīrī, *Mawsūʿat al-yahūd wa-l-yahūdīya wa-ṣ-ṣahyūnīya*, Bd. 1, Kapitel 5 („al-Ǧamāʿāt al-waẓīfīya"), 359 ff.; Bd. 2, Kapitel 3 („Yahūd am ǧamāʿāt waẓīfīya yahūdīya?"), 233 ff.; ʿAbd al-Wahhāb al-Missīrī, *al-Ǧamāʿāt al-waẓīfīya al-yahūdīya* (Kairo: Dār aš-Šurūq, 2002); al-Missīrī, *al-ʿAlmānīya al-ǧuzʾīya wa-l-ʿalmānīya aš-šāmila*, Bd. 2, Kapitel 2.1 („al-ʿAlmānīya aš-šāmila wa-ǧamāʿāt al-waẓīfīya at-taʿāqudīya"), 269 ff.

30 Vgl. Punkt 3 im Vorwort zur Enzyklopädie (1:13 ff.), (online START/INTRO.A.HTM); sowie Bd. 2, Kapitel 3 („Yahūd am ǧamāʿāt waẓīfīya yahūdīya?"), 233 ff.

Elite übernähmen.[31] In Europa seien die jüdischen Funktionsgruppen und deren Mitglieder – also letztlich doch: *die* Juden – in die Gesellschaft integriert gewesen und hätten dennoch getrennt von ihr gelebt. Integration habe sich sozusagen auf die Erfüllung einer Funktion beschränkt, während eine substantielle Basis von Zugehörigkeit fehlte.

Der Autor lässt sich auch von Ferdinand Tönnies' Unterscheidung von Gemeinschaft und Gesellschaft inspirieren.[32] Während al-Missīrī die vormoderne Gesellschaft Europas romantisierend als durch anteilnehmende Gemeinschaftsbeziehungen geprägt sieht, zeigten sich im Phänomen jüdischer Funktionsgruppen erste Anzeichen einer auf Vertragsbeziehungen reduzierten, säkularen Moderne. Dementsprechend seien Funktionsgruppen als Phänomen von *Gesellschaft in Gemeinschaft* anzusehen.

> Es gab damals innerhalb des Feudalsystems, in dem die zwischenmenschlichen Beziehungen durch Mitgefühl und [gegenseitige] Verpflichtung geprägt waren, Funktionsgruppen, die eine Besonderheit darstellten. Es waren Gruppen, deren Mitgliedern etwas vorenthalten [bzw. genommen] wurde, insofern als deren spezifische [Mit-]Menschlichkeit in einen funktionalen Monismus verwandelt wurde. Die Mitglieder der Mehrheit instrumentalisierten sie voll und ganz und sahen diese weder als Verwandte, noch als Nachbarn, ja nicht einmal als Menschen an, sondern als Nutzinstrumente: als Kapital zum Wucher oder als Warentransportmittel vom In- ins Ausland und umgekehrt. Somit waren die Mitglieder der Funktionsgruppen Vorenthaltung und Vertraglichkeit unterworfen. Auf sie wurde objektiv neutral geblickt, außerhalb eines Verhältnisses von Nachbarschaftlichkeit bzw. Verwandtschaft. Deshalb entfernten und isolierten die Mitglieder der Mehrheit sie – und bedrohten dadurch ihr komplexes, spezifisches Menschsein. Die Funktionsgruppen waren die (vertragsbezogene) Gesellschaft innerhalb der Gemeinschaft (der organischen Gruppe gegenseitigen Mitgefühls).[33]

31 Typische Fälle seien u. a. Wächter bzw. Ärzte des Königs, Botschafter oder Spione. Vgl. al-Missīrī, *al-ʿAlmānīya al-ǧuzʾīya wa-l-ʿalmānīya aš-šāmila*, 2:269. An anderer Stelle, ohne explizite Verbindung zu Säkularismus, bildet al-Missīrī Kategorien anhand verschiedener Funktionen: Gruppen mit Kapitalfunktion (wie die Armenier im Osmanischen Reich), Kampffunktion (wie Mamluken und Janitscharen), strategisch imperialer Besiedlungsfunktion (wie Weißrussen, die durch das russische Zarenreich in „islamisch-türkischen" Gebieten nach deren Einnahme angesiedelt wurden), Gruppen für unreine Tätigkeiten u. a. Vgl. al-Missīrī, *al-Ǧamāʿāt al-waẓīfīya al-yahūdīya*, 26–37.

32 Vgl. Ferdinand Tönnies, *Gemeinschaft und Gesellschaft* (Berlin: Fues, 1887), insbesondere das erste und dritte Buch. Al-Missīrī arabisiert sogar die deutschen Ausdrücke als *al-ǧīsīlšāft* und *al-ǧamāynšāft* mit erklärenden Hinweisen für den arabischen Leser.

33 Al-Missīrī, *al-ʿAlmānīya al-ǧuzʾīya wa-l-ʿalmānīya aš-šāmila*, 1:207 f. (sowohl Verwandschaft bzw. Nachbarschaft als auch Vertraglichkeit offensichtlich in Anlehnung an Tönnies):
كانت هناك داخل النظام الإقطاعي، الذي تتسم فيه العلاقات الإنسانية بالتراحم والتعين، الجماعات الوظيفية التي كانت تمثل النقطة الاستثنائية، وهي جماعات يتم تجريد أعضائها بحيث تُردّ إنسانيتهم المتعينة إلى واحدية وظيفية، وكان أعضاء الأغلبية

Aufgrund der Trennung von ihrer sozialen Umgebung würden jene Gruppen eine imaginäre Identität (*huwīya wahmīya*) und eine gefühlte, imaginäre Heimat (*waṭan wahmī wiğdānī*) entwickeln, die sie für heilig hielten und der gegenüber sie loyal seien.[34]

An der Vertragsmäßigkeit der Beziehungen der „jüdischen Funktionsgruppen“ zu ihrer Umwelt lassen sich mit al-Missīrī Aspekte der Rationalisierung der Moderne aufzeigen, insbesondere ein kaltes, unpersönliches Verhältnis von Mitgliedern der Gesellschaft untereinander sowie der damit einhergehende moralische Verfall in Form einer Doppelmoral:[35] Als Angehöriger einer Funktionsgruppe sei man nur noch den Mitgliedern seiner eigenen Gruppe moralisch verbunden, während gegenüber anderen keine moralischen Verpflichtungen mehr gelten würden.[36]

Sollten nun jene „jüdischen Funktionsgruppen“ al-Missīrīs verantwortlich sein für die Säkularisierung der Welt? Einer verschwörungstheoretischen Rezeption durch arabische Leser möchte al-Missīrī offenbar vorbeugen, wenn er betont, dass Säkularismus in Europa ohne spezifisch jüdische Urheberschaft entstanden sei.[37]

Säkularismus sei nicht einfach „eine Verschwörung, organisierte Bewegung oder eine Idee [...], sondern vielmehr ein gesellschaftliches Phänomen, eine historische Tatsache mit langer und komplexer Geschichte“[38]. Wohl aber hätten

يحوسلونهم تماماً ويرونهم لا بوصفهم أقارب ولا جيراناً ولا حتى بشراً، وإنما بوصفهم أدوات تُستخدَم: رأس مال ربوياً، أو أداة لنَقْل البضائع من الداخل إلى الخارج والعكس. وبهذا كان أعضاء الجماعات الوظيفية يخضعون للتجريد والتعاقدية، ويُنظر إليهم نظرة موضوعية محايدة خارج إطار علاقات الجيرة والدم والقرابة. ولذا، كان أعضاء الأغلبية يقومون باستبعادهم وعزلهم، فهم يهددون إنسانيتهم المركبة المتعينة. والجماعات الوظيفية هي الجيسيلشافت (المجتمع التعاقدي) داخل الجماينشافت (الجماعة العضوية المتراحمة).

34 Vgl. al-Missīrī, *al-ʿAlmānīya al-ğuzʾīya wa-l-ʿalmānīya aš-šāmila*, 2:271; 275. Vgl. dagegen die soziale Realität „imaginierter Gemeinschaften“ bei Benedict R. Anderson, *Imagined Communities* (London: Verso, 1991).

35 Vgl. *al-Ğamāʿāt al-ʿalmānīya wa-l-ʿalāqāt al-waẓīfīya (at-taʿāqudīya)* (MG1/GZ5/BA2/MD4/m0002.htm). Al-Missīrī hat hier durchaus eine Verwandlung von *Gemeinschaft* in Richtung *Gesellschaft* im Anschluss an Ferdinand Tönnies im Sinn. Vgl. *al-Ğamāʿāt at-tarāḥumīya al-ʿūḍwīya wa-l-muğtamaʿ at-taʿāqudī* [etwa: Gemeinschaftsgruppen und Vertragsgesellschaft] (MG1/GZ4/BA4/MD17/M0000.HTM).

36 Vgl. u. a. *Izdiwāğīyat al-maʿāyīr wa-n-nisbīya al-aḫlāqīya*. In al-Missīrī, *al-Ğamāʿāt al-waẓīfīya al-yahūdīya*, 49 f.

37 Vgl. al-Missīrī, *al-ʿAlmānīya al-ğuzʾīya wa-l-ʿalmānīya aš-šāmila*, 2:295.

38 Al-Missīrī, *al-ʿAlmānīya al-ğuzʾīya wa-l-ʿalmānīya aš-šāmila*, 2:295 (MG3/GZ1/BA02/MD02/M0229.HTM). Man beachte die Perspektive gesellschaftlicher Evolution und die Ablehnung handlungstheoretischer Erklärungen an dieser Stelle. An anderer Stelle findet sich dagegen

jüdische Funktionsgruppen (ohne bewusstes Motiv oder gar eine Verschwörung im Sinn zu haben) zur „Verbreitung säkularistischer Ideen beigetragen“[39].

Säkularismus zeige sich eben nicht nur in der Funktionalität als Wesensmerkmal bestimmter (jüdischer) Gruppen. In einer durchsäkularisierten Moderne werde die Funktionalisierung idealtypisch im *eindimensionalen Menschen* (explizit nach Marcuse)[40] sichtbar – prototypisch realisiert im staatlichen Angestellten, der seine Aufgaben erfüllt, ohne über intrinsische Motive dafür verfügen zu müssen.[41] Diese Funktionalisierung habe im Nationalsozialismus die Abgründe säkularer Modernität zum Vorschein gebracht, wo nach al-Missīrī Massenvernichtung als reines Sachproblem (Selektion, Effektivität) und nicht als Frage der Moral behandelt wurde.

Erkenntnisinteresse und Hauptthese

In al-Missīrīs großer Enzyklopädie wird bereits deutlich, dass es ihm um mehr als Judentum und Zionismus geht. Welches gesellschaftstheoretische Instrumentarium nutzt der Autor, um seine Analyse und Kritik von Säkularismus zu fundieren?

Anhand seines begrifflichen Inventars lässt sich ein grobes Erkenntnisraster nachzeichnen, das gleichzeitig seine Hauptthese umreißt: In al-Missīrīs Perspektive werden Genese und Entwicklung des Säkularismus beobachtbar im Kontext einer einseitigen, materialistischen Rationalisierung (*taršīd māddī*) – ausgehend

---

die These eines „stillschweigenden Vertrags zwischen westlicher Zivilisation und zionistischer Bewegung“, der sich in der Balfour-Erklärung ebenso wie in einer strategischen Amerika-Israel-Allianz zeige. Vgl. das Stichwort *al-ʿAqd aṣ-ṣāmit bayna al-ḥaḍāra al-ġarbīya wa-l-ḥaraka aṣ-ṣahyūnīya* in den Begriffsdefinitionen (*taʿrīfāt*), al-Missīrī, *Mawsūʿat al-yahūd wa-l-yahūdīya wa-ṣ-ṣahyūnīya*, 8:17 ff. (START/MAFAHIM/M0069.HTM).

39 U. a. als dynamisch-moderne Händler, die unpersönliche Marktverhältnisse verbreiten (offenbar inspiriert durch Tönnies und Weber) oder als von Fürsten genutzte Finanziers absolutistischer Verstaatlichung. Vgl. *ʿAlāqat al-ǧamāʿāt al-yahūdīya bi-ẓuhūr al-ʿalmānīya*, al-Missīrī, *al-ʿAlmānīya al-ǧuz'īya wa-l-ʿalmānīya aš-šāmila*, 2:309–14 (309). Al-Missīrīs Argumentation baut offenbar auf der Prämisse auf, Marktvergesellschaftung durch Händler sei als ein jüdisches Phänomen erklärbar – dies steht im Gegensatz zu seiner Aussage, Säkularisierung sei ohne spezifisch jüdische Mitwirkung entstanden.

40 Vgl. al-Missīrī, *al-ʿAlmānīya al-ǧuz'īya wa-l-ʿalmānīya aš-šāmila*, 1:144, sowie „Harbart Mārkūz wa-l-Mārksīya al-ǧadīda“ in der Enzyklopädie, 3:405 f. (MG3/GZ2/BA12/MD14/M0362.HTM).

41 Vgl. al-Missīrī, *al-ʿAlmānīya al-ǧuz'īya wa-l-ʿalmānīya aš-šāmila*, 2:278 f. Al-Missīrī geht sogar so weit, dies auf jedes Individuum in seinem funktionalen Verhältnis zu einem übermächtigen modernen Staat zu beziehen.

von einer Moderne, in der der Mensch die Stellung Gottes einnimmt, bis zur verflüssigten Postmoderne ohne Zentrum.[42]

Dem entspricht das Verschwinden einer Letztreferenz (*marǧiʿīya nihāʾīya*) für absolute Wahrheiten, Normen und Werte innerhalb eines Paradigmas, das al-Missīrī – in verschiedenen Varianten – *al-ḥulūlīya al-kumūnīya al-wāḥidīya*[43] nennt, eine Art latente Immanenz, bei der auf weltanschaulicher Ebene Gott, Natur und Mensch eine organische Einheit bilden, begleitet von einer gesellschaftlichen Entwicklung, die das „Ende der Geschichte" einläutet – eben jenen Zusammenfall in ein monistisches Prinzip relativistischer Indifferenz.[44]

Auffallend ist die terminologische Ähnlichkeit von *marǧiʿīya* (Referenzrahmen) mit dem koranischen Bezug auf Gott als Letztinstanz. So verweist al-Missīrī explizit auf den Vers „Zu Gott werdet ihr allesamt zurückkehren (*marǧiʿukum*). Und dann wird er euch Kunde geben über das, was ihr (in eurem Erdenleben) getan habt."[45]

Während im Koran Gott explizit als letzte Erkenntnis- und Urteilsinstanz angeführt wird, findet sich bei al-Missīrī die Vorstellung von absoluter Referenz abstrahiert als *marǧiʿīya*, als „das sich selbst genügende Absolute, alle Individuen, Dinge und Erscheinungen Übersteigende"[46] – also sozusagen die säkularistische Variante.

Dementsprechend ist bei al-Missīrī auch nicht von Gott bzw. Allah die Rede, sondern – wenn überhaupt – von (irgend)einem Gott bzw. einer Gottheit (*ilāh*). Ähnliches gilt für das Feld moderner europäischer Ideengeschichte, auf dem sich al-Missīrī freimütig und zum Teil wagemutig eklektizistisch bedient – insbesondere bei philosophisch versierten Kritikern der Moderne wie Marx, Nietzsche, Weber, Adorno oder Derrida.[47]

---

42 Wenngleich al-Missīrī Postmoderne und umfassenden Säkularismus m.W. nicht explizit gleichsetzt.

43 In ungefährer Übersetzung: Latenter, monistischer Pantheismus.

44 Für einen Überblick vgl. nur die ausführlichen Begriffserklärungen in Form von Aufsätzen im Anhang von al-Missīrī, *aṣ-Ṣahyūnīya wa-n-nāzīya wa-nihāyat at-tārīḫ* und al-Missīrī, *al-ʿAlmānīya al-ǧuzʾīya wa-l-ʿalmānīya aš-šāmila*, Bd. 2 sowie den eigens dafür zugeeigneten Band 8 der Enzyklopädie (al-Missīrī, *Mawsūʿat al-yahūd wa-l-yahūdīya wa-ṣ-ṣahyūnīya*).

45 Sure 5:105 (Paret), zitiert in al-Missīrī, *Mawsūʿat al-yahūd wa-l-yahūdīya wa-ṣ-ṣahyūnīya*, 1:57 (MG1/GZ1/BA2/MD01.HTM).

46 Im arabischen Original: al-*Muṭlaq al-muktafī bi-ḏātihi al-laḏī yataǧāwazu kull al-afrād wa-l-ašyāʾ wa-ẓ-ẓawāhir* (al-Missīrī, *Mawsūʿat al-yahūd wa-l-yahūdīya wa-ṣ-ṣahyūnīya*, 1:54).

47 Al-Missīrī widmet in der Enzyklopädie einigen Autoren kurze Artikel (Arendt, Durkheim, Marcuse, Weber u. a.).

Partieller und umfassender Säkularismus

Im Zentrum von al-Missīrīs Entwurf steht die Unterscheidung von partiellem und umfassendem Säkularismus (bzw. Säkularität) als Paradigma und Weltanschauung (*ru'ya li-l-kawn/ li-l-wāqiʿ*).

In einer Kurzdefinition wird partieller Säkularismus (*ʿalmānīya ǧuz'īya*) reduziert auf die Norm der „(Ab-)Trennung der Religion von der Welt der Politik und möglicherweise der Wirtschaft“. *Partieller* Säkularismus entspricht für al-Missīrī auch der Selbstdarstellung pro-säkularer Akteure – gemeint ist ein Paradigma wohlwollender Neutralität gegenüber Moral und Religion.[48] So heißt es:

> Er [der partielle Säkularismus] hüllt sich in ein striktes Schweigen über einen moralischen Referenzrahmen und ganzheitliche, endgültige Dimensionen der Gesellschaft sowie über das Verhalten des Individuums in dessen Privatleben und in vielerlei Hinsicht im öffentlichem Leben.
>
> All dies bedeutet, dass der partielle Säkularismus weiten Raum für menschliche Werte und absolute Moral lässt; auch für religiöse Werte, solange sie sich nicht in die Welt der Politik (im angegebenen Sinn) einmischen [...].[49]

Partieller Säkularismus sei also nicht grundsätzlich negativ zu bewerten; seine Existenz entspreche vielmehr der Entwicklung zunehmender Komplexität von Gesellschaften:

> Wir vertreten die Ansicht, dass es eine relative, unvermeidliche Trennung der Religion und Priesterschaft vom Staat in nahezu jeder menschlichen Gesellschaft gibt; außer in einigen extrem einfachen und primitiven, wo der Stammesführer Prophet, Magier und Priester war [...]. In komplexeren Gesellschaften jedoch beginnt sich eine Differenzierung abzuzeichnen. Sogar in heidnischen Imperien, die durch einen gottgleichen König regiert wurden, gab es eine Differenzierung zwischen gottgleichem König, Hohepriester und dem Kommandeur der Armeen! Insofern kann sich die Institution Religion nicht mit der Institution Politik innerhalb einer komplexen politischen zivilisatorischen Struktur vereinigen [...].[50]

---

48 Vgl. al-Missīrī und al-ʿAẓma, *al-ʿAlmānīya taḥta al-miǧhar*, 119 f.

49 Al-Missīrī, *al-ʿAlmānīya al-ǧuz'īya wa-l-ʿalmānīya aš-šāmila*, 2:471 (dort im Anhang): إنها تلزم الصمت تماماً بشأن المرجعية الأخلاقية والأبعاد الكلية والنهائية للمجتمع ولسلوك الفرد في حياته الخاصة وفي كثير من جوانب حياته العامة. [¶] كل هذا يعني أن العلمانية الجزئية تترك حيزاً واسعاً للقيم الإنسانية والأخلاقية المطلقة، بل للقيم الدينية مادامت لا تتدخل في عالم السياسة (بالمعنى المحدد)، [...].

50 Al-Missīrī, *al-ʿAlmānīya al-ǧuz'īya wa-l-ʿalmānīya aš-šāmila*, 1:17 (=MG1/GZ4/BA1/MD3.HTM). ونحن نذهب إلى أن ثمة فصلاً حتمياً نسبياً للدين والكهنوت عن الدولة في كل المجتمعات الإنسانية تقريباً، إلا في بعض المجتمعات الموغلة في البساطة والبدائية حيث نجد أن رئيس القبيلة هو النبي والساحر والكاهن [...]. أما في المجتمعات الأكثر تركيباً، فإن التمايز يبدأ في البروز. وحتى في الإمبراطوريات الوثنية التي يحكمها ملك متأله، فإن ثمة تمايزاً بين الملك المتأله وكبير الكهنة وقائد الجيوش! فالمؤسسة الدينية لا يمكن أن تتوحد بالمؤسسة السياسية في أي تركيب سياسي حضاري مركب، [...].

Als Belege führt al-Missīrī zum einen die Kirche des „christlichen Mittelalters" in Differenz zum weltlichen Feudalsystem an; eine Kirche, die auch intern über eine religiös-weltliche Arbeitsteilung verfügt habe.

Des Weiteren lasse sich eine gewisse Trennung zwischen religiösem und nicht-religiösem Bereich auch in der islamischen Geschichte belegen. So bewertet al-Missīrī die bekannte Überlieferung Mohammeds: „Ihr wisst am besten über die Angelegenheiten eurer [irdischen] Welt Bescheid." (*antum aʿlam bi-umūr dunyākum*), als Indiz für eine institutionelle Differenzierung (*tamāyuz muʾassasī*) von Religion und Landwirtschaft.[51]

In nicht-religiösen Angelegenheiten könne man nach „wissenschaftlichem, irdischem Wissen sowie nach Verstand und Einschätzung der Umstände" entscheiden und sei „in einigen Aspekten befreit von den religiösen und moralischen Grundsätzen (*muṭlaqāt*)". Eine ähnliche Trennung ließe sich historisch für Angelegenheiten religiöser Offenbarung und militärischer Kriegsführung belegen.[52]

Insofern sei die Trennung der Institution Religion vom Staat und dessen Institutionen „auf keinen Fall beschränkt auf säkularistische Gesellschaften, sondern als Prozess in den meisten komplexen Gesellschaften" vorhanden.[53] Zwischen partiellem Säkularismus und Religiosität (*tadayyun*) gebe es demnach keinen Widerspruch; eine institutionelle Trennung der Religion von Politik bedeute nur, die Männer der Religion (*riǧal ad-dīn*) bzw. die Priesterschaft (*kahnūt*) aus den Einrichtungen politischer Entscheidungen zu entfernen.

Al-Missīrī geht davon aus, dass viele „Feinde des Säkularismus" einer solchen Beschreibung des Problems zustimmen würden, solange sichergestellt sei, dass „vorherrschende Werte und die Letztreferenz der Gesellschaft" im Absoluten von Religion, Moral und Menschlichkeit verbleiben und „nicht das Wohl des Staates, wirtschaftliche Interessen oder andere relative Standards" als Letztinstanz fungieren.[54]

Während der partielle Säkularismus sich auf das Verhältnis von Religion und Staat beschränke, beobachtet al-Missīrī, dass eine zunehmende Säkularisierung diesen eingehegten Bereich überschreite und Bereiche wie Erziehung, Freizeit

---

51 Vgl. al-Missīrī, *al-ʿAlmānīya al-ǧuzʾīya wa-l-ʿalmānīya aš-šāmila*, 1:17 f. Zum Hadith vgl. Nr. 2363 in der Sammlung Muslims, wo es *amr*, also „Angelegenheit" statt „Angelegenheit*en*" heißt sowie zum Kontext (Dattelanbau) Nr. 2361 f.: Ibn al-Ḥaǧǧāǧ, *Ṣaḥiḥ Muslim*, 1835 f.

52 Vgl. al-Missīrī, *al-ʿAlmānīya al-ǧuzʾīya wa-l-ʿalmānīya aš-šāmila*, 1:18, in Auseinandersetzung mit einer Überlieferung aus der Prophetenbiographie.

53 Vgl. al-Missīrī, *al-ʿAlmānīya al-ǧuzʾīya wa-l-ʿalmānīya aš-šāmila*, 1:18 (s. auch MG1/GZ4/BA1/MD3.HTM).

54 Vgl. al-Missīrī, *al-ʿAlmānīya al-ǧuzʾīya wa-l-ʿalmānīya aš-šāmila*, 1:19, sowie auch die Enzyklopädie (MG1/GZ4/BA1/MD3.HTM).

und Medien längst erfasst habe[55] – damit würden Merkmale des umfassenden Säkularismus sichtbar, der sich auf alle Lebensbereiche bezieht.

Darüber hinaus beinhalte umfassender Säkularismus auch Latenzen, wie sie sich in den postmodernen Konsequenzen völliger Relativierung (und damit Nihilierung) zeigten.[56] Dementsprechend stellt sich für al-Missīrī das Erkenntnisziel, das „latente Paradigma“ (*namūḏaǧ kāmin*) freizulegen, das hinter den Begriffen und Phänomenen liegt.[57] Eine Definition wird an vielen Stellen des Werks so oder in ähnlicher Form mitgeliefert:

> ‚Umfassender Säkularismus‘, den man auch als ‚natürlichen/ materiellen‘ bzw. ‚nihilistischen Säkularismus‘ bezeichnen kann, ist eine umfassende Weltanschauung auf allen Ebenen und in allen Bereichen. Er trennt nicht einfach nur Religion von Staat und von einigen Seiten des öffentlichen Lebens, sondern vielmehr alle religiösen, moralischen und menschlichen Werte von allen Aspekten, zuerst des öffentlichen und letztendlich des privaten Lebens; bis dass [jegliche] Sakralität völlig aus der Welt (Mensch und Natur) entfernt ist. Er ist umfassend, weil er beides, öffentliches und privates Leben, sowie Prozesse und [Letzt-]Referenzen umfasst. Die Welt, aus Sicht des umfassenden Säkularismus (als materielle Immanenz bzw. Pantheismus), ist sich selbst genügend, ihr eigener Bezugspunkt eine Welt, die [...] keine Unterbrechungen oder Abweichungen kennt; die den Gesetzen eines latenten Einen unterliegt [...].[58]

Al-Missīrī sieht nicht nur eine völlige Desakralisierung der Welt, sondern eine moralische Relativierung, die mit einer Entmenschlichung der Gesellschaft einhergeht.

Wie zeigt sich nun aber die Grenze zwischen partiellem und umfassendem Säkularismus? Bereits angedeutet wurde, dass für al-Missīrī Rationalisierung

---

55 Für al-Missīrī ist dies auch ein Indiz dafür, dass die Säkularismus-Definition im Sinne einer Trennung von Staat und Religion die gesellschaftlichen Phänomene nicht vollständig erfasst.

56 So ist partieller Säkularismus auch als „bewusster, äußerlich erscheinender“ (*wāʿiya ẓāhira*) anzusehen, umfassender Säkularismus hingegen als „unbewusster, latent struktureller“ (*ġayr al-wāʿiya ‚al-bunyawīya al-kāmina’*) Vgl. al-Missīrī, *al-ʿAlmānīya al-ǧuz’īya wa-l-ʿalmānīya aš-šāmila*, 1:8.

57 Vgl. al-Missīrī, *al-ʿAlmānīya al-ǧuz’īya wa-l-ʿalmānīya aš-šāmila*, 1:8.

58 „Al-ʿAlmānīya aš-šāmila,“ in al-Missīrī, *Mawsūʿat al-yahūd wa-l-yahūdīya wa-ṣ-ṣahyūnīya*, 8:17 ff. (START/MAFAHIM/M0042.HTM); entspricht fast wörtlich al-Missīrī, *al-ʿAlmānīya al-ǧuz’īya wa-l-ʿalmānīya aš-šāmila*, 2:472.
العلمانية الشاملة» التي يمكن أن نسميها أيضاً «العلمانية الطبيعية/المادية» أو «العلمانية العدمية» هي رؤية شاملة للكون بكل» مستوياته ومجالاته، لا تفصل الدين عن الدولة وعن بعض جوانب الحياة العامة وحسب، وإنما تفصل كل القيم الدينية والأخلاقية والإنسانية عن كل جوانب الحياة العامة في بادئ الأمر ثم عن كل جوانب الحياة الخاصة في نهايته، إلى أن يتم نزع القداسة تماماً عن العالم (الإنسان والطبيعة). وهي شاملة، فهي تشمل كلاً من الحياة العامة والخاصة، والإجراءات والمرجعية. والعالم، من منظور العلمانية الشاملة (شأنها في هذا شأن الحلولية الكمونية المادية)، مكتف بذاته وهو مرجعية ذاته، عالم [...] لا يعرف الانقطاع أو الثنائيات، خاضع لقوانين واحدة كامنة فيه [...].

und Modernisierung mit Säkularisierung (*ʿalmana*) einhergehen und die Begriffe mitunter als austauschbar behandelt werden.[59]

Al-Missīrī beobachtet unter expliziter Bezugnahme auf Max Weber die ‚Entzauberung der Welt' (‚*nazʿ as-saḥr ʿan al-ʿālam*') als auch des Menschen und vermutet einen damit einhergehenden Sinnverlust.[60] Explizit übernimmt er Webers Begriff der Rationalisierung (*taršīd*), ohne jedoch seine Quellen darzulegen – wie in arabischen Werken mit intellektuellem Anspruch durchaus üblich.[61]

Gemeint ist zunächst Rationalisierung als Steigerung technischer Effektivität, also die Betonung instrumenteller Vernunft (*ʿaql adātī*).[62] Eine der wichtigsten Beobachtungen al-Missīrīs im Rahmen dieser Rationalisierung betrifft die zunehmende Gleichgültigkeit gegenüber absoluten Letztreferenzen (*marǧiʿīyāt*) sowie gegenüber höheren Zwecken.[63]

Ein Übergangsprozess hin zu umfassendem Säkularismus wird von al-Missīrī nur in allgemeiner, gesellschaftstheoretischer Fassung nachgezeichnet – in auffallender Ähnlichkeit zu einer systemtheoretischen Sicht funktionaler Ausdifferenzierung der Gesellschaft. So schreibt er:

> Aber der Kern dieses Prozesses [von partiellem zu umfassendem Säkularismus] besteht in der Zunahme materieller Rationalisierung, wobei sich jeder Lebensbereich unter die latenten Gesetze [des jeweiligen Bereichs] unterordnet, abgeleitet aus seinem [je] eigenen Standard [...]. Und so herrschen in der Wirtschaft wirtschaftliche Standards, in der Politik politische Standards, in der Religion religiöse Standards. Dementsprechend wird jeder Bereich sich selbst genügend zu seinem eigenen Referenzrahmen und auf organische Weise kohäsiv, ohne Dualismen, Lücken oder Unterbrechungen zu kennen (und übernimmt demnach Eigenschaften der Natur bzw. Materie), isoliert von allen anderen Bereichen, ohne jegliche Verbindung. Aus diesem schrittweisen Prozess resultiert eine Trennung der verschiedenen Lebensbereiche von religiösen und moralischen Ordnungen sowie von menschlichen Zwecksetzungen. Und so fragmentieren die menschlichen Lebensbereiche, werden inhomogen und unverbunden. Und während das menschliche Selbst mit der Welt konfrontiert ist, findet es sie getrennt von sich vor, von

---

59 Vgl. al-Missīrī, *al-ʿAlmānīya al-ǧuzʾīya wa-l-ʿalmānīya aš-šāmila*, 2:17. Diese begrifflich problematische Nähe findet sich auch, wenn al-Missīrī davon ausgeht, dass sich Säkularisierung *als* Rationalisierung (*taršīd*) im Sinne Webers verstehen lasse – und die Begriffe bei al-Missīrī austauschbar werden. Vgl. al-Missīrī, *al-ʿAlmānīya al-ǧuzʾīya wa-l-ʿalmānīya aš-šāmila*, 1:104.
60 Vgl. al-Missīrī, *al-ʿAlmānīya al-ǧuzʾīya wa-l-ʿalmānīya aš-šāmila*, 1:106, 174.
61 Zu Weber vgl. al-Missīrī, *al-ʿAlmānīya al-ǧuzʾīya wa-l-ʿalmānīya aš-šāmila*, 1:104–106. In Bezug auf Quellen genauso unergiebig, aber inhaltlich ausführlicher ist das Kapitel zu Weber und Moderne in ʿAbd al-Wahhāb al-Missīrī, *Dirāsāt maʿrifīya fī al-hadāṯa al-ġarbīya* (Kairo: Maktabat aš-šurūq ad-duwalīya, 2006), 135–170.
62 Vgl. al-Missīrī, *al-ʿAlmānīya al-ǧuzʾīya wa-l-ʿalmānīya aš-šāmila*, 1:134.
63 Vgl. al-Missīrī, *al-ʿAlmānīya al-ǧuzʾīya wa-l-ʿalmānīya aš-šāmila*, 1:109.

> sich entfremdet, fragmentiert, reduziert auf eine relative, neutrale Masse, rein materiellen Prozessen untergeordnet.[64]

Daran anschließend beschreibt al-Missīrī ausführlich, welche Phänomene dem umfassenden Säkularismus entsprechen.[65]

Markt und Instrumentalisierung

Ein wichtiger Aspekt der Rationalisierung – und somit der Säkularisierung – sei die Verdinglichung (*tašayyu'*) und Ökonomisierung des Menschen und seiner Gesellschaft. Die Gesellschaft verwandle sich in einen Markt[66] und der Mensch in einen Produzenten bzw. Konsumenten.[67] Die Beziehungen der Menschen untereinander würden auf wirtschaftliche Aspekte reduziert und dementsprechend unpersönlich.

Eine solche Marktvergesellschaftung zeige sich heutzutage bei den durch reiche Unternehmer finanzierten, öffentlichen Ramadanspeisungen (*mawā'id ar-raḥmān*) – eines der wenigen konkreten Beispiele al-Missīrīs aus dem arabisch-islamischen Raum:

> So haben sich beispielsweise diese Ramadan-Tafeln in den vergangenen Jahren womöglich aufgrund eines religiösen Erwachens verbreitet. Möglicherweise ist dies aber auch ein

64 Al-Missīrī, *Mawsū'at al-yahūd wa-l-yahūdīya wa-ṣ-ṣahyūnīya* (online: START/MAFAHIM/M0045.HTM):
ولكن جوهر هذه العملية هو تصاعُد الترشيد المادي بحيث يصبح كل مجال من مجالات الحياة خاضعاً للقوانين الكامنة فيه يستمد معياريته من ذاته [...] فيحكم على المجال الاقتصادي بمعايير اقتصادية، وعلى المجال السياسي بمعايير سياسية، وعلى المجال الديني بمعايير دينية وهكذا، ويصبح كل مجال مكتفياً بذاته، ومرجعية ذاته، فهو متماسك بشكل عضوي لا يعرف الثنائيات ولا الثغرات والانقطاع (أي أنه يكتسب سمات الطبيعة/المادة)، منعزل عما سواه من المجالات، لا يربطه رابط بها. وينتج عن هذه العملية الانفصال التدريجي لمختلف مجالات الحياة عن المنظومات الدينية والأخلاقية وعن الغائيات الإنسانية. وهكذا تتفتَّت مجالات الحياة الإنسانية وتتحوَّل إلى مجالات غير متجانسة غير مترابطة، وحينما تواجه الذات الإنسانية العالم تجده منفصلاً عنها، غريباً عليها، مفتتاً، مجرد مادة نسبية محايدة خاضعة لحركة المادة وحسب.

65 Dem Leser al-Missīrīs wird der Zugang zu dessen Konzept von umfassendem Säkularismus erschwert durch die weitgehend identische Bezeichnung von Säkularismus im Allgemeinen und dessen umfassender Variante (beides: *'almānīya*) – auch wenn al-Missīrī darauf hinweist, im Zweifelsfall sei mit der Bezeichnung *al-'almānīya* umfassender Säkularismus gemeint. Vgl. al-Missīrī, *al-'Almānīya al-ǧuz'īya wa-l-'almānīya aš-šāmila*, 1:8.

66 Vgl. die Umwandlung der Gesellschaft in „Markt und Fabrik" (al-Missīrī, *al-'Almānīya al-ǧuz'īya wa-l-'almānīya aš-šāmila*, 2:17 f.) bzw. „Verwandlung der Welt in eine Fabrik" (19) als Zeichen vollständiger Rationalisierung (*taršīd kāmil*). Im zweiten Fall unter explizitem Bezug auf Max Weber.

67 Vgl. al-Missīrī, *al-'Almānīya al-ǧuz'īya wa-l-'almānīya aš-šāmila*, 1:240, 248; 2:18.

> Indiz zunehmender Säkularisierung, wenn man beachtet, dass die Anzahl [solcher Speisungen] zugenommen hat, da in diesen Tagen immer mehr [Menschen] das Fasten [grundsätzlich] brechen und das ganze Jahr über dem irdischen Leben frönen. Dennoch haben sie diese Reste religiösen Glaubens, der im Verschwinden begriffen ist. Und so sühnen sie ihre Schuldgefühle nicht, indem sie fasten, sondern durch die Zahlung von Geld (das [reichlich] bei ihnen vorhanden ist).[68]

Man könne bei dieser einseitigen Reduktion von Religion auf Ramadanspeisungen auch von einem ‚Scheckheft-Islam' (‚*Islām daftar aš-šīkāt*') sprechen.

Die aus al-Missīrīs Sicht wesentliche Umwälzung betrifft jedoch die Ökonomisierung des Menschen selbst, der – von instrumentellen Interessen dominiert – vom handelnden Subjekt zum Objekt werde. Als Arbeitskraft sei er bereits zur Ware geworden und müsse nunmehr die Entscheidung seines „Überlebens dem Markt überlassen"[69]. Prototypisch zeige sich dies in der Prostitution, die den Menschen auf ein käufliches Genussinstrument (*adāh li-l-mutʿa*) reduziere.[70]

Nicht zu übersehen sind die Anlehnungen an Marx' „Verdinglichung der gesellschaftlichen Verhältnisse"[71] und an Max Webers Beobachtung einer Marktvergesellschaftung mit gänzlich unpersönlichen Vertragsbeziehungen zwischen den Menschen.[72]

Al-Missīrī zeigt sich hier auf dem (etwas älteren) Stand gesellschaftsanalytischer Klassiker und teilt deren mehr oder weniger starkes Bedauern über moderne Zustände.[73]

---

68 Al-Missīrī, *al-ʿAlmānīya al-ǧuzʾīya wa-l-ʿalmānīya aš-šāmila*, 2:240:
فانتشار هذه الموائد في السنوات الأخيرة ، على سبيل المثال، قد يكون بسبب صحوة دينية، ولكنه يمكن أن يكون أيضاً مؤشراً على تزايد معدلات العلمنة إن اكتشفنا أن العدد تزايد بسبب أن الكثيرين يفطرون هذه الأيام أو ينغمسون في الحياة الدنيا طيلة العام، لكن لديهم مع هذا «بقايا» إيمان ديني في طريقه إلى الزوال، فيُكفِّرون عن إحساسهم بالذنب لا بالصيام وإنما بدفع المال (المتوفر لديهم).

69 Al-Missīrī, *al-ʿAlmānīya al-ǧuzʾīya wa-l-ʿalmānīya aš-šāmila*, 2:240.

70 Vgl. al-Missīrī, *al-ʿAlmānīya al-ǧuzʾīya wa-l-ʿalmānīya aš-šāmila*, 1:246 f.

71 Karl Marx und Friedrich Engels, *Werke*, 43 Bde. (Berlin: Dietz-Verlag, 1956 ff.), 25:838.

72 Vgl. Max Weber, *Wirtschaft und Gesellschaft* (Tübingen: J. C. B. Mohr, 1980), 382 f.

73 Für einen ähnlichen Ton des Bedauerns vgl. die Kritik an instrumenteller Rationalität und systemischer Ungebundenheit gegenüber einer von Vernunftimperativen geleiteten, moralisch gebundenen Lebenswelt (Habermas, *Der philosophische Diskurs der Moderne*, 390 ff.; Habermas, *Theorie des kommunikativen Handelns*, 2 Bde. (Frankfurt a.M.: Suhrkamp, 1981), 2:451 und passim) oder Charles Taylors *Unbehagen an der Moderne* als ursprünglichem Titel von Taylor, *The ethics of authenticity* (Cambridge, Mass., London: Harvard Univ. Pr, 1992), teilweise wiederzufinden in Taylor, *A secular age*, 299 ff. und passim.

Verdinglichung und Verschwinden einer Letztreferenz

Für al-Missīrī sind Ideologien und deren paradigmatische Kopplung an Diktaturen nicht einfach Phänomene der Moderne, sondern in ihrem Kern zutiefst säkularistisch, weil ihnen ein transzendenter, moralischer Bezugspunkt und ein Telos fehle.[74]

Die „vollständige Verdinglichung" (*tašayyu' kāmil*) des Menschen als Phänomen umfassender Säkularisierung zeigt sich nach al-Missīrī in ihrer radikalsten Form in der nationalsozialistischen Idee der Endlösung, in deren Rahmen die Vernichtung von Menschen theoretisch legitimiert und funktional realisiert wurde und Gasduschen euphemistisch als Garant „öffentlicher Gesundheit" dienen sollten.[75] Umfassender Säkularismus bildet für al-Missīrī die notwendige Grundlage, um Menschen so zu verdinglichen, dass sie – ihrer Menschlichkeit völlig beraubt – ohne weiteres entsorgt werden können.

Der eindimensionale, auf Funktionalität reduzierte Mensch zeige sich prototypisch im Angestellten einer bürokratisch verfassten Ordnung – jemand, der alle Regeln befolgt, ohne nach deren Sinn und Zweck zu fragen.[76] Um das Verhängnisvolle einer solch verdinglichten Rolle vorzuführen, verweist al-Missīrī auf den Nationalsozialismus und dessen hörige Protagonisten.

In Hannah Arendts Beobachtungen des Eichmann-Prozesses und ihrer Charakterisierung des intelligenten, beflissenen, aber in seiner Gedankenlosigkeit gefährlichen Täters[77] sieht al-Missīrī einen Beleg dafür, dass die nationalsozialistische Vernichtung (*ibāda nāzīya*) und deren funktionalisierte Bürokraten Folge einer materialistischen Rationalisierung und insofern umfassend säkularistisch waren.[78] Zu Eichmann schreibt er:

> Er war nichts weiter als ein ganz banaler Bürokrat, der ihm übertragene Aufgaben ausführte wie jeder Angestellte einer modernen Bürokratie. Aus Sicht materialistischer Rationalisierung war er nichts weiter als eine logische (oder vielleicht unvermeidliche) Folge zunehmender

74 Vgl. auch al-Missīrī, *aṣ-Ṣahyūnīya wa-n-nāzīya wa-nihāyat at-tārīḫ*, 75–89.

75 Vgl. al-Missīrī, *al-ʿAlmānīya al-ǧuz'īya wa-l-ʿalmānīya aš-šāmila*, 1:250. Das Thema Nationalsozialismus findet sich in diesem Werk al-Missīrīs nur verstreut. Vgl. aber al-Missīrī, *aṣ-Ṣahyūnīya wa-n-nāzīya wa-nihāyat at-tārīḫ*.

76 Vgl. al-Missīrī, *al-ʿAlmānīya al-ǧuz'īya wa-l-ʿalmānīya aš-šāmila*, 1:203. Offenbar in Weiterführung von Beobachtungen Max Webers.

77 Vgl. Hannah Arendt, *Eichmann in Jerusalem* (New York: The Viking Press, 1965), insbesondere das *Postscript* (280 ff.).

78 Al-Missīrī führt explizit Arendts Publikation an, stellt diese allerdings so dar, als ob Hannah Arendt selbst auf säkulare (moralisch entkernte) Rationalisierung schließe.

> Rationalisierung, infolge derer Persönlichkeitsmerkmale entfernt werden und der Sinn für persönliche moralische Verantwortung untergraben wird.[79]

Von al-Missīrī unbeachtet bleibt, dass der Ideologien wie dem Nationalsozialismus attestierte Sinn- und Moralverlust zwar eine plausible Außenperspektive darstellt, jedoch die Innenperspektiven totalitärer Ideologien sehr wohl über ein Endziel bzw. Telos verfügen – in der Regel nicht weniger als die Rettung der Welt vor einem bereits fortgeschrittenen Verfall.[80]

Al-Missīrī formuliert seine Gesellschaftskritik jedoch nicht als schuldzuweisende Anklage an konkrete Akteure, sondern als eine Warnung vor den Konsequenzen einer umfassenden Säkularisierung.[81] Dieses Paradigma sei zwar historisch im Europa der Aufklärung entstanden, seine Mechanismen hätten jedoch längst begonnen, die Menschheit global zu umklammern.

Zionismus und Palästina

Mancher externe (nicht-arabische) Beobachter wird gegenüber al-Missīrī ein hohes Maß an hermeneutischer Nachsicht üben müssen, wenn dieser Nationalsozialismus und Zionismus als ideologiebasierte, säkularistische Paradigmen hinsichtlich ihrer Struktur vergleicht.[82]

Vorwegnehmen lässt sich, dass al-Missīrī nicht zu jenen arabischen Autoren gehört, die an eine zionistische Weltverschwörung glauben. So hält er den in der arabischen Welt verbreiteten Glauben an die Authentizität der *Protokolle*

---

79 Al-Missīrī, *al-ʿAlmānīya al-ğuzʾīya wa-l-ʿalmānīya aš-šāmila*, 1:106:
لم يكن سوى بيروقراطي عادي تافه، يؤدي ما يوكل إليه من مهام مثل أي موظف في بيروقراطية حديثة، فهو من منظور الترشيد المادي، لم يكن سوى نتيجة منطقية (أو ربما حتمية) لعملية الترشيد المتصاعدة التي تؤدي إلى نزع السمات الشخصية وتقويض الإحساس بالمسئولية الأخلاقية الشخصية.

Vgl. auch al-Missīrī, *Mawsūʿat al-yahūd wa-l-yahūdīya wa-ṣ-ṣahyūnīya*, 3:354, wo dasselbe Zitat in der Feststellung mündet, Rationalisierung führe zu Totalitarismus (*šumūlīya*).

80 Für Ägypten ließe sich Sayyid Quṭbs Ideologieskizze *Maʿālim fī aṭ-ṭarīq* (1964) anführen. Zu totalitärer Logik allgemein vgl. Philip G. Herbst, „Totalitarian logics: the quest for certainty".

81 Vgl. dagegen die Beobachtung in Arendt, *Eichmann in Jerusalem*, 289, dass ein Gericht nur dann urteilsfähig sei, wenn die Verantwortung eines Akteurs nicht auf ein kriminelles System reduziert werde.

82 Zur Erinnerung: eine soziologische Beobachterperspektive muss nicht über den Wahrheitsgehalt (oder Irrsinn) solcher Äußerungen entscheiden, sondern kann fragen, wie sich solche internen Beobachtungen auf den Beobachter selbst und dessen Gesellschaft beziehen lassen und welche Funktion sie erfüllen.

der Weisen von Zion für historisch (und vernunftmäßig) absurd.[83] In einer für die breite muslimische Öffentlichkeit popularisierten Variante vergleicht al-Missīrī den Glauben an die Protokolle sogar mit der islamischen Sünde polytheistischer Beigesellung (*širk*) anderer Götter zu dem Einen: auf diese Weise werde Juden eine göttliche Allmacht zugewiesen, wo doch der Islam Glaube an den *einen* Gott sei, der keinen anderen neben sich duldet.[84]

In welcher Hinsicht vergleicht al-Missīrī Nationalsozialismus und Zionismus? Der Autor meint, eine strukturelle Ähnlichkeit (*tamāṯul bunyawī*) erkennen zu können und ordnet beide den „grundlegenden Strömungen" der westlichen Moderne zu.[85] Beide Ideologien basierten auf Ideen von „Blut und Boden" (wörtl.: *ad-dam wa-t-turāb*),[86] sprächen den Staat heilig und zeigten eine sozialdarwinistische Tendenz zur verdinglichenden Reduktion des Anderen, die sich moralischer Beurteilung entziehe.[87]

> Man kann sagen, dass ein Gefangenenlager [unter nationalsozialistischer Herrschaft] eine prototypische materialistisch-monistische Gesellschaft war, innerhalb der alles, auch der Mensch, geregelt [und unterworfen] wurde. Auf diesen wurden mathematisch präzise Modelle nach Hobbes'scher bzw. spinozistischer Manier angewandt, die voll und ganz vom Wirkkreis Gottes (*ẓilāl al-ilāh*) bereinigt wurden. Darin gab es weder Gnade und Mitleid noch Platz für ein Telos oder menschliche Bezugspunkte, denn der einzige Bezugspunkt war materieller Nutzen und Willenskraft. So wurde jedem Menschen eine Nummer gegeben, so dass das Lager äußerst effektiv verwaltet werden konnte. Und der Mensch verwandelte sich in eine Gebrauchsmasse, aus der Energie (billige Arbeitskraft) erzeugt wurde oder Waren (Umwandlung von Knochen in Dünger, menschliches Fett in Seife, menschliches Haar in Bürsten etc.).[88]

Eine solche Verdinglichung lasse sich nach al-Missīrī auch in zionistischer Theorie und Praxis beobachten.

---

83 Vgl. ʿAbd al-Wahhāb al-Missīrī, *al-Prūtūkūlāt wa-l-yahūdīya wa-ṣ-ṣahyūnīya* (Kairo: Dār aš-Šurūq, 2003), 193–215, sowie al-Missīrī, *Mawsūʿat al-yahūd wa-l-yahūdīya wa-ṣ-ṣahyūnīya*, 1:224b.
84 So al-Missīrī auf einem Symposium der Islamonline-Redaktion. Vgl. ʿAllāʾ Abū al-ʿAynayn, „al-Missīrī: ‚al-Prūtūkūlāt' zāʾifa wa-taṣdīquhā ‚hazīma'," *islamonline*, 11.01.2003.
85 Vgl. al-Missīrī, *al-ʿAlmānīya al-ğuzʾīya wa-l-ʿalmānīya aš-šāmila*, 2:409, sowie die Online-Enzyklopädie (MG2/GZ4/BA6/MD04/M0208.HTM).
86 Für den Zionismus wird dies (ohne Quellennachweis) auf Martin Buber zurückgeführt.
87 Vgl. al-Missīrī, *al-ʿAlmānīya al-ğuzʾīya wa-l-ʿalmānīya aš-šāmila*, 2:411.
88 Al-Missīrī, *al-ʿAlmānīya al-ğuzʾīya wa-l-ʿalmānīya aš-šāmila*, 1:247 f.
ويمكن القول بأن معسكر الاعتقال هو مجتمع واحدي مادي نماذجي تم التحكم في كل شيء داخله، وضمن ذلك البشر، وطبِّقت عليهم نماذج رياضية صارمة ذات طابع هوبزي وإسبينوزي تم تطهيرها تماماً من ظلال الإله، فلا رحمةٍ فيها ولا تراحم، ولا مجال فيها لأية غائيات أو مرجعيات إنسانية لأن المرجعية الوحيدة هي المنفعة المادية وإرادة القوة. ولذا أُعطي كل إنسان رقماً حتى يمكن إدارة المعسكر بكفاءة شديدة، وتحوَّل الإنسان إلى مادة استعمالية تُولَّد منها الطاقة (عمالة رخيصة) أو سلع (تحويل العظام إلى سماد، والشحوم الإنسانية إلى صابون، والشعر البشري إلى فُرَش... إلخ).

So werde nicht von der Usurpation eines Landes gesprochen, sondern vom landwirtschaftlichen Kultivieren des Bodens.[89] Wo man die Existenz arabischer Bewohner als Problem ansehe, werde eine Lösung durch Umsiedlung erdacht, die aus Menschen Objekte mache, mit denen instrumentell umgegangen werden kann. In diesem Sinn könne sozialdarwinistisch objektiv argumentiert werden, dass es nicht um Vertreibung von Arabern, sondern um deren Umsiedlung (*tahğīr*) und ‚Eingliederung' („*damğihim*') in andere arabische Gesellschaften gehe.[90]

Für al-Missīrī erscheinen säkularistische Moderne, Nationalsozialismus und Zionismus in einem unmittelbaren Zusammenhang. Und so setzt er den eben zitierten Gedankengang fort:

> In ähnlicher Weise [wie im Nationalsozialismus] ist das zionistische Moment nicht als Abweichung von der Idee des imperialistischen, umfassenden Säkularismus anzusehen, sondern stellt dessen präzise Kristalisation dar. Ausgehend von der Natur bzw. Materie als materieller Letztreferenz sowie der Willenskraft und der Moral des Dschungels (als materielle moralische Referenz) blickt der Zionismus auf Palästina als Land ohne Volk (entfernte also dessen menschliches Element) und verwandelte es in ein Material: Und so wurde Palästina zu einem Boden, den man ausbeutet, so wie die Palästinenser selbst zu Menschenmaterial wurden, das transferiert, vernichtet und ausgebeutet wurde. Und [auf ähnliche Weise] wurden die Juden zu Menschenmaterial, das Europa durch Verlegung loswurde. Der Moment, in dem sich das säkularistische Paradigma herauskristallisiert, ist in der Regel [...] der Moment des Transfers, wo alles nutzbar und transportabel wird.[91]

Der von al-Missīrī verwendete Transfer-Begriff (*trānsfīr*) verweist auf die instrumentelle Vertreibung bzw. Umsiedlung von ethnischen oder religiösen Minderheiten.[92]

---

89 Vgl. al-Missīrī, *al-'Almānīya al-ğuz'īya wa-l-'almānīya aš-šāmila*, 250

90 Vgl. al-Missīrī, *al-'Almānīya al-ğuz'īya wa-l-'almānīya aš-šāmila*, 2:410, 412.

91 Al-Missīrī, *al-'Almānīya al-ğuz'īya wa-l-'almānīya aš-šāmila*, 1:247 f.

وبالمثل، لا تُعتَبَر اللحظة الصهيونية انحرافاً عن الفكر العلماني الشامل الإمبريالي، بل تمثل تبلوراً حاداً له. فانطلاقاً من الطبيعة/المادة باعتبارها المرجعية النهائية المادية ومن إرادة القوة وأخلاق الغاب (باعتبارها المرجعية الأخلاقية المادية) نظرت الصهيونية إلى فلسطين باعتبارها أرضاً بلا شعب (أي أنها استبعدت العنصر الإنساني منها) وحوّلت كل شيء إلى مادة: فأصبحت فلسطين أرضاً تُستَغَل، وأصبح الفلسطينيون أنفسهم مادة بشرية تُنقَل وتُباد وتُستَغل، وأصبح اليهود أيضاً مادة بشرية يتم تخليص أوربا منها عن طريق نقلها. ولحظة تَبلور النموذج العلماني هي عادة ـ كما أسلفنا ـ لحظة ترانسفير، حيث يصبح كل شيء قابلاً للاستعمال والنقل.

92 Weitere Beispiele seien die australischen Aborigines sowie die versklavten und nach Amerika verschifften Afrikaner. Vgl. 1:252. Zu Umsiedlung bzw. Transfer in zionistischer Theorie und Praxis vgl. auch eine nüchterne israelische Perspektive: Benny Morris, *The birth of the Palestinian refugee problem revisited* (Cambridge: Cambridge Univ. Press, 2004), insbesondere 39 ff und 505 ff., sowie Ari Shavit und Benny Morris, „Ben-Gurion war ein Transferist 1948," *INAMO*, 13, Nr. 49 (2007): 32 f.

Es verwundert nicht, dass al-Missīrī einerseits zionistischer Kritik ausgesetzt war,[93] andererseits innerhalb der arabischen Welt bis heute hoch gelobt wird.

Sieht man vom Inhalt des provokanten Ideologievergleichs ab und konzentriert sich auf al-Missīrīs theoretische Grundaussagen, könnte man in Anlehnung an Jürgen Habermas vom *halbierten Rationalismus* eines instrumentell und funktional ausgerichteten Säkularismus sprechen.[94]

So betrachtet steht Säkularismus für instrumentelle Vernunft (*ʿaql adātī*) als bedingungslose Übertragung theoretischer Modelle auf die Realität, die dadurch unterworfen wird.[95] An der Spitze eines solchen Denkens stehe die positivistische Philosophie (*falsafa waḍʿīya*).[96]

Eine solche instrumentelle Vernunft sei unfähig, gesellschaftliche, politische oder historische Prozesse in ihrem umfassenden Kontext zu erkennen – demnach könne sie nur eine *partielle* Vernunft sein.[97]

Al-Missīrī macht deutlich, auf welche Weise der Mensch instrumentell funktionalisiert und zu einem Objekt werden kann: Es werde unnötig, mit ihm zu kommunizieren. Er werde zum Ding, das je nach Sachlage Verwendung findet oder nicht – und gegebenenfalls entsorgt wird.

Nicht nur die Opfer würden verdinglicht; auch die Vollzugsweise der Täter sei Symbol eines zur trivialen Maschine gewordenen Menschen, der seinesgleichen ausbeutet. Hier zeige sich das subversive Moment des umfassenden Säkularismus in seiner diabolischen Doppeldeutigkeit, die Opfer und Täter gleichermaßen umfasst.

Aus Sicht al-Missīrīs geht es dabei nicht nur um die Dekonstruktion (*tafkīk*) des Menschen in seiner Humanität.[98] Umfassender Säkularismus stehe nicht nur für eine Theorie, sondern in letzter Konsequenz für eine Praxis, die zerstörerisch wirkt.[99]

---

93 Laut al-Missīrī bis hin zu Todesdrohungen durch den Begründer der Kach-Bewegung Meir Kahane (1932–90). Vgl. al-Missīrī, *Mawsūʿat al-yahūd wa-l-yahūdīya wa-ṣ-ṣahyūnīya* (MG1/GZ4/BA6/MD3/M0001.HTM).

94 Habermas kritisiert eine Gesellschaftswissenschaft, die sich der Lösung technisch-instrumenteller Probleme verschreibt und dabei die Verbesserung der Gesellschaft mittels Kritik aus den Augen verliert. Vgl. Jürgen Habermas, „Gegen einen positivistisch halbierten Rationalismus," in *Der Positivismusstreit in der deutschen Soziologie*, Hg. Theodor W. Adorno et al. (Darmstadt: Luchterhand, 1969): 235–266.

95 Man denke an die „Kritik der funktionalistischen Vernunft" durch Habermas (*Theorie des kommunikativen Handelns 2*) und – in einem weiteren Sinne – an Karl Poppers Idee einer *geschlossenen Gesellschaft*.

96 Vgl. al-Missīrī, *Mawsūʿat al-yahūd wa-l-yahūdīya wa-ṣ-ṣahyūnīya*, 1:137.

97 Vgl. al-Missīrī, *Mawsūʿat al-yahūd wa-l-yahūdīya wa-ṣ-ṣahyūnīya*, 1:138.

98 Vgl. al-Missīrī, *Mawsūʿat al-yahūd wa-l-yahūdīya wa-ṣ-ṣahyūnīya*, 1:162.

99 Vgl. al-Missīrī, *Mawsūʿat al-yahūd wa-l-yahūdīya wa-ṣ-ṣahyūnīya*, 1:162, 244.

Die Wirkmächtigkeit des Säkularismus zeigt sich für al-Missīrī auch in modernen Zwangsmechanismen, deren Symbolisierung er sich von einem ins Amerikanische übertragenen Max Weber entleiht: das Bild des *iron cage* (*qafaṣ ḥadīdī*), aus dem der Mensch nicht mehr entkommen kann.[100]

Weber selbst war vorsichtig genug, um ein solches *stählernes Gehäuse der Hörigkeit* nicht per se einer modernen Gesellschaft zuzuschreiben, sondern konkret erörterten Teilbereichen.[101]

Fortschritt

Al-Missīrī versteht Säkularismus als Grundsatzphänomen. Er beobachtet Tendenzen eines technisch-materiellen *Fortschritts* (*taqaddum*) und bescheinigt dem modernen Europa seit der Aufklärung einen unbegrenzten Glauben an diesen Fortschritt, der sich in einer „zunehmenden Anwendung von Naturgesetzen"[102] zeige. Für al-Missīrī ist es wichtig zu betonen, dass Fortschritt gleichzeitig eines der wichtigsten Prinzipien des Säkularismus-Paradigmas sei, sozusagen dessen innerer Antrieb.[103]

Der Glaube an unbegrenzten Fortschritt werde zu einem unhinterfragbaren Prinzip, das seinen Sinn in sich selbst enthält und nicht weiter begründet werden muss. Fortschritt sei insofern die säkularistische Antwort auf die Frage menschlichen Seins.[104] Gleichzeitig blockiere diese Verabsolutierung die Reflexion über den Preis, der für Fortschritt zu zahlen ist.

---

100 Vgl. al-Missīrī, *al-ʿAlmānīya al-ǧuzʾīya wa-l-ʿalmānīya aš-šāmila*, 2:32; zu Weber vgl. 1:104–106; zu Weber und Peter Berger vgl. 2:296–309, mehr oder weniger identisch mit al-Missīrī, *Mawsūʿat al-yahūd wa-l-yahūdīya wa-ṣ-ṣahyūnīya*, 3:25 ff. und al-Missīrī, *Dirāsāt maʿrifīya fī al-ḥadāṯa al-ġarbīya*, 157 ff.

101 So verzeichnet Weber im Kontext von Religion puritanische Askese und einen dadurch katalysierten Materialismus „äußerer Güter", der sich in ein „stahlhartes Gehäuse" verwandeln kann; vgl. *Gesammelte Aufsätze zur Religionssoziologie* (Tübingen: J. C. B. Mohr, 1986), 1:203 f. Ein ähnliches Gehäuse der „Hörigkeit" wird im Kontext moderner Bürokratie beobachtet (*Wirtschaft und Gesellschaft*, 835); für die Wirtschaft ein Gefügigmachen der Massen im Kontext liberalisierter Märkte sowie eines technisch-ökonomischen Fortschritts rein materieller Interessen („Zur Lage der bürgerlichen Demokratie in Rußland," in *Gesammelte politische Schriften*, 63).

102 Al-Missīrī, *al-ʿAlmānīya al-ǧuzʾīya wa-l-ʿalmānīya aš-šāmila*, 1:151, hier unter Abhandlung der Aufklärung (*ḥarakat al-istināra*), eines materialistischen Fortschrittsglauben und des „Endes der Geschichte" (146–59).

103 Vgl. al-Missīrī, *al-ʿAlmānīya al-ǧuzʾīya wa-l-ʿalmānīya aš-šāmila*, 1:240.

104 Vgl. al-Missīrī, *al-ʿAlmānīya al-ǧuzʾīya wa-l-ʿalmānīya aš-šāmila*, 2:251.

Dementsprechend schlägt al-Missīrī einen Begriff vor, den er dem wissenschaftlich-industriellen Fortschritt gegenüberstellen will: *at-taḫalluf al-kawnī* (universale, seinsmäßige Unterentwicklung bzw. Rückschritt).

> Seit der Renaissance redet der westliche Mensch [sic] über wissenschaftlich-industriellen Fortschritt und es mehren sich die Früchte, die der Mensch durch diesen Fortschritt erntet. Inzwischen weiß man jedoch, dass dieser industrielle Fortschritt sich negativ auf die ganze Welt bzw. auf die natürlichen Ressourcen ausgewirkt hat [...]. Diese negativen Auswirkungen sowie die Zerstörung der Umwelt und der Erdatmosphäre nennen wir ‚universale Unterentwicklung' [...]. Dementsprechend, und um unsere Berechnung [des Preises des Fortschritts] zu präzisieren, verbinden wir die Raten ‚industriellen Fortschritts' mit den Raten einer ‚universalen Unterentwicklung', also den Schäden, die der industrielle Fortschritt dem Sein [der Welt] zufügt [in einer Gesamtrechnung] – insbesondere, dass der industrielle Fortschritt nur dem Westen nützt, während universale Unterentwicklung [wie Umweltschäden] sich auf uns alle auswirkt [...].[105]

Dementsprechend gelte es, eine Rechnung aller Kosten seit Beginn des Industriezeitalters aufzustellen; und – so wird nahegelegt – den Westen die Gesamtrechnung begleichen und nicht nur für aktuelle Schäden aufkommen zu lassen.

Es geht al-Missīrī aber nicht nur um materielle Schäden des technischen Fortschritts, welche die natürlichen Lebensgrundlagen des Menschen betreffen. Durch seine Unhinterfragbarkeit und sein materialistisch-reduziertes Wesen sei der Fortschritt auch abgekoppelt von Fragen der Moral[106] – er sei nicht unmoralisch, sondern amoralisch.

Genau hier setzt al-Missīrīs Kritik säkularistisch verabsolutierter Phänomene der Moderne an: Eben weil diese sich nicht mehr moralisch fassen lassen, betrachtet er sie als Bedrohung für die Gesellschaft. Und wie für andere Phänomene der Moderne gilt auch für den Fortschritt, dass er unkontrollierbar wird. Er ist der Geist, den man rief, dem Wohl der Menschheit zu dienen, und der nach und nach zum Selbstzweck geworden ist.[107]

Fortschritt ist für al-Missīrī ein Mechanismus, der den Menschen zum blinden Untertan macht. Es scheint, als verhindere das Fortschrittsparadigma selbst, dass nach dem Preis eines rein materiellen Zuwachses ohne moralische

105 Al-Missīrī, *al-ʿAlmānīya al-ğuzʾīya wa-l-ʿalmānīya aš-šāmila*, 2:257:
منذ عصر النهضة والإنسان الغربي يتحدث عن التقدم العلمي والصناعي، ويعدد الثمرات التي يجنيها الإنسان من هذا التقدم. ولكننا نعرف الآن أن هذا التقدم الصناعي، وكان يؤثر بشكل سلبي في الكون بأسره، وفي المصادر الطبيعية، [...]. هذا التأثير السلبي والدمار الذي يلحق بالبيئة والغلاف الجوي هو ما نسميه «التخلف الكوني» [...]. ولذا، فلكي تكون حساباتنا دقيقة، لابد أن نربط معدلات «التقدم الصناعي» بمعدلات «التخلف الكوني»، أي الأضرار التي يلحقها التقدم الصناعي بالكون، وخاصة أن هذا التقدم الصناعي يفيد الغرب وحده، أما التخلف الكوني فيؤثر فينا جميعاً [...].

106 Vgl. al-Missīrī, *al-ʿAlmānīya al-ğuzʾīya wa-l-ʿalmānīya aš-šāmila*, 2:255.

107 Vgl. al-Missīrī, *al-ʿAlmānīya al-ğuzʾīya wa-l-ʿalmānīya aš-šāmila*, 2:28.

Entwicklung gefragt wird. Kurz gesagt: „Der materielle Fortschritt leugnet seinen Preis.“[108]

Es ist der Preis dieses Fortschritts, auf den al-Missīrī aufmerksam machen will, weil die westliche Zivilisation sich über dessen Höhe nicht im Klaren sei.[109] Auch wenn nicht in Frage stehe, dass diese Art Fortschritt in erster Linie dem Westen nützt, sei doch längst indiskutabel geworden, dass nicht nur die westliche Zivilisation von den Konsequenzen betroffen sei.

Und so warnt al-Missīrī und betont, dass „der Preis des Fortschritts [...] hoch sein wird und wir ihn in voller Höhe bezahlen müssen“[110]. Ein so düster gezeichnetes Szenario lässt ahnen, dass nicht nur die bisherigen materiellen und moralischen Kosten gemeint sind, sondern dass noch weit schlimmere Konsequenzen vermutet bzw. prophezeit werden. Die Moderne bildet aus dieser Perspektive lediglich den epochalen Ausgangspunkt gesellschaftlicher Entwicklungen, deren Ende noch nicht abzusehen ist.

Postmoderne und Moral

Al-Missīrī formuliert den Übergang von partiellen zu umfassendem Säkularismus in gewisser Weise auch als Transformation der Moderne in eine Postmoderne als deren verabsolutierte Konsequenz.

Die europäische Aufklärung habe den Menschen als Letztreferenz an die Stelle Gottes gesetzt; ein Punkt, den al-Missīrī mehr oder weniger kritiklos hinnimmt. Spätere Gesellschaftskritiker hätten weitere absolute Referenzpunkte hinzugefügt.[111] Was jedoch als Aufklärung begann, habe sich zum Glaubensdogma verhärtet – indem Ideen sich zu scheinbaren Naturgesetzen verfestigt und den Bezug zu moralischen Werten verloren hätten. So sei der Mensch, der ausschließlich nach solchen gesellschaftlichen Naturgesetzen lebt, als den Regeln unterworfen und insofern als Maschine zu betrachten.[112]

---

108 Al-Missīrī, *al-ʿAlmānīya al-ǧuzʾīya wa-l-ʿalmānīya aš-šāmila*, 1:116.

109 Vgl. al-Missīrī, *al-ʿAlmānīya al-ǧuzʾīya wa-l-ʿalmānīya aš-šāmila*, 1:116 sowie 2:265.

110 Al-Missīrī, *al-ʿAlmānīya al-ǧuzʾīya wa-l-ʿalmānīya aš-šāmila*, 2:265.

111 Unter anderem die unsichtbare Hand des Marktes bei Smith, der Nutzen (*manfaʿīya*) bei Bentham, die Produktionsmittel bei Marx, die Sexualität bei Freud und die Willenskraft bei Nietzsche. Vgl. al-Missīrī, *al-ʿAlmānīya al-ǧuzʾīya wa-l-ʿalmānīya aš-šāmila*, 1:238 f.

112 Vgl. al-Missīrī, *al-ʿAlmānīya al-ǧuzʾīya wa-l-ʿalmānīya aš-šāmila*, 1:238. Al-Missīrī nennt keine Quellen; es bleibt offen, ob er für seine Maschinenmetapher Descartes oder La Mettrie konsultiert hat.

Während die Moderne noch über grundlegende Letztreferenzen verfüge – allen voran den aufgeklärten Menschen (anstelle Gottes) im Zentrum der Welt – erscheint al-Missīrī die Postmoderne als Zeitalter ständiger Veränderung und umfassender Verflüssigung (*suyūla šāmila*).[113]

Indem das Objekt über das Subjekt siege und letzteres verschwinde, verliere die Unterscheidung von Subjekt und Objekt ihren Sinn.[114] Und wenn jegliche Unterscheidung indifferent werde und in sich zusammenfalle, perfektioniere sich ein materialistischer Monismus (*wāḥidīya māddīya*) in Form einer Herrschaft der Dinge (*siyādat al-ašyāʾ*).[115]

Auch Moralbezüge und Werte würden durch völlige Relativierung verflüssigt, weil sie sich ohne Letztreferenz nicht mehr begründen ließen.[116] In einer derart monistisch verflüssigten Postmoderne siege völliger Pragmatismus über jegliche Ideale. Der dem Menschen inhärente Wunsch nach Transzendenz versinke sozusagen im kollektiven Unterbewusstsein.

Das kollektive und individuelle Aufgehen im ständigen Wandel (*ṣayrūra*, wörtl: Werden) führe zum Verschwinden des kollektiven Gedächtnisses und zur Entkopplung vom historischem Bewusstsein des Menschen.[117] Daraus ergebe sich, dass die säkularisierte, westliche Zivilisation zwar über ein Logos (*lūǧūs*) instrumenteller Herrschaft verfüge, aber nicht mehr über ein Telos, ein letztes Ziel, für das sich Opfer oder Kompromisse lohnen würden.[118]

Auch verfüge sie nicht mehr über eine Moral, die sich fundieren ließe. Der Metaphysik ist die Moral aus al-Missīrīs Sicht entglitten – denn auch wenn Moral noch thematisierbar bleibt, lassen sich keine absoluten moralischen Urteile mehr fällen.[119]

---

113 Vgl. al-Missīrī, *al-ʿAlmānīya al-ǧuzʾīya wa-l-ʿalmānīya aš-šāmila*, 2:240.

114 Vgl. al-Missīrī, *al-ʿAlmānīya al-ǧuzʾīya wa-l-ʿalmānīya aš-šāmila*, 2:212.

115 Vgl. al-Missīrī, *al-ʿAlmānīya al-ǧuzʾīya wa-l-ʿalmānīya aš-šāmila*, 1:321.

116 Eine vergleichbare Problemkonstellation lässt sich in der deutschsprachigen Philosophie bei Jürgen Habermas und Hans-Otto Apel finden; deren Lösungsansätze bestehen in der Etablierung einer Transzentalpragmatik (Apel) bzw. der diskursiv abgesicherten Etablierung theoretisch begründbarer Normen im Sinne einer Diskursethik (Habermas).

117 Vgl. al-Missīrī, *al-ʿAlmānīya al-ǧuzʾīya wa-l-ʿalmānīya aš-šāmila*, 1:230. An anderer Stelle (1:168) heißt es dazu: „Ablösen (*taǧrīd*) des Menschen von seinem historischen Gedächtnis, nachdem er von seiner Position als Zentrum des Universums (*markazīyatihi fī al-kawn*) losgelöst wurde (*ǧurrida*)". Al-Missīrī verwendet hier auch den englischen Ausdruck *dehistoricize*.

118 Vgl. das Beispiel des israelischen Soldaten, dem aus Sicht al-Missīrīs ein Ziel, für das es sich zu sterben lohnt, abhanden gekommen sei. Der (säkulare) Staat sei zu einer solchen Sinngebung nicht in der Lage (al-Missīrī, *al-Īdiyūlūǧīya aṣ-ṣahyūnīya*, 2:121).

119 Vgl. al-Missīrī, *al-ʿAlmānīya al-ǧuzʾīya wa-l-ʿalmānīya aš-šāmila*, 1:242.

Positive Konsequenzen der säkularistischen Moderne?

In manchen Punkten erinnert al-Missīrīs Kritik der Moderne an die *Dialektik der Aufklärung*: an die ihre eigene Antithese erzwingende Aufklärung, die in ihrer Suche nach Wissen (als modernem Machtäquivalent) keine Beschränkung mehr kennt und in letzter Konsequenz die „Versklavung der Kreatur"[120] bewirkt; an Technik in Form *wirksamer Verfahren*, die methodisch auf Ausbeutung und auf Kapital abzielen;[121] an erodierende Vernunft und Moral;[122] an eine Aufklärung, die sich nicht nur gegen die Natur richtet, sondern auch gegen den Menschen selbst, nunmehr eingekerkert in wissenschaftlich begründete Sachzwänge.

Wo Adorno und Horkheimer noch die Intention im Menschen selbst verorten[123], sieht al-Missīrī eine führungslose Maschinerie, ein theoretisch begründetes und praktisch wirksames Paradigma – das Paradigma des Säkularismus, das in letzter Konsequenz die Grenze zum Totalitären erreicht.[124]

Trotzdem, so al-Missīrī, verfüge die moderne Gesellschaft auch über nicht zu leugnende Errungenschaften. Sie sichere unter anderem Menschen- und Bürgerrechte und lasse die Frau partizipieren. Rationale Bürokratie beuge gewaltsam ausgetragenen Konflikten vor, Gewaltenteilung bilde ein rechtsstaatliches Fundament und demokratische Verfahren regelten Wahl und Abwahl des politischen Herrschers in Person des „Präsidenten".[125]

Demokratie stelle damit auch die Antwort auf die Kalifatsfrage dar,[126] die in der arabisch-islamischen Welt nach der Abschaffung des Sultanats und des Kalifats (1922/24) aufkam: Wie lässt sich politische Ordnung islamisch organisieren,

120 Max Horkheimer und Theodor W. Adorno, *Dialektik der Aufklärung* (Frankfurt a.M.: Fischer, 2003), 10.

121 Horkheimer und Adorno, *Dialektik der Aufklärung*, 11.

122 Vgl. Willem van Reijen, „Max Horkheimer (1895–1973) und Theodor W. Adorno (1903–1969)," in *Culture Club*, Hg. Martin Ludwig Hofmann et al. (Frankfurt am Main: Suhrkamp, 2004): 103–126 (110).

123 „Was die Menschen von der Natur lernen wollen, ist, sie anzuwenden, um sie und die Menschen vollends zu beherrschen." Horkheimer und Adorno, *Dialektik der Aufklärung*, 10.

124 Die Bezeichnung von Säkularismus als *šāmil* (umfassend) dürfte bewusst gewählt sein, vermutlich auch bezogen auf die Nähe (aber nicht: Identität) mit *šumūlī* (totalitär). Vgl. auch die oben bereits genannte Formulierung, der Rationalisierungsprozess führe letztlich zu Totalitarismus (*šumūlīya*).

125 Zu allen genannten Punkten vgl. al-Missīrī, *al-ʿAlmānīya al-ǧuzʾīya wa-l-ʿalmānīya aš-šāmila*, 2:241 f.

126 Vgl. al-Missīrī, *al-ʿAlmānīya al-ǧuzʾīya wa-l-ʿalmānīya aš-šāmila*, 2:242.

wenn es kein islamisches Reich mehr gibt, dessen Herrscher göttliche Legitimation voraussetzen kann?[127]

Nachtrag: Gott

Wo bleibt nun aber Gott, der in diesem *secular age* (Taylor) nicht mehr aufzufinden ist und doch von al-Missīrī vorausgesetzt wird? Wo bleibt die Religion – und wo der Islam?

Der moderne Mensch zeige in seiner Sinnkrise, dass er einerseits ein tiefes Bedürfnis nach göttlicher Transzendenz verspüre, dass ihm aber nach und nach die Möglichkeiten genommen worden seien, sich an Gott zu wenden oder sich auf ihn zu berufen.[128]

Nietzsches *Gott ist tot* sei lediglich Zeichen einer solchen Sinnkrise und für al-Missīrī Ausdruck der Selbstvergessenheit der Menschheit.[129] Der Mensch, so al-Missīrī, habe Gott nicht getötet, sondern nur vergessen – und damit sich selbst.[130] Hier beruft sich al-Missīrī ausnahmsweise auf eine koranische Einsicht: „Und seid nicht wie diejenigen, die Gott vergaßen, worauf er sie sich selbst vergessen ließ!“[131]

Die Sinnkrise des gottvergessenen Menschen bedeutet für al-Missīrī auch, dass der Mensch noch nicht verloren ist, denn Gott ist zwar verborgen, aber noch in ihm.[132] Und so wie Moral und Letztinstanzen bei al-Missīrī offensichtlich ein Äquivalent für Religion darstellen, so spricht er auch an dieser Stelle nicht vom Gott der Muslime bzw. der arabischen Christen (*Allāh*). Der in der Moderne verborgene Gott ist für ihn *al-ilāh al-ḫafī* – also nicht Gott an sich, sondern *einer*, der noch dazu verborgen ist. Dies erscheint bemerkenswert distanziert für einen Autor, der im Beratungsgremium der panislamischen Zeitschrift *al-Manār al-ǧadīd* saß und mehrfach als religiöser Intellektueller („Islamischer Denker“) auftrat.

---

127 Vgl. Reinhard Schulze, „Die Politisierung des Islam im 19. Jahrhundert,“ *Die Welt des Islams*, 22, 1/4 (1982): 103–116 (106), der das Aufkommen einer Legitimationsfrage bereits für das Osmanische Reich beobachtet.

128 Vgl. al-Missīrī, *al-ʿAlmānīya al-ǧuz'īya wa-l-ʿalmānīya aš-šāmila*, 1:193.

129 Ausführlicher in ʿAbd al-Wahhāb al-Missīrī, „Nītšeh faylasūf al-ʿalmānīya al-akbar,“ *Awrāq falsafīya*, Nr. 1 (2000): 95–111.

130 Vgl. al-Missīrī, *al-ʿAlmānīya al-ǧuz'īya wa-l-ʿalmānīya aš-šāmila*, 1:194.

131 Sure 59:19 (Paret).

132 Vgl. al-Missīrī, *al-ʿAlmānīya al-ǧuz'īya wa-l-ʿalmānīya aš-šāmila*, 1:196.

Erinnert sei noch einmal daran, dass al-Missīrī nicht ausschließlich von Religion bzw. Islam spricht, sondern von etwas Transzendent(al)em; einer „Referenz, die die diesseitige Welt und die Perspektive des utilitaristisch relativistischen Materialismus übersteigt“[133]. Al-Missīrī verlässt damit eine rein religiöse Perspektive.

Da das Thema Religion nicht den Kern seiner Analyse ausmacht und al-Missīrī sich nicht aus einer explizit religiösen Perspektive heraus äußert, lässt sich seine eigene Kategorisierung von Säkularismus auch auf ihn selbst anwenden: Seine eigene Perspektive lässt sich demnach als *partiell säkularistisch* bezeichnen.

Dass er keine religiösen Ansprüche geltend macht, bedeutet auch, dass er nicht – jedenfalls nicht eindeutig – der Rolle eines religiösen Intellektuellen zugeordnet werden kann.[134] Er spricht weder über noch im Namen des Islam. Es scheint, als wolle er sich nicht auf die Rolle eines religiösen Intellektuellen reduzieren lassen, die innerhalb einer komplexen Gesellschaft keine gesamtgesellschaftliche Sinnstiftung mehr leisten kann.

4.2 Die Säkularität des Islam (al-Bannā)

Ein wichtiges Argument in Bezug auf Säkularismus besagt, dass dieser in einer islamischen Gesellschaft nicht zum Problem werden kann.[1] Da es weder Kirche noch Klerus gebe, lasse sich der Islam auch nicht säkularisieren. Dementsprechend sei die Frage der Abschaffung organisierter religiöser Vorherrschaft unsinnig.[2]

Dieses Argument ist bereits wegen des damit verbundenen performativen Selbstwiderspruchs bemerkenswert: ein Problem, von dem behauptet wird, dass es nicht existiert, wird trotzdem ausführlich behandelt.[3]

Dass ein ägyptischer Intellektueller sich öffentlich wirksam gegen diese Argumentation wandte, ist bekannt: Naṣr Ḥāmid Abū Zayd, der seine „Kritik des religiösen Diskurses“[4] am religiösen Establishment entfaltete, sah dieses als

133 „Margiʿīya mutagāwiza li-d-dunyā wa-li-r-ruʾyā an-nafʿīya an-nisbīya al-māddīya“ (al-Missīrī, *al-ʿAlmānīya al-ǧuzʾīya wa-l-ʿalmānīya aš-šāmila*, 1:19).

134 Vgl. auch das Kapitel „Der muslimische Intellektuelle als Sprecher zu Säkularismus und Islam“.

1 Vgl. das Kapitel „Islam und Christentum“.

2 Hier scheinen sich Pro- und Kontra-Säkularismus-Argumentierende wie al-Qaraḍāwī und al-Maṭʿanī vs. al-Bannā oder Ḥanafī einig zu sein. Vgl. u. a. al-Maṭʿanī, *al-ʿIlmānīya wa mawqifuhā min al-ʿaqīda wa-š-šarīʿa* und al-Qaraḍāwī, *al-Islām wa-l-ʿilmānīya waǧhan li-waǧhin*, 45–49 sowie das Kapitel „Islam und Christentum“.

3 Vgl. das Kapitel „Islam und Christentum“.

4 So der Titel des arabischen Originals. Vgl. Abū Zayd, *Naqd al-ḫiṭāb ad-dīnī*; deutsche Ausgabe: Abu Zaid, *Islam und Politik*.

institutionalisiertes Priestertum (*kahnūt*) an – und Säkularismus als Mittel zur Befreiung von der verabsolutierten Deutungshoheit der Gelehrten.[5]

Ǧamāl al-Bannā (1920–2013) geht bei der Behandlung der Frage einer islamischen Kirche bzw. religiösen Institution (*mu'assasa dīnīya*) einen anderen Weg. Zwar stellt auch er fest, dass sich Erkenntnisse „über die katholische Kirche nicht ohne Weiteres auf den Islam anwenden lassen, weil eine solche Kirche nicht existiert"[6] – allerdings hat sich für ihn damit die Frage nach dem Verhältnis von Islam und *al-ʿalmānīya* nicht erledigt. Vielmehr scheint ihm eine solche Beobachtung ein günstiges Klima zu schaffen, um das Verhältnis von Islam und Säkularismus zu erörtern.

Zwei Thesen al-Bannās sind in diesem Zusammenhang erwähnenswert: Zum einen sei die Vormachtstellung, die sich die katholische Kirche innerhalb Europas aneignen konnte, Ergebnis einer historischen Entwicklung, ohne dass sie zum Wesen des Christentums gehöre.[7] Zum anderen gebe es Klärungsbedarf, worin die maßgebliche Referenz (*marǧiʿunā*) im Islam bestehe: al-Bannā findet diese nicht in Festlegungen der islamischen Rechtswissenschaft (*muqarrarāt fiqhīya*), sondern im Koran selbst.[8]

Publikationen

Al-Bannā publiziert seine Ideen zum Verhältnis von Säkularismus und Islam in mehreren Werken.

Ende der 1990er Jahre erscheint zunächst ein kleines Traktat in geringer Auflage zum Thema „Islam, Freiheit und Säkularismus"[9], in dem al-Bannā über Freiheit als Grundvoraussetzung religiöser Praxis sowie über die Säkularität des Islam sinniert. Das Traktat übernimmt er kurze Zeit später als eigenes Kapitel in ein ausführlicheres Werk zum Thema *Islam und geistige Freiheit*.[10]

---

5 Vgl. Abū Zayd, *Naqd al-ḫiṭāb ad-dīnī*, 37.

6 Al-Bannā, *al-Islām wa-l-ḥurrīya wa-l-ʿalmānīya*, 26; = al-Bannā, *Mawqifunā min al-ʿalmānīya. al-qawmīya. al-ištirākīya*, 14.

7 Vgl. al-Bannā, *Mawqifunā min al-ʿalmānīya. al-qawmīya. al-ištirākīya*, 12 f.

8 Vgl. al-Bannā, *al-Islām wa-l-ḥurrīya wa-l-ʿalmānīya*, 26; = al-Bannā, *Mawqifunā min al-ʿalmānīya. al-qawmīya. al-ištirākīya*, 14. Zu den zwei Punkten vgl. al-Bannā, *al-Islām wa-l-ḥurrīya wa-l-ʿalmānīya*, 13–25; = al-Bannā, *Mawqifunā min al-ʿalmānīya. al-qawmīya. al-ištirākīya*, 7–14.

9 Vgl. al-Bannā, *al-Islām wa-l-ḥurrīya wa-l-ʿalmānīya*.

10 Vgl. Ǧamāl al-Bannā, *Al-Islām wa-ḥurrīyat al-fikr* (Kairo: Dār al-fikr al-islāmī, 1999), 112–34. Das Werk wird 2008 bei Dār aš-Šurūq erneut aufgelegt.

Im Jahr 2003 nimmt er den Text zu Säkularismus erneut auf, erweitert diesen und fügt ihn mit zwei anderen Aufsätzen zu einem Band zusammen.[11] Im Oktober 2011, wenige Monate nach dem Rücktritt Mubaraks, veröffentlicht er seine Ideen als Artikelserie in al-Miṣrī al-yawm erneut – hier in der älteren, kürzeren Textfassung.[12]

Der übereinstimmende inhaltliche Kern der verschiedenen Textversionen besteht in den Übertragungsproblemen europäischer Erfahrungen auf den Islam,[13] in einem Vergleich von Islam und Christentum[14] sowie in drei Aspekten, die bei der Beurteilung des Verhältnisses von *al-ʿalmānīya* und Islam kaum berücksichtigt würden: Erstens sei Europa nicht völlig säkular(isiert), da das Christentum nie völlig abgeschafft wurde; zweitens sei die ägyptische Gesellschaft überaus religiös, was bis in den Bereich politischer Dynamik hineinreiche;[15] und drittens sei der Fortschritt in Europa mit dem Verlust religiöser Werte sowie einer Assimilation religiöser Minderheiten[16] einhergegangen.[17]

Die genannten Thesen dürften kaum öffentlichen Widerspruch hervorrufen – und wenn, dann aufgrund der Tatsache, dass al-Bannā seine Beobachtungen unter dem Thema „Säkularität des Islam" einordnet.[18]

Bemerkenswert sind einige Schlussfolgerungen, die der Autor im Zusammenhang mit Merkmalen eines säkularen Islam ausarbeitet und die in seinen anderen Publikationen zu Säkularismus nicht vorkommen. Diese Merkmale sollen im Folgenden erörtert werden, um zu erkunden, was innerhalb des Islam und der massenmedialen Öffentlichkeit Ägyptens sagbar ist.

---

11 Vgl. al-Bannā, *Mawqifunā min al-ʿalmānīya. al-qawmīya. al-ištirākīya.* Im Folgenden wird aus dieser (ausführlichen) Textversion zitiert und nur bei Abweichungen aus der alternativen Publikation von 1998.

12 Vgl. al-Bannā, „al-Islām wa-l-ḥurrīya wa-l-ʿalmānīya", fast identisch mit al-Bannā, *al-Islām wa-l-ḥurrīya wa-l-ʿalmānīya*, 3–47.

13 Vgl. al-Bannā, *al-Islām wa-l-ḥurrīya wa-l-ʿalmānīya*, 13–27 (=al-Bannā, *Mawqifunā min al-ʿalmānīya. al-qawmīya. al-ištirākīya*, 7–15).

14 Vgl. das Kapitel „Islam und Christentum", in dem auch Argumente al-Bannās angeführt werden.

15 Dies zeige sich unter anderem historisch im Widerstand gegen den Kolonialismus durch Gelehrte, aber auch daran, dass zeitgenössische gesellschaftliche Reformansätze stets pro-islamisch ausgerichtet seien, selbst die arabischer Marxisten.

16 Während im Islam religiöse Minderheiten Angelegenheiten nach eigenem Zivilrecht regeln dürfen (v. a. im Bereich Ehe- und Erbrecht), würden religiöse Minderheiten in Europa quasi in ein christlich geprägtes, säkulares Rechtssystem gepresst.

17 Vgl. al-Bannā, *al-Islām wa-l-ḥurrīya wa-l-ʿalmānīya*, 35–50 (= al-Bannā, *Mawqifunā min al-ʿalmānīya. al-qawmīya. al-ištirākīya*, 47–57).

18 Vgl. al-Bannā, *al-Islām wa-l-ḥurrīya wa-l-ʿalmānīya*, 26–35; ausführlicher in al-Bannā, *Mawqifunā min al-ʿalmānīya. al-qawmīya. al-ištirākīya*, 15–47.

Sieben Aspekte der Säkularität des Islam

Wie konstruiert al-Bannā Islam in Auseinandersetzung mit *al-ʿalmānīya*?

In der erweiterten und am konsequentesten argumentierenden Textvariante thematisiert al-Bannā zunächst die inhaltliche und konnotative Problematik des Begriffs *al-ʿalmānīya*.

> Wenn Säkularismus den Menschen zum Götzen macht und Gott nicht gedient wird sowie das diesseitige Leben anerkannt, aber das jenseitige geleugnet wird, dann steht außer Frage, dass er vom Islam abweicht, ja ihm widerspricht. Aber wir verstehen Säkularismus nicht auf diese Weise, sondern als Trennung von Staat und Religion in dem Sinne, dass der Staat keine religiöse Funktion ausübt und sich nicht mit religiösen Aufgaben befasst, sondern die Religion den Menschen überlässt, die glauben, wie sie es wünschen. Vielleicht ist der säkulare Staat aber pro-kirchlich, ohne sich in kirchliche Arbeit einzumischen bzw. den Kirchen zu erlauben, sich in seine Tätigkeit einzumischen. Beispiele dafür gibt es zahlreich [in säkularen Gesellschaften]: So ist die Glaubensfreiheit für alle festgelegt, Kirchen werden in den säkularen Staaten errichtet, selbst christliche Parteien gibt es. In dieser Bedeutung allein verstehen wir *al-ʿalmānīya* [als Säkularität] [...].[19]

Eine ähnliche Bemerkung findet sich bei al-Bannā bereits Jahre vorher.[20] Im Anschluss an diese Abgrenzung konstruiert al-Bannā einen säkularen Islam oder genauer: eine Säkularität des Islam (*ʿalmānīyat al-Islām*) – auch in Auseinandersetzung mit dem Christentum.

In der erweiterten und in ihren Schlussfolgerungen konsequentesten Textvariante begründet er diese Säkularität, indem er dem Islam sieben Grundmerkmale zuschreibt,[21] die im Folgenden behandelt werden.

---

19 Al-Bannā, *Mawqifunā min al-ʿalmānīya. al-qawmīya. al-ištirākīya*, 7, Anm. unten:
إذا كانت العلمانية هى توثين الإنسان، وليس عبادة الله والاعتراف بالحياة الدنيا وجحود الحياة الآخرة. فلا جدال فى مخالفتها بل ومناقضتها للإسلام. ولكننا لا نفهم العلمانية بهذا المعنى. ولكن أنها الفصل بين الدولة والدين. بمعنى أن الدولة لا تمارس مهاماً دينية ولا تعنى بمناشط دينية وإنما تدع الدين للناس تؤمن به كما تشاء، بل لعل الدولة العلمانية قد تناصر الكنائس. دون أن تتدخل فى عمل الكنائس أو تسمح للكنائس بالتدخل في عملها والشواهد عديدة فحرية الاعتقاد مقررة للجميع والكنائس قائمة فى الدول العلمانية بل وهناك أحزاب مسيحية. بهذا المعنى وحده نفهم العلمانية [...].

20 „Jede Idee eines säkularen Staates, die religiöse Weisung vom Leben und der Gesellschaft trennt oder bei der Religion lediglich eine Privatbeziehung zwischen Individuum und Gott darstellt, ohne Einfluss auf Wirtschaft, Politik und Gesellschaft, ist völlig abzulehnen. Dies wird weder Ägypten aufgrund seines glaubensförmigen Charakters (*šaḫṣīyatihā al-īmānīya*), noch der Islam aufgrund seines Wesens (ṭabīʿatihi) akzeptieren.", al-Bannā, *Ka-lā ṯumma ka-lā*, 254.

21 Vgl. al-Bannā, *Mawqifunā min al-ʿalmānīya. al-qawmīya. al-ištirākīya*, 15–47.

Natürlichkeit

(1) Der Islam zeichne sich erstens durch eine Bodenständigkeit aus, die sich bereits in seinen Anfängen, in der Einfachheit des beduinischen Lebens gezeigt habe.[22] Der Islam habe „etwas von dieser [beduinischen] Natur übernommen", schreibt al-Bannā. „Er war frei und einfach, ohne jede Kompliziertheit, nichts was von dieser Natürlichkeit (*fiṭra*) und Natur abweicht"[23].

Diese Einfachheit sei es, die – als Prinzip innerer Einheit – die Bildung interner Monopole und Ausgrenzungsprozesse verhindere. Dem habe auch die Rolle der Propheten entsprochen, die zu Gott aufgerufen hätten, ohne eine Gruppe von vornherein auszuschließen.

Eine solche Einfachheit zeige sich auch in der religiösen Praxis: Jeder Boden könne als Moschee dienen – ein Gebäude sei nicht unbedingt notwendig; jeder könne den Koran auswendig lernen und jeder mit islamischem Wissen könne die Freitagspredigt halten.

Zur Natürlichkeit des Islam gehöre auch das Prinzip, dass generell alles erlaubt sei und nur durch eindeutige koranische Bestimmungen eingeschränkt werde;[24] des Weiteren die im Vergleich zum Christentum fehlenden Extreme der Lebensführung (kein Mönchtum) und die Akzeptanz menschlicher Bedürfnisse wie Sexualität.[25]

Existenz einer religiösen Institution?

(2) Auch al-Bannā ist der Überzeugung, im Islam existiere keine religiöse Institution (*mu'assasa dīnīya*) im Sinne eines notwendigen Mittlers zwischen Mensch und Gott. Daraus schließt er jedoch nicht, der Islam habe mit *al-ʿalmānīya* nichts zu tun; vielmehr sei dem Islam – zumindest dem sunnitischen – Säkularität eingeschrieben.[26]

---

22 Zu diesem Prinzip vgl. al-Bannā, *Mawqifunā min al-ʿalmānīya. al-qawmīya. al-ištirākīya*, 15–17. Jener Einfachheit wird auch das Konzept einer ursprünglichen Unschuld (*barā'a aṣlīya*) zugeordnet.
23 Al-Bannā, *Mawqifunā min al-ʿalmānīya. al-qawmīya. al-ištirākīya*, 15.
24 Vgl. al-Bannā, *Mawqifunā min al-ʿalmānīya. al-qawmīya. al-ištirākīya*, 16: „Der Ursprung in den Dingen ist das Erlaubtsein. Nichts wird verboten, was nicht explizit durch einen koranischen Text untersagt ist, der keine Interpretation zulässt." Ausführlicher dazu Ǧamāl al-Bannā, *Naḥw Fiqh ǧadīd* (Kairo: Dār al-fikr al-islāmī, 1999), 16 ff. (*al-Barā'a al-aṣlīya wa-dā'irat al-ḥalāl wa-l-ḥarām*).
25 Wenig später (18) folgt, dass auch der Glaube an Gott sich ganz *natürlich* aus der Schöpfung ergebe.
26 Vgl. al-Bannā, *Mawqifunā min al-ʿalmānīya. al-qawmīya. al-ištirākīya*, 18. Vgl. auch Ḥasan Ḥanafī, „al-ʿAlmānīya wa-l-fikr al-inqilābī wa-taḥaddiyāt al-ʿaṣr", 304, der die These aufstellt „unser Islam ist säkular" (*Islāmunā ʿalmānī*).

Die Einfachheit des Islam und der koranischen Botschaft sei ein Grund, warum sich keine Theologie als exklusiver Erkenntniszugang zu Gott mit entsprechender Machtanmaßung eines Mittlers herausbilden konnte.[27] Selbst die Propheten hätten nur über eine Autorität der Verkündung (*tablīġ*) verfügt – wobei die Anderen das Recht gehabt hätten, diese Botschaft abzulehnen.[28]

Al-Bannā schließt auf eine „Festsetzung von Freiheit des Glaubens und Denkens" (*taqrīr ḥurrīyat al-ʿaqīda wa-l-fikr*), die den Islam in die „Nähe von Säkularität" rücke.[29] Der Islam verfüge über eine dynamische, offene Vorstellung vom Leben, in der – wie im Koran festgelegt – Platz sei für Gutes wie für Schlechtes und sich in deren ständiger Auseinandersetzung eine göttlich abgesicherte Freiheit zeige.

Inwiefern im Islam ein Mittler zwischen Gläubigen und Gott existiert, scheint für al-Bannā angesichts der einflussreichen Rolle der Gelehrten erläuterungsbedürftig zu sein. Durch den historischen Wandel von einfachen zu komplexen Gesellschaften und die damit verbundene Differenzierung und Spezialisierung hätten sich Experten islamischen Wissens herausentwickelt – Religionsgelehrte, die ursprünglich keine „Männer der Religion" und kein Klerus (‚*iklīrūs*') wie im Christentum gewesen seien.[30]

> Aber diese Trennung zwischen Religionsgelehrten im Islam und Männern der Religion im Christentum blieb nicht lange stabil, denn die Religionsgelehrten im Islam wurden wie die Männer der Religion im Christentum, die immer auf ein Monopol des ‚religiösen Handwerks' abzielen. Und dabei berufen sie sich auf einen Koranvers wie ‚Frag die Leute der Mahnung (*ahl aḏ-ḏikr*)', der aus einem ganz anderen Kontext stammt. Dabei erkennen sie nicht den Unterschied zwischen sich und Ärzten, Ingenieuren etc., zu denen die Leute gehen, um sich behandeln oder [etwas] bauen zu lassen.[31]

27 Vgl. al-Bannā, *Mawqifunā min al-ʿalmānīya. al-qawmīya. al-ištirākīya*, 18.

28 Vgl. al-Bannā, *Mawqifunā min al-ʿalmānīya. al-qawmīya. al-ištirākīya*, 19 f.

29 Vgl. al-Bannā, *al-Islām wa-l-ḥurrīya wa-l-ʿalmānīya*, 29, Neuveröffentlichung in Ǧamāl al-Bannā, „al-Islām wa-l-ḥurrīya wa-l-ʿalmānīya (4/5)," *al-Miṣrī al-yawm*, 20.10.2011.

30 Vgl. al-Bannā, *Mawqifunā min al-ʿalmānīya. al-qawmīya. al-ištirākīya*, 21.

31 Al-Bannā, *Mawqifunā min al-ʿalmānīya. al-qawmīya. al-ištirākīya*, 21:
ولكن هذه التفرقة بين علماء الدين فى الإسلام ورجال الدين فى المسيحية لم تثبت طويلاً، وأصبح علماء الدين فى الإسلام هم كرجال الدين فى المسيحية يهدفون دائمًا إلى احتكار «المهنة الدينية»، ويتذرعون بما جاء فى سياق طويل مختلف فى إحدى الآيات (فَاسْأَلُوا أَهْلَ الذِّكْرِ)، وهم لا يرون تفرقة بينهم وبين الأطباء والمهندسين... إلخ. الذين يلجأ إليهم الناس عندما يريــدون علاجًا أو يقيمون بناء.

Hat sich somit doch eine kirchenähnliche Institution in der islamischen Geschichte entwickelt? Al-Bannā erkennt hier einen Widerspruch zwischen Anspruch und Realität[32] und führt weiter aus:

> Aber fairerweise muss man sagen, dass sich die religiöse Institution im Islam nicht mit der Kirche im Christentum vergleichen lässt, da erstere aufgrund einer [äußeren gesellschaftlichen] Entwicklung entstanden ist, während sich die zweite im Text der heiligen Schriften findet. Deshalb hat die islamische religiöse Institution niemals geherrscht – weder auf direkte noch indirekte Weise, wie es bei der Kirche geschehen ist, als sie tatsächlich herrschte und die Könige zu Königen ‚taufte' und ihnen die Krone verlieh. Dies war [im Christentum] so festgelegt, bis Napoleon es zurückwies. Die islamische religiöse Institution hat nicht ständige Gerichte eingeführt, deren einziger Zweck darin bestand, Ketzer zu bekämpfen und zu verurteilen. Und wenn [islamische] Rechtsgelehrte in einigen Fällen andere Gelehrte als Abweichler oder sogar Apostaten verurteilten, dann haben sie dabei in Wirklichkeit für den Herrscher Partei genommen oder versucht, Popularität zu erlangen.[33]

Al-Bannās säkularer Islam ähnelt in diesem Punkt der idealistischen Sicht eines Yūsuf al-Qaraḍāwī oder eines Muḥammad Quṭb: Das Dogma wird mit der außerdogmatischen Realität verglichen und Abweichungen werden als vernachlässigbar behandelt.[34]

Allerdings gelangt al-Bannā zu anderen Schlussfolgerungen, wie anhand des Verhältnisses von Islam und Staat noch zu sehen sein wird.

Geistige Freiheit

(3) Das dritte Merkmal der Säkularität des Islam ist nach al-Bannā geistige Freiheit in Form von Glaubensfreiheit, inklusive der Freiheit zum Unglauben (*kufr*).[35] Al-Bannā unterstreicht, der Koran mache geistige Freiheit zu einer persönlichen,

---

32 Vgl. auch den von Sadiq Al-Azm beobachteten Widerspruch von islamischem Dogma und Geschichte im Kontext der Frage einer Vereinbarkeit von Islam und säkularem Humanismus. Sadiq J. Al-Azm, *Islam und säkularer Humanismus* (Tübingen: Mohr Siebeck, 2004), 31.

33 Al-Bannā, *Mawqifunā min al-ʿalmānīya. al-qawmīya. al-ištirākīya*, 21 f.:
لكن الإنصاف يقتضينا أن نقول إن المؤسسة الدينية فى الإسلام لا يمكن أن تقاس بالكنيسة فى المسيحية، لأن الأولى إنما وجدت بحكم التطور، بينما الثانية موجودة بالنص فى الكتب المقدسة، ولهذا لم تحكم أبدًا المؤسسة الدينية الإسلامية لا بصفة مباشرة أو غير مباشرة كما حدث بالنسبة للكنيسة عندما كانت تحكم بالفعل، أو على الأقل هى التى «تُعَمِّد» الملوك ملوكًا وتُقَدم لهم التاج، وهو الأمر الذى كان مقررًا حتى رفضه نابليون.. ولم تُقِم المؤسسة الدينية الإسلامية محاكم دائمة مهمتها الوحيدة محاربة الزنادقة والحكم عليهم، وإن حكم الفقهاء فى عدد من الحالات بانحراف، أو حتى بردة بعض العلماء.. ولكنهم كانوا فى حقيقة الحال يمالئون الحاكم فى هذا، أو يحاولون اكتساب شعبية.

34 Vgl. das Kapitel „Ideale islamische Ordnung und reale Islamisten".

35 Vgl. al-Bannā, *Mawqifunā min al-ʿalmānīya. al-qawmīya. al-ištirākīya*, 23.

individuellen Angelegenheit (*qaḍīya šaḫṣīya fardīya*).[36] Demzufolge falle Glaubensfreiheit nicht in den Bereich öffentlicher Ordnung und liegt außerhalb des Zugriffs von Behörden.[37]

Mehrere Koranverse sollen dies belegen: Wenn es keinen Zwang im Glauben gibt und Gott rechtleitet, wen er will, sei Unglaube im göttlichen Plan bereits einkalkuliert.[38] Al-Bannā zieht daraus den Schluss, dass Abfall vom Islam nicht mit der traditionalen Ḥadd-Strafe im Diesseits zu belegen sei.[39]

Al-Bannā, der sich darüber im Klaren ist, dass seine Argumentation von etablierten Traditionen abweicht, nimmt zwei Grenzverschiebungen vor: Zum einen zwischen privatem und öffentlichem Bereich; zum anderem zwischen diesseitiger und jenseitiger Welt, wobei die „Rechte Gottes", wie sie innerhalb der islamischen Rechtswissenschaft etabliert sind, aus der diesseitigen Welt verdrängt werden – jedenfalls aus dem Zuständigkeitsbereich weltlicher Institutionen.[40]

Mit Blick auf die Geschichte gibt al-Bannā seiner Argumentation eine politische, nicht-religiöse Richtung: Neben dem pragmatischen Argument, dass vom Islam Abgefallene zum Glauben zurückkehren könnten und schon Ibn Taymīya (1263–1328) das Töten nur im Falle eines Kampfes gegen den Islam als notwendig angesehen habe, führt er an, dass zur Zeit des ersten Kalifen Abū Bakr viele der so genannten Apostaten die islamischen Riten durchgeführt hätten.[41]

Al-Bannā schließt daraus, dass es sich lediglich um die Ablehnung der politischen Zentralgewalt, um eine militärische Rebellion (*tamarrud ʿaskarī*) bzw. eine Revolution (*ṯawra*) gehandelt habe; der Abfall ganzer Stämme vom „islamischen Staat" unter dem ersten Kalifen Abū Bakr und die damit verbundenen kriegerischen Konflikte seien wirtschaftlicher und politischer Natur, jedoch keine Glaubenskriege gewesen.[42]

Al-Bannā konstruiert demnach islamische Geschichte nicht als Religionsgeschichte – stattdessen kommt er zu ähnlichen Schlussfolgerungen wie das umstrittene und noch heute aufgelegte Werk ʿAlī ʿAbd ar-Rāziqs *al-Islām wa-uṣūl al-ḥukm*

---

36 So auch in einem späteren Interview, vgl. Ǧamāl al-Bannā und Mamdūḥ Dassūqī, „Ǧamāl al-Bannā: al-Islām ‚dīn wa-umma'... wa-laysa ‚dīnan wa-dawla'," *al-Wafd (online)*, 31.01.2012.

37 Vgl. al-Bannā, *Mawqifunā min al-ʿalmānīya. al-qawmīya. al-ištirākīya*, 23.

38 Vgl. al-Bannā, *Mawqifunā min al-ʿalmānīya. al-qawmīya. al-ištirākīya*, 23 f., Sure 2:256; 10:108; 17:15; 18:29; 27:91–93; 30:44 u. a. zitierend.

39 Vgl. al-Bannā, *Mawqifunā min al-ʿalmānīya. al-qawmīya. al-ištirākīya*, 26.

40 Gegen die Schlussfolgerung, al-Bannās Grenzverschiebung als *Verweltlichung* zu betrachten, spricht, dass nur behördliches, nicht aber göttliches Eingreifen ausgeschlossen wird.

41 Vgl. al-Bannā, *Mawqifunā min al-ʿalmānīya. al-qawmīya. al-ištirākīya*, 30.

42 Vgl. al-Bannā, *Mawqifunā min al-ʿalmānīya. al-qawmīya. al-ištirākīya*, 32.

(1925):[43] dass es sich bei den Auseinandersetzungen in der Geschichte des Islam in erster Linie um Macht- und Interessenkonflikte gehandelt habe.[44]

„Das Rechte gebieten, das Schlechte verbieten“

(4) Das vierte Grundmerkmal islamischer Säkularität besteht nach al-Bannā in dem Grundsatz, „Rechtes zu gebieten und Schlechtes zu verbieten“.[45] Al-Bannā führt zunächst Koranstellen an, in denen die Gläubigen (einander) Rechtes gebieten und Verwerfliches verbieten bzw. unterbinden.[46]

Was betrachtet er daran als säkular(istisch)?

> Rechtes zu gebieten und Schlechtes zu verbieten, zählt zu den Dingen, die Säkularismus gewährleisten, da es nichts anderes als eine Autorisierung geistiger Freiheit und deren Absicherung im Guten wie im Schlechten ist. Würde [das Prinzip,] das Rechte zu gebieten und das Schlechte zu verbieten, verschwinden, würden wahrscheinlich unzählige Schlechtigkeiten ohne Protest oder Kritik Eingang halten und einige davon möglicherweise die Freiheit selbst eliminieren [...].[47]

In kanonischen sunnitischen Überlieferungen findet sich das bekannte Hadith, das dazu auffordert, beim Anblick von etwas Verwerflichem mit Hand oder Rede einzugreifen oder es zumindest im Herzen zu verurteilen.[48]

---

43 Als Indiz für die konträren Sichtweisen auf das Werk vgl. nur ʿAbd ar-Rāziq, *al-Islām wa-uṣūl al-ḥukm* (vom Herausgeber gelobt) vs. ʿAbd ar-Rāziq, *al-Islām wa-uṣūl al-ḥukm*, ʿAbd ar-Rāziqs Widerruf betonend. Deutsche Übersetzung: Alî Abd ar-Râziq, *Der Islam und die Grundlagen der Herrschaft* (Frankfurt a.M.: Peter Lang, 2009).

44 Vgl. ʿAbd ar-Rāziq, *al-Islām wa-uṣūl al-ḥukm*, 36, wo das gesamte Kalifat als Katastrophe (*nakba*) bewertet wird.

45 Vgl. dazu auch Huwaydī im Kapitel „Grenzen und Konflikt“.

46 „Ihr (Gläubigen) seid die beste Gemeinschaft, die unter den Menschen entstanden ist. Ihr gebietet, was recht ist, verbietet, was verwerflich ist, und glaubt an Gott.“ (Sure 3: 110, Paret) und „Und die gläubigen Männer und Frauen sind untereinander Freunde (und bilden eine Gruppe für sich). Sie gebieten, was recht ist, und verbieten, was verwerflich ist, verrichten das Gebet, geben die Almosensteuer und gehorchen Gott und seinem Gesandten.“ (Sure 9: 71, Paret).

47 Al-Bannā, *Mawqifunā min al-ʿalmānīya. al-qawmīya. al-ištirākīya*, 32. Anzumerken ist, dass al-Bannā diesen Textabschnitt vorher zu Pluralismus statt Säkularismus verfasst hatte, vgl. Ǧamāl al-Bannā, *At-Taʿaddudīya fī muǧtamaʿ islāmī* (Kairo: Dār al-fikr al-islāmī, 2001), 69, wobei „Pluralismus“ (*taʿaddudīya*) einmal durch „Säkularismus“ und einmal durch „Freiheit“ ersetzt wurde: يُعد الأمر بالمعروف والهى عن المنكر - أحد ضمانات العلمانية [التعدّدية] لأنه ليس إلا ترخيصاً بحرية الفكر وتأكيداً عليها إيجابا وسلبا - ولو انعدم الأمر بالمعروف والنهى عن المنكر لكان من المحتمل دخول منكرات لا عداد لها دون احتجاج أو نقد ولكان من الممكن لبعضها القضاء على الحرية [التعدّدية] نفسها [...].

48 Vgl. al-Bannā, *Mawqifunā min al-ʿalmānīya. al-qawmīya. al-ištirākīya*, 33, wo das Hadith angeführt wird. Für das arabische Original vgl. das Kapitel „Grenzen und Konflikt“.

Diesbezüglich betont al-Bannā die Dominanz des Korans über jegliche Hadith-Überlieferung – ganz im Sinne seines Projekts zur Reform der islamischen Rechtswissenschaft:[49] Während das Hadith tätliches Eingreifen als besonders fromm nahelegt, sei eine vergleichbare Aufforderung im Koran nicht zu finden – und die Geltung der tradierten Norm somit zumindest zu relativieren.

Wie begründet al-Bannā seine Ansicht? Im Hadith seien nur

> bestimmte Fälle gemeint, in denen es keine andere Option [als tätliches Eingreifen] gibt. Wenn einer von uns ein Individuum antrifft, das ein Verbrechen zu begehen versucht, wie Feuer in einem Haus zu legen oder ein Tier mit einem Stock zu schlagen, oder sogar versucht, Selbstmord zu begehen, dann wird das Eingreifen per Hand unvermeidlich. Was jedoch die Rechtsgelehrten über die Macht eines Einzelnen über Andere anführen, das ihm das Recht zur Disziplinierung gibt, wie die eines Vaters über den Sohn oder dem Mann über seine Frau, so bevorzugen wir, nicht darauf einzugehen, [sondern lediglich darauf hinzuweisen, dass] nach dem Beispiel des Propheten [zu handeln ist], der niemals jemanden, und sei es einen Diener, geschlagen hat.[50]

Al-Bannā betont jedoch, dass mit diesem Prinzip vor allem öffentliche Kritik gemeint ist – und es sich insofern um ein Merkmal einer islamischen Zivilgesellschaft bzw. Gemeinschaft (*muǧtamaʿ ahlī*) handelt, wie sie in ähnlicher Form vom Publizisten Fahmī Huwaydī skizziert wird.[51]

Al-Bannā erinnert daran, dass das Gebieten und Verbieten auch schädliche Wirkungen haben kann, wenn es von Akteuren mit eindimensionaler Sichtweise (*anṣār an-naẓra al-uḥādīya*) oder mit Anspruch auf ein Deutungsmonopol falsch verstanden und als „scharfe Waffe (*silāḥ battār*) gegen jeden, der anderer Meinung ist" eingesetzt werde.[52] Es sei unvernünftig, wenn jemand meint, sich „eifriger als der Prophet für den Islam" (*akṯar ġayra ʿalā al-Islām min ar-rasūl*) einsetzen zu müssen.[53]

---

49 Vgl. al-Bannā, *Naḥw Fiqh ǧadīd*. Dies ähnelt dem Säkularismus-Verständnis eines Naṣr Abū Zayd, der am etablierten „religiösen Diskurs" die Heiligsprechung religiöser Sekundärtexte (Hadith) kritisiert (vgl. Abū Zayd, *Naqd al-ḫiṭāb ad-dīnī*, 67) – mit dem Unterschied, dass al-Bannā bisher einer ‚Exkommunikation' entgangen ist.

50 Al-Bannā, *Mawqifunā min al-ʿalmānīya. al-qawmīya. al-ištirākīya*, 33:
يراد به حالات معينه لا يكون فيها بديل آخر. فإذا وجد أحدنا فرداً يحاول القيام بجريمة ما كأن يشعل ناراً فى بيت أو يضرب حيواناً بقسوة.. أو حتى يحاول الانتحار عندئذ يصبح اللواذ باليد أمراً لا مناص عنه.. أما ما يورده الفقهاء عن سلطة للفرد على آخرين تعطيه حق التأديب كسلطة الأب على الابن والزوج على الزوجة، فهذا ما لا نفضل الخوض فيه تأسيا بالرسول الذى ما ضرب أحداً قط، ولا خادماً.

51 Vgl. Fahmī Huwaydī, „Dawr ad-dīn fī inmā' al-muǧtamaʿ al-ahlī," in *Inmā' al-muǧtamaʿ al-ahlī*, Hg. [Autorenkollektiv] (Beirut, o.J.): 17–20 (19), der das Prinzip von *amr/ nahī* als islamische Dimension einer Zivilgesellschaft konstruiert.

52 Vgl. al-Bannā, *Mawqifunā min al-ʿalmānīya. al-qawmīya. al-ištirākīya*, 33.

53 Vgl. al-Bannā, *Mawqifunā min al-ʿalmānīya. al-qawmīya. al-ištirākīya*, 33.

Al-Bannā betont einen grundlegenden Unterschied in der Konstruktion von Privatheit zu europäischen Gesellschaften: Während dort die Privatsphäre bei unmoralischen Vergehen auch im Fall öffentlichen Bekanntwerdens gewahrt werde – gemeint ist offenbar durch Diskretion –, sei ein solches Verständnis von Privatheit im Islam nicht anzutreffen und bekannt gewordene Vergehen können öffentlich geahndet werden.[54] Daran anschließend ist geschlussfolgert worden, der Islam behindere eine Trennung von privater und öffentlicher Sphäre und damit eine individualistische Lebensführung, indem er „dem Menschen den Daseinsvollzug vorschreibt, also ihm bis ins Kleinste vorgibt, wie er sich zu verhalten habe“[55].

Auf al-Bannās Vorstellung von Islam trifft eine solche Kritik nicht zu; der Autor begrenzt in seinen Beispielen die Möglichkeit tätlichen Eingreifens auf Fälle offensichtlicher, physischen Schaden zufügender Verbrechen – und schließt damit geringfügige moralische Vergehen aus.[56]

Al-Bannā, der abgesehen vom Koran keine Instanzen islamischer Autorität anführt, konstruiert den Islam als zivilgesellschaftliches Korrektiv. Dabei kommt ihm seine eigene geistige Freiheit zugute: Die sunnitische Geistestradition, geprägt durch Gelehrte wie al-Māwardī (974–1058), Ibn Ḥazm (994–1064), al-Ġazālī (1058–1111) oder Ibn Taymīya (1263–1328) wird von ihm nicht beachtet.[57]

In einem Punkt jedoch verstärkt al-Bannā die diskursive Tradition des sunnitischen Islam: Während sich klassische Gelehrte vorrangig auf das Verbieten (bzw. Unterbinden) konzentrierten und das Gebieten des Rechten noch am Rande behandelten,[58] spielt bei al-Bannā das Gebieten gar keine Rolle mehr, nur noch das Verhindern von offensichtlichen Verbrechen.

---

54 Vgl. Cook, *Commanding Right and Forbidding Wrong in Islamic Thought*, 594. Interessanterweise mit einem amerikanischen Gegenbeispiel politischer Prominenz, während aus der Sicht einiger klassischer Islam-Gelehrter die Reputation anerkannter Persönlichkeiten gewahrt werden sollte.

55 Dan Diner, *Versiegelte Zeit* (Berlin: Ullstein, 2005), 222, 224 (im Anschluss an Cook) mit der Begründung, dass „sittsames, dem sakralen Pflichtenkanon angemessenes Verhalten an jedem Ort gleichermaßen gefordert“ sei. Fragen ließe sich, inwiefern beispielsweise das Kopftuch Privat- bzw. Intimsphäre gerade im öffentlichen Raum bewahrt.

56 Man denke an das Beispiel des Küssens unter unverheirateten Jugendlichen (vgl. das Kapitel „Ǧamāl al-Bannā – Themen und Biographie“).

57 Vgl. die mit *amr/ naḥī* betitelten Kapitel in al-Ġazālīs *Iḥyāʾ ʿulūm ad-dīn*; Ibn Ḥazms *al-Faṣl fī al-milal*; al-Māwardīs *al-Aḥkām as-sulṭānīya*; sowie Ibn Taymīya, *Maǧmūʿ fatāwā*, Bd. 28.

58 Vgl. Cook, *Commanding Right and Forbidding Wrong in Islamic Thought*, 588.

Pluralismus und Unschuld

(5) Eine islamische Gesellschaft ist laut al-Bannā aufgrund ihres Pluralismus (*ta'addudīya*) säkular. Bemerkenswert ist, wie der Autor einen solchen Pluralismus aus dem Dogma der Einheit bzw. Einzigkeit Gottes (*tawḥīd*) folgert: Al-Bannā wendet sich gegen „die meisten islam(ist)ischen Autoren" (*mu'ẓam al-kuttāb al-islāmīyīn*), die vom Islam als Religion des einen und einzigen Gottes ableiten, dass „alles eins sein muss" und es demzufolge auch nur eine Umma, eine Rechtsschule, eine Partei, einen Führer usw. geben könne.[59]

Für al-Bannā folgt aus der Einheit Gottes, dass alles andere pluralistisch sei. Zumindest zu Lebzeiten Mohammeds, als die medinensische Umma neben muslimischen Gruppen (*muhāǧirūn, anṣār*) auch aus alliierten Juden bestanden habe, sei ein solcher Pluralismus im Sinne von *al-'almānīya* realisiert worden.[60]

Weiterhin gebe es Koranverse, die aufzeigen, dass Gott die Menschen nicht zu einer einzigen Umma gemacht habe und dass Juden und Christen nach Tora bzw. Evangelium zu beurteilen seien, woraus al-Bannā schließt, Nicht-Muslime sollten ihre Angelegenheiten unter sich regeln.[61]

(6) Das sechste Merkmal von Säkularität schließt an das erste an und betrifft das islamische Bild vom Menschen. Diesem sei eine ursprüngliche Unschuld (*barā'a aṣlīya*) innewohnend; entsprechend könne bereuen, wer einen Fehler begeht und seine Unschuld dadurch wiedererlangen.[62]

Im Anschluss daran argumentiert al-Bannā, Verbote (*taḥrīm*) seien im Islam eine Ausnahme.[63] Der Ausdruck *ḥalāl* sei demnach das traditionale Äquivalent zum modernen Begriff der Freiheit (!).[64] Zu dieser Freiheit gehört bei al-Bannā auch all jenes, das von Gott nicht erwähnt wird und deshalb verzeihlich ist.[65] Er

---

59 Vgl. al-Bannā, *Mawqifunā min al-'almānīya. al-qawmīya. al-ištirākīya*, 34.

60 Vgl. al-Bannā, *Mawqifunā min al-'almānīya. al-qawmīya. al-ištirākīya*, 34 f.

61 Vgl. al-Bannā, *Mawqifunā min al-'almānīya. al-qawmīya. al-ištirākīya*, 35 u. 37, der Sure 5:48; 11:118; 2:62; 2:113; 3:84 u. a. zitiert. Dass ein solches Konzept in einem modernen Staat Probleme mit sich bringt, zeigt das ägyptische Zivilrecht. Wenn z. B. ein Gesetz über das Personalstatut in zweifacher Ausfertigung existiert (für Muslime und Nicht-Muslime), ergeben sich Probleme asymmetrischer Kategorien und ungleicher Machtverteilung (Nicht-Muslime als Restkategorie; muslimische Metakompetenz darüber, was als Konfession anerkannt wird und wer am Gesetzesentwurf für Nicht-Muslime beteiligt wird).

62 Vgl. al-Bannā, *Mawqifunā min al-'almānīya. al-qawmīya. al-ištirākīya*, 39.

63 Vgl. ähnlich argumentierend Yūsuf al-Qaraḍāwī, *al-Ḥalāl wa-l-ḥarām fī al-Islām* (Kairo: Maktabat Wahba, 1997), 2. Unter Azhar-Studenten wird der Titel mitunter als „al-Ḥalāl wa-l-ḥalāl" (Erlaubtes und Erlaubtes) karikiert.

64 Vgl. al-Bannā, *Mawqifunā min al-'almānīya. al-qawmīya. al-ištirākīya*, 39.

65 Vgl. al-Bannā, *Mawqifunā min al-'almānīya. al-qawmīya. al-ištirākīya*, 40.

beruft sich damit explizit auf die tradierte Überzeugung, dass Gott nichts vergessen könne. Im Hadith, das al-Bannā anführt, heißt es wörtlich:

> Was Gott in seinem Buch erlaubt hat, ist erlaubt, was er verboten hat, ist verboten, und worüber er geschwiegen hat, ist vergeben. So nehmt von Gott dessen Vergebung an; denn Gott hat nichts vergessen, [denn wie steht es im Koran:] Dein Herr vergisst nicht.[66]

Al-Bannā erweitert damit das Binärschema von Erlaubt und Verboten um eine dritte Kategorie, die den Raum für Erlaubtes implizit erweitert, also Freiheit samt ihrer positiven und negativen Konsequenzen schafft.

Religion und *umma**

(7) Das siebte und letzte Merkmal ist in Bezug auf Politik das wichtigste und provokanteste: Der Islam sei nicht *dīn wa-dawla* (Religion und Staat), sondern *dīn wa-umma*, also Religion und Gemeinschaft.[67] Da *al-ʿalmānīya* für die Trennung von Staat und Religion stehe, sei dies das stärkste Argument dafür, dass Islam und *al-ʿalmānīya* zusammengehörten.[68]

---

66 Al-Bannā, *Mawqifunā min al-ʿalmānīya. al-qawmīya. al-ištirākīya*, 40:
ما أحل الله فى كتابه فهو حلال ، وما حرم فهو حرام ، وما سكت عنه فهو عفو ، فاقبلوا من الله عافيته، فإن الله لم يكن لينسى شيئاً ، وما كان ربك نسيا ٠

So findet es sich, unwesentlich ergänzt, in der Hadith-Kompilation des al-Bayhaqī; vgl. Hadith Nr. 19724 in Abū Bakr Aḥmad bin Ḥusayn bin ʿAlī al-Bayhaqī, *as-Sunan al-kubrā*, 11 Bde. (Beirut: Dār al-kutub al-ʿilmīya, 2003 [11. Jh.]), 10:21. Vgl. auch Muḥammad bin ʿĪsā at-Tirmiḏī, *al-Ǧāmiʿ aṣ-ṣaḥīḥ*, 5 Bde. (1978), 4:220, Hadith Nr. 1726 (ohne den zweiten Satz) – sowie den Kontext: die Frage nach der Zulässigkeit des Genusses von Fett, Käse sowie des Tragens von Fell bzw. Pelz.

* **Anmerkung:** Der Begriff *umma* sollte in diesem Kontext nicht als *Nation* übersetzt werden, da es m. E. weder um eine *imagined community* geht, noch um das Konzept einer politischen Einheit. Die eigentliche Intention al-Bannās besteht darin, den Islam in der Gesellschaft zu verorten, die er noch als Gemeinschaft begreift.

67 Vgl. al-Bannā, *Mawqifunā min al-ʿalmānīya. al-qawmīya. al-ištirākīya*, 41–47. Ausführlicher ausgearbeitet in Ǧamāl al-Bannā, *al-Islām dīn wa-umma wa-laysa dīnan wa-dawla* (Kairo: Dār al-fikr al-islāmī, 2003) und noch Jahre später betont in al-Bannā und Dassūqī, „Ǧamāl al-Bannā: al-Islām ‚dīn wa-umma'… wa-laysa ‚dīnan wa-dawla'" und al-Bannā, „Šarḏamat al-iṣlāḥāt al-islāmīya mā maṣīruhā? (1/3)," *al-Miṣrī al-yawm*, 01.08.2012, allerdings ohne zentrale Bezugnahme auf *al-ʿalmānīya*.

68 Vgl. al-Bannā, *Mawqifunā min al-ʿalmānīya. al-qawmīya. al-ištirākīya*, 41. Vgl. auch das Interview Ǧamāl al-Bannā und Ṣabrī Ṣaqr, „Ǧamāl al-Bannā: Lā ʿalāqa bayn ad-dīn wa-s-sulṭa… wa-lā yūǧad šay' ismuhu dawla islāmīya," *al-Wafd*, 21.06.2008.

Diese Behauptung steht konträr zu der ebenfalls modernen Parole eines Islam, der Religion und Staat umfasst, wie sie von etablierten muslimischen Intellektuellen, Gelehrten und Aktivisten vertreten wird – von den Muslimbrüdern bis zu zeitgenössischen Publizisten wie Muḥammad ʿImāra oder Fahmī Huwaydī.[69]

Inwiefern al-Bannās Gegenthese einer ausführlichen Erklärung und eines Nachweises bedarf – und wie viel Aktualität er ihr beimisst – zeigt die ausführliche Beschäftigung mit dem Thema in einer eigenen Monographie.[70]

Wie begründet er nun seine Auffassung eines nicht-staatlichen Islam? Al-Bannā geht von der Grundannahme aus, dass Macht jegliche Ideologie verderbe (*as-sulṭa tufsid al-aydilūǧiyā*).[71] Da das „Charakteristikum (*ḫaṣīṣa*) des Staates Macht ist", sei im historischen Verlauf auch ein verstaatlichter Islam zwangsläufig manipuliert und verdorben worden. Bereits das „rechtgeleitete Kalifat" – also die politisch-religiöse Ordnung unmittelbar nach Mohammeds Tod – habe sich so in eine Tyrannis verwandelt.[72]

Al-Bannā betont des Weiteren, dass eine solche Korruption durch Macht nicht nur für den Islam, sondern auch für andere Religionen und Weltanschauungen

---

69 Für Primärliteratur im Kontext von Säkularismus vgl. die *Unterscheidung* (statt Trennung) von Staat und Religion ʿImāra, *ad-Dawla al-islāmīya bayna al-ʿalmānīya wa-s-sulṭa ad-dīnīya*, 61–82, sowie den vollständig zitierten Aufsatz des Mitbegründers modernen arabisch-islamischen Rechts ʿAbd ar-Razzāq as-Sanhūrī, „ad-Dīn wa-d-dawla fī al-Islām [1929]," in *al-Islām wa-s-siyāsa*, 85–102); vgl. auch allgemein das vielfach aufgelegte al-ʿAwwā, *Fī an-niẓām as-siyāsī li-d-dawla al-islāmīya*, darin *Fī ad-dīn wa-d-dawla* (114–27). Für Sekundärliteratur mit weiteren Quellenangaben vgl. Krämer, *Gottes Staat als Republik*, 43 ff.; Bassam Tibi, *The Challenge of Fundamentalism* (Berkeley: Univ. of California Press, 1998), 159 ff. sowie analytisch bzw. kritisch Dale F. Eickelman und James P. Piscatori, *Muslim politics* (Princeton, NJ: Princeton Univ. Press, 1996); 48–57; Armando Salvatore, „Discursive Contentions in Islamic Terms: Fundamentalism versus Liberalism?," in *Islamic Fundamentalism*, Hg. Ahmad S. Moussalli (Reading: Ithaca Press, 1998): 75–102. Bemerkenswert auch die These Krämers, die Parole des Islam als *din wa-dawla* sei keine „Aussage über den Islam", sondern ein „Argument in einer politischen Auseinandersetzung", Gudrun Krämer, „Zum Verhältnis von Religion, Recht und Politik", 175.

70 Vgl. al-Bannā, *al-Islām dīn wa-umma wa-laysa dīnan wa-dawla*. Das Werk wurde 2008 im renommierten Verlag Dār aš-Šurūq neu aufgelegt.

71 Vgl. al-Bannā, *Mawqifunā min al-ʿalmānīya. al-qawmīya. al-ištirākīya*, 41; ausführlicher: al-Bannā, *al-Islām dīn wa-umma wa-laysa dīnan wa-dawla*, 109–244. Vgl. noch allgemeiner dazu Immanuel Kant, „Die Religion innerhalb der Grenzen der bloßen Vernunft," in *Werke in zwölf Bänden*, 647 ff. (653): „Aber alles, auch das Erhabenste, verkleinert sich unter den Händen der Menschen, wenn sie die Idee desselben zu ihrem Gebrauch verwenden."

72 Vgl. al-Bannā, *Mawqifunā min al-ʿalmānīya. al-qawmīya. al-ištirākīya*, 41. In Anspielung auf ein Hadith heißt es wörtlich *mulk ʿaḍūḍ*, im Sinne eines Reichs, wo Unterdrückung, Gewalt und Chaos herrschen, das 30 Jahre nach Mohammeds Tod kommen soll.

gelte. Das Christentum der Liebe sei durch Macht in eine Religion der Inquisition verwandelt worden; und der Sozialismus, der die Grundlage für totalitäre Herrschaft geschaffen habe, von der „Hoffnung der Arbeiter" in deren Schicksalsschlag (*niqma*).[73]

Lässt sich daraus nun folgern, zur Säkularität des Staates gebe es keine Alternative? Al-Bannā wendet hier etwas Bemerkenswertes ein:

> Aber dies bedeutet nicht, dass der Staat in einer muslimischen Umma säkular(istisch) ist. Denn eine Vielzahl von Faktoren erlegen sich selbst [als notwendig] auf und machen den Standpunkt des Staates relativ anders im Vergleich zu Staaten des Westens. Zweifelsohne legt der Islam wirtschaftliche, politische und gesellschaftliche Prinzipien zum Wohl der Gesellschaft fest. Aber er dringt nicht bis zum Staat vor, den der Koran nicht erwähnt, sondern bis zur Gemeinschaft (*umma*), die er an circa 50 Stellen erwähnt.[74]

Nach der Aufzählung allgemeiner islamischer Prinzipien für Politik und Wirtschaft[75] kommt al-Bannā auf einen entscheidenden Aspekt seiner Konstruktion des Verhältnisses von Staat und Gesellschaft zu sprechen:

> Es ist unbestritten, dass sich ein demokratischer Staat auf sein Volk einstellt und mit dem Willen der Allgemeinheit regiert. Wenn dieses Volk muslimisch ist, wird es notwendigerweise eine Entsprechung und besondere Sympathie geben und der Islam eine konstituierende Position in den Herzen der Gläubigen innehaben. Insofern wird es unvorstellbar, dass der Staat einen neutralen Standpunkt einnimmt; denn auch, wenn der Staat nicht die Eigenschaft islamisch tragen oder sich in islamischen Angelegenheiten engagieren darf, so bleibt er dennoch nicht-säkular. Denn er darf nicht neutral gegenüber den Gefühlen des Volkes sein.[76]

---

73 Vgl. al-Bannā, *Mawqifunā min al-ʿalmānīya. al-qawmīya. al-ištirākīya*, 41.

74 Al-Bannā, *Mawqifunā min al-ʿalmānīya. al-qawmīya. al-ištirākīya*, 42:
ولكن ليس معنى هذا أن الدولة فى أمة مسلمة تكون علمانية. لأن عدداً كبيراً من العوامل تفرض نفسها، وتجعل موقف الدولة يختلف نسبياً عما هو الحال فى الدول فى الغرب.فلا شك فى أن الإسلام وضع أصولاً اقتصادية وسياسة واجتماعية لصلاح المجتمع. ولكنه لم يتقدم بها إلى الدولة التى لم يذكرها القرآن ولكن إلى الأمة التى ذكرها فى قرابة خمسين موضعاً.

75 In Politik sei Tyrannei (*ẓulm, ṭiġyān*) verboten sowie Gerechtigkeit und Konsultation (Schura) befohlen; in der Wirtschaft sei Wucher (*ribā*), Anhäufung von Geld und Ausbeutung verboten und die Zakatabgabe befohlen; auf gesellschaftlicher Ebene sei Gleichheit festgelegt (al-Bannā, *Mawqifunā min al-ʿalmānīya. al-qawmīya. al-ištirākīya*, 42).

76 Al-Bannā, *Mawqifunā min al-ʿalmānīya. al-qawmīya. al-ištirākīya*, 42:
ومن المسلم به إن الدولة الديمقراطية هى التى تتجاوب مع شعبها وتحكم بإرادة جمهورها، فإذا كان هذا الشعب مسلماً فيجب أن يكون هناك تجاوب وتعاطف خاصة وأن الإسلام يشغل منزلة مكينة فى نفوس المؤمنين به ويصبح من غير المتصور أن تقف الدولة موقفا حياديا. فمع أن الدولة لا يجوز لها أن تحمل صفة الإسلام أو تمارس مهاماً إسلامية، إلا إنها تظل مع هذا غير علمانية. لأنها لا يمكن أن تكون محايدة إزاء عواطف الشعب.

Wenn nun aber ein solcher Staat weder religiös noch säkular ist, was ist er dann? Al-Bannā plädiert für eine begriffliche Lösung des Problems, die an anderer Stelle bereits erwähnt wurde – das Konzept eines zivilen, bürgerlichen Staates (*dawla madanīya*).[77] Seine eigentlichen Aktivitäten entfalte dieser in *zivilen* Bereichen wie Bildung, Erziehung, öffentlichen Dienstleistungen sowie wirtschaftlichem Aufschwung und Entwicklung.[78] Al-Bannā versucht demnach, *madanī* (zivil) positiv zu definieren anstatt – wie in der Semantik des arabischen *madanī* fixiert – als Negation zu militärisch und theokratisch.

Diese zivile Identität des Staates ist für al-Bannā die Alternative sowohl zu einem religionsneutralen, säkularen Staat als auch zu einem islamischen Staat, der „die diesseitige Welt der Religion unterwirft"[79]. Ein solcher Staat „verstößt jedoch nicht gegen das Grundprinzip von Demokratie", da die Quelle der Macht bzw. der Gewalten (*maṣdar as-sulṭāt*) nicht beim Staat selbst liege, sondern bei der Umma, der Gemeinschaft.[80]

Es mag verwundern, dass al-Bannās Islam-Konstruktion den Ideen von Säkularismuskritikern wie Yūsuf al-Qaraḍāwī ähnelt, die für einen *dawla madanīya* plädieren.[81] Allerdings folgt für al-Bannā aus der Säkularität des Islam eine andere Konsequenz: dass man in Artikel 2 der ägyptischen Verfassung den Passus „der Islam ist die Religion des Staates und die Prinzipien der islamischen Scharia die Hauptquelle der Gesetzgebung" streichen sollte. Wörtlich heißt es:

> Wenn es sich so verhält [dass islamische Ordnung den Staat nicht einbezieht], wäre es vielleicht besser, die Verfassung von der Formulierung ‚der Islam ist die Religion des Staates' zu bereinigen sowie davon, dass die Prinzipien der islamischen Scharia die Hauptquelle der Gesetzgebung sind. Denn dies kann gegen das Erfordernis ‚ziviler' Staatlichkeit verstoßen und von islamischen Gruppen missbraucht werden. [Jene können] den Islam in einer Weise auslegen, die den Staat zu etwas zwingt, das Glaubensfreiheit entgegensteht und Entwicklung und Gemeinwohl widerspricht. Zudem können Befindlichkeiten der Kopten

---

77 Vgl. die Kapitel „Eine Podiumsdiskussion zu Islam und Säkularismus (1989)" und „Ein politischer Skandal und die Reaktionen der ägyptischen Presse (2006)".

78 Vgl. al-Bannā, *Mawqifunā min al-ʿalmānīya. al-qawmīya. al-ištirākīya*, 43.

79 Al-Bannā, *Mawqifunā min al-ʿalmānīya. al-qawmīya. al-ištirākīya*, 43.

80 Vgl. al-Bannā, *Mawqifunā min al-ʿalmānīya. al-qawmīya. al-ištirākīya*, 43. Wie bei anderen Autoren wird auch hier nicht weiter ausgeführt, ob die Umma ausschließlich die Gemeinschaft der Muslime darstellt oder diese auch Nicht-Muslime – im Fall Ägyptens v. a. koptische Christen – einschließt.

81 Vgl. al-Qaraḍāwī, *Bayyināt al-ḥall al-islāmī*, vgl. 157–78, wo der Staat des Islam als nicht-religiös (*lā dīnīya*) und dann konkreter als zivil (*madanīya*) bezeichnet wird, wobei neben dem Anführen von Konzepten wie den Grundzwecken (*maqāṣid*) der Scharia und der Idee, das Rechte zu gebieten und das Schlechte zu verbieten auch auf die Repräsentation des Volkes (nicht Gottes) durch den Herrscher hingewiesen wird.

> davon berührt sein. Dies alles sind Gefahren, die die ‚zivile' Identität des Staates verkrüppeln können.[82]

Eine solche Forderung stellt in der ägyptischen Öffentlichkeit – jedenfalls in politischen Kreisen – eine Minderheitsmeinung dar[83] und berührt die fragile Kopplung von Politik und Islam in Ägypten.[84] Gleichzeitig zeichnet sich daran eine Grenze des öffentlich Sagbaren ab. Es dürfte kein Zufall sein, dass al-Bannā die radikale Forderung, den Islam aus der Verfassung zu streichen, in seine Artikelreihe zu „Islam, Freiheit und Säkularismus" kurz vor den Parlamentswahlen 2011/2012 nicht aufgenommen hat.[85]

Nachbetrachtung

Vielleicht ist es an dieser Stelle hilfreich, sich vor Augen zu führen, dass hier keine weithin akzeptierte bzw. gesellschaftlich institutionalisierte Perspektive auf Islam vorliegt.[86] Ǧamāl al-Bannā konstruiert stattdessen ein Verhältnis von Islam und Säkularismus und nutzt dafür den diskursiven, gesellschaftlich vorgegebenen Kontext, um daran seine zwar irritierend vom Mainstream abweichenden, aber dennoch plausiblen Ideen anzuschließen.

Säkularität sei dem Islam inhärent – durch seine Natürlichkeit, die Nicht-Existenz von religiösen Institutionen, geistige Freiheit, durch die Norm, das Rechte zu

82 Al-Bannā, *Mawqifunā min al-ʿalmānīya. al-qawmīya. al-ištirākīya*, 43:
إذا كان الأمر كذلك فقد يكون من الخير أن يخلص الدستور من النص على "الإسلام دين الدولة" أو أن مبادئ الشريعة الإسلامية المصدر الرئيسى للتشريع لأن هذه يمكن أن تفتات على طبيعة "المدنية" المطلوبة للدولة، وأنها يمكن أن تستغل من قبل فئات إسلامية تفسر الإسلام تفسيراً يفرض على الدولة ما يعارض حرية العقيدة، وما يخالف مقتضيات التطور والمصلحة العامة فضلاً عن أنه يمكن أن يثير حساسية الأقباط. وهذه كلها مخاطر حقيقية يمكن أن تشل "مدنية" الدولة

83 Aus al-Bannās Sicht sind es vor allem islamische Aktivisten bzw. Islamisten (*islāmīyūn*), die gegen seine Sicht sind. Vgl. al-Bannā, *Mawqifunā min al-ʿalmānīya. al-qawmīya. al-ištirākīya*, 44.

84 Zur Brisanz von Verfassungsartikel 2 im Kontext politischer Dynamik und Islamismus sowie der Rechtsprechung des Obersten Verfassungsgerichts dazu vgl. Lombardi, *State law as Islamic law in modern Egypt*, 123 ff.

85 Vgl. auch die ambivalenten Ansichten des Schriftstellers Alaa al-Aswani im Frühjahr 2011. Auf die Frage, ob sich ein säkulares Ägypten, wie es sich al-Aswani für Ägyptens Zukunft vorstelle, noch mit Artikel 2 der Verfassung „verträgt", antwortet dieser: „Sie ist ja nicht die einzige Quelle. Mich als Säkularen stört das nicht, solange die Verfassung gleiche Rechte garantiert. Wenn wir das jetzt anfassen, legen wir eine Bombe.", Alaa al-Aswani, Annette Großbongardt und Volkhard Windfuhr, „‚Jetzt ist es wieder unser Land',“ *Spiegel Geschichte*, Nr. 3 (2011).

86 Andererseits kann man davon ausgehen, dass al-Bannās liberale Ansichten auf breite Resonanz bei den Lesern der Zeitung al-Miṣrī al-yawm stoßen, in der al-Bannās Wochenkolumne in seinen letzten Lebensjahren erscheint.

gebieten und das Schlechte zu verbieten, durch Pluralismus, das Prinzip menschlicher Unschuld, durch Glaubensfreiheit des Individuums und das apolitische, aber nicht gänzlich unpolitische Prinzip des Islam als Religion der Umma.

Al-Bannā konstruiert demnach einen Islam, der nicht alle gesellschaftlichen Bereiche umfasst und der nicht in einem ausschließenden Gegensatz zu Säkularität steht. Eine solche Säkularität darf jedoch keine islamischen Grundregeln abschaffen oder den Islam aus dem gesellschaftlichen Leben verdrängen.

Gerade das Verhältnis von Islam und Staat in al-Bannās Konstruktion zeigt, wie uneindeutig die Definition von Säkularismus als *Trennung* von Religion und Politik ist. Von der Religion losgelöst sind lediglich politische Institutionen, während deren Entscheidungen durchaus als islamisch angesehen werden können. Mit anderen Worten: eine muslimische Gesellschaft ist kein islamischer Staat, aber impliziert eine politische Ordnung, die auch als islamisch verfasst gelten kann.

Al-Bannās Islamkonstruktion scheint auch bei pro-säkularen Publizisten auf Gefallen zu stoßen[87] – allerdings ergibt sich daraus die Frage, ob al-Bannā überhaupt noch als sogenannter Islamischer Denker (*mufakkir islāmī*) gelten kann. Für al-Bannā selbst dürfte dies keinen Widerspruch darstellen – und so wundert es nicht, dass er sich neben der Bezeichnung als „Islamischer Denker" mitunter als „säkularistisch" verortet.[88] Mitte der 1980er Jahre hatte der als Säkularist geltende Philosoph Fu'ād Zakarīyā in vielen Punkten ähnlich argumentiert wie al-Bannā.[89]

Wenn al-Bannā versucht, *al-ʿalmānīya* in den Islam zu integrieren, impliziert dies auch, der von ihm entworfene Islam habe eine mögliche Antwort auf Säkularismus bzw. Säkularität als moderne Herausforderung der Religion gefunden.

Anders gesagt: Gerade die Konstruktion eines säkularen Islam macht eine Verortung des Islam als modern möglich. Die Einheit der Differenz von Islam und

87 Vgl. die Bezeichnung al-Bannās als „zivilen Denker (*mufakkir madanī*) in religiösem Gewand" durch den Publizisten Ḥilmī Sālim aufgrund al-Bannās ‚liberaler', ‚demokratischer' Ansichten – dann aber auch als „Scheich" und aufgeklärten Islamischen Denker (*mufakkir islāmī mustanīr*). Vgl. Ḥilmī Sālim, „Ǧamāl al-Bannā... mufakkir madanī fī ṯawb dīnī," *Nahḍat Miṣr*, 25.10.2010.
88 Vgl. Interviews aus den Jahren 2008 und 2010: al-Bannā und Ṣaqr, „Ǧamāl al-Bannā: Lā ʿalāqa bayn ad-dīn wa-s-sulṭa... wa-lā yūǧad šay' ismuhu dawla islāmīya"; al-Bannā und Sayyid Aḥmad, „Rafaḍtu al-inḍimām li-«al-Iḫwān al-muslimīn» li-annanī kuntu arā nafsī ʿalmānīyan".
89 Vgl. die Dokumentation einer Podiumsdiskussion von 1986, wo Zakarīyā gegen Muḥammad al-Ġazālī und Yūsuf al-Qaraḍāwī argumentiert (Gallagher, „Islam v. Secularism in Cairo: An Account of the Dar al-Hikma Debate").

Säkularität wird – im Sinne einer inkludierenden Unterscheidung – wiederum durch den Islam gebildet. Ein solcher Islam kann seinen Anspruch auf Universalität auch in einer modernen Gesellschaft behaupten, in der die Möglichkeit konkurrenzfreier Repräsentation nicht mehr gegeben ist. Insofern lässt sich al-Bannās Islam als *modern* bezeichnen.

5 Der muslimische Intellektuelle als Sprecher zu Säkularismus und Islam

Wer äußert sich in Ägypten, wenn es um das Verhältnis von *al-ʿalmānīya* und Islam geht? Die Reaktionen auf die Aussage des damaligen Premierministers Aḥmad Naẓīf haben deutlich gemacht, dass es nicht die erwartbaren Akteure an der Schnittstelle von Politik und Religion sind.[1] Die hier untersuchte Literatur seit den 1970er Jahren zeigt, dass sich noch eine weitere Gruppe öffentlicher Sprecher ausgesprochen selten zum Thema Säkularismus äußert: die klassischen Gelehrten des Islam.[2]

Wer äußert sich stattdessen? Die These lautet, dass es sich nicht um organisatorisch gebundene Akteure handelt, sondern um eine öffentliche Rolle, die im Prinzip von jeder gebildeten Person eingenommen werden kann: die Rolle des Intellektuellen, die im Arabischen als *mufakkir islāmī* (Islamischer Denker) bezeichnet wird. Wir verlagern also den Fokus der Beobachtung von konkreten Akteuren auf eine soziale Rolle, die sich historisch mit dem Beginn einer massenmedialen Öffentlichkeit herausgebildet hat.[3]

Unter diesem Gesichtspunkt – der Verortung der Rolle des Intellektuellen – erweisen sich die Schriften von Ǧamāl al-Bannā und Fahmī Huwaydī als besonders ergiebig.[4] Bei der Analyse fällt zunächst auf, dass deren Reflexionen über islamische Akteure vor allem die Rolle des Gelehrten betreffen. Geht man davon aus, dass beide Autoren die Perspektive eines Intellektuellen einnehmen, lassen sich ihre Beobachtungen (v.a. das Setzen von Themen) im Rahmen einer Abgrenzung zur Rolle des Gelehrten analysieren.

Im Fall al-Bannās werden wir das Thema Säkularismus-Diskurs verlassen bzw. erweitern, um die Rolle des muslimischen Intellektuellen auch allgemein auf den Islam bezogen zu erörtern.

1 Vgl. das Kapitel „Ein politischer Skandal und die Reaktionen der ägyptischen Presse (2006)".

2 Eine wichtige Ausnahme bildet Yūsuf al-Qaraḍāwī.

3 Für eine reflektierte Ausarbeitung des historischen Zusammenhangs der Genese von Intellektuellem und Öffentlichkeit vgl. Reinhard Schulze, *Islamischer Internationalismus im 20. Jahrhundert* (Leiden: Brill, 1990), insbes. 17–46.

4 Bei Huwaydī sind dies insbesondere die Artikel zur Verteidigung der Gelehrten in *al-Muftarūn* (2005). Bei al-Bannā werden neben den Beiträgen zu *al-ʿalmānīya* auch jene einbezogen, die sich unmittelbar auf die Gelehrten beziehen.

DOI 10.1515/9783110462579-005

5.1 Vorbemerkender Exkurs: Zwei Biographien

Die öffentliche Rolle eines Intellektuellen ist nicht deckungsgleich mit einem konkreten Autor als Person; vielmehr kann ein Autor eine solche Rolle einnehmen und wieder verlassen. Dennoch ist die Perspektive eines Autors in seiner Rolle als Intellektueller geprägt von seiner intellektuellen Biographie. Die Person bildet sozusagen die Umwelt der Rolle und kann Hinweise für eine externe Verortung geben. Darum soll es in den folgenden Darlegungen gehen.

5.1.1 Fahmī Huwaydī – Intellektueller Werdegang

> *Was immer man von Fahmī Huwaydī hält – man kommt nicht umhin, seine Schriften und Ideen zu verfolgen. Er gehört zu den wenigen Autoren und Denkern, deren geistige Abhandlungen geachtet werden, ob man ihre Ansichten teilt oder nicht.*
>
> *Obwohl er bei verschiedensten Lesern und Intellektuellen durch seine geistigen Bemühungen und seinen Stil Eindruck hinterlässt, gibt es doch jene, die in ihm ein Hindernis ihrer grenzenlosen Ambitionen sehen. Säkularisten sehen in ihm einen sturköpfigen Islamisten und unangenehmen Gegner, wenn nicht sogar einen Theoretiker extremistischer Ideen, ob er diese nun rechtfertigt oder nur erklärt.*[1]

Es dürfte keine Übertreibung sein, Fahmī Huwaydī als einen in weiten Teilen der arabischen Welt bekannten und anerkannten Journalisten und Autor zu bezeichnen. Sein Tageskommentar sowie sein wöchentlicher Artikel erscheinen in den wichtigen Printmedien acht verschiedener arabischer Länder – dazu kommen Publikationen in Online-Medien wie aljazeera.net oder CNN Arabic. Dass er mit seinen Texten polarisiert, überrascht kaum. Aziza Sami, Journalistin der renommierten englischsprachigen Wochenzeitung al-Ahram Weekly, fasst seinen intellektuellen Status folgendermaßen zusammen:

> For his many admirers, his reputation transcends that of the journalist to that of an intellectual ‚visionary' heralding a moral and political message. For his adversaries, mostly ‚secularists' and ‚liberals', Howeidy's unique combination of rationality and a religion-based disposition inspires more mixed reactions, from respect for his integrity and his desire to ‚engage in dialogue', to suspicions that beneath his logical discourse might, perhaps, be concealed some insidious agenda of militancy.[2]

---

1 Rezension von Huwaydīs *al-Muftarūn* in al-Anbā', 28.02.1997:
ايا كان رأيك فيما يكتبه فهمي هويدي فلن تملك الا ان تتابع كتاباته وتلاحق افكاره فهو من الكتاب والمفكرين القلائل الذين تحترم خطابهم الفكري بصرف النظر عن اتفاقك او اختلافك معه.

2 Aziza Sami, „Fahmy Howeidy: Religion and reason," *Al-Ahram Weekly (online)*, 18.- 24.09.2003.

Mit den Themen, die er wählt und den Meinungen, die er herausarbeitet, scheint er gesellschaftliche Problemfelder so zu explizieren, dass über Ägypten hinaus öffentliche Resonanz entsteht. Man könnte auch sagen: Huwaydī erfasst den Zeitgeist. Diese Fähigkeit macht ihn zu mehr als dem Journalisten, als den er sich selbst betrachtet.

Familie und gesellschaftliches Milieu

Geboren wurde Fahmī ʿAbd ar-Rāziq Huwaydī am 28.08.1937 in aṣ-Ṣaff in der Provinz Gizeh. Sein Vater war Angestellter im Justizministerium und gehörte zu den Mitbegründern der Muslimbruderschaft. Huwaydī bestätigt selbst, dass er sozusagen in der „Schule der Muslimbrüder" gelernt habe.[3]

Noch vor der „Revolution" der Freien Offiziere 1952 beginnt er, als politischer Karikaturist bei *ad-Daʿwa*, der damaligen Zeitschrift der Muslimbrüder, mitzuwirken.[4] Als Jugendlicher wird er im Zusammenhang mit seinen persönlichen und familiären Verbindungen für zwei Jahre inhaftiert (1954–56)[5] – der erste von insgesamt drei Gefängnisaufenthalten ist eine Erfahrung, die Huwaydī geprägt hat und über die er nicht gern spricht.[6] Diese Prägung durch das Milieu der Muslimbrüder in Form familiärer Anbindung, Mitarbeit bei Publikationen und Inhaftierung teilt er mit dem wesentlich älteren Ǧamāl al-Bannā.[7]

Er selbst verneint, je institutionell mit den Muslimbrüdern verbunden gewesen zu sein[8] und betont, er sei zwar „beeinflusst" durch die Muslimbrüder, aber dennoch unabhängig von ihnen.[9] Dabei ist er sich bewusst, dass es für manchen Beobachter schwierig sein muss, sich vorzustellen, dass ein Autor mit Bezug zum islamischen Diskurs nicht in einer Gruppe engagiert ist.[10] Dementsprechend

---

3 Vgl. das Interview mit Huwaydī, „ad-Difāʿ ʿan al-ḥurīya wa-d-dīmuqrāṭīya wa-ʿan al-mustaḍʿifīn ʿanāwīn kubrā li-l-mašrūʿ al-islāmī", sowie Sami, „Fahmy Howeidy: Religion and reason".

4 Die Zeitschrift wurde im Januar 1951 zum ersten Mal veröffentlicht und musste Ende 1954 eingestellt werden. 1957 erschien noch einmal eine Sonderausgabe zum Tod von Hassan al-Banna Vgl. den Eintrag „ad-Daʿwa", www.ikhwanwiki.com/index.php?title=مجلة_الدعوة.

5 Vgl. die Korrektur des Wikipedia-Artikels durch den Huwaydī offensichtlich nahestehenden Blogger Maḥmūd Fawzī als Replik auf den Kommentar einer Leserin. Post vom 30.09.2009, 13.05 Uhr, http://fahmyhoweidy.blogspot.com/2008/05/blog-post.html?showComment=1253444756976#c9132574025 411037706.

6 Vgl. Sami, „Fahmy Howeidy: Religion and reason".

7 Vgl. das Kapitel „Ǧamāl al-Bannā – Themen und Biographie".

8 Vgl. Huwaydī, „ad-Difāʿ ʿan al-ḥurīya wa-d-dīmuqrāṭīya wa-ʿan al-mustaḍʿifīn ʿanāwīn kubrā li-l-mašrūʿ al-islāmī" und Sami, „Fahmy Howeidy: Religion and reason".

9 Vgl. das Interview: Fahmī Huwaydī und Muḥammad ʿAbd al-Qaddūs, „Anā muta'aṯar bi-l-Iḫwān al-muslimīn lakinnanī mustaqill ʿanhum!," *ad-Dustūr*, 01.10.1997.

10 Vgl. al-Ǧiddāwī, „Huwaydī: talaqqaytu naṣā'iḥ bi-«tarṭīb» kalāmī".

betont er, dass er nicht für konkrete Gruppen spreche, sondern den Islam verteidige.[11] Eine Organisation wie die Muslimbruderschaft sei schließlich kein Selbstzweck, sondern stelle nur einen Weg unter mehreren dar, sich für „das islamische Projekt" einzusetzen.[12]

Huwaydī hatte stets persönliche Kontakte zu geistigen Wegbereitern der Muslimbrüder. Wie er selbst berichtet, war er als Junge häufig zu Gast im Hause Sayyid Quṭbs.[13] Auch den azharitischen Gelehrten Muḥammad al-Ġazālī (1917–1996), dessen Einsatz für Islam und Muslimbruderschaft schon Hassan al-Banna zu schätzen wusste, kannte Huwaydī persönlich.[14] Al-Ġazālī gehört zu den zeitgenössischen muslimischen Gelehrten, die Huwaydī verhältnismäßig oft zitiert;[15] Huwaydīs Verlag formuliert gar, sein Denken sei „stark beeinflusst"[16] von al-Ġazālī.

Das persönliche Verhältnis zu Yūsuf al-Qaraḍāwī,[17] der lange der Muslimbruderschaft angehörte und der Bewegung immer noch nahesteht, zeigt sich auch in Huwaydīs Publikationen.[18] Die geistige und persönliche Nähe zeigt sich auch im Umstand, dass Huwaydī Mitglied der International Union of Muslim Scholars (*al-Ittiḥād al-ʿālamī li-ʿulāmā' al-muslimīn*)[19] ist, die al-Qaraḍāwī 2004 gründete, und dort sogar im Kuratorium sitzt. Bemerkenswert daran ist die Tatsache, dass ein Intellektueller in eine Gelehrtenvereinigung aufgenommen wurde und dort eine religiöse Rolle einnimmt.[20]

Journalistische Laufbahn und publizistisches Interesse

Noch als Student beginnt Huwaydī 1958 in der Rechercheabteilung (*qism al-abḥāṯ*) von al-Ahram zu arbeiten, wo er im Laufe von 18 Jahren bis zum Sekretär

---

11 Vgl. Huwaydī, *al-Muftarūn*, 92.

12 Vgl. Huwaydī, „ad-Difāʿ ʿan al-ḥurīya wa-d-dīmuqrāṭīya wa-ʿan al-mustaḍʿifīn ʿanāwīn kubrā li-l-mašrūʿ al-islāmī".

13 Vgl. Fahmī Huwaydī, „Kulluhum Āṯimūn," in *Azmat al-waʿī ad-dīnī*, 137–147 (138 f.).

14 Vgl. Huwaydī, *al-Muftarūn*, 211, wo er von einem persönlichen Zusammentreffen berichtet.

15 Vgl. z. B. Huwaydī, *Azmat al-waʿī ad-dīnī*.

16 Dār aš-Šurūq, „Fahmī Huwaydī, as-Sīra," http://www.shorouk.com/authors/details.aspx?p=0a27ebcc-1442-498f-b1aa-cf4011c9e863, 21.12.2010.

17 Huwaydīs Stammverlag Dār aš-Šurūq spricht bei von einer „engen Beziehung" (*ʿalāqa waṭīda*). Vgl. Dār aš-Šurūq, „Fahmī Huwaydī, as-Sīra".

18 So geht er mit einem „verworrenen" Problem persönlich zu a-Qaraḍāwī, vgl. das Kapitel „Der muslimische Intellektuelle als Verteidiger von Gelehrten (Huwaydī)".

19 Es handelt sich dabei nicht um eine Vereinigung *muslimischer Gelehrter*, wie es die offizielle englische Übersetzung nahelegt, sondern um eine Verbindung von *Gelehrten der Muslime*.

20 Eine ähnliche Beobachtung, nur mit modifizierter Schlussfolgerung bezüglich der Rolle eines „gelehrten Intellektuellen", findet sich bei Schulze, *Islamischer Internationalismus im 20. Jahrhundert*, u. a. 6 und 17–46.

der Redaktionsleitung aufsteigt – einem journalistisch und administrativ einflussreichen Posten.[21]

Anfang der 1960er Jahre[22] beendet er sein Studium der Rechtswissenschaft an der Universität Kairo mit der *Līsāns*, einem dem Bachelor vergleichbaren Abschluss.[23] Huwaydī konzentriert sich von nun an aufs Schreiben. Der ägyptische Journalismus der 1960er Jahre ist geprägt durch den panarabistischen, linksintellektuellen Journalisten Aḥmad Bahā' ad-Dīn (1927–1996),[24] der Huwaydīs Mentor wird.[25] Als Bahā' ad-Dīn Mitte der 1970er Jahre Chefredakteur von al-Ahram wird, beauftragt er Huwaydī, eine Religionsseite zu entwickeln – bis dahin hatte es bei der ältesten arabischen Tageszeitung so etwas nicht gegeben. Die Seite, die sich bewusst nicht nur auf den Islam bezieht, soll einen nationalen Dialog über Religion fördern, an dem Kleriker, Laien, Muslime und Kopten teilnehmen sollen.[26] Dabei geht es um alltagsrelevante Themen wie Heirat, Scheidung, Lebensversicherungen und deren Beurteilung aus der religiösen Perspektive von Gelehrten.

Neben einem umfangreichen Interesse an Islam und Politik in Ägypten und der gesamten arabischen Welt entwickelt Huwaydī eine Vorliebe für nicht-arabische Länder mit muslimischer Mehrheit.[27] Dem entsprechen die Themen mehrerer Bücher: Als 1978 Kommunisten in Afghanistan die Macht übernehmen, veröffentlicht er dazu eine Monographie.[28] 1981 erscheint sein Werk über den Islam in China[29] – und zwar innerhalb der in der gesamten arabischen Welt erhältlichen

---

21 Vgl. „Fahmī Huwaydī," Al-Jazeera online, 03.03.2009; Fahmī Huwaydī, „al-Mu'allif fī suṭūr," in *al-Islām fī aṣ-Ṣīn*, 213.

22 In Fahmī Huwaydī, „al-Mu'allif fī suṭūr" heißt es 1960; bei der offiziellen Autorenangabe auf al-Jazeera 1961 (vgl. „Fahmī Huwaydī," *al-Jazeera online*, 03.03.2009).

23 Vgl. Fahmī Huwaydī, „al-Mu'allif fī suṭūr".

24 Baḥā' ad-Dīn, zehn Jahre älter als Huwaydī, leitete 1959–76 als Chefredakteur nacheinander mehrere ägyptische Zeitungen und Zeitschriften, u. a. aš-Ša'b, al-Aḫbār, al-Muṣawwar, Rūz al-Yūsif und kurzeitig al-Ahram, sowie den ägyptischen und arabischen Journalistenverband. Vgl. Mohamed Ouda, „Ahmed Baha' El-Din: A life in print," *Al-Ahram Weekly*, 27.05.2010.

25 Vgl. Sami, „Fahmy Howeidy: Religion and reason".

26 Vgl. Sami, „Fahmy Howeidy: Religion and reason".

27 So äußert er in einem Interview: „Ich interessiere mich wohlwollend für Länder der Dritten Welt, insbesondere für Ostasien. Ich mag Pakistan, Indonesien und Iran. Ich bewundere geradezu die Liebe zur Kunst, besonders des iranischen Volkes [...]. Europäischen Ländern wende mich nicht zu und habe da keine natürliche Neigung." Laylā ar-Rā'ī, „Fahmī Huwaydī: Lasnā bi-ṣadad salām... bal taswiya ḫāsira!," *al-Ahrām al-ʿarabī*, 01.04.2000, 29.

28 Vgl. Fahmī Huwaydī, *Ḥadaṯa fī Afġānistān* (Beirut: Dār al-Kalima, 1979).

29 Vgl. Fahmī Huwaydī, *al-Islām fī aṣ-Ṣīn* (Kuwait: al-Maǧlis al-waṭanī li-ṯ-ṯaqāfa, 1981).

(und subventionierten) kuwaitischen Buchreihe ʿĀlam al-Maʿrifa.[30] 1987 veröffentlicht er einen Bestseller über Iran, in dem er die historischen Zusammenhänge und die Rolle der schiitischen Gelehrten vor, während und nach der Islamischen Revolution von 1979 erörtert.[31]

Exil und Wochenkolumne

In der zweiten Hälfte der 1970er Jahre – für Ägypten eine politisch angespannte Zeit – kommt es zum Konflikt zwischen einer Reihe prominenter ägyptischer Intellektueller und Präsident Sadat. Huwaydīs Mentor Bahā' ad-Dīn wagt es, scharfe Kritik am Präsidenten zu üben – und dies als Chefredakteur der staatlichen Zeitung al-Ahram. Er verlässt Ägypten und geht 1976 ins Exil nach Kuwait, um die gesamtarabische Kulturzeitschrift al-ʿArabī zu leiten. Dorthin geht auch Huwaydī, der 1977 bis 1980[32] bei al-ʿArabī arbeitet und die Position des managing editor (*mudīr at-taḥrīr*) übernimmt.[33] Al-ʿArabī wird in dieser Zeit zu einer der meistgelesenen Zeitschriften im arabischen Raum.[34]

Huwaydī, der in einem schiitischen Viertel von Kuwait City wohnt, pflegt gute Kontakte innerhalb seiner Nachbarschaft[35] – was sich journalistisch als sehr fruchtbar erweist. Als die Islamische Revolution Khomeini 1979 zum politischen Führer macht, wollen diesem auch Schiiten außerhalb Irans gratulieren. Kuwaitische Schiiten chartern ein Flugzeug, um dem neuen Führer in Teheran zu gratulieren. Huwaydī erfährt davon, darf mit an Bord und wird so zum ersten arabischen Journalisten, der Iran nach der Revolution von 1979 besucht.[36] Neben unmittelbaren Anschauungen vor Ort spricht Huwaydī auch drei Mal persönlich mit Khomeini.[37] Sein Buch *Īrān min ad-dāḫil* (Iran from the inside) aus dem Jahr 1987 wird ein arabischer Bestseller.[38]

---

30 Die monatliche Buchreihe, herausgegeben vom kuwaitischen Nationalrat für Kultur, Kunst und Literatur, erscheint seit 1978 und ist in vielen Ländern der arabischen Welt u. a. an Zeitungskiosken erhältlich.

31 Vgl. Fahmī Huwaydī, *Īrān min ad-dāḫil* (Kairo: Markaz al-Ahrām li-t-tarǧama wa-n-našr, 1987).

32 Vgl. Fahmī Huwaydī, *al-Qur'ān wa-s-sulṭān* (Kairo: Dār aš-Šurūq, 1999 [1981]), 8.

33 Vgl. *Fahmī Huwaydī*. Al-Jazeera online, 03.03.2009.

34 Vgl. Ouda, „Ahmed Baha' El-Din: A life in print".

35 Vgl. ar-Rāʿī, „Fahmī Huwaydī: Lasnā bi-ṣadad salām… bal taswiya ḫāsira!", 26.

36 Vgl. Sami, „Fahmy Howeidy: Religion and reason". Laut Huwaydī war es das erste zivile Flugzeug überhaupt, das nach der Revolution in Teheran landete. Vgl. das Interview durch Laylā ar-Rāʿī, „Fahmī Huwaydī: Lasnā bi-ṣadad salām… bal taswiya ḫāsira!", 26.

37 Zuletzt kurz vor dessen Tod zusammen mit dem bekannten ägyptischen Historiker Muḥammad Ḥusayn Haykal.

38 So zumindest in Ägypten, wo das Buch innerhalb von vier Jahren vier Auflagen erfuhr.

Obwohl er grundsätzlich mit der Revolution sympathisiert, sieht er diese nicht als rein religiöses Phänomen an,[39] spricht dementsprechend auch von „der Revolution" und eben nicht von einer „islamischen". Auch den Kopftuchzwang stellt er von Anfang an infrage.[40] Ironischerweise wird er in Ägypten als Vertreter der iranischen Revolution und nicht als journalistischer Beobachter angesehen.[41] Seine Distanz zum iranischen Modell nimmt mit den Jahren zu; er selbst merkt an, er habe "schon vor langer Zeit aufgehört, die iranische Revolution als ‚islamisches Modell' anzusehen"[42].

Anfang der 1980er Jahre geht er nach England und leitet dort die nur wenige Jahre erscheinende Zeitschrift Arābiyā. 1985 kehrt er endgültig zurück nach Ägypten und wird erneut Redakteur bei al-Ahram. Er beginnt mit seiner Dienstagskolumne, die über einen Zeitraum von 20 Jahren fast ununterbrochen erscheint. Die Kolumne wird in großen Teilen der arabischen Welt berühmt und erscheint außerhalb Ägyptens auch in der bekannten überregionalen Tageszeitung *aš-Šarq al-Awsaṭ*, in der nationalen Presse im Libanon (*as-Safīr*) und in Jordanien (*ad-Dustūr*) sowie in Ländern der arabischen Halbinsel.[43]

Nach der Eroberung Kabuls durch die Taliban im Jahr 1996 fliegt er für *aš-Šarq al-Awsaṭ* nach Afghanistan und berichtet von dort in mehreren Beiträgen. 2001 reist er mit einer Delegation muslimischer Gelehrter[44] erneut nach Afghanistan, um mit den Taliban unter anderem über die Zerstörung der Buddha-Statuen

39 Vgl. Sami, „Fahmy Howeidy: Religion and reason".

40 So mit der Beobachtung, Zwang mache keinen Sinn, wenn die Iranerinnen das Kopftuch abnehmen, sobald sie Iran verlassen. Vgl. Sami, „Fahmy Howeidy: Religion and reason".

41 In al-Ahram Weekly liest man dazu: "He recalls, with a hint of irony, that he would be asked ‚to attend functions and speak in the name of the revolution, as if I were some kind of spokesman'." Sami, „Fahmy Howeidy: Religion and reason".

42 Zitiert nach Sami, „Fahmy Howeidy: Religion and reason".

43 Dabei handelt es sich um die bahreinische Zeitung Aḫbār al-Ḫalīǧ, die emiratische al-Ḫalīǧ, die katarische aš-Šarq, die kuwaitische al-Waṭan und die omanische aš-Šabība. Insbesondere die Beiträge in aš-Šarq und al-Waṭan finden sich in einem Weblog, der seit 2008 über Hunderte von Artikeln Huwaydīs zusammengetragen hat. Vgl. http://fahmyhoweidy.blogspot.com.

44 Der von der Organisation Islamische Konferenz (OIC) beauftragten Delegation, vgl. Fahmī Huwaydī, *Ṭālibān* (Kairo: Dār aš-Šurūq, 2001), 5, gehören unter anderem der damalige Muftī Ägyptens Naṣr Farīd Wāṣil sowie Yūsuf al-Qaraḍāwī an, die beide persönlich mit dem Talibanführer Mullah Omar reden. Zur Reise vgl. die Berichterstattung in aš-Šarq al-Awsaṭ im März 2001, „al-Yūniskū tad'ū al-wafd al-islāmī li-baḏl dawr yunqiḏ mā tabqā min tamāṯīl Bāmiyān," *aš-Šarq al-Awsaṭ*, 12.03.2001, passim, insbesondere die Reise- und Gesprächsberichte der Delegation durch Huwaydī vom 20., 21. und 23.03., Fahmī Huwaydī, „al-Marāra wa-l-iḥbāṭ li-Ṭālibān Mahyān li-tafrīḫ ḥimāqa uḫrā miṯla hadam at-tamāṯīl," *aš-Šarq al-Awsaṭ*, 20.03.2001; Fahmī

von Bamyian zu verhandeln und weitere Schäden abzuwenden[45] – und publiziert gleichzeitig darüber.[46]

Huwaydīs Kolumne ist zu diesem Zeitpunkt bereits zu einer panarabischen Institution geworden; redaktionelle Eingriffe bis hin zum Nicht-Erscheinen werden selbst zu Medienereignissen;[47] vereinzelte Artikel, die innerhalb der Kolumne bei al-Ahram ausfallen, werden prompt von anderen Zeitungen veröffentlicht.[48]

Im Jahr 2008 stellt Huwaydī seine Kolumne bei al-Ahram und aš-Šarq al-Awsaṭ ein – immer größer waren die Eingriffe durch die Redaktionen geworden. Einen solchen Schritt kann sich Huwaydī als gefragter Publizist leisten, da er allein durch seine Prominenz zur Auflagensteigerung einer Zeitung beitragen kann.[49] Ein Verzicht auf Veröffentlichung in der größten ägyptischen arabischen Tageszeitungen ist sicher ein schwerer Schritt, denn für Huwaydī zählt nicht nur die Freiheit, seine Meinung zu veröffentlichen, sondern auch, dass sie bei möglichst vielen Lesern ankommt.[50] Seine Kolumne war jedoch nie in wirklicher Gefahr. Sie erscheint weiterhin in der nicht-staatlichen ägyptischen Tageszeitung aš-Šurūq, in sieben Ländern am arabischen Golf sowie überregional auf al-Jazeera online.[51]

Eine Anfrage, für das Amt des Vorsitzenden der ägyptischen Journalistengewerkschaft zu kandidieren, einen der höchsten Posten im ägyptischen Journalismus, lehnt er dankend ab – die Position hätte offenbar einen zu großen

---

Huwaydī, „ʻUlamā' Ṭālibān: Ṣabarnā ʻalā al-aṣnām ḫamsa sanawāt wa-l-ʻālam ʻaduwwunā fī kull al-aḥwāl hadamnāhā am lā," aš-Šarq al-Awsaṭ, 22.03.2001; Fahmī Huwaydī, „Ṭālibān: ad-Dīmuqrāṭīya fisq wa-fuǧūr wa-qitna li-l-muslimīn," *aš-Šarq al-Awsaṭ*, 21.03.2001.

45 Unklar ist, ob das Ziel der Reise wirklich die Rettung der Buddha-Statuen war. Vgl. einerseits Sami, „Fahmy Howeidy: Religion and reason", die Huwaydī interviewt (Rettung), andererseits die Befürchtungen der Delegation, das Ziel ihrer Reise könnte in der Öffentlichkeit als Rettung der nicht-islamischen Statuen angesehen werden.

46 Vgl. Huwaydī, „al-Marāra wa-l-iḥbāṭ li-Ṭālibān Mahyān li-tafrīḫ ḥimāqa uḫrā miṯla hadam at-tamāṯīl".

47 Dabei wird Fahmī Huwaydī zum mutigen Publizisten, der sich mit seiner Redaktion anlegt. Vgl. Fahmī Huwaydī yūqif maqālātuhu li-l-Ahrām bi-sabab taʻarruḍihā li-l-ḥiḏf dūna ʻilmihi. Alarabiya.net, 09.04.2006. http://www.alarabiya.net/articles/2006/04/09/22728.html und Muḥammad ʻAbd al-Ḫāliq Musāhil, „al-Maqāl «al-Azma» yatasabbab fī muwāǧaha sāḫina bayna Fahmī Huwaydī wa-qiyādāt al-Ahrām," *al-Miṣrī al-yawm*, 10.04.2006.

48 Beispielsweise Fahmī Huwaydī, „Ṣafḥa qātima yaǧib an taṭwī," *al-Miṣrī al-yawm*, 22.11.2006 und Fahmī Huwaydī, „Mā bayn at-Tūrbīnī wa-ṭalabat al-Azhar," *al-Miṣrī al-yawm*, 20.12.2006; auch in al-ʻArabī, erwähnt in Hossam el-Hamalawy, „Judicial Review," *Cairo Times*, 30.01.2003.

49 So geschehen bei der Oppositionszeitung al-Wafd, für die Huwaydī 2002 schrieb, die er jedoch verließ, als die journalistischen Freiheiten immer mehr beschränkt wurden. Vgl. Sami, „Fahmy Howeidy: Religion and reason".

50 Vgl. ar-Rāʻī, „Fahmī Huwaydī: Lasnā bi-ṣadad salām... bal taswiya ḫāsira!", 29.

51 Seine Wochenkolumne scheint seit Februar 2016 nicht mehr auf aljazeera.net veröffentlicht zu werden.

Spagat zwischen politischen Interessen und journalistischem Selbstverständnis verlangt.[52] Erneut scheint ihm die Bewahrung publizistischer Unabhängigkeit wichtiger zu sein als eine offizielle Karriere.

Unmittelbar nach dem Ende seiner Wochenkolumne bei al-Ahram beginnt er eine Tageskolumne bei ad-Dustūr, die er 2009 aufgibt, um sie bei der neu gegründeten Tageszeitung aš-Šurūq weiterzuführen. Die Tageskolumne erscheint auch in Katar, Kuwait und Jordanien.[53]

Solange Huwaydī trotz fortgeschrittenen Alters noch publiziert, dürfte er zur Pflichtlektüre eines jeden gehören, der sich mit aktuellen arabischen Analysen zu Religion, Politik und Gesellschaft beschäftigt – eben weil Huwaydī es versteht, gesellschaftliche Phänomene aufzugreifen und so zu analysieren, dass sie öffentliche Resonanz finden.

5.1.2 Ǧamāl al-Bannā – Themen und Biographie

> *Und wenn jeden Mittwochmorgen der Mann auf den Seiten von al-Miṣrī al-yawm erscheint, ist dies ein Termin, der auf der Tagesordnung eines jeden Lesers stehen sollte, eines jeden Vernünftigen und eines jeden, der dem Islam in sein leuchtendes Antlitz blicken möchte – fernab von den Gelehrten, dem Islam der Macht und dem Islam der Azhar...*[54]
> (Sulaymān Ǧūda, ägyptischer Journalist)

Ǧamāl al-Bannā (1920–2013) gehörte spätestens seit den 1990er Jahren zu den bekannteren Publizisten Ägyptens und in seinen letzten Lebensjahren zu den umstrittensten. Eine Kritik des medienversierten, pro-dschihadistischen Anwalts Muntaṣir az-Zayyāt[55] aus dem Jahr 2010 fasst al-Bannās provokanteste Kernthesen folgendermaßen zusammen, wobei Tatsachen und Klischees miteinander vermengt werden:

> Wenn ein Mann daherkommt, behauptet, ein Rechtsgelehrter zu sein und sagt, dem Mann sei die Zeitehe erlaubt, dazu noch ohne Vormund und ohne Zeugen; ihm sei erlaubt, seine

52 Vgl. „Fahmī Huwaydī: al-Mīlīšīyāt as-siyāsīya taḥkum Miṣr," *al-ʿArabī*, 14.01.2007. Dort heißt es auch: „Ich bin auf der Seite jedes Gewerkschaftsvorsitzenden, der die Regierung versteht und in der Lage ist, Distanz zwischen Gewerkschaft und Behörden sicherzustellen, nicht etwa ihr Gegner zu sein, und der der Gewerkschaft ihre Unabhängigkeit bewahrt [...]."

53 Katar: aš-Šarq; Kuwait: ar-Ru'ya; Jordanien: as-Sabīl. Vgl. *Fahmī Huwaydī*. Al-Jazeera online, 03.03.2009.

54 Sulaymān Ǧūda, „Arbiʿāʾ Ǧamāl al-Bannā!," *al-Miṣrī al-yawm*, 21.08.2006:
وإذا كان الرجل، يطل علينا صباح كل أربعاء، على صفحات «المصرى اليوم».. فهو موعد يجب أن يكون مقدساً فى أجندة كل قارئ، وكل صاحب عقل، وكل واحد يريد أن يرى الإسلام في وجهه المضيء، بعيداً عن إسلام الفقهاء، وإسلام السلطة، وإسلام الأزهر..

55 Vgl. das Kapitel „Ein politischer Skandal und die Reaktionen der ägyptischen Presse (2006)".

> Schenkel in der Nähe der Genitalien zu entblößen, der Frau sei erlaubt, ihr Haar zu entblößen, es sei erlaubt, den Bart vollständig abzurasieren, mit einer Frau Analverkehr zu haben, Wein zu trinken, Wucher zu betreiben, Musik zu hören, eine Frau dürfe vor Männern vorbeten, Rauchen sei jedem erlaubt, der es sich leisten kann, die Strafe für Apostasie solle heutzutage nicht angewendet werden, der Mann dürfe eine Frau küssen und ihr die Hand geben, sowie es auch erlaubt sei, Fotos oder Videos von nackten Frauen anzusehen, mit dem Argument, man sehe diese nicht wirklich, sondern nur eine Abbildung – all so etwas. [...] dann werden die Vernünftigen sagen, dieser Mann ist mit einer neuen Religion nach westlicher Mode gekommen.[56]

Besonders al-Bannās Meinung, das Küssen unter Unverheirateten sei nur eine kleine Sünde, hatte im Jahr 2004 heftige Reaktionen in religiösen Kreisen hervorgerufen. Al-Bannā nutzte die Aufregung für eine Buchpublikation mit Anspielung auf die „Kussfrage“ (*Qaḍīyat al-qubulāt*), um sein Projekt der islamischen Neubelebung in Erinnerung zu rufen.[57] Im genannten Werk widmet er ein Kapitel seiner Biographie;[58] ein großer Teil davon erschien später in der ägyptischen Presse.[59]

---

56 Muntaṣir az-Zayyāt, „ʿAllām taʿuddūnahu mufakkiran islāmīyan?!,“ *al-Yawm as-sābiʿ*, 16.11.2010:
فلو جاء رجل ادعى أنَّه فقيه وقال: يجوز للرجل أن يتزوج بنكاح المتعة أضف على ذلك دون ولى ولا شهود، وأنَّه يجوز له أن يكشف عن فخذيه إلى قرب عورته، وأنَّ المرأة يجوز لها أن تكشف عن شعرها، وأنه يجوز حلق اللحية بالكليَّة، وأنه يجوز إتيان المرأة فى دبرها، وأنَّه يجوز شرب النبيذ، وأنَّ ربا الفضل جائز، وأنَّ الاستماع للموسيقى جائز، وأنه يجوز إمامة المرأة للرجال، وأنَّه يجوز شرب الدخان لمن يقدر على شرائه، وأنَّه لا ينبغى إقامة حدّ الردَّة على المرتد فى هذا الوقت، وأنَّه يجوز للرجل تقبيل المرأة ومصافحتها، كما يجوز النظر بصورة فوتوغرافيَّة أو (فيديو) لامرأة عارية بحجَّة أنَّه لايراها حقيقة بل يرى صورتها.. وعلى هذا فقس!! [¶] [...] فما الذى سيقوله العقلاء سوى لقد جاءنا هذا الرجل بدينٍ جديد على الموضة الغربيَّة
Alkohol und Abweichungen von herkömmlichen Sexualnormen werden von al-Bannā nicht für legitim erklärt; Zinsnahme in Maßen dagegen schon.

57 Vgl. al-Bannā, *Qaḍīyat al-qubulāt wa-baqīyat al-iǧtihādāt*. Darin „Ma hiya daʿwat al-iḥyāʾ al-islāmī?“ (179–88) sowie im Anhang „Mānifistū al-muslim al-muʿāṣir“ (238–43).

58 Vgl. Ǧamāl al-Bannā, „Mā huwa Ǧamāl al-Bannā,“ in *Qaḍīyat al-qubulāt wa-baqīyat al-iǧtihādāt*, 120–178, und die dortige Kurzbiographie (244–47). Spätere Publikationen wie Ǧamāl al-Bannā, „al-ʿAlāqa al-waṯīqa bayna Ǧamāl al-Bannā wa-wāliduhu wa-šaqīquhu,“ http://www.gamalalbanna.com/press/details/51.aspx, 09.05.2011, oder Ǧamāl al-Bannā, „al-Mufakkir al-islāmī... šaqīq muʾassis al-Iḫwān al-laḏī aṣbaḥa rāʾidan li-l-fikr at-tanwīrī,“ http://www.gamalalbanna.com/opinions/details/402.aspx, 06.01.2012, geben fast ausschließlich ältere Textbausteine wieder.

59 So gibt die fünfteilige Serie in der Wochenzeitung al-Yawm as-sābiʿ fast wortgetreu und nur leicht gekürzt den biographischen Teil des Kapitels wieder – ohne al-Bannā als eigentlichen Autor zu nennen. Vgl. Ǧamāl al-Bannā, „ʿIštu fī ṭufūlatī [...],“ *al-Yawm as-sābiʿ*, 13.01.2009; Ǧamāl al-Bannā, „Abī lam yahtamm bi-kawn aḫī muršidan ʿāmman li-l-Iḫwān al-muslimīn [...],“ *al-Yawm as-sābiʿ*, 20.01.2009; Ǧamāl al-Bannā, „Kuntu aḏhab anā wa-Tawfīq Aḥmad ʿuḍw al-Iḫwān ilā as-sīnamā fi sirrīya,“ *al-Yawm as-sābiʿ*, 27.01.2009; Ǧamāl al-Bannā, „Kull wuzarāʾ al-quwā al-ʿāmila ḥaḍarū muḥāḍarātī [...],“ *al-Yawm as-sābiʿ*, 03.02.2009; Ǧamāl al-Bannā, „as-Sīnamā al-amrīkīya ashamat fī takwīnī aṯ-ṯaqāfī [...],“ *al-Yawm as-sābiʿ*, 10.02.2009 als Entsprechung von al-Bannā, *Qaḍīyat al-qubulāt wa-baqīyat al-iǧtihādāt*, 120–67.

Al-Bannā stellt sich selbst als jemanden dar, für den es „befremdlich ist, über sich zu sprechen“; jemanden, der Privates nicht in Sachfragen einfließen lassen möchte.[60] Laut eigenen Aussagen erfolgte die Veröffentlichung des biographischen Teils aufgrund negativer Reaktionen auf sein Werk und um Missverständnisse auszuräumen, die seinen Aufruf (*da'wa*) zu einem neuen Verständnis des Islam gefährden würden.[61]

Allerdings, so muss betont werden, ist al-Bannās retrospektive Selbstdarstellung so neutral, wie es die Erinnerungen eines medienversierten, zur Selbstinszenierung fähigen Publizisten eben sein können.[62]

Kindheit und Jugend

Aḥmad Ǧamāl ad-Dīn bin Aḥmad as-Sa'ātī bin 'Abd ar-Raḥmān bin Muḥammad al-Bannā[63] wurde am 15.12.1920 im ländlichen al-Maḥmūdīya, einer Kleinstadt im westlichen Nildelta, geboren und wuchs in einer frommen Großfamilie auf, die in einfachen Verhältnissen lebte.[64] Benannt wurde er nach Ǧamāl ad-Dīn al-Afġānī, dem großen Reformer der arabisch-islamischen *nahḍa* (Renaissance, Erneuerung).[65]

Sein Vater Aḥmad 'Abd ar-Raḥmān al-Bannā – genannt as-Sa'ātī (der Uhrmacher) –, der in Koranschule und Moschee eine islamische Grundausbildung empfangen hatte, war neben seiner Tätigkeit als Uhrmacher auch publizistisch

60 Damit begründet er auch die Entscheidung, in der dritten Person über sich zu schreiben, vgl. al-Bannā, *Qaḍīyat al-qubulāt wa baqīyat al-iǧtihādāt*, 119.

61 Vgl. al-Bannā, *Qaḍīyat al-qubulāt wa-baqīyat al-iǧtihādāt*, 119.

62 So erscheint al-Bannās Selbstdarstellung mitunter übertrieben und einseitig – etwa wenn sich al-Bannā als (alleinigen) Vollender des väterlichen Werks darstellt oder als (wichtigen) Unterstützer Ḫalid Muḥammad Ḫālids bei der Veröffentlichung von dessen umstrittenem Werk *Min hunā nabda'*. Erschwerend kommt hinzu, dass die spärlich vorhandenen Sekundärquellen zu al-Bannā nur ansatzweise wissenschaftliche Standards erfüllen und i.d.R. nichts Neues hinzufügen. Vgl. die Bewertungen wie in Mirvat Diyāb, „Ǧamāl al-Bannā wa-fikr al-Iḫwān al-muslimīn," http://digital.ahram.org.eg/articles.aspx?Serial=701451&eid=3315, 01.10.2009 und Ḥussām Tammām, „Ǧamāl al-Bannā... Lan a'īša fī ǧilbāb aḫī!," *islamonline*, 24.02.2005.

63 Vgl. Ḥasan, Māǧid Ṣalāḥ ad-Dīn, „Tis'ūna šam'a fī ḥayāt Ǧamāl al-Bannā," http://www.gamalalbanna.com/articles/details/511.aspx.

64 Vgl. „'An Ǧamāl al-Bannā," in *Qaḍīyat al-qubulāt wa-baqīyat al-iǧtihādāt*, 244–247 (244); Ǧamāl al-Bannā, „al-Mufakkir al-islāmī... šaqīq mu'assis al-Iḫwān al-laḏi aṣbaḥa rā'idan li-l-fikr at-tanwīrī".

65 Vgl. al-Bannā, *Qaḍīyat al-qubulāt wa-baqīyat al-iǧtihādāt*, 127 f. Befragt nach seinem Namen, soll al-Bannā als Kind mit Ǧamāl al-Afġānī geantwortet haben. Auch sein Vater soll ihn „al-Afġānī" genannt haben, vgl. Sahar El-Bahr, „Gamal El-Banna: A lifetime of Islamic call," *Al-Ahram Weekly (online)*, 02.04.2009.

engagiert. Neben kleineren Publikationen zum Thema Islam bestand das Lebenswerk des Vaters in einer neu geordneten Ausgabe des *Musnad*,[66] der berühmten umfangreichen Hadithsammlung des Begründers der ḥanbalitischen Rechtsschule Aḥmad bin Ḥanbal. Als Aḥmad al-Bannā 1959 starb, hatte er über 20 Jahre an der Neuausgabe gearbeitet.[67] Angeblich wurden zu Lebzeiten des Vaters die im Selbstverlag erschienenen ersten 22 Bände fast ausschließlich an Leute verkauft, die zu ihm ins Privatbüro kamen, oder gegen andere Bücher für die Hausbibliothek getauscht.[68] Das ausgeprägte intellektuelle und publizistische Interesse des Vaters übertrug sich im Lauf der Jahre auf Ǧamāl.

Was al-Bannā über die Zeit seiner Kindheit berichtet, erscheint oft bruchstückhaft: er erinnert sich an Prediger in der Moschee mit einem „Holzschwert in der Hand" und vom Blatt ablesend, an öffentlichen Verkauf von Alkohol, Prostitution und eine „von Ausländern beherrschte Wirtschaft"[69]. Der Umzug der Familie 1924 vom ländlich-idyllischen al-Maḥmūdīya in die Großstadt Kairo, in deren Häuser „keine Sonne und kein Licht dringt", wird für den jungen Ǧamāl zur Weichenstellung: bereits seit seiner Geburt von schwacher Konstitution, meidet er körperliche Belastungen, geht nicht draußen spielen, sondern vertieft sich ins Lesen.[70] Im Hinterzimmer des väterlichen Büros werden die dort gelagerten Zeitungen und Zeitschriften zur regelmäßigen Lektüre,[71] nachdem sie bereits zum Erwerb erster Lesekompetenzen des jungen Ǧamāl beigetragen hatten.

Eine Koranschule hat al-Bannā nie besucht[72] – eine erstaunliche Tatsache angesichts seines familiären Hintergrunds. Trotz oder vielleicht gerade wegen

66 Dabei wurden die rund 30.000 Hadithe thematisch geordnet statt nach den Überlieferern. Ursprünglich und wie damals üblich im Selbstverlag erschienen, wurde das Werk später von einem Verlag neu aufgelegt: Aḥmad Muḥammad Ibn Ḥanbal, *al-Fatḥ ar-Rabbānī li-tartīb Musnad li-Imām Aḥmad bin Ḥanbal aš-Šaybānī* ([Beirut]: Dār iḥyā' at-turāṯ al-ʿarabī, [1976]). Als nach dem Tod des Vaters Ǧamāl al-Bannā dessen Büro und Bibliothek übernahm, wurde das Werk von der Familie unter Mitwirkung Ǧamāls in Form der letzten beiden Bände zu Ende geführt. Vgl. al-Bannā, *Qaḍīyat al-qubulāt wa-baqīyat al-iǧtihādāt*, 128.

67 Von 1935–59. Vgl. Ǧamāl al-Bannā, „Maktabat al-Bannā." (Dār al-fikr al-islāmī, 2008), [Broschüre], 5.

68 Vgl. al-Bannā, *Qaḍīyat al-qubulāt wa-baqīyat al-iǧtihādāt*, 122. Aus Sicht des Vaters stellte das Verlegen eine Form von Diebstahl dar, wohl weil Verleger an einer Publikation verdienen, ohne selbst Urheber zu sein.

69 Al-Bannā, *Qaḍīyat al-qubulāt wa-baqīyat al-iǧtihādāt*, 124.

70 Vgl. al-Bannā, *Qaḍīyat al-qubulāt wa-baqīyat al-iǧtihādāt*, 126.

71 U. a. die reich bebilderte Zeitschrift *al-Laṭā'if al-muṣawwara* und die von der ersten ägyptischen Frauenrechtlerin Munīra Ṯābit herausgegebene Zeitschrift *al-Amal* sowie die Fortsetzungsromane im hinteren Teil von al-Ahram. Vgl. al-Bannā, *Qaḍīyat al-qubulāt wa-baqīyat al-iǧtihādāt*, 126 f.

72 Vgl. Muḥammad al-Bāz, „Ǧamāl al-Bannā: Katabtu fī islāmīyāt wa-baʿḍ šuyūḫ al-Azhar aṭfāl ruḍḍaʿ," *al-Faǧr*, 23.06.2008.

seines häufigen Alleinseins und seiner gewohnt selbständigen Lektüre war al-Bannā nach eigener Auskunft nur ein mittelmäßiger Schüler.[73] Nach einem Streit mit seinem Englischlehrer aufgrund eines Missverständnisses und seiner Weigerung, sich zu entschuldigen, wird er der Schule verwiesen. Rückblickend betont al-Bannā, dass er die Konsequenzen – Verzicht auf einen Universitätsabschluss und die damit verbundene Möglichkeit des Eintritts in die „bourgeoise Gesellschaft" – damals bewusst in Kauf genommen habe;[74] heute kritisiert er zudem die Reformunwilligkeit an Universitäten und deren Einschränkung des freien Denkens.[75]

Dass sein Vater ihn in der Entscheidung bestärkt habe, auf höhere Bildung zu verzichten, wie al-Bannā schreibt, wirkt wenig plausibel;[76] wohl aber dürfte er ihn als jüngsten Sohn gegenüber der Schulleitung in Schutz genommen haben. Die Familie bestand auf einer alternativen Ausbildung, die al-Bannā 1934 bis 1938 an einer Handelsschule im an Kairo angrenzenden Gizeh absolvierte.[77]

Einfluss des Vaters

Innerhalb der Familie wird Ǧamāl al-Bannā vor allem geprägt durch seinen Vater und seinen ältesten Bruder Hassan, den Begründer der Muslimbruderschaft.[78] Beide verfügen über ein ausgeprägtes Sendungsbewusstsein (*risālīya*),[79] das al-Bannā stolz übernimmt.

Den Einfluss des Vaters, der sich vor allem in publizistischem Engagement ausdrückt, wertet al-Bannā höher als den seines prominenten Bruders. Das Vorbild des Vaters sieht er im gedruckten Wort als Mittel zum Kampf (*kifāḥ*) und im öffentlichen Aufruf zum Islam (*da'wa*).[80] Al-Bannā betrachtet den Vater und

73 Vgl. al-Bannā, *Qaḍīyat al-qubulāt wa-baqīyat al-iǧtihādāt*, 148.

74 Vgl. al-Bannā, *Qaḍīyat al-qubulāt wa-baqīyat al-iǧtihādāt*, 148.

75 Als Antwort auf die Frage, warum er kein Studium nachgeholt habe. Vgl. Ǧamāl al-Bannā und Ḫālid al-Kīlānī, „Ǧamāl al-Bannā: Kull adabīyāt al-Islām ḍidd tawrīṯ al-ḥukm," *Ṣawt al-umma*, 18.12.2008.

76 Vgl. al-Bannā, *Qaḍīyat al-qubulāt wa-baqīyat al-iǧtihādāt*, 129.

77 Vgl. al-Bannā, *Qaḍīyat al-qubulāt wa-baqīyat al-iǧtihādāt*, 148 und al-Bāz, „Ǧamāl al-Bannā: Katabtu fī islāmīyāt wa-ba'ḍ šuyūḫ al-Azhar aṭfāl ruḍḍa'".

78 Vgl. Ǧamāl al-Bannā, „al-'Alāqa al-waṯīqa bayna Ǧamāl al-Bannā wa-wāliduhu wa-šaqīquhu".

79 Vgl. al-Bannā, *Qaḍīyat al-qubulāt wa-baqīyat al-iǧtihādāt*, 125 und 135.

80 Vgl. al-Bannā, *Qaḍīyat al-qubulāt wa-baqīyat al-iǧtihādāt*, 129.

nachfolgend sich selbst als Freigeist, der nicht starr einer Tradition oder einer bestimmten Rechtsschule folgt.[81]

Als Publizisten schätzt al-Bannā den Vater für dessen selbst erarbeiteten Erfolg: In ihm sieht er den Scheich, der die Azhar „nie betreten" und der mit seiner Überarbeitung des Musnad mehr erreicht habe, als die wichtigste islamische Institution Ägyptens.[82] „Von der Azhar gehen jährlich Zehntausende Gelehrte ab", schreibt al-Bannā, „ohne dass einer davon [auch nur] daran denkt, so etwas wie Scheich [Aḥmad] al-Bannā zu tun. Auch die Azhar insgesamt war nicht imstande, so etwas Großartiges zu erreichen"[83].

Auch einen gewissen Individualismus des Vaters übernahm al-Bannā für sich. Wie der Vater fühlte auch er sich nicht verpflichtet, an gemeinschaftlichen Gebeten teilzunehmen.[84] Und wie der Vater hielt auch Ǧamāl al-Bannā wohlwollenden Abstand zum Lebensprojekt des prominentesten Familienmitglieds Hassan al-Banna, zur immer erfolgreicher werdenden Muslimbruderschaft. So soll der Vater, eingebunden durch Beruf und Autorenschaft, die Zentrale der Muslimbruderschaft nur wenige Male besucht haben, so wie er auch weltlichen Dingen, die nicht unmittelbar mit dem eigenen Lebenswerk zu tun hatten, fast vollständig entsagt haben soll.[85] Ǧamāl al-Bannā arbeitete zwar an Veröffentlichungen der Muslimbruderschaft mit, wurde jedoch nie Mitglied, sondern gründete seine eigene Partei, die sich jedoch nicht etablieren konnte.[86] Vorbild war der Vater auch in seinem Arbeitspensum – vom frühen Morgen bis zum

---

81 Vgl. al-Bannā, *Qaḍīyat al-qubulāt wa-baqīyat al-iǧtihādāt*, 129. Vgl. auch seine Artikelserie zur Salafīya, beginnend mit Ǧamāl al-Bannā, „as-Salafīya bayn al-hā'imīn bihā wa-n-nāqidīn lahā," *al-Miṣrī al-yawm*, 29.12.2010.

82 Dass Vater Aḥmad sehr wohl die Nähe von Azhar-Gelehrten suchte und dies eines von mehreren Motiven war, nach Kairo zu ziehen, geht aus einer Kurzbiographie hervor. Vgl. „Tarǧamat al-mu'allif [Aḥmad al-Bannā]," in *al-Fatḥ ar-Rabbānī li-tartīb Musnad li-Imām Aḥmad bin Ḥanbal aš-Šaybānī*, 232–237 (234).

83 Al-Bannā, *Qaḍīyat al-qubulāt wa-baqīyat al-iǧtihādāt*, 121:
إن الأزهر يخرّج سنويًا عشرات الألوف من العلماء، دون أن يفكر واحد منهم فى مثل ما قام به الشيخ البنا، بل إن الأزهر نفسه بقضه وقضيضه، كان يعجز عن هذا الإنجاز العظيم [...].

84 Vgl. al-Bannā, *Qaḍīyat al-qubulāt wa-baqīyat al-iǧtihādāt*, 130.

85 Vgl. al-Bannā, *Qaḍīyat al-qubulāt wa-baqīyat al-iǧtihādāt*, 130 und „Tarǧamat al-mu'allif [Aḥmad al-Bannā]" (235). Dass der Vater in Bezug auf weltliche Macht keine Berührungsängste hatte, zeigt ein Foto, das ihn in einer Reihe mit Muḥammad Naǧīb und dem Muslimbruderführer al-Huḍāybī zeigt (vgl. al-Bannā, „Kuntu aḏhab anā wa-Tawfīq Aḥmad ʿuḍw al-Iḫwān ilā as-sīnamā fi sirrīya"), sowie ein Besuchstermin bei Nasser (vgl. al-Bannā, *Qaḍīyat al-qubulāt wa-baqīyat al-iǧtihādāt*, 174).

86 Wir kommen darauf zurück.

späten Abend – und in Bezug auf materiellen Wohlstand, der zugunsten der selbstfinanzierten Publikationsbände des Musnad auf ein Mindestmaß reduziert wurde.[87]

Als der Vater 1959 stirbt, übernimmt Ǧamāl sein Büro und führt die Arbeit am Musnad zusammen mit seinen Brüdern ʿAbd ar-Raḥmān und Muḥammad zu Ende.[88] Als er später umzieht, nimmt er mit, was von dem durch Feuchtigkeit angegriffenen Familienarchiv noch erhalten ist, das frühe, zum Teil handschriftliche Dokumente der Muslimbruderschaft enthält.[89]

Einfluss des Bruders Hassan

Dass neben dem Vater auch der ältere Bruder Hassan eine Vorbildfunktion ausübt, stellt al-Bannā nie infrage, wenngleich die autobiographischen Notizen zeigen, wie sehr er schon in jungen Jahren bemüht war, seinen eigenen Weg zu gehen. Auch wenn der Publizist al-Bannā den Einfluss seines Vaters höher bewertet als den seines Bruders Hassan,[90] so hängt ein beachtlicher Teil seiner frühen Sozialisierung mit der Muslimbruderschaft und mit Hassan al-Banna als ihrem ersten Oberhaupt zusammen.

Wie andere muslimische Intellektuelle dieser Studie (ʿImāra, Huwaydī) verneint Ǧamāl al-Bannā, je Mitglied der Bruderschaft gewesen zu sein.[91] Dazu im Widerspruch sieht er weder die guten Beziehungen zu seinen Brüdern noch zu anderen Mitgliedern der Bewegung.[92] Hassan lässt Ǧamāl aus dem Gefängnis holen, als dieser zusammen mit Genossen seiner erst zwei Jahre bestehenden

---

87 Vgl. al-Bannā, *Qaḍīyat al-qubulāt wa-baqīyat al-iǧtihādāt*, 130 f. So sah der Vater wohl keinen Sinn darin, der Familie eines der damals preiswerten Häuser zu kaufen und versagte sich selbst fast jeglichen kulturellen oder sozialen Ausgleich.

88 Al-Bannā, *Qaḍīyat al-qubulāt wa-baqīyat al-iǧtihādāt*, 128. Al-Bannā selbst erwähnt die Mitarbeit seiner Brüder und weiterer Helfer nicht. Das Vorwort zu den letzten beiden Bänden schreibt nicht Ǧamāl, sondern der ältere ʿAbd ar-Raḥmān,

89 Vgl. die von Ǧamāl al-Bannā editierten Briefe seines Bruders Hassan an den Vater, *Ḫiṭābāt Ḥasan al-Bannā aš-šābb ilā abīhi* (Kairo: Dār al-fikr al-islāmī, 1990), sowie die Dokumentation von Unterlagen aus den frühen Jahren der Muslimbruderschaft in mehreren Bänden, u. a. *Min waṯāʾiq al-Iḫwān al-muslimīn al-maǧhūla* (Kairo: Dār al-fikr al-islāmī, 2009).

90 Vgl. al-Bannā, *Qaḍīyat al-qubulāt wa-baqīyat al-iǧtihādāt*, 129.

91 Zumindest nicht offiziell, vgl. „al-Iḫwān al-muslimūn lā yaṣluḥūna li-l-ḥukm wa-lā li-s-siyāsa," *al-Badīl*, 25.02.2008. Auch Yūsuf al-Qaraḍāwī war in jungen Jahren aktives Mitglied und ist der Gruppe bis heute verbunden, ohne jedoch noch offiziell aktiv zu sein.

92 Vgl. die Unterscheidung al-Bannās von Gruppe und Individuum bei El-Bahr, „Gamal El-Banna: A lifetime of Islamic call".

Partei festgenommen wird.[93] Und während der ältere Bruder ihn davon überzeugen will, dass sich sein soziales Engagement bei den Muslimbrüdern leichter und schneller auszahlt, akzeptiert er doch die Entscheidung Ǧamāls, nicht beizutreten und berät ihn sogar strategisch.[94]

In einem Interview mit al-Miṣrī al-yawm anlässlich seines 90. Geburtstags gibt al-Bannā zu verstehen, dass seine Überzeugungen denen der Muslimbrüder diametral entgegengesetzt gewesen seien. Was das heißt und inwiefern es im Zusammenhang mit seinem Bruder Hassan stand, wird in dem Interview deutlich:

> **Al-Miṣrī al-yawm:** Warum sind Sie den Muslimbrüdern zu Lebzeiten Hassan al-Bannas nicht beigetreten?
>
> **Al-Bannā:** Weil meine geistigen und kulturellen Interessen europäisch modern und ‚säkular' waren, wie man sagt. Dies ließ mich einen gewissen Abstand zur Bruderschaft halten. Ich hatte Vorbehalte gegenüber ihren Ansichten zur [Rolle der] Frau, zu geistiger Freiheit oder Künsten und Kultur. Aufgrund der engen Beziehung zu meinem großen Bruder habe ich dies ihm gegenüber mehrfach erwähnt. Und er hat es sich angehört, aber nichts darauf erwidert.
>
> **Al-Miṣrī al-yawm:** Warum hat er nichts erwidert?
>
> **Al-Bannā:** Weil er mich kannte und wusste, dass auch ich ein ‚Bannā' bin und über Selbstvertrauen und geistige Unabhängigkeit verfüge. Es machte insofern keinen Sinn, dass er mit mir redet. Ich schließe nicht aus, dass er sie [die Vorbehalte] nicht missbilligt hat, aber akzeptiert hat er sie auch nicht.
>
> **Al-Miṣrī al-yawm:** Wie kann er sie nicht missbilligen und gleichzeitig nicht akzeptieren?
>
> **Al-Bannā:** Er hat sie nicht missbilligt, weil sie keine Abkehr vom Islam darstellten, sondern eine fortgeschrittene Art, den Islam zu verstehen. Al-Banna war mit dem europäischen Denken vertraut und las die meisten Bücher, die es in Übersetzung gab [...], aber er hat sie nicht verinnerlichen können, weil er eine Massenbewegung anführte, deren Niveau unter dem seinen lag. Und dadurch haben sie ihn daran gehindert, auf ein höheres Niveau zu gelangen. Al-Banna hat an die Arbeit der kleinen Schritte geglaubt – also eine Etappe nach der anderen. Deshalb bin ich den Muslimbrüdern nicht beigetreten. Und al-Bannā hat mich auch nicht dazu aufgefordert.[95]

93 Vgl. al-Bannā und Ṣaqr, „Ǧamāl al-Bannā: Lā ʿalāqa bayn ad-dīn wa-s-sulṭa... wa-lā yūǧad šay' ismuhu dawla islāmīya".

94 Vgl. al-Bannā, *Qaḍīyat al-qubulāt wa-baqīyat al-iǧtihādāt*, 133. Vgl. auch die ähnlich Formulierung in al-Bannā und Ġamrī, „al-Ḥiǧāb wa-n-niqāb wa-l-mar'a wa-l-fuqahā' wa-l-Iḫwān," *Āḫir sāʿa*, 14.06.2006.

95 Al-Bannā und Aḥmad, „Rafaḍtu al-inḍimām li-«al-Iḫwān al-muslimīn» li-annanī kuntu arā nafsī ʿalmānīyan":

Auch anderen Erinnerungen Ǧamāl al-Bannās lässt sich entnehmen, dass der ältere Bruder die eigenwillige Art des jüngeren zumindest zu dulden schien.[96] Schweigend, zuweilen lächelnd, soll er die Ansichten des jüngsten Bruders zur Kenntnis genommen haben.[97] Eines seiner ersten Werke – ein politisches Traktat – soll Hassan gegenüber dem späteren jordanischen Awqāf-Minister gelobt haben.[98]

Der jüngere Bruder erfuhr auch praktische Unterstützung durch Hassan al-Banna. Unter anderem stellte er Ǧamāl in der Druckerei der Muslimbrüder an, später als Redaktionssekretär bei der Muslimbruderzeitschrift *aš-Šihāb*, die den islamischen Reformansatz von *al-Manār* weiterführen wollte und von deren „islamischem Schreibstil“ Ǧamāl noch wenige Jahre vor seinem Tod schwärmt.[99] Nebenbei schrieb er islambezogene Beiträge für *al-Ištirākīya*, der bekannten Wochenzeitung der Sozialistischen Partei.[100] Deren Vorsitzender Aḥmad Ḥusayn lud ihn ein, in der Partei aktiv zu werden, was al-Bannā ablehnte.

لماذا لم تنضم للإخوان المسلمين فى حياة الأستاذ حسن البنا؟ [¶] - لم يكن يستنكرها لأنها لم تكن تمثل خروجًا على الإسلام، بل تمثل مرحلة متقدمة فى فهم الإسلام، وكان الأستاذ البنا مطلعًا على الفكر الأوروبى وقارئاً لمعظم الكتب المترجمة، فضلاً عن ذكائه، ولكنه لم يكن يتقبلها لأنه زعيم جماهير ومستوى الجماهير أقل من مستوى القائد، وبقدر ما يقودها فإنها تمسكه عن المضى إلى ما هو فوق مستواها، كما كان الأستاذ البنا يؤمن بالعمل المرحلى، أى الانتقال من مرحلة أولى إلى مرحلة ثانية، ومن أجل هذا لم أنضم إلى الإخوان، ولم يطلب منى الأستاذ البنا الانضمام. [¶] لماذا لم تنضم للإخوان المسلمين فى حياة الأستاذ حسن البنا؟ [¶] - لأن اهتماماتى الفكرية والثقافية كانت أوروبية حديثة و»علمانية« كما يقولون، وأدت بى إلى نوع من العزوف عن الإخوان، وكانت لى تحفظات على فكرهم بالنسبة للمرأة أو حرية الفكر أو الفنون والآداب، وبحكم علاقتى الوثيقة مع الشقيق الأكبر فقد كنت فى بعض المناسبات أذكرها له، وكان يصغى إليها ولا يجيب. [¶] لماذا لم يكن يجيب؟ [¶] - لأنه يعرفنى ويعرف أنى أيضًا »بنا«، ولى اعتداد بنفسى واستقلال فكرى، فلا فائدة من أن يتحدث معى، ولا أستبعد أنه لم يكن يستنكرها، لكنه لم يتقبلها مع هذا. [¶] كيف لا يستنكرها ولا يتقبلها فى الوقت نفسه؟ [¶] - لم يكن يستنكرها لأنها لم تكن تمثل خروجًا على الإسلام، بل تمثل مرحلة متقدمة فى فهم الإسلام، وكان الأستاذ البنا مطلعًا على الفكر الأوروبى وقارئاً لمعظم الكتب المترجمة، [...]، ولكنه لم يكن يتقبلها لأنه زعيم جماهير ومستوى الجماهير أقل من مستوى القائد، وبقدر ما يقودها فإنها تمسكه عن المضى إلى ما هو فوق مستواها، كما كان الأستاذ البنا يؤمن بالعمل المرحلى، أى الانتقال من مرحلة أولى إلى مرحلة ثانية، ومن أجل هذا لم أنضم إلى الإخوان، ولم يطلب منى الأستاذ البنا الانضمام.

96 Neben der eigenen Partei und der individualistischen Lektüre Ǧamāls betraf dies auch seine Lebensführung, so z. B. als Ǧamāl Vegetarier wurde (vgl. al-Bannā, *Qaḍīyat al-qubulāt wa-baqīyat al-iǧtihādāt*, 134) – in seiner Generation höchst ungewöhnlich.

97 Vgl. al-Bannā und Ṣaqr, „Ǧamāl al-Bannā: Lā ʻalāqa bayn ad-dīn wa-s-sulṭa… wa-lā yūǧad šay' ismuhu dawla islāmīya“.

98 Gemeint ist die nicht mehr erhältliche Schrift „ʻAlā hāmiš al-mufāwaḍāt“ zu den britisch-ägyptischen Verhandlungen von 1946 (Bevin-Sidqi-Protokoll). Vgl. al-Bannā, *Qaḍīyat al-qubulāt wa-baqīyat al-iǧtihādāt*, 135, sowie al-Bannā und Ṣaqr, „Ǧamāl al-Bannā: Lā ʻalāqa bayn ad-dīn wa-s-sulṭa… wa-lā yūǧad šay' ismuhu dawla islāmīya“.

99 Vgl. al-Bannā, *Qaḍīyat al-qubulāt wa-baqīyat al-iǧtihādāt*, 134 f.

100 Vgl. al-Bannā, *Qaḍīyat al-qubulāt wa-baqīyat al-iǧtihādāt*, 144. Der arabische Begriff *ištirākī* kann auch im Sinne von Partizipation verstanden werden. Zu dieser Zeit wurden politisch links stehende Ideen nicht im Gegensatz zu islamisch motiviertem Engagement gesehen.

Erste Schriften

In den 1940er Jahren schreibt al-Bannā seine ersten Traktate. 1945 erscheint laut eigener Aussage *Ṯalāṯ ʿaqabāt fī aṭ-ṭarīq ilā al-mağd*[101] (Drei Hindernisse auf dem Weg zur Würde) über die Probleme der einfachen Bevölkerung – Armut, Unwissenheit und Krankheit – sowie über die aufkommenden sozialen Initiativen, die sich für gesellschaftlich Benachteiligte engagieren.[102] Im Jahr darauf arbeitet er an mehreren kleinen Schriften, unter anderem *Naqd al-Mārksīya* (Kritik des Marxismus) und *Dīmuqrāṭīya ğadīda* (Neue Demokratie).[103]

In Auseinandersetzung mit dem hanbalitischen Gelehrten Nağm ad-Dīn aṭ-Ṭūfī (ca. 1276–1316) und dessen Verständnis von Gemeinwohl (*maṣlaḥa*) entdeckt al-Bannā die Idee eines Islam, der den Menschen ins Zentrum rückt.[104] In ähnlicher Weise betont sein Lebensprojekt – eine Neubelebung des Islam (*daʿwat al-iḥyāʾ*) –, der Mensch und nicht der Glaube solle im Mittelpunkt des Interesses stehen.[105]

Die Idee soll sich gegen Eiferer und Extremisten (*mutaṭarrifūn*) richten, in deren Weltbild kein Platz für den menschlichen Verstand sei; zum Teil wendet sie sich auch gegen Tendenzen innerhalb der Muslimbruderschaft.[106] Al-Bannās Verhältnis zur Bruderschaft bleibt ambivalent: Kritik an blindem Gehorsam und „Extremismus“ paart sich mit allgemeinem Lob für Mäßigung – zum Teil in ein und demselben Beitrag.[107]

---

101 Vgl. al-Bannā, *Qaḍīyat al-qubulāt wa-baqīyat al-iğtihādāt*, 168. Das Büchlein ist weder im Handel erhältlich, noch über größere ägyptische Bibliotheken.

102 Al-Bannā nennt hier die Initiative von Ilza Ṯābit und Sayyid ʿUways im Kairoer Stadtteil Būlāq, die allerdings erst zwei Jahre später gegründet wurde. Vgl. die Selbstdarstellung der Ğamʿīyat al-ḫadamāt al-iğtimāʿīya bi-ḥayy Būlāq, www.boulac.org/arabic/about.php.

103 Für diese Publikation konnte ich einen Veröffentlichungsnachweis aus dem Jahr 2004 finden.

104 Vgl. al-Bannā, *Qaḍīyat al-qubulāt wa-baqīyat al-iğtihādāt*, 168 u. 244 sowie al-Bannā, „Faqīhān ḍidd at-tayyār (3/3) – al-Imām Nağm ad-Dīn aṭ-Ṭūfī“. Vgl. auch W. P. Heinrichs, „al-Ṭūfī,“ in *The Encyclopaedia of Islam [2]*, Hg. P. J. Bearman et al. (Leiden: Brill, 1960 ff.), 10: 588 f.

105 Vgl. die auch im Arabischen merkwürdig anmutende Parole „Nicht an den Glauben, sondern an den Menschen sollt ihr glauben“ (لا تؤمنوا بالإيمان، ولكن آمنوا بالإنسان) (al-Bannā, *Qaḍīyat al-qubulāt wa-baqīyat al-iğtihādāt*, 168; Ğamāl al-Bannā und ʿImād Sayyid Aḥmad, „Ay muḥāwala li-iqāmat dawla islāmīya fī al-ʿaṣr al-ḥadīṯ sayakūn maṣīruhā al-fašl,“ *al-Miṣrī al-yawm*, 21.12.2010), angeblich entstanden als Antwort auf die Parole der Muslimbrüder in den 1940ern: „Gott ist unser Ziel, der Koran unsere Verfassung, der Prophet unser Führer und der Tod für die Sache Gottes unser Glaube“ (الله غايتنا، القرآن دستورنا، الرسول زعيمنا، الموت في سبيل الله إيماننا).

106 Gemeint ist unter anderem Sayyid Quṭb und dessen Werk *Maʿālim fī aṭ-ṭarīq* (vgl. Ğamāl al-Bannā, „Fī al-bud’ kān al-insān,“ *al-Miṣrī al-yawm*, 11.10.2006).

107 Vgl. al-Bannā, *Qaḍīyat al-qubulāt wa-baqīyat al-iğtihādāt*, 244; al-Bannā, „Fī al-bud’ kān al-insān“, das Lob auf die Muslimbrüder und den neu gewählten Präsidenten Mursī (Ğamāl al-Bannā, „«Law» kāna ar-ra’īs al-farīq Šaqīq,“ *al-Miṣrī al-yawm*, 27.06.2012). Zum ambivalenten Verhältnis vgl. auch Mirvat Diyāb, „Ğamāl al-Bannā wa-fikr al-Iḫwān al-muslimīn“.

Zu dieser Ambivalenz passt, dass die Idee des Menschen im Zentrum und die damit verbundene Kritik an religiös motivierten Eiferern wohl in einem Büro der Muslimbrüder entstanden ist: Al-Bannā kannte den damaligen Leiter der Abteilung für internationale Beziehungen und konnte das Büro im Kairoer Stadtteil al-Ḥilmīya al-ǧadīda tagsüber zum Lesen und Schreiben nutzen, während die Muslimbrüder dort vor allem nachts arbeiteten.[108]

Theorie und Praxis

Eine grundlegende Unterscheidung übernimmt al-Bannā von seinem Bruder Hassan und benutzt diese gleichzeitig, um sich von ihm abzugrenzen: Während Hassans Stärke sich auf das Organisieren (*tanẓīm*) beziehe, sieht Ǧamāl seine Fähigkeiten im Bereich reflektierender Betrachtung (*tanẓīr*).[109] Den Bruder sieht er als idealen Führer (*qā'id namūḏaǧī*) und genialen Organisator (*munaẓẓim ʿabqarī*),[110] der die Last der Verantwortung mit Selbstdisziplin auf sich nimmt[111] und in seiner Enthaltsamkeit dem Vater ähnelt.

Ǧamāl al-Bannā gibt offen zu, dass er selbst als Organisator gescheitert ist.[112] Auch die charismatische Art seines Bruders Hassan, auf die Menschen zuzugehen, sie anzusprechen und einzubinden, entspricht nicht der Persönlichkeit des jüngeren Ǧamāl, der diesen Weg weder gehen kann noch will.[113] Beides – Organisation und Reflexion – lasse sich schon zeitlich nicht in einer Person vereinbaren. Und so hätte es Hassan al-Banna bei aller organisatorischen Kompetenz und Disziplin nicht schaffen können, eine präzise und umfassende Theorie (*naẓarīya muḥkama wa-šāmila*) zu entwickeln.[114]

Dass Ǧamāl al-Bannā selbst auf alle Verpflichtungen einer Mitgliedschaft verzichtet und als unabhängiger Denker eine „neue islamische Rechtswissenschaft"

108 Vgl. al-Bannā, *Qaḍīyat al-qubulāt wa-baqīyat al-iǧtihādāt*, 139, sowie das Interview al-Bannā und al-Kīlānī, „Ǧamāl al-Bannā: Kull adabīyāt al-Islām ḍidd tawrīṯ al-ḥukm".

109 Vgl. al-Bannā, *Qaḍīyat al-qubulāt wa-baqīyat al-iǧtihādāt*, 132, sowie das Interview al-Bannā und Aḥmad, „Ay muḥāwala li-iqāmat dawla islāmīya fī al-ʿaṣr al-ḥadīṯ sayakūn maṣīruhā al-fašl" und Īmān ʿAbd al-Munʿim, „Ǧamāl al-Bannā... Faqīh mustaqill!," *ad-Dustūr*, 31.12.2008.

110 Vgl. al-Bannā, *Qaḍīyat al-qubulāt wa-baqīyat al-iǧtihādāt*, 132.

111 Vgl. al-Bannā, *Qaḍīyat al-qubulāt wa-baqīyat al-iǧtihādāt*, 135.

112 Vgl. al-Bannā, *Qaḍīyat al-qubulāt wa-baqīyat al-iǧtihādāt*, 132.

113 Vgl. al-Bannā, *Qaḍīyat al-qubulāt wa-baqīyat al-iǧtihādāt*, 135 f.

114 So beschreibt al-Bannā, wie der Führer der Muslimbrüder den ganzen Tag mit Aktivitäten der Bruderschaft verbringt, dann Vorträge hält und erst am späten Abend anfangen kann, für die organisationseigene Zeitschrift *aš-Šihāb* zu schreiben, der er damals vorstand. Vgl. al-Bannā, *Qaḍīyat al-qubulāt wa-baqīyat al-iǧtihādāt*, 136.

(*fiqh ǧadīd*) anstrebt, rückt er in ein positives Licht: Was Aktivisten wie die Muslimbrüder an Theoriebildung nicht erreichen, sei er imstande zu leisten.

Von außen betrachtet, zeigt sich hier das Dilemma eines Intellektuellen: Wer nicht selbst handelt, sondern stattdessen beobachtet und analysiert, kann die Praxis auch nicht authentisch abbilden, geschweige denn repräsentieren.[115]

Damit einher geht die Entwicklung idiosynkratischer Ideen: Al-Bannās mitunter irritierend von Mainstream und Tradition abweichende Ansichten erscheinen oft als Einzelmeinung, die leicht ignoriert werden kann, weil sie gesellschaftlich nicht eingebettet ist. Der Autor selbst bemerkt, dass traditionelle Gelehrte und intellektuelle Aufklärer seine Veröffentlichungen in der Regel ignorieren – aus seiner Sicht aufgrund ihrer Unwissenheit und Ignoranz.[116] Allerdings, so al-Bannā, sei in dieser Sache Gelassenheit angebracht: schließlich könnten kommende Generationen sein Werk noch entdecken.[117]

Eigene Partei und Haft 1948–50

Die Perspektive des Intellektuellen als eines unbeteiligten Beobachters entspricht dem späten Denken Ǧamāl al-Bannās. In den 1940er und 50er Jahren hatte er noch versucht, durch unmittelbares Engagement gesellschaftliche Veränderungen herbeizuführen. 1946 gründete er die Partei der nationalen und sozialen Arbeit (*Ḥizb al-ʿamal al-waṭanī al-iǧtimāʿī*), die aus 20 bis 30 Mitgliedern bestand – Arbeitern, Studenten und einfachen Angestellten.[118] Diese Partei ohne größere Anhängerschaft sollte laut al-Bannā bewusst nicht *ištirākī* (i.e.S.: sozialistisch), sondern *iǧtimāʿī* (sozial) heißen, um gesellschaftliche Ziele gegenüber politischen zu betonen.[119]

---

115 Vgl. Jürgen Habermas, *Strukturwandel der Öffentlichkeit* (Frankfurt am Main: Suhrkamp, 1993), 265 f.; Luhmann, *Die Gesellschaft der Gesellschaft*, 920 f. Ein ähnliches Problem findet sich in Ḥasan Ḥanafī, „al-ʿAlmānīya wa-l-fikr al-inqilābī wa-taḥaddiyāt al-ʿaṣr", 302 f., mit der These, Säkularismus existiere lediglich in den Köpfen von Intellektuellen, während „die Völker alle noch ‚Allāhu akbar'" rufen würden.

116 Gravierender erscheint ihm das Schicksal eines „Schreibenden in einer Gesellschaft, die nicht liest", al-Bannā, *Qaḍīyat al-qubulāt wa-baqīyat al-iǧtihādāt*, 130.

117 Vgl. al-Bannā, *Qaḍīyat al-qubulāt wa-baqīyat al-iǧtihādāt*, 137.

118 Die Partei wird von al-Bannā nur kurz erwähnt, vgl. al-Bannā, *Qaḍīyat al-qubulāt wa-baqīyat al-iǧtihādāt*, 133, 168–70. In seiner Kurzbiographie („ʿAn Ǧamāl al-Bannā") erwähnt er sie nicht.

119 Vgl. al-Bannā, *Qaḍīyat al-qubulāt wa-baqīyat al-iǧtihādāt*, 168. In einem Interview wird die Etablierung einer modernen Kultur als Parteiziel genannt, vgl. al-Bannā und Ṣaqr, „Ǧamāl al-Bannā: Lā ʿalāqa bayn ad-dīn wa-s-sulṭa... wa-lā yūǧad šay' ismuhu dawla islāmīya".

Als al-Bannā und einige Mitglieder Flugblätter verteilen und daraufhin Probleme mit den Behörden bekommen,[120] entscheidet man – auf Rat von Bruder Hassan al-Banna – sich nicht mehr als Partei sondern nur noch als *ǧamāʿa* (Gruppe, Verein) zu bezeichnen.[121] Aus Mangel an politischer Erfahrung und aufgrund beschränkter Mittel bestanden die Hauptaktivitäten im Organisieren von Salon-Gesprächen und Vorträgen[122] und in der Veröffentlichung von Standpunkten zu aktuellen Themen.[123] Mit der Verhaftung Ǧamāl al-Bannās löst sich die Partei auf.[124]

Am 8. Dezember 1948 wird er zusammen mit mehreren Mitgliedern des *maktab al-iršād*, des Führungsbüros der nun verbotenen Muslimbruderschaft, inhaftiert – darunter auch sein älterer Bruder ʿAbd ar-Raḥmān.[125] Innerhalb weniger Tage werden mehrere Tausend Muslimbrüder verhaftet und ins Gefängnis von aṭ-Ṭūr auf dem Sinai gebracht.[126] Al-Bannā erhält so die Möglichkeit, viele der Aktivisten kennenzulernen, die sich schnell organisieren – unter anderem in Form gemeinsamer Gebete, Vorträge sowie durch Versorgung mit Essen. Als noch zwei weitere Brüder Ǧamāls – Muḥammad und ʿAbd al-Bāsiṭ – dort eintreffen, wird eine Art Familienzimmer für die al-Bannās organisiert, das auch als Zentrale der Muslimbrüder dient.[127]

Ǧamāl al-Bannā erinnert sich, eine gewisse Distanz zu den Mitgefangenen gehalten zu haben; sein unorthodoxes Äußeres – leichter Anzug statt Umhang, Rasur statt Vollbart – soll auf manchen Muslimbruder irritierend gewirkt haben. Für al-Bannā hat die Lektüre von Büchern auch im Gefängnis große Bedeutung, wobei das reduzierte Angebot die Themen bestimmt. So kursiert u. a. eine

---

120 Das Flugblatt rief zum Streik gegen die Briten auf, vgl. El-Bahr, „Gamal El-Banna: A lifetime of Islamic call“.

121 Vgl. al-Bannā, *Qaḍīyat al-qubulāt wa-baqīyat al-iǧtihādāt*, 133, und al-Bannā und Ṣaqr, „Ǧamāl al-Bannā: Lā ʿalāqa bayn ad-dīn wa-s-sulṭa… wa-lā yūǧad šay’ ismuhu dawla islāmīya“.

122 So hält u. a. Muḥammad Ḥasanayn Haykal (1923–2016), Chefredakteur von Āḫir sāʿa und später von al-Ahram, einen Vortrag zur Muslimbruderschaft. Vgl. al-Bannā, *Qaḍīyat al-qubulāt wa-baqīyat al-iǧtihādāt*, 169.

123 Neben Flugblättern die bereits erwähnten Anmerkungen al-Bannās „ʿAlā hāmiš al-mufāwaḍāt“ zu den britisch-ägyptischen Verhandlungen von 1946, die im Namen der Partei veröffentlicht wurden.

124 Vgl. al-Bannā, *Qaḍīyat al-qubulāt wa-baqīyat al-iǧtihādāt*, 170.

125 Vgl. al-Bannā, *Qaḍīyat al-qubulāt wa-baqīyat al-iǧtihādāt*, 141. Der Gefangennahme ging am selben Tag die Anordnung des ägyptischen Premierministers Maḥmūd an-Nuqrāšī voraus, die Muslimbruderschaft aufzulösen. Ǧamāl al-Bannā wurde dabei als Mitglied betrachtet (vgl. „al-Iḫwān al-muslimūn lā yaṣluḥūna li-l-ḥukm wa-lā li-s-siyāsa,“ *al-Badīl*, 25.02.2008).

126 Vgl. al-Bannā, *Qaḍīyat al-qubulāt wa-baqīyat al-iǧtihādāt*, 141.

127 Vgl. al-Bannā, *Qaḍīyat al-qubulāt wa-baqīyat al-iǧtihādāt*, 141. Demnach waren bis auf Hassan al-Banna alle Brüder von der Verhaftungswelle betroffen.

Ausgabe des „Dīwān“ des klassischen arabischen Dichters al-Mutanabbī, die al-Bannā immer wieder liest; des Weiteren die arabische Übersetzung Wiktor Krawtschenkos „I chose freedom“ über das Leben im sowjetischen Gulag sowie der die englische Sexualmoral des 19. Jahrhunderts kritisierende Roman „Tess of the d'Urbervilles“.[128]

Von der Ermordung und Beisetzung seines Bruders Hassan 1949 erfährt Ǧamāl im Gefängnis. Als er nach zwei Jahren aus der Haft entlassen wird, erhält er eine Anstellung als Redakteur bei der gerade gegründeten Zeitschrift der Muslimbrüder *ad-Daʿwa*, für die auch Sayyid Quṭb schreibt und zu der Fahmī Huwaydī politische Karikaturen beisteuert.[129] Al-Bannā ist unter anderem verantwortlich für die Arbeiterseite.[130] Nebenbei macht er sich Gedanken zur gesellschaftlichen und politischen Lage, die er für spätere Veröffentlichungen notiert.

Staatsstreich 1952

Als im Juli 1952 die Freien Offiziere die Macht im Land übernehmen, schreibt al-Bannā nach eigenen Angaben umgehend ein Manuskript, das die „Revolution“ als „Militärputsch“ (*inqilāb ʿaskarī*) kritisiert, und gibt mehrere Kapitel in die Druckerei.[131] Al-Bannās damalige Hauptthese, die er in seiner biographischen Retrospektive wiedergibt, ist wie so oft direkt und klar formuliert: Wenn zu einer Revolution eine Theorie und teilnehmende Volksmassen gehören, dann sei die Bewegung Nassers nicht als revolutionär zu bezeichnen, denn weder habe sie über eine Theorie noch über Volksbeteiligung verfügt,[132] sondern bestand „lediglich aus einer geheimen Vereinigung von Offizieren“[133].

Innerhalb weniger Tage – noch nicht alle Kapitel sind gedruckt – soll das Manuskript von den Behörden verboten worden sein, die einige Druckfahnen

---

128 Vgl. al-Bannā, *Qaḍīyat al-qubulāt wa-baqīyat al-iǧtihādāt*, 142.

129 Vgl. al-Bannā, *Qaḍīyat al-qubulāt wa-baqīyat al-iǧtihādāt*, 143; Sami, „Fahmy Howeidy: Religion and reason“. *Ad-Daʿwa* musste mit dem erneuten Verbot der Muslimbrüder 1954 eingestellt werden.

130 Vgl. al-Bannā, *Qaḍīyat al-qubulāt wa-baqīyat al-iǧtihādāt*, 143.

131 Vgl. al-Bannā, *Qaḍīyat al-qubulāt wa-baqīyat al-iǧtihādāt*, 173. Das Traktat beansprucht dem Titel nach, eine „Rechtleitung“ (*taršīd*) zu sein und ist „den Helden M. Naǧīb und seinen Brüdern gewidmet, damit sie Helden bleiben und die [verheißungsvolle] Morgendämmerung nicht trügt“.

132 Die „Philosophie der Revolution“ Nassers und dessen Irritation über die Reaktionen des „Volkes“ werden nicht erwähnt. Eine Theorie als notwendiger Bestandteil einer Revolution ist al-Bannā offenbar nicht in jedem Fall wichtig, vgl. seinen Kommentar zur „Volksrevolution“ Anfang 2011 Ǧamāl al-Bannā, „aṯ-Ṯawra tuǧābih munʿaṭifan ḫaṭīran,“ *al-Miṣrī al-yawm*, 16.02.2011.

133 Al-Bannā, *Qaḍīyat al-qubulāt wa-baqīyat al-iǧtihādāt*, 173.

erhalten hatten.[134] Al-Bannā wendet sich daraufhin direkt an einen der obersten Medienverantwortlichen: Anwar Sadat. Während Sadat auf der Entscheidung seiner vorrangig aus Soldaten bestehenden Behörde beharrt, fehlt al-Bannā das Geld, um gegen die Entscheidung vorzugehen – der Druck des Manuskripts hatte bereits hohe Kosten verursacht.[135]

Zur selben Zeit erlässt der „Rat der Revolutionsführung" einen Haftbefehl gegen die Mörder Hassan al-Bannas, woraufhin Vater Aḥmad al-Bannā mit seinen Söhnen bei Muḥammad Naǧīb und Nasser vorspricht, um sich zu bedanken. Nasser, der offensichtlich von Ǧamāls Revolutionskritik weiß, nimmt diesen ins Verhör, lässt sich allerdings von der Antwort Ǧamāls beschwichtigen, er sei kein Kommunist, sondern habe bereits eine Kritik am Marxismus publiziert.[136]

Ǧamāl al-Bannā erkennt, dass die neue politische Führung keinerlei Kritik duldet und publiziert in den 1950er und 60er Jahren nichts politisch (oder religiös) Anstößiges mehr, sondern konzentriert sich auf sein intellektuelles Engagement in der Gewerkschaftsbewegung, zu deren Themen er mehrere Dutzend Publikationen verfasst und Übersetzungen aus dem Englischen anfertigt.[137] Als in den Fünfzigerjahren Personalausweise eingeführt werden, gibt er als Beruf „Autor und Publizist" an.[138]

Gefängniskomitee

Als Antwort auf die am eigenen Leib erfahrenen mangelhaften Haftbedingungen gründet al-Bannā Anfang der 1950er Jahre zusammen mit einigen gesellschaftlich engagierten und entsprechend betuchten Damen der feineren Gesellschaft das „Volkskomitee zur Reform der Gefängnisse" (*al-Laǧna aš-šaʿbīya li-iṣlāḥ as-suǧūn*).[139] Von der Existenz ähnlicher Organisationen in Europa hatte er vorher gelesen. Die nicht näher beschriebenen „Teilerfolge" der Initiative, die nur bis 1955 existierte, bestanden offenbar darin, dass die Behörden sich überhaupt zu Gesprächen und eventueller Kooperation bereit zeigten.[140] Dafür hilfreich

---

134 Vgl. al-Bannā, *Qaḍīyat al-qubulāt wa-baqīyat al-iǧtihādāt*, 173.

135 Vgl. al-Bannā, *Qaḍīyat al-qubulāt wa-baqīyat al-iǧtihādāt*, 174.

136 So wird es zumindest von al-Bannā selbst geschildert; vgl. al-Bannā, *Qaḍīyat al-qubulāt wa-baqīyat al-iǧtihādāt*, 174.

137 Vgl. al-Bannā, *Qaḍīyat al-qubulāt wa-baqīyat al-iǧtihādāt*, 174 f. Zur Würdigung al-Bannās intellektueller Leistungen bei der Integration von Arbeiterbewegung und Islam vgl. Tammām, „Ǧamāl al-Bannā... Lan aʿīša fī ǧilbāb aḫī!".

138 Vgl. al-Bannā, *Qaḍīyat al-qubulāt wa-baqīyat al-iǧtihādāt*, 147.

139 An späterer Stelle heißt dieses „al-Ǧamʿīya al-miṣrīya li-riʿāyat al-masǧūnīn". Vgl. al-Bannā, *Qaḍīyat al-qubulāt wa-baqīyat al-iǧtihādāt*, 244.

140 Vgl. al-Bannā, *Qaḍīyat al-qubulāt wa-baqīyat al-iǧtihādāt*, 170 f.

könnten Ğamāls Artikel zur Situation der Gefängnisse in *ad-Da'wa* gewesen sein – schließlich erfreute sich die Muslimbruder-Zeitschrift unter Ṣāliḥ 'Ašmāwī einer gesteigerten öffentlichen Aufmerksamkeit.

Als Ende der 1950er Jahre ein Arbeiterkulturinstitut (*al-Mua'assasa aṯ-ṯaqāfīya al-'ummālīya*) entsteht, wird al-Bannā gebeten „Kulturvorlesungen" zu halten[141] – schließlich hatte er sich intensiv mit der englischen Arbeiterbewegung und ähnlichen Themen befasst.[142] Als er freiwillig einen Monat in einer Textilfabrik arbeitet, die einem Muslimbruder gehört, wird ihm deutlich, dass er aufgrund seiner schwachen Konstitution nie ganz zur Arbeiterschaft gehören wird, sondern eher an der geistigen Leitung (*taršīd*) der Gewerkschaftsbewegung mitwirken kann.[143] Aus dieser Erfahrung heraus gründet er 1963 ein Institut für Gewerkschaftsstudien im Kairoer Stadtteil Dokki, an dem er 30 Jahre lang Vorträge hält.[144]

Lektüre und Publikationen

Die 1950er und 60er Jahre bilden einen Höhepunkt der autodidaktischen Lektürearbeit al-Bannās – ein arabisches Buch pro Tag und ein englischsprachiges Werk aller zwei bis drei Tage erinnert er sich, gelesen zu haben.[145] Er rezipiert Klassiker der griechischen Mythologie und Philosophie und stößt sich an einem aristotelischen „Rassismus".[146] An klassischer arabischer Literatur liest er neben Poesie unter anderem auch die bekannten Berichte des „Kitāb al-aġānī" und die Erzählungen aus „Tausendundeiner Nacht" sowie „Adab ad-dunyā wa-d-dīn", das berühmte Werk über Kultiviertheit und Anstand des Abū al-Ḥasan al-Māwardī.[147] Mehrere umfangreiche islamische Geschichtswerke wie die von aṭ-Ṭabarī, Ibn Kaṯīr und Ibn al-Aṯīr gehören zur Lektüre. Die genannten Autoren gehören durchaus zum Bildungskanon arabischer Intellektueller und finden sich vereinzelt in den Anmerkungen der in dieser Studie untersuchten Autoren wieder.[148]

---

141 Vgl. al-Bannā, *Qaḍīyat al-qubulāt wa-baqīyat al-iğtihādāt*, 157.
142 Vgl. al-Bannā, *Qaḍīyat al-qubulāt wa-baqīyat al-iğtihādāt*, 155.
143 Vgl. al-Bannā, *Qaḍīyat al-qubulāt wa-baqīyat al-iğtihādāt*, 156 f.
144 Vgl. al-Bannā, *Qaḍīyat al-qubulāt wa-baqīyat al-iğtihādāt*, 157 f.
145 Vgl. al-Bannā, *Qaḍīyat al-qubulāt wa-baqīyat al-iğtihādāt*, 154. Da sich Einblicke in die Lektüre arabischer Autoren nicht häufig bieten, soll dieser Aspekt etwas ausführlicher behandelt werden.
146 Vgl. al-Bannā, *Qaḍīyat al-qubulāt wa-baqīyat al-iğtihādāt*, 153. Er nennt Aristoteles den „rassistischsten europäischen [!] Philosophen" wegen der Idee, dass den Griechen alle anderen Völker dienen sollten.
147 Vgl. al-Bannā, *Qaḍīyat al-qubulāt wa-baqīyat al-iğtihādāt*, 150.
148 Das „Kitāb al-aġānī" findet auch bei Huwaydī (2005) und Fūda (2005) Erwähnung, die – neben al-Bannā und Rif'at as-Sa'īd (2001) – auch auf das Geschichtswerk „al-Kāmil fī at-tārīḫ" des Ibn al-Aṯīr Bezug nehmen.

Al-Bannā interessiert sich auch für die islamische Rechtsquellenlehre (*uṣūl al-fiqh*), die er jedoch nicht als einen Kernbestandteil der islamischen Rechtswissenschaft zu verstehen scheint.[149] Das eigentliche *fiqh* präsentiert sich für ihn in den konkreten Detailfragen, wie sie von den Fuqahā' als (aus seiner Sicht selbsternannten) Experten erörtert werden.[150] Die islamischen Bestimmungen (*aḥkām*), wie sie in der bisherigen Rechtswissenschaft entwickelt wurden, entsprächen den Gelehrten als „den Söhnen ihrer Zeit", welche die Interessen eines nach und nach imperial gewordenen Staates in Gesetze fassten.

Dieser aus al-Bannās Sicht falsche Anspruch der Gelehrten, gesellschaftlich geprägte Einsichten als islamische Gesetze festzuschreiben, sowie ihre Funktion als willfährige Staatsdiener habe sie „von der Welt des Korans und des Propheten entfernt"[151]. Obwohl al-Bannā betont, er habe gar nicht erst versucht, sich intensiv mit der (traditionellen) islamischen Rechtswissenschaft zu befassen, legt er doch immer wieder Zeugnis davon ab, inwieweit er mit den Begründern der Rechtsschulen und den Reformern des Islam – einschließlich der „Fundamentalisten" – vertraut ist.[152]

Viele der klassischen sunnitischen Gelehrten – von Aḥmad bin Ḥanbal über Ibn Taymīya bis zu Muḥammad bin ʿAbd al-Wahhāb – scheinen für ihn bemerkenswerterweise *nicht* zu den traditionsfixierten Fuqahā' zu gehören, obwohl oder gerade weil jene eine eigene Sichtweise geprägt haben. Sein eigener Umgang mit vorherrschenden Dogmen und Rechtsauffassungen zeichnet sich durch die bewusste Nicht-Beachtung üblicher Herangehensweisen und Quellenbezüge aus und setzt stattdessen vor allem auf den eigenen Verstand und eklektizistische Neuordnung.[153]

Lektüre zeitgenössischer Literatur

Al-Bannās Lektüre zeitgenössischer arabischer Literatur ist geprägt von der Auseinandersetzung mit bekannten Autoren wie ʿAbbās al-ʿAqqād, Tawfīq al-Ḥakīm und Ṭāhā Ḥusayn, deren Schreibstil al-Bannā unterschiedlich bewertet.[154]

---

149 Vgl. al-Bannā, *Qaḍīyat al-qubulāt wa-baqīyat al-iğtihādāt*, 160. Nähere Angaben, welche Werke er konsultiert hat, macht er nicht.

150 Vgl. al-Bannā, *Qaḍīyat al-qubulāt wa-baqīyat al-iğtihādāt*, 160. Al-Bannā nennt nicht den Fachbegriff *furūʿ al-fiqh*, umschreibt ihn aber.

151 Al-Bannā, *Qaḍīyat al-qubulāt wa-baqīyat al-iğtihādāt*, 160.

152 Vgl. seine Reihe „al-Uṣūlīya al-islāmīya" in *al-Miṣrī al-yawm* vom 06.10.2010, 20.10.2010 und 27.10.2010.

153 Vgl. auch al-Bannā, *Naḥw Fiqh ğadīd*.

154 Vgl. al-Bannā, *Qaḍīyat al-qubulāt wa-baqīyat al-iğtihādāt*, 150. Während er al-Ḥakīm als wahren Künstler lobt, sei die Schreibweise Ḥusayns redundant und die von al-ʿAqqād trocken.

Die Lektüre europäischer Literatur ist vor allem an vorhandene Übersetzungen ins Englische oder Arabische gebunden, die preiswert auf dem Kairoer Azbakīya-Markt erhältlich sind. Von al-Bannā werden etwa gesellschaftskritische Autoren wie Orwell, Huxley, Camus, Tolstoi und Dostojewski genannt; auch Stefan Zweig und der französische Nobelpreisträger für Literatur André Gide finden Erwähnung.[155]

Das Bestreben, europäische – vor allem englische – Werke im Original zu studieren, unterscheidet Ğamāl von seinem Bruder Hassan, der ihm gegenüber geäußert haben soll, lieber eine Sure lernen zu wollen als Englisch.[156] Für seine Veröffentlichungen zur englischen Arbeiterbewegung erarbeitet sich al-Bannā im Selbststudium Kenntnisse zum englischen Wirtschaftssystem sowie zum öffentlichen Recht.[157] Auch die Rolle der Frau im Islam interessiert ihn.[158]

Ein prägendes Lektürethema bilden Schriften über Sozialismus und Kommunismus. Marx und Lenin rezipiert al-Bannā ebenso wie die Werke Isaac Deutschers über Trotzki, Lenin und die Oktoberrevolution; auch *The Socialist Movement* (1911) des späteren britischen Premiers Ramsay MacDonald.[159] Als der Gewerkschaftsführer (und Übersetzer des Werks MacDonalds) Maḥmūd Ḥusnī al-ʿUrābī Anfang der 1920er Jahre nach Moskau reist, um Lenin zu treffen und die Aufnahme des ägyptischen Gewerkschaftsverbands in die Kommunistische Internationale zu beantragen, muss er desillusioniert wieder abfahren.[160] Lenin besteht gegenüber al-ʿUrābī – vermutlich dem einzigen ägyptischen Arbeiterführer, der Lenin persönlich trifft – auf die 21 Leitsätze zur Aufnahme in die Komintern, die allem Bürgerlichen den Kampf ansagen. Da in Ägypten gerade der revolutionäre Umbruch unter der Wafd-Partei voranschreitet, die Bürgerliche ebenso wie Arbeiter einbezieht, kann al-ʿUrābīs Versuch, Lenins Forderungen in Ägypten umzusetzen, nur scheitern. Al-Bannā, der al-ʿUrābī getroffen hat, dürfte dieses Erlebnis intellektuell beeindruckt haben, zeigte es doch die Auswirkungen einer totalitären Verwirklichung marxistisch-leninistischer Ideologie. Und so hält er fest:

---

155 Vgl. al-Bannā, *Qaḍīyat al-qubulāt wa-baqīyat al-iğtihādāt*, 149–52, sowie das online abrufbare Verzeichnis englischsprachiger Literatur in seiner Bibliothek: http://www.islamiccall.org/LibraryAuthors.htm.
156 Vgl. al-Bannā, *Qaḍīyat al-qubulāt wa-baqīyat al-iğtihādāt*, 134.
157 Vgl. al-Bannā, *Qaḍīyat al-qubulāt wa-baqīyat al-iğtihādāt*, 155.
158 Vgl. al-Bannā, *Qaḍīyat al-qubulāt wa-baqīyat al-iğtihādāt*, 154. Siehe auch al-Bannā, *al-Marʾa al-muslima bayna taḥrīr al-Qurʾān wa-taqyīd al-fuqahāʾ* (Kairo: Dār al-fikr al-islāmī, 1998) und al-Bannā, *Ğawāz imāmat al-marʾa ar-riğāl* (Kairo: Dār aš-Šurūq, 2011).
159 Vgl. al-Bannā, *Qaḍīyat al-qubulāt wa-baqīyat al-iğtihādāt*, 161–64.
160 Vgl. al-Bannā, *Qaḍīyat al-qubulāt wa-baqīyat al-iğtihādāt*, 161.

> Jeder Intellektuelle des modernen Zeitalters, auch jeder islamische Intellektuelle (*muṯaqqaf islāmī*), sollte unbedingt die sozialistische Bewegung studieren – von den Überlegungen Robert Owens über Marx' Theorie bis zu Lenins Umsetzung auf seine spezielle Weise.
>
> Während man von ihrer ‚unschuldigen', humanistischen Frühphase beeindruckt ist, zog Marx einen eisernen Ring um sie fest und Lenin drückte ihr seine jegliche Freiheit ablehnende, diktatorische Art und Weise auf. Trotzdem lässt sich die Parteinahme der europäischen, humanistischen Intellektuellen ihr gegenüber als [Umsetzung einer] Theorie der Gerechtigkeit für die Massen nachvollziehen – wo die Kirche versagt hat, die Gerechtigkeit und den Menschen zu beschützen und die europäische Gesellschaft keine Kenntnis von der Botschaft des Islam besaß.[161]

Nicht zuletzt aus dieser zeitgenössischen und politischen Lektüre ergeben sich al-Bannās Grundprinzipien wie geistige Freiheit, die Notwendigkeit politischer Opposition, Gerechtigkeit in Bezug auf politische Herrschaft sowie auf das Verhältnis von Mann und Frau sowie Arm und Reich. Auch al-Bannās Wertschätzung einfacher Arbeit, seine Unterstützung der Gewerkschaftsbewegung und sein Eintreten für die Befreiung der Frau lassen sich aus seinen Lektüreerfahrungen erklären;[162] ebenso die Einsicht, dass Grundwerte und Erkenntnis den Menschen leiten.[163] „Jedoch die wichtigste Idee", betont er, „ist die des Menschen als Zweck, während alles andere Mittel ist."[164]

Dies ist auch das zentrale Ziel seines Projekts islamischer Neubelebung (*iḥyā' islāmī*): ein islamisches Erkenntnissystem zu begründen, das eine „Rückkehr zum Islam des Menschen" ermöglicht.[165] Al-Bannā betont, es sei ihm schon seit seiner ersten Buchpublikation in den 1940er Jahren immer um den Menschen

---

161 Al-Bannā, *Qaḍīyat al-qubulāt wa-baqīyat al-iğtihādāt*, 164:
من الضرورى لكل مثقف فى العصر الحديث، بما فى ذلك المثقف الإسلامى أن يدرس الحركة الاشتراكية منذ أن فكر فيها «روبرت أوين» حتى أحكمها ماركس فى نظريته، وحتى حققها لينين بطريقته الخاصة، وبقدر ما أعجب بمرحلتها «العذرية» الإنسانية الأولى بقدر ما ضاق بالطوق الحديدى الذى طوقها به ماركس وبالأسلوب الديكتاتورى الرافض لكل حرية الذى طبعها به لينين، ولكنه مع ذلك يفهم تجاوب كل المفكرين الإنسانيين الأوروبيين معها باعتبارها نظرية للعدالة وللجماهير، لعدم قيام الكنيسة كحامية للعدالة والإنسان، ولأن المجتمع الأوروبى لم يكن لديه فكرة عما جاء به الإسلام.

162 Vgl. die Aussage, Arbeiter und Frau seien „die zwei Gruppen, die in der ganzen Geschichte unterdrückt wurden" (Ğamāl al-Bannā, „al-Ḥiğāb laysa farīḍa wa-lakinnahu ziyy munāsib li-l-mar'a," *al-Badīl*, 26.02.2008).

163 Vgl. al-Bannā, *Qaḍīyat al-qubulāt wa-baqīyat al-iğtihādāt* 164 f.

164 al-Bannā, *Qaḍīyat al-qubulāt wa-baqīyat al-iğtihādāt*, 165.

165 Vgl. das Kapitel „Mā hiya da'wat al-iḥyā' al-islāmī?" in al-Bannā, *Qaḍīyat al-qubulāt wa-baqīyat al-iğtihādāt*, 179–88 (186).

gegangen.[166] Als Kernpunkt, auf den sich alles zurückführen lässt, hat er dies jedoch erst in seinem Spätwerk präzisiert.[167]

Die oben genannten Grundprinzipien finden sich im Projekt der „islamischen Neubelebung" wieder: Neben dem Menschen als Endzweck diskutiert al-Bannā die Gleichheit der Menschen in Bezug auf Rechte und Pflichten, die tragende Rolle des Verstands, den Vorrang des Korans gegenüber dessen Auslegungen und der Sunna, die islamische Almosenabgabe (*zakāh*) als staatlich unabhängiges Gesellschaftsprogramm, die islamische Scharia als Mittel der Gerechtigkeit und im Dienste des Gemeinwohls, die Ablehnung salafistischer Rückwärtsgewandtheit (*māḍawīya*), absolute Freiheit des Denkens und Redens, das friedliche Zusammenleben der Religionen und die Gleichstellung der Frau.[168]

Im Gegensatz zu vielen anderen muslimischen Intellektuellen, die europäischem und amerikanischem Kultureinfluss kritisch gegenüberstehen, zeigt sich al-Bannā in dieser Hinsicht offen. Im Kino, das er laut eigener Aussage über Jahre hinweg zweimal pro Woche besucht, erschließt er sich europäischen und amerikanischen Alltag. Seinen Glauben an eine Freiheit „ohne Grenzen" entnimmt er der Lektüre europäischer Literatur genauso wie dem Koran.[169]

Nach dem Tod Nassers 1970 und im Zuge der „Öffnungspolitik" Sadats erscheint es al-Bannā wieder möglich, zum Thema Religion zu veröffentlichen; 1972 erscheinen zwei Werke über den Islam.[170] Im Juni 1978 reist al-Bannā zum ersten Mal nach Europa, um in Genf an einer internationalen Arbeiterkonferenz teilzunehmen. Er bleibt über einen Monat und residiert bei seiner Schwester Wafā' und ihrem Mann Sa'īd Ramaḍān,[171] Aktivist der Muslimbruderschaft und Gastgeber für prominente Denker und islamistische Oppositionelle auf der

166 Siehe seinen Aufruf, man solle den Menschen, nicht den Islam, in den Mittelpunkt seines Glaubens stellen.

167 Aus seiner Sicht vollendet im Opus magnum *Naḥw Fiqh ǧadīd* (Bd. 3, 1999). Auch als er noch an die Realisierung eines islamischen Staates glaubte, genoss die „Würde des Menschen" oberste Priorität (vgl. al-Bannā, *Mas'ūlīyat fašl ad-dawla al-islāmīya fī al-ʿaṣr al-ḥadīṯ*, 33).

168 Vgl. das Kapitel „Mā hiya daʿwat al-iḥyā' al-islāmī?" in al-Bannā, *Qaḍīyat al-qubulāt wa-baqīyat al-iǧtihādāt*, 179–88 (186–188).

169 Vgl. al-Bannā, *Qaḍīyat al-qubulāt wa-baqīyat al-iǧtihādāt*, 176. Trotz der Übereinstimmung in der Betonung von Freiheit und Wissenschaft mangele es der westlichen Zivilisation an Gerechtigkeit, die diese Werte schützt.

170 „Rūḥ al-Islām" und „al-Aṣlān al-ʿaẓīmān [al-Qur'ān wa-s-sunna]". Vgl. al-Bannā, *Qaḍīyat al-qubulāt wa-baqīyat al-iǧtihādāt*, 175. „Rūḥ al-Islām" war noch im Jahr 2009 in al-Bannās Verlagsbuchhandlung erhältlich.

171 Saʿīd Ramaḍān (1926–1995) war Herausgeber der Zeitschrift „al-Muslimūn" und Vater des reformislamischen Denkers Tariq Ramadan.

Durchreise.[172] Die Fahrt in die schweizerische Sommerfrische wird für ihn für längere Zeit zum alljährlichen Ritual. In diese Jahre fällt auch die Gründung der Internationalen islamischen Arbeitervereinigung (*al-Ittiḥād al-islāmī ad-duwalī li-l-ʿamal*) in Genf, die al-Bannā 1981 mitinitiiert, sowie die Gründung seines Verlags Dār al-fikr al-islāmī.[173]

1980 lernt al-Bannā ʿAbd al-ʿAzīz an-Naǧǧār, den Vorsitzenden der Internationalen Vereinigung islamischer Banken, kennen und wird einer seiner Berater.[174] Mit dem Verhältnis von Islam und Geld hatte er sich bereits während seiner Ausbildung an der Handelsschule in den 1930er Jahren auseinandergesetzt und erinnert sich, schon damals die – noch heute umstrittene – Ansicht vertreten zu haben, Zinsnahme sei im Islam unter bestimmten Bedingungen erlaubt.[175]

Geistige Zäsur

Eine wichtige Zäsur in al-Bannās politischem Denken zeichnet sich zwischen 1994 und 2003 ab. 1994 erscheint eine Aufsatzsammlung unter dem Titel *Mas'ūlīyat fašl ad-dawla al-islāmīya fī al-ʿaṣr al-ḥadīṯ*, in der das Scheitern moderner islamischer Staaten auf die Nicht-Existenz einer adäquaten Theorie zurückgeführt wird, und nicht etwa auf westliche Verschwörungen.[176] Al-Bannā skizziert fünf zentrale Probleme, die eine islamische Gesellschaftstheorie erörtern müsse: die Würde des Menschen, die Frage der Freiheit, die Frage der Gerechtigkeit, die Rolle der Frau und die Rolle von Kunst und Literatur.[177]

Im gleichen Jahr dokumentiert und kommentiert er den Gerichtsprozess um die Mörder des Islamismuskritikers Farağ Fūda und der apologetischen

---

172 Vgl. al-Bannā, *Qaḍīyat al-qubulāt wa-baqīyat al-iǧtihādāt*, 146. So trifft al-Bannā dort u. a. ʿUmar bin ʿAbd ar-Raḥmān, mit dem er angeblich über die Vielehe plaudert.

173 Unter anderem mit finanzieller Unterstützung des jemenitischen Revolutionärssohns Ibrāhīm al-Wazīr, den er in Genf kennenlernt. Vgl. al-Bannā, *Qaḍīyat al-qubulāt wa-baqīyat al-iǧtihādāt*, 146.

174 Vgl. al-Bannā, *Qaḍīyat al-qubulāt wa-baqīyat al-iǧtihādāt*, 159.

175 Vgl. al-Bannā, *Qaḍīyat al-qubulāt wa-baqīyat al-iǧtihādāt*, 149.

176 Al-Bannā, *Mas'ūlīyat fašl ad-dawla al-islāmīya fī al-ʿaṣr al-ḥadīṯ*. Den titelgebenden Aufsatz (7–41), von dem ein Teil in der überregionalen Zeitung al-Quds erscheint, will er vor allem in Bezug auf Mohammed Ali und Nasser verstanden wissen. Das Werk wird zehn Jahre später (!) von der Azhar verboten, war jedoch in al-Bannās Verlagsbuchhandlung erhältlich.

177 Vgl. al-Bannā, *Mas'ūlīyat fašl ad-dawla al-islāmīya fī al-ʿaṣr al-ḥadīṯ*, 33–37. Anders argumentiert er in Ǧamāl al-Bannā, *Ḫamsat maʿāyīr li-miṣdāqīyat al-ḥukm al-islāmī* (Kairo: Dār al-fikr al-islāmī, 1996), wonach sich islamische Herrschaft mit folgenden Punkten zu befassen habe: Aufbau des Landes, Gewährung von Freiheit und Gerechtigkeit, Anwendung von Konsultation (Schura) und Herrschaft als Mittel, Islam zu lehren, statt Kontrolle zu erlangen.

Zeugenaussage des Azhar-Scheichs und Muslimbruders Muḥammad al-Ġazālī (1917–1996). Al-Bannā beobachtet einen Zusammenprall von engstirnigen Traditionsgelehrten (*fuqahā' at-taqlīd*) mit großspurigen Verfechtern der Aufklärung (*ad'iyā' at-tanwīr*), die erfolglos Sozialismus, Nationalismus und andere europäische Modelle zu implementieren versuchen – al-Bannās Kritik an der blinden Übernahme westlicher Modelle durch solche „Aufklärer" ist auch ein Seitenhieb auf Nasser und dessen sozialistische Experimente in Ägypten.[178]

In der zweiten Hälfte der 1990er Jahre erscheint al-Bannās Hauptwerk *Naḥw fiqh ǧadīd* – der in drei Bänden entwickelte Entwurf einer neuen islamischen Rechtswissenschaft.[179] Hier versucht er, islamische Begriffe und Grundannahmen neu zu konstruieren und in der Auseinandersetzung mit traditionellen und neueren Ansätzen wie dem von Muḥammad 'Abduh oder der Hermeneutik Naṣr Abū Zayds einen zeitgemäßen Koranzugang zu entwickeln.[180] Darüber hinaus wird die Stellung der Sunna als Rechtsquelle relativiert und die Idee des Menschen als eigentlichem Zweck des Islam entwickelt.[181]

1997 gründet er mit finanzieller Unterstützung seiner Schwester Fawzīya (1923–1997)[182] eine islamische Kulturstiftung (Mu'assasat Fawzīya wa-Ǧamāl al-Bannā li-ṯ-ṯaqāfa wa-l-i'lām al-islāmī);[183] das Stiftungsvermögen von mehreren Hunderttausend ägyptischen Pfund[184] sichert ihm seine finanzielle Unabhängigkeit

178 Vgl. al-Bannā, *Ka-lā ṯumma ka-lā*. Im Gegensatz dazu stehen aus al-Bannās Sicht Gelehrte wie Muḥammad 'Abduh und Rifā'a aṭ-Ṭahṭāwī – letzterer als Vertreter der (eigentlichen) Aufklärung.

179 Veröffentlicht 1995, 1996 und 1999. Vgl. auch die Gesamtausgabe al-Bannā, *Naḥw Fiqh ǧadīd*.

180 Vgl. Bd. 1 (= Teil 1 in al-Bannā, *Naḥw Fiqh ǧadīd*).

181 Vgl. Bd. 2 und 3, zusammen in al-Bannā, *Naḥw Fiqh ǧadīd*.

182 Diese hatte ihr kleines Vermögen als Lehrerin im saudischen Exil erarbeitet, in das sie mit ihrem Ehemann (einem führenden Aktivisten der Muslimbruderschaft) fliehen musste. Zu Fawzīya vgl. die Autobiographie Ǧamāl al-Bannā, Hrsg., *Ḏikrayāt Fawzīya al-Bannā bi-qalamihā* (Kairo: Dār al-fikr al-islāmī, 2009). Für online verfügbare Informationen vgl. die Rezension Aḥmad aṭ-Ṭāhirī, „Muḏakkirāt ‚Fawzīya' šaqīqat Ḥasan al-Bannā," *Rūz al-Yūsuf [Zeitschrift]*, 04.09.2010 und Ǧamāl al-Bannā, „Kutub," *al-Miṣrī al-yawm*, 24.07.2009 sowie biographische Eckdaten auf der Seite von al-Bannās Projekt *al-Iḥyā' al-islāmī* (Ǧamāl al-Bannā, „Kalima 'an mu'assisī al-mu'assasa [Mu'assasat Fawzīya wa-Ǧamāl al-Bannā]," http://www.islamiccall.org/the%20islamiccoll_files/fawzya.htm#4).

183 Vgl. „Mulḥaq 'an Mu'assasat Fawzīya wa-Ǧamāl al-Bannā li-ṯ-ṯaqāfa wa-l-i'lām al-islāmī," in *al-Islām wa-l-ḥurrīya wa-l-'almānīya*, 51–55 sowie Ǧamāl al-Bannā, „Mu'assasat Fawzīya wa-Ǧamāl al-Bannā," http://www.islamiccall.org/the%20islamiccoll_files/fawzya.htm.

184 Dazu finden sich bei al-Bannā zwei unterschiedliche Angaben: eine halbe Million ägyptischer Pfund, heute umgerechnet ca. 70.000€ (vgl. al-Bannā, *Qaḍīyat al-qubulāt wa-baqīyat al-iǧtihādāt*, 246) und 250.000 Pfund Vgl. „Mulḥaq 'an Mu'assasat Fawzīya wa-Ǧamāl al-Bannā li-ṯ-ṯaqāfa wa-l-i'lām al-islāmī", 53, sowie El-Bahr, „Gamal El-Banna: A lifetime of Islamic call".

als Intellektueller.[185] Schon Jahre vorher, nach dem Tod seiner Ehefrau,[186] hatte al-Bannā fast jegliches Privatleben aufgegeben und seine Wohnung, die auch sein Büro umfasst, zu einer Bibliothek umgestaltet, die gleichzeitig als Buchhandlung für seine Werke diente.[187]

2003 erscheint *al-Islām dīn wa-umma wa-laysa dīnan wa-dawla*,[188] in dem al-Bannā die Idee verwirft, der Staat sei ein integraler Bestandteil des Islam. Al-Bannā vertritt die These, ein islamisches, staatsähnliches Gemeinwesen habe nur unter Mohammed bzw. den vier „rechtgeleiteten" Kalifen als historische Singularität existiert und lasse sich nicht auf die Gegebenheiten eines modernen Staates übertragen.[189] Der Islam umfasse neben religiösen Ritualen zwar auch Regeln für die Gemeinschaft (bzw. das Gemeinwesen), sei also *dīn wa-umma*, aber politisch gesehen sei er indifferent.

Insofern lässt sich al-Bannās Islamauffassung eine zivilgesellschaftliche Dimension zusprechen, auch wenn al-Bannā den arabischen Ausdruck (*muǧtamaʿ madanī*) nicht verwendet.[190] Die moderne Parole des Islam als „Religion und Staat" verkenne, dass Macht (*sulṭa*) als Staatsfundament jegliche Weltanschauung (*ʿaqīda* bzw. *aydiyūluǧiyā*) verderbe,[191] dass also die Trennung von Islam und Staat nicht nur eine historische Tatsache sei, sondern auch normativ einzufordern. Zu erinnern ist auch an die bemerkenswerte Einschränkung al-Bannās,

185 Unter Berücksichtigung der bescheidenen Verhältnisse, in denen al-Bannā lebt, erscheint es möglich, dass ein solcher Betrag samt Zinsen für den Lebensunterhalt in Ägypten ausreicht.

186 Hierfür finden sich drei Jahresangaben: 1984; 1987 und 1989. Vgl. as-Sayyid al-Ḥarrānī, „«al-Miṣrī al-yawm» tuwāṣil našr muḏakkirāt Ǧamāl al-Bannā al-mutamarrid al-laḏī faḍaḥ al-ʿālam as-sirrī li-«l-iḫwān»," *al-Miṣrī al-yawm*, 19.01.2014; al-Bannā, *Qaḍīyat al-qubulāt wa-baqīyat al-iǧtihādāt*, 246; Ǧamāl al-Bannā, „Kalima ʿan mu'assisī al-mu'assasa [Mu'assasat Fawzīya wa-Ǧamāl al-Bannā]".

187 Vgl. al-Bannā, *Qaḍīyat al-qubulāt wa-baqīyat al-iǧtihādāt*, 246. Dort konnte man ihn noch in seinen letzten Lebensjahren besuchen und seine Publikationen erwerben.

188 In etwa: „Der Islam ist Religion und Gemeinschaft [bzw. Nation] (*umma*) und nicht Religion und Staat".

189 Vgl. al-Bannā, *al-Islām dīn wa-umma wa-laysa dīnan wa-dawla*, insbesondere Kapitel 1 und 3. Vgl. auch seine Aussage, der „Staat Medinas" unter Mohammed sei „in Wirklichkeit kein Staat gewesen, sondern eine Gemeinwesen (*umma*)", al-Bannā und Bahlūl, „al-Azhar warā' ta'aḫḫur al-fikr al-islāmī wa-mā yaqūluhu al-Iḫwān ʿan al-ḫilāfa... kalām fāriġ!!," *al-Ġad*, 16.09.2008.

190 Vgl. insbesondere Kapitel 4 in al-Bannā, *al-Islām dīn wa-umma wa-laysa dīnan wa-dawla*.

191 Vgl. al-Bannā, *al-Islām dīn wa-umma wa-laysa dīnan wa-dawla*, 109 f. und al-Bannā, *Qaḍīyat al-qubulāt wa-baqīyat al-iǧtihādāt*, 177.

ein religiös unabhängiger Staat von Muslimen werde wohl kaum religiös neutral sein, wenn er die Interessen seines Volkes berücksichtigt.[192]

Beide Thesen – die des Islam als Umma (nicht als Staat) sowie die These, dass Macht jegliche Weltanschauung verderbe – bilden für ihn an anderer Stelle ein wichtiges Argument für die Säkularität des Islam.[193] Eine so späte und grundsätzliche Wendung des Islambilds des damals bereits über 80-jährigen Autors ist bemerkenswert – auch wenn rückblickend die Ursprünge dafür schon viel früher angelegt waren.

Was al-Bannās Medienpräsenz angeht, kann man wie sein Kritiker Muntaṣir az-Zayyāt durchaus die Meinung vertreten, al-Bannā sei erst ab dem Jahr 2000 öffentlich wahrgenommen worden.[194] Artikelsammlungen zu al-Bannā in Kairoer Medienarchiven unterstützen diese Ansicht.[195] Al-Bannās publizistisches Interesse an der Gewerkschaftsbewegung in den 1960er und 1970er Jahren dürfte keine große öffentliche Resonanz hervorgerufen haben. Dies trifft eher auf sein editorisches Spätwerk ab 1990 zu, in dem er ältere Dokumente von Hassan al-Banna und den Muslimbrüdern herausgibt und kommentiert.[196] Zu einem verstärkten öffentlichen Interesse beigetragen hat das Verbot seines Buches *Mas'ūlīyat fašl ad-dawla al-islāmīya*[197] durch die Zensurbehörde der Azhar im Jahr 2004 sowie seines Werks zur Befreiung der Frau und den „Beschränkungen“ durch die

192 Vielmehr handle es sich um einen *dawla madanīya* (zivil-bürgerlichen Staat). Vgl. al-Bannā, *Mawqifunā min al-ʿalmānīya. al-qawmīya. al-ištirākīya*, 42 f.

193 Vgl. al-Bannā, *Mawqifunā min al-ʿalmānīya. al-qawmīya. al-ištirākīya*, 42, sowie das Kapitel „Die Säkularität des Islam (al-Bannā)“ in der vorliegenden Studie.

194 Vgl. Muntaṣir az-Zayyāt, „Sakat al-Bannā dahran ṯumma naṭaq bi-harṭaqa lam nafham maʿānīhā,“ *al-Yawm as-sābiʿ*, 07.12.2010.

195 So findet sich im Archiv des französischen Centre d'Études et de Documentation Économiques, Juridiques et Sociales (CEDEJ) ein eigener Ordner zu al-Bannā, dessen frühestes Material aus dem Jahr 2002 stammt. Im großen Archiv von al-Ahram findet sich m.W. kein eigener Sammelordner zu al-Bannā; in der dortigen Artikelsammlung zu Islam und Säkularismus taucht er nur am Rand auf (ein Artikel aus dem Jahr 2001). Allerdings sind in ägyptischen Bibliotheken Publikationen al-Bannās ab den 1990er, zum Teil ab den späten 1980er Jahren verzeichnet. El-Bahr, „Gamal El-Banna: A lifetime of Islamic call“ spricht von den 1980er Jahren.

196 Vgl. die dokumentarischen Kapitel in al-Bannā, *Mas'ūlīyat fašl ad-dawla al-islāmīya fī al-ʿaṣr al-ḥadīṯ* und al-Bannā, *Min waṯā'iq al-Iḫwān al-muslimīn al-mağhūla*. So schreibt ein Autor auf islamonline.net, er habe al-Bannā erst über seine Publikation der Briefe Hassan al-Bannas (1990) kennengelernt; vgl. Mağdī Saʿīd, „Ğamāl al-Bannā... ṭā'ir al-ḥurrīya yağrad munfaridan,“ *islamonline*, 01.01.2003.

197 In etwa: „Die Verantwortlichkeit für das Scheitern des islamischen Staates“.

Gelehrten im Jahr 2008[198] – beide Bücher waren mehrere Jahre vorher publiziert worden.[199]

Eine gewisse öffentliche Aufmerksamkeit erfährt al-Bannā durch seinen Mittwochsbeitrag in der wichtigen ägyptischen Tageszeitung al-Miṣrī al-yawm, den er von 2006 bis zu seinem Tod im Jahr 2013 veröffentlicht.[200] Hinzu kommen Interviews in Presse und Fernsehen, wo seine provokanten Thesen für Aufsehen sorgen.[201] Die öffentliche Resonanz, die manche Thesen al-Bannās finden, lassen sich erklären: Irritation bis hin zu Provokation, verbunden mit einem bekannten Familiennamen, kann von den Massenmedien leicht als Neuigkeit erkannt und dementsprechend veröffentlicht werden.[202] Al-Bannās geistreiche Provokationen besitzen insofern mehr Nachrichtenwert[203] als die Themen eines traditionalistischen Islam, der sich auf altbekannte, mit geringem Neuigkeitswert ausgestattete Themen und Argumentationen beruft.

Das Jahr 2008 steht für einen weiteren publizistischen Durchbruch al-Bannās: die Aufnahme in das Programm des renommierten Verlags Dār aš-šurūq – zu Beginn mit fünf Titeln, denen Jahr für Jahr weitere folgen.[204]

---

198 Gemeint ist al-Bannā, *al-Mar'a al-muslima bayna taḥrīr al-Qur'ān wa-taqyīd al-fuqahā'*.

199 Das für Zensur in Islamfragen zuständige Gremium der Azhar wird m.W. nicht von sich aus aktiv, sondern geht Hinweisen nach – auch von Gremiumsmitgliedern wie Muḥammad ʿImāra.

200 Ǧamāl al-Bannā, „al-Ahammīya al-uẓmā li-Qaḍīyat at-taǧdīd al-islāmī (1)," *al-Miṣrī al-yawm*, 14.06.2006 ist m.E. der erste Artikel seiner Kolumne in al-Miṣrī al-yawm.

201 Man denke an die bekannte abendliche Talkshow „al-Bayt baytak" (seit 2010 „Miṣr an-nahārda"), in der am 11.06.2008 der Azharit und Fernsehprediger Ḫālid al-Ǧindī den Moderator schon zu Beginn unterbricht, um statt des geplanten Themas seine Entrüstung über al-Bannā loszuwerden.

202 Manche Thesen haben offenbar sogar latenten Nachrichtenwert. Vgl. ein Interview, in dem al-Bannā zuerst gefragt wird, ob er – nach einem Jahr – noch immer an seiner Ansicht zum Rauchen im Ramadan festhält („Lastu muftiyan wa-lā uḥibb al-fatwā... wa-muḫālafat Dār al-iftā' ǧā'iza," *Rūz al-Yūsuf*, 09.09.2008).

203 Zur Medienkonstruktion von Realität anhand eigener Codes vgl. u. a. Claus-Erich Boetzkes, *Organisation als Nachrichtenfaktor* (Wiesbaden: VS, Verl. für Sozialwiss., 2008); Johan Galtung und Mari Holmboe Ruge, „The Structure of Foreign News," *Journal of Peace Research*, 2, Nr.1 (1965): 64–91; Luhmann, *Die Realität der Massenmedien*; Georg Ruhrmann et al., *Der Wert von Nachrichten im deutschen Fernsehen* (Wiesbaden: VS Verlag, 2003); Winfried Schulz, *Die Konstruktion von Realität in den Nachrichtenmedien* (Freiburg: Alber, 1990); Joachim Friedrich Staab, *Nachrichtenwert-Theorie* (Freiburg: Alber, 1990).

204 *Al-Ḥiǧāb* (2008); *al-Islām dīn wa-umma wa-laysa dīnan wa-dawla* (2008); *al-Islām wa-ḥurrīyat al-fikr* (2008); *Hal yumkin taṭbīq aš-šarīʿa?* (2008); *al-Mar'a al-muslima bayna taḥrīr al-Qur'ān wa-taqyīd al-fuqahā'* (2008); *Rūḥ al-Islām* (2008); *Tafnīd daʿwā ḥadd ar-ridda* (2008); *Tafsīr al-Qur'ān al-karīm bayna al-qudāmā wa-l-muḥaddiṯīn* (2008); *al-ʿAwda ilā al-Qur'ān* (2009); *al-Ǧihād* (2009); *Qaḍīyat al-fiqh al-ǧadīd* (2009); *Ǧināyat qabīlat Ḥaddaṯanā* (2010); *Ǧawāz imāmat al-mar'a ar-riǧāl* (2011); *Tafnīd daʿwā an-nasḫ fī al-Qur'ān al-karīm* (2011).

Die großen Themen seines Gesamtwerks, das weit über 100 Bücher und Traktate umfasst,[205] sind bereits genannt worden. Bemerkenswert ist, welche Werke er selbst – nach über 60 Jahren als Publizist – für besonders gelungen (*ʿalā aḥsanihi*) hält:[206] Neben drei Werken zu Islam bzw. Scharia und Gesellschaft[207] nennt er seine in Buchform gebrachten Artikel aus der Zeitung al-Miṣrī al-yawm sowie zwei Werke zur Gewerkschaftsbewegung und eine Studie zur Weimarer Republik.[208] Seine aus eigener Sicht umstrittensten Thesen betreffen die ablehnende Haltung zur Verhüllung der Frau sowie zur notwendigen Trennung von Religion und Macht.[209]

Die thematische Heterogenität von al-Bannās Gesamtwerk mag irritierend wirken, wenn man ihn ausschließlich als islamisch motivierten Intellektuellen betrachtet. Gleichzeitig erinnert dies daran, dass Person und soziale Rolle(n) des muslimischen Intellektuellen nicht deckungsgleich sind. Während andere in dieser Studie untersuchte Autoren auch Jurist, Philosoph bzw. Wissenschaftler, politischer Aktivist oder Journalist sind, verfügt al-Bannā über keine spezifische Profession. Seine öffentliche Rolle beschränkt sich auf die des Intellektuellen.

Al-Bannā starb am 30.01.2013 in Kairo. Sein geistiges Erbe wird seinem Plan entsprechend durch eine Kommission bewahrt.

5.2 Der muslimische Intellektuelle als Verteidiger von Gelehrten (Huwaydī)

In Fahmī Huwaydīs Untersuchungen zum „säkularistischen Extremismus" (*taṭarruf ʿalmānī*) finden sich Beobachtungen, die etwas über die Autorität des Gelehrten und über das Verhältnis von Gelehrten und Intellektuellen aussagen.

205 Vgl. die Bibliographie (Stand: 2008) in al-Bannā, *Qaḍīyat al-qubulāt wa-baqīyat al-iǧtihādāt*, 248–52.

206 Vgl. al-Bannā, *Qaḍīyat al-qubulāt wa-baqīyat al-iǧtihādāt*, 129.

207 Vgl. *Rūh al-Islām* (1972, Neuauflage Dār aš-šurūq 2008); *Hal yumkin taṭbīq aš-šarʿīa* (2005, Neuauflage Dār aš-šurūq 2008) und *Taʿmīq ḥāssat al-ʿamal fī al-muǧtamaʿ al-islāmī* (1986).

208 *Al-Ḥaraka al-ʿummālīya ad-duwalīya* zur internationalen Arbeiterbewegung; *al-Muʿāraḍa al-ʿummālīya fī ʿahd Linīn* (kommentierte Übersetzung eines Werks der russischen Kommunistin Alexandra Kollontai) und *Ẓuhūr wa-suqūṭ Ǧumhurīyat Waymar* zur Weimarer Republik.

209 Vgl. al-Bannā, „Šarḍamat al-iṣlāḥāt al-islāmīya mā maṣīruhā? (1/3)".

Ein Intellektueller, der einen Gelehrten befragt

Huwaydī erörtert in einem Beitrag den Abfall vom Glauben (*ridda*) und dessen Bestrafung im Islam.[1] Den Anlass hierzu bildet der Protest jugendlicher Leser, weil er in einem früheren Beitrag die Selbstjustiz algerischer Islamisten an ‚abtrünnigen' Intellektuellen als mafiös und unislamisch kritisiert hatte.[2] Huwaydī wendet sich an einen „der prominentesten zeitgenössischen Vertreter des *iǧtihād*[3]" (*aḥad aʿlām al-iǧtihād min zamāninā*): (Scheich) Yūsuf al-Qaraḍāwī. Dieser soll ein Urteil fällen und den Fall „entflechten"[4].

Al-Qaraḍāwī warnt davor, vom Glauben Abgefallene zu töten. Während ein Urteil darüber dem Richter obliege, der zum *iǧtihād* befähigt sein müsse, sei die eigentliche Durchführung eine Angelegenheit des legitimen Herrschers (*walī al-amr/ imām*), der darüber entscheide, ob eine Strafe verhängt werden soll oder nicht.[5]

Bemerkenswert ist, dass der Intellektuelle Huwaydī den Gelehrten al-Qaraḍāwī als Spezialisten und als Autorität in Fragen des *iǧtihād* anerkennt. Sollte im Zweifelsfall also die Entscheidung eines Gelehrten über der eines muslimischen Intellektuellen stehen?

Auf Huwaydī scheint dies nicht zuzutreffen, denn er belässt es nicht bei al-Qaraḍāwīs Antwort.[6] Er übernimmt die Meinung des Gelehrten nicht ohne alternative Quellen zu befragen und trifft sein Urteil am Ende selbst, auch wenn er sich mehr oder weniger al-Qaraḍāwīs Standpunkt anschließt. Dafür, dass Huwaydī ein eigenes Urteil fällt, spricht auch, dass er an seinen Artikel die übliche Abschlussformel einer Fatwa *wa-llāhu aʿlam* (Gott [jedoch] weiß es am besten) anhängt. Es ist demnach Huwaydī, der hier urteilt, nicht der als Experte dargestellte al-Qaraḍāwī.

---

1 Vgl. Fahmī Huwaydī, „‚An ar-ridda wa-'iqāb al-murtaddīn'" in *al-Muftarūn*, 214–217.

2 Der Artikel erschien unter dem Titel „al-Farq bayna al-islāmīyīn wa-l-māfiyā" in der Zeitschrift „al-Maǧalla".

3 *Iǧtihād*: Individuelles Urteilen; im islamischen Recht dann zugelassen, wenn sich in den anderen Quellen islamischer Rechtsfindung (Koran, Sunna und Konsens der Gelehrten bzw. Umma) keine Regelung findet.

4 Fahmī Huwaydī, „‚An ar-ridda wa-ʿiqāb al-murtaddīn", 214 f.

5 Vgl. Huwaydī, *al-Muftarūn*, 215 f. Wörtlich heißt es „*fa-in amara [al-imām] bi-ḏālika nuffiḏa wa-illā fa-lā*" (216). Ähnlich formuliert es der „säkulare Muslim" und Publizist Ṣalāḥ ʿIsā, vgl. das Kapitel „Ein politischer Skandal und die Reaktionen der ägyptischen Presse (2006)".

6 So liest er nach beim berühmten ehemaligen Großscheich der Azhar Maḥmūd Šaltūt (1893–1963) sowie dem Juristen und Intellektuellen Muḥammad Salīm al-ʿAwwā, vgl. Fahmī Huwaydī, „ʿAn ar-ridda wa-'iqāb al-murtaddīn", 217.

Die Frage der Spezialisierung

Das Verhalten Huwaydīs zeigt, dass ein muslimischer Intellektueller einen Spezialisten befragen kann, wenn er selbst nicht weiter weiß – dass er es aber nicht muss. Der Gelehrte steht demnach in der Urteilsfähigkeit nicht höher als ein Intellektueller. Ebenso kann ein Gelehrter den Spezialisten eines nicht-religiösen Fachgebiets um Rat fragen.[7] Yūsuf al-Qaraḍāwī geht sogar so weit zu behaupten, das Urteil eines solchen Fachmanns sei islamrechtlich nicht infrage zu stellen, erkennt also dessen Autorität an.[8]

Dem muslimischen Intellektuellen als thematischem Generalisten lässt sich nicht in jedem Fall der Gelehrte als religiöser Experte gegenüberstellen. Schließlich gibt es auch unter den Gelehrten Unterschiede, was den Grad an Vertiefung in den verschiedenen Fachgebieten betrifft.[9]

Der muslimische Intellektuelle ist seiner Rolle nach ein Generalist – auch wenn er im (thematischen und personellen) Einzelfall zugleich eine Autorität islamischer Gelehrsamkeit darstellen kann.[10] Die beiden Rollen – Gelehrter und Intellektueller – stehen zueinander in einem gerichteten sozialen und kommunikativen Verhältnis: Während sich ein Intellektueller an einen Gelehrten als Spezialisten wenden kann, um sich Rat in islamischen Angelegenheiten zu holen, wäre dies umgekehrt unter der Würde eines Gelehrten.[11]

Brief eines Gelehrten an einen Intellektuellen

Kommunikation kann auch in die andere Richtung – vom Gelehrten zum Intellektuellen – erfolgen. So erhält Huwaydī Anfang 1988 einen Brief vom damaligen

7 Vgl. die Fatwa des damaligen Großmuftis Sayyid Ṭanṭāwī zu Sparzertifikaten (*šahādāt al-istiṯmār*), in der er argumentiert, das Fatwa-Amt solle Experten in den für den jeweiligen Fall relevanten Aspekten konsultieren. Hierzu ausführlich: Skovgaard-Petersen, *Defining Islam for the Egyptian State*, 295–318 (302).

8 So heißt es: „Wenn der Arzt sagt, es ist schlecht (*ḍār*), muss der Mufti sagen, es ist verboten (*ḥarām*)." Yūsuf al-Qaraḍāwī, *Mūǧibāt taġayyur al-fatwā fī ʿaṣrinā* (Kairo: Dār aš-Šurūq, 2008), 72.

9 Vgl. al-Qaraḍāwīs Bemerkung anlässlich des Todes des Großscheichs der Azhar Sayyid Ṭanṭāwī, jener habe sich vor allem mit Koranauslegung beschäftigt, jedoch im „Meer des Fiqh" zu wenig schwimmen geübt, um über „kühne Meinungen" hinauszugelangen (*aš-Šurūq*, 14.03.2010).

10 Vgl. den Begriff des „gelehrten Intellektuellen" in Schulze, *Islamischer Internationalismus im 20. Jahrhundert*, 6.

11 Dies ist eher eine Frage der Ehre als eine des Wissens. Anders formuliert: die soziale Rolle verlangt vom Gelehrten, mehr zu wissen als ein Intellektueller und andernfalls dies nicht öffentlich zuzugeben, um seine öffentliche Anerkennung nicht zu gefährden.

Großscheich der Azhar Ǧād al-Ḥaqq (1917–1996), der sich auf drei Artikel Huwaydīs bezieht, die das Verbreiten falscher Ansichten über den Islam kritisiert hatten.[12] Huwaydī kritisierte darin unter anderem den umstrittenen pro-säkularen Juristen Muḥammad Saʿīd al-ʿAšmāwī.[13]

Bemerkenswert an diesem Brief des Großscheichs ist, wie sich der hochrangigste Gelehrte Ägyptens als öffentlicher Akteur zu einem muslimischen Intellektuellen in Beziehung setzt. So möchte Ǧād al-Ḥaqq, den die Artikel Huwaydīs „mit Freude erfüllt, ja erquickt haben", diesen in seinem öffentlichen Handeln bestärken und ruft darüber hinaus die „ausgewogenen" Publizisten auf, die Plagegeister, die wie „Fliegen" um die Muslime schwirren, zu vertreiben. Im Wortlaut des Briefs heißt es:

> Mein Bruder, ich bin nicht in der Position, einige dieser Bücher aus dem Hause dieser Gruppe zu diskutieren, die Geschmack daran gefunden hat, dass Gelehrte und Autoren sie in Ruhe lassen, anstatt ihre Lügen und Pläne zu entlarven. Ich möchte Sie [Huwaydī] in ihrem Wirken bestärken – und rufe alle ausgewogenen Publizisten auf, das rechte Wort zu verkünden und das Feld des Islam von Lügen freizumachen, die – Gott sei Dank – dem Islam nicht zu eigen sind.[14]

Der „große Imam", der laut staatlichem Auftrag das „islamische Erbe bewahren"[15] soll, sieht sich und die Gelehrtenschaft offenbar nicht in der Lage, diese mediale Gefahr allein zu bannen. Und so ruft er andere Akteure auf den Plan:

> Um die Sicherheit der Umma zu gewähren, sollte solchen Zwietracht (*fitna*) verbreitenden Ideen ernsthaft entgegengetreten werden. Dies ist die Pflicht der Leute des Wissens [bzw. der Wissenschaft] und der Publizisten. Zuständig sind auch alle, die Verantwortung für die [allgemeine] Ordnung tragen, und jene, die Aufrührer bekämpfen […]: ‚Und wenn Gott nicht die einen Menschen durch die anderen zurückgehalten hätte (indem er ihnen aus ihren eigenen Reihen Widersacher entstehen ließ), wäre die Erde dem Unheil verfallen. Aber Gott ist huldvoll gegen die Menschen in aller Welt.' [Sure 2:251, Paret].[16]

---

12 Für die Artikel Huwaydīs vgl. Huwaydī, *al-Muftarūn*, 122–131; 132–141; 142–150. Für den Brief Ǧād al-Ḥaqqs an Huwaydī vgl. den Anhang.

13 Al-ʿAšmāwī (1932–2013), lange Zeit Richter am Appellationsgericht in Kairo und Autor von über 30 Büchern. Vgl. das Kapitel „Grenzen und Konflikt".

14 Huwaydī, *al-Muftarūn*, 160:
يا أخى: لست فى مقام مناقشة بعض هذه الكتب من إنتاج هذه الفئة التى استمرأت سكوت العلماء والكتاب عن تعقب إفكها وفضح مخططاتها، وإنما أردت أن أشد على يدك .. وأدعو كل ذى قلم منصف أن يقول كلمة الحق، وأن يبرئ ساحة الإسلام - وهى بريئة بحمد الله - من هذا الإفك .

15 Vgl. Art. 2 des Gesetzes zur Neuordnung der Azhar und ihrer Institutionen (Gesetz Nr.103 von 1961).

16 „Risāla min Šayḫ al-Azhar," in *al-Muftarūn*, 159 f. (160):

Auch an anderer Stelle hatte Ǧad al-Ḥaqq dazu aufgerufen, „den Säkularisten nicht das Feld zu überlassen“[17]. In seinem Brief an Huwaydī schließt er, Gott möge ihm „beistehen, das Rechte zu sagen und zu verbreiten“.

Die öffentliche Rolle

Das Aufgabengebiet pro-islamischer Akteure, die als Publizisten tätig sind, unterscheidet sich von dem eines hochrangigen Gelehrten wie Ǧād al-Ḥaqq. Der Gelehrte behandelt die Intellektuellen als Spezialisten, wenn es darum geht, öffentliche Bedrohungen auf kommunikativer Ebene von der islamischen Gemeinschaft abzuwenden. Demgegenüber erscheint ein Gelehrter in Amt und Würden als Generalist: Er äußert sich zu Grundsatzfragen, aber überlässt anderen die Details und die konkrete Umsetzung.

Ǧād al-Ḥaqqs Brief weist indirekt auf eine Rollenteilung zwischen dem traditionellen hochrangigen Gelehrten und dem muslimischen Intellektuellen hin. Muslimische Intellektuelle spielen für die öffentliche Verteidigung des Islam eine unverzichtbare Rolle – eine Rolle, die Gelehrte nicht bzw. nicht allein erfüllen können.[18]

Im Zusammenhang mit Ǧād al-Ḥaqq ist auch die Veröffentlichungsgeschichte eines anderen Werks zum Thema Säkularismus erwähnenswert: Der Intellektuelle Muḥammad ʿImāra, der die Azhar in ihren offenbar unzureichenden Bemühungen gegenüber säkularistischen Tendenzen unterstützen möchte, begibt sich mit einem Vorschlag zum Großscheich: Die Azhar möge ʿImāras Entgegnung auf die „Scheinargumente (*šubuhāt*) der Säkularisten“[19] veröffentlichen, um „ihrem Standpunkt gegen Säkularismus und Säkularisten [offiziell] Ausdruck zu verleihen“[20]. Ǧād al-Ḥaqq stimmt dem Vorschlag zu und liefert ein Vorwort zur Veröffentlichung.[21]

إن أمن الأمة فى حاجة إلى مواجهة جادة لهذا الفكر، الذى يشيع الفتنة. وذلك واجب أهل العلم وأصحاب القلم، كما هو مسئولية كل ذى مسئولية فى مكافحة الخروج على النظام ومثيرى الشغب [...]: {ولولا دفع الله الناس بعضهم ببعض لفسدت الأرض ولكن الله ذو فضل على العالمين}.

17 Vgl. den Bericht über ein Islam-Symposium im Jahr 1993 (ʿAlī Ṣābir, „Šayḫ al-Azhar li-ʿulamāʾ al-Islām: Lā tatrukū as-ṣāḥa li-l-ʿalmānīyīn!,“ *an-Nūr,* 13.10.1993). Die Einführungsrede hielt Muḥammad ʿImāra.

18 Vgl. auch die interne Beobachtung Huwaydīs, die Fuqahāʾ nähmen nicht am „öffentlichen Diskurs“ über wichtige gesellschaftliche Fragen teil (Huwaydī, *Azmat al-waʿī ad-dīnī*, 26).

19 So der Untertitel von ʿImāra, *al-Islām wa-s-siyāsa*. Noch im Jahr 2008 entscheidet sich der Verlag Maktabat aš-šurūq ad-duwalīya, das Werk neu aufzulegen.

20 ʿImāra, *Hāḏa Islāmunā*, 248.

21 Vgl. ʿImāra, *al-Islām wa-s-siyāsa*, 7–11. Das Buch erscheint zuerst 1992 in einer Reihe der azharitischen Akademie für islamische Studien (*Maǧmaʿ al-buḥūṯ al-islāmīya*).

ʿImāra hält in einer rückblickenden Schilderung der Ereignisse fest, er hätte es nicht nötig gehabt, die Azhar um Veröffentlichung seines Werks zu ersuchen; andere Verlage wären ebenfalls zu einer Publikation bereit gewesen. Bemerkenswert ist auch die Feststellung ʿImāras, seine Beziehung zum Großscheich sei geprägt gewesen durch „Wohlwollen und gegenseitige Hilfe im Bereich der Verteidigung des Islam“[22].

Der Intellektuelle ʿImāra – im Sommer 2011 wird er Chefredakteur der „Zeitschrift der Azhar“ – scheint als Akteur auf der Bühne der Öffentlichkeit souveräner zu agieren als die Azhar und ihr Imam. Auch die Tatsache, dass Huwaydīs Artikel von Großscheich Ǧād al-Ḥaqq mit Interesse verfolgt werden, deutet in diese Richtung.

Der Gelehrte nimmt – zumindest in diesem Moment – nicht an der öffentlichen Auseinandersetzung teil, sondern akzeptiert bei der öffentlichen Diskussion bestimmter Fragen des Islam einen Platz im Publikum. Er will – und kann – sich nicht zu allen Fragen und zu jeder Zeit äußern.[23] Auch wenn die Intellektuellen aus seiner Sicht vielleicht Verbreiter[24] eines weniger differenzierten Islam-Bilds sind, ist dieses Bild noch akzeptabel.

Dies bedeutet, dass medienversierte Publizisten den Gelehrten entlasten und für andere Aufgaben freistellen. Der spezialisierte Gelehrte enthält sich unliebsamer Detailfragen und überlässt diese den (unspezialisierten) Intellektuellen.[25]

Zuständigkeit

Um noch einmal zusammenzufassen: Der Großscheich positioniert sich durch seine Aussagen – und Huwaydī verstärkt diese Positionierung, indem er seinen Brief in al-Ahram und späteren Aufsatzsammlungen abdruckt. Ǧād al-Ḥaqq erkennt implizit an, dass er in bestimmten Fragen des Islam nicht unmittelbar zuständig ist. Er sieht sich – zumindest in diesem Fall – auch nicht als zuständig, wenn es darum geht, die öffentliche Ordnung der Gesellschaft zu schützen.

22 ʿImāra, *Hāḏa Islāmunā*, 249.

23 Beim Großscheich der Azhar kommt die politische Einbindung seines Amtes hinzu, die ihn daran hindert, zu allen gesellschaftlichen Fragen offen Stellung zu nehmen.

24 Im Sinne von „disseminators of knowledge“ nach Florian Znaniecki, *The social role of the man of knowledge* (New York: Octagon Books, 1975), 150 ff.

25 Laut Ǧād al-Ḥaqq tragen nicht nur Publizisten, Gelehrte und Wissenschaftlicher Verantwortung für die Verteidigung der islamischen Umma, sondern auch die Bewahrer öffentlicher Ordnung. Dies verweist nicht nur auf staatliche Behörden, sondern auch auf das Militär. Vgl. auch den mehr oder weniger direkten Aufruf an das Militär, gegen den ‚Feind des Islam‘ Faraǧ Fūda einzugreifen („al-ʿAlmānīyūn adāh ġarbīya... li-tašwīh al-Islām,“ *an-Nūr*, 01.04.1992).

Es muss somit andere soziale Rollen und Institutionen geben, die diese Funktion erfüllen – darunter den muslimischen Intellektuellen. Die Rollen des Gelehrten und des Intellektuellen mögen hinsichtlich ihrer Motivation ähnlich sein; es geht ihnen darum, den Islam zu erhalten und zu beschützen. Insofern können Gelehrter und muslimischer Intellektueller Gesinnungsgenossen sein. Allerdings scheint der Intellektuelle für die Erfüllung dieser Aufgaben innerhalb einer diskursiven Öffentlichkeit besser gerüstet zu sein.

So muss sich ein muslimischer Intellektueller seine Autorität erst erarbeiten; neben öffentlicher Interaktion (zum Beispiel in Form von Podiumsdiskussionen) geschieht dies auch über die Massenmedien. Demzufolge ist es für einen erfolgreichen Intellektuellen notwendig, einen kompetenten Umgang mit Massenmedien zu entwickeln; nur dann kann er in seiner Rolle öffentlich und damit auch gesellschaftlich anerkannt werden.[26]

Ein traditioneller Gelehrter erlangt eine solche Medienkompetenz im Rahmen seiner azharitischen Ausbildung nicht.[27] Er erfüllt seine Rolle als Angestellter der drei großen offiziellen Institutionen des Islam (al-Azhar, Dār al-Iftā', Awqāf-Ministerium).[28] Das bedeutet, dass ein Gelehrter innerhalb des staatlich kontrollierten ägyptischen Islam aus eigener Initiative nicht öffentlich-medial in Erscheinung treten muss – es sei denn, er erfüllt höhere, repräsentative Aufgaben. Damit hängt zusammen, dass sich das kulturelle Kapital eines Gelehrten zunächst über die an Titeln ablesbare institutionalisierte Gelehrsamkeit zeigt.[29] Demgegenüber wird die individuelle Autorität eines Intellektuellen erst durch öffentliche Anerkennung sichtbar.

Mit anderen Worten: ein muslimischer Intellektueller muss sich seine Autorität als symbolisches Kapital erst erarbeiten, während ein Gelehrter allein durch sein Amt in einer der offiziellen Institutionen des Islam über Autorität verfügen kann.

---

26 Während sich prinzipiell jeder arabische Muslim als *mufakkir islāmī* bezeichnen darf, kann er den Anspruch, die Rolle eines Intellektuellen einzunehmen, erst durch öffentliche Anerkennung einlösen.

27 Zu Bildungssystem und Islam vgl. Gregory Starrett, *Putting Islam to work* (Berkeley: University of California Press, 1998).

28 Das reguläre Karrieremodell beinhaltet die Lehre an der Azhar-Universität bzw. die Mitarbeit an den Azhar-Institutionen, die Arbeit als Imam für das Awqāf-Ministerium oder als Mufti im Dār al-Iftā'.

29 Im weitesten Sinne zählt dazu ein Abschluss an einer Azhar-Einrichtung, im engeren Sinne die *ʿālimīya* als rechtlich fixierter Abschluss für Doktoranden religiöser Azhar-Fakultäten (vgl. Art 75, Gesetz 103 von 1961).

Der Gelehrte als Experte

Das Expertentum des Gelehrten – und damit verbunden seine Abgrenzung zur muslimischen Allgemeinheit – zeigt sich auch am Beispiel des Gerichtsprozesses um den Mörder des Publizisten Faraǧ Fūda, den Huwaydī erörtert.[30] Zur Erinnerung: Der als Publizist umstrittene islamismus- bzw. islamkritische Fūda wurde 1992 von Mitgliedern der al-Ǧamā'a al-islāmīya umgebracht, die ihn als Ungläubigen (*kāfir*) ansahen, Selbstjustiz für notwendig hielten und damit das Gewaltmonopol des ägyptischen Staats infrage stellten.[31] Dass die Mörder das Opfer für ungläubig hielten, ist erwähnenswert, da Fūda nicht *als Säkularist* umgebracht wurde, sondern der Begriff *'almānī* in seiner Mehrdeutigkeit auf den islamrechtlich terminologisierten Begriff *kāfir* reduziert wurde.[32] In den Wochen vorher hatte es mehrere Erklärungen von Azhar-Gelehrten gegeben, die vor der Gefahr des Säkularismus gewarnt, Fūda als Säkularisten kritisiert und von seiner Islamismuskritik auf Apostasie geschlossen hatten.[33]

Im Gerichtsprozess gegen einen der Mörder wurde im Juni 1993 der Gelehrte und Muslimbruder Muḥammad al-Ġazālī als Sachverständiger vernommen, wobei er – je nach Perspektive – den Mörder verteidigte bzw. allgemeine Regelungen des islamischen Rechts anführte, die den Mörder partiell entlasteten.[34]

---

30 Vgl. Fahmī Huwaydī, „Ḥāšīya 'alā šahādat al-Ġazālī," in *al-Muftarūn*, 208–213. Zu Fūda und dessen Perspektive auf *al-'almānīya* vgl. insbesondere das Kapitel „Grenzen und Konflikt" sowie „Interne Reflexion des diskursiven und kommunikativen Kontexts".

31 Vgl. Bassam Haddad, „The Assassination of Fuda," *Arab Studies Journal*, 1, Nr.1 (1993): 16–19; Ana Belén Soage, „Faraj Fawda, or the cost of the freedom of expression," *The Middle East Review of International Affairs*, 11, Nr.2 (2007): 26–33. Zum Zusammenhang von Gelehrten, Intellektuellen und militanten Islamisten vgl. Gilles Kepel und Yannes Richard, Hrsg., *Intellectuels et militants de l'Islam contemporain* (Paris: Éd. du Seuil, 1990) sowie die Beobachtung, von Arbeitsteilung: „By condemning Foda as an apostate, al-Azhar essentially issued a death sentence to be carried out by radical Islamists.", Tamir Moustafa, „Conflict and Cooperation between the State and Religious Institutions in Contemporary Egypt," *The International Journal of Middle East Studies*, 32 (2000): 3–22, 21, Anm. 64. Bemerkenswert, dass der Mord an Fūda auch fast 20 Jahre später noch publizistisch relevant erscheint: Māhir Ḥasan, „Uġtīla al-mufakkir ad-duktūr Faraǧ Fūda," *al-Miṣrī al-yawm*, 08.06.2010.

32 Die Frage, ob Unglaube islamrechtlich im Diesseits zu ahnden ist, wird unter Berufung auf Sure 2:256 (kein Zwang in der Religion) häufig verneint.

33 Vgl. die bereits genannte Erklärung von Azhar-Dozenten: „al-'Almānīyūn adāh ġarbīya... li-tašwīh al-Islām," *an-Nūr*, 01.04.1992, in der Fūda als führender Kopf der Säkularisten betrachtet wird.

34 Vgl. die dokumentierte Zeugenaussage in al-Bannā, *Ka-lā ṯumma ka-lā*, 18–21, die Dokumentation in aš-Ša'b vom 25.06.1993 übernehmend.

Den Ausgangspunkt der Beobachtungen Huwaydīs bildet nicht die Expertenbefragung selbst, sondern die anschließende Kritik an al-Ġazālī. Huwaydī berichtet von Demonstrationen gegen den Gelehrten und kommt zu dem Schluss, die wütenden Demonstranten hätten al-Ġazālī offenbar missverstanden. Den Grund dafür vermutet Huwaydī darin, dass al-Ġazālī in der elaborierten Sprache der Rechtsgelehrten gesprochen habe; seine Worte seien an die Experten vor Gericht und nicht an das gemeine Volk gerichtet gewesen, das Huwaydī offenbar ähnlich ungebildet ansieht wie die Massenmedien.[35]

Al-Ġazālī hatte gesagt, im Islam werde keine Strafe für Machtanmaßung (*al-iftiʾāt ʿalā as-sulṭa*) – auch im Sinne von Selbstjustiz – erwähnt. Laut Huwaydī liegt das Missverständnis darin, dass aus der Aussage al-Ġazālīs nicht gefolgert werden könne, es gebe überhaupt keine islamrechtliche Strafe. Vielmehr sei zu unterscheiden zwischen dem Islam als göttlicher Offenbarung und der Scharia, die neben rechtlich „verbindlichen Textstellen auch unverbindliche Rechtsfindungen der Gelehrten (*iǧtihādāt al-fuqahāʾ lā tulzim*)“[36] enthalte.

Huwaydī trifft im Anschluss daran eine bemerkenswerte Unterscheidung zwischen Fatwa und Aussage (*šahāda*) vor Gericht. Eine *Aussage* – und eine solche habe al-Ġazālī gemacht – beziehe lediglich das ein, was „an Textstellen in Bezug auf das Thema feststeht (*ṯābit*) bzw. in den allgemeinen Regelungen der islamischen Rechtswissenschaft festgelegt (*muqarrar*) ist“[37]. Bei einer Fatwa dagegen würden die Textstellen und Regelungen auf eine konkrete historische Situation angewandt, die soziale und kulturelle Umstände einbeziehe, „zwischen Wohl und Übel abwäge“ und erst auf dieser Grundlage eine Beurteilung formuliere.

Huwaydī unterscheidet demnach zwischen zwei verschiedenen Sprechersituationen des Rechtsgelehrten, der einmal als religiöse Autorität und einmal als Experte für religiöse Fragen auftritt. In beiden Fällen ist der Gelehrte charakterisiert durch sein Differenzierungsvermögen in Bezug auf allgemeines Prinzipien- bzw. konkretes Anwendungswissen zum Islam.

Die Expertise des Gelehrten werde in ihrer Resonanz eingeschränkt durch eine unwissende Öffentlichkeit und eine unfaire Justiz.[38] Das Problem besteht aus Sicht Huwaydīs darin, dass die Komplexität des Themas nicht anerkannt und einer differenzierten Erörterung nicht ausreichend Raum gewährt wird.

---

35 Huwaydī führt Beiträge in den pro-islamistischen Zeitungen aš-Šaʿb und an-Nūr an, die al-Ġazālīs Aussage missverstehen würden und titeln, das Töten von Apostaten sei islamrechtlich nicht strafbar.

36 Huwaydī, *al-Muftarūn*, 209.

37 Huwaydī, *al-Muftarūn*, 209.

38 Huwaydī erwähnt unpassende und zu allgemeine Fragen eines Anwalts an al-Ġazālī, die nur wenig Raum für sachdienliche Antworten gelassen hätten (Huwaydī, *al-Muftarūn*, 210).

In Bezug auf Huwaydī als externen Beobachter fällt auf, dass dieser selbst als Islamexperte agiert. Er beansprucht für sich, die Komplexität des Themas adäquat zu erfassen und die Öffentlichkeit darüber aufklären. Huwaydī, der aufgrund enger Verbindungen persönlich mit al-Ġazālī über den Fall sprechen konnte, fällt selbst ein Urteil, indem er islamrechtliche Entscheidungen in Erinnerung ruft: Der Umgang mit Apostaten sei Aufgabe der Obrigkeit, nicht einzelner Menschen, da sonst Chaos ausbrechen würde.[39] Für den islamrechtlichen Straftatbestand der Machtanmaßung sei durch die Rechtsgelehrten eine Bestrafung durch Züchtigung (*taʿzīr*) vorgesehen, wobei sich Huwaydī für die strengstmögliche Bestrafung (*aqṣā al-ʿuqūbāt*) des Mörders ausspricht, ohne diese zu konkretisieren.[40]

Huwaydī realisiert dabei zweierlei: (1) Auf inhaltlicher Ebene selektiert er islamische Normen und konstruiert damit islamische Realität. (2) Durch seine Verteidigung des Gelehrten und die Darlegung seiner eigenen fachlichen Kompetenz setzt er die Rolle des Intellektuellen in ein Verhältnis zum Gelehrten, das den Intellektuellen als mindestens ebenbürtig erscheinen lässt.

Die Parteinahme Huwaydīs für den Gelehrten al-Ġazālī verdeutlicht, dass dieser offenbar der Unterstützung eines Intellektuellen bedarf.[41]

Das Verständnis von *iǧtihād*

Für den Intellektuellen Huwaydī ist der Gelehrte ein unverzichtbarer Teil des Islam. Dies zeigt sich an einem Fall, den Huwaydī schildert. Ġālī Šukrī (1935–1998) – bekannter Publizist und Literaturkritiker[42] – habe den Gelehrten Muḥammad al-Ġazālī angeklagt, *Terror zu maskieren*.[43] Šukrī gehöre zu den Ultra-Säkularisten

---

39 Vgl. Huwaydī, *al-Muftarūn*, 211. Meines Wissens eine klassische Argumentation in der islamischen Rechtswissenschaft.

40 Vgl. Huwaydī, *al-Muftarūn*, 212.

41 Im Übrigen verteidigt Huwaydī auch christliche Würdenträger wie Papst Šanūda, in diesem Fall gegen Forderungen des koptischen Intellektuellen Mīlād Ḥannā. Vgl. „al-Ḥiwār mumkin faqaṭ maʿa al-ʿalmānīyīn al-laḏīna lā yarfuḍūna ad-dīn," *Al-Anbāʾ*, 28.02.1997 [Buchrezension zu Huwaydīs „al-Muftarūn"].

42 Šukrī war in den 1990ern bis zu seinem Tod Chefredakteur von al-Qāhira, der Kulturzeitschrift des Kultusministeriums; Šukrīs Nachfolger als Chefredakteur ist Ṣalāḥ ʿĪsā. Vgl. das Kapitel „Ein politischer Skandal und die Reaktionen der ägyptischen Presse (2006)". Zu Šukrī vgl. Chalala, „Ghali Shukri: Journalist, Author, Critic, Leaves Legacy of Cultural Influence".

43 Fahmī Huwaydī, „Šuyūḫunā al-muftarā ʿalayhim", 60. Šukrī spricht von „Masken des Terrors" (*aqniʿat al-irhāb*). Vgl. Šukrī, *Aqniʿat al-irhāb*, allerdings ohne die von Huwaydī diskutierte Anklage gegen al-Ġazālī; vgl. aber Šukrīs dortige Kritik an ʿImāra („al-ʿAlmānīya al-malʿūna", 441–63) sowie das Gespräch Šukrīs mit al-Bišrī und Huwaydī („Šarʿīyatān tataṣāraʿān ʿalā al-ḥukm", 91–105).

(*ġulāt al-ʿalmānīyīn*) – und damit zum Lager völliger Verweigerungshaltung (*muʿaskar aḍ-ḍidd*), dem auch die Ultra-Salafisten angehörten.[44]

Šukrī hatte darauf hingewiesen, dass es im Islam keine professionellen Männer der Religion (*riǧāl dīn muḥtarifūn*) und keine Priester (*kahāna*) gebe. Kein Mensch sei unfehlbar oder heilig und entsprechend seien auch Gelehrte fehlbar wie alle anderen. Dies bedeute auch, dass jeder eine Fatwa erlassen könne.[45]

Relevant scheint, was Huwaydī in Bezug auf die Stellung der Gelehrten entgegnet: Šukrī habe im Prinzip recht, jedoch werde in der Wissenschaft eine kritische Masse an Wissen benötigt; zudem seien die Gelehrten „Erben der Propheten“ (*waraṯat al-anbiyāʾ*).[46] Demzufolge seien sie als Experten unverzichtbar und ihre Rolle als Fortführung einer altehrwürdigen Tradition erhaltenswert.

Die Gelehrten sind für Huwaydī personifizierte „Symbole des Islam“ – und zwar als gleichwertiges Äquivalent zu repräsentativen Vertretern anderer gesellschaftlicher Bereiche wie Politik, Kultur oder Wissenschaft.[47] Huwaydī geht es explizit nicht um eine Vormachtstellung oder Autorität der Gelehrten, sondern darum, dass jene „Leute des Wissens“ (*ahl al-ʿilm*) fähiger als andere seien, Rechtes von Unrechtem zu unterscheiden.[48] Diese Form von Fachexpertentum bezieht Huwaydī nicht nur auf Gelehrte, sondern auch auf Wissenschaftler nichtreligiöser Fächer.[49]

In diesen Kontext passt auch Huwaydīs Verständnis davon, wer *iǧtihād* als eigenständige Urteilsfindung zu gesellschaftlich relevanten Angelegenheiten betreiben darf: nicht nur ausgebildete Gelehrte, sondern auch muslimische Intellektuelle.[50] Gleichzeitig betont Huwaydī, man müsse sich selbst öffentlich dazu bekennen, zu den „Leuten eigenständigen Urteilens“ (*ahl al-iǧtihād*) zu gehören. Die Rolle eines öffentlichen Experten setzt demnach Selbstzuschreibung und gesellschaftliche Anerkennung voraus.

---

44 Die Salafisten hätten behauptet, al-Ġazālī sei Säkularist im Sinne Atatürks (!). Huwaydī geht nicht weiter darauf ein, sondern beschränkt seine Kritik auf Šukrī. Vgl. Huwaydī, *al-Muftarūn*, 60.

45 Zitiert nach Fahmī Huwaydī, „Šuyūḫunā al-muftarā ʿalayhim“, 60.

46 Fahmī Huwaydī, „Šuyūḫunā al-muftarā ʿalayhim“, 60. Er bezieht sich auf Hadithe wie: العلماء مصابيح الأرض وخلفاء الأنبياء وورثتي وورثة الأنبياء.

47 Vgl. Fahmī Huwaydī, „Šuyūḫunā al-muftarā ʿalayhim“, 65.

48 Vgl. Fahmī Huwaydī, „Man aẓ-ẓālim? Man al-maẓlūm?“, 161.

49 Beispielsweise auf den Historiker ʿAbd al-ʿAẓīm Ramaḍān, der das *Rechte* eigentlich kennen müsste. Vgl. Huwaydī, *al-Muftarūn*, 162.

50 Vgl. die kurze Erörterung zu *ahl al-iǧtihād* in Fahmī Huwaydī, „al-Fitna aṣ-suġrā,“ in *al-Muftarūn*, 170–177 (177).

Iǧtihād im Sinne individueller Argumentation findet allerdings seine Grenzen, wo der Konsens der Mehrheit und die Orthodoxie in Gefahr gerät. Wenn beispielsweise ein „Säkularist" wie Muḥammad Ḫalafallāh behaupte, dass sich aus dem Koran nicht die Pflicht ableiten lasse, einen islamischen Staat zu gründen, ja dass Koranverse mit Bezug auf *ḥukm* (Herrschaft, rechtliche Bestimmung) sich nur auf Juden und Christen bezögen, dann seien „diese Ansichten nicht einfach nur unschuldiger *iǧtihād*", sondern ein „Spiel mit dem Feuer"[51], das aufhören müsse.

An der Form von Huwaydīs Kritik zeigt sich etwas für die Verortung des Islam Grundsätzliches: Um falsche Behauptungen zu widerlegen, müssen diese zunächst öffentlich reproduziert werden. Somit wird implizit nicht nur die Fragestellung akzeptiert, sondern auch der Widersacher als Akteur anerkannt.[52] Offenbar sind solche säkularistischen Thesen auch Jahre später noch öffentlich relevant[53] – und ein Verteidiger des Islam kann sie nicht einfach ignorieren.

Im Namen der Religion

Eine weitere Frage, die Huwaydī erörtert, ist die der Autorität des Gelehrten und seiner herausragenden Stellung als Sprecher im Namen des Islam. Er erwähnt nicht näher benannte säkularistische Autoren, die behaupten und gleichzeitig kritisieren würden, (Scheich) Muḥammad al-Ġazālī betrachte sich als Repräsentant (*mumaṯṯil*) des Islam.

Huwaydī führt zwei Gegenargumente an: Al-Ġazālī habe ein halbes Jahrhundert der *da'wa* (Einladen bzw. Aufrufen zum Islam) gewidmet und schon deshalb ein gewisses Recht, im Namen des Islam zu sprechen. Des Weiteren habe al-Ġazālī nie beansprucht, der *Einzige* zu sein, der für den Islam spricht.[54] Huwaydīs Argumentation weist somit das Problem der Unterscheidung von Aussagen zum Islam (Wahrheitsanspruch) und Sprechen im Namen des Islam (Repräsentativität, Identität) auf. Es ist diese Unterscheidung, die eine der Kernfragen der Verortung von Religion innerhalb einer modernen Gesellschaft darstellt.

---

51 Fahmī Huwaydī, „Suqūṭ al-aqni'a," in *al-Muftarūn,* 178–186 (186).

52 Vgl. Pierre Bourdieu, „The Field of Cultural Production, or: The Economic World Reversed," in *The Field of Cultural Production,* 29–73 (42).

53 Ursprünglich 1994 in al-Ahram erschienen, hält wohl nicht nur Huwaydī den Artikel für besonders relevant. Die beiden Aufsatzsammlungen *al-Muftarūn* (1996) und *al-Maqālāt al-maḥẓura* (1998), in denen er den Beitrag neu abdrucken lässt, werden von der lesenden Öffentlichkeit so gut aufgenommen, dass sie zehn Jahre später immer noch aufgelegt werden.

54 Fahmī Huwaydī, „Šuyūḫunā al-muftarā 'alayhim", 64.

In einer modernen Gesellschaft ohne universelle Letztinstanzen kann die Frage zum Problem werden, *wer* überhaupt Geltungsansprüche öffentlich erheben darf und inwiefern die geäußerten Wahrheiten und Normen für Andere mitgelten sollen.[55]

Erinnerungswürdig ist, dass es im Zusammenhang mit islamischer Gelehrsamkeit nicht nur um Wahrheit und normative Richtigkeit geht, sondern ebenso um Moral – und damit verbunden um die öffentliche Achtung (oder Ächtung) von Autoren.[56]

Wie im Folgenden zu sehen sein wird, werden Alternativmeinungen häufig nicht als unwahr, sondern als irreführender Normverstoß betrachtet – vor allem wenn sie den Zusammenhalt der Gemeinschaft, die Einheit der Umma, durch Verleumdung oder mögliche Zwietracht zu gefährden scheinen.[57] Die Ausgrenzung der Kritiker äußert sich in Form moralischer Abwertung, mit der Folge des Verlusts gesellschaftlicher Achtung – dies verdeutlicht, wie stark Wahrheit noch mit gesellschaftlichen Wertvorstellungen verbunden ist.

Dass die Frage der Moral in einer modernen Gesellschaft keine ausschließlich religiöse ist und man öffentlichen Respekt nicht mehr automatisch riskiert, wenn man Kritik am religiösen Establishment übt, zeigt der Fall des Intellektuellen Ǧamāl al-Bannā.

5.3 Der muslimische Intellektuelle als Gegner von Gelehrten (al-Bannā)

Wie bei Fahmī Huwaydī lassen auch Inhalt und Form der Erörterungen Ǧamāl al-Bannās Rückschlüsse auf seine Rolle als moderner Intellektueller zu. Im Unterschied zu Huwaydī lässt sich al-Bannās Perspektive als *progressiv* bezeichnen: aus seiner Sicht weicht die islamische Realität in einigen Aspekten grundsätzlich

55 Zum Fehlen von Letztinstanzen und dem Umgang damit vgl. das Kapitel „Wahrheit", in: Niklas Luhmann, *Die Wissenschaft der Gesellschaft* (Frankfurt a.M.: Suhrkamp, 1990), 167 ff. sowie Niklas Luhmann, „Gibt es in unserer Gesellschaft noch unverzichtbare Normen?," in *Die Moral der Gesellschaft*, 228–252. Für den Islam vgl. Gudrun Krämer und Sabine Schmidtke, Hrsg., *Speaking for Islam* (Leiden: Brill, 2006).

56 Man denke an die Ächtung Naṣr Ḥāmid Abū Zayds als Ungläubiger (*kāfir*) durch ʿAbd aṣ-Ṣābūr Šāhīn, vgl. Abū Zayd, *at-Tafkīr fī zaman at-takfīr*, 9. Zu einem über Achtung operationalisierten Verständnis von Moral vgl. Luhmann, *Die Moral der Gesellschaft*.

57 Dies betrifft fast alle pro-säkularen Autoren, die von ʿImāra, Huwaydī, al-Qaraḍāwī etc. kritisiert werden: u. a. Naṣr Ḥāmid Abū Zayd, Muḥammad Saʿīd al-Ašmāwī und Fu'ād Zakarīyā.

von idealen Vorstellungen ab; ausgehend von dieser realistischen Sichtweise sieht der Autor eine Notwendigkeit für Veränderung.[1]

Während Huwaydī die Gelehrten verteidigt, deren traditionell verankerte Rolle er für unverzichtbar hält, kritisiert al-Bannā diese in ihrer historisch entwickelten Rolle – und wird dafür vom religiösen Establishment ausgegrenzt.

Obwohl al-Bannās Ansichten überwiegend einer Mehrheitsmeinung widersprechen dürften, ist die öffentlich-mediale Resonanz darauf bemerkenswert hoch. Die gute Quellenlage erlaubt es, über eine allgemeine Analyse hinaus mehrere diskursive Perspektiven und Ereignisse unmittelbarer und ausführlicher zu schildern als im Fall Huwaydīs.

Al-Bannās Bild des Gelehrten

Anfang der 1990er Jahre wird die Auseinandersetzung mit dem Gelehrtentum für Ǧamāl al-Bannā zum Thema und zu einem gesellschaftlich relevanten Phänomen – sichtbar in einer Streitschrift gegen Rechtsgelehrte und gegen anmaßende Aufklärer.[2]

Bemerkenswert ist sein Ausgangspunkt: die Expertenaussage des azharitischen Gelehrten und Muslimbruders Muḥammad al-Ġazālī (1917–1996) im Prozess um den Mord an Faraǧ Fūda,[3] welcher von al-Bannā an anderer Stelle als einer der „führenden zeitgenössischen Verfechter des Säkularismus" (*abraz duʿāt al-ʿalmānīya al-muʿāṣirīn*)[4] bezeichnet, hier jedoch lediglich als „journalistischer Autor" eingeführt wird.[5] Al-Bannā bezieht sich somit ebenso wie Huwaydī auf die Rolle al-Ġazālīs und dessen Expertenaussage als Gelehrter.[6]

Bemerkenswert an al-Bannās Streitschrift ist weiterhin, dass Faraǧ Fūda weder einer Denkrichtung zugeordnet (z. B. als Säkularist oder Vertreter der

---

1 Vgl. u. a. al-Bannā, *Naḥw Fiqh ǧadīd.*

2 Vgl. al-Bannā, *Ka-lā ṯumma ka-lā.*

3 Al-Ġazālīs Expertenaussage vor Gericht am 25.06.1993 wird von al-Bannā dokumentiert. Vgl. al-Bannā, *Ka-lā ṯumma ka-lā*, 18–21.

4 Neben Abū Zayd, Nagib Mahfouz und dem Journalisten Iḥsān ʿAbd al-Qaddūs (Rūz al-Yūsuf), die jedoch trotzdem pro-islamisch seien. Vgl. al-Bannā, *Mawqifunā min al-ʿalmānīya. al-qawmīya. al-ištirākīya*, 52.

5 Vgl. al-Bannā, *Ka-lā ṯumma ka-lā*, 5. Vgl. auch den Fokus auf Fūda in der „ersten Erklärung von Azhar-Professoren" zu *al-ʿalmānīya* („al-ʿAlmānīyūn adāh ġarbīya… li-tašwīh al-Islām," *an-Nūr*, 01.04.1992).

6 Vgl. das vorige Kapitel.

Aufklärung), noch dessen Ideen oder die Umstände seiner Ermordung thematisiert werden.

Auch al-Ġazālī wird nicht explizit einem traditionalistischen Lager zugeordnet, sondern seine Aussage offenbar nur zum Anlass genommen, sich mit den Hauptakteuren in Bezug auf die öffentliche Bewältigung gesellschaftlicher Herausforderungen auseinanderzusetzen: den Traditionsgelehrten (*fuqahā' at-taqlīd*) und den großspurigen Verfechtern der Aufklärung *(ad'iyā' at-tanwīr)*[7].

Für al-Bannā sind die muslimischen Rechtsgelehrten seit Jahrhunderten in erster Linie „Traditionsgelehrte“, die blind den „Scheichs der Vergangenheit“ folgen, ohne sie zu hinterfragen.[8] Ihnen stellt er die Vertreter der „Aufklärung“ gegenüber, die blind europäischer Zivilisation, Sozialismus und arabischem Nationalismus folgen würden.[9]

Er selbst ordnet sich keinem Lager zu und verwirft die seiner Ansicht nach unflexiblen Paradigmen von Tradition und Aufklärung. Seine Hauptkritik: „Weder diese noch jene sind in der Lage, ihren Geist zu bemühen, um zu einer Lösung zu gelangen, die dem Wesen dieses Landes entspricht und die dabei hilft, die Herausforderungen der Zeit zu bewältigen.“[10]

Die Gelehrten hielten blind am Wortlaut des Koran fest und übersähen dessen tieferen Sinn: Der eigentliche Zweck des Islam bestehe darin, für den Menschen da zu sein, während der Islam für die Gelehrten einen Zweck an sich darstelle, dem der Mensch unterzuordnen sei.[11]

Repression und Grenzen des Islam

Al-Bannā macht die traditionalistischen Gelehrten unter anderem für die Einengung (*taqyīd*) der Frau in der Gesellschaft verantwortlich.[12] Die den Gelehrten eigene, jahrhundertealte Tradition der islamischen Rechtswissenschaft (*fiqh*)

7 Nicht Farağ Fūda oder bestimmte Intellektuelle scheinen hier gemeint zu sein, sondern solche Intellektuelle, die trotz der historischen Erfahrungen arabischer Gesellschaften – wie Ägypten mit Nasser – an Sozialismus, Panarabismus und europäischer Zivilisation festhalten. Vgl. al-Bannā, *Ka-lā ṯumma ka-lā*, 6.

8 Vgl. al-Bannā, *Ka-lā ṯumma ka-lā*, 10

9 Al-Bannā, *Ka-lā ṯumma ka-lā*, 6.

10 Al-Bannā, *Ka-lā ṯumma ka-lā*, 10.

11 Vgl. al-Bannā, *Ka-lā ṯumma ka-lā*, 249.

12 Vgl. al-Bannā, *al-Mar'a al-muslima bayna taḥrīr al-Qur'ān wa-taqyīd al-fuqahā'*.

habe sie vom Koran so weit entfernt, dass ihr Referenzrahmen zum Teil dem koranischen Referenzrahmen (*marǧiʿīya qurʾānīya*) widerspreche.[13]

Die Regeln zur Marginalisierung der Frau seien nur subjektive Urteile (*iǧtihādāt*) der Gelehrten, die den Zeitgeist widerspiegeln würden, jedoch nicht den Geist des Korans.[14] Es erstaunt nicht, dass die Azhar dieses Werk al-Bannās auf den Zensus setzt, mit der Begründung, es handle sich um „subjektive Rechtsfindungen (*iǧtihādāt fiqhīya*), die der islamischen Scharia widersprechen“[15]. Bemerkenswert ist allerdings, dass dies erst zehn Jahre nach der Veröffentlichung geschieht.

Zur genannten Unfähigkeit der Gelehrten, die Essenz des Islam zu durchdringen, gesellt sich nach al-Bannā eine Inkompetenz im Bereich nicht-religiöser Fächer; außerdem Ignoranz gegenüber „zeitgenössischen Kulturen“ wie der amerikanischen, indischen und europäischen, deren Kenntnis wertvolles Wissen bereitstelle, um eigene gesellschaftliche Problemen zu bewältigen. „Wie kann ein Gelehrter“, so fragt al-Bannā rhetorisch, „eine Fatwa zu Wucher (*ribā*) erlassen, wenn er nicht die Bankmechanismen und ihre Rolle in der modernen Wirtschaft kennt?“[16]

Damit zusammen hängt al-Bannās grundsätzliche Ansicht zu Religion im Allgemeinen und Islam im Besonderen: Menschliches Leben sei ohne Religion nicht möglich, jedoch ein Leben mit Religion allein auch nicht.[17] Al-Bannā argumentiert:

> Wenn ich möchte, dass sich eine Gesellschaft auf Religion beschränkt, wird es kein menschliches Leben nach dem Willen Gottes geben, sondern ein Leben, wie es die religiösen Institutionen und die Männer der Religion wollen. Diese trennen Welten von den [nicht-religiösen] Sphären und [gleichzeitig] trocknen sie sie aus. Und das ist nichts anderes als gesellschaftlicher Rückschritt [...].[18]

---

13 Vgl. al-Bannā, *al-Marʾa al-muslima bayna taḥrīr al-Qurʾān wa-taqyīd al-fuqahāʾ*, 6.

14 Vgl. al-Bannā, *al-Marʾa al-muslima bayna taḥrīr al-Qurʾān wa-taqyīd al-fuqahāʾ*, 158.

15 Zitiert nach „Ǧamāl al-Bannā – mufakkir ḍidd al-ǧumūd!,“ *ad-Dustūr*, 02.06.2008.

16 Al-Bannā, *Ka-lā ṯumma ka-lā*, 252. Eine mögliche Antwort wurde im vorigen Kapitel gegeben: Indem sich der Gelehrte das Urteil des technischen Experten zu eigen macht.

17 „Kein Leben ohne Religion, und kein Leben mit Religion allein“, so formuliert er den Titel eines Beitrags (al-Bannā, „La ḥayāh bidūn dīn... wa-lā ḥayāh bi-d-dīn waḥduhu“). Als nicht-religiöse Lebensbereiche nennt er u. a. Wissenschaft, Kunst und Sport. Vgl. auch Ǧamāl al-Bannā, „Sāʿa li-dirāsat al-kambiyūtir afḍal min ṣalāh nāfila,“ *al-Miṣrī al-yawm*, 25.10.2006, sowie die Mahnung Muḥammad Salīm al-ʿAwwās, nicht alle menschlichen Bereiche als islamisch zu etikettieren; vgl. das Kapitel „Eine Podiumsdiskussion zu Islam und Säkularismus (1989)“.

18 Al-Bannā, „La ḥayāh bidūn dīn... wa-lā ḥayāh bi-d-dīn waḥduhu“:
فإذا أريد للمجتمع أن يقتصر علي الدين، فلن توجد حياة إنسانية كما أرادها الله، وإنما توجد حياة إنسانية كما تريدها المؤسسات الدينية ورجال الدين، وهي بعيدة عن هذه المجالات ومجافية لها، ولا يعني هذا إلا تأخر المجتمع [...].

Wie provokativ und missverständlich eine solche Weltsicht innerhalb der ägyptischen Öffentlichkeit vermutlich erscheint, verdeutlicht eine beschwichtigende Erklärung, die al-Bannā an anderer Stelle voranstellt: Mit der Aussage, Religion sei nicht alles, möchte er „der Religion nicht im geringsten Unrecht tun oder sie ihrer Rechte berauben und ihre große Rolle im Leben ignorieren."[19] Vielmehr scheint es ihm vorrangig um Kritik an den Gelehrten zu gehen, denn nach der Beschwichtigung fährt al-Bannā fort:

> Diejenigen jedoch, die sich ausschließlich mit religiösen Studien beschäftigen, insbesondere auf Art und Weise der Azhar, die sich nur um Aussprüche der Altvorderen dreht und die deren Worte als unhinterfragbare Wahrheit ansieht, die indiskutabel sind und [so] den Koran [nur indirekt] mittels Exegeten begreift und die Hadithe in ihrer Beurteilung [als authentisch, schwach, usw.] einfach übernimmt. Ich sage: Jene, die sich selbst als ‚*ahl aḏ-ḏikr*' [Leute der Mahnung/ Gelehrte] ansehen, als Spezialisten und als Fatwa-Experten und niemanden anerkennen, der nicht zu ihrer Clique gehört... Jenen fällt es schwer – oder ist es gar unmöglich – sich etwas außerhalb von Religion vorzustellen. Hiernach enthält die Religion alles. Dies, auch wenn es dem Wesen der Dinge widerspricht, erscheint ihnen als indiskutable Wahrheit, da sie nichts anderes studiert haben oder kennen; somit erkennen sie es nicht an. [Wie heißt es im Koran:] {Wie willst du [irritierend Unbekanntes dauerhaft] ertragen, über das du nicht Bescheid weißt} [Sure 18:68]?
>
> Aber dies steht nicht im Widerspruch dazu, dass Religion – ungeachtet ihrer immensen Relevanz – lediglich eine von mehreren Dimensionen der Realität behandelt [...].[20]

Auf ähnliche Art und Weise lässt sich dies auch aus islamwissenschaftlicher Perspektive betrachten.[21] Dass al-Bannā seine Relativierung der Rolle der Reli-

---

19 Al-Bannā, *Qaḍīyat al-qubulāt wa-baqīyat al-iǧtihādāt*, 65:
أردت بنقل هذه الكلمات أن يعلم الجميع أننا أبعد الناس عن أن نتحيف على الدين أو نحرمه حقه ، أو نجهل دوره الكبير في الحياة.

20 Al-Bannā, *Qaḍīyat al-qubulāt wa-baqīyat al-iǧtihādāt*, 65:
ولكن الذين عكفوا على الدراسات الدينية دون غيرها ، خاصة إذا كانت دراساتهم على الطريقة الأزهرية التي تدور حول أقوال السلف وتأخذ كلامهم باعتباره الحق الذي لا مراء فيه ، ولا يقبل مناقشة وتفهم القرآن عن طريق المفسرين وتسلم بتصنيف الأحاديث كما هي عليه .. أقول إن هؤلاء الذين يرون أنهم "أهل الذكر" والمختصين وأصحاب الفتوى ، والذين لا يعترفون بمن ليس من زمرتهم .. إن هؤلاء يعسر – أو حتى يستحيل – عليهم أن يتصوروا أمرًا آخر غير الدين ، فالدين فيه كل شيء ، وهذا وإن كان يتنافى مع طبائع الأشياء فإنه يبدو لهم الحق الذي لا يقبل نقاشًا لأنهم لم يدرسوا أو يعرفوا غيره ، وبالتالي فلا يعترفوا فيه "وكيف تصبر على ما لم تحط به خبراً"؟ [¶] ولكن هذا لا ينفي أن الدين – على أهميته العظمى – لا يعالج إلا بعدًا واحدًا من أبعاد الحقيقة [...].

21 „After all, the *'ulamā*"s identity and authority rests, more than anything else, on a continuous engagement with the historically articulated Islamic religious and especially the juristic tradition; and the authority and indeed the coherence of this tradition itself depends on the conviction that it represents fundamental and continuously transmitted agreements, methodological as well as substantive, among generations of scholars." Muhammad Qasim Zaman, „Consensus and Religious Authority in Modern Islam: The discourses of the 'Ulamā'," in *Speaking for Islam*, Hg. Gudrun Krämer et al. (Leiden: Brill, 2006): 153–180 (154 f.).

gion durchaus ernst meint, betont er in der Auseinandersetzung mit dem Phänomen ‚sündhaften' Verhaltens (Küssen) unter unverheirateten Jugendlichen:

> Diese Frage (des Küssens) hat mehrere Dimensionen: Die religiöse Dimension ist eine davon, aber vielleicht nicht die wichtigste. Selbst wenn sie die wichtigste wäre, könnte sie die anderen Zugänge [zum Thema] nicht verdrängen. Hier zu einem Urteil zu kommen, ist keine einfache Angelegenheit. Vorher muss man sich mit Kultur und Wissen rüsten und alle Dimensionen dieser Frage herausarbeiten [...].[22]

Und so argumentiert er, dass die sozialen Umstände – hohe finanzielle Voraussetzungen für eine Eheschließung bei gleichzeitig verbreiteter Arbeitslosigkeit – Jugendlichen erst in verhältnismäßig hohem Alter eine Heirat und damit Intimität auf legale Weise ermöglichen würden. Gleichzeitig kritisiert er eine heuchlerische Gesellschaft, die hohe moralische Anforderungen stellt, aber die Existenz sozialer Probleme nicht anerkennen will.[23]

Die sich als islamisch bezeichnende Gesellschaft – und allen voran ihre Gelehrten – befinde sich mit ihrer Weltsicht immer noch in der Vergangenheit und habe keine zeitgemäße Praxis gefunden, sich mit der göttlichen Offenbarung in Form des Korans anhand konkreter Fragen des Hier und Jetzt auseinanderzusetzen.[24]

Al-Bannā vs. Scheich Bayyūmī

Während al-Bannā den Gelehrten vorwirft, keinerlei Wissen von Dingen außerhalb ihres eng umgrenzten Fachgebiets zu haben, kritisieren Angehörige des religiösen Establishments die fehlende Islamkompetenz von Intellektuellen wie al-Bannā.

ʿAbd al-Muʿṭī Bayyūmī (1940–2012), ehemaliger Dekan der Azhar-Universität sowie lange Zeit Parlamentsabgeordneter, kritisiert in einem „Brief an den Stamm der Intellektuellen"[25] den Kultusminister sowie mehrere Publizisten und bemerkt: „die Amateure [bzw. Dilettanten], die sich auf die Islamwissenschaft

22 Al-Bannā, *Qaḍīyat al-qubulāt wa-baqīyat al-iǧtihādāt*, 105:
وأن هذه القضية (قضية القبلات) لها أبعاد عديدة : البعد الديني هو أحدها وقد لا يكون أهمها ، وحتى لو كان أهمها فإنه لا يستطيع أن يدفع بقية المداخل ، فإصدار حكم ليس أمراً سهلاً وهيناً ، وأن علينا أن تتسلح بالثقافة والمعرفة واستكشاف كافة الأبعاد في هذه القضية قبل أن نصدر حكماً عليها.

23 Vgl. al-Bannā, *Qaḍīyat al-qubulāt wa-baqīyat al-iǧtihādāt*, 8 ff.

24 Vgl. den Aufsatz al-Bannā, „al-ʿAṣr al-ḥadīṯ: al-ḥāḍir al-ġā'ib," in *Qaḍīyat al-qubulāt wa-baqīyat al-iǧtihādāt*, 78–92 (79).

25 Wohl um zu betonen, die Intellektuellen bildeten eine in sich abgeschlossene Kaste, die nicht zu erkennen vermag, was außerhalb von ihr vorgeht.

stürzen, kennen nicht die [mitunter indirekte] Methodik islamischer Rechtsgebung“[26].

Al-Bannā, der von Bayyūmī als einer derjenigen betrachtet wird, die sich ohne islamrechtliche Grundlage (*sanad šarʿī*) äußern, holt zu einem Gegenschlag aus und schreibt einen „Brief an die Gelehrten (*ahl aḏ-ḏikr*)“, in dem er Grundsatzkritik an Bayyūmī und den Azhariten übt.[27] Nach einer Anspielung auf das (im Vergleich zu al-Bannā) geringe Alter Bayyūmīs und eine damit verbundene mangelnde Lebenserfahrung, folgt eine Abrechnung mit der traditionellen Azhar-Ausbildung. Bayyūmī habe die Ansichten seiner Lehrer, der Azhar-Scheichs, unkritisch

> übernommen, wie ein Schüler etwas von seinem Meister übernimmt – und eines Tages wurde er selbst jemand, der Schüler unterrichtet, die es wiederum von ihm übernehmen. So kommen und gehen Generationen, die nicht in der Lage sind einzuschätzen, was ihnen [an unhinterfragten Traditionen] zu Schulzeiten vorgelegt wurde, und die dann selbst Lehrer werden und es weitergeben; und all dies geschieht ohne [selbst] nachzudenken, durch einfaches Eintrichtern.
>
> Wir, mein Herr – ich meine die, die sie ‚Amateure‘ genannt haben – haben als Erwachsene geprüft, was ihr als Schüler einfach übernommen habt [...], weil es so ‚festgelegt‘ und ‚Methode‘ ist. Wir haben alle Bücher der Sunna studiert, aber in reifem Alter, mit offenem Herzen und mit einem Verstand, dem wir das absolute Recht zusprechen, richtig und falsch zu unterscheiden, denn das ist seine eigentliche Aufgabe und gottgegebene Funktion. Aufgabe der Religion jedoch ist es, uns deutlich zu machen, was gut und böse ist und den Verstand bei der Erkenntnis von Gut und Böse zu begleiten. Ein solcher Ansatz unterscheidet sich von eurem, der dem Verstand nicht zutraut, etwas für gut oder verwerflich zu befinden.[28]

Die blinde Übernahme von Traditionen hängt für al-Bannā auch zusammen mit der Autorität, die Gelehrte schon allein aufgrund ihrer Ausbildung für sich beanspruchen und durch die Meinung kanonisierter Klassiker absichern. Auch dies zieht al-Bannā in Zweifel:

---

26 ʿAbd al-Muʿṭī Bayyūmī, „[Dr. ʿAbd al-Muʿṭī Bayyūmī yaktub li-«al-Miṣrī al-yawm»] Risāla ilā qabīlat al-muṯaqqafīn,“ *al-Miṣrī al-yawm*, 30.11.2006. Der damalige Kultusminister Fārūq Ḥusnī hatte die Meinung vertreten, eine Frau brauche aus islamischer Sicht kein Kopftuch zu tragen.

27 Vgl. Ğamāl al-Bannā, „Risāla ilā ahl aḏ-ḏikr,“ *al-Miṣrī al-yawm*, 06.12.2006.

28 Al-Bannā, „Risāla ilā ahl aḏ-ḏikr“:
وأخذ هذا كما يأخذ التلميذ من أستاذه، ودارت الأيام فأصبح هو يعلمه لتلاميذه الذين يأخذون عنه.. [¶]، وهكذا تأتى أجيال لم يقدر لها أن تنظر فيما قدم إليها من عهد التلمذة حتى أصبحوا أساتذة يعلمونه، وتم هذا كله دون تفكير أو تدبر وإنما هو تلقين عن تلقين. [¶] نحن يا سيدى - أعني من قلت عنهم «الهواة» - نظرنا كباراً فيما أخذتموه أنتم مآخذ التسليم كتلاميذ [...] لأن هذا هو «المقرر والمنهج»، نحن درسنا كل كتب السنة، ولكن فى سن ناضجة، وبثقافة منفتحة وبعقل نعطيه الحق المطلق في معرفة الخطأ من الصواب لأن هذا مجاله، ومهمته التي خلقه الله لها، أما الدين فإن مجاله أن يوضح لنا الخير من الشر، وأن يسير مع العقل فيما انتهى إليه من معرفة الخطأ والصواب، وهو منهج يخالف منهجكم الذي استكثر على العقل «التحسين والتقبى».

> Wenn Gott uns befohlen hat, uns mit dem Koran zu beschäftigen, dann müssen wir uns nicht mit dem auseinandersetzen, was die Hadith- und Rechtsgelehrten sagen. Und wenn der Koran sagt: {und die [wahren Diener Gottes sind diejenigen, die], wenn sie mit den Zeichen ihres Herrn gemahnt werden, vor ihnen nicht taub und blind niederfallen} ([Sure] al-Furqān 73). Sollen wir dann vor den Rechts- und Hadithgelehrten ergeben auf die Knie fallen?[29]

In einem Interview aus dem Jahr 2008 schließt al-Bannā an diese Kritik an. Im Zusammenhang mit dem von ihm hinterfragten Rauchverbot im Ramadan kritisiert er die von Gelehrten beanspruchte Autorität als anmaßend, weil auf der Grundlage subjektiver Urteile kollektive Verbindlichkeit beansprucht werde.[30] Sofern sich wie im Fall des Rauchens keine explizite Koranstelle zu einem Problem finde, könne eine Entscheidung seitens der Rechtsgelehrten (*fuqahā'*) „nicht als islamrechtliches Verbot (*taḥrīman šar'īyan*) aufgefasst werden, sondern als Verbot aufgrund individuellen Urteilens innerhalb der islamischen Rechtswissenschaft (*taḥrīm al-iǧtihād al-fiqhī*), das man ablehnen oder annehmen kann, und das [demnach] nicht bindend ist."

Und wenig später heißt es: „Die Scheichs haben sich [durch ihr anmaßendes Verhalten] selbst zu Hütern des islamischen Denkens gemacht und das Tor des *iǧtihād* geschlossen bzw. dies nur sich selbst zugestanden und bekämpfen jeden Versuch, die islamische Rechtswissenschaft (*fiqh*) nach zeitgemäßen Erfordernissen zu erneuern."[31]

Yūsuf al-Qaraḍāwī soll auf diese Grundsatzkritik erwidert haben, „die islamische Rechtswissenschaft (*fiqh*) habe ihre eigenen Leute und Ǧamāl al-Bannā gehöre nicht dazu"[32] – al-Bannā wiederum wertet die Reaktion als unsachlich.

Man kann aufgrund des situativen Kontexts annehmen, al-Qaraḍāwīs Aussage sei eine spontane Reaktion – auf die Behauptung eines Gesprächspartners, vor allem Ǧamāl al-Bannā habe zur Erneuerung des islamischen Denkens

---

29 Al-Bannā, „Risāla ilā ahl aḏ-ḏikr":
وإذا كان الله تعالي قد أمرنا أن نتدبر القرآن، أفلا يكون علينا أن نتدبر ما قاله المحدثون والفقهاء، وإذا كان القرآن يقول: «والذين إذا ذكروا بآيات ربهم لم يخروا عليها صما وعميانا» «الفرقان ٧٣»، فهل نخر ونسلم «بالعشرة» للفقهاء والمحدثين؟

30 Vgl. al-Bannā und Bahlūl, „al-Azhar warā' ta'aḫḫur al-fikr al-islāmī wa-mā yaqūluhu al-Iḫwān 'an al-ḫilāfa... kalām fāriġ!!".

31 Beide Zitate in al-Bannā und Bahlūl, „al-Azhar warā' ta'aḫḫur al-fikr al-islāmī wa-mā yaqūluhu al-Iḫwān 'an al-ḫilāfa... kalām fāriġ!!":
[اجتهاد الفقهاء] الذى لا يعتبر تحريما شرعياً ولكنه تحريم الاجتهاد الفقهى الذى هو بدوره قابل للرفض والقبول فهو ليس ملزما [...] [¶] المشايخ هم الذين ينصبون أنفسهم أوصياء على الفكر الإسلامى فأغلقوا بال الإجتهاد وقصروه عليهم ويحاربون أية محاولة لتجديد الفقه الذى يتناسب مع احتياجات العصر.

32 Indirekte Wiedergabe nach al-Bannā und Bahlūl, „al-Azhar warā' ta'aḫḫur al-fikr al-islāmī wa-mā yaqūluhu al-Iḫwān 'an al-ḫilāfa... kalām fāriġ!!".

publiziert.[33] Dass ein Intellektueller wie Fahmī Huwaydī Mitglied in al-Qaraḍāwīs International Union of Muslim Scholars (*al-Ittiḥād al-ʿālamī li-ʿulamāʾ al-muslimīn*) ist, spricht dafür, dass es al-Qaraḍāwī mehr um al-Bannās Ansichten geht als um eine Kritik an der Rolle des muslimischen Intellektuellen. Dies legen auch weitere diskursive Ereignisse nahe.

Reaktionen auf al-Bannās Thesen: Profession und Autorität

Al-Bannās Thesen provozieren Reaktionen eines breiten islamischen Establishments, die von der (nicht-religiösen) Presse zugespitzt als „Stürme der Scheichs" (*ʿawāṣif al-mašāyiḫ*) oder als „gewaltiger Angriff" (*huǧūm ʿanīf*) beschrieben werden.[34] Welche Reaktionsformen finden sich und was sagen diese über die Gelehrten und al-Bannā als Intellektuellen aus?

Zunächst fällt auf, dass häufig mehrere provokante Thesen al-Bannās im Raum stehen, nicht nur die jeweils aktuelle. Als die azharitische Akademie für islamische Studien im Jahr 2004 al-Bannās Aufsatzsammlung *Masʾūlīyat fašl ad-dawla al-islāmīya* (1994) zensiert, in der er unter anderem die Zeitehe für Muslime im Exil erlaubt, wird damit öffentliche Aufmerksamkeit für ihn und seine provokanten Thesen geweckt. ʿAbd aṣ-Ṣabūr Šāhīn[35] fragt rhetorisch, ob al-Bannā plötzlich „ein Koranexeget, Hadithgelehrter, Rechtsgelehrter und Gelehrter in religiösen Angelegenheiten"[36] geworden sei, um eine solche Erlaubnis zu erteilen. Die Abteilung für Hadithwissenschaft der Azhar-Universität führt sogar ein Symposium durch, um sich mit den Ideen al-Bannās auseinanderzusetzen.[37] Neben seinen Ansichten zur Zeitehe geht es auch um die Feststellung, Alkohol sei unter bestimmten Bedingungen erlaubt und Rauchen im Ramadan breche nicht das Fasten.

---

33 Vgl. al-Bannā und Bahlūl, „al-Azhar warāʾ taʾaḫḫur al-fikr al-islāmī wa-mā yaqūluhu al-Iḫwān ʿan al-ḫilāfa… kalām fāriġ!!".

34 Vgl. Waḥīd Raʾfat und Nabīl Madkūr, „Mā zālat ʿawāṣif al-mašāyiḫ ʿalā Ǧamāl al-Bannā mustamirra," *Nahḍat Miṣr*, 01.09.2004 und Ṣafāʾ al-Bīlī, „Ǧamāl al-Bannā yataʿarraḍ li-huǧūm ʿanīf min al-mašāyiḫ," *al-Waṭanī al-yawm*, 03.10.2006. Im Folgenden werden vor allem Reaktionen aus den Jahren 2004 bis 2008 angeführt.

35 1928–2010, zu dem Zeitpunkt emeritierter Professor für Sprachwissenschaft am Dār al-ʿUlūm. Seine Säkularismuskritik fokussiert auf Naṣr Ḥāmid Abū Zayd; vgl. Šāhīn, *Qiṣṣat Abū Zayd wa-nḥisār al-ʿalmānīya fī ǧāmiʿat al-Qāhira*; Muḥammad al-Ǧawwādī, „ʿAbd aṣ-Ṣabūr Šāhīn wa-Naṣr Ḥāmid Abū Zayd… Maʿraka muṣṭaniʿa am masraḥīya irtiǧālīya?," *aš-Šurūq*, 01.10.2010.

36 Raʾfat und Madkūr, „Mā zālat ʿawāṣif al-mašāyiḫ ʿalā Ǧamāl al-Bannā mustamirra".

37 Nahḍat Miṣr veröffentlicht wiederum diese Reaktion im Sinne eines Konflikts: vgl. „Asātiḏat al-fiqh wa-l-ḥadīṯ: al-Bannā yurīd Islāman… «istratš [stretch]»," *Nahḍat Miṣr*, 30.08.2004.

Im Gegensatz zu anderen Reaktionen argumentieren die am Symposium beteiligten Dozenten auch inhaltlich.[38] ʿIzzat ʿAṭiya, der Leiter der Abteilung, betont im Zusammenhang mit der Beurteilung von Hadithen vor allem die Zuständigkeit des Gelehrtentums.

> Es gibt wissenschaftliche Regeln zum Verstehen und Akzeptieren von Hadithen. Seine [al-Bannās] religiöse Bildung qualifiziert ihn nicht dazu, Hadithe mit seinem eigentümlichen Denken bzw. seiner eigentümlichen Bildung anzunehmen oder abzulehnen. Sonst hätte jeder Mensch eine [eigene] Religion und jeder Mensch eine Ordnung [...]. Wann immer Gott einem Gelehrten (*ʿālim*) Verständnis eröffnet, welches das Anderer übersteigt, wählen wir das Verständnis, das der islamischen Gemeinschaft hinsichtlich religiöser Erkenntnis nützt. Aber wenn ein Mensch sagt, ihm gefalle dies nicht, heißt das, er will eine Religion nach seinem Geschmack, seinen Wünschen.[39]

In ähnlicher Weise argumentiert zwei Jahre später Zaġlūl an-Naǧǧār (geb. 1933),[40] anerkannter Experte für den unnachahmlichen Wundercharakter (*iʿǧāz*) des Korans.[41] Er betrachtet al-Bannās These, die Konversion von Muslimen zu Judentum und Christentum als anerkannten monotheistischen Religionen sei erlaubt,[42] als idiosynkratisch und unprofessionell:

---

38 So wird al-Bannā u. a. entgegengehalten, er berufe sich auf eine Einzelfallentscheidung, die nicht verallgemeinerbar sei. Konkreter: Das Vergeben einer einmaligen Sünde (*maʿṣiya ʿāriḍa*) durch Reue und Gebet lasse sich nicht zur Regel erheben und damit ein Anspruch auf Gnade bzw. Straffreiheit bei „Dauersünde" (*maʿṣiya dāʾima*) geltend machen.

39 „Asātiḏat al-fiqh wa-l-ḥadīṯ: al-Bannā yurīd Islāman... «istratš [stretch]»," *Nahḍat Miṣr*, 30.08.2004:
هناك قوانين علمية لفهم وقبول الاحاديث وثقافته الدينية لا تؤهله لقبول او رفض الاحاديث بفكره الخاص او بثقافته الخاصة ولو كان الأمر كذلك لكان لكل انسان دين ولكل انسان نظام [...]. وكلما فتح الله علي عالم بفهم يفوق غيره فإننا ننتقي هذا الفهم الذي يفيد الامة الاسلامية معرفة بالدين اما ان يقول انسان ان هذا لا يعجبني فمعني ذلك انه يريد دينا علي هواه ورغبته.
Vgl. auch eine wissenssoziologische (den Islam nicht einbeziehende) Beobachtung: "superior scholars interpret for the benefit of their contemporaries and successors" (Znaniecki, *The social role of the man of knowledge*, 107).

40 Langjährige Mitgliedschaft im Obersten Rat für islamische Angelegenheiten des ägyptischen Awqāf-Ministeriums sowie in der Muslim World League. Renommiert durch regelmäßige Artikel in al-Ahram über die „Geheimnisse des Korans".

41 Vgl. u. a. Gespräche mit ihm auf al-Jazeera zum *iʿǧāz* des Korans, Zaġlūl an-Naǧǧār und Aḥmad Manṣūr, *Al-Iʿǧāz al-ʿilmī li-l-Qurʾān al-karīm*. Sendung „Bi-lā ḥudūd (15.12.1999) und Zaġlūl an-Naǧǧār und Sāmī Kulayb, *Zaġlūl an-Naǧǧār... al-Iʿǧāz al-ʿilmī fī al-Qurʾān*. Sendung "Ziyāra ḫāṣṣa" (09.08.2008).

42 Vgl. Ǧamāl al-Bannā, *al-Masīḥīya wa-l-yahūdīya fī al-Islām* (Kairo: Muʾassasat Fawzīya wa-Ǧamāl al-Bannā, [2006]) und – Jahre später immer noch nachrichtlich relevant – Fāyiza Hindāwī, „al-Mufakkir Ǧamāl al-Bannā: Man yataḥawwalu min al-Islām ilā al-masīḥīya aw al-yahūdīya lā yuʿtabar murtaddan," *al-Karāma*, 26.01.2009.

> Ǧamāl al-Bannā, bei all unserem Respekt ihm gegenüber, verfügt nicht über die originäre islamische Bildung, um islamrechtliche Bestimmungen zu veröffentlichen. Er sollte sich an die Scharia-Gelehrten wenden, bevor er solche Meinungen äußert, die in der Regel unreif und islamrechtlich nicht korrekt verankert sind... Wir glauben an die [Religions-]Freiheit, aber diese hat Grenzen. Deshalb müsste er solche Fragen studieren, bevor er sie unter die Leute bringt. Er hat sich angewöhnt, immer wieder seine abnormen Ansichten über uns zu bringen, die über keine Grundlage in der Scharia verfügen. Solche Ansichten werden sicherlich des Öfteren zu Zwietracht unter den Menschen führen.[43]

Statusbezogen argumentiert auch die prominente Azhar-Professorin Suʿād Ṣāliḥ[44] und fragt: „Wer ist Ǧamāl al-Bannā, dass er Fatwas erlässt? Er lehrt nicht die großmütige Scharia (*šarīʿa samḥa*) und ist kein Spezialist. Er gibt sich selbst das Recht zur selbständigen Urteilsfindung (*iǧtihād*), obwohl er in Wirklichkeit nicht dafür qualifiziert ist."[45]

Noch prägnanter argumentiert Faraḥāt Saʿīd, ehemaliger Berater des Großscheichs der Azhar im Zusammenhang mit Küssen und Unzucht. Al-Bannā solle „seine Nase nicht in die durch Koran und Sunna unveränderlichen göttlichen Grenzen [d.h. Gesetze] stecken, mit denen er nichts zu tun hat. Er sollte sich nicht mehr in islamische Angelegenheiten einmischen, über die er nichts weiß und sich nicht gegenüber Männern der *daʿwa* erdreisten [...]."[46]

Verteidigung des Exklusivanspruchs

Bemerkenswert ist Saʿīds Aufruf zu Gottesfurcht bzw. Frömmigkeit (*taqwā*) und der Rat, al-Bannā möge Gott um Vergebung seiner Sünden bitten. Denn bezieht man diesen kommunikativen Akt nicht auf den Inhalt der Aussage, sondern auf ihren Sprecher, lässt sich der Aufruf zu ergebener Frömmigkeit auch als Aufruf zu

---

43 Al-Bīlī, „Ǧamāl al-Bannā yataʿarraḍ li-huǧūm ʿanīf min al-mašāyiḫ":
والأستاذ جمال البنا مع احترامنا له ليست لديه الثقافة الإسلامية الأصيلة ليصدر أحكاما شرعية، وكان عليه أن يلجأ إلى علماء الشريعة قبل أن يطلق هذه الآراء التى هى فى العادة آراء غير ناضجة وغير مؤصلة تأصيلاً شرعياً سليماً.. فنحن نؤمن بالحرية لكن الحرية لها حدود.. لذا فقد كان يجب عليه أن يدرس هذه القضايا قبل إشاعاتها بين الناس، فقد تعوّد أن يخرج علينا كل فترة بآرائه الشاذة التى لا أساس لها من الشريعة.. وبالتأكيد مثل هذه الآراء ستؤدى إلى فتن كثيرة بين الناس.

44 Inzwischen auch in deutschen Medien nicht mehr unbekannt. Vgl. Suad Saleh und Gerhard Haase-Hindenberg, „Frauenpower und Todesfatwa," *Die Zeit*, 05.03.2009.

45 Al-Bīlī, „Ǧamāl al-Bannā yataʿarraḍ li-huǧūm ʿanīf min al-mašāyiḫ":
فمن هو جمال البنا حتى يفتى.. إنه غير دارس للشريعة السمحة ولا متخصص.. ويعطى لنفسه حق الاجتهاد وهو فى الحقيقة غير أهل لذلك.

46 Ra'fat und Madkūr, „Mā zālat ʿawāṣif al-mašāyiḫ ʿalā Ǧamāl al-Bannā mustamirra":
ولا يقحم أنفه فى حدود الله الثابتة بالقرآن والسنة والتى لا علاقة له بها وان يبتعد عن التدخل فى شئون الدين الاسلامى التى لا علم له بها ولا يتطاول على رجال الدعوة [...].

Demut gegenüber den Gelehrten als Vertretern göttlicher Offenbarung rekonstruieren.

Auf einen Exklusivanspruch spielt der genannte ʿAbd aṣ-Ṣabūr Šāhīn an, der entrüstet betont: „wenn Ǧamāl al-Bannā keine Arbeit hat, soll er sich eine jenseits des Islam suchen und [mit] seiner Verunglimpfung und der Einmischung in religiöse Angelegenheiten“[47] aufhören. Daraus lässt sich schließen, dass für Šāhīn religiöse Angelegenheiten nichts für Laien sind und Aussagen von solchen Laien, die öffentlich Irrtum – und damit Unheil – verbreiten, die Würde der Religion beschmutzen.[48]

Zwei Jahre später wird Šāhīn betonen, al-Bannā habe „absolut nichts mit *fiqh* oder Religion zu tun“, sondern sei nur wegen seiner Fatwa (!) bekannt geworden, das Rauchen im Ramadan breche nicht das Fasten. Solche Fatwas seien „absolut inakzeptabel“. Auf keinen Fall dürfe al-Bannā als *ḥuǧǧat al-Islām*[49] – jemand mit hoher religiöser Autorität – akzeptiert werden.[50] In ähnlicher Weise argumentieren auch andere Azhariten.[51] Auffallend ist, dass Šāhīn al-Bannā nicht das Recht abspricht, Fatwas zu veröffentlichen. Demzufolge müsste entweder al-Bannā über anerkanntes islamisches Wissen verfügen oder aber unter Fatwa jede öffentliche Meinungsäußerung aus islamischer Perspektive verstanden werden.

Die Verteidigungshaltung, die das religiöse Establishment einnimmt, wird an der Aussage Muḥsin Salīms, eines azharitischen Professors für islamische Geschichte, besonders deutlich: Al-Bannā werfe „den Scheichs Gier nach Titeln vor, obwohl dies ihr Recht ist. Schließlich haben sie sich in Wissenschaft und Studium bemüht, auf dass sie einen solchen Titel erhalten. Erhalten haben sie ihn also völlig zurecht, und lassen sie mich fragen, was Ǧamāl al-Bannā an Wissen und noch so geringen Titel[n] erlangt hat, wie er sie für sich beansprucht [...].“[52]

---

47 Raʾfat und Madkūr, „Mā zālat ʿawāṣif al-mašāyiḫ ʿalā Ǧamāl al-Bannā mustamirra“. Bemerkenswert auch der Hinweis, al-Bannā gefährde das Erbe seines Bruders Hassan al-Banna.

48 Vgl. al-Bīlī, „Ǧamāl al-Bannā yataʿarraḍ li-huǧūm ʿanīf min al-mašāyiḫ“

49 Die Verwendung i.S. eines Titels religiöser Autorität kommt m.W. in der sunnitischen Tradition nur selten vor, beispielsweise in der retrospektiven Betitelung Abū Ḥāmid al-Ġazālīs (1058–1111).

50 Vgl. al-Bīlī, „Ǧamāl al-Bannā yataʿarraḍ li-huǧūm ʿanīf min al-mašāyiḫ“

51 Die Parteizeitung al-Ǧīl erwähnt nicht namentlich genannte Religionsgelehrte und Azhar-Prediger, die eine „Fatwa“ al-Bannās als falsch und verdreht bezeichnen und betonen, das Erteilen von Fatwas habe Gott den Wissenden (*ahl al-ʿilm*) vorbehalten. Vgl. ʿAbd al-Lāh Raḍwān, „Ǧamāl al-Bannā yuftī bi-anna tabādul al-qubulāt bayn aš-šabāb wa-l-fatayāt muǧarrad ṣaġāʾir!!,“ *al-Ǧīl*, 16.04.2008.

52 Raʾfat und Madkūr, „Mā zālat ʿawāṣif al-mašāyiḫ ʿalā Ǧamāl al-Bannā mustamirra“:
يهتم [يتهم] المشايخ بأنهم مولعون بحب الألقاب رغم ان هذا حقهم لأنهم اجتهدوا فى علمهم ودراستهم حتى حصلوا على هذا اللقب
ولم يحصلوا عليه دون وجه حق ودعونى اتساءل: وماذا حصد جمال البنا من العلم بلقب بأقل الالقاب التى يطلبها لنفسه [...].

Ordnet man die Perspektive ihrem sozialen Kontext zu, lässt sich erkennen, dass es weniger um al-Bannā als Person geht. Die rhetorische Frage Salīms verdeutlicht vielmehr seine Sicht auf die soziale Rolle des Gelehrten – und deren Verortung in der Gesellschaft.

Für diese These spricht auch, dass al-Bannā selbst keinen religiösen Titel für sich beansprucht,[53] sowie die Tatsache, dass er in der Öffentlichkeit – vor allem von den Medien – immer wieder als Gelehrter bezeichnet wird.[54]

Es ist das Paradox des *relativ klassenlosen* Intellektuellen,[55] das solche Verwirrung stiftet. Dieser formuliert öffentliche Meinung mit, aber ohne von einer gesellschaftlich organisierten Position aus zu sprechen oder das Interesse einer bestimmten Gruppe zu vertreten. Seine Meinung beeinflusst im Erfolgsfall die öffentliche Meinung, ohne dass seine soziale Rolle Repräsentativität beanspruchen kann.

Autorität der Gelehrten

Die bisher genannten Beispiele thematisieren das Verhältnis der Autorität eines Gelehrten mit standardisierter Qualifikation, die aus konservativer Sicht in bestimmten religiösen Fragen exklusiven Erkenntniszugang garantiert.

Bemerkenswert daran ist, dass das islamische Establishment gar nicht ausschließlich aus traditionell ausgebildeten Gelehrten besteht. Sowohl der Sprachwissenschaftler und „Islamische Denker"[56] ʿAbd aṣ-Ṣabūr Šāhīn (1928–2010) als auch der Geologe Zaġlūl an-Naǧǧār (geb. 1933)[57] verfügen nicht über eine azharitische Ausbildung, sondern konnten sich ausgehend von ihrer wissenschaftlichen Kernkompetenz innerhalb der ägyptischen und arabischen Öffentlichkeit

53 Vgl. Ǧamāl al-Bannā und Tāmir Amīn, Miṣr an-nahārdah (11.04.2010); al-Bannā, *Qaḍīyat al-qubulāt wa-baqīyat al-iǧtihādāt*, 3, 118; „«Ǧamāl»... yufaḍḍil laqab «al-ustāḏ» ʿalā «aš-šayḫ»," *al-Miṣrī al-yawm*, 20.12.2010.

54 Vgl. u. a. ʿAbd al-Munʿim, „Ǧamāl al-Bannā... Faqīh mustaqill!" und „«Ǧamāl»... yufaḍḍil laqab «al-ustāḏ» ʿalā «aš-šayḫ»," *al-Miṣrī al-yawm*, 20.12.2010. Vgl. auch ein Fernsehgespräch, wo al-Bannā selbst die Anrede *šayḫ* ablehnt: Ǧamāl al-Bannā und Tāmir Amīn, Miṣr an-nahārdah (11.04.2010).

55 Vgl. Karl Mannheim, *Ideologie und Utopie* (Bonn: Cohen, 1929).

56 So in der Nachricht von Šāhīns Tod: „Raḥīl al-mufakkir al-islāmī ʿAbd aṣ-Ṣabūr Šāhīn," *al-Yawm as-sābiʿ*, 26.09.2010.

57 In den Medien verschieden betitelt, jeweils entweder der Geologie zugeordnet oder als Spezialist für die wundersame Unnachahmlichkeit des Korans; nur selten als „Islamischer Denker".

als Islam-Experten profilieren – Šāhīn durch linguistische Untersuchungen zum Koran[58] und an-Naǧǧār durch seine Veröffentlichungen zur Unnachahmlichkeit (*iʿǧāz*) des Korans.[59] Das verbindende Element zwischen diesen Intellektuellen und der Gelehrtenschaft ist neben der gemeinsamen Abgrenzung als Gemeinschaft der Experten gegenüber Kritikern auch ein formaler Konservatismus: Die Prämisse, dass die vorherrschenden religiösen Verhältnisse einer authentisch-islamischen Ordnung entsprechen und nicht grundsätzlich geändert werden müssen.[60]

An den kritischen Reaktionen zu al-Bannās Thesen fällt zudem die traditionale Grundannahme einer organischen Verbundenheit von Wissen und Wahrheit auf,[61] erkennbar an der Unterscheidung von strengem Wissen und bloßem Meinungswissen, das dem Irrtum nahe steht und nicht über eigenen Nutzen verfügt. Nach dieser Auffassung kann es nur *ein* Wissen und *eine* Wahrheit geben – vermittelt durch die Gelehrten.[62]

Wahrheit erhält insofern auch eine soziale Dimension, als die durch die Profession des Wissens abgesicherten Bestimmungen kollektiv bindend gelten.[63]

---

58 Vgl. ʿAbd aṣ-Ṣabūr Šāhīn, *al-Qirāʾāt al-qurʾānīya fī ḍawʾ ʿilm al-luġa al-ḥadīṯ* (Kairo: Maktabat al-Ḫānǧī, 1966). Monografien zum Islam ohne linguistischen Schwerpunkt erschienen m.E. erst gegen Ende seiner Universitätskarriere und weisen auf seine Rolle als Intellektueller hin. Vgl. u. a. ʿAbd aṣ-Ṣabūr Šāhīn, *Ṣaḥābīyāt ḥawl ar-rasūl* (Kairo: Dār al-iʿtiṣām, 1993); ʿAbd aṣ-Ṣabūr Šāhīn, *Miṣr fī al-Islām* (Kairo: Dār qabāʾ, 2000); zu Säkularismus vgl. Šāhīn, *Qiṣṣat Abū Zayd wa-nḥisār al-ʿalmānīya fī ǧāmiʿat al-Qāhira*.

59 Vgl. Zaġlūl an-Naǧǧār, *Min āyāt al-iʿǧāz al-ʿilmī fī al-Qurʾān al-karīm* (Kairo: Maktabat aš-šurūq ad-duwalīya, 2002). Für die Sunna als wissenschaftliches Wunder vgl. Zaġlūl an-Naǧǧār, *al-Iʿǧāz al-ʿilmī fī as-sunna an-nabawīya* (Kairo: Maktabat aš-šurūq ad-duwalīya, 2002). Zur Geologie im Islam vgl. Zaġlūl an-Naǧǧār, *ʿUlūm al-arḍ fī al-ḥaḍāra al-islāmīya* (Kairo: Dār al-miṣrīya al-lubnānīya, 2006). Zu intellektuellen Werken, die darüber hinausgehen vgl. u. a. Zaġlūl an-Naǧǧār, *al-Islām wa-l-ġarb fī kitābāt al-ġarbīyīn* (Kairo: Nahḍat Miṣr, 2005); Zaġlūl an-Naǧǧār, *Qaḍīyat at-taḫalluf al-ʿilmī wa-t-taqnī fī al-ʿālam al-islāmī* (Kairo: Maktabat Wahba, 2006) und Zaġlūl an-Naǧǧār, *Naẓarāt fī azmat at-taʿlīm al-muʿāṣir wa-ḥulūluhā al-islāmīya* (Kairo: Maktabat Wahba, 2006).

60 Im Gegensatz zu einer progressiven Perspektive, die insbesondere die Abschaffung der Autorität der Gelehrten einklagt, um den wahren Islam zu verwirklichen. Vgl. Niklas Luhmann, „Der politische Code: „Konservativ" und „progressiv" in systemtheoretischer Sicht," in *Soziologische Aufklärung 3*, 306–329 sowie Karl Mannheim, *Konservatismus* (Frankfurt am Main: Suhrkamp, 1984), der selbst bei einem konservativen Reformismus nur das Verbessern von „Einzeltatsachen" beobachtet (112).

61 Vgl. Luhmann, *Die Wissenschaft der Gesellschaft*, 148 f. sowie die Kapitel „Wissen" und „Wahrheit".

62 Vgl. Luhmann, *Die Wissenschaft der Gesellschaft*, 149.

63 Insofern haben sie auch politische Relevanz. Vgl. Luhmann, *Die Politik der Gesellschaft*, 84.

Der Wissende kann aufgrund seines Exklusivzugangs den Irrtum des unwissenden Abweichlers erkennen, welcher mit seiner inakzeptablen Neugier nicht nur gegen die vorherrschende göttliche Ordnung von Wissen und Autorität verstößt, sondern sich auch versündigt[64] – man denke an den Aufruf an al-Bannā, sich gottesfürchtig zu zeigen, obwohl damit „Gelehrtenfürchtigkeit" gemeint ist. Falsches Wissen erhält somit eine unmoralische Aura, die in einem Gegensatzverhältnis mit dem Anspruch auf Autorität – als etwas Unhinterfragbarem – verbunden ist.

Al-Bannā reagiert auf die Aufforderung zur Demut gegenüber den Gelehrten mit souveräner Gelassenheit, indem er diese selbst zur Reue mahnt und ergänzt: „Ich lache aus ganzem Herzen über diejenigen, die sagen, ich solle mich an die Scheichs und Rechtsgelehrten wenden. Ich habe deren Väter vor 60 Jahren gekannt, als sie noch nicht geboren oder Säuglinge waren. [...]. Ich sage, alles was sie [an Argumenten] bei sich haben, ist Ausschuss [...]."[65]

An anderer Stelle betont er sachbezogen, man solle lieber seine Bücher kritisieren, statt sich mit oberflächlichen Anschuldigungen und der Kritik seiner Person aufzuhalten.[66] In einem Interview differenziert er außerdem seine Kritik an den Gelehrten. Nicht weil sie Gelehrte sind, seien ihre Meinungen abzulehnen. Stattdessen solle geprüft werden, ob ihre Urteile „höheren Werten" entsprächen und mit „Güte und im Sinne einer Erleichterung" für die Menschen geurteilt werde – anders als beispielsweise von den Gelehrten Saudi-Arabiens.[67]

Im Vergleich zu den Gelehrten stilisiert sich al-Bannā als distanzierter Generalist. Jene seien Gefangene ihrer eigenen Spezialisierung, mit der sie den Islam nur noch „von innen heraus" betrachten könnten, während al-Bannās „Vorteil einer Nicht-Spezialisierung (*ʿadam at-taḫaṣṣuṣ*)" eine ganzheitliche, alternative Betrachtungsweise von außen ermögliche.[68]

64 Vgl. Luhmann, *Die Wissenschaft der Gesellschaft*, 149.

65 „Buyūtukum min zuǧāǧ fa-lā taqḏifūnī bi-l-ḥiǧāra," *al-Waṭanī al-yawm*, 10.10.2006:
أضحق من كل قلبى من الذين يقولون إنه يجب أن أرجع إلى الشيوخ والفقهاء، فقد كنا نعلم آباء هؤلاء منذ ستين سنة، لأن «هؤلاء» لم يكونوا قد ولدوا أو كانوا أطفالاً رضع. [...] أقول إن كل ما لديكم هو سقط المتاع[...].

66 Vgl. Ǧamāl al-Bannā, „Raddan ʿalā ǧarīdat al-Liwāʾ al-islāmī," http://www.islamiccall.org/php_blog/modules.php?name=News&file=article&sid=11, 17.01.2008.

67 Vgl. Ǧamāl al-Bannā und Našwā ad-Dīb, „Zawāǧ al-mutʿa ǧāʾiz li-l-fatāh al-muġtariba fī al-ḫāriǧ!," *al-ʿArabī*, 14.09.2008.

68 „Ich vertrete einen anderen Standpunkt als die Gelehrten, die den Islam von innen heraus betrachten. Ich selbst betrachte den Islam von außen, ganzheitlich. Dies ist der Vorteil einer Nicht-Spezialisierung und der Vorteil eines alternativen Ansatzes, der mich zurück zum Koran geführt hat ohne Rücksicht auf [die sonst üblichen] Koranexegesen und -exegeten [...]." al-Bannā und Bahlūl, „al-Azhar warāʾ taʾaḫḫur al-fikr al-islāmī wa-mā yaqūluhu al-Iḫwān ʿan al-ḫilāfa... kalām fāriġ!!".

Al-Bannās Argumentation unterläuft die traditionelle Autorität der Gelehrten, indem sie deren Deutungsmonopol – und religiöse Autorität allgemein – infrage stellt. Die Autorität der „Scheichs" stößt an ihre Grenzen; sie bekommt Risse, weil sie nicht mehr vorbehaltlos vorausgesetzt werden kann, sondern begründet und gerechtfertigt werden muss.

Al-Bannā beansprucht in seiner Rolle als Intellektueller keine Autorität im Sinne eines hierarchischen sozialen Verhältnisses, sondern legt Argumente vor, die angenommen oder abgelehnt werden können.[69] Die Rolle des Intellektuellen bietet insofern eine Alternative zur traditionellen Hierarchie von Gelehrten und Laien. Ein Reformist wie al-Bannā will die religiös Unmündigen in die Freiheit entlassen.

Die Autorität der Gelehrten mit ihrer exklusiven Formulierung verbindlicher Wahrheiten und Normen lässt sich als traditionelle Perspektive auffassen, die der Kontingenz einer modernen Öffentlichkeit irritiert gegenübersteht.[70] Eine solche Perspektive betrachtet abweichende Meinungen, die in einer nicht hierarchisch strukturierten Öffentlichkeit ähnlich viel Aufmerksamkeit finden wie diejenigen eines institutionalisierten Islam, als ordnungsgefährdende Subversion innerhalb eines Kontexts von Verschwörung.[71]

Dies zeigt sich in Form der Warnung vor *fitna* – im Sinne einer verführerischen, die Gemeinschaft spaltenden Versuchung –, etwa wenn Ǧamāl Quṭb, ehemaliger Direktor der azharitischen Fatwakommission anmerkt: „Wir dürfen die Fatwas Ǧamāl al-Bannās auf keinen Fall hinnehmen, weil sie viel [Zwietracht und] Aufruhr (*fitan*) verbreiten und ihre Nachteile die Vorteile überwiegen."[72]

Dass die Azhar dazu Stellung nehmen muss, wie Quṭb ergänzt, zeigt aus einer Außenperspektive, dass gegenüber abweichenden, öffentlich verbreiteten Meinungen Handlungsbedarf besteht, insbesondere im Fall von Apostasie. Al-Bannā konstatiert – koranisch abgeleitet – ein Recht auf Glaube oder Unglaube,

---

69 Vgl. al-Bannās Bemerkung: „Seid beruhigt, dass wir nicht um eure Funktionen konkurrieren werden.", „Buyūtukum min zuǧāǧ fa-lā taqḏifūnī bi-l-ḥiǧāra," *al-Waṭanī al-yawm*, 10.10.2006.

70 Niklas Luhmann, „Die Paradoxie des Entscheidens," *Verwaltungs-Archiv. Zeitschrift für Verwaltungslehre, Verwaltungsrecht und Verwaltungspolitik*, 84, Nr.3 (1993): 287–310 (300), bemerkt, dass traditionelle Autorität im Kontext moderner Massenmedien „zunehmend prätentiös [wird], sie bedarf der Inszenierung, kann sich aber gegenüber entgegengesetzten Interessen nicht mehr durchsetzen."

71 Vgl. die irritierte Frage des Azhar-Großscheichs Ǧād al-Ḥaqq (1917–1996), wer wohl den Feinden des Islam ein solches Podium zur Verfügung stellt, Kapitel „Der muslimische Intellektuelle als Verteidiger von Gelehrten (Huwaydī)".

72 Al-Bīlī, „Ǧamāl al-Bannā yataʿarraḍ li-huǧūm ʿanīf min al-mašāyiḫ", und in ähnlicher Weise zwei Jahre später Raḍwān, „Ǧamāl al-Bannā yuftī bi-anna tabādul al-qubulāt bayn aš-šabāb wa-l-fatayāt muǧarrad ṣaġā'ir!!".

worauf Zaġlūl an-Naǧǧār erwidert, Apostasie (*irtidād*) sei erlaubt, jedoch nicht deren öffentliche Artikulation und Verbreitung als Gefährdung der muslimischen Gemeinschaft.[73]

Souveräne Indifferenz

Die Dekanin der Frauen-Fakultät für islamische und arabische Studien der Azhar ʿAfāf an-Naǧǧār urteilt gelassen und bemerkt: „al-Bannās Ansichten sind lediglich persönlich und drücken nicht den Standpunkt des Islam aus"[74]. An-Naǧǧār sieht demnach in der Verbreitung von abweichenden Privatmeinungen keine Gefährdung für den Islam. In ähnlicher Weise argumentiert die bereits genannte Azhar-Dozentin Suʿād Ṣāliḥ, die ihren Unwillen ausdrückt, sich öffentlich am Gezänk (*muhātarāt*) um al-Bannā zu beteiligen und für eine Politik der Vernachlässigung (*siyāsat al-ihmāl*) plädiert, um ihm keine unnötige Aufmerksamkeit zu gewähren.[75]

Beide Perspektiven sind von Relevanz, weil sie eine Islam-Perspektive einnehmen, die zwar Gelehrte als Experten für unersetzlich hält, aber souverän genug ist, sich nicht auf eine Konkurrenzsituation mit Nicht-Experten einzulassen. Dies stellt eine moderne Variante des Islam dar, in welcher der Gelehrte einen gesellschaftlichen Ort einnimmt, den er nicht verteidigen muss. Öffentlich geäußerte Privatmeinungen werden hingenommen, obwohl man noch von einer exklusiven Vorstellung offizieller Repräsentation des Islam ausgeht.[76]

Zu dieser Perspektive gehört auch die Aussage des genannten Azhar-Historikers Muḥsin Salīm, der al-Bannā auffordert, sich ihm im Rahmen einer öffentlichen Veranstaltung zu stellen, „sofern er über das [entsprechende] Wissen verfügt"[77]. Auch Salīm geht demnach von seiner Überlegenheit als professioneller Gelehrter aus, die eine mögliche Konkurrenzsituation mit einem Triumph enden lassen wird.

Dass Salīm auf al-Bannā an der Azhar-Universität „wartet" (so wörtlich), zeigt aber auch, dass er die Rahmenbedingungen eindeutig vorbestimmt sieht bzw. sehen möchte.[78] Der geographische Ort des Sprechens (Azhar) erhält

73 Vgl. al-Bīlī, „Ǧamāl al-Bannā yataʿarraḍ li-huǧūm ʿanīf min al-mašāyiḫ".
74 Raḍwān, „Ǧamāl al-Bannā yuftī bi-anna tabādul al-qubulāt bayn aš-šabāb wa-l-fatayāt muǧarrad ṣaġā'ir!!".
75 Vgl. al-Bīlī, „Ǧamāl al-Bannā yataʿarraḍ li-huǧūm ʿanīf min al-mašāyiḫ".
76 Vgl. Habermas, *Strukturwandel der Öffentlichkeit*, 58–69, zu repräsentativer Öffentlichkeit.
77 Ra'fat und Madkūr, „Mā zālat ʿawāṣif al-mašāyiḫ ʿalā Ǧamāl al-Bannā mustamirra".
78 Das hieße beispielsweise festzulegen, welche innerhalb der azharitischen Geistesgeschichte tradierten Wahrheiten als gültig vorauszusetzen und welche Einwände erlaubt sind.

somit eine soziale Bedeutung. Unter dieser räumlichen Bedingung wäre ein traditioneller Gelehrter *formal* im Vorteil – also unabhängig von persönlicher Überlegenheit und individuellem Charisma. Genau diese Bedingung ist in den öffentlichen Auseinandersetzungen einer modernen Gesellschaft nicht mehr gegeben,[79] weil insbesondere Massenmedien nach ihrer eigenen Logik funktionieren.

Auch die genannten Argumentationen, die al-Bannā den Status eines Wissenden aufgrund fehlender Qualifikation aberkennen, lassen auf eine Konkurrenzsituation schließen, der ein Gelehrter innerhalb einer massenmedial vermittelten Öffentlichkeit nicht völlig aus dem Weg gehen kann. So erklärt ʿAbd al-Muʿṭī Bayyūmī,[80] ehemaliger Dekan der Azhar-Universität: „Die Männer der Religion haben bisher nicht versucht, auf al-Bannā zu reagieren, weil er die Muslime zu spalten (*tafriqa*) versucht."[81] Die Aussage selbst zeigt aber, dass die Gelehrten früher oder später doch reagieren müssen.[82]

Kommentar aus dem Publikum

Von dokumentarischem Wert ist der anonyme Online-Kommentar zu den einzelnen Beiträgen innerhalb al-Bannās fünfteiliger Biographie-Reihe in der Zeitung al-Yawm as-sābiʿ Anfang 2009.[83] Hier verweist die Kritik an der öffentlichen Rolle al-Bannās auch auf das Versagen anderer Akteure innerhalb einer islamischen Öffentlichkeit, deren prominenteste Vertreter namentlich genannt werden.

> 1.: Ǧamāl al-Bannā verfügt nicht über die Qualifikation, um ein richtiger *muǧtahid* zu sein. Gegenüber [dem TV-Moderator] Dr. ʿAmmār ʿAlī Ḥasan hat er zugegeben, dass er den Koran

79 Man denke an die moderne Beobachtung Lyotards: Das Fehlen einer „universalen Diskursart" und das daraus resultierende Unrecht, wenn ein „Widerstreit" (*différend*) entschieden wird, ohne über eine allen beteiligten Argumentationen adäquate Urteilsregel zu verfügen. Vgl. Lyotard, *Der Widerstreit*, 9 ff.

80 Zu Bayyūmī siehe auch die Auseinandersetzung über die Säkularität bzw. Islamizität Ägyptens im Kapitel „Ein politischer Skandal und die Reaktionen der ägyptischen Presse (2006)".

81 Ra'fat und Madkūr, „Mā zālat ʿawāṣif al-mašāyiḫ ʿalā Ǧamāl al-Bannā mustamirra". Hinzu kommt der Vorwurf, al-Bannā werde womöglich vom Ausland finanziert.

82 Vgl. auch den Selbstwiderspruch des 2009 amtierenden Großscheichs der Azhar Sayyid Ṭanṭāwī auf die Kritik al-Bannās: Einerseits erhebt Ṭanṭāwī den Anspruch, er müsse nicht auf al-Bannās „Angriffe" reagieren, andererseits tut er es in Form jener Erklärung doch. „Šayḫ al-Azhar: Ataraffaʿ ʿan ar-radd ʿalā Ǧamāl al-Bannā... wa-d-dawr allaḏī naqūm bihi wāḍiḥ," *al-Miṣrī al-yawm*, 08.04.2009.

83 Zur Reihe vgl. die Literaturangaben im Kapitel „Ǧamāl al-Bannā – Themen und Biographie".

nicht auswendig kennt und man die Hadithe, der er auswendig weiß, an einer Hand abzählen kann, geschweige denn, dass er an einem religiösen Institut oder einer islamischen Universität studiert hätte oder eine Azhar-Qualifikation erworben hat. Seine Ausbildung endete [sozusagen] in der Vorbereitungsphase. Und da er nicht die Chance auf Bildung hatte, verfügt er weder über islamische Kultiviertheit noch über einen brillanten, traditionsbewussten Intellekt.

2.: Ǧamāl al-Bannā ist inzwischen 88 Jahre schwach. Nach dem 70. Lebensjahr, so sagen es die Ärzte, leidet das Gehirn unter Störungen und Problemen, so dass sein Besitzer nicht mehr voll urteilsfähig ist. Dementsprechend können wir uns auf sein Urteilsvermögen in diesem hohen Alter nicht verlassen.

3. Ǧamāl al-Bannā bestreitet in seinem Buch ‚Ǧināyat qabīlat ḥaddaṯanā'[84] und in seinen Artikeln ‚Aḫṭā' al-Buḫārī' [Die Fehler al-Buḫārīs] die Authentizität der islamischen Traditionen (*sunna*). Nur den Koran erkennt er an (und gehört demnach zu den sogenannten Qur'āniyūn). Wie kann er also *muǧtahid* sein, wenn er die Mehrzahl der authentischen Hadithe al-Buḫārīs und Muslims ablehnt? Die Instrumente des *muǧtahid* sind schließlich eindeutige Koranstellen und authentische Sunna sowie die Anwendung des Verstandes auf alles Übrige.

4. Man muss einfach in Opposition zur Fatwa Ǧamāl al-Bannās stehen, während des Fastens zu rauchen oder das Küssen unverheirateter Jugendlicher an der Universität oder auf Arbeit sei legitim. Die große Katastrophe ist, dass er in der Sendung von Dr. ʿAmmār ʿAlī Ḥasan auf Dream TV die Fatwa erteilt hat, der Intimbereich der Muslima reiche [nur] vom Nabel bis zum Knie. Man stelle sich vor, soll es erlaubt sein, dass eine Frau ihre Brust auf der Straße zeigt?[85] Die absolute Katastrophe war jedoch, als er in [der Zeitung] al-Miṣrī al-yawm und dann als Replik auf [den Philosophen] Dr. Murād Wahba[86] die Fatwa veröffentlichte, dass ein Muslim, der sich vom Islam ab- und Judentum oder Christentum zuwendet, kein Ungläubiger sei und nicht von Gott bestraft werde, weil diese himmlische Religionen seien und man nur von einer Religion Gottes zur anderen wechsle. Ist so etwas noch gesunder Menschenverstand? Gehört zum Glauben an Gott zum Beispiel der Glaube an die Göttlichkeit Jesu? Oder ist dies [nicht vielmehr] Beigesellung (*širk*)?

Letztens: Wir leben in einer Zeit, wo es auf Bekanntheit ankommt. Und bekannt wird jeder, der unverbrüchliche [Wahrheiten und Normen] zerstört oder wie es heißt: ein Tabu bricht.

84 *Das Verbrechen des Stammes ‚Es berichtet uns' [ḥaddaṯanā]* als Anspielung auf einen unkritischen Glauben an Hadithe und die diesen Glauben fördernden Gelehrten als geschlossene Gemeinschaft.
85 Al-Bannā wendet sich lediglich gegen eine Kopftuchpflicht, ohne das Kopftuch verbieten zu wollen. Der Intimbereich der Frau beginne an der Brust, nicht am Kopf.
86 Zur Debatte in al-Miṣrī al-yawm im Dezember 2008, vgl.: al-Bannā, „Fīma na'talif... wa-fīma naḫtalif?"; Wahba, „al-ʿAlmānīya wa-dawrān al-arḍ"; al-Bannā, „Ǧamāl al-Bannā yuʿaqqib ʿalā radd Murād Wahba". Al-Bannā hatte im letzten Artikel geäußert, Gott sei als Einziger und Absoluter natürlich der Gott aller Gläubigen und nicht nur der der Muslime.

> Deshalb wird es Ǧamāl al-Bannā nur gelingen, Berühmtheit zu erlangen und als Erneuerer zu gelten, der Rückständigkeit bekämpft und verfolgt wird, wenn er sinnverdrehte Fatwas erfindet. Am meisten Schuld trägt die Azhar, ihr Großscheich und ebenso gemäßigte Gelehrte wie al-Qaraḍāwī, Muḥammad ʿImāra, Ḫālid al-Ǧundī [al-Gindī] und Muḥammad Salīm al-ʿAwwā sowie unparteiische Intellektuelle wie Fahmī Huwaydī, Aḥmad Kamāl Abū al-Maǧd, Mūḥammad ʿAbd al-Qaddūs etc. Ich beschuldige sie, mit diesem Mann nicht in aller Güte diskutiert und seine Argumente nicht vor allen Leuten sowie vor ihm selbst zum Einsturz gebracht zu haben. Womöglich kehrt er ja zur Wahrheit zurück. Der Fehler liegt nicht bei ihm, sondern bei den Gelehrten, die ihn nicht überzeugen konnten. Stellen sie sich vor, Ǧamāl al-Bannā wäre zur Zeit von Scheich aš-Šaʿrāwī [1911–1998] oder Scheich Muḥammad al-Ġazālī [1917–1996] [in der Öffentlichkeit] aufgetreten. Hätten diese ihn ignoriert und geschwiegen? Natürlich nicht. Ǧamāl al-Bannā missbraucht das freie Feld der Medien, die [eigentlich] über Wissen und die Fähigkeit zu argumentieren verfügen und bei den Menschen hohes Ansehen genießen.[87]

Neben bekannten Argumenten gegen al-Bannā (Qualifikation, Alter) fällt eine weitere Annahme auf. Zum einen wird der Widerspruch seiner Thesen zur muslimischen Mehrheitsmeinung als Indiz für Irrtum und Abweichlertum behandelt. Zum anderen werden als potenzielle Widersacher al-Bannās neben Gelehrten vor allem Intellektuelle genannt (ʿImāra, al-ʿAwwā, Huwaydī, Abū al-Maǧd, ʿAbd al-Qaddūs). Inhaltlich erfährt die Kritik des Establishments an al-Bannā hier Zustimmung durch einen sich als religiösen Laien betrachtenden Zuschauer.

Zustimmung

Erwähnenswert ist, dass al-Bannā auch Zustimmung von Gelehrten erfährt. So wendet sich die ehemalige Azhar-Dekanin Āmina Nuṣayr gemeinsam mit al-Bannā gegen eine Sakralisierung der Rechtsgelehrten.[88]

Auch der genannte Fatwa-Experte Ǧamāl Quṭb argumentiert sach- und nicht personenbezogen. Quṭb geht davon aus, al-Bannās Aussagen zur Zeitehe – die es ja bei Schiiten durchaus gebe und die mit einer Nicht-Muslimin gestattet sei – seien nicht in „wörtlicher Bedeutung gemeint"[89]. Auch in Bezug auf al-Bannās Behauptung, Alkoholtrinken gehöre nicht zu den göttlichen Verboten

87 Kommentar von „Neutral" (*muḥāyid*) zu al-Bannā, „ʿIštu fī ṭufūlatī [...]". Text im Anhang.

88 Ra'fat und Madkūr, „Mā zālat ʿawāṣif al-mašāyiḫ ʿalā Ǧamāl al-Bannā mustamirra". Nuṣayr gehörte auch zu den Referenten der öffentlichen Veranstaltung zur Veröffentlichung von al-Bannās Buch *Taǧdīd al-Islām* (2010).

89 Ra'fat und Madkūr, „Mā zālat ʿawāṣif al-mašāyiḫ ʿalā Ǧamāl al-Bannā mustamirra".

(*ḥudūd*, wörtl. Grenzen),[90] ist aus Quṭbs Sicht Gelassenheit angebracht: „Die Vorstellung Ǧamāl al-Bannās zum Alkoholverbot (*ḥadd al-ḫamr*) ist nicht neu und keine häretische Neuerung (*bidʿa*), sondern eine Aussage, die viele Rechtsgelehrte zu verschiedenen Zeiten getroffen haben. Die Bestrafung des Alkoholtrinkers ist in der Fiqh-Literatur eine der Gesetzgebung, also das Recht des Herrschers [...].“[91]

Quṭb ist somit jemand, der Meinungspluralismus zu islamischen Grundsatzfragen als unproblematisch ansieht und eine Entscheidung in Sachen Alkoholverbot offen lässt, indem er die Grundsatzfrage als Detailfrage behandelt. Hinzu kommt, dass er den klassischen Fall von Meinungsverschiedenheiten unter Gelehrten[92] offenbar für übertragbar auf al-Bannā hält. Anders gesagt: Exklusion im Zusammenhang mit Gruppenbildung wird bei ihm nicht zum Thema. Ob al-Bannā Gelehrter ist oder nicht und ob er zu einer etablierten Gruppe gehört, kann bei dieser Form der Argumentation offen bleiben.

Auch Suʿād Ṣāliḥ, die al-Bannā über die Medien kritisiert hatte, zeigt sich bei einer Podiumsdiskussion mit al-Bannā (!)[93] moderater und bemerkt, sie stimme mit ihm überein, dass einige Fragen der islamischen Rechtswissenschaft (*fiqh*) durchaus einer Revision bedürften.[94] Bemerkenswerterweise thematisiert sie ihre eigene Sprecherposition und betont, sie vertrete weder die Azhar noch das Awqāf-Ministerium. Insofern lässt sie offen, inwiefern ihre Aussagen allgemeine Geltung beanspruchen sollen.[95]

Angesichts der partiellen Unterstützung für al-Bannā bleibt zu betonen, dass die Zustimmung sich nicht auf seine Rolle als Intellektueller bezieht oder

---

90 Vgl. auch *ḥudūd* als „restrictive ordinances or statutes of Allāh“ (J. Schacht, Carra de Vaux, B. und A. -M Goichon, „Ḥadd,“ in *The Encyclopaedia of Islam [2]*, 3: 20–22).

91 Ra’fat und Madkūr, „Mā zālat ʿawāṣif al-mašāyiḫ ʿalā Ǧamāl al-Bannā mustamirra“:
والتصور الذى يقوله الاستاذ جمال البنا بشأن حد الخمر ليس جديدا وليس بدعة انما هو قول فقهاء كثيرين فى الأزمنة المختلفة والحد الوارد فى كتب الفقه لشارب الخمر انما هو حد من السياسة التشريعية التى من حق الحاكم[...].

92 Man denke an die in älteren Koranauslegungen häufig anzutreffende Bemerkung, die Gelehrten bzw. Exegeten seien sich in der Auslegung uneinig (*iḫtalafa al-ʿulamāʾ/al-mufassirūn*).

93 Al-Bannā betont mehrfach, er möchte nicht mit Azhariten diskutieren, da er und sie letztlich andere Sprachen sprächen. Ṣāliḥ wiederum möchte, dass al-Bannā nicht zuviel öffentliche Aufmerksamkeit zukommt.

94 Vgl. das Podiumsgespräch mit al-Bannā: „Munāẓara sāḫina lam taktamil li-nsiḥāb al-Bannā,“ *Nahḍat Miṣr,* 10.07.2008. Ṣāliḥ besteht in Abgrenzung zu al-Bannā darauf, dass zwar Glaubensfreiheit im Koran garantiert werde, geistige Freiheit jedoch nicht.

95 Fragen ließe sich, inwiefern eine als *Privat*meinung gekennzeichnete *öffentliche* Äußerung relevant ist. Allgemeine Überlegungen dazu finden sich in Kants „Beantwortung der Frage: Was ist Aufklärung?“.

auf seine Kompetenz für bzw. über den Islam zu sprechen, sondern auf konkrete Sachfragen.

Reaktion al-Bannās

Wie verhält sich al-Bannā zur Kritik durch die Gelehrten und zu deren Exklusivitätsanspruch? In einem Gegenargument stellt er infrage, dass Gelehrtentum wie eine Profession behandelt werden sollte:

> Prinzipiell ist es natürlich richtig, Experten mit entsprechender Berufsausbildung zu befragen. Aber der Islam ist kein Beruf oder Gewerbe, vielmehr Glaube, Freiheit und [grundlegende] Werte; und diese können unmöglich Gegenstand von Gewinn, Lebensunterhalt und Profession sein. Wenn sie wollen, dass man glaubt, sie seien ‚Leute der Mahnung' (*ahl aḏ-ḏikr*)[96] von Gottes Gnaden [*iḥtisāban*?], sollten sie sich aus ihren Anstellungen zurückziehen und auf ihre Gehälter, Zulagen usw. verzichten. Unabhängig von alldem ist der Weg der Mahnung weit offen für jeden, der die Bestimmungen des Islam eifrig studiert, entsprechend seines Glaubens und nicht, durch Studium an einer Universität, die durch politische Entscheidungen beherrscht wird [...].[97]

Gleichzeitig warnt er vor dem Anspruch der Gelehrten auf uneingeschränkte Autorität und dem damit verbundenen Einfluss auf autoritätshörige Gläubige.[98] Aus al-Bannās Sicht hat sich eine sunnitische Orthodoxie unter den Gelehrten herausgebildet, die Muslime zu blinden Nachahmern erzieht.[99] Diesen Widerspruch

---

96 Der Ausdruck *ahl aḏ-ḏikr* (Leute der Mahnung bzw. Anrufung Gottes) findet sich bereits im Koran und wird zumindest im heutigen Arabisch i.S.v. „Gelehrte" gebraucht. Genau diese Bedeutung möchte al-Bannā anfechten. *Aḏ-Ḏikr* wird im übertragenen Sinn auch auf den Koran bezogen.

97 Ğamāl al-Bannā, „Raddan ʿalā ğarīdat al-Liwāʾ al-islāmī":
أما فكرة أن المبدأ العام هو سؤال أهل الاختصاص في الحرف والمهن فهو سليم بالطبع ، ولكن الإسلام ليس مهنة أو حرفة لأنه إيمان ، وحرية ، وقيم ، وهذه لا يمكن أن تكون موضوعًا للكسب والارتزاق والاحتراف. [¶] وإذا أرادوا أن يصدقوا أنهم أهل الذكر احتسابًا فليستقيلوا من وظائفهم وليتنازلوا عما يأخذونه من مهايا وبدلات .. الخ. [¶] ومع هذا كله فسبيل الذكر مفتوح على مصراعيه لكل من درس وأحكم الإسلام بعكوفه على الدراسة والفكر بحكم إيكانه [إيمانه] لا بحكم دراسة في كلية تحكمها السياسات [...].

98 Siehe al-Bannā: „Die Haltung der religiösen Institutionen und der Gelehrten ist extrem gefährlich, denn so werden wir religiös beurteilt anhand dessen, was jene Herren sagen und meinen. Wie oft hat mir schon jemand gesagt: ‚Es gibt da ein Hadith', – und dieser Naive weiß nicht, dass Hadithe wie ein Wald sind, in dem sich so ziemlich alles findet, nur nicht Religion bzw. Religion am wenigsten." al-Bannā, *Qaḍīyat al-qubulāt wa-baqīyat al-iğtihādāt*, 66.

99 Vgl. ʿAllāʾ al-Ġaṭrīfī, „Ğamāl al-Bannā: «al-Azhar» kanīsa islāmīya taḥtakir ad-dīn," *al-Miṣrī al-yawm*, 16.11.2006.

zwischen dem Ideal eines Islam ohne Priesterschaft und Kirche[100] und der von al-Bannā beobachteten Realität will er offenbar aufbrechen.

Seine Kritik am Gelehrtentum und die Abgrenzung dazu dient zugleich seiner Selbstverortung als Intellektueller. Diese geht soweit, dass er nicht nur das Gelehrtentum, sondern auch die Praxis des Fatwa-Erteilens ablehnt, um sich selbst weitab davon zu positionieren – auch weil er selbst immer wieder dieser Tradition zugerechnet wird:

> Ich bin es leid zu betonen, dass ich keine ‚Fatwas' herausgebe. Vielmehr stehe ich [dem ganzen Komplex um] Fatwa, Mufti und Fatwa-Ersuchendem (*mustaftī*) ablehnend, ja fast angewidert gegenüber. Jedem, der mich fragt, sage ich mit den Worten des Propheten (Gott segne ihn und schenke ihm Heil) ‚Befrage dein Herz, selbst wenn sie [die Leute] dir immer wieder [zu etwas] raten (*aftūka*)'. Vielleicht weiß dies ein *mustaftī* nicht. Aber ein Mufti sollte wissen, dass der Prophet es untersagt hat, ihn zu befragen und dass der Fragende über einen eigenen Verstand verfügt, den er besser kennt als der Mufti. Und er kann souveräner damit umgehen und [das Problem] bewältigen. Anstelle es sich leicht zu machen und jemand anderen zu befragen, sollte er selbst nachdenken. Und wenn nötig, sollte er die islamischen Quellen zu Rate ziehen, die schließlich allen zugänglich sind.
>
> Aber die Rechtsgelehrten haben nicht zugelassen, dass auf sie auch verzichtet werden kann. Deshalb haben sie die Leute nach und nach dazu gebracht, sie um Fatwas zu ersuchen. Und sie haben sich darum bemüht, in der Presse und den Massenmedien Formate wie ‚Frag den Gelehrten' oder ‚Frag die Leute der Mahnung' zu etablieren.[101]

Völlig konsequent ist al-Bannā beim Verzicht auf den Fatwa-Begriff nicht.[102] Zu sehr ist er an den allgemeinen Sprachgebrauch gebunden, wenn er verständlich bleiben und Aufmerksamkeit auf sich ziehen will.

Das Problem uneingeschränkter Autorität bezieht al-Bannā nicht nur auf die Gelehrten, sondern auch auf deren Klienten.

---

100 Vgl. das Kapitel „Islam und Christentum".

101 Al-Bannā, *Qaḍīyat al-qubulāt wa-baqīyat al-iğtihādāt*, Vorwort, 3:
لقد مللت من القول بأنى لا أطلق «فتاوى» ، بل إن عزوفى عن الفتوى والمفتى والمستفتى كاد يصل إلى حد القرف، وإنى أقول لمن يسألنى: « استفت قلبك وإن أفتوك وأفتوك » ، كما قال الرسول (صلى الله عليه وسلم) وإذا كان المستفتى لا يعلم هذا ، فإن المفتى لا بد أنه يعلم أن الرسول (صلى الله عليه وسلم) نهى عن أن يسألوه ، وأن السائل على نفسه بصيرة وهو أدرى بها من المفتى ، فهو أقدر على تكييفها ، وبالتالى معالجتها ، بدلاً من أن يستسهل فيسأل كان عليه أن يفكر ، واذا تطلب الأمر فعليه بمطالعة المراجع ، وهي متاحة للجميع.
ولكن الفقهاء ما كانوا يسمحون بهذا الذى لا يجعل لهم ضرورة ، لهذا استدرجوا الناس لطلب الفتوى ورفعوا في الصحف ، وأجهزة الإعلام شعارات: اسألوا الفقيه .. اسألوا أهل الذكر.

102 So schreibt er: „Im Jahr 2008 ging die Nachricht von einer ‚Fatwa' in den islamischen Kreisen Kairos herum, die Ğamāl al-Bannā veröffentlicht hatte […].", al-Bannā, *Qaḍīyat al-qubulāt wa-baqīyat al-iğtihādāt*, 3.

> Ich bin der Meinung, wer um eine Fatwa bittet, macht es sich leicht, weil er [selbst] suchen und denken, ja auch sein Herz befragen kann […]. Der Mufti wiederum kann die Situation nicht genau kennen, auf die er Bezug nimmt, denn in jeder Frage gibt es spezielle, eigene Aspekte, die nicht [unmittelbar] zu erkennen sind. Was ich veröffentliche sind nicht Fatwas, sondern Meinungen auf Grundlage des Koran und der Weisheit [islamischer] Gesetzgebung und der Zwecke der Scharia (*maqāṣid aš-šarīʿa*).[103]

Al-Bannā vertritt somit einen Aufklärungsanspruch, der das symbiotische Verhältnis von Gelehrten und Laien von beiden Seiten her aufbrechen will. Die Verantwortung des Gelehrten geht nicht etwa auf den Intellektuellen über, sondern auf den mündigen (aufgeklärten) Gläubigen. Das individuelle Urteil (*iǧtihād*) eines Gelehrten bzw. Intellektuellen sei „nur für den bindend, der davon überzeugt ist". Somit gilt auch, dass, wer eine Fatwa als verbindlich erklärt, aus ihr einen „zweiten Koran" mache und sie somit sakralisiere.[104]

Die Rolle des Intellektuellen reduziert sich auf die des distanzierten Beobachters, der Wahrheiten formuliert, ohne Verantwortung für das Handeln derer zu übernehmen, die diese Wahrheiten als Mündige annehmen und ihr Handeln danach richten.[105] Al-Bannā differenziert demnach ähnlich wie Fahmī Huwaydī zwischen Theorie und Praxis und verortet den Intellektuellen auf der Seite der Theorie.[106] In der Praxis – vor allem der politischen – müsse man verhandeln, schlichten, beschwichtigen und notgedrungen seinen Standpunkt ändern, um Konflikte beizulegen und pragmatische Lösungen zu finden. Die Funktion des Intellektuellen sieht al-Bannā dagegen nicht in der (politischen) Praxis:

> Die Rolle des Denkers ist es, unnachgiebig die völlige Wahrheit zu sagen. [Auch] Koran und Evangelium […] verurteilen Fehler und Verfälschungen. In der Phase, in der eine Theorie ausgearbeitet wird, ist es auf keinen Fall zulässig, sie in irgendeiner Form zu beschneiden oder von ihr abzuweichen, um Feindschaften zu vermeiden oder Freunde zu gewinnen.

---

103 Al-Bannā und al-Kīlānī, „Ǧamāl al-Bannā: Kull adabīyāt al-Islām ḍidd tawrīṯ al-ḥukm":
أرى فى الفتوى نوعاً من الاستسهال من طرف المستفتى الذى كان من الممكن أن يبحث وأن يفكر أو حتى أن يستفتى قلبه [...]
كما أن المفتى لا يمكن أن يعرف الحالة التى يفتى لها بدقة لأن هناك عوامل ذاتية خاصة لكل واحد لا يمكن إدراكها فى السؤال
، ما أقوله ليست فتاوى أنما هى آراء أبنيها على سند من القرآن أو من حكمة التشريع ومقاصد الشريعة.

104 Vgl. al-Bannā und al-Kīlānī, „Ǧamāl al-Bannā: Kull adabīyāt al-Islām ḍidd tawrīṯ al-ḥukm". Die Argumentation erinnert an den kritischen Aufklärungsanspruch Naṣr Ḥāmid Abū Zayds gegenüber dem „religiösen Diskurs", der – so die Kritik – Sekundärquellen (Hadith) mit Primärquellen (Koran) in ihrer Wertigkeit gleichsetze und damit sakralisiere. Vgl. Abū Zayd, *Naqd al-ḫiṭāb ad-dīnī*.

105 Eine Distanz des Lesers zu seinen Werken fordert al-Bannā selbst: Man solle mit Verstand lesen und das übernehmen, das man sich mittels eigener Vernunft aneignen konnte.

106 Vgl. das Kapitel „Fahmī Huwaydī – Intellektueller Werdegang".

> Genau dies kann passieren, wenn eine Theorie Eingang in die Politik findet. Dann geschieht es aber auf Verantwortung derer, die sie anwenden und nicht im Namen der Theorie selbst oder ihres ursprünglichen Verfassers.[107]

Der Intellektuelle muss sich sozusagen auf das Feld der Wahrheit zurückziehen und sich politisch passiv verhalten, um nicht korrumpierbar zu werden. Dies ist eine grundsätzliche Unterscheidungsmöglichkeit zum Bild des *engagierten Intellektuellen*, wie es in der europäischen Moderne entstanden ist.[108]

Neben Fahmī Huwaydī und Ǧamāl al-Bannā vertritt auch Muḥammad ʿImāra die Ansicht, gesellschaftspolitischer Aktivismus sei von der Sphäre intellektuellen Räsonnements zu trennen. Womöglich ist diese Ansicht durch das Umfeld der Autoren geprägt – durch die Muslimbruderschaft, deren Aktivismus spätestens seit den 1940er Jahren bis zum Sturz Mubaraks fast durchgängig mit dem Risiko staatlicher Repressionen verbunden war.

Schluss

Man kann argumentieren, al-Bannā sei mit seinen für ägyptische Verhältnisse untypischen Thesen zu Islam und Gelehrtentum ein Einzelfall und lasse darum kaum verallgemeinerbare Aussagen über eine Verortung des Islam zu. Dafür spräche, dass er keiner Partei oder einflussreichen Organisation angehört.

Dagegen lässt sich behaupten, dass die Rolle des Intellektuellen gerade nicht auf organisatorische Zugehörigkeit angewiesen ist. Ein Denker wie al-Bannā

---

107 Al-Bannā, *Mawqifunā min al-ʿalmānīya. al-qawmīya. al-ištirākīya*, 5:
ودور المفكر هو أن يقول الحقيقة كاملة وبلا هوادة وقد تحدث القرآن والإنجيل عن المخالفين [...] ونددا بنواحى الخطأ والانحراف، ولا يجوز مطلقاً فى مرحلة وضع نظرية أى حيف عليها، أو انتقاص منها إتقاعاً لعدوات أو كسبا لصداقات. فإن هذا قد يحدث عندما تدخل النظرية فى خضم السياسات، ويكون هذا على مسئولية وبسم القائمين عليها، وليس باسم النظرية فى حد ذاتها، أو باسم واضعها الأصلى.

108 So in Frankreich von Zola über Sartre bis zu Foucault und Bourdieu; in Deutschland durch die Frankfurter Schule samt ihrer Erben (Horkheimer, Adorno, Habermas) oder in Italien durch Gramscis Ansatz des *organischen Intellektuellen*. Vgl. u. a. Theodor W. Adorno et al., Hrsg., *Der Positivismusstreit in der deutschen Soziologie* (Darmstadt: Luchterhand, 1969); Pierre Bourdieu, *Die Intellektuellen und die Macht* (Hamburg: VSA-Verlag, 1991); Michel Foucault, *Analytik der Macht* (Frankfurt am Main: Suhrkamp, 2008); Antonio Gramsci, *Gefängnishefte [orig.: Quaderni del carcere]*, 10 Bde. (Hamburg: Argument, 1991–2002), insbes. Heft 4 und 11; Jean-Paul Sartre, *Plädoyer für die Intellektuellen* (Reinbeck: Rowohlt, 1995). In diesem Zusammenhang muss erwähnt werden, dass die europäische Fassung des engagierten Intellektuellen in Ägypten durchaus vorkommt – man denke an das politische Engagement ʿAbd al-Wahhāb al-Missīrīs in der Protestbewegung Kifāya oder Ṭāriq al-Bišrīs Mitinitiation einer Protestgruppe von Juristen gegen die staatliche Kontrolle der Justiz.

lässt durch seine mediale und damit *öffentliche Präsenz* sowie durch die unvermeidlichen Reaktionen auf seine Thesen mögliche Konturen gesellschaftlich relevanter Problemfelder sichtbar werden.

Die Privatperson Ǧamāl al-Bannā ist aufgrund ihrer außergewöhnlich individualistischen Sozialisation ein Sonderfall. Gleichzeitig wird an seinem Fall deutlich, was die institutionelle und organisatorische Unabhängigkeit eines Intellektuellen als soziale Rolle bedeutet. Anhand von al-Bannās Reflexionen zum Gelehrtentum zeigt sich, welche islamischen Praktiken von einem (antitraditionalistischen) Intellektuellen nicht mehr bedient werden. Damit wird die traditionelle Autorität des Gelehrten sozusagen entzaubert und – wenn man so will – durch Aufklärung rationalisiert.

5.4 Theoretische Nachbetrachtung: Muslimischer Intellektueller und Autorität

Der Fall Fahmī Huwaydīs in seiner Rolle als konservativer Verteidiger der Gelehrten und der Fall al-Bannās als deren Kritiker machen deutlich, wie die Rolle des muslimischen Intellektuellen in Auseinandersetzung mit der Rolle des Gelehrten an Kontur gewinnt. Beide Haltungen – Verteidigung und Kritik des Gelehrten – lassen sich zusammenführen und zur Rolle des Intellektuellen abstrahieren.

Durch intellektuelle Kritik an Gelehrten, die ein Deutungsmonopol beanspruchen, behauptet sich ein kritischer Intellektueller als distanzierter und dennoch interner Beobachter des Islam in einer eigenen Rolle. Dasselbe gilt für einen muslimischen Intellektuellen, der die Gelehrten verteidigt: Wenn der Gelehrte eines Unterstützers bedarf, der den Islam öffentlich konstruiert, dann spricht dies für die Souveränität des Intellektuellen gegenüber der Rolle des Gelehrten. Beide – der intellektuelle Kritiker und der Verteidiger – behaupten demnach die eigene Sprecherposition des Intellektuellen gegenüber der des Gelehrten.

Dies bedeutet jedoch nicht, dass die Rolle des islamischen Gelehrten überflüssig geworden wäre. Zum einen besteht in einer modernen Gesellschaft weiterhin Kommunikationsbedarf in Form mündlicher Interaktion (Fatwa, Seelsorge, Predigt etc.).[1] Zum anderen ist nicht auszuschließen, dass sich eine moderne

1 Gudrun Krämer, „Drawing Boundaries," in *Speaking for Islam*, Hg. Gudrun Krämer et al. (Leiden: Brill, 2006): 181–217 (182) beobachtet beispielsweise, Fatwas seien immer noch eine Domäne der *ʿulāma*'.

Form des über Ausbildung institutionalisierten medienversierten Gelehrten herausbildet.[2] Hier könnte sich eine größere Unabhängigkeit der offiziellen Institutionen des Islam so auf die Ausbildung auswirken, dass Imame und mit *ʿālimīya*[3] oder informeller Autorität ausgestattete Gelehrte entsprechend ihrer Rolle (und nicht nur gemäß ihrer persönlichen Fähigkeiten) kompetent innerhalb einer massenmedialen Öffentlichkeit agieren.

Mit der Funktionslogik der Massenmedien hängt auch zusammen, dass ein Gelehrtentitel als kulturelles Kapital noch nicht ausreicht, um öffentliche Aufmerksamkeit zu erlangen.[4] Allerdings dürfte die mit dem Titel offiziell bestätigte Expertise als Islamexperte den Zugang zu Massenmedien erleichtern und damit Aufmerksamkeit binden – einen Zugang, den auch Intellektuelle ohne offiziellen Titel durch Bedienung von Nachrichtenfaktoren nutzen können.[5]

Wie der informell erworbene Ruf eines Intellektuellen als Islamischer Denker muss sich in den Massenmedien auch die formell erworbene Expertise eines Gelehrten bewähren – nicht in religiöser Hinsicht, sondern hinsichtlich der Funktionslogik des Mediensystems.[6] Zudem kann eine derart erworbene Reputation auch wieder verloren gehen – durch das Verschwinden aus dem öffentlichen Gedächtnis, basierend auf dem Verlust massenmedialer Bedeutsamkeit. Autorität – deren Wesen darin besteht, nicht ständig bewiesen werden zu müssen[7] –

---

2 Vgl. neben medienversierten Gelehrten wie Yūsuf al-Qaraḍāwī oder Ḫālid al-Ǧindī, die noch nicht für eine institutionalisierte Rolle stehen, die 2011 gestartete Medienausbildung an der Azhar (al-Azhar, „Kullīyāt al-Banīn," http://www.azhar.edu.eg/pdf/bfac.pdf, 12.02.2013).

3 Die *ʿālimīya* ist der azharitische Doktorgrad religiöser Fächer, vgl. Art. 75, Gesetz 103 von 1961.

4 Davon ausgenommen sein dürften der Großscheich der Azhar sowie der Mufti der Republik, mit deren Titeln nicht nur Gelehrsamkeit, sondern ein offizielles Amt verbunden ist.

5 Vgl. neben den aufgezeigten *provokanten Thesen* al-Bannās ein nachrichtenkompatibles Merkmal, das sich für Buchpublikationen ägyptischer Sufi-Gelehrter belegen lässt: *Originalität*. Vgl. Reinhard Schulze, *Islamischer Internationalismus im 20. Jahrhundert* (Leiden (u. a.): Brill, 1990), 32.

6 In gewisser Weise ist ein Intellektueller aufgrund seiner informellen Rolle im Vorteil, da in der massenmedialen Öffentlichkeit nur erfolgreiche Intellektuelle auftauchen, während erfolglose öffentlich nicht zum Anlass weiterer Kommunikation werden – im Gegensatz zu unbekannten Gelehrten, die durch weltfremde bis peinliche Fatwas (z. B. über das Stillen erwachsener Männer durch deren Arbeitskolleginnen) punktuelle Bekanntheit erlangen und den Ruf des Gelehrtentums in Mitleidenschaft ziehen.

7 Im Sinne einer „Fähigkeit zu rationaler Begründung", Carl Joachim Friedrich, *Tradition und Autorität* (München: List, 1974), 62.

scheint allein durch die ständige Neubeschreibung der Gesellschaft durch aktualitätsbezogene Massenmedien unterwandert zu werden.[8]

Innerhalb einer medienbasierten Öffentlichkeit ist es zunächst relevant, überhaupt präsent zu sein; erst danach wird wichtig, ob eine Perspektive auf öffentliche Resonanz stößt. Dies bedeutet, dass sich nur durch regelmäßige mediale Präsenz eine lose Kopplung zwischen Publikum und Gelehrtem bzw. Intellektuellem durch sachliche Autorität einstellen kann – im Gegensatz zur festen Kopplung der Anhängerschaft eines charismatischen Gelehrten oder der Mitgliedschaft in einer Organisation.[9]

Sowohl eine die Tradition betonende Verteidigung des Gelehrten als auch die Kritik an jenem zeigt Problemfelder auf, mit denen der Islam in einer modernen Gesellschaft konfrontiert ist. Die konkreten Themen, die sowohl Kritiker des gelehrten Establishments wie al-Bannā als auch die Gelehrten selbst bearbeiten, zeigen offene Fragen zu Ritual und Alltag (Fasten, Bekleidung), im Kontext von Moral (Unzucht) oder Politik (islamischer Staat). Die Grenzziehung zwischen erlaubt und verboten sowie zwischen relevant und irrelevant verdeutlicht, was den Islam ausmacht bzw. was durch islambezogene Kommunikation zu einem gesellschaftlichen Phänomen wird.

Berücksichtigt man den gesellschaftlichen Kontext, werden die Grenzen eines als Einheit betrachteten Islam im Verhältnis zu nicht-religiösen gesellschaftlichen Bereichen deutlich. Dazu gehört die Frage der Unabhängigkeit einer islamischen Perspektive im Kontext ökonomischer Abhängigkeiten der Gelehrten bzw. Intellektuellen, ebenso die Existenz eines islamischen Expertentums, das zu großen Teilen in den Staatsapparat integriert wurde und infolgedessen kontrolliert werden kann (Verwaltung); der Wahrheitsanspruch einer islamischen Rechtswissenschaft, der sich in eine nach medialer Funktionslogik organisierte Öffentlichkeit nicht übertragen lässt (Medien) – und an dem trotzdem festgehalten wird; und damit zusammenhängend die Frage nach kollektiv bindender Geltung (Politik) sowie nach der Wirksamkeit islamischer Bestimmungen, wie sie von islamischen Autoritäten formuliert und interpretiert werden (Recht).

8 Ein hier nicht verfolgter Aspekt ist die eigene Funktionslogik des Verlagswesens. Vgl. Yves González-Quijano, *Les gens du livre* (Paris: CNRS Éd., 1998).

9 Dieses ursprünglich organisationstheoretische Konzept erscheint in Bezug auf Autorität in den Massenmedien besser geeignet als Herrschaftsbegriff Webers oder die Vorstellung einer konkreten Gefolgschaft des Intellektuellen im Sinne von Ulrich Oevermann, „Der Intellektuelle – Soziologische Strukturbestimmung des Komplementär von Öffentlichkeit," in *Die Macht des Geistes*, Hg. Andreas Franzmann et al. (Frankfurt am Main: Humanities Online, 2001): 13–75.

Rollenwechsel und Autorität

Wie lassen sich Gelehrte des Islam von religiös argumentierenden Intellektuellen unterscheiden? In den jeweiligen Argumentationen mit Bezug auf islamische Quellen sind kaum Unterschiede zu beobachten, die Verallgemeinerungen auf zwei distinkte Rollen zulassen. Auch ist der muslimische Intellektuelle nicht in jedem Fall ein Kritiker gesellschaftlicher Verhältnisse, sondern kann – wie Huwaydī – auch eine konservative Haltung einnehmen.[10] Für eine Unterscheidung aufschlussreicher erscheinen soziale Merkmale wie das Verhältnis von Person und Rolle sowie das Verhältnis zu Autorität.[11]

Ein muslimischer Intellektueller kann in der Öffentlichkeit Rollen wechseln, insbesondere zwischen einer Perspektive nicht-religiöser Expertise und explizit religiöser Reflexion.[12] Er ist in Fragen des Islam ein Privatgelehrter, der sich als Intellektueller – also Generalist – nicht auf Fragen der Religion beschränken muss.[13]

Der Intellektuelle äußert sich in der Öffentlichkeit als Privatperson, also ohne eine Organisation oder Religion offiziell repräsentieren zu können. Die idealtypische Rolle des traditionellen Gelehrten lässt dagegen kein öffentliches Auftreten als Privatperson zu – Gelehrter des Islam ist man in diesem Sinne in der Öffentlichkeit immer.[14] Dazu passt, dass die Expertise des Gelehrten sich nur auf das Thema Islam beschränkt – wie universell Islam im Einzelfall auch verstanden wird.[15]

---

10 Vgl. aber Jan-Peter Hartung, „What Makes a ‚Muslim Intellectual'?," *META (Middle East – Topics & Arguments)*, 1 (2013): 35–45, der religiöse Gebundenheit und Intellektualität für unvereinbar hält. Ich gehe von einem weniger voraussetzungsvollen Begriff des Intellektuellen aus, unter den auch ein „disseminator of knowledge" (Znaniecki) fallen würde.

11 Bemerkenswert auch die über Titel sichtbare Unterscheidung zweier Rollen von Gelehrsamkeit innerhalb der Islamischen Weltliga: *šayḫ* (Gelehrter) versus *ustāḏ* bzw. *sayyid* (Intellektueller). Vgl. Schulze, *Islamischer Internationalismus im 20. Jahrhundert*, 238.

12 Historisch lässt sich belegen, dass das Kontingentwerden der sozialen Sprecherposition zuließ, dass christliche Intellektuelle in einen „islamischen Diskurs" eintreten konnten, weil privater Glaube nicht mehr fest mit öffentlich konstruierter Religion gekoppelt war. Vgl. Schulze, *Islamischer Internationalismus im 20. Jahrhundert*, 46.

13 Vgl. al-Bannās Kritik an Gelehrten, diese würden sich nur in Fragen der Religion auskennen, sowie die Kritik Huwaydīs an der Realitätsferne des islamischen Diskurses, Muḥammad al-Ǧiddāwī, „Fahmī Huwaydī: al-Ḫiṭāb al-islāmī ihtamma bi-l-ʿibādāt wa-taǧāhal an-nās wa-l-fasād as-siyāsī," *al-Miṣrī al-yawm*, 30.10.2004.

14 Dies schließt eine moderne Variante des Gelehrten nicht aus, wie sie sich in medienversierten Azhariten wie Ḫālid al-Ǧundī (al-Gindī) zeigt. Soziologische Untersuchen hierzu stehen m.E. noch aus.

15 Vgl. al-Qaraḍāwīs Konsultation von technischen Experten sowie al-Bannās Kritik am Bildungsmangel strikt religiös ausgebildeter Azhar-Gelehrter.

Auch ein muslimischer Intellektueller kann Geltungsansprüche auf Wahrheit oder normative Richtigkeit in Fragen des Islam anmelden – nur dass er lediglich *über* diese Fragen spricht und nicht im Namen des Islam. Der sachbezogene Geltungsanspruch des Intellektuellen beinhaltet demnach keinen – mit seiner Rolle ohnehin nicht zu vereinbarendem – Anspruch auf rollenmäßige Deutungshoheit, der andere als Nicht-Experten degradiert.

Ein entscheidender Aspekt der Unterscheidung von Gelehrtem und Intellektuellem liegt demnach in der Frage nach religiöser Repräsentation und damit zusammenhängend nach religiöser Autorität. Ein Islamischer Denker belegt schon durch seine Existenz, dass Gelehrte in einer modernen Öffentlichkeit keine exklusiven Vertreter des Islam sind. Notable Gelehrsamkeit lässt sich zwar noch pflegen, verfügt aber in einer massenmedial vermittelten Öffentlichkeit nicht über strukturell abgesicherte Deutungshoheit[16] – insbesondere nicht unter einem autoritären Regime, das den Islam für eigene Zwecke an politisch kontrollierbare Organisationen binden will und entsprechend Einfluss auf Verlautbarungen offizieller islamischer Behörden nimmt.

Doch auch unabhängig von staatlicher Einflussnahme ergeben sich für den traditionellen Gelehrten in einer modernen Gesellschaft Herausforderungen. Seine religiöse Autorität bekommt in einer massenmedial vermittelten Öffentlichkeit nicht einfach Konkurrenz durch Laien – so als ob auf dem Feld der Religion die Macht geteilt werden müsste.[17] Vielmehr wird das Konzept der Autorität an sich durch die historische Genese einer Rolle unterwandert, die nicht mehr auf Hierarchie basiert.[18]

Autorität ist ihrer sozialen Form nach ein auf Dauer angelegtes, hierarchisches Verhältnis zwischen zwei komplementären Rollen. Das Verhältnis eines Intellektuellen zu seinem Leser ist dagegen eines unter sozial Gleichgestellten. Aus Sicht der Gelehrten mag diese Einebnung der Hierarchie als eine Bedrohung

16 Nicht gemeint ist politische Sanktionsfähigkeit, die religiösen Institutionen zugesprochen wird – beispielsweise die legale Kompetenz der Azhar, als Zensor aufzutreten.

17 Vgl. die Beobachtung einer „fragmentation of authority" bei Dale F. Eickelman und James P. Piscatori, *Muslim politics* (Princeton, NJ: Princeton Univ. Press, 1996), 131–35 (131).

18 Vgl. Daniel Kinitz, „Deviance as a Phenomenon of Secularity," in *Comparative Secularities: Religion and Modernity in Five World Regions*, Hg. Marian Burchardt et al. (Berlin, New York: de Gruyter, 2015): 95–117, sowie die allgemeine These in Niklas Luhmann, „Gibt es ein »System« der Intelligenz?," in *Intellektuellendämmerung?*, Hg. Martin Meyer (München: C. Hanser, 1992): 57–73, 64: „Die endgültige Freigabe des Mediums der Intelligenz dürfte mit dem Umbau der Gesellschaft von stratifikatorischer auf funktionale Differenzierung zusammenhängen. Dieser strukturelle Wandel eliminiert alle gesellschaftlichen Positionen, die unbestreitbare Autorität für die Repräsentation der Welt in der Welt und der Gesellschaft in der Gesellschaft in Anspruch nehmen konnten."

erscheinen. Aus externer Perspektive muss es sich dabei nicht unbedingt um eine Konkurrenzsituation handeln. Die Aufgabe des muslimischen Intellektuellen besteht nicht darin, den Gelehrten abzulösen und das Feld religiöser Autorität zu beherrschen. Vielmehr ist aufgrund der gesellschaftlichen Neustrukturierung in Form von funktionaler Differenzierung und medienbasierter Öffentlichkeit ein neues Feld der Kommunikation über Religion entstanden.

Ein Intellektueller kann auf diesem Feld überzeugen, ohne dass ein hierarchisches Verhältnis zu seinem Leser besteht. Im Idealfall eignet sich dieser Leser, der ebenfalls keine religiöse Qualifikation besitzt, Ansichten des Intellektuellen aktiv an – oder distanziert sich davon.

In diesem Sinne agiert Ǧamāl al-Bannā, der keine Autorität für sich beansprucht, sondern Argumente anbietet und es dem Leser überlässt, diese anzunehmen. Wer mit den Ansichten eines intellektuellen Publizisten sympathisiert, mag diesem Aufmerksamkeit schenken; dies ist aber keine Garantie für Meinungsübernahme. In Bezug auf Autorität ist der Intellektuelle demnach weder historischer Nachfolger noch Konkurrent des Gelehrten.[19]

Religiöse Autorität und Repräsentation des Islam sind durch die Genese einer massenmedial vermittelten Öffentlichkeit zu einem Problem geworden, weil sie nicht mehr unhinterfragt vorausgesetzt werden können. Mit dem Islamischen Denker als modernem Intellektuellen hat der Islam für dieses Problem eine mögliche Lösung gefunden.

---

19 Vgl. die Beobachtungen in Jürgen Habermas, *Strukturwandel der Öffentlichkeit* (Frankfurt am Main: Suhrkamp, 1993), 87, zur bürgerlichen Öffentlichkeit sowie den wissenssoziologischen Ansatz in Niklas Luhmann, *Gesellschaftsstruktur und Semantik*, 4 Bde. (Frankfurt am Main: Suhrkamp, 1980–95), 1:7.

6 Exkurs: Unbehagen an moderner Gesellschaftsordnung

> *Und ich frage mich mit Ihnen, mein Bruder: Wer hetzt jene gegen den Islam und die Muslime? Für wen arbeiten jene? Wer gewährt ihnen in einigen Zeitungen solchen Raum, um Gift zu verbreiten, das sich gegen die Söhne Ägyptens und die Völker der islamischen Umma richtet?*[1]
> (Azhar-Großscheich Ǧād al-Ḥaqq zu Fahmī Huwaydī, 1988)

Das Zitat eines offiziellen Repräsentanten des ägyptischen Islam verdeutlicht, dass dieser hinter Islamfeindlichkeit und Säkularismus eine Verschwörung vermutet. Solche und vergleichbare Beobachtungen, die im Folgenden skizziert werden, können als Ausdruck eines Unbehagens erklärt werden. Die Frage ist, woraus ein solches Unbehagen resultiert. Womöglich handelt es sich dabei um den Versuch, mit der Kontingenz einer modernen Gesellschaft umzugehen und die damit verbundenen Irritationen in ein islamisches Weltbild zu integrieren. Dabei geht es um mehr als einen wahrgenommenen Konflikt zwischen Islam und Nicht-Islam. Es geht um grundlegende Phänomene einer modernen Gesellschaft, deren Ordnung als gefährdet erscheint.

Massenmedien

Die im Zitat angeführte Vermutung unbekannter und einflussreicher Akteure, die als Drahtzieher hinter einer intransparenten medialen Kulisse wirken, weist auf den Versuch hin, die Funktionsweise des Mediensystems zu durchschauen: die Verantwortung für islamfeindliche Publikationen wird konkreten Akteuren zugeschrieben und macht diese damit als Entscheidungsträger fassbar.

Dieses Unbehagen kann entstehen, wenn nichts über vermutete verborgene Akteure bekannt ist und nur noch verschwörungstheoretische Plausibilitäten herangezogen werden können. Das Unbehagen des Azhar-Großscheichs Ǧād al-Ḥaqq zeigt sich im Versuch, eine komplexe Ordnung zu durchschauen, während er sich mit seiner eigenen Konstruktion begnügen muss, die an eine eigene Logik und Diskurstradition gebunden ist.

---

1 „Risāla min Šayḫ al-Azhar," in *al-Muftarūn* von Fahmī Huwaydī (Kairo: Dār aš-Šurūq, 2005), 159:
وإنى لأتساءل معك يا أخى : من الذى يسلط أمثال هؤلاء على الإسلام والمسلمين؟ ولحساب من يعملون؟ ومن الذى يمكنهم من هذه المساحات فى بعض الصحف ينشرون عن طريقها تلك السموم التى توجه إلى أبناء مصر بخاصة وإلى شعوب الإمة الإسلامية بعامة؟

DOI 10.1515/9783110462579-006

Yūsuf al-Qaraḍāwī bemerkt mit Unmut, dass in der Auseinandersetzung der (selbsternannten) Vertreter des Islam mit dem pro-säkularen Fu'ād Zakarīyā Mitte der 1980er Jahre eingesandte Beiträge des Gelehrten Muḥammad al-Ġazālī (1917–1996) von der staatlichen Zeitung al-Ahram nicht veröffentlicht worden seien[2] – so als ob im Mediensystem Beiträge allein durch ihren angenommenen Wahrheitsgehalt als veröffentlichungswürdig anzusehen wären.[3]

Ein Publizist wie Ǧamāl al-Bannā beweist, dass gezielte Provokationen ins Funktionsschema der Medien passen, weil sie bei Vertretern etablierter Ideen zu ablehnenden Reaktionen – und damit öffentlicher Resonanz – führen.[4] Ein öffentlicher Akteur kann die internen Prozesse der Massenmedien zwar nicht steuern, aber eigene Äußerungen anhand von Nachrichtenfaktoren gezielt in den Medien platzieren.[5]

Für religiöse Botschaften heißt dies, dass sich Form und Inhalt an diesen Fokus anzupassen haben. Dementsprechend besteht die Aufgabe der Religion in einer modernen Gesellschaft darin, ihre eigene Identität so zu formulieren, dass trotz medialer Anpassung Botschaften aus religiöser Perspektive auch als *religiöse* identifiziert werden.[6]

Die Entscheidung über eine Veröffentlichung richtet sich zunächst nach der Funktionslogik der Medien, also nach der Existenz von Nachrichtenfaktoren.[7] Danach wird Neues und Provokantes als relevant betrachtet – in diesem Fall islamkritische bzw. „häretische" Meinungen. Man könnte somit feststellen, dass sich Massenmedien in autonomer Erfüllung ihrer Funktion[8] nicht nach den

2 Vgl. al-Qaraḍāwī, *al-Islām wa-l-ʿilmānīya waǧhan li-waǧhin*, 5.

3 Weniger verschwörungstheoretisch argumentiert Faraǧ Fūda, der in seinen in Buchform zusammengefassten Artikeln darauf hinweist, Fahmī Huwaydī habe einen seiner bei al-Ahram eingereichten Artikel nicht veröffentlicht – um gleich darauf einzuräumen, er (Fūda) selbst hätte es genauso gemacht. Vgl. Fūda, *Ḥiwār ḥawla al-ʿalmānīya*, 6.

4 Vgl. die Kapitel „Ǧamāl al-Bannā – Themen und Biographie"; „Der muslimische Intellektuelle als Gegner von Gelehrten (al-Bannā)".

5 Zur Medienkonstruktion von Realität anhand von Nachrichtenfaktoren vgl. u. a. Boetzkes, *Organisation als Nachrichtenfaktor*; Galtung und Ruge, „The Structure of Foreign News"; Luhmann, *Die Realität der Massenmedien*; Ruhrmann et al., *Der Wert von Nachrichten im deutschen Fernsehen*; Schulz, *Die Konstruktion von Realität in den Nachrichtenmedien*; Staab, *Nachrichtenwert-Theorie*.

6 Analog dazu passen sich religiöse Organisationen an wirtschaftliche, rechtliche und politische Rahmenbedingungen an.

7 Erst danach (und mitunter selektiv wirkend) kommt die Frage, ob eine Veröffentlichung politische (juristische) oder wirtschaftlich unangenehme Folgen haben kann.

8 Nach Luhmann, *Die Realität der Massenmedien*, 174, die ständige „Erzeugung und Bearbeitung von Irritation".

Traditionen islamischer Orthodoxie richten, ohne diese prinzipiell abzulehnen.[9] Traditionserhalt und Neuigkeitswert scheinen im Rahmen medialer Funktionslogik nicht ohne Weiteres kompatibel zu sein.

Ägypten wird in dieser Studie als moderne Gesellschaft verstanden: Bestimmte soziale Bereiche wie Politik, Recht, Religion, Wirtschaft oder Massenmedien sind funktional autonom, während sie gleichzeitig davon abhängig sind, dass andere Systeme ihre jeweilige Funktion erfüllen.[10] Demzufolge sind Massenmedien aufgrund ihrer operationalen Eigenständigkeit weder pro- noch kontra-traditionell ausgerichtet. Inwiefern sie sich nach religiösen Prämissen ausrichten, ist eine Frage, die zunächst aus religiöser Perspektive interessant ist. Aus dieser speziellen Perspektive macht es Sinn, von einem säkularisierten Mediensystem oder einer säkularisierten Öffentlichkeit zu sprechen. Aus dieser Perspektive lässt sich dem Mediensystem unterstellen, dass Religion nur noch auf speziellen Themenseiten Platz findet und somit verdrängt werden soll.[11]

Das Unbehagen eines Gelehrten wie des Azhar-Großscheichs Ǧād al-Ḥaqq lässt sich in diesem Zusammenhang als Spannungsverhältnis von Tradition und ausdifferenzierter Moderne erklären – einer Moderne ohne absolutes Weltbild und ohne exklusive Metaerzählung.[12] Ein solches Unbehagen wird aus Sicht religiöser Akteure ausgelöst durch nonkonforme Publizisten, die – zu einer lästigen Plage geworden – wie „Fliegen von den Esstischen der Muslime“[13] vertrieben werden müssen. Gemeint sind Vertreter eines „säkularistischen Extremismus“ (Huwaydī), welche die islamische Ordnung der Gesellschaft bedrohen, mit denen ein Dialog nicht möglich und ein Konflikt unvermeidlich ist.[14]

Im Gegensatz zu früheren Bedrohungen des Islam von außen – man denke an den Einfall der Tataren[15] – ist diese neue Bedrohung so unheimlich, weil sie sich

9 So werden beispielsweise die provokante Meinung Ǧamāl al-Bannās, man dürfe im Ramadan rauchen, sowie seine Ansicht, Küsse unter Unverheirateten seien eine vernachlässigbar kleine Sünde, für latent aktuell gehalten, obwohl sie nicht mehr neu, aber weil sie immer noch provokativ sind. Vgl. das Kapitel „Der muslimische Intellektuelle als Gegner von Gelehrten (al-Bannā)“.

10 Beispielsweise wenn Politik gesellschaftliche Ordnung kollektiv verbindlich absichert, das Rechtsystem das Austragen von Konflikten ordnet und Wirtschaft und Bildung materielle und intellektuelle Ressourcen liefern, so dass die Medien ihre Funktion erfüllen können.

11 Vgl. al-Qaraḍāwī, *al-Islām wa-l-ʿilmānīya waǧhan li-waǧhin*, 94.

12 Metaerzählung (*metarécit*) im Sinne von Jean-François Lyotard, *La condition postmoderne* (Paris: Éd. de Minuit, 2002), 7.

13 So Ǧād al-Ḥaqq im oben zitierten Brief an Fahmī Huwaydī.

14 Vgl. das Kapitel „Interne Reflexion des diskursiven und kommunikativen Kontexts“.

15 Vgl. die Vorstellung einer Errettung von Kreuzzüglern und Tataren in al-Bannā, *Mawqifunā min al-ʿalmānīya. al-qawmīya. al-ištirākīya*, 125; tatarische Herrschaft als Nicht-Anwendung des Islam in Quṭb, *al-ʿAlmānīyūn wa-l-Islām*, 54 oder die Revolutionsschrift des ʿAbd as-Salām Faraǧ

in die Köpfe der Muslime einschleicht und keine militärische Gewalt braucht, um sich zu verbreiten.[16] Eben deshalb, so lässt sich folgern, ist es zunächst die von Akteuren wie Huwaydī beschriebene islamische Identität Ägyptens, die bedroht ist und erst dann – aber unmittelbar damit verbunden – die islamisch gesicherte Ordnung menschlichen Zusammenlebens.

Islam – von außen beobachtet

In diesem Zusammenhang ist interessant, wie in der massenmedial vermittelten Realität öffentliche Beobachtungen aufeinander Bezug nehmen.[17] Sprecher äußern sich aus verschiedenen Perspektiven: aus einer religiösen Perspektive, die *im Namen* des Islam spricht; aber auch aus einer Außenperspektive, die öffentlich *über* den Islam spricht. Auf diesen Blick von außen muss sich eine innerislamische Perspektive einstellen.

Als islamfeindlich wahrgenommene Perspektiven – zum Beispiel die Muḥammad Saʿīd al-ʿAšmāwīs oder die Naṣr Ḥāmid Abū Zayds – zeichnen sich dadurch aus, dass (1) ein Wahrheitsanspruch in Bezug auf Islam geäußert wird, ohne dass (2) ein Anspruch auf Vertretung eines religiösen Kollektivs geltend gemacht wird.

Wenn ein Sprecher nicht als kollektiver Repräsentant, sondern als Kritiker auftritt, lässt er sich leichter als extern verorten. Wenn Naṣr Ḥāmid Abū Zayd von der Ununterscheidbarkeit des gemäßigten und des extremistischen „religiösen Diskurses" spricht, dann positioniert er sich selbst implizit außerhalb dieser Diskurse – und aus Sicht des kritisierten Establishments außerhalb des Islam.

Um die scheinbar außerhalb des Islam liegenden Perspektiven zu erklären, reicht der Begriff der Religionskritik nicht aus. Es geht vielmehr um das, was die Religionswissenschaft (als Nachfolgerin der Religionskritik) interessiert: um Beobachtung von Religion als „Phänomen *in* der Welt"[18]. Entsprechend beziehen sich die Äußerungen eines Abū Zayd oder Ǧamāl al-Bannā auf einen realgesell-

---

al-Farīḍa al-ġā'iba (1980). In einem anti-islamistischen Sinne vgl. den Aufruf zur Einheit gegen die „Islamisierer" (*muta'aslimūn*) als die „neuen Tataren" in as-Saʿīd, *al-ʿAlmānīya bayn al-Islām wa-t-ta'aslum*, 7.

16 Um ein Bild von ʿAbd al-Wahhāb al-Missīrī zu verwenden: Säkularismus ist ein Paradigma, das sich in die Gesellschaft einpflanzt, dann zu wuchern beginnt und gefährliche Ausmaße annimmt. Vgl. das Kapitel „Kritik an einer säkularistischen Moderne (al-Missīrī)".

17 Vgl. Luhmann, *Die Politik der Gesellschaft*, 312, dies unglücklicherweise als „öffentliche Meinung" bezeichnend.

18 Vgl. Hubert Knoblauch, *Religionssoziologie* (Berlin, New York: de Gruyter, 1999), 34 f.

schaftlichen Islam und nicht auf einen idealisierten Modell-Islam, von dem Säkularismuskritiker wie Yūsuf al-Qaraḍāwī sprechen.[19]

Man denke unter anderem an Kritik an Fundamentalismus (Wahba), Kritik an der Macht von Gelehrten (Abū Zayd, al-Bannā), Kritik an real existierenden islam(ist)ischen Verhältnissen in Iran, Pakistan oder dem Sudan (Fūda, al-ʿAšmāwī) – oder an die Dekonstruktion islamischer Geschichte (ʿAlī ʿAbd ar-Rāziq, Sayyid al-Qimnī).[20]

Wen stören solche Äußerungen *über* den Islam? Man kann zunächst davon ausgehen: die Inhaber islamischer Autorität, also ein Establishment, das sich insofern als konservativ-orthodox ansehen lässt, als es seine privilegierte Position erhalten will.[21] Man kann die Abwehrhaltung gegenüber als Neuerungen markierten Perspektiven auch als Indiz für ein Weltbild verstehen, das auf zweiwertiger, ontologischer Wahrheit beruht. Das Unbehagen könnte also auch damit zusammenhängen, dass sich „das Denken noch unbewußt am ontologischen Wahrheitsbegriff orientiert" und bestimmte, insbesondere kritische Perspektiven „den Charakter fataler Enthüllungen [erhalten], die unsicher und skeptisch machen."[22]

Die Ansichten der Feinde des Islam und der Säkularisten können jedoch nicht einfach als irrig oder unwahr abgetan werden, sondern erscheinen konservativen Beobachtern als ein Komplex aus falschem Wissen und sozialer Macht, der von den Massenmedien unterstützt wird. Vertreter eines wahren Islam können diese Ansichten somit nicht ignorieren, sondern sehen sich gezwungen, das falsche Nicht-Wissen genauer zu bezeichnen.

---

19 Vgl. al-Qaraḍāwīs Frage, warum man sich auf die fehlerhafte menschliche Praxis der Muslime beziehen solle, wo doch der Islam als perfektes „Modell Gottes zur Rechtleitung des Menschen" vorzuziehen ist? *al-Islām wa-l-ʿilmānīya waǧhan li-waǧhin*, 24.

20 Vgl. u. a. ʿAbd ar-Rāziq, *al-Islām wa-uṣūl al-ḥukm*; Abū Zayd, *Naqd al-ḫiṭāb ad-dīnī*; al-ʿAšmāwī, *al-Islām as-siyāsī*; al-Bannā, *Ka-lā ṯumma ka-lā*; Fūda, *Qabl as-suqūṭ* (Kairo: Dār wa-maṭābiʿ al-mustaqbal, 2004), u. a. zum Sudan; al-Qimnī, *Rabb az-zamān* (Kairo: Madbūlī aṣ-ṣaġīr, 1996), u. a. zu kritischer Geschichtsschreibung und Islamismus; al-Qimnī, *Ḥurūb dawlat ar-rasūl*, 2 Bde. (Madbūlī aṣ-ṣaġīr, 1996) u. a. zur realpolitischen Geschichte des Islam; Wahba, *al-Uṣūlīya wa-l-ʿalmānīya*.

21 Vgl. Bourdieu, *Soziologische Fragen*, 109, wonach diejenigen mit Monopolanspruch auf feldspezifische Autorität dazu neigen, für orthodoxe Ansichten und Symbole einzutreten.

22 Niklas Luhmann, „Wahrheit und Ideologie," in *Soziologische Aufklärung 1*, 68–82 (71), meint hier Marx', Nietzsches und Freuds jeweilige Kritik, ausgehend von Kenneth Burkes „perspective by incongruity". Eine solche Perspektive muss m.E. nicht explizit als Kritik abgefasst sein, sondern zeichnet sich vor allem durch eine irritierend-destruktive Wirkung auf bestimmte Beobachter aus.

Wie aber bezeichnet man Nicht-Islamisches mit Hilfe islamischer Mittel? Indem sich der Wissende mit dem Nicht-Wissen auseinandersetzt – und damit eine säkularismuskritische islamische Perspektive mit einem nicht-islamischen Säkularismus.[23]

Zerfall gesellschaftlicher Ordnung

Ein weiteres Phänomen moderner Gesellschaften kann offenbar das Unbehagen eines Beobachters mit religiösem Exklusivanspruch auslösen: die Unterscheidung von Mensch bzw. Individuum und Gesellschaft als kollektiver Ordnung. Säkularismus, so Yūsuf al-Qaraḍāwī, gewähre dem Individuum zwar religiöse Rechte, behindere aber letztlich eine gesellschaftliche Geltung islamischen Rechts.[24]

Al-Qaraḍāwī führt dafür mehrere Beispiele an, wie den biologischen Instinkt des Menschen als potenziell asoziale Tendenz, welcher in einer säkular(istisch)en Gesellschaft keine Grenzen gesetzt würden;[25] ebenso eine säkularistische Vergabe von Führungspositionen in Wirtschaft und Politik, die religiös-moralischen Qualitäten gegenüber indifferent sei und die Gesellschaft damit um den Einfluss gelebter religiöser Werte bringe.

Mensch und Gesellschaft bedürften sozusagen einer Kultivierung, um den destruktiven Teil der menschlichen Natur zu bändigen und religiöse Leitwerte zum kollektiven Wohl als allgemeinverbindlich durchzusetzen. Mit anderen Worten: bei al-Qaraḍāwī geht es um die Gefahr eines möglichen Zusammenbruchs der kollektiven Ordnung durch ungeregelte Beziehungen und um moralischen Verfall in Wirtschaft und Politik (Merkmale individueller Qualität als Bedingung gesellschaftlicher Stabilität).[26]

---

23 An anderer Stelle wurden die Grenzen einer islamischen Perspektive bei der Konstruktion von Nation aufgezeigt. Vgl. das Kapitel „Interne Reflexion des diskursiven und kommunikativen Kontexts".

24 So spiele z. B. bei der Ernennung wichtiger Ämter die Einhaltung religiöser Pflichten keine Rolle. Vgl. al-Qaraḍāwī, *al-Islām wa-l-ʿilmānīya waǧhan li-waǧhin*, 102.

25 Vgl. Niklas Luhmann, „Die Theorie der Ordnung und die natürlichen Rechte," *Rechtshistorisches Journal*, Nr.3 (1984): 133–149, für das Konzept der *natural rights* des Hobbes-Zeitgenossen Jeremy Taylor samt der instinktgesteuerten *appetites* des Menschen.

26 Vgl. auch die These christlicher Theologie in Ralf Dziewas, *Die Sünde der Menschen und die Sündhaftigkeit sozialer Systeme* (Münster: Lit, 1995), 201 ff., insbes. 231, zwischen Sündhaftigkeit der Person und Sündhaftigkeit gesellschaftlicher Systeme bestehe ein Zusammenhang.

Das Unbehagen al-Qaraḍāwīs beruht auf der Annahme, der islamischen Ordnung stehe ein durch Willkür gekennzeichnetes Chaos gegenüber, das er als Merkmal westlicher Säkularität begreift. Al-Qaraḍāwī geht implizit davon aus, dass Ordnung nur durch die Begrenzung individueller Freiheit und durch Sanktionen gegen individuelle Vergehen erhalten werden kann.

Die soziologische Beobachtung, dass gesellschaftliche Ordnung auch auf dem kollektiv geteilten Glauben an die Legitimität gesellschaftlicher Regeln (Weber) beruht und dass diese Legitimation bereits durch den formalen Prozess von Verfahren (Luhmann) – also ohne absolute Fixpunkte des Wahren und Richtigen – gewährleistet werden kann,[27] könnte für al-Qaraḍāwī eine ebensolche Zumutung sein wie für manchen westlichen Beobachter.[28]

Säkularismus schafft aus dieser Perspektive einen Raum individueller Entscheidungsmöglichkeiten, die gesellschaftliche Unordnung (Nicht-Erwartbarkeit) entstehen lassen, während der Islam mittels Sanktionen gegenüber individuellen Regelabweichungen gesellschaftliche Ordnung absichert. Etwas überspitzt formuliert: keine Ordnung ohne den Leviathan Scharia.[29]

Der Säkularismus verfügt aus al-Qaraḍāwīs Perspektive nicht über die notwendigen Mittel und Ziele, dem niederen Teil der menschlichen Natur und einem drohenden moralischen bzw. religiösen Niedergang Grenzen zu setzen. Es geht al-Qaraḍāwī dabei nicht um eine Entrechtung des Individuums; vielmehr kritisiert er dessen ‚Entpflichtung'[30] und die damit verbundenen, zersetzerischen Folgen für die Gesellschaft. Die bedrohlichen Konsequenzen einer säkularistischen Gesellschaft induzieren offenbar Unbehagen bei einem Beobachter, der von Religion als gesellschaftlichem Fundament ausgeht und den Verlust dieses Fundaments verhindern möchte bzw. beklagt.[31]

---

27 Vgl. u. a. die Idee des „rationalen Staates" bei Max Weber, *Gesammelte politische Schriften* (Tübingen: J. C. B. Mohr, 1988), 507, sowie Niklas Luhmann, *Legitimation durch Verfahren* (Frankfurt a. M.: Suhrkamp, 1983).

28 Vgl. neben den Reaktionen von Vertretern der Rechtswissenschaft auf Luhmanns *Legitimation durch Verfahren* (erörtert in einer späteren Auflage: Luhmann, *Legitimation durch Verfahren*, 1–8), das Unbehagen von Denkern wie Habermas und Taylor (Anm. 34).

29 Für eine ähnliche Analogie in der Sekundärliteratur vgl. Seyyed Vali Reza Nasr, *Islamic Leviathan* (Oxford, New York: Oxford University Press, 2001). Für den Staat als höchsten Herrscher (*ḥākim aʿlā*) in der Gesellschaft vgl. ʿImāra, *Nahḍatunā al-ḥadīṯa bayna al-ʿalmānīya wa-l-Islām*, 59.

30 Vgl. für einem europäischen Zusammenhang die Frage, warum vorrangig von Menschen*rechten*, nicht aber von Menschen*pflichten* die Rede sei, Niklas Luhmann, „Das Paradox der Menschenrechte und drei Formen seiner Entfaltung," in *Soziologische Aufklärung 6*, 229–236.

31 Vgl. auch das Unbehagen ʿAbd al-Wahhāb al-Missīrīs gegenüber einer säkularisierten Moderne im Kapitel „Kritik an einer säkularistischen Moderne (al-Missīrī)".

Allerdings sind solche konservativen islamischen Beobachter mit ihrem Unwohlsein nicht allein. So zeigt sich auch bei europäischen Beobachtern ein theologisches Unbehagen bezüglich des Niedergangs der Religion – woraus ein christlich-islamisches Gemeinschaftsgefühl entstehen kann.[32] Verallgemeinert man die Bezugspunkte auf explizit nicht-theologische Perspektiven, so lässt sich das Unbehagen in modernen Gesellschaften auch dadurch erklären, dass dem Leben in der Moderne etwas abhanden gekommen ist – sei es Moral, die aus Politik und Wirtschaft ausgegrenzt und auf eine Lebenswelt reduziert wird (Habermas), sei es ein tieferer Sinn des Lebens, dem durch einen allgemeinen „ontischen Zweifel" eine feste Grundlage entzogen wurde (Taylor).[33]

Dieses „Unbehagen in der Moderne", wie es ein zeitgenössischer arabischer Philosoph als Religionskritik formulierte, ist demnach nicht nur das Unbehagen religiöser Fundamentalisten.[34] Die These eines Widerspruchs zwischen Anspruch und Realität islamischer Gesellschaftsordnungen ist grundsätzlicher als Erklärungen wie die einer arabischen „Kränkung des Universalnarzissmus" aufgrund „westlicher Überlegenheit"[35] oder die Deutung von Fundamentalismus als „Aufstand gegen die Moderne"[36].

Es geht um die Verortung der Identität einer Gesellschaft, die nicht mehr über ein einziges Wahrheitszentrum verfügt und damit zusammenhängend ohne eine allumfassende Metaerzählung auskommen muss; um eine Religion, die innerhalb einer modernen, massenmedialen Öffentlichkeit feststellt, dass Ideen zwar universellen Erklärungsanspruch haben können, aber Alternativen ausgesetzt sind, die sich nicht völlig ignorieren lassen, sondern immer wieder in öffentliche Kommunikation einfließen.

Das hier skizzierte Unbehagen könnte seinen Ursprung darin haben, dass sich etabliertes islamisches Denken mit den Inkohärenzen einer modernen Gesellschaft auseinandersetzen muss. Wenn dazu auf vormoderne Prämissen

---

32 Vgl. ʿImāras Betonung des gemeinsamen christlich-islamischen Unmuts gegenüber Säkularisierung im Kapitel „Islam und Christentum".

33 Zu einer von Moral entkoppelten Politik und kapitalistischen Wirtschaft vgl. Habermas, *Der philosophische Diskurs der Moderne*, 404 ff., sowie allgemein das Kapitel „Entkoppelung von System und Lebenswelt" in Habermas, *Theorie des kommunikativen Handelns*, 2:229 ff.; zu einem expliziten Unbehagen vgl. Charles Taylor, *The Malaise of Modernity* (Concord, Ont.: Anansi, 2003); Taylor, *A secular age*, 299–321.

34 Vgl. Ṣādiq Ǧalāl al-ʿAẓm, „aṯ-Ṯaqāfa al-ʿilmīya wa-bu's al-fikr ad-dīnī," in *Naqd al-fikr ad-dīnī*, 12–54, und Sadiq J. Al-Azm, *Unbehagen in der Moderne* (Frankfurt a.M.: Fischer, 1993), in Anlehnung an Freuds „Unbehagen in der Kultur".

35 Vgl. George Tarabishi, „Die anthropologische Wunde in unserer Beziehung zum Westen", sowie Al-Azm, *Unbehagen in der Moderne*.

36 So Thomas Meyer, *Fundamentalismus* (Reinbek bei Hamburg: Rowohlt, 1991).

zurückgegriffen wird, entsteht eine Spannung des Unvereinbaren, die sich nicht auflösen lässt.[37]

Wollte man eine solche religiöse Perspektive kritisieren, könnte man ihr in Traditionen verhaftetes Denken innerhalb einer modernen Gesellschaft vorwerfen, also auf eine Inadäquatheit von Gesellschaftsbeschreibungen abzielen. Dies betrifft allerdings nicht nur den Islam oder arabische Gesellschaften. Das Problem lässt sich generell auf moderne Gesellschaften beziehen, deren Selbstbeschreibungen – inklusive derer ihrer philosophischen Avantgarde – die Realität gesellschaftlicher Strukturen nicht adäquat abbilden können.[38]

37 Mit Lyotard, *La condition postmoderne*, 9, könnte man sagen, es gelte, das „Inkommensurable zu ertragen".

38 Dies lässt sich entweder im Anschluss an Hegels „Eule der Minerva" als zeitliche Verzögerung verstehen, dass also „ohnehin die Philosophie immer zu spät" kommt, oder man postuliert eine prinzipielle Unerreichbarkeit, vgl. Luhmann, *Die Gesellschaft der Gesellschaft*, 866 ff.

7 Schluss: Gesellschaftliche Einheit und islamische Identität

Die andere Seite des Islam

Ausgehend von den in dieser Arbeit erfassten ägyptischen Innenansichten lassen sich die daran anschließenden Analysen zu einer zentralen These verdichten: Säkularismus – hier durch *al-ʿalmānīya* expliziert – wird als *andere Seite des Islam* konstruiert; und zwar von einer Sprecherposition aus, die sich selbst als islamisch verortet.

Eine analoge These zu *Säkularisierung* lässt sich in der Religionssoziologie systemtheoretischer Prägung finden: Demnach ist Säkularisierung das, was aus religiöser Perspektive in der Umwelt der Religion beobachtet und beschrieben wird.[1] In beiden Fällen – sowohl bei *Säkularisierung* als auch bei *al-ʿalmānīya* – handelt es sich somit um die explizit religiöse Beschreibung von Phänomenen, die außerhalb der Religion verortet und als „säkular(istisch)" markiert werden.

Im ägyptischen Säkularismus-Diskurs kommt ein reflexives Moment hinzu. Die Kommunikation über *al-ʿalmānīya* zeigt auch, wie der Islam scheinbar von außen beobachtet wird. Solche externen Perspektiven werden entsprechend als säkularistisch eingeordnet.

Ein grundlegendes gesellschaftliches Problem dieses Diskurses besteht darin, dass man in der massenmedialen Öffentlichkeit *über* Islam sprechen kann, ohne seinen Standpunkt als religionsintern oder religionsextern markieren zu müssen. Äußerungen, die sich als religiös nonkonform oder islamkritisch auffassen lassen, werden dadurch zum beachtenswerten Phänomen für selbsternannte Islamverteidiger, die ihre eigene Position als explizit islamisch entgegensetzen müssen.

Weiterhin wird deutlich, dass Säkularismus als *andere* Seite des Islam auch im Islam selbst verortet werden kann (al-Bannā, Ḥanafī). Indem die Autoren dem Islam eine spezifische Säkularität zusprechen, wird der Widerspruch bewältigt, dass sich das Moderne in der Tradition findet und das Fremde im Eigenen. Der Islam lässt sich demzufolge auch als säkular ansehen.

---

1 Vgl. Luhmann, *Die Religion der Gesellschaft*, 282, wo es heißt, bei Säkularisierung handle es sich „um eine Beschreibung der anderen Seite der gesellschaftlichen Form der Religion". Ähnlich argumentiert José Casanova, *Public religions in the modern world* (Chicago: Univ. of Chicago Press, 1994), 20.

DOI 10.1515/9783110462579-007

Gesellschaftliche Einheit

An verschiedenen Perspektiven zu Säkularismus und Islam lässt sich ablesen, inwiefern sich die ägyptische Gesellschaft in ihrer öffentlichen Kommunikation auf der Suche nach einer kollektiven Identität befindet, die gesellschaftliche Einheit symbolisiert.

Die Tatsache, dass sowohl pro- als auch kontra-säkularistische Perspektiven dieses Problem der Einheit implizit und explizit aufwerfen,[2] soll als Beleg für eine weitere These gelten: Am diskursiven Kontext von *al-ʿalmānīya* lassen sich Herausforderungen ablesen, die nicht nur die Verortung des Islam betreffen, sondern sich auf Ägypten als moderne Gesellschaft beziehen lassen.

Zum Topos gesellschaftlicher Einheit gehört zunächst ein Negativentwurf – die Konstruktion eines Konflikts, der die Gesellschaft offenbar gefährdet.

Eine bestimmte kontra-säkularistische Argumentation taucht in diesem Konfliktkontext mehrfach auf: Bereits die Behauptung, Ägypten sei säkular, gefährde die Einheit der Gesellschaft und helfe Extremisten.[3] Eine solche Perspektive versteht Gesellschaft als traditionelle Gemeinschaft, die keinen Dissens verträgt. Die Kritiker gesellschaftlicher Missstände – „radikale" oder „Ultra-Säkularisten" – grenzten sich selbstverschuldet aus dieser Gemeinschaft aus. Bemerkenswert ist in diesem Zusammenhang das selten geäußerte gegenteilige Argument: Säkularität diene als Schutzwall vor interkonfessionellen Konflikten[4] und könne – so lässt sich schlussfolgern – zum Zusammenhalt der Gesellschaft beitragen.

Im Diskurs geht es auch um absolute Wahrheiten als Garant gesellschaftlicher Einheit. Sichtbar wird dies daran, dass für Säkularismuskritiker das öffentliche Hinterfragen religiöser Wahrheiten zu *fitna* (Aufruhr, Zwietracht), also zu einer allgemeinen Gefährdungslage führt.[5]

Die Frage gesellschaftlicher Einheit stellt sich auch, wenn aus säkularismuskritischer Perspektive festgestellt wird, es gebe im Islam kein Säkularismusproblem, sondern nur im Christentum.[6] Die apologetische Behauptung, der Islam sei

---

2 Vgl. u. a. die entsprechenden Aussagen Saʿd ad-Dīn Ibrāhīms und Muḥammad ʿImāras im Kapitel „Eine Podiumsdiskussion zu Islam und Säkularismus (1989)".

3 Vgl. u. a. die Aussage ʿAbd al-Muʿṭī Bayyūmīs im Kapitel „Ein politischer Skandal und die Reaktionen der ägyptischen Presse (2006)" sowie die Beobachtungen von *fitna*, Kapitel „Grenzen und Konflikt"; „Der muslimische Intellektuelle als Gegner von Gelehrten (al-Bannā)".

4 Vgl. das Kapitel „Ein politischer Skandal und die Reaktionen der ägyptischen Presse (2006)".

5 Vgl. die Kapitel „Grenzen und Konflikt" und „Der muslimische Intellektuelle als Sprecher zu Säkularismus und Islam".

6 Vgl. das Kapitel „Islam und Christentum".

das einigende Band der Gesellschaft, wird durch die Frage unterlaufen, ob man einen „Säkularisten" noch als Bruder im Glauben ansehen kann.[7] Darin impliziert ist die eigentliche, unausgesprochene Anschlussfrage: Was geschieht, wenn dem nicht so ist? Der Versuch, die Einheit der Gesellschaft ausschließlich islamisch zu konstruieren, wirft demnach das Problem auf, wie mit dem Auszuschließenden umgegangen werden soll.[8]

Einen Ausweg aus dem Dilemma bietet der Begriff der arabisch-islamischen Umma. Dessen Vorteil besteht unter anderem darin, dass er die Frage gesellschaftlicher Einheit beantwortet, ohne sich für oder gegen islamische Exklusivität entscheiden zu müssen. Die Mehrdeutigkeit einer islamischen und gleichzeitig arabischen Umma kann in diesem Sinne genutzt werden, um eine kollektive Einheit von arabischen Muslimen und Nicht-Muslimen zu bezeichnen oder den Islam als eine Zivilisation zu konstruieren, die auch Nicht-Muslime umfasst.[9]

Suche nach Nation

Die Frage gesellschaftlicher Einheit zeigt sich auch als Suche nach nationaler Identität. Dies zeigt sich beispielsweise, wenn „säkularistische" und „salafistische" Interessen in ihren „nationalen" Zielen als äquivalent konstruiert werden – wenn also Nicht-Islamisches und Islamisches als ineinander übersetzbar betrachtet wird.[10]

Entsprechend uneindeutig ist der soziale Ort der Autoren, die das Existieren solcher Übereinstimmungen behaupten (al-Bannā, Ḥanafī, Huwaydī etc.): Sie treten für den Islam ein, sehen sich aber nicht als dessen Repräsentanten an. Dies gilt auch und insbesondere, wenn an eine den Islam übersteigende Vernunft (*ʿaql*) appelliert oder an gemeinsame säkularistisch-islamische Interessen im Rahmen eines nationalen Projekts (*mašrūʿ waṭanī*) erinnert wird.[11] In diesen Fällen muss die Grenze einer rein islamischen Argumentation überschritten werden – hin zu

7 Vgl. die Frage Yūsuf al-Qaraḍāwīs an Fu'ād Zakarīyā, Kapitel „Interne Reflexion des diskursiven und kommunikativen Kontexts".

8 Zum Problem des Umgangs mit Abweichlern vgl. Daniel Kinitz, „Deviance as a Phenomenon of Secularity".

9 Vgl. das Kapitel „Islam und Christentum".

10 Vgl. Ḥanafī im Kapitel „Grenzen und Konflikt".

11 Vgl. Huwaydī und Ḥanafī, Kapitel „Grenzen und Konflikt"; Kapitel „Interne Reflexion des diskursiven und kommunikativen Kontexts"; sowie in begrenztem Maße al-Bišrī im Kapitel „Grenzen und Konflikt".

einer nicht-religiösen Betrachtungsweise.[12] Mit anderen Worten: Wer einen paradigmatischen Konflikt zwischen Islam und Säkularismus überwinden will, kann dies nicht ausschließlich aus einer innerislamischen Perspektive tun.

Die Suche nach einer Nation mit gemeinsamen Zielen konkretisiert sich auch in der Suche nach politischer Identität. Wenn der Staat nicht säkular sein soll, wie Anhänger einer explizit islamischen Perspektive festhalten, aber die politische Verfasstheit nicht widerspruchsfrei islamisch fixiert sein kann, braucht es einen Begriff, der dieses Problem löst.

Erwähnenswert ist hier das Konzept des *dawla madanīya* – des *civil state* oder zivilen, bürgerlichen Staates.[13] Dieses Konzept ähnelt dem einer politischen Gemeinschaft im Sinne einer *societas civilis*, die Staat und Gesellschaft noch als organisches Ganzes betrachtet.[14] Der Begriff *dawla madanīya* überzeugt im Arabischen offenbar durch die semantische Offenheit seiner Negativsinngebung (*madanī* als nicht-militärisch bzw. nicht-theokratisch). In dieser allgemeinen Form kann er sowohl von Säkularismuskritikern als auch von Befürwortern eines säkularen Staates gebraucht werden.[15]

Den Befürwortern staatlicher Islamizität bietet er durch den Zusatz eines islamischen Referenzrahmens (*marǧiʿīya islāmīya*) die Möglichkeit, einen Widerspruch zu bewältigen: für eine islamkompatible und gleichzeitig (dem Begriff nach) nicht-religiöse, „zivile" Gesellschaftsordnung einzutreten.[16] Die Frage nach islamischer Identität wird durch die begriffliche Offenheit von *madanī* aus dem

12 Jürgen Habermas spricht analog dazu von einer „‚natürliche[n]' Vernunft", bei der sich „allein auf öffentliche, ihrem Anspruch nach allen Personen *gleichermaßen zugängliche* Argumente" berufen werde und deren Annahme „die epistemische Grundlage für die Rechtfertigung einer säkularen Staatsgewalt" bilde. Vgl. Habermas, „Religion in der Öffentlichkeit," in *Zwischen Naturalismus und Religion,* 119–154 (124f.).

13 Vgl. die Kapitel „Ein politischer Skandal und die Reaktionen der ägyptischen Presse (2006)" und „Die Säkularität des Islam (al-Bannā)" als auch Rifʿat as-Saʿīd, *ad-Dawla al-madanīya wa-šiʿār al-ḫilāfa* (Kairo: Sanābil, 2010).

14 Vgl. exemplarisch Kants *societas civilis* („Die Metaphysik der Sitten", insbes. Teil I, §46) im Unterschied zu Hegels *bürgerlicher Gesellschaft* („Grundlinien der Philosophie des Rechts", §182ff.).

15 Dagegen dokumentiert Wielandt, „Zeitgenössische ägyptische Stimmen zur Säkularisierungsproblematik", 126, *dawla madanīa* als ausdrücklichen Gegenbegriff zum religiösen Staat mit Beispielen aus den 1960er (Ḫalafallāh) und 1970er Jahren (al-ʿAšmāwī).

16 Vgl. u. a. die Sichtweise der Muslimbruderschaft und des pro-islamistischen Anwalts Muntaṣir az-Zayyāt im Kapitel „Ein politischer Skandal und die Reaktionen der ägyptischen Presse (2006)". In einigen Fällen kann mit dem Begriff *madanī* jedoch auch Säkularismus verneint werden. Vgl. die Aussage Präsident Mursīs im Jahr 2012, Ägypten sei *madanī*, aber nicht säkular bzw. säkularistisch, ad-Daḫāḫnī und aṭ-Ṭahṭāwī, „«Mursī» li-mumaṯṯilī ad-diyānāt aṯ-ṯalāṯ fī Amrīkā: Miṣr madanīya... lā dīnīya wa-lā ʿalmānīya".

Zentrum genommen.[17] Der Islam wird sozusagen als Rahmenbedingung in die Umwelt der Politik verlagert.

Aus pro-säkularer Sicht lässt sich infrage stellen, dass sich eine „zivile" islamische Identität politischer Ordnung grundlegend von einer säkularen unterscheidet.[18] Plausibel erscheint dies beispielsweise, wenn aus pro- *und* kontra-säkular(istisch)er Perspektive betont wird, der islamische Referenzrahmen des ägyptischen Staates sei ohnehin durch eine muslimische Mehrheit abgesichert.[19]

Hierzu gehört auch der als Grenzfall erwähnenswerte Versuch Ǧamāl al-Bannās, Säkularität in den Islam zu integrieren und zu schlussfolgern, der Islam sei als Religion erst über gesellschaftliche Vermittlung (Volk mit muslimischer Mehrheit als Souverän) Teil der Politik, jedoch nicht Teil des Staates.[20] Die Konsequenz aus dieser These besteht in al-Bannās Vorschlag, den zweiten Verfassungsartikel zu streichen (!), der die islamische Identität des ägyptischen Staates und die Prinzipien der islamischen Scharia als Rechtsquelle fixiert.

Und noch etwas wird bei der Suche nach einem einheitsstiftenden nationalen Narrativ deutlich: Der Diskurs ist inhaltlich auf eine nationale, d.h. territorial und sozial begrenzte Dimension beschränkt. In den Abhandlungen ist fast ausschließlich von ägyptischen Akteuren und Einrichtungen die Rede. Es handelt sich, wenn man so will, um einen rein ägyptischen Diskurs und nicht um einen überregional geführten im Sinne einer arabisch-islamischen Umma.

Privat und öffentlich

Im untersuchten Säkularismus-Diskurs geht es nicht nur um die Wahrheit von Thesen zu Islam und Gesellschaft, sondern auch um die öffentliche Verbreitung dieser Thesen und die daraus resultierenden Konsequenzen.

Einige Autoren behandeln das Thema Redefreiheit und betonen, dass – trotz einer prinzipiellen Aversion gegen die Einschränkung von Freiheit – gesellschaftliche Ordnung in bestimmten Fällen nur durch Zensur bzw. physische Gegenmaßnahmen aufrechterhalten werden könne.[21]

---

17 Ähnliches gilt für den zweiten Verfassungsartikel, der nach wie vor von *Prinzipien* der Scharia spricht.

18 Vgl. die Ansichten in al-Miṣrī al-yawm und Nahḍat Miṣr, Kapitel „Ein politischer Skandal und die Reaktionen der ägyptischen Presse (2006)".

19 Vgl. ʿImāra im Kapitel „Eine Podiumsdiskussion zu Islam und Säkularismus (1989)" sowie al-Bannā im Kapitel „Die Säkularität des Islam (al-Bannā)".

20 Vgl. das Kapitel „Die Säkularität des Islam (al-Bannā)".

21 Vgl. das Kapitel „Interne Reflexion des diskursiven und kommunikativen Kontexts".

Die Freiheit, seine Ansichten öffentlich zu verbreiten, wird begrenzt durch den Schutz grundlegender religiöser Überzeugungen sowie durch die Eindämmung extremistischer Veröffentlichungen. Sieht man von den konkreten motivgebenden Werten der Autoren ab – Schutz des Glaubens und Sicherheit der Bürger –, so finden sich sowohl pro- als auch kontra-säkular(istisch)e Argumente für die Begrenzung individueller Freiheit, sofern deren Missbrauch die öffentliche Ordnung gefährdet.

Für Islam-Verteidiger hängt damit insbesondere die Frage zusammen, ob falsche Äußerungen zum Islam öffentlich erlaubt sind. Die Grenze des Zulässigen zeigt sich in der Ansicht, irreführende Äußerungen seien im privaten Kreis möglich,[22] in der Öffentlichkeit dagegen ein Vergehen. Zudem würden solche Aussagen „Islamhassern" in die Hände spielen.[23]

Säkularistische Äußerungen werden einem Konflikt zugeordnet, dem man aufgrund des für Konflikte typischen antagonistischen Binärschemas nicht entfliehen kann: teilnehmende Akteure, aber auch Außenstehende werden – unabhängig von ihren tatsächlichen Überzeugungen – entweder als für oder gegen den Islam eingeordnet.

Wer trotz besseren Wissens auf kritische Ansichten besteht, gefährdet nicht nur sich selbst, sondern aus säkularismuskritischer Sicht die Gesellschaft, vorgestellt als eine homogene Gemeinschaft, die eine unteilbare Einheit bildet.[24] Wie zentral die Vorstellung einer einheitlichen Gesellschaft ist, zeigt sich auch unabhängig vom Thema Säkularismus: die Einheit der Republik Ägypten erhielt im Jahr 2012 höchsten Verfassungsrang.[25]

Christentum und islamische Identität

Mit *al-ʿalmānīya* gekoppelt ist die Frage, inwiefern es im Islam ein Priestertum gibt.[26] Durch eine säkularismuskritische Perspektive wird ein Christentum konstruiert, das ganz anders ist als der Islam und eine Gleichsetzung von Islam-Gelehrten und christlichen Priestern dementsprechend abgelehnt.

22 Vgl. Huwaydī im Kapitel „Grenzen und Konflikt".

23 Vgl. Bayyūmī im Kapitel „Ein politischer Skandal und die Reaktionen der ägyptischen Presse (2006)" und Huwaydī im Kapitel „Grenzen und Konflikt".

24 Zur Betonung von Einheit vgl. u. a. Ibrāhīm im Kapitel „Eine Podiumsdiskussion zu Islam und Säkularismus (1989)" sowie Ḥanafī und Huwaydī im Kapitel „Grenzen und Konflikt".

25 Die arabische Republik Ägypten ist nach Artikel 1 der Verfassungen von 2012 und 2014 „vereinigt [und] unteilbar", *al-Ǧarīda ar-rasmīya* 3 (18.01.2014).

26 Vgl. das Kapitel „Islam und Christentum".

Bemerkenswert ist, dass es in den Beschreibungen nicht um das geographisch und sozial naheliegende koptische Christentum geht, sondern um ein abendländisches. Die Unterscheidung zwischen Islam und Christentum betrifft demnach nicht die ägyptische Gesellschaft selbst, sondern markiert eine Grenze zwischen Zentrum und Peripherie des „modernen Weltsystems“[27].

Islamische Beobachter des westlichen Christentums übernehmen dabei die Definitionshoheit darüber, was dessen Wesen ausmacht. Auf diese Weise wird das Matthäus-Wort: „So gebet dem Kaiser, was des Kaisers ist, und Gott, was Gottes ist!“, zu einem eindeutigen Prinzip, das belegen soll, das Christentum sei grundsätzlich unpolitisch und insofern im Kern säkular.[28] Daraus wird gefolgert, der Herrschaftsanspruch der katholischen Kirche des europäischen Mittelalters stelle eine Abweichung vom genuin säkularen, und insofern unpolitischen Christentum dar.[29] Ähnliches gilt für den Westen, der von Säkularismuskritikern einerseits als christlich, andererseits als säkularisiert beschrieben wird und der seit dem Ägypten-Feldzug Napoleons versuche, Säkularismus in die ägyptische Gesellschaft zu implementieren.[30]

Widersprüchlich sind die Schlussfolgerungen aus dieser säkularismuskritischen Perspektive: einerseits habe Europa das Christentum schon längst seinem Niedergang preisgegeben; andererseits sollen westliche Kirchen dem Islam angesichts der drohenden Gefahr des Säkularismus helfen – oder aber von einem sich der Säkularisierung widersetzenden Islam lernen.

Exklusivität und Vereinbarkeit

Im Zusammenhang mit der Konstruktion von Säkularismus und Islam spielen Exklusivitätsansprüche eine Rolle. Sie zeigen sich in der Prämisse, dass es nur eine Wahrheit geben kann und islamische Wahrheit dementsprechend exklusiv sein muss.

Wer jedoch öffentlich behauptet, über exklusive islamische Wahrheit zu verfügen, für den werden Andersdenkende zum Problem. Erst durch einen Anspruch auf absolute Wahrheit werden säkularistische Kritiker zu Gegnern in einem

---

27 Im Sinne von Immanuel Wallerstein, *The Modern World System*, 4 Bde. (New York, NY u.a: Academic Press u.a, 1974ff.), insbes. 1:346ff.

28 Vgl. ʿImāra im Kapitel „Islam und Christentum“. Für eine politikwissenschaftliche Außenperspektive, die diese Essenzialisierung übernimmt, vgl. Tibi, *Die Krise des modernen Islams*, 275.

29 Vgl. die Aussagen al-Bannās und Quṭbs im Kapitel „Islam und Christentum“.

30 Vgl. ʿImāra im Kapitel „Islam und Christentum“.

Konkurrenzkampf. Dies geschieht im Kontext moderner Massenmedien, die auch Abweichlern und deren Ansichten öffentliche Aufmerksamkeit ermöglichen.[31] Abweichende Meinungen lassen sich auf diese Weise nicht einfach ignorieren.

Der dadurch entstehende Zwang, sich zu rechtfertigen und die Wahrheit des Islam zu verteidigen, geht offenbar mit einem Unbehagen der Säkularismuskritiker einher; Kritik an realgesellschaftlichen Verhältnissen erscheint in dieser Perspektive als Affront. Als falsch bewertete Ansichten zum Islam erhalten eine unmoralische Komponente und die Urteilenden erheben durch ihr religiöses Exklusivwissen einen Anspruch auf Autorität.[32] Wahrheit wird somit an eine Gruppe gebunden, der nur die Wissenden – Gelehrte und Intellektuelle mit etablierten Ansichten – angehören, während Nonkonformisten ausgeschlossen werden.[33]

Reflektiert wird das Thema, wenn aus pro-säkularer Sicht die Frage aufgeworfen wird, ob für jede Gesellschaft nur ein einziger weltanschaulicher Referenzrahmen, nur eine *marǧiʿīya*, möglich sei.[34] Eine säkularismuskritische Perspektive spricht sich in diesem Zusammenhang dafür aus, dass die Zwecksetzungen (*maqāṣid*) der Scharia ausreichen, um das Gemeinwohl zu sichern – die Universalität des Islam genügt demnach, um die Grundordnung der Gesellschaft zu gewährleisten.[35]

Bemerkenswerterweise werden die Zwecksetzungen der Scharia auch für säkularistisch rekonstruierbar und insofern für nicht-exklusiv islamisch gehalten; oder – umgekehrt – der „säkularistische" Einsatz für die Würde des Menschen wird als Verteidigung der Geschöpfe Gottes und damit als religiös rekonstruierbar angesehen.[36] Wenn auf diese Weise Islamisches und Nicht-Islamisches als ineinander übersetzbar betrachtet werden, verliert die Frage, ob der Islam in der Gesellschaft vorherrscht, ihren Sinn.[37]

---

31 Vgl. das Kapitel „Exkurs: Unbehagen an moderner Gesellschaftsordnung".

32 Vgl. die Kapitel zum muslimischen Intellektuellen, insbesondere „Der muslimische Intellektuelle als Gegner von Gelehrten (al-Bannā)".

33 Vgl. u. a. die Disqualifizierung al-Bannās durch Gelehrte im Kapitel „Der muslimische Intellektuelle als Gegner von Gelehrten (al-Bannā)" sowie allgemein den Ausschluss von Intellektuellen wie Naṣr Ḥāmid Abū Zayd aus der Gemeinschaft der Muslime.

34 Vgl. Ibrāhīm im Kapitel „Eine Podiumsdiskussion zu Islam und Säkularismus (1989)".

35 Vgl. al-Qaraḍāwī im Kapitel „Grenzen und Konflikt".

36 Vgl. Ḥanafī im Kapitel „Interne Reflexion des diskursiven und kommunikativen Kontexts".

37 Vgl. das Kapitel „Interne Reflexion des diskursiven und kommunikativen Kontexts". Für eine Beschreibung der gleichzeitigen, einander überlagernden Existenz weltlichen und islamischen Rechts in Ägypten vgl. Kilian Bälz, „Shari'a and Qanun in Egyptian Law".

Allerdings gibt es auch für eine zwischen Islam und Säkularismus vermittelnde Perspektive (al-Bannā, Ḥanafī u. a.) Grenzen der Vereinbarkeit: Wenn jegliche Transzendenz aus dem Leben der Menschen verdrängt und religiöse Prinzipien relativiert werden, ist dies nicht mehr mit dem Islam vereinbar.[38]

Eine solche Verflüssigung von Letztreferenzen wird auch aus einer Perspektive beobachtet, die Säkularismus nicht grundsätzlich kritisieren will, wohl aber dessen Konsequenzen. Dabei zeigen ʿAbd al-Wahhāb al-Missīrīs Beobachtungen einer zunehmend säkularisierten Moderne, dass Kritik an Säkularismus bzw. Säkularität selbst religiös indifferent sein kann.[39]

Ein solches Unbehagen gegenüber einer Moderne, die sich in ihrem Relativismus anschickt, nicht nur auf Gott, sondern auch auf eine gesamtgesellschaftliche Geltung von Moral zu verzichten, stellt kein ausschließlich arabisches Phänomen dar, sondern findet sich auch bei europäischen bzw. angloamerikanischen Autoren (Habermas, Taylor).[40]

Indifferenz und Souveränität

Eine Form der Auseinandersetzung mit Säkularismus, die den Islam als Garant gesellschaftlicher Ordnung voraussetzt, ohne ihn ausführlich zu thematisieren, könnte eine Möglichkeit darstellen, mit dem Phänomen umzugehen, dass Religion in einer modernen Gesellschaft zwar nicht alle Bereiche dominieren kann, aber dennoch über eine *spezifische Universalität*[41] verfügt.[42]

Ähnliches gilt für eine Perspektive, die Säkularität in den Islam integriert.[43] Eine solche *souveräne Indifferenz*[44] gegenüber Problemen an den Grenzen

38 Vgl. al-Bannā im Kapitel „Die Säkularität des Islam (al-Bannā)“, dessen Abgrenzung zu Murād Wahba (Kapitel „Islam und Christentum“).

39 Vgl. das Kapitel „Kritik an einer säkularistischen Moderne (al-Missīrī)“.

40 Vgl. das Kapitel „Kritik an einer säkularistischen Moderne (al-Missīrī)“ und Kapitel „Exkurs: Unbehagen an moderner Gesellschaftsordnung“.

41 Im Sinne von Luhmann, *Die Gesellschaft der Gesellschaft*, 73, 247, 709, passim, insbes. 350ff., im Anschluss an Parsons.

42 Vgl. die Forderung des expliziten Säkularismuskritikers al-ʿAwwā, nicht alles Mögliche als islamisch zu bezeichnen, Kapitel „Eine Podiumsdiskussion zu Islam und Säkularismus (1989)“.

43 Vgl. Kapitel „Die Säkularität des Islam (al-Bannā)“.

44 Souveräne Indifferenz bedeutet in diesem Zusammenhang, dass „das Negierte nicht spezifiziert zu werden braucht“, Niklas Luhmann, „Schluss: Fragen an die Rechtstheorie,“ in *Rechtssoziologie*, 354–362 (362).

des Islam (in Bezug auf Nicht-Islamisches, Verbotenes, Säkulares) trifft nicht nur auf die als Grenzfälle markierten Konstruktionen Ǧamāl al-Bannās und ʿAbd al-Wahhāb al-Missīrīs zu, sondern findet sich auch in Äußerungen von islamapologetischen Säkularismuskritikern.[45]

Souveräne Indifferenz bedeutet in diesem Zusammenhang, die öffentliche Kommunikation über Nicht-Islamisches inhaltlich zu entdramatisieren oder sich des Problems zu entledigen, indem es nicht aufgegriffen wird.[46] Eine solche Souveränität findet sich in der pragmatischen Vorstellung einer dominanten islamischen Mehrheit in der ägyptischen Gesellschaft: Abweichungen davon werden hingenommen und müssen nicht kommentiert werden.

Ein derart souverän konstruierter Islam muss keinen Exklusivanspruch einfordern, da seine Geltung durch die bestehenden gesellschaftlichen Verhältnisse – und nicht nur durch einen normativen Anspruch – abgesichert ist.[47] Dementsprechend stellt Säkularismus keine Gefahr dar, sondern ein beherrschbares Risiko. Säkularismus wird in dieser Perspektive nicht als Gegenparadigma des Islam betrachtet, sondern – wenn überhaupt – als verkraftbarer Störfaktor innerhalb einer mehrheitlich muslimischen Gesellschaft.[48]

Idealismus und säkularistischer Materialismus

Eine weitere Form von Islamkonstruktion lässt sich als *normativer Idealismus* beschreiben. Mit *normativ* ist dabei zum einen eine Perspektive gemeint, die nicht auf Faktizität sondern auf Geltung[49] basiert und sich zum anderen in der Nicht-Irritabilität der Erwartungshaltung zeigt: abweichende Tatsachen führen nicht zur

45 Vgl. insbesondere Huwaydī und al-ʿAwwā im Kapitel „Eine Podiumsdiskussion zu Islam und Säkularismus (1989)" sowie al-Bišrī u. a. im Kapitel „Ein politischer Skandal und die Reaktionen der ägyptischen Presse (2006)".

46 Für Ersteres vgl. die entschärfte Frage des Küssens unter unverheirateten Jugendlichen durch al-Bannā im Kapitel „Ǧamāl al-Bannā – Themen und Biographie"; für Letzteres vgl. Ṣāliḥ im Kapitel „Der muslimische Intellektuelle als Gegner von Gelehrten (al-Bannā)" oder die in Indifferenz mündende Irritation bei al-Bišrī im Kapitel „Ein politischer Skandal und die Reaktionen der ägyptischen Presse (2006)".

47 Vgl. al-Bišrī im Kapitel „Ein politischer Skandal und die Reaktionen der ägyptischen Presse (2006)" und al-Bannā im Kapitel „Die Säkularität des Islam (al-Bannā)".

48 Vgl. al-Bišrī im Kapitel „Grenzen und Konflikt".

49 Vgl. Niklas Luhmann, „Normen in soziologischer Perspektive," in *Die Moral der Gesellschaft*, 25–55 (231); Habermas, *Faktizität und Geltung*, 40.

Modifikation des eigenen Weltbildes, sondern zur Annahme von Fehlern beim jeweiligen Opponenten.[50]

Dieser normative Idealismus zeigt sich unter anderem in der säkularismuskritischen Behauptung, im Islam gebe es kein Priestertum, sondern nur Gelehrte, die nicht über Entscheidungshoheit verfügen.[51] Nicht erwähnt wird in diesem Zusammenhang die Amtsgewalt der Azhar und anderer offizieller islamischer Behörden, die zwar dem Anspruch nach unabhängig sein sollen, aber tatsächlich staatlich eingebunden und finanziell abhängig sind.[52]

Ausgehend von diesem normativen Idealismus wird Säkularismus als materialistisch reduziertes Gesellschaftsmodell betrachtet: dieser realisiere sich in einer „korrumpierten“ Gesellschaftsordnung, die gruppengebundenen Machtinteressen und den Launen der Menschen unterworfen sei.[53] Dazu bilde der Islam ein Korrektiv, das die Deregulierung von Ordnung und Moral verhindere, und gewährleiste einen transzendent abgesicherten Referenzrahmen.[54]

Die Ablehnung eines als materialistisch vorgestellten Säkularismus zeigt sich auch in der kritischen Betrachtung politischer Ideologien wie Marxismus, Nasserismus, Nationalismus und Liberalismus, die allesamt versagt haben sollen und rückblickend als „säkularistisch“ rekonstruiert werden.[55]

Dabei wird aus islamapologetischer Perspektive selbst materialistisch argumentiert: wenn extremistische („salafistische“) Praxis als Reaktion auf gesellschaftliche Verhältnisse verstanden wird, für die ein (Re-)Akteur keine Verantwortung übernehmen muss.[56] Dementsprechend wird der salafistische Einsatz für „göttliche Herrschaftlichkeit“ (*ḥākimīya ilāhīya*) nicht als politisches Ziel,

---

50 Zur dieser Idee von Normativität vgl. Johan Galtung, „Expectations and interaction processes,“ *Inquiry*, Nr.2 (1959): 213–234, ausgehend von Interaktion, sowie daran anschließend die Definition von Norm als *kontrafaktisch stabilisierte Verhaltenserwartung*, in Luhmann, *Das Recht der Gesellschaft*, 134.

51 Vgl. das Kapitel „Islam und Christentum“.

52 Vgl. al-ʿAwwās *Die Krise der religiöse[n] Institution[en]: Azmat al-muʾassasa ad-dīnīya* zu Azhar, Dār al-Iftāʾ und Awqāf-Ministerium.

53 Vgl. al-ʿAwwā, al-Qaraḍāwī und ʿImāra im Kapitel „Ideale islamische Ordnung und reale Islamisten“.

54 Dies nicht nur bei Islam-Apologeten wie al-Qaraḍāwī, sondern auch beim partiell säkularistisch argumentierenden ʿAbd al-Wahhāb al-Missīrī, vgl. das Kapitel „Kritik an einer säkularistischen Moderne (al-Missīrī)“.

55 Weiterführende Hinweise in der Einleitung; vgl. zudem Yūsuf al-Qaraḍāwī, „Fašl al-ʿalmānīya fī diyār al-Islām“; al-Qaraḍāwī, *at-Taṭarruf al-ʿalmānī fī muwāǧahat al-Islām*. Für eine bemerkenswerte Umkehrung der Kritik – Scheitern der Realisierung eines „islamischen“ (!) Staates unter Nasser – vgl. al-Bannā, *Masʾūlīyat fašl ad-dawla al-islāmīya fī al-ʿaṣr al-ḥadīṯ*.

56 Vgl. Huwaydī und Ḥanafī im Kapitel „Grenzen und Konflikt“.

sondern als Widerstand gegen die Unterdrückung durch ein autoritäres Regime gedeutet.[57]

Der muslimische Intellektuelle

Eine weitere wichtige Frage dieser Studie war, wer das Verhältnis von Islam und *al-ʿalmānīya* öffentlich konstruiert. Die Reaktionen auf die Aussage des damaligen ägyptischen Premierministers Naẓīf, Ägypten sei „säkular(istisch)", ließen deutlich werden, dass bekannte ägyptische Akteure an der Schnittstelle von Islam und Politik Äußerungen zum Thema Säkularismus meiden – so u. a. die Regierung, die Muslimbruderschaft und die Azhar.

Dies bedeutet nicht, dass diese Akteure keinen Einfluss darauf haben, was in Ägypten als wahrer Islam gilt. Dass gerade der ägyptische Staat, verkörpert durch ein patrimoniales Regime, den Islam für politische Zwecke nutzt, wurde als gesellschaftlicher Horizont vorausgesetzt. Kritik an dieser staatlichen Einflussnahme auf Religion tauchte in einigen pro-säkularen Perspektiven auf.[58]

Ausgehend vom Fokus auf öffentliche Kommunikation wurde nicht nach einem Akteur im klassischen Sinne gefragt, bei dem zwischen Wissen und Handeln unterschieden werden kann, sondern nach einem öffentlichen Sprecher, bei dem Theorie und Praxis der Konstruktion sozialen Sinns im Akt des Publizierens als Einheit aktualisiert werden.

Eine zentrale These dieser Studie lautet, dass die Konstruktion des Verhältnisses von Islam und Säkularismus bzw. Säkularität im Wesentlichen durch eine religionsspezifische Form des Intellektuellen expliziert wird – jene Rolle, die im Arabischen als Islamischer Denker (*mufakkir islāmī*) bezeichnet wird. Der Vorteil gegenüber der Einordnung als „muslimischer Intellektueller" liegt in der Vermeidung einer privaten Glaubenszuordnung (muslimisch) und in der Betonung einer explizit islamischen Sichtweise. Dementsprechend werden gesellschaftliche Probleme als *islamisch* gefasst und nicht etwa als ökonomisch, politisch, rechtlich etc.

Die *freischwebende Intelligenz* (Mannheim) der Rolle zeigt sich an den Personen, die diese einnehmen: So lassen sich die in dieser Studie häufig zitierten Autoren al-Bannā und Huwaydī, aber auch al-ʿAwwā, al-Bišrī, Ḥanafī, al-Missīrī, al-Qaraḍāwī oder Quṭb nicht einer konkreten gesellschaftlichen oder politischen

57 Vgl. Huwaydī und Ḥanafī im Kapitel „Ideale islamische Ordnung und reale Islamisten".
58 Vgl. an-Naqqāš und Rizq im Kapitel „Ein politischer Skandal und die Reaktionen der ägyptischen Presse (2006)"; des Weiteren Fūda, *Ḥiwār ḥawla al-ʿalmānīya*, 14f., 26.

Gruppe mit islamischer Ausrichtung zuordnen, deren organisationsinterne Entscheidungen sanktionierenden Einfluss auf Ideen hätten.[59] Bei den ausführlicher untersuchten Autoren (al-Bannā, Huwaydī) lässt sich zudem das Betonen (und Durchhalten) geistiger Distanz beobachten, die sich beispielsweise durch Kritik an einflussreichen Organisationen wie der Muslimbruderschaft zeigt.[60]

Ein solcher Intellektueller formuliert die öffentliche Meinung mit, ohne von einer bestimmten gesellschaftlich organisierten Position aus zu sprechen oder das Interesse einer bestimmten Gruppe zu vertreten.[61] Er tritt sozusagen als Privatgelehrter auf – und damit ohne offizielles Amt. Bereits die Existenz einer solchen Rolle zeigt, dass religiöse Autorität innerhalb einer modernen Gesellschaft nicht mehr fest mit offiziellen Titeln (und damit traditioneller Autorität) verbunden ist, sondern dass Autorität versachlicht wurde und damit nur noch lose an eine Rolle gekoppelt sein kann.[62]

Die Funktion des Intellektuellen als möglicher Gegenspieler des traditionellen Gelehrten zeigt, inwiefern sich die These einer „fragmentation of authority"[63] weiterdenken und hinterfragen lässt: Ein auf Autorität beruhendes, hierarchisches Verhältnis kann von einem Intellektuellen in seiner idealtypischen Rolle als Gleicher (Sprecher) unter Gleichen (Publikum) nicht realisiert werden. Zunächst ist öffentliche Aufmerksamkeit eine Voraussetzung für die Wahrnehmung des Intellektuellen und damit auch für möglichen Einfluss auf die Meinungen seines Publikums.

Massenmedien unterliegen eigenen Gesetzmäßigkeiten und wählen diesen entsprechend aus, wer als Experte infrage kommt. Insofern ist mediale Kompatibilität ein wichtigeres Selektionskriterium als Gelehrsamkeit. Da in Massenmedien Ansichten zu aktuellen Fragen ständig erläutert und begründet werden müssen, wird die Grundlage von Autorität hinterfragt. Denn Autorität basiert auf der latenten Annahme, dass man Begründungsfähigkeit voraussetzen kann, ohne dass dieser Anspruch eingelöst werden muss.[64]

---

59 Dies gilt m.E. trotz der Mitgliedschaft al-ʿAwwās, Huwaydīs und al-Qaraḍāwīs (als Vorsitzendem) der 2004 gegründeten International Union of Muslim['s] Scholars.

60 Vgl. die Kapitel zum intellektuellen Werdegang Huwaydīs und al-Bannās und deren Distanzierung von der Muslimbruderschaft.

61 Vgl. das Kapitel „Der muslimische Intellektuelle als Sprecher zu Säkularismus und Islam".

62 In einer idealtypisch zugespitzten These lässt sich der Intellektuelle als „Komplementär zur Öffentlichkeit" bezeichnen. Vgl. Ulrich Oevermann, „Der Intellektuelle – Soziologische Strukturbestimmung des Komplementär von Öffentlichkeit".

63 Vgl. Eickelman und Piscatori, *Muslim politics*, 131–135.

64 Vgl. Carl J. Friedrich, „Authority, reason and discretion," in *Authority*, Hg. Carl J. Friedrich (Cambridge, Mass.: Harvard University Press, 1958): 28–48.

Es geht demnach nicht um ein religiöses Feld (Bourdieu) mit einem, historisch gesehen, neuen Mitspieler samt eigenen Machtinteressen, sondern um eine soziale Rolle, deren Wesen die hergebrachten Spielregeln unterwandert. Die soziale Rolle des Intellektuellen zeigt, inwiefern das ganze System Religion der funktionalen Differenzierung einer modernen Gesellschaft unterworfen ist.[65]

Religion ist in einer modernen Öffentlichkeit dafür freigegeben, nicht nur aus religiöser Perspektive konstruiert zu werden. Wer sich öffentlich zu Religion äußert, muss seine eigene Position nicht explizit kennzeichnen. Diese Unklarheit der Grenze zwischen religiöser und nicht-religiöser Beschreibung stellt für etablierte Sprecher des Islam ein Problem dar. Häufig sind es gerade religiöse Intellektuelle – auch Kritiker des Säkularismus –, deren Perspektive nicht eindeutig religiös ist.

Die Vielfalt an Perspektiven, die ein muslimischer Intellektueller einnehmen kann – die Möglichkeit zu entscheiden, ob er religiös oder nicht-religiös (politisch, ökonomisch etc.) argumentiert – entspricht der Ordnung einer modernen, polyperspektivischen Gesellschaft.

Abschluss

Die im Zusammenhang mit *al-ʿalmānīya* beobachteten Phänomene können als Indiz dafür gewertet werden, dass die grundlegenden Strukturen der ägyptischen Gesellschaft einer modernen Differenzierung entsprechen – und dass diese Gesellschaft dabei ist, sich begrifflich darauf einzustellen. Die widersprüchlichen Antworten auf die Frage, welche Rolle Religion in einer arabischen Gesellschaft spielen kann, spiegeln einen Entwicklungsprozess, in dessen Verlauf die Stellung des Islam in der Gesellschaft neu verortet wird.

Der *ʿalmānīya*-Begriff stellt in diesem Prozess ein wichtiges Instrument dar. Er spiegelt verbreitete Unsicherheiten und das Fehlen geeigneter Begriffe angesichts einer komplexen und kontingenten Gesellschaftsordnung. Das Unbehagen bestimmter Akteure könnte darin begründet liegen, dass eine etablierte islamische Perspektive andere, nicht-religiöse Perspektiven in der Öffentlichkeit neben sich dulden muss, ohne dies adäquat thematisieren zu können.

In der Gebundenheit des Phänomens *al-ʿalmānīya* an Islam zeigt sich nicht nur die Suche nach einer islamischen Identität, die auch Nicht-Islamisches aufnehmen muss. Es zeigt sich auch die Suche nach gesellschaftlicher Einheit und der dafür notwendigen Integration von Religion. Diese Integration lässt sich in

65 Vgl. die Kapitel zu Huwaydī und al-Bannā als muslimische Intellektuelle.

einer modernen Gesellschaft nicht mehr als Einordnen in eine hierarchische Ordnung verstehen, bei der Religion entweder herrscht oder sich unterordnet.

Vielmehr – dies lässt sich am diskursiven Kontext des *ʿalmānīya*-Begriffs ablesen – geht es um einen Anpassungsprozess an die Komplexität gesellschaftlicher Verhältnisse. Es geht darum, dass in einer modernen, massenmedial vermittelten Öffentlichkeit ein religiöser Anspruch auf Universalität nicht mehr ohne Widersprüche geltend gemacht werden kann.

In diesem Anpassungsprozess hat der Begriff *al-ʿalmānīya* offenbar noch nicht ausgedient. In einer seiner ersten öffentlichen Äußerungen stellte der im September 2015 ernannte Kultusminister Ḥilmī an-Namnam fest, Ägypten sei „natürlicherweise säkular" (*ʿalmānīya bil-fiṭra*)[66] – gefolgt von heftigen Reaktionen. Man darf also auf weitere Entwicklungen gespannt sein.

66 Bassām Ramaḍān, „Wazīr aṯ-ṯaqāfa: Miṣr dawla ʿalmānīya bi-l-fiṭra – wa-mustaʿidd li-š-šahāda ḫaṭā lā nataḥawwal li-‚ḫilāfa'," *al-Miṣrī al-Yawm (online)*, 02.10.2015.

Anhang

Kurzangaben zu wichtigen Autoren

Muḥammad Salīm al-ʿAwwā (geb. 1942):[1] Promovierter Jurist und renommierter Islamischer Intellektueller. Vorsitzender des Vereins Kultur und Dialog Ägypten (*Ǧamʿīyat Miṣr li-ṯ-ṯaqāfa wa-l-ḥiwār*), zu dem auch al-Bišrī und al-Missīrī gehör(t)en. Ehemaliger Generalsekretär der International Union of Muslim['s] Scholars (Vgl. al-Qaraḍāwī). 2012 Präsidentschaftskandidat sowie Mitglied des Gremiums zur Ausarbeitung der neuen Verfassung. Veröffentlichungen zu Islam und Politik bzw. Recht,[2] unter anderem *Zum politischen System des islamischen Staates* (1975/2008), darin zum säkularen vs. islamischen Staat.

Ǧamāl al-Bannā (1920–2013):[3] Intellektueller mit Themenschwerpunkten Arbeiterbewegung und Gewerkschaft sowie Islam; keine akademische Qualifikation. Jüngster Bruder von Hassan al-Banna – ambivalentes Verhältnis zur Muslimbruderschaft. Insbesondere seit den 1990er Jahren durch Publikationen bekannt geworden; z. T. von der Azhar zensiert. Eintreten für einen zivilgesellschaftlichen Islam. Mehrere Veröffentlichungen zu Säkularismus seit Ende der 1990er, zuletzt 2011 bei al-Miṣrī al-yawm.

Ṭāriq al-Bišrī (geb. 1931):[4] Jurist, zeitweise stellvertretender Vorsitzender des Staatsrats (*maǧlis ad-dawla*); als Publizist bekannt durch Werke zu „politischen Bewegung[en] in Ägypten" und zum Verhältnis von Muslimen und Kopten.[5] Nach seiner Pensionierung Ende der 1980er Jahre gesellschaftspolitisch aktiv in Richtervereinigung. Unmittelbar nach dem Rücktritt Mubaraks erste Verfassungsänderungen unter seiner Leitung. Mehrfach aufgelegte Aufsatzsammlung zu „islamisch-säkularistischem Dialog"[6] (1996/2005).

Ḥasan Ḥanafī (geb. 1935):[7] Promovierter Philosoph. Bis zu seiner Emeritierung Professor an der Universität Kairo (Direktor der Abteilung für Philosophie); Gastdozenturen im Ausland. Intellek-

1 Zu al-ʿAwwā vgl. die Kapitel „Eine Podiumsdiskussion zu Islam und Säkularismus (1989)" und „Ideale islamische Ordnung und reale Islamisten".

2 Vgl. zur *Krise der islamischen Insitution[en]* al-ʿAwwā, *Azmat al-muʾassasa ad-dīnīya*; zum problematischen Verhältnis von „Richter und Herrscher" Muḥammad Salīm al-ʿAwwā, *al-Qāḍī wa-s-sulṭān* (Kairo: Dār aš-Šurūq, 2006).

3 Zu al-Bannā vgl. insbes. die Kapitel „Islam und Christentum"; „Ǧamāl al-Bannā – Themen und Biographie"; „Die Säkularität des Islam (al-Bannā)".

4 Zu al-Bišrī vgl. das Kapitel „Eine Podiumsdiskussion zu Islam und Säkularismus (1989)"; „Ein politischer Skandal und die Reaktionen der ägyptischen Presse (2006)"; „Grenzen und Konflikt".

5 Vgl. *al-Ḥaraka al-siyāsīya fī Miṣr, 1945–1952* (1972); *al-Muslimūn wa-l-aqbāṭ* (1981).

6 Vgl. al-Bišrī, *al-Ḥiwār al-islāmī al-ʿalmānī.*

7 Zu Ḥanafī vgl. insbes. Kapitel „Grenzen und Konflikt"; „Ideale islamische Ordnung und reale Islamisten"; „Interne Reflexion des diskursiven und kommunikativen Kontexts".

DOI 10.1515/9783110462579-008

tuelles Projekt einer „islamischen Linken“ in den 1980er Jahren; 1997 Mordpläne gegen ihn. Mehrere Artikel zu Säkularismus versus Salafismus Mitte der 1990er Jahre, zusammengefasst in zwei Kapiteln[8] – Neuauflage im Jahr 2008.

Fahmī Huwaydī (geb. 1937):[9] Ausgebildeter Jurist, Karriere als Redakteur bei al-Ahram, in der arabischen Welt überregional bekannter Journalist und Buchautor. Langjährige Wochenkolumne bei al-Ahram sowie in mehreren arabischen Zeitungen und auf al-Jazeera online. Insbesondere in den 1990er Jahren kritische Veröffentlichungen zu Säkularismus, z. T. in Buchform neu aufgelegt, insbesondere seine Kritik am „säkularistischen Extremismus“[10]. Mitglied in al-Qaraḍāwīs International Union of Muslim['s] Scholars.

Muḥammad ʿImāra (eigentlich ʿUmāra)[11] (geb. 1931):[12] Islamwissenschaftler (Ausbildung Universität Kairo/ Fakultät Dār al-ʿulūm) und Publizist; viele Kolumnen, u. a. in der linken und islampolitischen Zeitung aš-Šaʿb, al-Qāhira, Sawṭ al-Azhar und al-Aḫbar – mehrfach unter dem Titel *Hāḏa islāmunā* (Das ist unser Islam); Online-Artikel bei al-Wafd, al-Ahram und aš-Šaʿb. Sympathisant der Muslimbruderschaft, bereits unter Mubarak auch (!) gute Beziehungen zur Azhar sowie zum Awqāf-Ministerium. Mitglied der azharitischen Akademie für islamische Studien. 2012 Mitglied des Gremiums zur Ausarbeitung der neuen Verfassung. 2011–2015 Chefredakteur der *Zeitschrift der Azhar*. Seit Mitte/ Ende der 1980er Jahre mehrere Monographien zu Säkularismus bei renommierten Verlagen (u. a. Maktabat aš-Šurūq ad-duwalīya, Dār aš-Šurūq).

ʿAbd al-Wahhāb al-Missīrī[13] (1938–2008):[14] Professor für englische und amerikanische Literatur an der Kairoer Universität ʿAyn Šams; Gastdozenturen im Ausland. In der arabischen Welt renommierter Autor einer zwei-, urspr. achtbändigen Enzyklopädie zu *Juden, Judentum und Zionismus* (2003/1999). Zeitweilig Koordinator der Oppositionsbewegung Kifāya. Zweibändiges Werk *Partieller und umfassender Säkularismus* (2002).

Yūsuf al-Qaraḍāwī (geb. 1926):[15] Azharitischer Gelehrter, wohnhaft in Katar. Langjähriges Mitglied der Muslimbruderschaft. In islamischer Welt bekannt geworden durch sein vielfach übersetztes Buch *al-Ḥalāl wa-l-ḥaram fī al-Islām* (1960), in der arabischen Welt zudem seit den

8 Vgl. Ḥanafī, *ad-Dīn wa-t-taqāfa wa-s-siyāsa fī-l-waṭan al-ʿarabī*, 255–323.
9 Zu Huwaydī vgl. insbes. Kapitel „Grenzen und Konflikt“; „Ideale islamische Ordnung und reale Islamisten“; „Interne Reflexion des diskursiven und kommunikativen Kontexts“; „Fahmī Huwaydī – Intellektueller Werdegang“; „Der muslimische Intellektuelle als Verteidiger von Gelehrten (Huwaydī)“.
10 Vgl. Huwaydī, *al-Muftarūn*.
11 Alternative Schreibweisen: ʿAmāra, ʿAmmāra; latinisiert: Emara.
12 Zu ʿImāra vgl. die Unterkapitel zu „Säkularismus-Diskurs: Themen und Phänomene“ als auch den Verweis in „Fahmī Huwaydī – Intellektueller Werdegang“.
13 Latinisiert/ engl.: al-Messiri, al-Masiri, Elmessiri; El-Messiri.
14 Zu al-Missīrī vgl. insbesondere Kapitel „Kritik an einer säkularistischen Moderne (al-Missīrī)“.
15 Zu al-Qaraḍāwī vgl. die Unterkapitel zu „Säkularismus-Diskurs: Themen und Phänomene“.

späten 1990er Jahren durch Präsenz auf al-Jazeera. Mitgründer und erster Vorsitzender des European Council for Fatwa and Research (*al-Maǧlis al-awrūbbī li-l-iftā' wa-l-buḥūṯ*) (1997) sowie der International Union of Muslim['s] Scholars (*al-Ittiḥād al-ʿālamī li-ʿulāmā' al-muslimīn*) (2004). Anmerkungen und Veröffentlichungen zu Säkularismus seit den späten 1970er Jahren,[16] persönliche Kontroverse mit Fu'ād Zakarīyā Mitte/Ende der 1980er;[17] Monographie über „säkularistischen Extremismus" (2000/2004),[18] Neuauflage von Büchern und Kapiteln.[19]

Muḥammad Quṭb (1919–2014):[20] Bruder des islamistischen Vordenkers Sayyid Quṭb, z. T. Edition und Herausgabe von dessen Werken; 1965 zusammen mit diesem verhaftet. Seit den 1970er Jahren mit anderen Muslimbrüdern Exil in Saudi-Arabien. Dozent an der mekkanischen Universität Umm al-Qurā. Viele eigene Werke zu Islam, z. T. in Weiterentwicklung der Ideen seines Bruders, so zu den *Scheinthesen [šubuhāt] über den Islam* (1960) zur *Ignoranz [bzw. Unwissenheit/ ǧāhilīya] des 20. Jahrhunderts* (1980). 1994 Monographie zu *Säkularisten und Islam*, zeitgleich erschienen im renommierten ägyptischen Verlag Dār aš-Šurūq sowie in Saudi-Arabien.

16 Al-Qaraḍāwī, *al-Ḥulūl al-mustawrada wa-kayfa ǧanat ʿalā ummatinā*, 47ff.
17 Vgl. al-Qaraḍāwī, *al-Islām wa-l-ʿilmānīya waǧhan li-waǧhin.*
18 Vgl. al-Qaraḍāwī, *at-Taṭarruf al-ʿalmānī fī muwāǧahat al-Islām.*
19 Vgl. exemplarisch: Yusuf Al-Qaradawi, „Why is secularism incompatible with Islam?," *saudigazette (online)*, 05.11.2010 sowie die Onlineausgaben auf qaradawi.net.
20 Zu Quṭb vgl. Kapitel „Grenzen und Konflikt"; „Ideale islamische Ordnung und reale Islamisten"; „Interne Reflexion des diskursiven und kommunikativen Kontexts".

Brief des Azhar-Großscheichs an Fahmī Huwaydī

Der Brief erschien zuerst am 16.02.1988 in al-Ahram und wird zitiert nach Fahmī Huwaydī, *al-Muftarūn*. 3. Aufl. (Kairo: Dār aš-Šurūq, 2005), 159f. (Abschrift durch mich, D.K.).

رسالة من شيخ الأزهر*

الأستاذ/ فهمى هويدى

السلام عليكم ورحمة الله وبركاته – وبعد ، فقد اطلعت على ماكتبت على مدى أسابيع ثلاثة تحت عناوين : (حديث الإفك)، (الإسلام السياحى)، (ثرثرة مريبة في الدين). ولقد سرنى وأثلج صدرى محتوى هذه المقالات .. سلمت وسلم قلمك.

وإنى لأتساءل معك يا أخى : من الذى يسلط أمثال هؤلاء على الإسلام والمسلمين؟

ولحساب من يعملون؟ ومن الذى يمكنهم من هذه المساحات فى بعض الصحف ينشرون عن طريقها تلك السموم التى توجه إلى أبناء مصر بخاصة وإلى شعوب الإمة الإسلامية بعامة؟

إذ أنها متى أخذت موقعها فى مصر الأزهر، رائدة المسلمين وأملهم، أصبحت حريّة بأن تكون موضع النظر والأسى والأسف في غيرها من الدول الأسلامية تحت هذه العناوين السوء.

ترى من وراء هذا المخطط الذى تبنته بعض الصحف والمجلات فى مصر وهذه المطبوعات التى تظهر بين الحين لتصد عن سبيل الله .. ولتصرف الناس كل الناس عن طلب الاستقامة وتصحيح المسار؟

إنهم بهذا المخطط يناهضون طلب الإصلاح بالإسلام.. وهو الأصلح للحياة..

ترى هل يجوز فى عرف العقلاء أن نكافح جراثيم الأمراض والأوبئة، ونترك تجار أوبئة الفكر ومروجى أحاديث الإفك يضلون الناس، ويشغلونهم عن القضايا الجادة فى حياتهم، ويحاولون زعزعة عقيدة الإسلام فى قلوب أهله – وما هم ببالغى ذلك بإذن الله – **﴿يريدون ليطفئوا نور الله بأفواههم والله متم نوره ولو كره الكافرون﴾** .. كل ذلك باسم الحرية التى أساءوا فهمها واستعمالها. [نهاية الصفحة 159]

يا أخى : لست فى مقام مناقشة بعض هذه الكتب من إنتاج هذه الفئة التى استمرأت سكوت العلماء والكتاب عن تعقب إفكها وفضح مخططاتها، وإنما أردت أن أشد على يدك .. وأدعو كل ذى قلم منصف أن يقول كلمة الحق، وأن يبرئ ساحة الإسلام – وهى بريئة بحمد الله – من هذا الإفك.

إننى أدعو الكتاب وأصحاب القلم أن يواجهوا فى الصحف كل فكر مفتر على الإسلام .. وأن يذبوا عنه وعن المسلمين هذا الذباب الموجه إلى موائدهم الإسلامية لتظل بعيدة عن هذا البلاء الذى أوشك أن يحل بساحتهم.

إن إولئك الذين يتباهون بأنهم يتحدثون عن الإسلام بهذه المفاهيم الفاسدة ينبغى أن يواجهوا فى كافة الساحات ومن سائر القنوات فإن معظم النار من مستصغر الشرر.

إن أمن الأمة فى حاجة إلى مواجهة جادة لهذا الفكر، الذى يشيع الفتنة. وذلك واجب أهل العلم وأصحاب القلم، كما هو مسئولية كل ذى مسئولية فى مكافحة الخروج على النظام ومثيرى الشغب، والمنتسبين زورا إلى ما يحسنون، والمضفين علن أنفسهم صفات وألقابا تتجاوز واقعهم، بل تفصح عن خبيئة نفوسهم: **﴿ولولا دفع الله الناس بعضهم ببعض لفسدت الأرض ولكن الله ذو فضل على العالمين﴾**

وفقك الله لقول الحق ونشره، وأثابك وأمدك بروح من عنده..

والسلام عليكم ورحمة الله وبركاته،،،

شيخ الأزهر
(جاد الحق على جاد الحق)

* تلقيت هذه الرسالة من الإمام الأكبر شيخ الجامع الأزهر بعد نشر المقالات السابقة.

Fiktives Gespräch zwischen Führern islamischer Institutionen

„al-Baḥṯ ʿan.. šayḫ li-l-Azhar," *al-Wafd*, 01.06.2006, 10 (Abschrift durch P. Mashhadi).

على مسرح العرائس.. كل شئ جائز، لا يهم من يقول ولا ماذا يقول؟! فتش اولا وقبل كل شئ عن المؤثرات الخارجية.. فتش عمن يحرك العروسة نفسها.. وفي منتدي شرم الشيخ تحولت الدنيا الي مسرح كبير.. وعلي المسرح وقف مسئولون كبار يبعثون برسائل.. البعض قال انها رسائل لما سيحدث فيما بعد والبعض قال انها مؤامرة.. كانت الرسالة التي خرج بها منتدي دافوس غير سياسية وغير اقتصادية. كما كان متوقعا. صحيح ان البورصة انهارت خلال انعقاد المؤتمر وصحيح ان نظيف حاول ان يكسر عزلته. ولكنه كسرها بمدفعية ثقيلة يتحمل وزرها الي يوم الدين.. قال ان مصر علمانية.. لا يدري رئيس الوزراء انها قنبلة ولكنه القاها بهدوء وكأنه يلقي بمية نار علي وجه الوطن.. فحطم الدستور وأفتي بإلغاء الشريعة الإسلامية كمصدر للتشريع فعل ذلك بقلب بارد، يغازل الإخوة الأقباط وينافق الأمريكان.. ويعاند الإخوان.. ولأول مرة يتحرك شيخ الازهر ويتقدم باستقالة شديدة اللهجة، لكنه قال لوسائل الإعلام والفضائيات انها لأسباب صحية!!

نظيف قال إن مصر علمانية.. وحطم الدستور.. وأفتي بإلغاء الدين كمصدر للتشريع

البحث عن.. شيخ للأزهر!

- مظاهرات طلاب الأزهر والجامعات تطالب بعزل «نظيف» لاعتدائه على الدستور
- طنطاوى يستقيل من المشيخة ويرجع السبب لظروف صحية
- مفتى الجمهورية يطلب مقابلة الرئيس .. وغموض حول أسباب الزيارة الفاجئة
- زقزوق اعتبر تصريحات نظيف «زلة لسان» وقال: سيبوني أكمل مشروع توحيد الأذان
- «واصل» و«الطيب» ينظمان وقفة احتجاجية بالأزهر ردا على التصريحات ويصفاناها بأنها مؤامرة
- «هاشم» يكشف أسرار استقالة طنطاوى .. ويقول إنها احتجاجية وتتضمن عبارات شديدة اللهجة!!

الساعات الماضية شهدت مناقشات ومشادات طويلة.. اطرافها د. سيد طنطاوى شيخ الأزهر وعلى جمعة مفتى الجمهورية .. ود. زقزوق وزير الأوقاف.. ود. نصر فريد واصل المفتى الأسبق ود. احمد الطيب رئيس جامعة الأزهر والمفتى السابق .. ود. أحمد عمر هاشم. بعضهم يستشعر الحرج ولا يدرى ماذا يفعل ازاء تصريحات رئيس الوزراء والبعض الأخر قال انها «زلة لسان».. وليست مؤامرة ولا يحزنون.

طنطاوى: أعمل إيه فى تصريحات س نظيف.. لو سكت اطق، ولو تكلمت افرقع.. فيه أيه تانى بعد الكلام ده.. مصر علمانية يعنى ايه .. يا خبر اسود يا ولاد!!

جمعة: والله يا مولانا .. نفوّت الحكاية دى، وياما دقت على الراس طبول!!

طنطاوى: أنا عارف.. انت بتحاول تهدينى.. تهدينى على ايه مبقاش فى العمر حاجة.. سكوتى هيكون خطيئة، الناس هتاكل وشى.

جمعة: ولا تاكل وشك.. ولا اى حاجة متكبرش المسألة.

طنطاوى: انا فاهم انك خايف تسخنى وتبقى انت السبب لو انا قدمت اسنقالتى!!

جمعة: استقالتك .. كفى الله الشر .. قوم اتوضأ وصلى ركعتين!!

طنطاوى: الشعب هيعملنى انا لوحدى مسئولية سكوتى على كلام نظيف .. هو عشان يغيظ الاخوان يضرب الازهر بمدفعية ثقيلة!!

وكأن رقزوق وواصل والطيب ينتظرون موقف الشيخ والمفتى ثم راح الجميع يتدخل فى الحوار.. شيخ ثائر ومفتى يطلب التهدئة.

زقزوق: هون عليك. س [كذا] يا شيخنا استقالة ايه .. امال؟

واصل: المؤسسة الدينية لازم يكون لها موقف.. وموقف واضح كمان ..على الاقل يقدم الشيخ مذكرة احتجاج لمجلس الوزراء.. إن لم تكن لرئيس الجمهورية.

الطيب: الكلام ده يا اخوانى ترديد لموقف امريكى ثابت يقصد ضرب الاسلام .. وليس ضرب الاخوان.

زقزوق: يا جماعة الحكاية غير كده .. اسلام ايه اللى هيضربوه هوه بس نظيف كل فترة يطلع علينا بتصريح غريب شوية .. نفسه يمارس السياسة.

واصل: لأ .. يا زقزوق ..أنا أقول لك .. نظيف عارف ان واشنطن قلقانة من صعود الإسلاميين في الشرق الأوسط وليس فى مصر وحدها وعايز يرضيهم على حساب الدين.

عمر هاشم: يا ريت تقف عند حد ارضائهم بالكلام .. المصيبة يكون ده توجه البلد فى الفترة القادمة.

الطيب: يعنى انت معانا.. يا احمد (يقصد عمر هاشم).

هاشم: ده كلام يفور الدم اشمعنى انا حد قالك انا كفرت والعياذ بالله!!

واصل: ما يقصدش يا شيخ احمد.. بس اكمنى [كلمنى] انت ساكت من الصبح.. ما تاخذيش!!

هاشم: انا بأفكر فى المصيبة دى ..ايه الحل فيها. انا اللى هاروح للرئيس .. وانا مستعد لأى رسالة تحملونى بها .. انا مش اقل من اى حد فيكم.

زقزوق: بالعكس يا شيخ احمد .. احنا منتظرين منك الكثير .. احنا فى مصيبة فعلا!

طنطاوى: افتونى فى أمرى .. أنا عايز اقابل وجه [ال]كريم بضمير مرتاح .. صدقونى!!

زقزوق: شوف يا مولانا .. الاستقالة قد تتسبب فى احراج مؤسسة الرئاسة خاصة ان الرئاسة لم تصدر بيانا بالموضوع ولم تعقد مؤتعرا صحفيا حتى عبر المتحدث الرسمى.. تعتذر فيه للرأى العام.

واصل: إذن ليكن تهديدا بالاستقالة أو الايحاء للرئاسة بإصدار بيان لتفسير تصريحات نظيف.

طنطاوى: يا حضرات المشايخ.. انا عارف الناس بتفكر ازاى ومش هيطلع بيان ولا غيره.

واصل والطيب: إذن لتكن وقفة احتجاجية بالأزهر ردا على تصريحات رئيس الوزراء ونكشف خلالها ان مصر تتعرض لمؤامرة فى دينها ..بحجة جذب الاستثما رات وتطمين رجال الأعمال!!

زقزوق: انا معكم فى الوقفة الاحتجاجية بس دى معالجة متسرعة.. معلهش لا مؤاخذة وقد يعتبرها الناس اللى فوق تصعيدا للمواقف.

الطيب: حصل اللى يحصل.. احنا وقفنا وقدنا المتظاهرين فى مظاهرات حاشدة .. وكان الأمر اقل من هذا بكثير .. الحرب الأن من الداخل!!

واصل: يا سيادة الوزير الأوقاف ليست توحيد أذان وانشاء مساكن وبيع اراضى .. الأوقاف وزارة الشئون الاسلامية فى البلد.. الأوقاف وقفة عند اللزوم!!

زقزوق: براحة علىّ شوية توحيد اذان إيه وبتاع إيه. هو توحيد الأذان وحش.. ومصر كلها تنطق باذان واحد فى توقيت واحد.. فيه اكثر من كدة للدين .. طيب يا ريت يسيوبنى اكمل مشروعى. انتهوا هتسيبوا اللـ...

الطيب: الشيخ واصل ما يقدصدش تزعل .. طبعا عارفين شعورك والاحراج الذى تستشعره لكن لتذهب الوزارة الى الجحيم.

زقزوق: وجحيم ليه. فلتذهب الى الجنة يا مولانا دى وزارة اوقاف.

هاشم: استغفروا الله يا اخوانى فيه شيطان بيننا!!

جمعة: طيب.. لو سمحتوا لى اطلب مقابلة رئيس الجمهورية.

واصل: عشان إيه .. لازم يكون لنا جدول اعمال.. أجندة يعنى .. إيه الاجراءات المطلوب اتخاذها .. وإيه البىائل!!

جمعة: هو ده اللى لازم نعمله.. طيب اطلب المقابلة ونفكر هنقول ايه لحد الرد ما بيجى.

الطيب: الحقيقة الراى العام هيفسر مقابلتك بالرئيس خطأ.. والبعض هيقول زيارة سرية .. واخرون سيقولون غامضة.. خاصة اذا لم تعلن الرئاسة خبر المقابلة للصحفيين.

واصل: أنا شايف اللى يقابله الرئيس شيخ الازهر. بس لازم قبلها يكون فيه اجتماع بالمجلس الأعلى للشئون الاسلامية .. وتكون تصريحات نظيف على جدول اعماله.

عمر هاشم: قد نستغرق وقتا طويلا فى كل هذه الترتيبات ومن الممكن اتحدث مع زكريا عزمى.. وانتوا عارفين احنا بلديات .. وشراقوة وفيه مساحة ود بيننا.

طنطاوى: يا جماعة .. سعيكم مشكور. انتوا بتحاولوا تبعدونى عن الاستقالة. وترفعوا عنى الحرج .. كل المحاولات دى هدفها تجنيبى الاستقالة.

واصل: لأ يا مولانا.. الاستقالة ورقة فى ايديك وايدينا ودى ستكون اخطر ورقة. خليها الأخر.
طنطاوى: انت بتقول كده يا واصل طول عمرك بتتكلم من قلبك.. بل هى اول ورقة وأخر ورقة يا واصل.. أنا عايزك تسامحنى.. أنا عايز ربنا يرضى عنى. أنا مش اقل من الشرقاوى والعطار والبشرى وشلتوت وعبدالحليم محمود وبيصار وللا أيه؟
واصل: هوه ده موقف شيخ الازهر.. الازهر اللى نسيه نظيف.. ورجال الحكم .. الأزهر اللى اصبح فيه المشايخ بتسولون وبعضهم يعمل مكوجى. وبعضهم سباكين ونجارين.
طنطاوى: اكتبوا معايا جواب الاستقالة.. انا التزمت الصمت كتير.. مرة واحدة نفسى اتكلم!!
زقزوق: اكتب انك تعتذر يا مولانا لاسباب صحيه وأن عبء المشيخة يحتاج الى قوة وشباب .. وكده يعنى.
الطيب: الوقفة دى لله.. يبقى لازم تبقى فيها صراحة ويقول انها استقالة مسببة وانها احتجاجية.
زقزوق: معلهش.. لكن خليها دبلوماسية اوبطريقة سياسية.
عمر هاشم: لا .. فليفعل ما يشاء انها عصبة لله عزوجل ولرسوله صلى الله عليه وسلم .. حبيبى يا رسول الله.
زقزوق: اتكلم.. يا جمعة.. رايك ايه يا فضيلة المفتى!
انتبه الدكتور على جمعة من لحظة صمت رهيبة.. سرح بعيدا كان يفكر فى الشيخ القادم.. من هو؟! واذا كان وجوده فى الاجتماع يهدد حلمه بالمشيخة ام أنه هو الوريث الشرعى الذى تم اعداده فى السنوات الماضية وها هى قد حانت الفرصة لا أحد يدرى..
جمعة: أه.. طبعا.. طبعا!!
زقزوق: هو إيه اللى طبعا. انت كنت نايم.
جمعة: كنت فى استخارة .. ربنا يقدم ما فيه الخير.
زقزوق: وصلت احد فين؟ يستقيل الشيخ وللا إيه؟
جمعة: يستقيل على بركة الله مادام يصر عليها .. لقد سبقتكم بالكلام معه ولكنه مصمم!!
زقزوق: بس ماحدش فكر.. لو أن نظيف اعتذر أو أن الرئاسة أصدرت بيانا قالت نحن نقدر فيه حرية العقيدة والدين الإسلامى ودور الأزهر الشريف و١.٢ مليار مسلم.
جمعة: والله ان كان كده يبقى خلاص.. والسياسة كرّ وفرّ.
واصل: فين احترام الدستور.. فين القسم .. فين؟

لابد من عزل رئيس الوزراء لانه اعتدى على الدستور!!
طنطاوى: دستور ايه .. أنتو فاكرين حد هايعتذر قابلونى..الحل هو الاستقالة.
زقزوق: اكتبها وخليها معاك.
الطيب: أه .. على طريقة الاستقالة لا تزال فى جيبى.
واصل: مرة واحدة ناخذ موقف التاريخ لن يرحمنا ..
عمر هاشم: فيه مشكلة أنا خايف يفتكروا ان الموقف ده عشان الاخوان .. دايما هناك تفكير بالقلوب!!
طنطاوى: هم يعرفون اننا لا علاقة لنا بالاخوان ويعرفون ايضا انه موقف لله.. وانا فاض بى!! اسمع يا شيخ أحمد.
عمر هاشم: اتفضل يا مولانا.
الشيخ: الاستقالة امانتك تقدمها لزكريا عزمى واعرف منك النتيجة!!
يتسرب خبر اجتماع الشيخ والمفتى ووزير الاوقاف والشيخين واصل والطيب.. تذيعه بعض الفضائيات. يتجمع الالاف فى جامعة الأزهر.. ثم ينتشر الخبر فيتظاهر ألاف غيرهم فى القاهرة وعين شمس والاسكند رية يكتشف المجتمعون انهم امام معركة حقيقية.. مؤكد سيظهر من يقول أن التيار الاسلامى يركب الموجة.. وانهم يحكمون الجامعات .. قالوا من قبل انهم يتغلغلون فى النقابات الصحفيين – المهندسين – الاطباء.. واخيرا نادى القضاة!!
أصوات صادرة تطالب بعزل رئيس الوزراء لأنه اعتدى على دستور البلاد. ورأى الشيخ أن ينزل الى الجموع المحتشدة التى تطالبه بالاستقالة والإصرار عليها. قال الشيخ فى لحظة حماس نادرة: اخوانى: لقد تقدمت باستقالتى لوجه الله ورسوله .. فلم يبق فى العمر بقية .. وأتمنى أن أموت قبل أن ياتى يوم تهدم فيه الشريعة الاسلامية وتهدم فيه ثوابت الأمة.
اخوانى: لا تفرطوا فى دينكم .. وارفضوا اى مؤامرة عليه. فالأمريكان يريدون أن يمزقوا الأمة الإسلامية تحت مسميات كثيرة.
بعد قليل تنامى الى مسامع الجميع قبول استقالة شيخ الأزهر لأسباب صحية.. وكانت الإذاعة والتليفزيون تذيعه فى صدر نشراتها. بينما كانت الفضائيات تذيع الأسباب الحقيقية للاستقالة وأسرار اجتماع المشيخة!!
« أمين »

Brief ʿAbd al-Muʿṭī Bayūmīs an Ḥamdī Rizq – und Rizqs Erwiderung

Ḥamdī Rizq, „Miṣr al-ʿalmānīya laysat mulḥida (2),“ *al-Miṣrī al-yawm*, 04.06.2006, 13. Der Brief Bayūmīs wird anhand der Wiedergabe durch Rizq zitiert.

مصر العلمانية ليست ملحدة (٢)

بقلم حمدى رزق ٤/ ٦/ ٢٠٠٦

رسالة من الدكتور عبد المعطى بيومى عضو مجمع البحوث الإسلامية: لئن صح ما نقل عن رئيس الوزراء بأن مصر دولة علمانية فهذا يصيبنا نحن الوسطيين المعتدلين في مقتل ويعطي جواز مرور أخضر لكل قوي الإرهاب والتطرف، وهو يتصادم مع التاريخ المصرى ومع الواقع ومع الشعب كله الذى خرج يؤكد على أن الشريعة الإسلامية هي المصدر الرئيسى للتشريع.
فالعلمانية تخالف الهوية المصرية لأن العلمانية - كما نقلت أنت بحق عن الدكتور عبد الوهاب المسيري - هى «الإيمان بإمكانية إصلاح حال الإنسان من خلال الطرق المادية دون التصدى لقضية الإيمان سواء بالقبول أو الرفض»، لكن التشريع المصري ملتزم بما أوجبه الدستور بموافقة صحيح الدين، وكم كنت أقول للإخوان المسلمين: هاتوا لى قانونا مصريا يخالف الإسلام منذ شرع الدستور الحالى، فماذا أقول لرئيس الوزراء؟
إن مصر دولة مدنية هويتها إسلامية كما كانت دولة الرسول محمد «صلى الله عليه وسلم» والإسلام لا يعارض نظاما مدنيا يؤدى فيه العقل والخبرة غاية وسعة وتكون مرجعيته صحيح الدين وقواعده العامة التى تقرر الحرية والعدالة والمساواة والشورى والمواطنة الكاملة للجميع، لكن أن تقول علمانية ليس من خطتها ضرورة الالتزام بالدين أو يسعها أن تلتزم أو لا تلتزم بالدين الذي يمثل العصب الرئيسى في الشخصية المصرية، فذلك خنجر في صدر هذه الشخصية التي استقرت علي الدين منذ ١٤٠٠ سنة، وأقامت عليه حضارتها التى شارك فيها المسلمون وغيرهم من جميع أبناء الوطن الإسلامى.
كان المستشار حنا ناشد عضو مجلس الشعب السابق والرئيس السابق لمجلس الدولة المصرى يقول إنه يحفظ نظام المواريث الإسلامى عن ظهر قلب، وكانت الدكتورة جورجيت قللينى تعلن في مجلس الشعب «أنا مسيحية لكن ثقافتى إسلامية» وكان كذلك مكرم عبيد وكثيرون من المواطنين.
والقول بعلمانية مصر غير صحيح، فالدولة العلمانية لا علاقة لها بالمؤسسات الدينية، كنا فى اليابان وقد تبرع رئيس الوزراء لأحد المعابد فقامت الدنيا هناك لأن اليابان دولة علمانية، بينما تنفق مصر بسخاء من الميزانية العامة على المساجد والأزهر وتعطى رواتب للدعاة والائمة، وبالحكومة وزارة للأوقاف، والغريب والعجيب أن رئيس الوزراء نفسه هو وزير شئون الأزهر، هل يمكن أن يصرح رئيس وزراء إسرائيل بأن إسرائيل دولة علمانية مع أنها دولة مدنية، أرجو أن نكون في حلم مزعج نصحو منه علي هوية إسلامية، مدنية نعم، علمانية لا.
وردي علي أستاذنا.. أولاً: لم أفهم أين الخناجر في المقاتل، ولا مصدر الأحلام المزعجة، كل ما في الأمر سوء ظن بالعلمانية من جانب الدكتور الكريم، فالعلمانية لفظ كريه سيئ السمعة، والدكتور يفضلها مدنية بنفس شروط العلمانية.
ثانيا: إسرائيل دولة بلا دستور لا علمانى ولا دينى، والسائد أنها دولة يهودية من أين جاء توصيف الدولة المدنية فى وصف إسرائيل.
ثالثا: الدكتور يعتقد مثلى بصحة ما جاء فى توصيف الدكتور عبدالوهاب المسيرى للعلمانية ولكنه أيضا يفضلها مدنية، وأنا أدعو العلمانيين إلى استحداث تعبير يمنع عنهم لعنة ظاهر اللفظ.
رابعا: ويقيم الحجة على تدين الدولة بوجود الأزهر ووزارة الأوقاف، ونسى أن الكنيسة موجودة مبنى ومعنى وشعبا قبل ١٤٠٠ سنة ومازالت، نعم مصر عرفت واعتنقت الدين الإسلامى بعد هذا التاريخ لكنها تدينت قبله بقرون.

وأخيرا: متي خرج الشعب مطالبا بالشريعة، وعلي ما أذكر إن لم تخنى الذاكرة أن الخروج الشعبى الوحيد كان في ثورة ١٩١٩ التي رفعت شعارات العلمانية والقومية المصرية وإذا كان الدكتور يبغى أن تلبس مصر العمامة فهناك من يريد تلبيسها القلنسوة، ونحن نريد أن نلبسها بدلة أنيقة كالتي يرتديها الدكتور عبد المعطي، ولايزال الباب مفتوحا للحوارحول هوية الدولة المصرية.

Anonymer Online-Kommentar zu al-Bannā

Der folgende Kommentar von „Muḥāyid" („Neutral") erschien online unter dem Titel „Naqd mawḍūʿī" („Sachkritik") zu allen fünf Teilen von al-Bannās autobiographischer Reihe, die die Zeitung al-Yawm as-sābiʿ im Januar/ Februar 2009 zunächst in Printform und leicht verzögert online veröffentlicht hatte.[1] Der Kommentar ist online nicht mehr verfügbar.

نقد موضوعى

بواسطة: محايد
بتاريخ: السبت، 17 يناير 2009-14:26

أولا:- جمال البنا ليست لديه المؤهلات التى يستطيع بها أن يكون مجتهدا حقا فقد اعترف للدكتور/عمار على حسن أنه لا يحفظ القرآن ولا يحفظ من الحديث إلا ما يعد على أصابع اليد الواحدة ناهيك عن أنه لم يدرس فى معهد دينى أو جامعة إسلامية أو حصل على م} هل أزهرى .... وتوقف تعليمه عند المرحلة الإعدادية ..فإن لم يكن له حظ فى التعليم فليس له حظ من الثقافة الإسلامية والذهن الحافظ المتألق ثانيا:- جمال البنا قد بلغ من العمر أرذله(٨٨ عاما) وبعد عمر السبعين _يقول الأطباء_إن المخ تحدث له اضطرابات ومشكلات صحية تجعل صاحبه غير مدرك لكثير من قراراته وبالتالى لا نستطيع أن نعتمد على اجتهاداته فى هذا العمر المتأخر
ثالثا:- جمال البنا ينكر حجية السنة فى كتابه(جناية قبيلة حدثنا) وفى مقالاته بعنوان(أخطاء البخارى) ولا يعترف إلا بالقرآن فقط (أى أنه من جماعة القرآنيين) فكيف يتفق كونه مجتهدا مع إنكاره لغالبية الأحاديث الصحيحة فى البخارى ومسلم ؟ فأدوات المجتهد هى صريح القرآن وصحيح السنة ثم إعمال العقل فيما وراء ذلك.
رابعا:- لا يستطيع منكر أن يختلف معنا فى معارضتنا لفتاوى جمال البنا عن مشروعية التدخين للصائم أو مشروعية القبلات لغير المتزوجين من الشباب فى الجامعة أو العمل. والطامة الكبرى أنه أفتى فى برنامج د.عمار على حسن على قناة دريم أن العورة بالنسبة للمسلمة من السرة إلى الركبة. فتخيلوا معى هل مسموح للمرأة أن تظهر صدرها وثديها فى الشارع ؟
أما داهية الدواهى عندما أفتى فى المصرى اليوم ثم بعدها فى مقاله الذى رد به على د.مراد وهبة - أفتى بأن المسلم الذى يخرج من الإسلام إلى اليهودية أو المسيحية ليس كافرا ولن يعاقبه الله فكلها أديان سماوية وهو قد خرج من الإيمان بالله إلى الإيمان بالله ؟ فهل هذا معقول ؟ وهل يكون من الإيمان بالله: الإيمان بألوهية المسيح مثلا؟ أليس هذا شركا؟
أخيرا:- هذا زمن الشهرة. وتأتى الشهرة لكل من يكسر الثوابت أو كما يسمونه: يحطم التابوهات. وبالتالى فلن يستطيع جمال البنا أو غيره أن ينال الشهرة ويقال عليه من المجددين وبأنه يحارب التخلف وبأنه مضطهد: إلا باختراع الفتاوى المنحرفة. وأنا ألوم أشد اللوم على مؤسسة الأزهر وشيخها وكذلك العلماء المعتدلين كالقرضاوى

1 *Al-Yawm as-sābiʿ*, 13.01., 20.01., 27.01., 03.02. und 10.02.2009.

ومحمد عمارة وخالد الجندى ومحمد سليم العوا والمثقفين المنصفين كفهمى هويدى وأحمد كمال أبو المجد ومحمد عبد القدوس وغيرهم: ألوم عليهم بأنهم لم يحاوروا هذا الرجل بالحسنى فيظهروا تهافت حججه أمام الناس وأمام نفسه لعله يثوب إلى الحق. فالعيب ليس عيبه ولكنه خطأ هؤلاء العلماء الذين لم يستطيعوا إقناعه بالحجة. فتخيل معى لو كان ظهور جمال البنا فى عصر الشيخ الشعراوى أو الشيخ محمد الغزالى هل كانوا سيسكتون عنه ؟ لا بالطبع. وقد استغل جمال البنا خلو الساحة من الأعلام الذين لديهم العلم والحجة ولهم عند الناس مكانة سامقة.

http://www.youm7.com/News.asp?NewsID=63930 (Abruf: 20.01.2011, 15.45 Uhr)

Literaturverzeichnis

Primärquellen

„19 500 Maḥall bi-l-Qāhira wa-l-Gīza taḥmil ši'ārāt islāmīya." *Nahḍat Miṣr*, 01.06.2006.

'Abd al-Mun'im, Īmān. „*Ǧamāl al-Bannā... Faqīh mustaqill!*" *ad-Dustūr*, 31.12.2008.

Abd ar-Râziq, Alî. *Der Islam und die Grundlagen der Herrschaft: Übersetzung und Kommentar des Werkes von Alî Abd ar-Râziq, hrsg. von* Ebert, Hans-G. und Assem Hefny. Frankfurt a.M.: Peter Lang, 2009.

'Abd ar-Rāziq, 'Alī. *al-Islām wa-uṣūl al-ḥukm*. Einleitung: Ǧābir 'Aṣfūr. 1925. [Kairo]: al-Hay'a al-miṣrīya al-'āmma li-l-kitāb, 1993.

'Abd ar-Rāziq, 'Alī. *al-Islām wa-uṣūl al-ḥukm*, Neuauflage, hrsg. von Muḥammad 'Imāra. Beirut: Al-Mu'assasa al-'arabīya li-d-dirāsāt wa-n-našr, 2000.

Abū al-'Aynayn, 'Allā'. „al-Missīrī: ‚al-Prūtūkūlāt' zā'ifa wa-taṣdīquhā ‚hazīma'." *islamonline*, 11.01.2003. http://www.islamonline.net/Arabic/news/2003-01/11/article12.shtml.

Abū al-Maǧd, Kamāl. „Šahādat Kamāl Abū al-Maǧd." in *Aqni'at al-irhāb: Al-baḥṯ 'an 'almānīya ǧadīda*, hg. v. Ġālī Šukrī. 2. Aufl., 105–118. Kairo: al-Hay'a al-miṣrīya al-'āmma li-l-kitāb, 1992.

Abū Ṭālib, Ḥussām. „Miṣr: al-Muftī yuḥarrim istiḫdām amwāl aṣ-ṣadaqa li-i'ānat al-muwaẓẓafīn." *al-Quds al-'arabī*, 07.08.2007.

Abu Zaid, Nasr Hamid. *Islam und Politik: Kritik des religiösen Diskurses*. Unter Mitarbeit von Chérifa Magdi und Navid Kermani. Frankfurt am Main: dipa-Verl., 1996.

Abu Zaid, Nasr Hamid. *Ein Leben mit dem Islam*. Freiburg im Breisgau: Herder, 1999, Erzählt von Navid Kermani.

Abū Zayd, Naṣr Ḥāmid. *Mafhūm an-naṣṣ: Dirāsa fī 'ulūm al-Qur'ān*. Kairo: al-Hay'a al-miṣrīya al-'āmma li-l-kitāb, 1990.

Abū Zayd, Naṣr Ḥāmid. *al-Imām as-Šāfi'ī wa-ta'sīs al-aydiyūlūǧīya al-wasaṭīya*. Kairo: Sīnā' li-n-našr, 1992.

Abū Zayd, Naṣr Ḥāmid. *at-Tufkīr fī zaman at-takfīr: Ḍidd al-ǧuhl wa-z-zayf wa-l-ḫurāfa*, 2. Aufl. Kairo: Madbūlī, 1995.

Abū Zayd, Naṣr Ḥāmid. *Naqd al-ḫiṭāb ad-dīnī*. 1990, 4., erw. Auflage. Kairo: Madbūlī, 2003.

Aḥmad, 'Āṭif. *al-Islām wa-l-'almana: Qirā'āt naqdīya fī al-fikr al-mu'āṣir*. Kairo: Dār Miṣr al-maḥrūsa, 2004.

Aḥmad, Rif'at Sayyid, Hrsg. *an-Nabbī al-musallaḥ*. 2 Bände. London: Riyāḍ ar-rayyis, 1991.

'Ākif, Muḥammad Mahdī, Maḥmūd Nāfī' und Muḥammad Ḥabīb. „A'ṣābī laysat falt āna!!" [Interview mit 'Ākif]. *Nahḍat Miṣr*, 01./02.06.2006.

'Alī, Ḥaydar Ibrāhīm. *al-'Almānīya: al-Mafhūm wa-l-qaḍāyā*, 1. Aufl. Kairo/ Khartoum: Waḥdat as-sūdān awwalan, 2005.

'Allām, Sāra. „Ḥasan Ḥanafī: Anā šuyū'ī iḫwānī wa-iḫwānī šuyū'ī." *al-Yawm as-sābi' (online)*, 03.02.2010. http://www.youm7.com/News.asp?NewsID=185190&SecID=94&IssueID=96.

„'Almānīya... islāmīya... am madanīya bi-marǧi'īya dīnīya." *Nahḍat Miṣr*, 01.06.2006.

„al-'Almānīyūn adāh ġarbīya... li-tašwīh al-Islām [al-Bayān al-awwal min asātiḏat Ǧāmi'at al-Azhar]." *an-Nūr*, 01.04.1992.

„'An Ǧamāl al-Bannā." in *Qaḍīyat al-qubulāt wa-baqīyat al-iǧtihādāt: Wa-kaḏālika Man huwa Ǧamāl al-Bannā wa-Mā hiya da'wat al-iḥyā'*. al-Bannā, Ǧamāl, 244–247. Kairo: Dār al-fikr al-islāmī, 2008.

DOI 10.1515/9783110462579-009

Anṭūn, Faraḥ. *Ibn Rušd wa-falsafatuhu*. Alexandria: al-Ǧāmiʿa, 1903.
„Asātiḏat al-fiqh wa-l-ḥadīṯ: al-Bannā yurīd Islāman… «istratš [stretch]».“ [Azhar-Symposium über al-Bannā, Teil 1 v. 2]. *Nahḍat Miṣr*, 30.08.2004.
al-ʿAšmāwī, Muḥammad Saʿīd. *al-Islām as-siyāsī*. Kairo: Sīnā li-n-našr, 1987.
al-ʿAšmāwī, Muḥammad Saʿīd. *al-Islām*. Kairo: Sīnā li-n-našr, 1989.
al-ʿAšmāwī, Muḥammad Saʿīd. *Maʿālim al-Islām*. Kairo: Sīnā li-n-našr, 1989.
al-ʿAšmāwī, Muḥammad Saʿīd. *ar-Ribā wa-l-fāʾida fī al-Islām*. Kairo: ʿArabīya, 1996.
al-ʿAšmāwī, Muḥammad Saʿīd. *aš-Šarīʿya al-islāmīya wa-l-qānūn al-miṣrī*. Kairo: Maktabat Madbūlī, 1996.
al-Aswani, Alaa, Annette Großbongardt und Volkhard Windfuhr. „‚Jetzt ist es wieder unser Land'.“ [Interview mit al-Aswani]. *Spiegel Geschichte*, Nr. 3 (2011).
[Autorenkollektiv], Hrsg. *Inmāʾ al-muǧtamaʿ al-ahlī*. Beirut, o.J.
Awdan, Muḥammad as-Saʿīd. *al-Islām wa-l-ʿalmānīya*. Tanta: Dār al-bašīr li-ṯ-ṯaqāfa wa-l-ʿulūm, 2004.
al-ʿAwwā, Muḥammad Salīm. *Azmat al-muʾassasa ad-dīnīya*. 1998, 2. Aufl. Kairo: Dār aš-Šurūq, 2003.
al-ʿAwwā, Muḥammad Salīm. *al-Qāḍī wa-s-sulṭān: al-Azma al-qaḍāʾīya al-miṣrīya*, 1. Aufl. Kairo: Dār aš-Šurūq, 2006.
al-ʿAwwā, Muḥammad Salīm. *Fī an-niẓām as-siyāsī li-d-dawla al-islāmīya*. 1975, 3. Aufl. bei Dār aš-Šurūq. Kairo: Dār aš-Šurūq, 2008.
al-Azhar. „Kullīyāt al-Banīn.“ http://www.azhar.edu.eg/pdf/bfac.pdf, 12.02.2013.
Al-Azm, Sadiq J. *Unbehagen in der Moderne: Aufklärung im Islam*. Frankfurt a.M.: Fischer, 1993.
Al-Azm, Sadiq J. *Islam und säkularer Humanismus, hrsg. von* Eilert Herms. Tübingen: Mohr Siebeck, 2004.
al-ʿAẓm, Ṣādiq Ǧalāl. „aṯ-Ṯaqāfa al-ʿilmīya wa-buʾs al-fikr ad-dīnī.“ in *Naqd al-fikr ad-dīnī*. 9. Aufl., 12–54. Beirut: Dār aṭ-ṭalīʿa, 2003.
al-ʿAẓma, ʿAzīz. *al-ʿAlmānīya min manẓūr muḫtalif*. Beirut: Markaz dirāsāt al-waḥda al-ʿarabīya, 1992.
„Azma fī maǧlis aš-šaʿb bi-sabab taṣrīḥāt Naẓīf.“ *al-Aḥrār*, 28.05.2006.
„al-Baḥṯ ʿan… šayḫ li-l-Azhar.“ *al-Wafd*, 01.06.2006.
al-Bahī, Muḥammad. *al-ʿAlmānīya wa taṭbīquhā fī al-Islām: Īmān bi-baʿḍ al-kitāb. wa-kufr bi-l-baʿḍ al-āḫar*. Kairo: Maktabat Wahba, 1980.
al-Bahnasāwī, Sālim, Hrsg. *al-Islām lā al-ʿalmānīya: Munāẓara maʿa D. Fuʾād Zakarīyā*, 1. Aufl. Kuwait: Dār ad-Daʿwa, 1992.
Bakrī, Muṣṭafā. „Ḫāriǧ niṭāq al-ḫidma.“ *al-Usbūʿ*, 29.05.2006.
al-Bannā, Ǧamāl. „Kalima ʿan muʾassisī al-muʾassasa [Muʾassasat Fawzīya wa-Ǧamāl al-Bannā].“ *islamiccall.org*, letzter Zugriff: 21.01.2011. http://www.islamiccall.org/the%20 islamiccoll_files/fawzya.htm#4.
al-Bannā, Ǧamāl. „Muʾassasat Fawzīya wa-Ǧamāl al-Bannā.“ *islamiccall.org*, letzter Zugriff: 28.02.2011. http://www.islamiccall.org/the%20islamiccoll_files/fawzya.htm.
al-Bannā, Ǧamāl. *Ḫiṭābāt Ḥasan al-Bannā aš-šābb ilā abīhi*. Kairo: Dār al-fikr al-islāmī, 1990.
al-Bannā, Ǧamāl. *Ka-lā ṯumma ka-lā: Ka-lā li-fuqahāʾ at-taqlīd… wa-ka-lā li-adʿiyāʾ at-tanwīr*. Kairo: Dār al-fikr al-islāmī, 1994.
al-Bannā, Ǧamāl. *Masʾūlīyat fašl ad-dawla al-islāmīya fī al-ʿaṣr al-ḥadīṯ: Wa-buḥūṯ uḫrā*. Kairo: Dār al-fikr al-islāmī, 1994.
al-Bannā, Ǧamāl. *Ḫamsat maʿāyīr li-miṣdāqīyat al-ḥukm al-islāmī*. Kairo: Dār al-fikr al-islāmī, 1996.

al-Bannā, Ǧamāl. *al-Islām wa-l-ḥurrīya wa-l-ʿalmānīya: [Eigenveröffentlichung]*. Kairo: Mu'assasat Fawzīya wa-Ǧamāl al-Bannā, [1998].
al-Bannā, Ǧamāl. *al-Mar'a al-muslima bayna taḥrīr al-Qur'ān wa-taqyīd al-fuqahā'*. 1994. Kairo: Dār al-fikr al-islāmī, 1998.
al-Bannā, Ǧamāl. *Al-Islām wa-ḥurrīyat al-fikr*. Kairo: Dār al-fikr al-islāmī, 1999.
al-Bannā, Ǧamāl. *Naḥw Fiqh ǧadīd*. Kairo: Dār al-fikr al-islāmī, 1999.
al-Bannā, Ǧamāl. *At-Taʿaddudīya fī muǧtamaʿ islāmī*. Kairo: Dār al-fikr al-islāmī, 2001.
al-Bannā, Ǧamāl. *al-Islām dīn wa-umma wa-laysa dīnan wa-dawla*. Kairo: Dār al-fikr al-islāmī, 2003.
al-Bannā, Ǧamāl. *Mawqifunā min al-ʿalmānīya. al-qawmīya. al-ištirākīya*. Kairo: Dār al-fikr al-islāmī, 2003.
al-Bannā, Ǧamāl. *al-Masīḥīya wa-l-yahūdīya fī al-Islām: Ḥiwār bayna al-adyān*. Kairo: Mu'assasat Fawzīya wa-Ǧamāl al-Bannā, [2006].
al-Bannā, Ǧamāl. „al-Ahammīya al-uẓmā li-qaḍīyat at-taǧdīd al-islāmī (1)." *al-Miṣrī al-yawm*, 14.06.2006.
al-Bannā, Ǧamāl. „Fī al-bud' kān al-insān." *al-Miṣrī al-yawm*, 11.10.2006.
al-Bannā, Ǧamāl. „La ḥayāh bidūn dīn... wa-lā ḥayāh bi-d-dīn waḥduhu." *al-Miṣrī al-yawm*, 18.10.2006.
al-Bannā, Ǧamāl. „Sāʿa li-dirāsat al-kambiyūtir afḍal min ṣalāh nāfila." *al-Miṣrī al-yawm*, 25.10.2006.
al-Bannā, Ǧamāl. „Risāla ilā ahl aḏ-ḏikr." *al-Miṣrī al-yawm*, 06.12.2006.
al-Bannā, Ǧamāl. „al-ʿAṣr al-ḥadīṯ: al-ḥāḍir al-ġā'ib." in *Qaḍīyat al-qubulāt wa-baqīyat al-iǧtihādāt: Wa-kaḏālika Man huwa Ǧamāl al-Bannā wa-Mā hiya daʿwat al-iḥyā'*, 78–92.
al-Bannā, Ǧamāl. „Mā huwa Ǧamāl al-Bannā." in *Qaḍīyat al-qubulāt wa-baqīyat al-iǧtihādāt: Wa-kaḏālika Man huwa Ǧamāl al-Bannā wa-Mā hiya daʿwat al-iḥyā'*, 120–178.
al-Bannā, Ǧamāl. „Maktabat al-Bannā." [Broschüre], Kairo: Dār al-fikr al-islāmī, 2008.
al-Bannā, Ǧamāl. *Qaḍīyat al-qubulāt wa-baqīyat al-iǧtihādāt: Wa-kaḏālika Man huwa Ǧamāl al-Bannā wa-Mā hiya daʿwat al-iḥyā'*. Kairo: Dār al-fikr al-islāmī, 2008.
al-Bannā, Ǧamāl. „Raddan ʿalā ǧarīdat al-Liwā' al-islāmī." *islamiccall.org*, 17.01.2008. http://www.islamiccall.org/php_blog/modules.php?name=News&file=article&sid=11.
al-Bannā, Ǧamāl. „al-Ḥiǧāb laysa farīḍa wa-lakinnahu ziyy munāsib li-l-mar'a." [Interview, Teil 2 v. 2] *al-Badīl*, 26.02.2008.
al-Bannā, Ǧamāl. „Fīma na'talif... wa-fīma naḫtalif? (1–3)." *al-Miṣrī al-yawm*, 03.12.2008.
al-Bannā, Ǧamāl. „Fīma na'talif... wa-fīma naḫtalif? (2-2)." *al-Miṣrī al-yawm*, 10.12.2008.
al-Bannā, Ǧamāl. „Ǧamāl al-Bannā yuʿaqqib ʿalā radd Murād Wahba." *al-Miṣrī al-yawm*, 30.12.2008.
al-Bannā, Ǧamāl, Hrsg. *Ḏikrayāt Fawzīya al-Bannā bi-qalamihā*. Kairo: Dār al-fikr al-islāmī, 2009.
al-Bannā, Ǧamāl, Hrsg. *Min waṯā'iq al-Iḫwān al-muslimīn al-maǧhūla*. Kairo: Dār al-fikr al-islāmī, 2009.
al-Bannā, Ǧamāl. „ʿIštu fī ṭufūlatī [...]." [Autobiographie, Teil 1 v. 5], *al-Yawm as-sābiʿ*, 13.01.2009.
al-Bannā, Ǧamāl. „Abī lam yahtamm bi-kawn aḫī muršidan ʿāmman li-l-Iḫwān al-muslimīn [...]." [Autobiographie, Teil 2 v. 5], *al-Yawm as-sābiʿ*, 20.01.2009.
al-Bannā, Ǧamāl. „Kuntu aḏhab anā wa-Tawfīq Aḥmad ʿuḍw al-Iḫwān ilā as-sīnamā fi sirrīya." [Autobiographie, Teil 3 v. 5], *al-Yawm as-sābiʿ*, 27.01.2009.

al-Bannā, Ğamāl. „Kull wuzarā' al-quwā al-ʿāmila ḥaḍarū muḥāḍarātī [...]." [Autobiographie, Teil 4 v. 5], *al-Yawm as-sābiʿ*, 03.02.2009.
al-Bannā, Ğamāl. „as-Sīnamā al-amrīkīya ashamat fī takwīnī aṯ-ṯaqāfī [...]." [Autobiographie, Teil 5 v. 5], *al-Yawm as-sābiʿ*, 10.02.2009.
al-Bannā, Ğamāl. „Kutub." [Buchrezensionen, u.a. zur Autobiographie Fawzīya al-Bannās], *al-Miṣrī al-yawm*, 24.07.2009.
al-Bannā, Ğamāl. „as-Salafīya bayn al-hā'imīn bihā wa-n-nāqidīn lahā." *al-Miṣrī al-yawm*, 29.12.2010.
al-Bannā, Ğamāl. *Ğawāz imāmat al-mar'a ar-riğāl*. Kairo: Dār aš-Šurūq, 2011.
al-Bannā, Ğamāl. „aṯ-Ṯawra tuğābih munʿaṭifan ḫaṭīran." *al-Miṣrī al-yawm*, 16.02.2011.
al-Bannā, Ğamāl. „al-ʿAlāqa al-waṯīqa bayna Ğamāl al-Bannā wa-wāliduhu wa-šaqīquhu." http://www.gamalalbanna.com/press/details/51.aspx, 09.05.2011.
al-Bannā, Ğamāl. „al-Islām wa-l-ḥurrīya wa-l-ʿalmānīya." *al-Miṣrī al-yawm*, 05.10, 12.10., 19.10, 20.10., 21.10.2011.
al-Bannā, Ğamāl. „Faqīhān ḍidd at-tayyār (3/3) – al-Imām Nağm ad-Dīn aṭ-Ṭūfī." *al-Miṣrī al-yawm*, 30.11.2011.
al-Bannā, Ğamāl. „al-Mufakkir al-islāmī... šaqīq mu'assis al-Iḫwān al-laḏi aṣbaḥa rā'idan li-l-fikr at-tanwīrī." *gamalalbanna.com*, 06.01.2012. http://www.gamalalbanna.com/opinions/details/402.aspx.
al-Bannā, Ğamāl. „«Law» kāna ar-ra'īs al-farīq Šaqīq." *al-Miṣrī al-yawm*, 27.06.2012.
al-Bannā, Ğamāl. „Šarḏamat al-iṣlāḥāt al-islāmīya mā maṣīruhā? (1/3)." *al-Miṣrī al-yawm*, 01.08.2012.
al-Bannā, Ğamāl und Našwā ad-Dīb. „Zawāğ al-mutʿa ğā'iz li-l-fatāh al-muġtariba fī al-ḫāriğ!" [Interview mit al-Bannā], *al-ʿArabī*, 14.09.2008.
al-Bannā, Ğamāl und Ḫālid al-Kīlānī. „Ğamāl al-Bannā: Kull adabīyāt al-Islām ḍidd tawrīṯ al-ḥukm." [Interview mit al-Bannā], *Ṣawt al-umma*, 18.12.2008.
al-Bannā, Ğamāl und Tāmir Amīn. [TV-Gespräch mit al-Bannā], Sendung „Miṣr an-nahārdah." 11.04.2010. http://www.youtube.com/watch?v=j-1mOzhNB7I.
al-Bannā, Ğamāl und Muḥammad Bahlūl. „al-Azhar warā' ta'aḫḫur al-fikr al-islāmī wa-mā yaqūluhu al-Iḫwān ʿan al-ḫilāfa... kalām fāriġ!!" [Interview mit al-Bannā], *al-Ġad*, 16.09.2008.
al-Bannā, Ğamāl und Mamdūḥ Dassūqī. „Ğamāl al-Bannā: al-Islām ‚dīn wa-umma'... wa-laysa ‚dīnan wa-dawla'." [Interview mit al-Bannā], *al-Wafd (online)*, 31.01.2012.
al-Bannā, Ğamāl und Rašīd Ġamrī. „al-Ḥiğāb wa-n-niqāb wa-l-mar'a wa-l-fuqahā' wa-l-Iḫwān." [Interview mit al-Bannā], *Āḫir sāʿa*, 14.06.2006.
al-Bannā, Ğamāl und Ṣabrī Ṣaqr. „Ğamāl al-Bannā: Lā ʿalāqa bayn ad-dīn wa-s-sulṭa... wa-lā yūğad šay' ismuhu dawla islāmīya." [Interview mit al-Bannā, Teil 1/2], *al-Wafd*, 21.06.2008.
al-Bannā, Ğamāl und ʿImād Sayyid Aḥmad. „Rafaḍtu al-inḍimām li-«al-Iḫwān al-muslimīn» li-annanī kuntu arā nafsī ʿalmānīyan." [Interview mit al-Bannā zu seinem 90.Geburtstag, Teil 1/2], *al-Miṣrī al-yawm*, 20.12.2010.
al-Bannā, Ğamāl und ʿImād Sayyid Aḥmad. „Ay muḥāwala li-iqāmat dawla islāmīya fī al-ʿaṣr al-ḥadīṯ sayakūn maṣīruhā al-fašl." [Interview, Teil 2/2], *al-Miṣrī al-yawm*, 21.12.2010.
al-Bayhaqī, Abū Bakr Aḥmad bin Ḥusayn bin ʿAlī. *as-Sunan al-kubrā*, 3. Aufl. 11 Bde., hrsg. von Muḥammad ʿAbd al-Qādir ʿAṭā. Beirut: Dār al-kutub al-ʿilmīya, 2003 [11. Jh.].
Bayyūmī, ʿAbd al-Muʿṭī. „[Dr. ʿAbd al-Muʿṭī Bayyūmī yaktub li-«al-Miṣrī al-yawm»] Risāla ilā qabīlat al-muṯaqqafīn." *al-Miṣrī al-yawm*, 30.11.2006.

al-Bāz, Muḥammad. „Ğamāl al-Bannā: Katabtū fī islāmīyāt wa-baʿḍ šuyūḫ al-Azhar aṭfāl ruḍḍaʿ." *al-Faǧr*, 23.06.2008.
al-Bīlī, Ṣafāʾ. „Ğamāl al-Bannā yataʿarraḍ li-huǧūm ʿanīf min al-mašāyiḫ." *al-Waṭanī al-yawm*, 03.10.2006.
al-Bišrī, Ṭāriq. *al-Ḥiwār al-islāmī al-ʿalmānī*. 1996, 2. Aufl. Kairo: Dār aš-Šurūq, 2005.
Bocthor, Ellious. *Dictionnaire français-arabe*. Unter Mitarbeit von Armand Caussin de Perceval. 2 Bde. Paris: Didot, 1827/29.
„Buyūtukum min zuǧāǧ fa-lā taqḏifūnī bi-l-ḥiǧāra." [Al-Bannās Antwort auf Kritik der Scheichs vom 3.10.2006], *al-Waṭanī al-yawm*, 10.10.2006.
ad-Daḫāḫnī, Fatīḥa und Rašā aṭ-Ṭahṭāwī. „«Mursī» li-mumaṯṯilī ad-diyānāt aṯ-ṯalāṯ fī Amrīkā: Miṣr madanīya... lā dīnīya wa-lā ʿalmānīya." *al-Miṣrī al-yawm*, 26.09.2012.
Dār aš-Šurūq. „Fahmī Huwaydī, as-Sīra." *shorouk.com*, 21.12.2010. http://www.shorouk.com/authors/details.aspx?p=0a27ebcc-1442-498f-b1aa-cf4011c9e863.
Diyāb, Mirvat. „Ğamāl al-Bannā wa-fikr al-Iḫwān al-muslimīn." *Al-Ahram (online)*, 01.10.2009. http://digital.ahram.org.eg/articles.aspx?Serial=701451&eid=3315.
Elmessiri, Abdelwahab. „Secularism, Immanence and Deconstruction." in *Islam and Secularism in the Middle East*, hg. v. John L. Esposito und Azzam Tamimi, 52–80. London: Hurst, 2000.
„Fahmī Huwaydī." [Biographischer Abriss zu Huwaydī], *al-Jazeera online*, 03.03.2009. http://www.aljazeera.net/NR/exeres/78C755A5-39FC-48B0-AF73-3909EEF1A191.htm.
„Fahmī Huwaydī: al-Mīlīšīyāt as-siyāsīya taḥkum Miṣr." [Interview mit Huwaydī], *al-ʿArabī*, 14.01.2007.
Farağ, as-Sayyid Aḥmad. *Ǧuḏūr al-ʿalmānīya. al-Ǧuḏūr at-tārīḫīya li-ṣ-ṣirāʿ bayn al-ʿalmānīya wa-islāmīya fī Miṣr munḏu al-bidāya wa-ḥatā ʿām 1948*. al-Manṣūra: Dār al-Wafāʾ, 1985.
al-Fayṣal, Turkī. „al-Wulāh hum al-ḥukkām wa-ṭāʿatuhum wāǧiba amā al-ʿulamāʾ fa-hum mustašārūn." *aš-Šarq al-Awsaṭ*, 20.01.2002.
Fūda, Farağ. *al-Wafd wa-l-Mustaqbal*. Kairo: Maṭābiʿ siǧill al-ʿarab, 1983.
Fūda, Farağ. *Qabl as-suqūṭ*. 1985, 2. Aufl. Kairo: Dār wa-maṭābiʿ al-mustaqbal, 2004.
Fūda, Farağ. *Ḥiwār ḥawla al-ʿalmānīya*. 1986, 3. Aufl. Kairo, Alexandria: Dār wa-maṭābiʿ al-mustaqbal, 2005.
Fūda, Farağ. „Mā zāla al-ḥiwār mustamirran." in *Ḥiwār ḥawla al-ʿalmānīya*, 67–73.
Ğād al-Ḥaqq, Ğād al-Ḥaqq ʿAlī. „Taqdīm." in *al-Islām wa-s-siyāsa: ar-Radd ʿalā šubuhāt al-ʿalmānīyīn* von Muḥammad ʿImāra. 3. Aufl., 7–11. Kairo: Dār ar-rašād, 1997.
al-Ğamāʿa al-islāmīya [al-miṣrīya]. „Ṣafaḥāt min mīṯāq al-ʿamal al-islāmī." in *an-Nabbī al-musallaḥ*. Bd. 1, hg. v. Rifʿat Sayyid Aḥmad. 2 Bände, 165–178. London: Riyāḍ ar-rayyis, 1991.
„«Ğamāl»... yufaḍḍil laqab «al-ustāḏ» ʿalā «aš-šayḫ»." *al-Miṣrī al-yawm*, 20.12.2010.
„Ğamāl al-Bannā – mufakkir ḍidd al-ǧumūd!" *ad-Dustūr*, 02.06.2008.
Ġarāyba, Ibrāhīm. „Ayman aẓ-Ẓawāhirī kamā ʿaraftuhu." [Rezension zu az-Zayyāts gleichnamigem Buch], *al-Jazeera online*, 03.10.2004. http://www.aljazeera.net/home/print/92804797-74a7-4675-b919-6682990f8cbe/09c74247-52e1-4922-97a6-6edc1478df1d.
al-Ġaṭrīfī, ʿAllāʾ. „Ğamāl al-Bannā: «al-Azhar» kanīsa islāmīya taḥtakir ad-dīn." *al-Miṣrī al-yawm*, 16.11.2006.
al-Ğawwādī, Muḥammad. „ʿAbd aṣ-Ṣabūr Šāhīn wa-Naṣr Ḥāmid Abū Zayd... Maʿraka muṣṭaniʿa am masraḥīya irtiǧālīya?" *aš-Šurūq*, 01.10.2010.
al-Ġazālī, Abū Ḥāmid Muḥammad. *Iḥyāʾ ʿulūm ad-dīn*. 4 Bde. Beirut: Dār al-Maʿārif, 1982.
al-Ġazālī, Abū Ḥāmid Muḥammad. *al-Mustaṣfā min ʿilm al-uṣūl*. 4 Bde., hrsg. von Ḥamza bin Zuhayr Ḥāfiẓ. [Medina]: o.V., [1993].

Ġazālī, ʿAbd al-Ḥalīm. *al-Islāmīyūn al-ğudud wa-l-ʿalmānīya al-uṣūlīya fī Turkiyā: Ẓilāl aṯ-ṯawra aṣ-ṣāmita!* Kairo: Maktabat aš-šurūq ad-duwalīya, 2007.
al-Ğiddāwī, Muḥammad. „Fahmī Huwaydī: al-Ḫiṭāb al-islāmī ihtamma bi-l-ʿibādāt wa-tağāhal an-nās wa-l-fasād as-siyāsī." *al-Miṣrī al-yawm*, 30.10.2004.
al-Ğiddāwī, Muḥammad. „Huwaydī: talaqqaytu naṣā'iḥ bi-«tarṭīb» kalāmī." *al-Miṣrī al-yawm*, 31.10.2004.
Gūda, Sulaymān. „Arbiʿā' Ğamāl al-Bannā!" *al-Miṣrī al-yawm*, 21.08.2006.
Ğūrğ, Mağdī. „Taṣrīḥāt Aḥmad Naẓīf wa-l-ʿalmānīya wa-ğarīdat al-Usbūʿ." *al-Ḥiwār al-mutamaddin (online)*, 31.05.2006. http://www.ahewar.org/debat/show.art.asp?aid=66268.
Ḥaffār, Muḥammad Nağīb. „al-Ilḥād fī al-madāris al-ʿalmānīya." *al-Manār*, 14, Nr. 7 (1911): 544–548.
Ḥanafī, Ḥasan. *ad-Dīn wa-ṯ-ṯawra fī Miṣr 1952–1981: Bd. 7: al-Yamīn wa-l-yasār fī al-fikr ad-dīnī.* 8 Bde. Kairo: Maktabat Madbūlī, [1989].
Ḥanafī, Ḥasan. „al-ʿAlmānīya wa-l-fikr al-inqilābī wa-taḥaddiyāt al-ʿaṣr." [Interview von 1984] in *ad-Dīn wa-ṯ-ṯawra fī Miṣr 1952–1981*. Ḥanafī, Ḥasan, 7:298–314.
Ḥanafī, Ḥasan. *ad-Dīn wa-ṯ-ṯaqāfa wa-s-siyāsa fī-l-waṭan al-ʿarabī.* Kairo: Dār qibā' li-ṭ-ṭibāʿa wa-n-našr wa-t-tawzīʿ, 1998.
Ḥanafī, Ḥasan. „al-Ğabha la-waṭanīya al-muttaḥida." in *ad-Dīn wa-ṯ-ṯaqāfa wa-s-siyāsa fī-l-waṭan al-ʿarabī*, 324–330.
Ḥanafī, Ḥasan. „al-Ḥāla ad-dīnīya fī Miṣr (1)." in *ad-Dīn wa-ṯ-ṯaqāfa wa-s-siyāsa fī-l-waṭan al-ʿarabī*, 68–74.
Ḥanafī, Ḥasan. „al-Ḫilāf fī al-luġa." in *ad-Dīn wa-ṯ-ṯaqāfa wa-s-siyāsa fī-l-waṭan al-ʿarabī*, 294–299.
Ḥanafī, Ḥasan. „al-Ḫilāf fī al-maṣdar." in *ad-Dīn wa-ṯ-ṯaqāfa wa-s-siyāsa fī-l-waṭan al-ʿarabī*, 306–311.
Ḥanafī, Ḥasan. „al-Ḥuqūq wa-l-wāğibāt." in *ad-Dīn wa-ṯ-ṯaqāfa wa-s-siyāsa fī-l-waṭan al-ʿarabī*, 361–367.
Ḥanafī, Ḥasan. „as-Salafīya wa-l-ʿalmānīya." in *ad-Dīn wa-ṯ-ṯaqāfa wa-s-siyāsa fī-l-waṭan al-ʿarabī*, 257–262.
Ḥanafī, Ḥasan. „aš-Šiʿārāt al-ʿalmānīya (1)." in *ad-Dīn wa-ṯ-ṯaqāfa wa-s-siyāsa fī-l-waṭan al-ʿarabī*, 269–274.
Ḥanafī, Ḥasan. „aš-Šiʿārāt al-ʿalmānīya (2)." in *ad-Dīn wa-ṯ-ṯaqāfa wa-s-siyāsa fī-l-waṭan al-ʿarabī*, 275–279.
Ḥanafī, Ḥasan. „aš-Šiʿārāt al-ʿalmānīya (3)." in *ad-Dīn wa-ṯ-ṯaqāfa wa-s-siyāsa fī-l-waṭan al-ʿarabī*, 280–285.
Ḥanafī, Ḥasan. „aš-Šiʿārāt as-salafīya." in *ad-Dīn wa-ṯ-ṯaqāfa wa-s-siyāsa fī-l-waṭan al-ʿarabī*, 263–268.
Ḥanafī, Ḥasan. „at-Tanwīr wa-t-taṯwīr." in *ad-Dīn wa-ṯ-ṯaqāfa wa-s-siyāsa fī-l-waṭan al-ʿarabī*, 219–224.
Ḥanafī, Ḥasan. „Iʿādat binā' aṯ-ṯaqāfa al-waṭanīya." in *ad-Dīn wa-ṯ-ṯaqāfa wa-s-siyāsa fī-l-waṭan al-ʿarabī*, 318–323.
Ḥanafī, Ḥasan. „Mā baʿd al-uṣūlīya." in *ad-Dīn wa-ṯ-ṯaqāfa wa-s-siyāsa fī-l-waṭan al-ʿarabī*, 333–341.
Ḥanafī, Ḥasan. „Waṯīqat al-Azhar." *al-Miṣrī al-yawm*, 17.11.2011.
al-Ḥarrānī, as-Sayyid. „«al-Miṣrī al-yawm» tuwāṣil našr muḏakkirāt Ğamāl al-Bannā al-mutamarrid al-laḏī faḍaḥ al-ʿālam as-sirrī li-«l-iḫwān»: al-ḥalaqa as-sādisa." *al-Miṣrī al-yawm*, 19.01.2014.

Ḥasan, Māhir. „Uġtīla al-mufakkir ad-duktūr Farağ Fūda." *al-Miṣrī al-yawm*, 08.06.2010.
Ḥasan, Māğid Ṣalāḥ ad-Dīn. „Tis'ūna šam'a fī ḥayāt Ğamāl al-Bannā." *gamalalbanna.com*, letzter Zugriff: 03.07.2012. http://www.gamalalbanna.com/articles/details/511.aspx.
al-Ḫaṭīb, Aḥmad und Hānī al-Wazīrī. „al-Mādda al-ūwla fī mašrū' «al-Iḫwān wa-t-taḥāluf» li-d-dustūr al-ğadīd: Miṣr dawla madanīya bi-marği'īya islāmīya." *al-Miṣrī al-yawm*, 14.12.2011.
Hindāwī, Fāyiza. *„al-Mufakkir Ğamāl al-Bannā: Man yataḥawwalu min al-Islām ilā al-masīḥīya aw al-yahūdīya lā yu'tabar murtaddan."* [Bericht über Beitrag al-Bannās im Kultursalon Alaa Al-Aswanis], *al-Karāma*, 26.01.2009.
„al-Ḥiwār mumkin faqaṭ ma'a al-'almānīyīn al-laḏīna lā yarfuḍūna ad-dīn." *Al-Anbā'*, 28.02.1997, [Buchrezension zu Huwaydīs „al-Muftarūn"].
„al-Ḥukūma al-miṣrīya tabḥaṯ afkāran li-man' wuṣūl al-Iḫwān mustaqbalan ilā al-barlamān." *al-'Arabīya (online)*, 21.05.2006. http://www.alarabiya.net/articles/2006/05/21/23914.html.
Ḥusnī, Ismā'īl Muḥammad. *'Almānīyat al-Islām wa-t-taṭarruf ad-dīnī: Naqd aydiyūlūğīyat šumūlīyat al-Islām min manẓūr aš-šarī'a wa-t-tārīḫ wa-qiyam al-ḥadāṯa*. Kairo: Dār Miṣr al-maḥrūsa, 2008.
Huwaydī, Fahmī. „Dawr ad-dīn fī inmā' al-muğtama' al-ahlī." in *Inmā' al-muğtama' al-ahlī*, hg. v. [Autorenkollektiv], 17–20. Beirut, o.J.
Huwaydī, Fahmī. *Ḥadaṯa fī Afġānistān*. Beirut: Dār al-Kalima, 1979.
Huwaydī, Fahmī. *al-Islām fī aṣ-Ṣīn*. Kuwait: al-Mağlis al-waṭanī li-ṯ-ṯaqāfa, 1981.
Huwaydī, Fahmī. „al-Mu'allif fī suṭūr." in *al-Islām fī aṣ-Ṣīn*, 213.
Huwaydī, Fahmī. „al-Qaḍīya raqm wāhid?" in *Tazyīf al-wa'ī*, 159–170.
Huwaydī, Fahmī. *Īrān min ad-dāḫil*, 1. Aufl. Kairo: Markaz al-Ahrām li-t-tarğama wa-n-našr, 1987.
Huwaydī, Fahmī. *Tazyīf al-wa'ī*. Kairo: Dār aš-Šurūq, 1987.
Huwaydī, Fahmī. *Azmat al-wa'ī ad-dīnī*. Sanaa: Dār al-ḥikma al-yamānīya, 1988.
Huwaydī, Fahmī. „Kulluhum Āṯimūn." in *Azmat al-wa'ī ad-dīnī*, 137–147.
Huwaydī, Fahmī. *at-Tadayyun al-manqūṣ*. Kairo: Dār aš-Šurūq, 1994 [1987].
Huwaydī, Fahmī. „Bayna al-'ulamā' wa-l-umarā'." in *at-Tadayyun al-manqūṣ*, 131–141.
Huwaydī, Fahmī. „Ḥiwār al-islāmīyīn wa-l-'almānīyīn." in *at-Tadayyun al-manqūṣ*, 269–274.
Huwaydī, Fahmī. *al-Maqālāt al-maḥẓura*. Kairo: Dār aš-Šurūq, 1998.
Huwaydī, Fahmī. „'An al-'Almānīya wa-tağalliyātihā." in *al-Maqālāt al-maḥẓura*, 239–247.
Huwaydī, Fahmī. *al-Qur'ān wa-s-sulṭān: Humūm islāmīya mu'āṣira*, 4. Aufl. Kairo: Dār aš-Šurūq, 1999 [1981].
Huwaydī, Fahmī. *Ṭālibān: Ğund Allāh fī al-ma'raka al-ġalaṭ!* Kairo: Dār aš-Šurūq, 2001.
Huwaydī, Fahmī. „al-Marāra wa-l-iḥbāṭ li-Ṭālibān Mahyān li-tafrīḫ ḥimāqa uḫrā miṯla hadam at-tamāṯīl." *aš-Šarq al-Awsaṭ*, 20.03.2001.
Huwaydī, Fahmī. „Ṭālibān: ad-Dīmuqrāṭīya fisq wa-fuğūr wa-qitna li-l-muslimīn." *aš-Šarq al-Awsaṭ*, 21.03.2001.
Huwaydī, Fahmī. „'Ulamā' Ṭālibān: Ṣabarnā 'alā al-aṣnām ḫamsa sanawāt wa-l-'ālam 'adūwunā fī kull al-aḥwāl hadamnāhā am lā." *aš-Šarq al-Awsaṭ*, 22.03.2001.
Huwaydī, Fahmī. *Muwāṭinūn lā ḏimmīyūn*. 1985. Kairo: Dār aš-Šurūq, 2004.
Huwaydī, Fahmī. „'An ar-ridda wa-'iqāb al-murtaddīn." in *al-Muftarūn*, 214–217.
Huwaydī, Fahmī. „al-Fitna aṣ-suġrā." in *al-Muftarūn*, 170–177.
Huwaydī, Fahmī. *al-Muftarūn: Ḫiṭāb at-taṭarruf al-'almānī fī al-mīzān*. 1996, 3. Aufl. Kairo: Dār aš-Šurūq, 2005.

Huwaydī, Fahmī. „Azmat ar-riǧāl al-muḥtaramīn." in *al-Muftarūn*, 32–38.
Huwaydī, Fahmī. „Bayān maġlūṭ wa-risāla maġlūma." in *al-Muftarūn*, 74–82.
Huwaydī, Fahmī. „Ḥāšīya ʿalā šahādat al-Ġazālī." in *al-Muftarūn*, 208–213.
Huwaydī, Fahmī. „Ḫaṭīʾat al-fannānāt al-muḥaǧǧabāt." in *al-Muftarūn*, 66–71.
Huwaydī, Fahmī. „Ḥurrīyat aḍ-ḍalāl lā ḥurrīyat al-iǧtihād." in *al-Muftarūn*, 151–158.
Huwaydī, Fahmī. „Islāmīyūn wa-ʿalmānīyūn." in *al-Muftarūn*, 269–274.
Huwaydī, Fahmī. „Lam yūladū mutaṭarrifīn." in *al-Muftarūn*, 223–227.
Huwaydī, Fahmī. „Man aẓ-ẓālim? Man al-maẓlūm?" in *al-Muftarūn*, 161–169.
Huwaydī, Fahmī. „Man raʾā munkaran fa-li-yaskut." in *al-Muftarūn*, 201–207.
Huwaydī, Fahmī. „Murāǧaʿāt ʿalā iʿtirāfāt ‚taʾib'." in *al-Muftarūn*, 188–194.
Huwaydī, Fahmī. „Suqūṭ al-aqniʿa." in *al-Muftarūn*, 178–186.
Huwaydī, Fahmī. „Šuyūḫunā al-muftarā ʿalayhim." in *al-Muftarūn*, 60–65.
Huwaydī, Fahmī. „Ṣafḥa qātima yaǧib an taṭwī." *al-Miṣrī al-yawm*, 22.11.2006.
Huwaydī, Fahmī. „Mā bayn at-Tūrbīnī wa-ṭalabat al-Azhar." *al-Miṣrī al-yawm*, 20.12.2006.
Huwaydī, Fahmī. „ad-Difāʿ ʿan al-ḥurīya wa-d-dīmuqrāṭīya wa-ʿan al-mustaḍʿifīn ʿanāwīn kubrā li-l-mašrūʿ al-islāmī." *at-Taǧdīd*, 03.05.2007.
Huwaydī, Fahmī. „al-Wafāq bayna bayān al-Azhar wa-ḫibrat Tūnis." *aš-Šurūq*, 17.01.2012.
Huwaydī, Fahmī. „Ḥilf al-fuḍūl huwa al-ḥall." *aš-Šurūq*, 04.09.2012.
Huwaydī, Fahmī und Muḥammad ʿAbd al-Qaddūs. „Anā mutaʾaṯar bi-l-Iḫwān al-muslimīn lakinnanī mustaqill ʿanhum!" [Interview mit Huwaydī], *ad-Dustūr*, 01.10.1997.
Ibn al-Ḥaǧǧāǧ, Muslim. *Ṣaḥiḥ Muslim*. 5 Bde., hrsg. von Muḥammad Fuʾād ʿAbd al-Bāqī. Beirut: Dār al-kutub al-ʿilmīya, 1991.
Ibn Ḥanbal, Aḥmad Muḥammad. *al-Fatḥ ar-Rabbānī li-tartīb Musnad li-Imām Aḥmad bin Ḥanbal aš-Šaybānī: Wa-maʿahu kitāb Bulūġ al-amānī min asrār al-fatḥ ar-rabbānī*, Neuauflage, hrsg. von Aḥmad ʿAbd ar-Raḥmān al-Bannā (as-Saʿātī). [Beirut]: Dār iḥyāʾ at-turāṯ al-ʿarabī, [1976].
Ibn Ḥanbal, Aḥmad Muḥammad. *al-Musnad*. 19 Bde., hrsg. von Aḥmad Muḥammad Šākir und Ḥamza Aḥmad az-Zayn. Kairo: Dār al-hadīṯ, 1995.
Ibn Hišām. *as-Sīra an-nabawīya*, Neuauflage. 4 Bde., hrsg. von Ṭāha ʿAbd ar-Raʾūf Saʿd. Beirut: Dār al-ǧīl, 1975.
Ibn Nabī, Mālik. *al-Muslim fī ʿālam al-iqtiṣād*. 1972. Damaskus: Dār al-fikr, 2000.
Ibn Taymīya, Aḥmad. *Maǧmūʿ fatāwā: Šayḫ al-Islām Aḥmad Ibn Taymīya*. 1995. 37 Bde., hrsg. von ʿAbd ar-Raḥmān bin Muḥammad bin Qāsim. Medina: Maǧmaʿ al-Malik Fahd, 2004.
„al-Iḫwān al-muslimūn lā yaṣluḥūna li-l-ḥukm wa-lā li-s-siyāsa." [Interview mit G. al-Bannā, Teil 2v2], *al-Badīl*, 25.02.2008.
ʿImāra, Muḥammad, Hrsg. *al-Aʿmāl al-kāmila li-Ǧamāl ad-Dīn al-Afġānī*. Kairo: Dār al-Kātib al-ʿarabī, 1968.
ʿImāra, Muḥammad, Hrsg. *al-Aʿmāl al-kāmila li-l-imām Muḥammad ʿAbduh*. 6 Bände. Beirut: Al-Muʾassasa al-ʿarabīya li-d-dirāsāt wa-n-našr, 1972–74.
ʿImāra, Muḥammad. *ad-Dawla al-islāmīya bayna al-ʿalmānīya wa-s-sulṭa ad-dīnīya*. Kairo: Dār aš-Šurūq, 1988.
ʿImāra, Muḥammad. *Fikr at-tanwīr bayna al-ʿalmānīyīn wa-l-islāmīyīn*. o. O.: Ǧamʿīyat al-markaz al-ʿālamī li-t-tawṯīq, [1993].
ʿImāra, Muḥammad. *Suqūṭ al-ġulūw al-ʿalmānī*, 1. Aufl. Kairo: Dār aš-Šurūq, 1995.
ʿImāra, Muḥammad. *al-ʿAlmānīya bayn al-ġarb wa-l-Islām*. al-Manṣūra: Dār al-Wafāʾ, 1996.
ʿImāra, Muḥammad. *at-Tafsīr al-mārksī li-l-Islām*, 1. Aufl. Kairo: Dār aš-Šurūq, 1996.

ʿImāra, Muḥammad. *al-Islām wa-s-siyāsa: ar-Radd ʿalā šubuhāt al-ʿalmānīyīn*. 1992, 3. Aufl. Kairo: Dār ar-rašād, 1997.
ʿImāra, Muḥammad. *Nahḍatunā al-ḥadīṯa bayna al-ʿalmānīya wa-l-Islām*. 1985. Kairo: Dār ar-rašād, 1997.
ʿImāra, Muḥammad. *Ma'ziq al-masīḥīya wa-l-ʿalmānīya fī Awrūbbā: (Šahāda almānīya) li-l-qiss al-almānī ad-Duktūr Gūtfrīd Kūnziln [Gottfried Küenzlen]*. Kairo: Nahḍat Miṣr, 1999.
ʿImāra, Muḥammad. „al-ʿAqlānīya al-mu'mina." in *Hāḏa Islāmunā: Ḫulāṣāt al-afkār*. ʿImāra, Muḥammad, 89f. 1.
ʿImāra, Muḥammad. *Hāḏa Islāmunā: Ḫulāṣāt al-afkār*, 1. Aufl., 1. al-Manṣūra: Dār al-Wafā', 2000.
ʿImāra, Muḥammad. „al-ʿAlmānīya." in *al-Mawsūʿa al-islāmīya al-ʿāmma*, hg. v. al-Maǧlis al-aʿlā li-š-šu'ūn al-islāmīya, 991–993. Kairo, 2003.
ʿImāra, Muḥammad. *aš-Šarīʿa al-islāmīya wa-l-ʿalmānīya al-ġarbīya*. Kairo: Dār aš-Šurūq, 2003.
ʿImāra, Muḥammad. Hrsg. *al-Ḥiwār bayna al-ʿalmānīyīn wal-l-islāmīyīn*. 2000, 2. Aufl. Kairo: Nahḍat Miṣr, 2005.
ʿImāra, Muḥammad. *ʿAlmānīyat al-midfaʿ wa-l-Inǧīl: At-Taḥāluf ġayr al-muqaddas bayna al-midfaʿ al-ʿalmānī wa-Inǧīl al-munaṣṣirīn*. al-Ismāʿīlīya: Maktabat al-Imām al-Buḫārī, 2007.
ʿImāra, Muḥammad, Hrsg. *Miṣr bayna ad-dawla al-madanīya wa-d-dīnīya [1]* [Dokumentation der Podiumsdiskussion vom 08.01.1992 auf der Internationalen Buchmesse in Kairo mit M. al-Ġazālī, M. al-Huḍaybī (MB), M. ʿImāra, F. Fūda, M. Ḫalafallāh (Taǧammuʿ-Partei)]. Kairo: Maktabat Wahba, 2011.
ʿImāra, Muḥammad, Hrsg. *Miṣr bayna ad-dawla al-madanīya wa-d-dīnīya [2]*. [Dokumentation der Podiumsdiskussion vom 27.01.1992 im Club der Ingenieursgewerkschaft in Alexandria mit M. ʿImāra, M. Salim al-Awwā, F. Zakariyā, F. Fūda], Kairo: Maktabat Wahba, 2011.
ʿImāra, Muḥammad. „al-ʿAlmānīyūn wa-l-huwīya al-islāmīya." *al-Wafd (online)*, 31.05.2011. http://www.alwafd.org/?option=com_content&view=article&id=51622.
ʿImāra, Muḥammad. „Māḏā ṣanaʿat al-ʿalmānīya bi-Awrubbā?" *al-Ahrām*, 27.07.2011.
ʿImāra, Muḥammad. „Matā yufīq al-ʿalmānīyūn." *al-Wafd (online)*, 29.09.2011. http://www.alwafd.org/?option=com_content&view=article&id=72539.
Ismāʿīl, Firaǧ. „al-Bišrī: Miṣr ġayr ʿalmānīya bi-naṣṣ ad-dustūr wa-tastamidd qawānīnihā min aš-šarīʿa." *al-ʿArabīya (online)*, 23.05.2006. http://www.alarabiya.net/Articles/2006/05/23/24012.htm.
Kurūm, Ḥasanayn. „al-Lāmaʿqūl fī maʿrikat Ṭalʿat wa-ʿIzz... wa-ʿalmānīyat Naẓīf." *al-Miṣrī al-yawm*, 07.06.2006.
„Lastu muftiyan wa-lā uḥibb al-fatwā... wa-muḫālafat Dār al-iftā' ǧā'iza." [Interview mit al-Bannā] *Rūz al-Yūsuf*, 09.09.2008.
Mabrūk, Muḥammad Ibrāhīm. *Ḥaqīqat al-ʿalmānīya wa-ṣ-ṣirāʿ bayna al-islāmīyīn wa-l-ʿalmānīyīn*. Kairo, 2000.
Mabrūk, Muḥammad Ibrāhīm. *al-ʿAlmānīya al-ʿadūw al-akbar li-l-Islām min al-bidāya ilā an-nihāya*. Kairo: Markaz al-ḥaḍāra al-ʿarabīya, 2007.
Mabrūk, Muḥammad Ibrāhīm. Ḥusām ʿAql, Ḥamdī al-Farmāwī und Ḫālid ʿAbdallāh [Moderator], *al-ʿAlmānīyūn wa-iqṣā' al-āḫar*. [Sendung] Sahra ḫāṣṣa ([24.03.2011]).
Māḍī, Abū al-ʿIlā. *al-Mas'ala al-qubṭīya... wa-š-šarīʿa wa-ṣ-ṣaḥwa al-islāmīya*, 1. Aufl. Kairo: Safīr ad-duwalīya li-n-našr, 2007.
al-Maǧlis al-aʿlā li-š-šu'ūn al-islāmīya, Hrsg. *al-Mawsūʿa al-islāmīya al-ʿāmma*. Kairo, 2003.
„Mašāyiḫ... wa-fatāwā... wa-islāmīyūn fī malāʿib al-kura." *Nahḍat Miṣr*, 01.06.2006.
al-Maṭʿanī, ʿAbd al-ʿAẓīm. *al-ʿIlmānīya wa mawqifuhā min al-ʿaqīda wa-š-šarīʿa*. Kairo: Dār al-Fārūq, 2006.

al-Missīrī, ʿAbd al-Wahhāb. „Sīra ḏātīya ʿilmīya." *elmessiri.com*, letzter Zugriff: 20.03.2012. http://elmessiri.com/cv.php?i=1&selected_item_id=3.
al-Missīrī, ʿAbd al-Wahhāb. *al-Īdiyūlūǧīya aṣ-ṣahyūnīya: Dirāsa ḥāla fī ʿilm iǧtimāʿ al-maʿrifa*. 2 Bde. Kuwait: al-Maǧlis al-waṭanī li-ṯ-ṯaqāfa wa-l-funūn wa-l-ādāb, 1982f.
al-Missīrī, ʿAbd al-Wahhāb. *Nihāyat at-tārīḫ: Muqaddima li-dirāsāt bunyat al-fikr aṣ-ṣahyūnī*. Kairo: al-Ahrām, 1972.
al-Missīrī, ʿAbd al-Wahhāb. *Mawsūʿat al-mafāhīm wa-l-muṣṭalaḥāt aṣ-ṣahyūnīya: Ru'yā naqdīya*. Kairo, 1975.
al-Missīrī, ʿAbd al-Wahhāb. *Al-Firdaws al-arḍī: Dirāsāt wa-nṭibāʿāt ʿan al-ḥaḍāra al-amrīkīya al-ḥadīṯa*. Beirut: Al-Mu'assasa al-ʿarabīya li-d-dirāsāt wa-n-našr, 1979.
al-Missīrī, ʿAbd al-Wahhāb. *aṣ-Ṣahyūnīya wa-n-nāzīya wa-nihāyat at-tārīḫ*. Kairo: Dār aš-Šurūq, 1997.
al-Missīrī, ʿAbd al-Wahhāb. *Mawsūʿat al-yahūd wa-l-yahūdīya wa-ṣ-ṣahyūnīya: Namūḏaǧ tafsīrī ǧadīd*. 8 Bde. Kairo: Dār aš-Šurūq, 1999. *Soweit verfügbar, werden Quellen zusätzlich durch relative Pfadangaben innerhalb der Online-Version der achtbändigen Enzyklopädie (http://www.elmessiri.com/encyclopedia/JEWISH/ENCYCLOPID/) nachgewiesen. So ergibt bspw. die Pfadangabe MG1/GZ4/BA4/MD17/M0000.HTM die URL* http://www.elmessiri.com/encyclopedia/JEWISH/ENCYCLOPID/MG1/GZ4/BA4/MD17/M0000.HTM.
al-Missīrī, ʿAbd al-Wahhāb. „Nītšeh faylasūf al-ʿalmānīya al-akbar." *Awrāq falsafīya*, Nr. 1 (2000): 95–111.
al-Missīrī, ʿAbd al-Wahhāb. *al-Ǧamāʿāt al-waẓīfīya al-yahūdīya: Namūḏaǧ tafsīrī ǧadīd*. Kairo: Dār aš-Šurūq, 2002.
al-Missīrī, ʿAbd al-Wahhāb. *al-Prūtūkūlāt wa-l-yahūdīya wa-ṣ-ṣahyūnīya*. Kairo: Dār aš-Šurūq, 2003.
al-Missīrī, ʿAbd al-Wahhāb. *al-ʿAlmānīya al-ǧuz'īya wa-l-ʿalmānīya aš-šāmila*. 2002, 2. Aufl. 2 Bde. Kairo: Dār aš-Šurūq, 2005.
al-Missīrī, ʿAbd al-Wahhāb. *Dirāsāt maʿrifīya fī al-hadāṯa al-ġarbīya*. Kairo: Maktabat aš-šurūq ad-duwalīya, 2006.
al-Missīrī, ʿAbd al-Wahhāb. *Mawsūʿat al-yahūd wa-l-yahūdīya wa-ṣ-ṣahyūnīya: al-Mawsūʿa al-mūwǧaza fī ǧuz'ayn*. 2003, 3. Aufl. 2 Bde. Kairo: Dār aš-Šurūq, 2006.
al-Missīrī, ʿAbd al-Wahhāb [Abdel-Wahhab M. El-Messiri]. *Israel, Base of Western Imperialism*. New York, 1969.
al-Missīrī, ʿAbd al-Wahhāb und ʿAzīz al-ʿAẓma. *al-ʿAlmānīya taḥta al-miǧhar*. Damaskus: Dār al-fikr, 2000.
al-Missīrī, ʿAbd al-Wahhāb. Sayyid Maḥmūd al-Qimnī und Fayṣal al-Qāsim, „al-ʿAlmānīya ḥall li-l-qaḍā' ʿalā aṭ-ṭā'ifīya wa-l-ʿirqīya." *Al-Jazeera*, Sendung „al-Ittiǧāh al-muʿākis" 16.03.2007.
Muḥsin, Ḫālid, Hrsg. *Miṣr bayna ad-dawla al-islāmīya wa-d-dawla al-ʿalmānīya: Maʿa taʿlīqāt baʿḍ al-mufakkirīn wa-l-ʿulamā' ḥawla al-munāẓara*, 1. Aufl. Kairo: Markaz al-iʿlām al-ʿarabī, 1992, [Dokumentation der Podiumsdiskussion zwischen M. al-Ġazālī, M. al-Huḍaybī, M. ʿImāra, F. Fūda und M. Ḫalafallāh auf der Kairoer Buchmesse, 08.01.1992].
„Mulḥaq ʿan Mu'assasat Fawzīya wa-Ǧamāl al-Bannā li-ṯ-ṯaqāfa wa-l-iʿlām al-islāmī." in *al-Islām wa-l-ḥurrīya wa-l-ʿalmānīya* von Ǧamāl al-Bannā, 51–55. Kairo: Mu'assasat Fawzīya wa-Ǧamāl al-Bannā, [1998].
„Munāẓara sāḫina lam taktamil li-nsiḥāb al-Bannā." *Nahḍat Miṣr*, 10.07.2008.

Musāhil, Muḥammad ʿAbd al-Ḫāliq. „al-Maqāl «al-Azma» yatasabbab fī muwāğaha sāḫina bayna Fahmī Huwaydī wa-qiyādāt al-Ahrām.“ *al-Miṣrī al-yawm*, 10.04.2006.
Muṣṭafā, Ḥusayn Fahmī. „Miṣr dawla ʿalmānīya.“ *al-Ahālī*, 31.05.2006.
Muṣṭafā, Ibrāhīm, Aḥmad Ḥasan az-Zayyāt, Ḥāmid ʿAbd al-Qādir und Muḥammad ʿAlī an-Naǧǧār, Hrsg. *Muʿǧam al-Wasīṭ*, [Reprint 2.Aufl. 1972]. Istanbul: al-Maktaba al-islāmīya, o. J.
an-Naǧǧār, Zaġlūl. *al-Iʿǧāz al-ʿilmī fī as-sunna an-nabawīya*. Kairo: Maktabat aš-šurūq ad-duwalīya, 2002.
an-Naǧǧār, Zaġlūl. *Min āyāt al-iʿǧāz al-ʿilmī fī al-Qurʾān al-karīm*. Kairo: Maktabat aš-šurūq ad-duwalīya, 2002.
an-Naǧǧār, Zaġlūl. *al-Islām wa-l-ġarb fī kitābāt al-ġarbīyīn*. Kairo: Nahḍat Miṣr, 2005.
an-Naǧǧār, Zaġlūl. *Naẓarāt fī azmat at-taʿlīm al-muʿāṣir wa-ḥulūluhā al-islāmīya*. Kairo: Maktabat Wahba, 2006.
an-Naǧǧār, Zaġlūl. *Qaḍīyat at-taḫalluf al-ʿilmī wa-t-taqnī fī al-ʿālam al-islāmī*. Kairo: Maktabat Wahba, 2006.
an-Naǧǧār, Zaġlūl. *ʿUlūm al-arḍ fī al-ḥaḍāra al-islāmīya*. Kairo: Dār al-miṣrīya al-lubnānīya, 2006.
an-Naǧǧār, Zaġlūl. „Zaġlūl an-Naǧǧār... al-Iʿǧāz al-ʿilmī fī al-Qurʾān.“ *al-Jazeera*, Sendung „Ziyāra ḫāṣṣa“ (Moderation: Sāmī Kulayb). 09.08.2008.
an-Naǧǧār, Zaġlūl. „Al-Iʿǧāz al-ʿilmī li-l-Qurʾān al-karīm. “ *al-Jazeera*, Sendung „Bi-lā ḥudūd“ (Moderation: Aḥmad Manṣūr). 15.12.1999.
an-Naqqāš, Farīda. „Iqtilāʿ al-ʿalmānīya.“ *al-Miṣrī al-yawm*, 06.06.2006.
Nasīra, Hānī ʿAlī. *al-Ḥinīn ilā as-samāʾ: Dirāsa fī at-taḥawwul naḥw al-ittiǧāh al-islāmī fī Miṣr fī an-niṣf aṯ-ṯānī min al-qarn al-ʿišrīn*. Beirut: Markaz al-ḥaḍāra li-tanmiyat al-fikr al-islāmī, 2010.
Al-Qaradawi, Yusuf. „Why is secularism incompatible with Islam?“ *saudigazette (online)*, 05.11.2010. http://www.saudigazette.com.sa/index.cfm?method=home.regcon&contentID=2010061175024.
al-Qaraḍāwī, Yūsuf. *al-Ḥulūl al-mustawrada wa-kayfa ǧanat ʿalā ummatinā*. 1977, 5. Aufl. Kairo: Maktabat Wahba, 1993.
al-Qaraḍāwī, Yūsuf. *Bayyināt al-ḥall al-islāmī: Wa-šubuhāt al-ʿalmānīyīn wa-l-mutaġarribīn*. 1988, 2. Aufl. Maktabat Wahba, 1993.
al-Qaraḍāwī, Yūsuf. *al-Ḥalāl wa-l-ḥarām fī al-Islām*. 1960, 22. Aufl. Kairo: Maktabat Wahba, 1997.
al-Qaraḍāwī, Yūsuf. *al-Islām wa-l-ʿilmānīya waǧhan li-waǧhin*. 1987, 7. Aufl. Kairo: Maktabat Wahba, 1997.
al-Qaraḍāwī, Yūsuf. „Fašl al-ʿalmānīya fī diyār al-Islām.“ *qaradawi.net*, 14.05.2001.http://www.qaradawi.net/library/56/2831.html.
al-Qaraḍāwī, Yūsuf. „Taḥrīr mawḍiʿ an-nizāʿ.“ *qaradawi.net*, 15.05.2001. http://qaradawi.net/library/56/2845.html.
al-Qaraḍāwī, Yūsuf. *at-Taṭarruf al-ʿalmānī fī muwāǧahat al-Islām: Namūḏaǧ Turkiyā wa-Tūnis*. 2000. Kairo: Dār aš-Šurūq, 2004.
al-Qaraḍāwī, Yūsuf. *ad-Dīn wa-s-siyāsa: Taʾṣīl wa-radd šubuhāt*, 1. Aufl. Kairo: Dār aš-Šurūq, 2007.
al-Qaraḍāwī, Yūsuf. *Mūǧibāt taġayyur al-fatwā fī ʿaṣrinā*, 2. Aufl. Kairo: Dār aš-Šurūq, 2008.
al-Qaraḍāwī, Yūsuf. „at-Tasāmūḥ ad-dīnī.“ *Al-Jazeera*, Sendung „aš-Šarīʿa wa-l-Ḥayāh“ [Moderation: ʿUṯmān ʿUṯmān], 31.01.2010.

al-Qaraḍāwī, Yūsuf. „Ḫaṣā'iṣ al-Islām al-laḏī nad'ū ilayh." *qaradawi.net*, 18.09.2011. http://www.qaradawi.net/news/5189.html.
al-Qaraḍāwī, Yūsuf. Muḥammad al-Ġazālī und Fuād Zakarīyā. „Nadwa ḥawla al-Islām wa-l-'ilmānīya [11.07.1986]." *youtube.com*, 22.09.2010. http://www.youtube.com/watch?v=FDwSMUU8RVs&feature=channel&list=UL.
al-Qāsimī, Fatḥī. *al-'Almānīya wa-ṭalā'i'uhā fī Miṣr*. Kairo: Dār wa-maṭābi' al-mustaqbal, 1999.
al-Qimnī, Sayyid Maḥmūd. *Ḥurūb dawlat ar-rasūl*, 2. Aufl. 2 Bde. Madbūlī aṣ-ṣaġīr, 1996.
al-Qimnī, Sayyid Maḥmūd. *Rabb az-zamān*. Kairo: Madbūlī aṣ-ṣaġīr, 1996.
„Qiṣṣat al-Iḫwān... ma'a aslamat an-niqābāt." *Nahḍat Miṣr*, 01.06.2006.
Quṭb, Muḥammad. *al-'Almānīyūn wa-l-Islām*, 1. Aufl. Kairo: Dār aš-Šurūq, 1994.
Quṭb, Sayyid. *Ma'ālim fi-ṭ-ṭarīq*. 1964, 6. Aufl. Kairo: Dār aš-Šurūq, 1979.
Raḍwān, 'Abd al-Lāh. „Ǧamāl al-Bannā yuftī bi-anna tabādul al-qubulāt bayn aš-šabāb wa-l-fatayāt muǧarrad ṣaġā'ir!!" *al-Ǧīl*, 16.04.2008.
Ra'fat, Waḥīd und Nabīl Madkūr. „Mā zālat 'awāṣif al-mašāyiḫ 'alā Ǧamāl al-Bannā mustamirra." *Nahḍat Miṣr*, 01.09.2004.
„Raḥīl al-mufakkir al-islāmī 'Abd aṣ-Ṣabūr Šāhīn." *al-Yawm as-sābi'*, 26.09.2010.
ar-Rā'ī, Laylā. „Fahmī Huwaydī: Lasnā bi-ṣadad salām... bal taswiya ḫāsira!" *al-Ahrām al-'arabī*, 01.04.2000.
„Ra'īs wuzarā' Miṣr yu'akkid ‚'almānīyat' bilādihi wa-l-Iḫwān al-muslimūn yantaqidūnahu." *al-'Arabīya (online)*, http://www.alarabiya.net/Articles/2006/05/23/23994.htm, 23.05.2006.
Ramaḍān, Bassām. „Wazīr aṯ-ṯaqāfa: Miṣr dawla 'almānīya bi-l-fiṭra – wa-musta'idd li-š-šahāda ḥatā lā nataḥawwal li-‚ḫilāfa'." *al-Miṣrī al-Yawm (online)*, 02.10.2015.
„Risāla min Šayḫ al-Azhar." in *al-Muftarūn: Ḫiṭāb at-taṭarruf al-'almānī fī al-mīzān von* Fahmī Huwaydī. 3. Aufl., 159f. Kairo: Dār aš-Šurūq, 2005.
Rizq, Ḥamdī. „Miṣr al-'almānīya laysat mulḥida (1/2)." *al-Miṣrī al-yawm*, 30.05.2006.
Rizq, Ḥamdī. „Miṣr al-'almānīya laysat mulḥida (2/2)." *al-Miṣrī al-yawm*, 04.06.2006.
Ṣābir, 'Alī. „Šayḫ al-Azhar li-'ulamā' al-Islām: Lā tatrukū as-ṣāḥa li-l-'almānīyīn!" *an-Nūr*, 13.10.1993.
Šāhīn, 'Abd aṣ-Ṣabūr. *al-Qirā'āt al-qur'ānīya fī ḍaw' 'ilm al-luġa al-ḥadīṯ*. Kairo: Maktabat al-Ḫānǧī, 1966.
Šāhīn, 'Abd aṣ-Ṣabūr. Ṣaḥābīyāt *ḥawl ar-rasūl*. Kairo: Dār al-i'tiṣām, 1993.
Šāhīn, 'Abd aṣ-Ṣabūr, Hrsg. *Qiṣṣat Abū Zayd wa-nḥisār al-'almānīya fī ǧāmi'at al-Qāhira*. Kairo: Dār al-i'tiṣām, [1994].
Šāhīn, 'Abd aṣ-Ṣabūr, *Miṣr fī al-Islām*. Kairo: Dār qabā', 2000.
Šāhīn, 'Abdallāh. „Difā'ī 'an al-mulḥidīn... mawḍū'ī!." [Wiedergabe eines TV-Interviews mit Abū Zayd], *Nahḍat Miṣr*, 23.09.2004.
Šāhīn, Ilhām Muḥāmmad. *al-'Almānīya fī Miṣr wa-ašhur ma'ārikuhā: 1 - Ma'rakat kitāb al-Islām wa-uṣūl al-ḥukm*. Kairo: Dār Hārmūnī, 2001.
Šāhīn, Ilhām Muḥāmmad, *al-'Almānīya fī Miṣr wa-ašhur ma'ārikuhā: 2 - Ma'rakat kitāb "Fī aš-ši'r al-ǧāhilī" li-d-duktūr Ṭāhā Ḥusayn wa-ma'rakat kitāb "Min hunā nabda"' li-l-ustāḏ Ḫālid Muḥammad Ḫālid*. Kairo: al-Muqaṭṭam, 2005.
Sa'īd, Maǧdī. „Ǧamāl al-Bannā... ṭā'ir al-ḥurrīya yaġrad munfaridan" *islamonline*, 01.01.2003.
as-Sa'īd, Rif'at. *al-'Almānīya bayn al-Islām wa-t-ta'aslum*, 3. Aufl. Kairo: al-Ahālī, 2001.
as-Sa'īd, Rif'at. *at-Ta'aslum as-siyāsī: Ǧamā'at al-Iḫwān namūḏaǧan*. Kairo: al-Hay'a al-miṣrīya al-'āmma li-l-kitāb, 2006.
as-Sa'īd, Rif'at. *ad-Dawla al-madanīya wa-ši'ār al-ḫilāfa*. Kairo: Sanābil, 2010.

Saʿīd, Ṭāriq. "Fahmī Huwaydī: Barnamağ ar-raʾīs kalām fāriġ." [Interview mit Huwaydī], *al-Karāma*, 30.05.2006.
aš-Šalabī, Aḥmad (Regie), "al-Missīrī: Riḥla min aġli al-insān." Dokumentation. 17.6.2010.
Salām, Aḥmad Maḥmūd. "Makram ʿUbayd." *al-Miṣrī al-yawm*, 24.10.2010.
Saleh, Suad und Gerhard Haase-Hindenberg. "Frauenpower und Todesfatwa." [Interview mit Saleh], *Die Zeit*, 05.03.2009.
Ṣāliḥ, Magdī und Yāsir Naṣr. "Māḏā yaʿnī raʾīs al-wuzarāʾ bi-anna »Miṣr ʿalmānīya«." *al-Usbūʿ*, 29.05.2006.
Sālim, Ḥilmī. "Ğamāl al-Bannā... mufakkir madanī fī ṯawb dīnī." *Nahḍat Miṣr*, 25.10.2010.
Samʿān, Mağdī "Nuwwāb al-Iḫwān yuhāğimūn Naẓīf bi-sabab taṣrīḥātihi ʿan «ʿalmānīyat ad-dawla» wa-l-ğamāʿa al-maḥẓūra." *al-Miṣrī al-yawm*, 28.05.2006.
as-Sanhūrī, ʿAbd ar-Razzāq, "ad-Dīn wa-d-dawla fī al-Islām [1929]." in *al-Islām wa-s-siyāsa: ar-Radd ʿalā šubuhāt al-ʿalmānīyīn*. ʿImāra, Muḥammad. 3. Aufl., 85–102. Kairo: Dār ar-rašād, 1997.
aš-Šāṭibī, Abū Isḥāq. *al-Muwāfaqāt fī uṣūl aš-šarīʿa*. 4 Bde., hrsg. von ʿAbdallāh Drāz. o. O.: al-Maktaba at-tiğārīya al-kubrā, o. J.
"Šayḫ al-Azhar: Ataraffaʿ ʿan ar-radd ʿalā Ğamāl al-Bannā... wa-d-dawr allaḏī naqūm bihi wāḍiḥ." [Azhar-Großscheich Ṭanṭāwī zu al-Bannās Kritik an der Azhar, Bericht], *al-Miṣrī al-yawm*, 08.04.2009.
Šukrī, Ğālī. "al-ʿAlmānīya al-malʿūna." in *Aqniʿat al-irhāb: Al-baḥṯ ʿan ʿalmānīya ğadīda*, hg. v. Ğālī Šukrī. 2. Aufl., 441–463. Kairo: al-Hayʾa al-miṣrīya al-ʿāmma li-l-kitāb, 1992.
Šukrī, Ğālī, Hrsg. *Aqniʿat al-irhāb: Al-baḥṯ ʿan ʿalmānīya ğadīda*. 1990, 2. Aufl. Kairo: al-Hayʾa al-miṣrīya al-ʿāmma li-l-kitāb, 1992.
Šukrī, Ğālī. "Šarʿīyatān tataşāraʿān ʿalā al-ḥukm." [Interview mit Ṭāriq al-Bišrī und Fahmī Huwaydī vom 18.05.1986], in *Aqniʿat al-irhāb: Al-baḥṯ ʿan ʿalmānīya ğadīda*, hg. v. Ğālī Šukrī. 2. Aufl., 91–105. Kairo: al-Hayʾa al-miṣrīya al-ʿāmma li-l-kitāb, 1992.
"Taʿdīl dustūr Ğumhūrīyat Miṣr al-ʿarabīya." *al-Ğarīda ar-rasmīya*, Nr. 26 (26.06.1980): 936–941.
aṭ-Ṭāhirī, Aḥmad. "Muḏakkirāt „Fawzīya" šaqīqat Ḥasan al-Bannā." *Rūz al-Yūsuf [Zeitschrift]*, 04.09.2010.
Tammām, Ḥussām. "Ğamāl al-Bannā... Lan aʿīša fī ğilbāb aḫī!" *islamonline*, 24.02.2005. http://www.islamonline.net/arabic/famous/2005/02/article02.SHTML.
Tarabishi, George. "Die anthropologische Wunde in unserer Beziehung zum Westen." in *Islam, Demokratie, Moderne: Aktuelle Antworten arabischer Denker*, hg. v. Erdmute Heller und Hassouna Mosbahi, 72–83. München: Beck, 1998.
"Tarakū al-aṭibbāʾ wa-ṣ-ṣayādila... wa-taʿāmalū maʿa al-ḥaḥāma wa «būl al-ibl»." *Nahḍat Miṣr*, 01.06.2006.
"Tarğamat al-muʾallif [Aḥmad al-Bannā]." in *al-Fatḥ ar-Rabbānī li-tartīb Musnad li-Imām Aḥmad bin Ḥanbal aš-Šaybānī: Wa-maʿahu kitāb Bulūġ al-amānī min asrār al-fatḥ ar-rabbānī von Aḥmad Muḥammad bin Ḥanbal*, 24 Bde., hrsg. von Aḥmad ʿAbd ar-Raḥmān al-Bannā (as-Saʿātī), 24:232–237. Neuauflage, [Beirut]: Dār iḥyāʾ at-turāṯ al-ʿarabī, [1976].
Ṯarwat, Muḥammad. "[al-Qaraḍāwī:] ʿAṣr al-ʿawlama yaqtaḍī ʿadam istiḫdām lafẓ «al-kuffār» wa-muḫāṭabat ġayr al-muslimīn bi-l-aḫawīya." *al-Maydān*, 31.07.2003.
"Taṣrīḥāt Naẓīf azma dāʾima fī maǧlis aš-šaʿb." *al-Aḥrār*, 19.06.2006.
at-Tirmiḏī, Muḥammad bin ʿĪsā. *al-Ğāmiʿ aṣ-ṣaḥīḥ: Sunan at-Tirmiḏī*, 2. Aufl. 5 Bde., hrsg. von Aḥmad Muḥammad Šākir. 1978.

aṭ-Ṭūfī, Naǧm ad-Dīn. *Risāla fī riʿāyat al-maṣlaḥa, hrsg. von* Aḥmad ʿAbd ar-Raḥīm as-Sāyiḥ. Kairo: ad-Dār al-miṣrīya al-lubnānīya, 1993.
ʿUbayd, Munā Makram, Hrsg. *Makram ʿUbayd,1889–1989: Kalimāt wa-mawāqif.* Kairo: [al-Hay'a al-ʿāmma al-miṣrīya li-l-kitāb], [1990].
Wahba, Murād. *al-Uṣūlīya wa-l-ʿalmānīya.* Kairo: Dār aṯ-ṯaqāfa, [1995].
Wahba, Murād. *Mallāk al-ḥaqīqa al-muṭlaqa.* Kairo: Dār qabā', 1999.
Wahba, Murād. „al-ʿAlmānīya wa-dawrān al-arḍ." [Kommentar zu al-Bannās Artikel vom 3.12. und 10.12.], *al-Miṣrī al-yawm*, 27.12.2008,.
Yasīn, as-Sayyid, Hrsg. *Qaḍāyā al-muʿāṣara wa-l-ḥilāfa: Ḥiwār ʿalmānī islāmī maʿa ad-duktūr Kamāl Abū al-Maǧd wa-š-šayḫ Yūsuf al-Qaraḍāwī*, 1. Aufl. Kairo: Mīrīt, 1999.
Yasīn, as-Sayyid. „Al-Yūnīskū tadʿū al-wafd al-islāmī li-baḏl dawr yunqiḏ mā tabqā min tamāṯīl Bāmiyān." *aš-Šarq al-Awsaṭ*, 12.03.2001.
Zakariya, Fuad. „Säkularisierung – eine historische Notwendigkeit." in *Der Islam im Aufbruch? Perspektiven der arabischen Welt*, hg. v. Michael Lüders. Orig.-Ausg., 228–245. München: Piper, 1992.
Zakarīya, Fu'ād. *aṣ-Ṣaḥwa al-islāmīya fī mīzān al-ʿaql.* 1985, 2. Aufl. Kairo: Dār al-fikr al-muʿāṣir, 1987.
Zakarīyā, Fu'ād. *al-Ḥaqīqa wa-l-wahm fī al-ḥaraka al-islāmīya al-muʿāṣira.* Kairo: Dār al-fikr, 1986.
az-Zayyāt, Muntaṣir. *Ayman aẓ-Ẓawāhirī kamā ʿaraftuhu.* Kairo: Dār Miṣr al-maḥrūsa, 2002.
az-Zayyāt, Muntaṣir. „ʿAllām taʿuddūnahu mufakkiran islāmīyan?!" *al-Yawm as-sābiʿ*, 16.11.2010.
az-Zayyāt, Muntaṣir. „Sakat al-Bannā dahran ṯumma naṭaq bi-harṭaqa lam nafham maʿānīhā." *al-Yawm as-sābiʿ*, 07.12.2010.

Sekundärliteratur

Abaza, Mona. „Tanwir and Islamization: Rethinking the Struggle over Intellectual Inclusion in Egypt." *Cairo Papers in Social Science*, 22, Nr. 4 (1999): 85–117.
Abaza, Mona. *Debates on Islam and Knowledge in Malaysia and Egypt: Shifting Worlds.* London: Routledge, 2002.
Abu-Rabi', Ibrahim, Hrsg. *The Blackwell Companion to Contemporary Islamic Thought.* Hoboken: John Wiley & Sons Ltd, 2008.
Adorno, Theodor W., Hans Albert, Ralf Dahrendorf, Jürgen Habermas, Harald Pilot und Karl R. Popper, Hrsg. *Der Positivismusstreit in der deutschen Soziologie.* Darmstadt: Luchterhand, 1969.
Agrama, Hussein Ali. *Questioning Secularism: Islam, Sovereignty, and the Rule of Law in Modern Egypt.* Chicago, London: The University of Chicago Press, 2012.
Ali, Haggag. *The cognitive mapping of modernity and postmodernity: A comparative approach to Zygmunt Bauman and Abdelwahab Elmessiri.* Phd. Thesis, Cairo University, 2008.
Anderson, Benedict R. *Imagined Communities: Reflections on the origin and spread of nationalism.* 1983, Revised ed. London: Verso, 1991.
An-Naim, Abdullahi A. „Re-affirming Secularism for Islamic Societies." *New Perspectives Quarterly*, 20, Nr. 3 (2003): 36–45.

Arendt, Hannah. *Eichmann in Jerusalem: A report on the banality of evil.* 1963, Überarb. u. erw. Aufl. New York: The Viking Press, 1965.
Armstrong, Karen. *A History of God.* 1993. London: Vintage, 1999.
Asad, Talal. „Thinking about Secularism and Law in Egypt." *ISIM Papers*, Nr. 2 (2001).
Asad, Talal. *Formations of the Secular: Christianity, Islam, Modernity.* Stanford: Stanford University Press, 2003.
Auda, Jasser. *Maqasid al-Shariah as philosophy of Islamic law: A systems approach.* London: The International Inst. of Islamic Thought, 2008.
Ayish, Muhammad I. *The new Arab public sphere.* Berlin: Frank & Timme, 2008.
Badry, Roswitha. *Die zeitgenössische Diskussion um den islamischen Beratungsgedanken (šūrā): Unter dem besonderen Aspekt ideengeschichtlicher Kontinuitäten und Diskontinuitäten.* Stuttgart: Steiner, 1998.
Baker, Raymond William. *Islam without Fear: Egypt and the New Islamists.* Harvard University Press, 2006.
Bälz, Kilian. „Shari'a and Qanun in Egyptian Law: A Systems Theory Approach to Legal Pluralism." in *Yearbook of Islamic and Middle Eastern Law*, hg. v. Eugene Cotran und Chibli Mallat, 37–53. 1995.
Bälz, Kilian. „Die Popularklage zur Verteidigung der Rechte Gottes: Hisba im heutigen Ägypten." *Verfassung und Recht in Übersee*, 31, Nr. 1 (1998): 60–69.
Bayat, Asef. „Egypt's sectarian playing field: Christian-Muslim clashes after the revolution came as a surprise, after living as peaceful neighbours." *Aljazeera.net (English)*, 05.06.2011. http://english.aljazeera.net/indepth/opinion/2011/06/201163904835903.html.
Beck, Ulrich. *Risikogesellschaft: Auf dem Weg in eine andere Moderne*, 1. Aufl., Erstausg. Frankfurt am Main: Suhrkamp, 1986.
Berger, Peter L. „Allgemeine Betrachtungen über normative Konflikte und ihre Vermittlung." in *Die Grenzen der Gemeinschaft: Konflikt und Vermittlung in pluralistischen Gesellschaften*, hg. v. Peter L. Berger, 581–614. Gütersloh: Verl. Bertelsmann-Stiftung, 1997.
Berger, Peter L., Hrsg. *Die Grenzen der Gemeinschaft: Konflikt und Vermittlung in pluralistischen Gesellschaften.* Gütersloh: Verl. Bertelsmann-Stiftung, 1997, Ein Bericht der Bertelsmann-Stiftung an den Club of Rome.
Bernard-Maugiron, Nathalie und Baudouin Dupret. „« Les principes de la sharia sont la source principale de la législation »: La Haute Cour constitutionnelle et la référence à la Loi islamique." *Égypte/Monde arabe*, Nr. 2 (1999): 107–126.
Binder, Leonard. *Islamic Liberalism: A Critique of Development Ideologies.* Chicago, London: The University of Chicago Press, 1988.
Boetzkes, Claus-Erich. *Organisation als Nachrichtenfaktor: Wie das Organisatorische den Content von Fernsehnachrichten beeinflusst*, 1. Aufl. Wiesbaden: VS, Verl. für Sozialwiss., 2008.
Bourdieu, Pierre. *Die Intellektuellen und die Macht, hrsg. von* Irene Dölling. Hamburg: VSA-Verlag, 1991.
Bourdieu, Pierre. *Soziologische Fragen.* 1980. Frankfurt am Main: Suhrkamp, 1993.
Bourdieu, Pierre. *The Field of Cultural Production: Essays on Art and Literature, hrsg. von* Randal Johnson. Cambridge: Polity, 1993.
Bourdieu, Pierre, „The Field of Cultural Production, or: The Economic World Reversed." in *The Field of Cultural Production: Essays on Art and Literature*, 29–73.

Burchardt, Marian, Monika Wohlrab-Sahr und Matthias Middell, Hrsg. *Comparative Secularities: Religion and Modernity in Five World Regions*. Berlin, New York: de Gruyter, 2015.
Casanova, José. *Public religions in the modern world*. Chicago: Univ. of Chicago Press, 1994.
Chalala, Elie. „Ghali Shukri: Journalist, Author, Critic, Leaves Legacy of Cultural Influence." *Al Jadid*, 4, Nr. 23 (1998).
Conermann, Stephan. *Muṣṭafā Maḥmud (geb. 1921) und der der modifizierte islamische Diskurs im modernen Ägypten*. Berlin: Klaus Schwarz Verlag, 1996.
Cook, Michael A. *Commanding Right and Forbidding Wrong in Islamic Thought*. Cambridge: Cambridge Univ. Press, 2000.
Cotran, Eugene und Chibli Mallat, Hrsg. *Yearbook of Islamic and Middle Eastern Law*. 1995.
Coury, Ralph M. „The Arab nationalism of Makram 'Ubayd." *Journal of Islamic Studies*, 6, Nr. 1 (1995): 76–90.
Demirović, Alex. *Der nonkonformistische Intellektuelle: Die Entwicklung der Kritischen Theorie zur Frankfurter Schule*, 1. Aufl. Frankfurt am Main: Suhrkamp, 1999.
Dietrich, Walter und Wolfgang Lienemann, Hrsg. *Religionen – Wahrheitsansprüche – Konflikte: Theologische Perspektiven*. Zürich: TVZ Theol. Verl., 2010.
Diner, Dan. *Versiegelte Zeit: Über den Stillstand in der islamischen Welt*. Berlin: Ullstein, 2005.
Dobbelaere, Karel. *Secularizarion: A Multi-Dimensional Concept*. London: Sage Publications, 1981, [Current Sociology, vol. 29, no. 2].
Dobbelaere, Karel. *Secularization: An analysis at three levels*. Bruxelles: PIE Lang, 2002.
Dziewas, Ralf. *Die Sünde der Menschen und die Sündhaftigkeit sozialer Systeme: Überlegungen zu den Bedingungen und Möglichkeiten theologischer Rede von Sünde aus sozialtheologischer Perspektive*. Münster: Lit, 1995.
Eickelman, Dale F. und Jon W. Anderson, Hrsg. *New media in the Muslim world: The emerging public sphere*. 1999, 2. Aufl. Bloomington: Indiana Univ. Press, 2003.
Eickelman, Dale F. und James P. Piscatori. *Muslim politics*. Princeton, NJ: Princeton Univ. Press, 1996.
Eisenstadt, Shmuel Noah. *Comparative civilizations and multiple modernities*. Leiden: Brill, 2003.
Eisenstadt, Shmuel Noah. *Die Vielfalt der Moderne*, 1. Aufl. Weilerswist: Velbrück, 2000.
Eisenstadt, Shmuel Noah, Hrsg. *Multiple modernities*. New Brunswick, NJ: Transaction Publishers, 2002, Originally published as an issue of Daedalus, Winter 2000.
El-Bahr, Sahar. „Gamal El-Banna: A lifetime of Islamic call." *Al-Ahram Weekly (online)*, 02.04.2009.
el-Feki, Mustafa. „Makram Ebeid: politician of the majority party." in *Contemporary Egypt: Through Egyptian eyes*, hg. v. Charles Tripp, 22–44. London, New York: Routledge, 1993.
el-Hamalawy, Hossam. „Judicial Review." *Cairo Times*, 30.01.2003.
Elsässer, Sebastian. „The Coptic Question in Contemporary Egypt: Debating National Identity, Religion, and Citizenship." unveröff. Dissertationsschrift, Freie Universität Berlin, 2011.
Elsässer, Sebastian. *The Coptic Question in the Mubarak Era*. New York [u.a.]: Oxford Univ. Press, 2014.
Ende, Werner und Udo Steinbach, Hrsg. *Der Islam in der Gegenwart*, 5., aktualisierte und erweiterte Ausgabe. München: Beck, 2005.
Esposito, John L und François Burgat, Hrsg. *Modernizing Islam: Religion in the public sphere in the Middle East and Europe*. London: Hurst, 2003.
Esposito, John L. und Azzam Tamimi, Hrsg. *Islam and Secularism in the Middle East*. London: Hurst, 2000.

Fahmy, Ninette S. „The Performance of the Muslim Brotherhood in the Egyptian Syndicates: An Alternative Formula for Reform?“ *Middle East Journal*, 52, Nr. 4 (1998): 551–562.

Fähndrich, H. „Moderne mit Transzendenz: Zur Gedankenwelt des Ägypters Abdalwahhâb Messîri.“ *SGMOIK/SSMOCI Bulletin*, Nr. 6 (1998): 15f.

Farag, Fatemah. „Farida El-Naqqash: The importance of being earnest.“ *Al-Ahram Weekly (online)*, 22.02.2007.

Fenn, Richard K. „Max Weber on the Secular: A Typology.“ *Review of Religious Research*, 10, Nr. 3 (1969): 159–169.

Filali-Ansary, Abdou. „The debate on secularism in contemporary societies of Muslims.“ *ISIM Newsletter*, Nr. 27 (1999): 6.

Flores, Alexander. „Egypt: A New Secularism?“ *Middle East Report*, Nr. 153 (1988): 27–30.

Flores, Alexander. „Secularism, Integralism and Political Islam: The Egyptian Debate.“ *Middle East Report*, Nr. 183 (1993): 32–38.

Flores, Alexander. „Reform, Islam, Secularism: Farah Antûn and Muhammad Abduh.“ in *Entre Réforme social et mouvement national: Identité et modernisation en Egypte (1882–1962)*, hg. v. Alain Roussillon, 565–576. Kairo: CEDEJ, 1995.

Flores, Alexander. „Die innerislamische Diskussion zu Säkularismus, Demokratie und Menschenrechten.“ in *Der Islam in der Gegenwart*, hg. v. Werner Ende und Udo Steinbach. 5., aktualisierte und erweiterte Ausgabe, 620–634. München: Beck, 2005.

Flores, Alexander. *Säkularismus und Islam in Ägypten: Die Debatte der 1980er Jahre*. Berlin: Lit-Verl., 2012.

Foucault, Michel. *Archäologie des Wissens. 1969*, 7. Aufl. Frankfurt am Main: Suhrkamp, 1995.

Foucault, Michel. *Analytik der Macht*, 1. Aufl., hrsg. von Daniel Defert. Frankfurt am Main: Suhrkamp, 2008.

Franzmann, Andreas, Sascha Liebermann und Jörg Tykwer, Hrsg. *Die Macht des Geistes: Soziologische Fallanalysen zum Strukturtyp des Intellektuellen*, 1. Aufl. Forschungsbeiträge aus der objektiven Hermeneutik, Bd. 3. Frankfurt am Main: Humanities Online, 2001.

Friedrich, Carl J., Hrsg. *Authority*. Cambridge, Mass.: Harvard University Press, 1958.

Friedrich, Carl J. „Authority, reason and discretion.“ in *Authority*, hg. v. Carl J. Friedrich, 28–48. Cambridge, Mass.: Harvard University Press, 1958.

Friedrich, Carl Joachim. *Tradition und Autorität*. 1972. München: List, 1974.

Fürtig, Henner. „Verfassungsreferendum in Ägypten.“ *GIGAFokus*, Nr. 3 (2007): 1–7.

Gaborieau, Marc und Malika Zeghal. „Autorités religieuses en Islam.“ *Archives de sciences sociales des religions*, 49, Nr. 125 (2004): 5–21.

Gallagher, Nancy E. „Islam v. Secularism in Cairo: An Account of the Dar al-Hikma Debate.“ *Middle Eastern Studies*, 25, Nr. 2 (1989): 208–215.

Galtung, Johan. „Expectations and interaction processes.“ *Inquiry*, Nr. 2 (1959): 213–234.

Galtung, Johan und Mari Holmboe Ruge. „The Structure of Foreign News: The Presentation of the Congo, Cuba and Cyprus Crises in Four Norwegian Newspapers.“ *Journal of Peace Research*, 2, Nr. 1 (1965): 64–91.

Gellner, Ernest. *Leben im Islam: Religion als Gesellschaftsordnung*. Stuttgart: Klett-Cotta, 1985, [orig.: Muslim Societies].

Glaß, Dagmar. *Der Muqtaṭaf und seine Öffentlichkeit: Aufklärung, Räsonnement und Meinungsstreit in der frühen arabischen Zeitschriftenkommunikation*. 2 Bde. Würzburg: Ergon-Verl., 2004, Univ., Habil.-Schr.—Leipzig, 2000.

González-Quijano, Yves. *Les gens du livre: Édition et champ intellectuel dans l'Égypte républicaine*. Paris: CNRS Éd., 1998.

Gramsci, Antonio. *Gefängnishefte [orig.: Quaderni del carcere]: Kritische Gesamtausgabe*. 10 Bde. Hamburg: Argument, 1991–2002, Hrsg. vom Deutschen Gramsci-Projekt unter der wissenschaftlichen Leitung von Klaus Bochmann.
Gresh, Alain. „Saudi-Arabien riskiert Öffentlichkeit." *Le Monde diplomatique*, 17.5.2002.
Habermas, Jürgen. „Gegen einen positivistisch halbierten Rationalismus." in *Der Positivismusstreit in der deutschen Soziologie*, hg. v. Theodor W. Adorno et al., 235–266. Darmstadt: Luchterhand, 1969.
Habermas, Jürgen. *Theorie des kommunikativen Handelns*. 2 Bde. Frankfurt a.M.: Suhrkamp, 1981.
Habermas, Jürgen. *Vorstudien und Ergänzungen zur Theorie des kommunikativen Handelns*. Suhrkamp Taschenbuch Wissenschaft. Frankfurt am Main: Suhrkamp, 1984.
Habermas, Jürgen. „Wahrheitstheorien." in *Vorstudien und Ergänzungen zur Theorie des kommunikativen Handelns*, 127–183.
Habermas, Jürgen. *Der philosophische Diskurs der Moderne*. Frankfurt a.M.: Suhrkamp, 1985.
Habermas, Jürgen. *Faktizität und Geltung: Beiträge zur Diskurstheorie des Rechts und des demokratischen Rechtsstaats*. Frankfurt a. M.: Suhrkamp, 1992.
Habermas, Jürgen. *Strukturwandel der Öffentlichkeit: Untersuchungen zu einer Kategorie der bürgerlichen Gesellschaft; mit einem Vorwort zur Neuauflage 1990*. 1962, unveränd. Nachdr., 3. Aufl. Frankfurt am Main: Suhrkamp, 1993, Univ., Habil.-Schr.—Marburg, 1961.
Habermas, Jürgen. „Religion in der Öffentlichkeit: Kognitive Voraussetzungen für den »öffentlichen Vernunftgebrauch« religiöser und säkularer Bürger." in *Zwischen Naturalismus und Religion: Philosophische Aufsätze*. Habermas, Jürgen, 119–154.
Habermas, Jürgen. *Zwischen Naturalismus und Religion: Philosophische Aufsätze*. Frankfurt a. M.: Suhrkamp, 2005.
Haddad, Bassam. „The Assassination of Fuda." *Arab Studies Journal*, 1, Nr. 1 (1993): 16–19.
Hafez, Kai, Hrsg. *The Islamic world and the West: An introduction to political cultures and international relations*. Leiden: Brill, 2000.
Hartung, Jan-Peter. „What Makes a "Muslim Intellectual"? On the Pros and Cons of a Category." *META (Middle East – Topics & Arguments)*, 1 (2013): 35–45.
Hatina, Meir. *Identity politics in the Middle East: Liberal thought and Islamic challenge in Egypt*. London, New York: Tauris Academic Studies, 2007.
Hatina, Meir. *'Ulama', politics, and the public sphere: An Egyptian perspective*. Salt Lake City: University of Utah Press, 2010.
Hayes, Christopher. „Die Zivilgesellschaft, der islamische Staat und die Demokratisierung." in *Staat und Zivilgesellschaft in Ägypten*, hg. v. Ferhad Ibrahim, 10–30. Münster u. a.: Lit, 1995.
Hegel, Georg Wilhelm Friedrich. *Sämtliche Werke: Jubiläumsausgabe in 20 Bänden, hrsg. von* Hermann Glockner. Stuttgart: Frommann, 1927–40.
Heller, Erdmute und Hassouna Mosbahi, Hrsg. *Islam, Demokratie, Moderne: Aktuelle Antworten arabischer Denker*. München: Beck, 1998.
Herbst, Philip G. „Totalitarian logics: the quest for certainty." in *Alternatives to hierarchies*, 69–83. Leiden: Nijhoff, 1976.
Hippler, Jochen und Andrea Lueg, Hrsg. *Feindbild Islam*. Hamburg: Konkret-Literatur-Verl., 1993.
Hirschkind, Charles. *The Ethical Soundscape: Cassette Sermons and Islamic Counterpublics*. New York: Columbia University Press, 2006.

Hoexter, Miriam, Eisenstadt Shmuel N. und Nehemia Levtzion, Hrsg. *The Public Sphere in Muslim Societies*. Albany, NY: SUNY Press, 2002.

Hofmann, Martin Ludwig, Tobias F. Korta und Sibylle Niekisch, Hrsg. *Culture Club: Klassiker der Kulturtheorie*. Frankfurt am Main: Suhrkamp, 2004.

Honneth, Axel. *Kampf um Anerkennung: Zur moralischen Grammatik sozialer Konflikte*, 1. Aufl. Frankfurt am Main: Suhrkamp, 1992.

Horkheimer, Max und Theodor W. Adorno. *Dialektik der Aufklärung: Philosophische Fragmente*. 1944. Frankfurt a.M.: Fischer, 2003.

Ibrahim, Ferhad, Hrsg. *Staat und Zivilgesellschaft in Ägypten*. Münster u. a.: Lit, 1995.

Joas, Hans und Klaus Wiegandt, Hrsg. *Säkularisierung und die Weltreligionen*. Frankfurt a.M.: Fischer, 2007.

Johnston, David L. „*Maqāṣid al-Sharīʿa:* Epistemology and Hermeneutics of Muslim Theologies of Human Rights." *Die Welt des Islams*, 47, Nr. 2 (2007): 149–187.

Kant, Immanuel, „Die Religion innerhalb der Grenzen der bloßen Vernunft." in *Werke in zwölf Bänden*. Kant, Immanuel. Bd. 8, hrsg. von Wilhelm Weischedel, 647ff. Frankfurt: Suhrkamp, 1977.

Kepel, Gilles. *Muslim extremism in Egypt: The prophet and pharaoh*. Berkeley: Univ. of Calif. Pr., 1986.

Kepel, Gilles und Yannes Richard, Hrsg. *Intellectuels et militants de l'Islam contemporain*. Paris: Éd. du Seuil, 1990.

Kinitz, Daniel. „Deviance as a Phenomenon of Secularity: Islam and Deviants in Twentieth-century Egypt – A Search for Sociological Explanations." in *Comparative Secularities: Religion and Modernity in Five World Regions*, hg. v. Marian Burchardt; Monika Wohlrab-Sahr und Matthias Middell, 95–117. Berlin, New York: de Gruyter, 2015.

Kneer, Georg. „Reflexive Beobachtung zweiter Ordnung: Zur Modernisierung gesellschaftlicher Selbstbeschreibungen." in *Beobachter der Moderne: Beiträge zu Niklas Luhmanns ›Die Gesellschaft der Gesellschaft‹*, hg. v. Uwe Schimank und Hans-Joachim Giegel, 301–332. Frankfurt am Main: Suhrkamp, 2003.

Knoblauch, Hubert. *Religionssoziologie*. Berlin, New York: de Gruyter, 1999.

Krämer, Gudrun. *Gottes Staat als Republik: Reflexionen zeitgenössischer Muslime zu Islam, Menschenrechten und Demokratie*. Baden-Baden: Nomos, 1999.

Krämer, Gudrun. „Drawing Boundaries: Yūsuf al-Qaraḍāwī on Apostasy." in *Speaking for Islam: Religious authorities in Muslim societies*, hg. v. Gudrun Krämer und Sabine Schmidtke, 181–217. Leiden: Brill, 2006.

Krämer, Gudrun. „Zum Verhältnis von Religion, Recht und Politik: Säkularisierung im Islam." in *Säkularisierung und die Weltreligionen*, hg. v. Hans Joas und Klaus Wiegandt, 172–193. Frankfurt a.M.: Fischer, 2007.

Krämer, Gudrun und Sabine Schmidtke, Hrsg. *Speaking for Islam: Religious authorities in Muslim societies*. Leiden: Brill, 2006.

Lane, Edward William. *An Arabic-English Lexicon*. 8 Bde. London: Williams and Norgate, 1863–93.

Lewis, Bernard. *The political language of Islam*. Chicago: Univ. of Chicago Pr., 1988.

Lombardi, Clark B. *State law as Islamic law in modern Egypt: The Incorporation of the Šarīʿa into Egyptian Constitutional Law*. Leiden: Brill, 2006.

Lübbe, Herrmann. *Säkularisierung: Geschichte eines ideenpolitischen Begriffs*. München: Verlag Karl Alber, 1965.

Lübben, Ivesa. „Die ägyptische Arbeiterklasse: Das Rückgrat der Revolution." *INAMO*, 18, Nr. 69 (2012): 23–26.
Lüders, Michael, Hrsg. *Der Islam im Aufbruch? Perspektiven der arabischen Welt*, Orig.-Ausg. München: Piper, 1992.
Lueken, Geert-Lueke. *Inkommensurabilität als Problem rationalen Argumentierens*. Stuttgart-Bad Cannstatt: Frommann-Holzboog, 1992, Univ., FB Philos. und Sozialwiss., Diss.—Hamburg, 1990.
Luhmann, Niklas. *Rechtssoziologie*. 2 Bde. Reinbek bei Hamburg: Rowohlt, 1972.
Luhmann, Niklas. „Schluss: Fragen an die Rechtstheorie." in *Rechtssoziologie*. Bd. 2, 354–362.
Luhmann, Niklas. *Gesellschaftsstruktur und Semantik: Studien zur Wissenssoziologie der modernen Gesellschaft*. 4 Bde. Frankfurt am Main: Suhrkamp, 1980–95.
Luhmann, Niklas. *Legitimation durch Verfahren*. 1969. Frankfurt a. M.: Suhrkamp, 1983.
Luhmann, Niklas. „Die Theorie der Ordnung und die natürlichen Rechte." *Rechtshistorisches Journal*, Nr. 3 (1984): 133–149.
Luhmann, Niklas. *Soziale Systeme: Grundriß einer allgemeinen Theorie*. Frankfurt am Main: Suhrkamp, 1984.
Luhmann, Niklas. *Die Wissenschaft der Gesellschaft*. Frankfurt a.M.: Suhrkamp, 1990.
Luhmann, Niklas. *Soziologie des Risikos*. Berlin, New York: de Gruyter, 1991.
Luhmann, Niklas. *Beobachtungen der Moderne*. Opladen: Westdt. Verl., 1992.
Luhmann, Niklas. „Gibt es ein »System« der Intelligenz?" in *Intellektuellendämmerung? Beiträge zur neuesten Zeit des Geistes*, hg. v. Martin Meyer, 57–73, München: C. Hanser, 1992.
Luhmann, Niklas. „Kontingenz als Eigenwert der modernen Gesellschaft." in *Beobachtungen der Moderne*, 93–128.
Luhmann, Niklas. *Das Recht der Gesellschaft*. Frankfurt am Main: Suhrkamp, 1993.
Luhmann, Niklas. „Die Paradoxie des Entscheidens." *Verwaltungs-Archiv. Zeitschrift für Verwaltungslehre, Verwaltungsrecht und Verwaltungspolitik*, 84, Nr. 3 (1993): 287–310.
Luhmann, Niklas. *Liebe als Passion: Zur Codierung von Intimität*. 1982. Frankfurt a.M.: Suhrkamp, 1994.
Luhmann, Niklas. „Das Paradox der Menschenrechte und drei Formen seiner Entfaltung." in *Soziologische Aufklärung 6*, 229–236.
Luhmann, Niklas. *Die Kunst der Gesellschaft*. Frankfurt am Main: Suhrkamp, 1995.
Luhmann, Niklas. *Soziologische Aufklärung 6*. Opladen: Westdeutscher Verlag, 1995.
Luhmann, Niklas. *Die Realität der Massenmedien*. 1995, 2., erw. Aufl. Opladen: Westdt. Verl., 1996.
Luhmann, Niklas. *Die Gesellschaft der Gesellschaft*. 2 Bde. Frankfurt am Main: Suhrkamp, 1997.
Luhmann, Niklas. *Die Politik der Gesellschaft, hrsg. von* André Kieserling. Frankfurt a.M.: Suhrkamp, 2000.
Luhmann, Niklas. *Die Religion der Gesellschaft, hrsg. von* André Kieserling. Frankfurt am Main: Suhrkamp, 2000.
Luhmann, Niklas. *Einführung in die Systemtheorie*. 2002, 2. Aufl., hrsg. von Dirk Baecker. Heidelberg: Carl-Auer-Systeme, 2004.
Luhmann, Niklas. *Die Moral der Gesellschaft, hrsg. von* Detlef Horster. Frankfurt am Main: Suhrkamp, 2008.
Luhmann, Niklas. „Gibt es in unserer Gesellschaft noch unverzichtbare Normen?" in *Die Moral der Gesellschaft*, 228–252.

Luhmann, Niklas. „Normen in soziologischer Perspektive." in *Die Moral der Gesellschaft*, 25–55.
Luhmann, Niklas. „Der politische Code: ‚Konservativ' und ‚progressiv' in systemtheoretischer Sicht." in *Soziologische Aufklärung 3: Soziales System, Gesellschaft, Organisation*, 306–329.
Luhmann, Niklas. „Funktionale Methode und Systemtheorie." in *Soziologische Aufklärung 1*, 39–67.
Luhmann, Niklas. „Soziologische Aufklärung." in *Soziologische Aufklärung 1*, 83–115.
Luhmann, Niklas. *Soziologische Aufklärung 1*. 1970, 8. Aufl. Wiesbaden: VS Verlag, 2009.
Luhmann, Niklas. *Soziologische Aufklärung 3: Soziales System, Gesellschaft, Organisation*, 5. Aufl. Wiesbaden: VS Verl. für Sozialwissenschaften, 2009.
Luhmann, Niklas. „Wahrheit und Ideologie." in *Soziologische Aufklärung 1*, 68–82.
Lyotard, Jean-François. *Der Widerstreit*. 1983. München: Wilhelm Fink Verlag, 1987.
Lyotard, Jean-François. *La condition postmoderne: Rapport sur le savoir*. 1979. Paris: Éd. de Minuit, 2002.
Mannheim, Karl. *Ideologie und Utopie*. Bonn: Cohen, 1929.
Mannheim, Karl. *Konservatismus: Ein Beitrag zur Soziologie des Wissens*, 1. Aufl., hrsg. von David Kettler, Volker Meja und Nico Stehr. Frankfurt am Main: Suhrkamp, 1984, Univ., Habil.-Schr. u.d.T.: Altkonservatismus—Heidelberg, 1926.
Marx, Karl und Friedrich Engels. *Werke*. 43 Bde., hrsg. von Institut für Marxismus-Leninismus beim ZK der SED. Berlin: Dietz-Verlag, 1956ff.
Meier, Andreas. *Der Politische Auftrag des Islam*. Wuppertal: Hammer, 1994.
Meyer, Martin, Hrsg. *Intellektuellendämmerung? Beiträge zur neuesten Zeit des Geistes*. Edition Akzente. München: C. Hanser, 1992.
Meyer, Thomas. *Fundamentalismus: Aufstand gegen die Moderne*, Orig.-Ausg.; 10. – 12. Tsd. Reinbek bei Hamburg: Rowohlt, 1991.
Morris, Benny. *The birth of the Palestinian refugee problem revisited*, 2. ed. Cambridge: Cambridge Univ. Press, 2004.
Moussalli, Ahmad S., Hrsg. *Islamic Fundamentalism: Myths & realities*, 1. ed. Reading: Ithaca Press, 1998.
Moustafa, Tamir. „Conflict and Cooperation between the State and Religious Institutions in Contemporary Egypt." *The International Journal of Middle East Studies*, 32 (2000): 3–22.
Najjar, Fauzi M. „The debate on Islam and secularism in Egypt." *Arab Studies Quarterly*, 18, Nr. 2 (1996): 1–21.
Najjar, Fauzi M. „Islamic Fundamentalism and the Intellectuals: The Case of Naṣr Ḥāmid Abū Zayd." *British Journal of Middle Eastern Studies*, 27, Nr. 2 (2000): 177–200.
Nasr, Seyyed Vali Reza. *Islamic Leviathan: Islam and the making of state power*. Oxford, New York: Oxford University Press, 2001.
Nkrumah, Gamal. „Crescent criss-crossed." *Al-Ahram Weekly (online)*, 17.03.2011.
Oevermann, Ulrich. „Der Intellektuelle – Soziologische Strukturbestimmung des Komplementär von Öffentlichkeit." in *Die Macht des Geistes: Soziologische Fallanalysen zum Strukturtyp des Intellektuellen*, hg. v. Andreas Franzmann; Sascha Liebermann und Jörg Tykwer. 1. Aufl., 13–75, Forschungsbeiträge aus der objektiven Hermeneutik Bd. 3. Frankfurt am Main: Humanities Online, 2001.
Olson, Mancur. *Die Logik des kollektiven Handelns: Kollektivgüter und die Theorie der Gruppen*, 5., durchges. Aufl. Tübingen: Mohr Siebeck, 2004.

Ouda, Mohamed. „Ahmed Baha' El-Din: A life in print: [Reprint vom 15.08.1991]." *Al-Ahram Weekly*, 27.05.2010.
Parsons, Talcott. „Pattern Variables Revisited: A Response to Robert Dubin." *American Sociological Review*, 25, Nr. 4 (1960): 467–483.
Parsons, Talcott. „Religion in Postindustrial America: The Problem of Secularization." *Social Research*, 41, Nr. 2 (1974): 193–225.
Pawelka, Peter. *Herrschaft und Entwicklung im Nahen Osten: Ägypten*. Heidelberg: Müller, 1985.
van Reijen, Willem. „Max Horkheimer (1895–1973) und Theodor W. Adorno (1903–1969): Was heißt Kultur? Bemerkungen zu ihrer Kritischen Theorie." in *Culture Club: Klassiker der Kulturtheorie*, hg. v. Martin Ludwig Hofmann; Tobias F. Korta und Sibylle Niekisch, 103–126. Frankfurt am Main: Suhrkamp, 2004.
Rogler, Lutz. „Maqâsid al-sharī'a als religiöses Reformkonzept." *INAMO*, Nr. 57 (2009): 22–26.
Rohe, Mathias und Albrecht Metzger. „Muslime und Rechtsstaat – Aufgabe, Probleme, Herausforderungen." [Interview mit Rohe] *Fikrun wa Fann* (Januar 2009).
Roussillon, Alain, Hrsg. *Entre Réforme social et mouvement national: Identité et modernisation en Egypte (1882–1962)*. Kairo: CEDEJ, 1995.
Ruhrmann, Georg, Jens Woelke, Michaela Maier und Nicole Diehlmann. *Der Wert von Nachrichten im deutschen Fernsehen: Ein Modell zur Validierung von Nachrichtenfaktoren*. Wiesbaden: VS Verlag, 2003.
Salvatore, Armando. *Islam and the political discourse of modernity*. Reading: Ithaca Press, 1997.
Salvatore, Armando. „Discursive Contentions in Islamic Terms: Fundamentalism versus Liberalism?" in *Islamic Fundamentalism: Myths & realities*, hg. v. Ahmad S. Moussalli. 1. ed., 75–102. Reading: Ithaca Press, 1998.
Salvatore, Armando. *The Public Sphere: Liberal modernity, Catholicism, Islam*. 2007. Basingstoke: Palgrave Macmillan, 2010.
Salvatore, Armando und Dale F. Eickelman, Hrsg. *Public Islam and the Common Good*. Leiden: Brill, 2006.
Salvatore, Armando und Mark LeVine, Hrsg. *Religion, Social Practice, and Contested: Reconstructing the Public Sphere in Muslim Majority Societies*. Palgrave, 2005.
Sami, Aziza. „Fahmy Howeidy: Religion and reason." *Al-Ahram Weekly (online)*, 18.-24.09.2003. http://weekly.ahram.org.eg/2003/656/profile.htm.
Sartre, Jean-Paul. *Plädoyer für die Intellektuellen: Interviews, Artikel, Reden 1950–1973*. Unter Mitarbeit von Eva Groepler (Übersetzerin). Reinbeck: Rowohlt, 1995.
Schimank, Uwe und Hans-Joachim Giegel, Hrsg. *Beobachter der Moderne: Beiträge zu Niklas Luhmanns ›Die Gesellschaft der Gesellschaft‹*. Frankfurt am Main: Suhrkamp, 2003.
Schulz, Winfried. *Die Konstruktion von Realität in den Nachrichtenmedien: Analyse der aktuellen Berichterstattung*. 1976, 2., unveränd. Aufl. Freiburg: Alber, 1990.
Schulze, Reinhard. „Die Politisierung des Islam im 19. Jahrhundert." *Die Welt des Islams*, 22, 1/4 (1982): 103–116.
Schulze, Reinhard. *Islamischer Internationalismus im 20. Jahrhundert: Untersuchungen zur Geschichte der Islamischen Weltliga*. Leiden (u.a.): Brill, 1990.
Schulze, Reinhard. „Muslimische Intellektuelle und die Moderne." in *Feindbild Islam*, hg. v. Jochen Hippler und Andrea Lueg, 77–91. Hamburg: Konkret-Literatur-Verl., 1993.
Schulze, Reinhard. *Geschichte der islamischen Welt im 20. Jahrhundert*. München: Beck, 1994.

Schulze, Reinhard. „The birth of tradition and modernity in 18th and 19th century islamic culture: The case of printing." *Culture & history*, 16 (1997): 29–71.

Schulze, Reinhard. „Is there an Islamic modernity?" in *The Islamic world and the West: An introduction to political cultures and international relations*, hg. v. Kai Hafez, 21–32. Leiden: Brill, 2000.

Schulze, Reinhard. „Die Dritte Unterscheidung: Islam, Religion und Säkularität." in *Religionen – Wahrheitsansprüche – Konflikte: Theologische Perspektiven*, hg. v. Walter Dietrich und Wolfgang Lienemann, 147–205. Zürich: TVZ Theol. Verl., 2010.

Shami, Seteney, Hrsg. *Publics, Politics and Participation: Locating the Public Sphere in the Middle East and North Africa*. New York: Social Science Research Council, 2009.

Shavit, Ari und Benny Morris. „Ben-Gurion war ein Transferist 1948." [Auszüge aus dem Interview mit Morris in Ha'aretz, 09.01.2004] *INAMO*, 13, Nr. 49 (2007): 32f.

Shehab, Shaden. „Press battles." [Über Nahḍat Miṣr], *Al-Ahram Weekly (online)*, 27.11.2003.

Skovgaard-Petersen, Jakob. *Defining Islam for the Egyptian State: Muftis and Fatwas of the Dār al-Iftā*. Leiden: Brill, 1997.

Soage, Ana Belén. „Faraj Fawda, or the cost of the freedom of expression." *The Middle East Review of International Affairs*, 11, Nr. 2 (2007): 26–33.

Staab, Joachim Friedrich. *Nachrichtenwert-Theorie: Formale Struktur und empirischer Gehalt*. Freiburg: Alber, 1990, Univ., Diss.—Mainz, 1988.

Starrett, Gregory. *Putting Islam to work: Education, politics and religious transformation in Egypt*. Berkeley: University of California Press, 1998.

Steppat, Fritz. „Säkularisten und Islamisten: Ein Kategorienversuch in Ägypten." *asien, afrika, lateinamerika*, 19, Nr. 4 (1991): 699–704.

Swatos Jr., William H. und Daniel V. A. Olson, Hrsg. *The Secularization Debate*. Lanham: Rowman & Littlefield Publishers, 2000.

Taylor, Charles. *The ethics of authenticity*. 1991. Cambridge, Mass., London: Harvard Univ. Pr, 1992.

Taylor, Charles. *The Malaise of Modernity*. 1991. Concord, Ont.: Anansi, 2003.

Taylor, Charles. *A secular age*. Cambridge, Mass.: Belknap Press of Harvard Univ. Press, 2007.

Thielmann, Jörn. *Naṣr Ḥāmid Abū Zaid und die wiedererfundene ḥisba: Šariʿa und Qānūn im heutigen Ägypten*. Würzburg: Ergon-Verl., 2003, Ruhr-Univ., Diss.—Bochum, 2001.

Tibi, Bassam. „Islam and Secularization: Religion and the Functional Differentiation of the Social System." *Archiv für Rechts- und Sozialphilosophie*, 66, Nr. 2 (1980): 207–221.

Tibi, Bassam. *Vom Gottesreich zum Nationalstaat: Islam und panarabischer Nationalstaat*. Frankfurt a.M.: Suhrkamp, 1987.

Tibi, Bassam. *Die Krise des modernen Islams: Eine vorindustrielle Kultur im wissenschaftlich-technischen Zeitalter*, Erw. Ausg., 2. Aufl. Frankfurt am Main: Suhrkamp, 1991, Mit einem Essay: Islamischer Fundamentalismus als Antwort.

Tibi, Bassam. *The Challenge of Fundamentalism: Political Islam and the New World Disorder*. Berkeley: Univ. of California Press, 1998.

Tönnies, Ferdinand. *Gemeinschaft und Gesellschaft: Abhandlung des Communismus und des Socialismus als empirischer Culturformen*. Berlin: Fues, 1887.

Tripp, Charles, Hrsg. *Contemporary Egypt: Through Egyptian eyes*. London, New York: Routledge, 1993, Essays in Honour of P. J. Vatikiotis.

Wahyudi, Yudian. „Hassan Hanafi on Salafism and secularism." in *The Blackwell Companion to Contemporary Islamic Thought*, hg. v. Ibrahim Abu-Rabi', 257–270. Hoboken: John Wiley & Sons Ltd, 2008.

Wallerstein, Immanuel. *The Modern World System.* 4 Bde. New York, NY u.a: Academic Press u.a, 1974ff.
Weber, Max. *Wirtschaft und Gesellschaft: Grundriß der verstehenden Soziologie.* 1921f., 5., revidierte Auflage, hrsg. von Johannes Winckelmann. Tübingen: J. C. B. Mohr, 1980.
Weber, Max. *Gesammelte Aufsätze zur Religionssoziologie.* 1920, 8. Aufl. Tübingen: J. C. B. Mohr (Paul Siebeck), 1986.
Weber, Max. *Gesammelte politische Schriften.* 1921, 5. Aufl., hrsg. von Johannes Winckelmann. Tübingen: J. C. B. Mohr (Paul Siebeck), 1988.
Weber, Max. „Zur Lage der bürgerlichen Demokratie in Rußland." in *Gesammelte politische Schriften.* Weber, Max.
Wender, Andrew M. „Beyond Resurgent 'Islamists' and Enlightened 'Secularists': Critiquing Caricatures of Religion in the Arab Uprisings." *Sociology of Islam*, 2, 3–4 (2014): 268–282.
Wielandt, Rotraud. „Zeitgenössische ägyptische Stimmen zur Säkularisierungsproblematik." *Die Welt des Islams*, 22, 1–4 (1982): 117–133.
Wille, Marion. *Spielräume politischer Opposition in Ägypten unter Mubarak.* Hamburg: Lit, 1993.
Wohlrab-Sahr, Monika und Marian Burchardt. „Multiple Secularities: Toward a Cultural Sociology of Secular Modernities." *Comparative Sociology*, 11, Nr. 6 (2012): 875–909.
Yared, Nazik Saba. *Secularism and the Arab world: 1850–1939.* London: Saqi, 2002.
Zahid, Mohammed. *The Muslim Brotherhood and Egypt's succession crisis: The politics of liberalisation and reform in the Middle East.* London: Tauris Academic Studies, 2010.
Zaman, Muhammad Qasim. „Consensus and Religious Authority in Modern Islam: The discourses of the ʿUlamāʾ." in *Speaking for Islam: Religious authorities in Muslim societies*, hg. v. Gudrun Krämer und Sabine Schmidtke, 153–180. Leiden: Brill, 2006.
Znaniecki, Florian. *The social role of the man of knowledge*, 2. Aufl. New York: Octagon Books, 1975.

Sach- und Personenregister

ʿAbd ar-Rāziq, ʿAlī 122–125, 195, 287
ʿAbduh, Muḥammad 20, 48, 84, 116, 122, 236
Abū Bakr 129, 130, 195
Abū al-Maǧd, Kamāl 129–130, 271
Abū Zayd, Naṣr Ḥāmid 70–72, 96–98, 135, 188, 236, 286–287
al-Afġānī, Ǧamāl ad-Dīn 105, 116
al-Ahram (Tageszeitung) 29, 77, 149, 208, 210–215, 245, 284
Akademie für islamische Studien (s.a. Azhar) 34, 56, 146, 260
ʿĀkif, Muḥammad Mahdī 36
ʿālimīya (azharitischer Doktorgrad) 278
Anerkennung (als Dialogvoraussetzung) 138–140, 158
Anṭūn, Faraḥ 48
Apostasie, Apostat (*ridda/irtidād*) 194–195, 216, 241, 247, 249, 267–268
ʿaqīda (Glaube, Dogma) 50, 74, 99, 103, 115, 193, 237
Arabischer Frühling (Ereignisse 2011) 81, 108, 190
Arbeiter, Arbeiterbewegung (s.a. Gewerkschaft) 202, 226, 228, 230, 232, 234–235
Aristoteles, aristotelisch 99–100, 104, 118, 230
Arendt, Hannah 177
aṣāla (Authentizität) 24
ʿAṣfūr, Ǧābir 48, 54
al-ʿAšmāwī, Muḥammad Saʿīd 68–69, 243, 286, 287
Atheismus, atheistisch 18, 20, 32, 33, 47, 82, 104
Aufklärung (*tanwīr*) 48, 78, 97, 103–105, 144, 165, 178, 182, 186, 236, 253–254, 277
Aufrichtigkeit 112, 139, 147
Aufruhr, Aufrührer (s. *fitna*)
Authentizität 24, 34–35, 116–117, 148, 163, 178, 265, 270
Autorität (der Gelehrten, der Intellektuellen etc.) 72, 97, 115–116, 122, 146, 193, 198, 240–242, 246, 248, 250–251, 258–267, 273–274, 277–282, 287, 299, 304
– „fragmentation of authority“ (Eickelmann/Piscatori) 304
Averroes (Ibn Rušd) 47–48
al-ʿAwwā, Muḥammad Salīm 16, 21–25, 118–119, 271, 303, 307
Awqāf-Minister/-Ministerium 110, 223, 246, 272
Azhar (al-Azhar) 30, 34, 35, 38–42, 59, 61, 93, 134, 147, 215, 220, 238, 244–246, 255, 302
– Azhar-Universität 39, 256–258, 262–272
– Erklärungen von Azhar-Gelehrten 247

al-Badrī, Yūsuf 54, 56–57
Bahā' ad-Dīn, Aḥmad 211–212
Bakrī, Muṣṭafā 31, 43, 44–45, 53
al-Bannā, Ǧamāl (s. Inhaltsverzeichnis; Kurzangaben/Verweise im Anhang)
al-Banna, Hassan 34, 210, 219, 220–223, 225, 227, 228–229, 232, 238
al-Bannā, Fawzīya 236
bayʿa (Treuegelübde/-eid) 57
– *Bayʿat al-ʿAqaba* („Treuegelübde von Akaba“) 23
Bayyūmī, ʿAbd al-Muʿṭī 34–38, 257–258, 269
Befehlshaber, Befehlsinhaber (s.a. Herrscher; *ūlū al-amr*) 101, 122, 124, 129
Beobachtung zweiter Ordnung 58
bidʿa (verwerfliche Neuerung) 272
al-Bišrī, Ṭāriq (s. Kurzangaben/Verweise im Anhang)
bürgerlich (s.a *dawla madanīya*/zivil-bürgerlicher Staat) 232
– Gleichberechtigung 20
– Rechte 31

Christen, Christentum (s.a. Inhaltsverzeichnis; Priestertum; Kirche; Kopten) 46
– Christen nach Evangelium zu beurteilen 199
– Einheit von Muslimen und Christen 35, 108–109

– Koranverse und Christen 94, 251
– christlich-theologisches Monopol für politische Macht 104
– Essenzialisierung des Christentums 93, 101–102, 189
– Intellektuelle, christliche 11, 31
– Konversion von Muslimen zu Judentum und Christentum 261
– Niedergang des Christentums in Europa 98
– Säkularismus und Christentum 101, 104, 105, 190, 293
– und Muslime 56, 107, 109, 290
– Verfälschung des Christentums 93–94, 116
– Vergleich Islam und Christentum 92, 99, 101, 110–114, 115, 192

dahrīya 20, 105
Dār al-Iftā' (Fatwa-Rat) 59, 246
aḏ-ḏāt al-ilāhīya (göttliches Subjekt) 99
dawla madanīya (zivil-bürgerlicher, weltlicher Staat, s. Staat)
dīn wa-dawla (Religion und Staat) 200
ad-Daʿwa (Zeitschrift der Muslimbruderschaft) 209, 228, 230
daʿwa (Aufruf zum Islam) 74, 114, 217, 219, 224, 251, 262
Deislamisierung des Rechts 264
Dekonstruktion 141, 165, 181, 187
Demokratie, demokratisch 20, 24, 36–37, 49, 89, 127, 136, 186, 202–203
Despotie (*istibdād*) (s.a. Tyrann) 21–22, 47
Dialog 38, 47, 75–76, 86–87, 127, 138–141, 149–153, 211
Differenzierung, gesellschaftliche 6, 68, 171–174, 193, 282, 305

Einheit, gesellschaftliche/ nationale (s.a. Inhaltsverzeichnis) 4, 33, 36, 80–81, 85–91, 99, 106–109, 144, 150–159, 252
Entscheidungsträger (s. a. Befehlsinhaber; *ulū al-amr*) 101, 122–124, 129–130
erlaubt/verboten (*ḥalāl/ḥarām*) 22, 57, 125, 192, 199–200, 279
Europa, europäisch (s.a. Christentum) 37, 47, 76, 82, 102–105, 112–117, 144, 156, 167–170, 182–190, 232–234, 298
Evangelium 92, 199, 275
Exklusivität 106, 117
– als Problem in moderner Gesellschaft 117, 285
– Exklusivanspruch, islamischer 21, 25, 130, 136, 159, 288, 294, 298–301
– Exklusivanspruch, säkularistischer – und Kritik daran 86, 88–90, 156–157
– Exklusivanspruch der Gelehrten und Kritik daran 262–264, 266–268, 273, 251, 281
– Exklusivanspruch auf Wahrheit 23, 88
– Nicht-Exklusivität, islamische 74, 85–86, 88, 91, 120, 151–152, 193
Extremisten, Extremismus, extremistisch (s.a. Salafisten)
– Extremismus und Meinungsfreiheit/ Dialog 145, 147, 297
– falscher Umgang mit Extremismus 36, 53, 293
– islamistischer vs. säkularistischer Extremismus 80–81, 240, 285
– Jugend und Extremismus 132–135
– Kampf gegen Extremisten 36, 48
– Ununterscheidbarkeit gemäßigter/extremistischer Diskurs 286
– Ursachen/Erklärungen für Extremismus 135, 302

faqīh, Pl. fuqahā' (Gelehrter/-e) (s. *fiqh*)
Faraḥāt, Muḥammad Nūr 121
farīḍa ilāhīya (göttlich auferlegte Pflicht) 123
Fatwa
– Fatwas und Mündlichkeit 277
– Fatwas und Sport 52
– Fatwa vs. Aussage vor Gericht 248
– Fatwas und Kompetenz der Gelehrten 255
– Grundsatzkritik am Fatwa-Erteilen/ Fatwa-Ersuchenden 274–275
– Kritik Mufti/Fatwas 256, 262–263, 267, 270–271
– Recht, Fatwas zu erlassen 96, 250
fiqh (islamische Rechtswissenschaft) 47, 79, 88, 99, 152, 156, 195, 259
– Ausgrenzung aus Expertenkreis des *fiqh* 256, 259, 263
– Gott als Gesetzgeber im *fiqh* 272

– islamische Rechtsquellenlehre (*uṣūl al-fiqh*) 231
– Reform des *fiqh* 236, 255, 272
fitna, Pl. *fitan* (Aufruhr, Zwietracht) 79, 135, 243, 267, 293
Fortschritt 182–184
Frau (Rolle in Gesellschaft/Islam) 232
– angebliche Fatwas zu Frauen 216, 270
– Benachteiligung von Frauen/Kampf dagegen 233–234, 254–255
– Partizipation von Frauen 186
Freiheit
– Begrenzung individueller Freiheit 289
– Glaubensfreiheit/geistige Freiheit 103–105, 193–196, 205, 222, 234, 273
– *ḥalāl*/Unerwähntes als Freiheit 199–200
– Humanität und Freiheit 156–158
– Kampf um Freiheit 131
– Meinungs-/Redefreiheit und deren Grenzen 71, 113, 140, 143–147, 233, 296–297
– Wahlfreiheit 45
Fūda (Foda), Farağ 10, 44, 62, 80, 87, 145, 235, 247, 253
Fundamentalismus, Fundamentalisten (s.a. Salafisten) 9, 127, 231, 287, 290
„jüdische Funktionsgruppen" (al-Missīrī) 165–169
Funktionslogik der Massenmedien 269, 278–279, 284–285

Ğād al-Ḥaqq, Ğād al-Ḥaqq ʿAlī 95–96, 243–245, 283
al-Ġazālī, Abū Ḥāmid 9, 78
al-Ġazālī, Muḥammad 96, 133, 210, 236, 247–249, 251, 253–254, 271, 284
Gelehrte (s.a. Inhaltsverzeichnis; Kap. 5.4)
– als (selbsternannte) Experten 247–250, 261–262, 268–269
– Autorität(sanspruch) 263–269, 277
– Entlastung des Gelehrten durch Intellektuellen 245
– Kritik an Gelehrten 253–260, 271, 273–274
– Medienkompetenz des Gelehrten/Intellektuellen 246
– Repräsentanten des Islam 249, 250–251
– als Teil des Publikums 245
– vs. Intellektuelle 246, 250, 272, 299
Geltungsanspruch, -ansprüche 21, 109, 252
– auf Wahrheit/Richtigkeit 281
– konkurrierende 116, 148
Gemeinschaft (s.a. Umma)
– als *societas civilis* 295
– als Umma 124, 202
– christlich-islamisches Gemeinschaftsgefühl 290
– Einheit und Konflikt 34, 63, 252, 267–268, 293
– islamische 261
– religiöse 106, 107, 148, 200
– traditionelle 70, 297
– vs. Gesellschaft 69, 167
Gemeinwohl
– öffentliches Interesse (*maṣlaḥa*) 91, 118, 224
– Scharia und G. 181–121, 234, 299
– säkularistisches Desinteresse 265
– und öffentliche Ordnung 91
gerecht, Gerechtigkeit
– der islamischen Herrschaft 47, 101, 123, 131, 233
– und Marxismus-Leninismus 233
– und Scharia 126, 234
– Verteilungsgerechtigkeit 89
Gesellschaftsordnung
– islamische/göttliche 57, 67, 72, 75, 117, 126, 129, 137
– moderne 283–291, 305
– nicht-religiöse, „zivile" 295
– korrumpierte 302
– patriarchale 133
Gesellschaftsvertrag 86, 100, 122–123, 154
Gesetzgebung
– göttliche 56, 125
– und positives Recht 63
– Kritik an Scharia als Hauptquelle 203
– und öffentliches Interesse 100, 120
– Scharia als Hauptquelle 27–28, 33–34, 43, 46, 50
Gewerkschaft (s.a. Arbeiter) 51–53, 214, 229–230, 232–233, 238, 240
Glaube
– Glaubensbekenntnis, islamisches 156
– Glaubensfreiheit/Unglaube 267

– Glaubenskriege 195
– „Glaubensrationalität" (ʿImāra) 84
– Abfall vom Glauben (s. Apostasie)
– an Fortschritt 182
– an Freiheit 234
– an Gott 157
– an jüdische Verschwörungen 163
– Schutz vor Kritik 143
– und Politik 20
– und Kontingenz 143
– vs. Atheismus 82
Gleichheit 20, 35, 49, 55, 75, 85, 234
Gott, göttlich (s.a. Glaube) 187–188
– „Gott ist tot" 187
– „Gottes ist die Herrschaft(lichkeit)" 126
– als Lenker 99–100
– als Letztinstanz 170
– als Schöpfer 99
– Bestimmungen 56
– Einheit/Einzigkeit 199
– Gottesgnadentum 102
– Herrschaft 57, 125
– Herrschaft im Namen 124
– islamisches Bild Gottes 99
– Jesus als Sohn? 116
– Mensch als Äquivalent 170
– Mittler Mensch/Gott 92, 94, 192–193
– Rechte 88
– „So gebet dem Kaiser…" 101, 298
– und öffentliche Meinung 24, 36
– und menschliche Herrschaft 47, 57, 129
– unsichtbarer 187
– Verzicht auf Gott/Moral 300
Ǧumʿa, ʿAlī 38–42

Habermas, Jürgen 138, 181, 290, 300
Ḥabīb, Rafīq 31
ḥadd, Pl. *ḥudūd* 56, 100, 147, 195, 272
Hadith/-Zitate 77–79, 172, 196–197, 200, 250, 256
Ḥanafī, Ḥasan (s. Kurzangaben/Verweise im Anhang)
al-ḥaqq (das Wahre, Rechte, Richtige) 88, 139, 152
Hāšim, Aḥmad ʿUmar 39–41
Ḥigāzī, ʿAbd al-Muʿṭī 54, 77–79
Herrschaft
– der Dinge 185
– der Religionsgelehrten 10, 55, 93
– des positiven Rechts 95
– in der muslimischen Geschichte 47
– instrumentelle 185
– islamische 125–126, 129
– menschliche/im Namen Gottes 124, 126
– Niedergang islamischer 24
– „Paradoxie der Herrschaft" (Luhmann) 124
– säkulare/säkularistische 47, 65
– totalitäre 202
– Vorherrschaft der Kirche 36
– Willkürherrschaft 128
– Herrschaftsordnung der islamischen Scharia 105, 129
– Herrschaftsanspruch der katholischen Kirche 298
Herrscher 9, 37, 57, 89, 100, 126–131, 241, 272
– Eigenschaften 123–125
Hierarchie, traditionelle (von Gelehrten und Laien) 267, 281
Hilāl, ʿAlī ad-Dīn 16, 19–25
Ḥudūd(-Strafen) (s. *ḥadd*)
Humanität 156–157, 181
Huwaydī, Fahmī (s. Inhaltsverzeichnis; Kurzangaben/Verweise im Anhang)

Ibn al-Aṯīr 230
Ibn Rušd 47–48
Ibn Taymīya 78, 84, 95, 127, 195, 198, 231
Ibn Ḥazm 198
Ibn Kaṯīr 230
Ibrāhīm, Saʿd ad-Dīn 16, 18, 25
Idealismus, normativer 137, 301–302
Identität
– Ägyptens 34–35, 43
– gesellschaftliche (s. Inhaltsverzeichnis)
– islamische 35–36, 63, 69, 92, 106, 109, 115, 120, 159, 295–296, 305
– nationale 151, 294
– religiöse 50, 116, 284
– staatliche 32, 38, 49–50, 54, 56, 60–61, 203–204, 286
– und Rückständigkeit 24
Ideologie(n) 177
– marxistisch-leninistische 232

– politische 302
– totalitäre 102, 178
– und Macht 201
iğtihād 22, 55, 79, 241, 275
– als menschlich-subjektives Urteilen 22, 55, 255
– als unverbindliche Rechtsfindung 248
– als Vernunftanwendung 84
– Befugnis zum *i.* 21, 250, 262
– Schließung des Tores 259
– Verständnis von *i.* 249–251
– vs. Gesetz 259
iḥyā' islāmī/da'wat al-iḥyā' (islamische Neubelebung) 224, 233
al-Ilāh (Gottheit; ein/der Gott) 179
ilāh ḫafī (verborgener Gott) 187
ilḥād (s. Atheismus)
'Imāra, Muḥammad (s. Kurzangaben/Verweise im Anhang)
Indifferenz, souveräne 268–269, 300–301
Individualismus, individualistisch 110, 198, 220
Individuum 171, 205, 288–289
– Individuum und Kollektiv 66, 76, 124
Intellektueller, muslimischer (s. Inhaltsverzeichnis)
Iran 212–213, 287
'Īsā, Ṣalāḥ 54–56
Islam (Auswahl; s.a. Inhaltsverzeichnis)
– Apologetik 24, 65, 293, 302
– Die andere Seite des Islam 292
– Die Verortung des Islam und die „dritte Sprache" 85–88
– Exklusivanspruch, islamischer 86, 88–90, 120, 130, 136, 159, 294, 298, 301
– Gesellschaftliche Einheit: Islam und Nation 73–77
– Göttliche vs. islamische Herrschaft 125–126
– Identität und Christentum 297–298
– Islam – von außen beobachtet 286–288
– Islamisierung der ägyptischen Öffentlichkeit 51–53
– Islamischer, säkularer oder zivil-bürgerlicher Staat? 54–58
– Sieben Aspekte der Säkularität des Islam (al-Bannā) 191–204
– Repression und Grenzen des Islam 254–257
– Sprechen im Namen des Islam 21–22
– Universalität des Islam 106–110
Islamische Rechtswissenschaft (s. *fiqh*)
Islamismus, islamistisch (s.a. Inhaltsverzeichnis; Muslimbrüder)
– „islamistischer Extremismus" 80
– Islamisten 27, 39, 140, 241
– *islāmīyūn* 18, 133, 140, 199
– Opposition 13, 42, 59
– militante Islamisten 55, 78, 135, 146
– Säkularisten und Islamisten (s. Salafisten) 19, 74, 80, 86, 119, 133, 141, 151
– Verständnis vs. Verstehen 135
Islamizität (s.a. Identität) 16, 52, 59, 75, 98, 295
Israel 111, 162
istibdād (s. Despotie)

Journalistengewerkschaft (s. Gewerkschaft)
Judentum, jüdisch 163, 166–169, 179–180, 199, 251, 261, 270
Jugend 257, 270
– Perspektivlosigkeit 127
– und Extremismus 132–135, 147

kahana, kahāna, kahnūt (s. Priester)
Kalif 47, 129, 195
Kalifat/Kalifatsfrage 122, 186, 201, 237
al-Katātinī, Mūḥammad Sa'd 137
Khomeini 212
Kirche
– christliche/westliche 38, 47, 111–113, 139, 158, 172, 233
– katholische 102, 298
– koptische 61
– Kritik an 97
– und Islam 97, 114, 188–189, 194, 274
– und Staat 101
– Vorherrschaft/Tyrannei 36, 94, 100–104
Kollektiv, kollektiv (s.a. Individuum) 69, 126–128
– bindende Entscheidungen 21, 23, 67, 117, 119, 122, 259, 265, 279
– Glaube 289

– Identität 293
– Ordnung 142, 288
– Unterbewusstsein 185
– Repräsentation 286
– Wohl 288
– verbindlicher Wahrheiten und Normen 143
– Verschwinden des kollektiven Gedächtnisses 185
– vorauszusetzender Konsens 147
Kolonialismus, kolonialistisch 24
– Befreiung von 107
– Invasion/Durchdringung der Welt 63, 105
– moderner 105
– und Säkularismus 159
– vs. Islam 63, 105, 109
– westlicher 109
Konfessionalismus 33, 55
– interkonfessionelle Konflikte 33, 59, 293
Konflikt (s.a. Inhaltsverzeichnis) 4, 9, 32, 293
– Bewältigung 159, 186, 275
– Einheit und Konflikt 36, 80–81, 91, 293
– Innerer/äußerer 69, 74
– interkonfessioneller (s. Konfessionalismus)
– Islam/Säkularismus 19, 136, 141, 149, 152, 295
– Islam/Kolonialismus 105
– Islam und Nicht-Islam 88, 283
– öffentlich/privat (s. privat)
– und Anerkennung 158
– und öffentliche Ordnung 285
– Regierung/Muslimbrüder 30, 44
– Salafisten/Säkularisten (s. Salafisten)
– Universalität/Exklusivität der Religion 117
– zwischen Exklusivansprüchen 90
Kontingenz, kontigent
– religiöser Identität 116
– einer modernen Gesellschaft 143, 283, 305
– einer modernen Öffentlichkeit 267
Kopten, koptisch 31, 55-56, 59, 61, 108–109, 115, 203, 211, 298
Koran, koranisch 70, 72, 88, 91, 93–94, 100–101, 122, 142, 146, 170, 193, 195–196, 255
– Koranzitate 94, 106, 125, 129, 187, 200, 256, 259
„Kritik des religiösen Diskurses“ (Abū Zayd) 188
Küenzlen, Gottfried 111
kufr/kāfir (Unglaube/Ungläubiger) 194, 247

Legitimität/Legitimation
– Absprechen 19
– von Staat/Regierung/Herrscher 23, 28, 45, [59], 118–119, 123, 126, 187
– des Säkularismus 140
– islamischer Regierung 118
– Legitimität von Andersdenkenden 140
Letztreferenz 166, 170, 172, 174, 177–178, 184–185, 300
„Leute des Lösens und des Bindens“ (*ahl al-ḥall wa-l-ʿaqd*) 122

Macht
– Anmaßung 57, 124, 193, 248–249
– Aufklärung gegen politische M. 104
– der Kirche (s. Kirche)
– der Umma 23, 203
– fehlende M. des Azhar-Großscheichs 59
– göttliche 125
– im islamischen Staat 57
– Machtgrenzen der Regierung 58
– Monopol 124
– politische 52, 57, 95, 118
– Trennung Religion/politische M. 46
– „verdirbt Ideologie“ (al-Bannā) 201
al-Manār (Zeitschrift) 11
maqāṣid aš-šarīʿa (Zwecksetzungen der Scharia) 84, 153, 275, 299
marǧiʿīya islāmīya/dīnīya/qurʾānīya (islamischer/religiöser/koranischer Referenzrahmen) (s.a. *dawla madanīya*; Letztreferenz) 24–25, 43, 82, 100, 134, 255, 295
Marx, Marxismus (s.a. Ideologie) 76, 170, 176, 224, 232–233
maṣlaḥa (ʿāmma) (öffentliches Interesse, Gemeinwohl) 74, 76, 118–119, 224
al-Maṭʿanī, ʿAbd al-ʿAẓīm 28, 120
Materialismus, materialistisch 13, 18, 20, 46, 110, 169, 177, 183–188, 302
al-Māwardī, Abū al-Ḥasan 198, 230

Mawdūdī (arab.: al-Mawdūdī), Abū al-Aʿlā 127, 157
Meinungsfreiheit (s. Freiheit)
Minderheit(en), religiöse 106, 107, 109, 180, 190
al-Missīrī, ʿAbd al-Wahhāb (s. Inhaltsverzeichnis; Kurzangaben/Verweise im Anhang)
Moderne (s.a. Inhaltsverzeichnis)
- europäische 82, 276
- Unbehagen in/Aufstand gegen 281–293, 300
- und Tradition 292
- und Verluste 91, 144, 174, 178, 289
Mohammed (s. Prophet)
Moral, moralisch
- gesamtgesellschaftliche Geltung der M. 166, 300
- öffentliche 127
- Sexualmoral 111, 228
- und Achtung/Ächtung 142, 252
- und Postmoderne 184–185
- und Säkularismus 121, 171–172
- und Scharia/Islam 76
- Verfall 66–68, 91, 168, 173, 177, 178–180, 183–184, 288–290
Mubarak, Mohammed Husni 13, 28, 45, 57, 58, 131, 190, 276
Mūsā, Salāma 48
Muslimbrüder, Muslimbruderschaft (s.a. Kap. 2.2) 151, 201
- und al-Bannā 219–228, 230, 234, 236, 238, 247, 276
- und Huwaydī 209–211
Muṣṭafā, Ḥusayn Fahmī 49–50
Muṣṭafā, Šukrī 146–147
mutaṭarrif, Pl. *-ūn* (s.a. Extremisten) 117, 132, 224
muwāṭana (Staatsbürgerlichkeit, citoyenneté) 82, 86

Nachrichtenfaktoren 278, 284
an-Naǧǧār, ʿAfāf 268
an-Naǧǧār, Zaġlūl 261, 264–265, 268
Naǧīb, Muḥammad 229
an-Nāḥḥās, Muṣṭafā 34
naql/ʿaql (Tradition/Verstand) 83–84, 99, 154
an-Naqqāš, Farīda 45–48, 60
Nasser, Gamal Abdel 25–26, 128, 131, 228–229, 234, 236
Nasserismus, Nasseristen 13, 20, 302
Nation, national(e/er)
- Befreiung/Unabhängigkeit(skampf) 64, 74–75, 107
- Dialog 76, 211
- Ehre, Stolz 64, 105
- Einheit und Konflikt 73–77, 80–81, 85, 87–88, 91, 106, 144, 151–152, 156, 159
- Identität 294
- islamische Nationale 75
- Kultur 82, 153
- Pflicht/Loyalität 74, 151
- Projekt 74, 141, 151–153, 296
- Suche nach Nation 294–296
- Widerstand 62
Nationalismus 13, 38, 106, 127, 236, 254, 302
Nationalsozialismus, nationalsozialistisch 163, 169, 177–180
Naẓīf, Aḥmad (vgl. Kap. 2.2)
nicht-islamisch, Nicht-Islam(isches) 17, 107, 109, 283, 288
- nicht-islam. Begriffe/Werte 74, 85–86, 88, 91
- Integration in Islam 305
- nicht-islam. Herrschaft 127
- Übersetzbarkeit Islamisches/Nicht-Islamisches 86–88, 294, 299
- und islamische Identität 116, 305
- und islamische Souveränität 300–301
nicht-religiös, Nicht-Religiöses 23, 143, 154, 295, 305
- Weltanschauungen 166
- Transzendentalia 166
- in islamischer Geschichte 172
- Inkompetenz der Gelehrten in nicht-religiösen Fächern 242, 255
- Islam und nicht-religiöse gesellschaftliche Bereiche 279
- Intellektueller und nicht-religiöse Perspektiven 280

– islamkompatible, nicht-religiöse Gesellschaftsordnung 295
– Duldung nicht-religiöser Perspektiven 305
Niedergang 289
– der Religion 290
– des Christentums 98, 113, 298
– islamischer Herrschaft 24
Nietzsche, Friedrich 170, 187
Nihilierung 19, 173

Öffentlichkeit, öffentlich 51–53, 68–73, 77–80, 244–245, 296–297
– und Gelehrte/Intellektuelle 280–282
Ordnung (s.a. Inhaltsverzeichnis; Unbehagen)
– Islam/Scharia und O. 18, 35, 57, 66–67, 75, 87, 93, 105, 126, 136–137, 186, 265–266, 285
– Öffentliche 71–72, 91, 195, 245, 297
– staatliche/politische 32, 49, 54, 60, 126, 129–130, 201, 205, 296
– gesellschaftliche/zivile 32, 37, 60, 106, 117, 133, 295, 299–300
– Gefährdung 72, 91, 267
– Zerfall gesellschaftlicher O. 288–291, 302

Palästina, palästinensisch 178, 180
Panarabisch, Panarabist 106, 108, 211, 214
„Pantheismus", „pantheistisch" (al-Missīrī) 162–163, 165, 173
Paradox (s.a. Widerspruch)
– des „klassenlosen Intellektuellen" 264
– Nicht-Islamisches als Islamisches 88
– „Paradoxie der Herrschaft über sich selbst" (Luhmann) 124
Parlament, ägyptisches (s. Kap. 2.2)
Parlamentswahlen 2011/2012 (s.a. Arabischer Frühling)
Paulus (Apostel) 93, 111
Postmoderne, postmodern 170, 173, 184–185
Priester, Priestertum, Klerus 92–98, 102, 171–172, 188–189, 193, 250
privat
– Intellektueller als Privatperson, Privatgelehrter 280, 304
– Konstruktion von Privatheit 198
– vs. öffentlich 66–73, 77–80, 91, 171, 173, 296–297
Prophet(en) 106, 115–116, 171, 192–193
– Gelehrte als „Erben der Propheten" 96, 250
– Mohammed 129, 148, 197, 274
pro-säkular 8, 12, 38, 125, 171, 296, 299, 303

al-Qaraḍāwī, Yūsuf (s.a. Kurzangaben/Verweise im Anhang)
– und al-Bannā 194, 203, 259
– und Huwaydī 210, 241
– und Zakarīyā 7, 125, 141, 149, 284
– zum Zerfall gesellschaftlicher Ordnung 288–289
Quṭb, Muḥammad (s. Kurzangaben/Verweise im Anhang)
Quṭb, Sayyid 127–128, 210, 228

Rasūl, Fāḍil 17, 20
Rationalität, rational
– Bürokratie 186
– „Glaubensrationalität" 84
– „halbierter Rationalismus" (Habermas) 181
– auf den Verstand reduzierte Rationalität 114
– Rationalisierung 169, 174–175, 177
Realität/Faktizität 118, 181
– als Alltagspraxis/Alltagskultur 60, 71, 127, 153, 154
– Extremismus als Ablehnung der R. 128, 155
– Geltung statt R. 137, 301
– Konstruktion gesellschaftlicher R. 131, 249
– vs. islamischer Anspruch 96–97, 113, 194, 253, 290
Recht
– positives (*qānūn waḍʿī*) 64, 76, 87, 119–120
– Naturrecht 120
– Rechtsquelle/Rechtsquellenlehre 231, 236, 296
– Rechtsstaat, rechtsstaatlich 129, 137, 186
„Das Rechte gebieten, das Schlechte verbieten" (*al-amr bi-l-maʿrūf...*) 77–78, 196–198
Referenzrahmen, islamischer/religiöser (*marǧiʿīya islāmīya/dīnīya*) (s.a. Staat) 35, 43, 82, 100, 106, 134, 170, 255
Reflexion (s. Inhaltsverzeichnis)

Religionsgelehrte (s. Gelehrte)
Religionskritik, Religionskritiker 166, 286, 290
Revolution (s.a. Arabischer Frühling)
- der Freien Offiziere (1952) 20, 153, 209, 228
- iranische (1979) 212–213
- von 1919 38, 46
ribā (Wucher) 255
ridda, irtidād (s. Apostasie)
riǧāl ad-dīn („Männer der Religion“, s. Gelehrte)
Rizq, Ḥamdī 32–34, 37–38
Rousseau, Jean-Jacques 104, 105
Rückständigkeit 19, 24, 127

Sadat, Anwar 32, 47, 50, 58, 212, 229, 234
Šāhīn, ʿAbd aṣ-Ṣabūr 260, 263–265
Saʿīd, Faraḥāt 262
Säkularisierung 1, 64, 111, 165, 172, 177–178, 292
Säkularismus (s. Inhaltsverzeichnis)
Säkularisten
- Drohungen/Gewalt gegen S. 62, 247
- „Scheinargumente“ (*šubuhāt*) der S. 73, 95, 98, 122, 244
- und Islamisten/S. (s. Salafisten)
- „Ultra-Säkularisten“/radikale 73, 80, 109, 132, 249, 293
- „vernünftige“ 150
Säkularität (s.a. Inhaltsverzeichnis) 7, 54, 114
- des Islam 114, 191–204
- des Staates/Ägyptens 7, 30–31, 34, 45
- und Nationalismus 38
- westliche 289
Salafisten, Salafismus, salafistisch (s.a. Extremismus)
- Konflikt/Gemeinsamkeiten mit Säkularisten 81–88
- und Jugendliche (s. Jugend und Extremismus)
- Ultra-Salafisten 73, 250
Ṣāliḥ, Suʿād 262, 268, 272
Salīm, Muḥsin 263, 268
Šaltūt, Maḥmūd 79
šarīʿa (Scharia) (s.a. Gesetzgebung) 76, 95
- als gesetzte, positive Ordnung 87, 119
- *maqāṣid aš-šarīʿa* (Zwecksetzungen der Scharia) 153, 275, 299
aš-Šāṭibī, Abū Isḥāq 84, 119
Papst Schenuda 109
Schiiten, schiitisch 55, 59, 212, 271
Schriftbesitzer, Christen als 105
Selbstjustiz 79, 241, 247–248
Sinnkrise 187
societas civilis 295
Souveränität (s. Indifferenz, souveräne)
Sozialismus, sozialistisch (*ištirākī*) 13, 20, 45
- und al-Bannā 202, 223, 226, 232–233, 236
Sprechen im Namen des Islam (s. Exklusivität; Islam)
Staat 202
- Ägypten als islamischer S. 28, 43
- demokratischer 202
- Islam als S. und Religion (*dīn wa-dawla*) 200, 237
- islamischer/religiöser 28, 30, 118
- Islamischer, säkularer oder zivil-bürgerlicher Staat? 54–58
- Missbrauch des Islam 48, 303
- religiöse Neutralität 37, 46, 55, 238
- säkularer 29, 32, 35, 37, 46, 51, 118, 191
- Scheitern moderner islamischer Staaten 235
- Trennung von Religion 6, 27, 30, 46, 172–173, 191
- und Legitimität 23
- und religiöse Identität/Staatsreligion 28, 43, 46
- „zivil-bürgerlicher“ (*dawla madanīya*) 37, 51, 203, 295
- „zivil-bürgerlicher“ S. mit islamischem Referenzrahmen 35–37, 136
Staatsbürgertum, Staatsbürgerschaft (citoyenneté) (s. *muwāṭana*)
Strafgesetz von 1904 55
Šukrī, Ġalī 96–97, 109, 249–250
sulṭa (s. Macht)
Sunna 106, 122, 129, 234, 270
- Koran und S. 72, 100–101, 119, 121, 123, 262
- als Rechtsquelle 236
šūrā (Schura) 89, 124, 129
as-Suyūṭī, Ǧalāl ad-Dīn 9

tadayyun (Religiosität) 65, 122, 132, 172
Taǧammuʿ-Partei 45, 49
takfīr (Für-ungläubig-Erklären) 19, 133, 135, 148
Tantawi (Ṭanṭāwī), Mohammed Sayyid 38–42
tanwīr (s. Aufklärung)
taṭarruf (s. Extremismus)
tawḥīd (Dogma der Einheit bzw. Einzigkeit Gottes; s. Gott)
Taylor, Charles 187, 290, 300
aṭ-Ṭayyib, Aḥmad 38–42
Terror(ismus), Terroristen, terroristisch 77–80
– ‚Maskierung des Terrors' 96, 249
Theologie, theologisch 99–100, 104, 111–112, 193
Tönnies, Ferdinand 167
Tradition, traditionell (s.a. Gemeinschaft)
– Autorität (s. Gelehrte)
– Diskurstradition 118, 283
– Gesellschaft 116, 166, 293
– Gelehrte (s. Gelehrte)
– Grundannahme Verbundenheit Wissen/ Wahrheit 265
– Hierarchie 267
– und Moderne 67, 117, 292, 304
– vs. Vernunft (s. Verstand)
aṭ-Ṭūfī, Naǧm ad-Dīn 121, 224
Tyrann, Tyrannei, Tyrannis 89, 94, 100, 123, 128, 131, 201

ʿUbayd, Makram 35, 108
ūlū al-amr (Befehlshaber, Entscheidungsträger) 122, 124
Ultra-Säkularisten (s. Säkularisten)
Ultra-Salafisten (s. Salafisten)
ʿUmar, Maḥǧūb 16, 26
Umma (Auswahl)
– als Gemeinschaft 200, 203, 237
– arabische/islamische 43, 74, 106, 294, 296
– Bedrohung/Unterwerfung der U. 63, 65
– Einheit der U. 252
– Islam als *dīn wa-umma* (al-Bannā) 200, 237
– und Gelehrter/Imam 95, 128
– und Herrscher 128, 130
– und Staat 23, 149, 203
– und Islam 105, 200–204
– und Nation 64, 85
Unbehagen
– an Moderne (s. Inhaltsverzeichnis)
– gegenüber Massenmedien 283–286, 299
Universal(ität), Universalitätsanspruch 86, 206, 299
– Universalität des Islam 106–110, 299
– Universalität, spezifische (Luhmann, Parsons) 116, 300
al-ʿUrābī, Maḥmūd Ḥusnī 232
uṣūl al-fiqh (s. Rechtsquellenlehre)
uṣūlīya (s. Fundamentalismus)

Verdinglichung 175–181
Verfassung, ägyptische 25, 27, 43, 46, 50
– Verfassungsänderung 28, 49–50, 297
– Verfassungsartikel 28, 33, 49, 50, 203, 296
Verstand, Vernunft (*ʿaql*) (s.a. Rationalität; *iǧtihād; naql/ʿaql*) 21, 84, 104, 146, 150–151, 258, 274, 294
– instrumentelle Vernunft 174, 181
Verstehen vs. Verständnis 134, 140

wāfid (hinzugekommen, fremd, allochthon) 24, 75, 153
Wahba, Murād 110, 142, 270
Wahrheit
– exklusive/absolute 21, 90, 117, 142, 150, 162, 256, 287, 298
– Wahrheitsanspruch (u.a. in Bezug auf Islam) 21, 88, 281
– und Wissen 265, 299
– und *fitna* 293
– und *ḥaqq* (Rechtes) 139, 152, 155
– und Normen 69, 143, 148, 150, 162, 252
– Theorie und Praxis 275
Wāṣil, Naṣr Farīd 38–42
waṭan (Heimat, Vaterland, Nation) (s. Nation)
Weber, Max 165, 170, 174, 176, 182, 289
Widerspruch (s.a. Paradoxie)
– Dogma und Realität 96, 98, 194, 273–274, 290
– Islam und „zivile" Gesellschaftsordnung 295
– Moderne und Tradition 292
– *muwāṭana* und Islam 82

– starkes/schwaches Christentum 113, 115
– religiöser Universalität und moderner Gesellschaft 306
– Säkularismus und Religiosität 172
– Theorie und Praxis 96
– und Konflikt 83
Widerstand
– gegen Unterdrückung 135, 303
– gegen Imperialismus/Säkularismus 62, 64–65, 112
Würde
– der Religion 263
– des Menschen 154, 235, 299
– Schutz der W. (Scharia) 84, 154

Zaġlūl, Sa'd 25
Zakarīyā, Fu'ād 7, 125, 141, 149–150, 205, 284
Zaqzūq, Maḥmūd Ḥamdī 38–42
az-Zayyāt, Muntaṣir 54–57, 215
Zensur 70, 104, 143–147, 238
– und Konfiskation (*muṣādara*) 56, 144–145
zinā (Unzucht) 55, 67
Zionismus, zionistisch 111, 162–165, 169, 178–182
zivil (i.S.v. *madanī*: nicht-religiös/nicht-klerikal)
– Gesellschaftsordnung 295
– vs. religiös 18
– zivil-bürgerlicher Staat (s. Staat)
Zivilgesellschaft 72, 197–198, 237
Zivilisation 35, 95, 184, 254
– zivilisatorische Unabhängigkeit 64, 89, 156–157
– islamisch-zivilisatorischer Rahmen 56, 74, 106–107, 109, 115

www.ingramcontent.com/pod-product-compliance
Lightning Source LLC
Chambersburg PA
CBHW021340300426
44114CB00012B/1020
* 9 7 8 3 1 1 0 6 0 1 3 9 8 *